全国优秀数学教师专著系列

高中数学题典精编（第一辑）——数列

The Mathematic Exercises of High School (Volume I) —Sequence of Numbers

甘志国 编著

HITP
哈爾濱工業大學出版社
HARBIN INSTITUTE OF TECHNOLOGY PRESS

内 容 简 介

本书是高中数学题典精编(第一辑)丛书的第4卷,包括试题研究和练习两章内容.书中收录的题目不仅包含基础题和部分高考题,还包含部分强基计划校考(自主招生)数学试题与部分全国高中数学联赛一试试题及笔者编拟的原创题.

本书可供高三学生复习备考时使用,也可供参加强基计划校考和全国高中数学联赛的同学和教练使用.书中的试题还可便于教师在教学和编拟试题时选用.

图书在版编目(CIP)数据

高中数学题典精编.第一辑.数列/甘志国编著.—哈尔滨:哈尔滨工业大学出版社,2022.1

ISBN 978-7-5603-9602-6

Ⅰ.①高… Ⅱ.①甘… Ⅲ.①中学数学课—高中—习题集 Ⅳ.①G634.605

中国版本图书馆CIP数据核字(2021)第180261号

策划编辑 刘培杰 张永芹
责任编辑 张永芹 穆方圆
封面设计 孙茵艾
出版发行 哈尔滨工业大学出版社
社　　址 哈尔滨市南岗区复华四道街10号 邮编150006
传　　真 0451-86414749
网　　址 http://hitpress.hit.edu.cn
印　　刷 哈尔滨久利印刷有限公司
开　　本 787 mm×1 092 mm 1/16 印张29.25 字数500千字
版　　次 2022年1月第1版 2022年1月第1次印刷
书　　号 ISBN 978-7-5603-9602-6
定　　价 58.00元

◎ 前言

从一定程度上来说，数学教学就是数学的解题教学. 对定理的证明、公式的推导也是这样的，甚至概念教学，还是如此.

笔者于1988年参加工作，至今从事数学教学三十余年了，在这期间，无时无刻不在与数学题打交道：从不会解，模仿着解，……到冥思苦想、查阅资料、向前辈请教讨论，……再到欣赏解题方法、探寻解题规律、编制试题……微信群里说，解数学题有六种境界：解得正确答案、一题多解、多题一解、发现定理、质疑创新、自己编题，笔者可能连第一境界都未达到.

笔者自2008年在哈尔滨工业大学出版社出版《初等数学研究（Ⅰ）》开始，现已出版了多本著作，大部分是数学解题方面的阐述，主要涉及数学高考及重点大学自主招生试题方面的研究.

笔者于2016年在哈尔滨工业大学出版社出版的《高中数学题典丛书》（共9卷）（以下简称《题典》）得到了读者的青睐，多次印刷. 至今已时隔数年，笔者在教学教研活动中又搜集了不少好题，进而整理成《高中数学题典精编（第一辑）》（共9卷）（以下简称《题典（第一辑）》）.

《题典（第一辑）》涵盖了高中数学的主干知识，且兼顾非主干知识. 书中收录的题目有基础题和部分高考题，还有强基计划校考（自主招生）及全国高中数学联赛的部分试题.

《题典(第一辑)》中“题典”的含义是“题目及其解法典型、典范”(但限于作者的水平,疏漏一定不少,敬请读者批评指正).《题典(第一辑)》的选题标准是:

(1)基础性——题目及其解法不偏不怪.

(2)典型性——题目及其解法具有代表性.

(3)渐近性——题目安排的顺序是由易到难,同一道题目的多种解法的顺序是由通法到特技;由基础题到高考题、强基计划校考(自主招生)题、联赛题;由选择题、填空题到解答题.

(4)实践性——题目都是笔者做过或研究过的,其中不少还是笔者在教学中使用过且学生愿意做的.

(5)严谨性——解答严谨,力求典范.

(6)研究性——所选题目力求有研究价值.

《题典(第一辑)》中有不少题目的解答并不仅限于“完整解答”,还有不少研究的内容,这也正是“鸳鸯绣了从教看,‘欲’把金针度与人”.

欲参加高考或数学竞赛的同学都要做大量的数学习题.数学题太多了,且不断推陈出新,变化无穷,好比浩瀚的海洋,以至有“题海”之说.

要学好数学,必须做习题,正因为如此,不少人才觉得学习数学很艰辛,可面对浩瀚的题海,一个人往往不可能做完所有的练习:即便你有超人的智能和精力,哪怕你毕生去搜寻、演练.

所以,笔者还要敬告本书的读者——完全没有必要做完本书中所有的题.“弱水三千,只取一瓢”,从大洋中舀一瓢水,细细品味,就可以知道大洋的成分.同样地,自己根据情况从本书中选出一部分习题,仔细分析,就可以基本了解高中数学同类题的全貌,进而提高解题能力,在“题海”中自由自在地游来游去.

最后,对《题典(第一辑)》做几点说明:

(1)《题典》中的题目,一般不再收录于《题典(第一辑)》中(极少数的经典题目或解法有更新的题目除外).

(2)《题典(第一辑)》较《题典》增加了“试题研究”一章,但“试题研究”中的各节内容只是解题归类而已,“试题研究”中的题目不会再放入“练习”中.

(3)《题典(第一辑)》依据《普通高中数学课程标准(2017 年版 2020 年修订)》(中华人民共和国教育部制定,北京:人民教育出版社,2020)(以下简称《2017 版课标 2020 年修订》)编写,但有升华.

《2017 版课标 2020 年修订》充分注意到“未来数学高考文理不分科”,《2017 版课标 2020 年修订》的教学内容取消了原有“模块”,突出主线“函数、几何与代数、统计与概率”，强调应用“数学建模、数学探究”及“数学文化将贯穿始终”.《2017 版课标 2020 年修订》的教学内容包括“必修”部分和“选修”部分(“选修”又分选修Ⅰ和选修Ⅱ，前者是高考内容，后者是大学自主招生内容).

《2017 版课标 2020 年修订》较前一版，即《2003 版课标》，在教学内容方面的调整有：(1)把算法初步调整到信息技术中；(2)删除简单线性规划问题、三视图和“四种命题”；(3)增加了数学建模与数学探究.

因而，《题典(第一辑)》编写了“数学文化”一章. 虽说在《2017 版课标 2020 年修订》中删除了简单线性规划问题、三视图和“四种命题”，但笔者认为这三部分内容相当重要：解决某些二元不等式问题的最好方法就是用线性规划的方法求解，其他的方法(比如配凑法)需要技巧且不是本质的；因为有了向量方法解立体几何题，所以三视图是唯一能考查考生空间想象能力的题目；“四种命题”的重要性就不言而喻了，比如原命题与其逆否命题同真假在逻辑推理中有重要应用. 虽说在《2017 版课标 2020 年修订》中删除了算法初步的内容，但这部分内容在重点大学自主招生试题中时有出现. 因而在《题典(第一辑)》中仍精选了一些线性规划问题、三视图、“四种命题”和算法初步的题目.

笔者预测，下一版的《普通高中数学课程标准》会重新把简单线性规划问题和“四种命题”添加进去.

笔者期望《题典(第一辑)》能流传较长时间，甚至不随“课标”的改动而过时，所以在该丛书中还精选了一些涉及反函数、反三角函数等经典知识的题目.

(4)在《题典(第一辑)》中收录了重点大学自主招生试题中的不少好题.

2020 年 1 月 14 日，教育部以教学〔2020〕1 号文件印发《教育部关于在部分高校开展基础学科招生改革试点工作的意见》. 该文件指出，决定自 2020 年起，在部分高校开展基础学科招生改革试点，也称“强基计划”. 同时，在部分“一流大学”高校范围内遴选开展试点. 教育部将按照“一校一策”的原则，研究确定“强基计划”招生高校、专业和规模. 从 2020 年起，不再组织开展高校自主招生工作.

《2017 版课标 2020 年修订》及《普通高中数学课程标准(2017 年版)》(中华人民共和国教育部制定，北京：人民教育出版社，2018)第 11～12 页中的“2. 课程定位”部分均又写道：

> 必修课程为学生发展提供共同基础，是高中毕业的数学学业水平考试的内容要求，也是高考的内容要求.

选择性必修课程是供学生选择的课程，也是高考的内容要求.

选修课程为学生确定发展方向提供引导，为学生展示数学才能提供平台，为学生发展数学兴趣提供选择，为大学自主招生提供参考.

强基计划校考(自主招生)试题最大的特点是试题的原创性，有不少优秀试题. 如国内早年、现在的"课标"差别较大，国外、国内的"课标"也差别很大，但国内早年与国外的高考试题中仍有不少优秀试题，所以在《题典(第一辑)》收录了不少这方面的题目，它们对于培养高中生数学核心素养(包括六个方面：数学抽象、逻辑推理、数学建模、直观想象、数学运算、数据分析)是大有裨益的.

愿这套书对读者的数学解题、数学教学有所帮助.

甘志国

2021 年 3 月 7 日

◎目录

第1章 试题研究

第2章　练习

第1章　试题研究

1.1　数列求和的七种基本方法

数列求和是数列问题中的基本题型，但具有复杂多变、综合性强、解法灵活等特点，本文将通过一些高考题简单介绍数列求和的七种基本方法.

1. 运用公式法

很多数列的前 n 项和 S_n 的求法，就是套等差、等比数列前 n 项和 S_n 的公式，因此以下常用公式应当熟记

$$1+2+3+\cdots+n=\frac{1}{2}n(n+1)$$

$$1+3+5+\cdots+(2n-1)=n^2$$

$$1+2+2^2+\cdots+2^{n-1}=2^n-1$$

$$\frac{1}{2}+\frac{1}{2^2}+\frac{1}{2^3}+\cdots+\frac{1}{2^n}=1-\frac{1}{2^n}$$

还要记住一些正整数的幂和公式

$$1^2+2^2+3^2+\cdots+n^2=\frac{1}{6}n(n+1)(2n+1)$$

$$1^3+2^3+3^3+\cdots+n^3=\frac{1}{4}n^2(n+1)^2$$

题1　(2016年高考全国卷Ⅰ文科第17题)已知 $\{a_n\}$ 是公差为3的等差数列，数列 $\{b_n\}$ 满足 $b_1=1, b_2=\frac{1}{3}, a_nb_{n+1}+b_{n+1}=nb_n$.

(1) 求 $\{a_n\}$ 的通项公式；

(2) 求 $\{b_n\}$ 的前 n 项和.

解　(1) 在 $a_nb_{n+1}+b_{n+1}=nb_n$ 中取 $n=1$，得 $a_1b_2+b_2=b_1$，即 $\frac{1}{3}a_1+\frac{1}{3}=1$，所以 $a_1=2$.

又因为 $\{a_n\}$ 是公差为3的等差数列，所以 $a_n=2+3(n-1)=3n-1$.

(2) 由(1)可得 $(3n-1)b_{n+1}+b_{n+1}=nb_n$，即 $b_{n+1}=\frac{1}{3}b_n$，得 $\{b_n\}$ 是以1为首

项、$\frac{1}{3}$ 为公比的等比数列，得 $b_n=\left(\frac{1}{3}\right)^{n-1}$.

所以 $\{b_n\}$ 的前 n 项和 $S_n=\dfrac{1-\frac{1}{3^n}}{1-\frac{1}{3}}=\frac{3}{2}-\frac{1}{2\cdot 3^{n-1}}$.

2. 倒序相加法

事实上，等差数列的前 n 项和 S_n 的公式推导方法就是倒序相加法.

题 2　求正整数 m 与 $n(m<n)$ 之间的分母为 3 的所有既约分数的和 S.

解　显然，这些既约分数为

$$m+\frac{1}{3},m+\frac{2}{3},m+\frac{4}{3},\cdots,n-\frac{4}{3},n-\frac{2}{3},n-\frac{1}{3}$$

有

$$S=\left(m+\frac{1}{3}\right)+\left(m+\frac{2}{3}\right)+\left(m+\frac{4}{3}\right)+\cdots+\left(n-\frac{4}{3}\right)+\left(n-\frac{2}{3}\right)+\left(n-\frac{1}{3}\right)$$

也有

$$S=\left(n-\frac{1}{3}\right)+\left(n-\frac{2}{3}\right)+\left(n-\frac{4}{3}\right)+\cdots+\left(m+\frac{4}{3}\right)+\left(m+\frac{2}{3}\right)+\left(m+\frac{1}{3}\right)$$

所以

$$2S=(m+n)\cdot 2(n-m)=2(n^2-m^2)\Rightarrow S=n^2-m^2$$

题 3　求数列 $\{1+2+3+\cdots+n\}$ 的前 n 项和 S_n.

解　解法 1　因为 $1+2+3+\cdots+n=\frac{1}{2}n(n+1)=\frac{1}{2}(n^2+n)$，所以

$$S_n=\frac{1}{2}[(1^2+2^2+3^2+\cdots+n^2)+(1+2+3+\cdots+n)]$$

$$=\frac{1}{2}\left[\frac{1}{6}n(n+1)(2n+1)+\frac{1}{2}n(n+1)\right]=\frac{1}{6}n(n+1)(n+2)$$

解法 2　因为

$$1+2+3+\cdots+n=\frac{1}{2}n(n+1)=C_{n+1}^2=C_{n+2}^3-C_{n+1}^3\quad(n\geqslant 2)$$

所以

$$S_n=C_3^3+(C_4^3-C_3^3)+(C_5^3-C_4^3)+\cdots+(C_{n+2}^3-C_{n+1}^3)$$

$$=C_{n+2}^3=\frac{1}{6}n(n+1)(n+2)\quad(n\geqslant 2)$$

进而可得 $S_n=\frac{1}{6}n(n+1)(n+2)(n\in\mathbf{N}^*)$.

解法 3(倒序相加法)　可得

$$S_n = 1 + (1+2) + (1+2+3) + \cdots + (1+2+3+\cdots+n)$$

$$S_n = 1 + (2+1) + (3+2+1) + \cdots + [n + (n-1) + (n-2) + \cdots + 1]$$

$$S_n = n + [\underbrace{(n-1)+(n-1)}_{2\text{个}(n-1)}] + [\underbrace{(n-2)+(n-2)+(n-2)}_{3\text{个}(n-2)}] + \cdots + (\underbrace{1+1+1+\cdots+1}_{n\text{个}1})$$

把它们相加，可得

$$\begin{aligned} 3S_n &= 1(n+2) + 2(n+2) + 3(n+2) + \cdots + n(n+2) \\ &= (1+2+3+\cdots+n)(n+2) = \frac{1}{2}n(n+1)(n+2) \end{aligned}$$

$$S_n = \frac{1}{6}n(n+1)(n+2)$$

3. 裂项相消法

题 4　(2017 年高考全国卷 Ⅱ 理科第 15 题）等差数列 $\{a_n\}$ 的前 n 项和为 S_n，$a_3 = 3$，$S_4 = 10$，则 $\sum\limits_{k=1}^{n} \frac{1}{S_k} =$ ________.

解　$\frac{2n}{n+1}$. 设等差数列 $\{a_n\}$ 的首项为 a_1、公差为 d，可得 $\begin{cases} a_3 = a_1 + 2d = 3 \\ S_4 = 4a_1 + 6d = 10 \end{cases}$，解得 $a_1 = d = 1$，所以 $a_n = n$，$S_n = \frac{n(n+1)}{2}$，$\frac{1}{S_k} = 2\left(\frac{1}{k} - \frac{1}{k+1}\right)$. 由此，可得

$$\begin{aligned} \sum_{k=1}^{n} \frac{1}{S_k} &= 2\left(1 - \frac{1}{2} + \frac{1}{2} - \frac{1}{3} + \cdots + \frac{1}{n-1} - \frac{1}{n} + \frac{1}{n} - \frac{1}{n+1}\right) \\ &= 2\left(1 - \frac{1}{n+1}\right) = \frac{2n}{n+1} \end{aligned}$$

题 5　(2017 年高考全国卷 Ⅲ 文科第 17 题）设数列 $\{a_n\}$ 满足 $a_1 + 3a_2 + \cdots + (2n-1)a_n = 2n$.

(1) 求 $\{a_n\}$ 的通项公式；

(2) 求数列 $\left\{\frac{a_n}{2n+1}\right\}$ 的前 n 项和.

解　(1) 当 $n \geqslant 2$ 时，有

$$a_1 + 3a_2 + \cdots + (2n-1)a_n = 2n$$

$$a_1 + 3a_2 + \cdots + (2n-3)a_{n-1} = 2(n-1)$$

把它们相减后，可得

$$(2n-1)a_n = 2, a_n = \frac{2}{2n-1} \quad (n \geqslant 2)$$

由题设可得 $a_1=2$,从而$\{a_n\}$的通项公式为 $a_n=\dfrac{2}{2n-1}$.

(2) 记$\left\{\dfrac{a_n}{2n+1}\right\}$的前 n 项和为 S_n.

由(1)的答案,可得$\dfrac{a_n}{2n+1}=\dfrac{2}{(2n+1)(2n-1)}=\dfrac{1}{2n-1}-\dfrac{1}{2n+1}$,所以

$$S_n=\frac{1}{1}-\frac{1}{3}+\frac{1}{3}-\frac{1}{5}+\cdots+\frac{1}{2n-1}-\frac{1}{2n+1}=\frac{2n}{2n+1}$$

题 6 (2016 年高考天津卷理科第 18 题)已知$\{a_n\}$是各项均为正数的等差数列,公差为 d. 对任意的 $n\in\mathbf{N}^*$,b_n 是 a_n 和 a_{n+1} 的等比中项.

(1) 设 $c_n=b_{n+1}^2-b_n^2$,$n\in\mathbf{N}^*$,求证:数列$\{c_n\}$是等差数列;

(2) 设 $a_1=d$,$T_n=\sum\limits_{k=1}^{2n}(-1)^k b_k^2$,$n\in\mathbf{N}^*$,求证:$\sum\limits_{k=1}^{n}\dfrac{1}{T_k}<\dfrac{1}{2d^2}$.

证明 (1) 可得 $b_n^2=a_na_{n+1}$,所以

$$c_n=b_{n+1}^2-b_n^2=a_{n+1}a_{n+2}-a_na_{n+1}=2da_{n+1} \qquad ①$$

$$c_{n+1}-c_n=2d(a_{n+2}-a_{n+1})=2d^2$$

所以数列$\{c_n\}$是等差数列.

(2) 可得 $a_n=a_1+(n-1)d=d+(n-1)d=nd$,还可得式 ① 在这里也成立,所以

$$\begin{aligned}T_n&=(-b_1^2+b_2^2)+(-b_3^2+b_4^2)+\cdots+(-b_{2n-1}^2+b_{2n}^2)\\&=2d(a_2+a_4+\cdots+a_{2n})\\&=2d^2(2+4+6+\cdots+2n)=2d^2n(n+1)\end{aligned}$$

所以

$$\sum_{k=1}^{n}\frac{1}{T_k}=\frac{1}{2d^2}\sum_{k=1}^{n}\frac{1}{k(k+1)}=\frac{1}{2d^2}\sum_{k=1}^{n}\left(\frac{1}{k}-\frac{1}{k+1}\right)=\frac{1}{2d^2}\left(1-\frac{1}{n+1}\right)<\frac{1}{2d^2}$$

4. 分组求和法

题 7 求 $S_n=1+\left(1+\dfrac{1}{2}\right)+\left(1+\dfrac{1}{2}+\dfrac{1}{4}\right)+\cdots+\left(1+\dfrac{1}{2}+\dfrac{1}{4}+\cdots+\dfrac{1}{2^{n-1}}\right)$.

解 设 $a_n=1+\dfrac{1}{2}+\dfrac{1}{4}+\cdots+\dfrac{1}{2^{n-1}}$,得 $a_n=2-\dfrac{1}{2^{n-1}}$.

所以本题即求数列$\left\{2-\dfrac{1}{2^{n-1}}\right\}$的前 n 项和

$$S_n=2n-\left(1+\frac{1}{2}+\frac{1}{4}+\cdots+\frac{1}{2^{n-1}}\right)=2n-a_n=2n-2+\frac{1}{2^{n-1}}$$

题8 （2016年高考天津卷文科第18题）已知$\{a_n\}$是等比数列，前n项和为$S_n(n\in \mathbf{N}^*)$，且$\frac{1}{a_1}-\frac{1}{a_2}=\frac{2}{a_3}$，$S_6=63$.

(1) 求$\{a_n\}$的通项公式；

(2) 若对任意的$n\in \mathbf{N}^*$，b_n是$\log_2 a_n$和$\log_2 a_{n+1}$的等差中项，求数列$\{(-1)^n b_n^2\}$的前$2n$项和.

解 (1) 设等比数列$\{a_n\}$的公比为q，可得$\frac{1}{a_1}-\frac{1}{a_1 q}=\frac{2}{a_1 q^2}$，解得$q=2$或$-1$.

又由$S_6=\frac{a_1(1-q^6)}{1-q}=63$知，$q\neq -1$，所以$\frac{a_1(1-2^6)}{1-2}=63$，解得$a_1=1$.

所以数列$\{a_n\}$的通项公式是$a_n=2^{n-1}$.

(2) 由题意，可得

$$b_n=\frac{1}{2}(\log_2 a_n+\log_2 a_{n+1})=\frac{1}{2}(\log_2 2^{n-1}+\log_2 2^n)=n-\frac{1}{2}$$

所以数列$\{(-1)^n b_n^2\}$的前$2n$项和为

$$\begin{aligned}(-b_1^2+b_2^2)+(-b_3^2+b_4^2)+\cdots+(-b_{2n-1}^2+b_{2n}^2)&=b_1+b_2+\cdots+b_{2n}\\&=\frac{2n(b_1+b_{2n})}{2}=2n^2\end{aligned}$$

题9 （2016年高考浙江卷文科第17题）设数列$\{a_n\}$的前n项和为S_n.已知$S_2=4$，$a_{n+1}=2S_n+1$，$n\in \mathbf{N}^*$.

(1) 求通项公式a_n；

(2) 求数列$\{|a_n-n-2|\}$的前n项和.

解 (1) 可得$\begin{cases}S_2=a_1+a_2=4\\a_2=2a_1+1\end{cases}$，解得$\begin{cases}a_1=1\\a_2=3\end{cases}$.

由$a_{n+1}=2S_n+1$，$a_n=2S_{n-1}+1(n\geqslant 2)$，可得

$$a_{n+1}-a_n=(2S_n+1)-(2S_{n-1}+1)=2a_n,\ a_{n+1}=3a_n\quad(n\geqslant 2)$$

又因为$a_2=3a_1$，所以可得数列$\{a_n\}$的通项公式为$a_n=3^{n-1}$.

(2) 设$b_n=|a_n-n-2|=|3^{n-1}-n-2|$，所以$b_1=2$，$b_2=1$.

当$n\geqslant 3$时，由于$3^{n-1}>n+2$，所以$b_n=3^{n-1}-n-2(n\geqslant 3)$.

设数列$\{b_n\}$的前n项和为T_n，得$T_1=2$，$T_2=3$.

当$n\geqslant 3$时，可得

$$T_n=3+\frac{9(1-3^{n-2})}{1-3}-\frac{(n+7)(n-2)}{2}=\frac{3^n-n^2-5n+11}{2}$$

进而可得$T_n=\begin{cases}2, n=1\\ \frac{3^n-n^2-5n+11}{2}, n\geqslant 2, n\in \mathbf{N}^*\end{cases}$.

题 10 （2016 年高考四川卷文科第 19 题）已知数列$\{a_n\}$的首项为 1，S_n 为数列$\{a_n\}$的前 n 项和，$S_{n+1}=qS_n+1$，其中 $q>0$，$n\in\mathbf{N}^*$.

(1) 若 a_2,a_3,a_2+a_3 成等差数列，求数列$\{a_n\}$的通项公式；

(2) 设双曲线 $x^2-\dfrac{y^2}{a_n^2}=1$ 的离心率为 e_n，且 $e_2=2$，求 $e_1^2+e_2^2+\cdots+e_n^2$.

解 (1) 由 $S_{n+1}=qS_n+1$，$S_{n+2}=qS_{n+1}+1(n\in\mathbf{N}^*)$，两式相减得 $a_{n+2}=qa_{n+1}(n\in\mathbf{N}^*)$.

又由 $S_2=qS_1+1$，$a_1=1$，可得 $a_2=qa_1$，所以 $a_{n+1}=qa_n(n\in\mathbf{N}^*)$.

可得数列$\{a_n\}$是首项为 1，公比为 q 的等比数列，所以 $a_n=q^{n-1}$.

再由 a_2,a_3,a_2+a_3 成等差数列，可得 $2a_3=a_2+a_2+a_3$ 即 $a_3=2a_2$，可得 $q=2$.

所以数列$\{a_n\}$的通项公式是 $a_n=2^{n-1}$.

(2) 在(1)的解答中已得 $a_n=q^{n-1}$，所以双曲线 $x^2-\dfrac{y^2}{a_n^2}=1$ 的离心率 $e_n=\sqrt{1+a_n^2}=\sqrt{1+q^{2(n-1)}}$.

由 $e_2=\sqrt{1+q^2}=2$，解得 $q=\sqrt{3}$，所以

$$\begin{aligned}e_1^2+e_2^2+\cdots+e_n^2&=(1+1)+(1+q^2)+\cdots+(1+q^{2(n-1)})\\&=n+(1+q^2+\cdots+q^{2(n-1)})\\&=n+\frac{q^{2n}-1}{q^2-1}=n+\frac{1}{2}(3^n-1)\end{aligned}$$

5. 错位相减法

题 11 （2016 年高考山东卷理科第 18 题即文科第 19 题）已知数列$\{a_n\}$的前 n 项和 $S_n=3n^2+8n$，$\{b_n\}$是等差数列，且 $a_n=b_n+b_{n+1}$.

(1) 求数列$\{b_n\}$的通项公式；

(2) 令 $c_n=\dfrac{(a_n+1)^{n+1}}{(b_n+2)^n}$. 求数列 c_n 的前 n 项和 T_n.

解 (1) 由题意知，当 $n\geqslant 2$ 时，$a_n=S_n-S_{n-1}=6n+5$.

又因为当 $n=1$ 时，$a_1=S_1=11$，所以 $a_n=6n+5(n\in\mathbf{N}^*)$.

设等差数列$\{b_n\}$的公差为 d.

可得$\begin{cases}a_1=b_1+b_2\\a_2=b_2+b_3\end{cases}$，即$\begin{cases}11=2b_1+d\\17=2b_1+3d\end{cases}$，解得$\begin{cases}b_1=4\\d=3\end{cases}$，所以 $b_n=3n+1$.

(2) 由(1)的解答，可得 $c_n=\dfrac{(6n+6)^{n+1}}{(3n+3)^n}=3(n+1)\cdot 2^{n+1}$.

又由 $T_n=c_1+c_2+\cdots+c_n$，可得

$$T_n=3\times[2\times 2^2+3\times 2^3+\cdots+(n+1)\times 2^{n+1}]$$

$$2T_n = 3 \times [2 \times 2^3 + 3 \times 2^4 + \cdots + (n+1) \times 2^{n+2}]$$

把它们相减，可得

$$-T_n = 3 \times [2 \times 2^2 + 2^3 + 2^4 + \cdots + 2^{n+1} - (n+1) \times 2^{n+2}]$$
$$= 3 \times \left[4 + \frac{4 \times (1-2^n)}{1-2} - (n+1) \times 2^{n+2}\right] = -3n \cdot 2^{n+2}$$

所以 $T_n = 3n \cdot 2^{n+2}$.

题 12　(2017 年高考天津卷第 18 题) 已知 $\{a_n\}$ 为等差数列，前 n 项和为 $S_n(n \in \mathbf{N}^*)$，$\{b_n\}$ 是首项为 2 的等比数列，且公比大于 0，$b_2 + b_3 = 12$，$b_3 = a_4 - 2a_1$，$S_{11} = 11b_4$.

(1) 求 $\{a_n\}$ 和 $\{b_n\}$ 的通项公式；

(2)(理) 求数列 $\{a_{2n}b_{2n-1}\}$ 的前 n 项和($n \in \mathbf{N}^*$).

(文) 求数列 $\{a_{2n}b_n\}$ 的前 n 项和($n \in \mathbf{N}^*$).

解　(1)(过程略)$a_n = 3n-2$，$b_n = 2^n$.

(2) 用错位相减法可求得答案：

(理) $\frac{3n-2}{3} \cdot 4^{n+1} + \frac{8}{3}$.

(文)$(3n-4) \cdot 2^{n+2} + 16$.

题 13　(2017 年高考山东卷文科第 19 题) 已知 $\{a_n\}$ 是各项均为正数的等比数列，且 $a_1 + a_2 = 6$，$a_1a_2 = a_3$.

(1) 求数列 $\{a_n\}$ 通项公式；

(2) $\{b_n\}$ 为各项非零的等差数列，其前 n 项和 S_n，已知 $S_{2n+1} = b_nb_{n+1}$，求数列 $\left\{\frac{b_n}{a_n}\right\}$ 的前 n 项和 T_n.

解　(1)(过程略)$a_n = 2^n$.

(2) 可得 $S_{2n+1} = \frac{(2n+1)(b_1 + b_{2n+1})}{2} = (2n+1)b_{n+1}$.

又因为 $S_{2n+1} = b_nb_{n+1}$，$b_{n+1} \neq 0$，所以 $b_n = 2n+1$.

可得$\frac{b_n}{a_n} = \frac{2n+1}{2^n}$，用错位相减法可求得数列 $\left\{\frac{b_n}{a_n}\right\}$ 的前 n 项和 $T_n = 5 - \frac{2n+5}{2^n}$.

题 14　(2017 年高考山东卷理科第 19 题) 已知 $\{x_n\}$ 是各项均为正数的等比数列，且 $x_1 + x_2 = 3$，$x_3 - x_2 = 2$，

(1) 求数列 $\{x_n\}$ 的通项公式；

(2) 如图 1，在平面直角坐标系 xOy 中，依次联结点 $P_1(x_1, 1)$，$P_2(x_2, 2)$，…，$P_{n+1}(x_{n+1}, n+1)$ 得到折线 $P_1P_2\cdots P_{n+1}$，求由该折线与直线 $y=$

$0, x=x_1, x=x_{n+1}$ 所围成的区域的面积 T_n.

解 (1)(过程略)$x_n=2^{n-1}$.

(2) 如图 1 所示，过 $P_1, P_2, P_3, \cdots, P_{n+1}$ 分别向 x 轴作垂线，垂足分别为 $Q_1, Q_2, Q_3, \cdots, Q_{n+1}$.

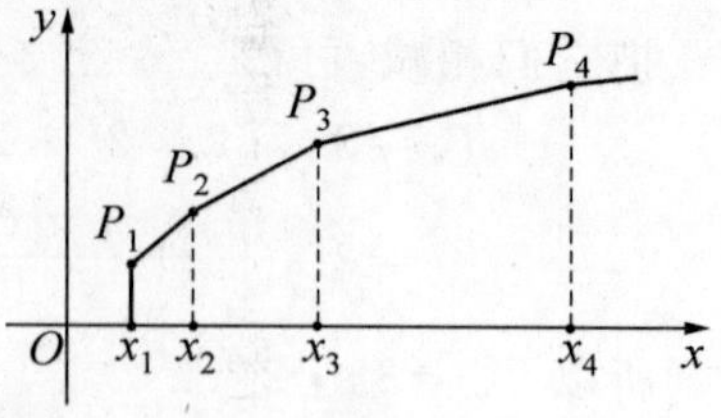

图 1

由(1) 的答案，可得 $x_{n+1}-x_n=2^n-2^{n-1}=2^{n-1}$.

记梯形 $P_nP_{n+1}Q_{n+1}Q_n$ 的面积为 b_n，由题意可得

$$b_n=\frac{n+(n+1)}{2}\cdot 2^{n-1}=2^{n-2}(2n+1)$$

再用错位相减法可求得

$$T_n=b_1+b_2+b_3+\cdots+b_n=\frac{2^n(2n-1)+1}{2}$$

6. 待定系数法

题 15 数列$\{(2n-1)\cdot 3^n\}$的前 n 项和 $S_n=$________.

解 设等差数列$\{a_m\}$的公差为 d，等比数列$\{b_m\}$的公比为 $q(q\neq 1)$，得

$$a_m\cdot b_m=[a_1+(m-1)d]\cdot b_1q^{m-1}\quad (m=1,2,\cdots,n)$$

先用错位相减法求数列$\{a_m\cdot b_m\}$的前 n 项和 S_n

$$S_n=b_1\{a_1+(a_1+d)q+(a_1+2d)q^2+\cdots+[a_1+(n-1)d]q^{n-1}\}$$

$$qS_n=b_1\{a_1q+(a_1+d)q^2+\cdots+[a_1+(n-2)d]q^{n-1}+[a_1+(n-1)d]q^n\}$$

$$\begin{aligned}(1-q)S_n&=b_1\{a_1+dq+dq^2+\cdots+dq^{n-1}-[a_1+(n-1)d]q^n\}\\&=b_1\{(d+dq+dq^2+\cdots+dq^{n-1})-[a_1+(n-1)d]q^n+a_1-d\}\\&=b_1\left\{\frac{d-dq^n}{1-q}-[a_1+(n-1)d]q^n+a_1-d\right\}\end{aligned}$$

$$\frac{q-1}{b_1}S_n=\left(dn+a_1-d-\frac{d}{q-1}\right)q^n-a_1+d+\frac{d}{q-1}$$

所以有下面的结论成立：

若$\{a_m\}$，$\{b_m\}$分别是等差数列、等比数列(其公比 $q\neq 1$)，且 a_1, b_1 均是与 n 无关的常数，则数列$\{a_m\cdot b_m\}$的前 n 项和 $S_n=(an+b)q^n-b$，其中 a, b 是与 n 无关的常数.

由此结论就可以用待定系数法快速求解本题：

可设 $S_n=(an+b)\cdot 3^n-b$(其中 a, b 是常数).

可得 $S_1=3, S_2=3+27=30$，所以$\begin{cases}3(a+b)-b=3\\9(2a+b)-b=30\end{cases}$，解得$\begin{cases}a=3\\b=-3\end{cases}$，从而

$S_n=(n-1)\cdot 3^{n+1}+3$.

题 16　求和 $S_n=1\cdot 2^n+2\cdot 2^{n-1}+3\cdot 2^{n-2}+\cdots+(n-1)\cdot 2^2+n\cdot 2$.

解　得 $\frac{S_n}{2^n}=1\cdot\left(\frac{1}{2}\right)^0+2\cdot\left(\frac{1}{2}\right)^1+3\cdot\left(\frac{1}{2}\right)^2+\cdots+n\cdot\left(\frac{1}{2}\right)^{n-1}$.

用待定系数法可求出该等式的右边为 $4-\frac{n+2}{2^{n-1}}$，所以 $S_n=2^{n+2}-2n-4$.

7. 求导法、积分法

题 17　(1) 求证：$1+x+x^2+x^3+\cdots+x^n=\frac{x^{n+1}-1}{x-1}(x\neq 1)$；

(2) 求证：$1+2x+3x^2+\cdots+nx^{n-1}=\frac{[(x-1)n-1]x^n+1}{(x-1)^2}(x\neq 1)$；

(3) 求数列 $\{(2n-1)\cdot 3^n\}$ 的前 n 项和 S_n.

证明　(1) 当 $x=0$ 时，显然成立. 当 $x\neq 0$ 时，由等比数列的前 n 项和公式知，欲证结论也成立.

(2) 视(1) 的结论为两个函数相等，两边求导后即得欲证成立.

(3) $(2n-1)\cdot 3^n=6(n\cdot 3^{n-1})-3^n$.

在(2) 的结论中令 $x=3$，得数列 $\{n\cdot 3^{n-1}\}$ 的前 n 项和为 $\frac{(2n-1)\cdot 3^n+1}{4}$；

又因为数列 $\{3^n\}$ 的前 n 项和为 $\frac{3^{n+1}-3}{2}$，所以数列 $\{(2n-1)\cdot 3^n\}$ 的前 n 项和为

$$S_n=6\cdot\frac{(2n-1)\cdot 3^n+1}{4}-\frac{3^{n+1}-3}{2}=(n-1)\cdot 3^{n+1}+3$$

题 18　(2008 年高考江苏卷第 23 题) 请先阅读：在等式 $\cos 2x=2\cos^2 x-1(x\in\mathbf{R})$ 的两边对 x 求导，得 $(\cos 2x)'=(2\cos^2 x-1)'$. 由求导法则，得 $(-\sin 2x)\cdot 2=4\cos x\cdot(-\sin x)$，化简后得等式 $\sin 2x=2\sin x\cos x$.

(1) 利用上题的想法(或其他方法)，试由等式 $(1+x)^n=\mathrm{C}_n^0+\mathrm{C}_n^1 x+\mathrm{C}_n^2 x^2+\cdots+\mathrm{C}_n^n x^n(x\in\mathbf{R}$，整数 $n\geqslant 2)$ 证明：$n[(1+x)^{n-1}-1]=\sum_{k=2}^{n}k\mathrm{C}_n^k x^{k-1}$.

(2) 对于整数 $n\geqslant 3$，求证：

(i) $\sum_{k=1}^{n}(-1)^k k\mathrm{C}_n^k=0$；

(ii) $\sum_{k=1}^{n}(-1)^k k^2\mathrm{C}_n^k=0$；

(iii) $\sum_{k=0}^{n}\frac{1}{1+k}\mathrm{C}_n^k=\frac{2^{n+1}-1}{n+1}$.

答案：(1) 在已知等式两边对 x 求导后移项可得欲证.

(2) (i) 在结论(1) 中令 $x=-1$ 可证.

(ii) 由已知等式两边对 x 求导后再求导,又令 $x=-1$,得 $\sum_{k=2}^{n}k(k-1)\cdot C_n^k(-1)^{k-2}=0$,即 $\sum_{k=1}^{n}(-1)^k(k^2-k)C_n^k=0$,再由结论(i) 得结论(ii) 成立.

(iii) 在已知等式两边在[0,1] 上对 x 积分后可得欲证.

1.2 数列通项公式的求法

1. 公式法

用公式法求数列通项公式包括三种类型:

(1) 用等差数列的通项公式 $a_n=a_1+(n-1)d$ 求解;

(2) 用等比数列的通项公式 $a_n=a_1q^{n-1}$ 求解;

(3) 用公式 $a_n=\begin{cases}S_1, n=1\\ S_n-S_{n-1}, n\geqslant 2\end{cases}$ 求解.

题 1 (2014 年高考重庆卷文科第 16(1) 题(部分)) 已知$\{a_n\}$是首项为 1、公差为 2 的等差数列,求 a_n.

答案:$a_n=2n-1$.

题 2 (2014 年高考湖北卷理科第 18(1) 题即文科第 19(1) 题) 已知等差数列$\{a_n\}$满足:$a_1=2$,且 a_1,a_2,a_5 成等比数列,求数列$\{a_n\}$的通项公式

答案:$a_n=2$ 或 $a_n=4n-2$.

题 3 (2014 年高考山东卷理科第 19(1) 题) 已知等差数列$\{a_n\}$的公差为 2,前 n 项和为 S_n,且 S_1,S_2,S_4 成等比数列,求数列$\{a_n\}$的通项公式.

答案:$a_n=2n-1$.

题 4 (2014 年高考山东卷文科第 19(1) 题) 在等差数列$\{a_n\}$中,已知公差 $d=2$,a_2 是 a_1 与 a_4 的等比中项,求数列$\{a_n\}$的通项公式.

答案:$a_n=2n$.

题 5 (2014 年高考全国课标卷 Ⅰ 卷文科第 17(1) 题) 已知$\{a_n\}$是递增的等差数列,a_2,a_4 是方程 $x^2-5x+6=0$ 的根,求$\{a_n\}$的通项公式.

答案:$a_n=\frac{1}{2}n+1$.

题 6 (2014 年高考江西卷理科第 17(1) 题) 已知首项都是 1 的两个数列$\{a_n\}$,$\{b_n\}$($b_n\neq 0, n\in\mathbf{N}^*$) 满足 $a_nb_{n+1}-a_{n+1}b_n+2b_{n+1}b_n=0$,令 $c_n=\frac{a_n}{b_n}$,求数

列$\{c_n\}$的通项公式.

答案:$c_n = 2n-1$.

题 7　(2014 年高考全国大纲卷理科第 18(1) 题) 等差数列$\{a_n\}$的前n项和为S_n.已知$a_1=10$,a_2为整数,且$S_n \leqslant S_4$,求$\{a_n\}$的通项公式.

解　由$a_1=10$,a_2为整数知,等差数列$\{a_n\}$的公差d为整数.

又因为$S_n \leqslant S_4$,所以$a_4 \geqslant 0$,$a_5 \leqslant 0$,于是$10+3d \geqslant 0$,$10+4d \leqslant 0$,得$-\frac{10}{3} \leqslant d \leqslant -\frac{5}{2}$,所以$d=-3$.

得数列$\{a_n\}$的通项公式为$a_n = 13-3n$.

题 8　(2014 年高考北京卷文科第 15(1) 题) 已知$\{a_n\}$是等差数列,满足$a_1=3$,$a_4=12$,数列$\{b_n\}$满足$b_1=4$,$b_4=20$,且$\{b_n-a_n\}$为等比数列,求数列$\{a_n\}$和$\{b_n\}$的通项公式.

答案:$a_n=3n$,$b_n=3n+2^{n-1}$.

题 9　(2014 年高考湖南卷文科第 16(1) 题) 已知数列$\{a_n\}$的前n项和$S_n=\frac{n^2+n}{2}$,$n \in \mathbf{N}^*$,求数列$\{a_n\}$的通项公式.

答案:$a_n = n$.

题 10　(2014 年高考江西卷文科第 17(1) 题) 已知数列$\{a_n\}$的前n项和$S_n=\frac{3n^2-n}{2}$,$n \in \mathbf{N}^*$,求数列$\{a_n\}$的通项公式.

答案:$a_n = 3n-2$.

题 11　(2014 年高考广东卷文科第 19(2) 题) 设各项均为正数的数列$\{a_n\}$的前n项和为S_n,且S_n满足$S_n^2-(n^2+n-3)S_n-3(n^2+n)=0$,$n \in \mathbf{N}^*$,求数列$\{a_n\}$的通项公式.

解　可得$(S_n+3)(S_n-n^2-n)=0$,所以$S_n=n^2+n$,$a_n=2n$.

2.求递推数列的通项公式

2.1　$a_{n+1}=a_n+f(n)$ 型 —— 累加法

若数列$\{a_n\}$满足递推公式$a_{n+1}=a_n+f(n)(n \in \mathbf{N}^*)$,可用累加法求数列$\{a_n\}$的通项公式

$$a_n=\begin{cases} a_1, n=1 \\ a_1+(a_2-a_1)+(a_3-a_2)+\cdots+(a_n-a_{n-1}) \\ \quad (=a_1+f(1)+f(2)+\cdots+f(n-1)), n \geqslant 2 \end{cases} \qquad ①$$

注　若约定$a_0=0$,$f(0)=a_1-a_0$,则可避免分类讨论

$$\begin{aligned} a_n &= a_0+(a_1-a_0)+(a_2-a_1)+\cdots+(a_n-a_{n-1}) \\ &= f(0)+f(1)+f(2)+\cdots+f(n-1) \quad (n \in \mathbf{N}^*) \end{aligned}$$

所以，由式 ① 求得的 $n\geqslant 2$ 时的结论一定适合 $n=1$.

但我们在做解答题时，要注意书写的规范：要么按式 ① 书写；要么按“注”来书写. 做选择题或填空题时，无须分类讨论.

题 12 （2011 年高考四川卷理科第 8 题）数列 $\{a_n\}$ 的首项为 3，$\{b_n\}$ 为等差数列，且 $b_n=a_{n+1}-a_n(n\in\mathbf{N}^*)$. 若 $b_3=-2$，$b_{10}=12$，则 $a_8=($　　$)$.

A. 0　　B. 3　　C. 8　　D. 11

答案：B.

题 13 已知数列 $\{a_n\}$ 满足 $a_1=\dfrac{1}{2}$，$a_{n+1}=a_n+\dfrac{1}{n^2+n}$，求数列 $\{a_n\}$ 的通项公式.

答案：$a_n=\dfrac{3}{2}-\dfrac{1}{n}$.

2.2 $\dfrac{a_{n+1}}{a_n}=f(n)$ 型 —— 累乘法

若数列 $\{a_n\}$ 满足递推公式 $\dfrac{a_{n+1}}{a_n}=f(n)(n\in\mathbf{N}^*)$，可用累乘法求数列 $\{a_n\}$ 的通项公式

$$a_n=\begin{cases}a_1, n=1\\ a_1\cdot\dfrac{a_2}{a_1}\cdot\dfrac{a_3}{a_2}\cdot\cdots\cdot\dfrac{a_n}{a_{n-1}}(=a_1f(1)f(2)\cdots f(n-1)), n\geqslant 2\end{cases}\quad ②$$

注 若约定 $a_0=1$，$f(0)=\dfrac{a_1}{a_0}$，则可避免分类讨论

$$a_n=a_0\cdot\frac{a_1}{a_0}\cdot\frac{a_2}{a_1}\cdot\frac{a_3}{a_2}\cdot\cdots\cdot\frac{a_n}{a_{n-1}}(=a_0f(0)f(1)f(2)\cdots f(n-1))\quad (n\in\mathbf{N}^*)$$

所以，由式 ② 求得的 $n\geqslant 2$ 时的结论一定适合 $n=1$.

但我们在做解答题时，也要注意书写的规范. 做选择题或填空题时，无须分类讨论.

题 14 已知数列 $\{a_n\}$ 满足 $a_1=\dfrac{2}{3}$，$a_{n+1}=\dfrac{n}{n+1}a_n$，求数列 $\{a_n\}$ 的通项公式.

答案：$a_n=\dfrac{2}{3n}$.

2.3 $a_{n+1}=pa_n+q$ 型 —— 可构造等比数列

题 15 （2014 年高考全国课标卷 Ⅱ 理科第 17(1) 题(部分)）已知数列 $\{a_n\}$ 满足 $a_1=1$，$a_{n+1}=3a_n+1$，求数列 $\{a_n\}$ 的通项公式.

解 得 $a_{n+1}+x=3a_n+1+x$（x 是待定的系数），即

$$a_{n+1}+x=3\left(a_n+\frac{1+x}{3}\right)$$

令 $x=\frac{1+x}{3}$，得 $x=\frac{1}{2}$.

所以 $a_{n+1}+\frac{1}{2}=3\left(a_n+\frac{1}{2}\right)$. 又 $a_1+\frac{1}{2}=\frac{3}{2}$，所以可得 $\left\{a_n+\frac{1}{2}\right\}$ 是首项为 $\frac{3}{2}$、公比为 3 的等比数列，所以 $a_n+\frac{1}{2}=\frac{3}{2}\cdot 3^{n-1}$，得数列 $\{a_n\}$ 的通项公式是 $a_n=\frac{3^n-1}{2}$.

注 满足 $a_{n+1}=pa_n+q$（p,q 是常数；$p\neq 0,1$）的数列 $\{a_n\}$ 的通项公式均可用题 15 的方法（构造等比数列）求得.

2.4 $a_{n+1}=pa_n+f(n)$ **型 —— 两边同除以 p^{n+1} 后再用累加法**

题 16 已知数列 $\{a_n\}$ 满足 $a_1=2$，$a_{n+1}=2a_n+2^{n+1}$，求数列 $\{a_n\}$ 的通项公式.

解 得 $\frac{a_{n+1}}{2^{n+1}}=\frac{a_n}{2^n}+1$，所以 $\left\{\frac{a_n}{2^n}\right\}$ 是首项、公差均为 1 的等差数列，所以 $\frac{a_n}{2^n}=n$，$a_n=n\cdot 2^n$.

注 求满足 $a_{n+1}=pa_n+f(n)$（p 是非 0 常数）的数列 $\{a_n\}$ 的通项公式，可先两边同除以 p^{n+1} 后再用累加法求得.

2.5 $a_{n+2}=pa_{n+1}+qa_n$ **型 —— 也是先构造等比数列**

题 17 已知数列 $\{a_n\}$ 满足 $a_1=5$，$a_2=2$，$a_{n+2}=2a_{n+1}+3a_n$，求数列 $\{a_n\}$ 的通项公式.

解 得 $a_{n+2}+xa_{n+1}=(2+x)a_{n+1}+3a_n$（$x\neq -2$，$x$ 是待定系数），即

$$a_{n+2}+xa_{n+1}=(2+x)\left(a_{n+1}+\frac{3}{2+x}a_n\right)$$

令 $x=\frac{3}{2+x}$，解得 $x=-3$ 或 1.

当 $x=-3$ 时，得 $a_{n+2}-3a_{n+1}=-(a_{n+1}-3a_n)$，所以 $\{a_{n+1}-3a_n\}$ 是首项为 -13、公比为 -1 的等差数列，得 $a_{n+1}-3a_n=-13\cdot(-1)^{n-1}$.

当 $x=1$ 时，同理可得 $a_{n+1}+a_n=7\cdot 3^{n-1}$.

解关于 a_{n+1}，a_n 的方程组 $\begin{cases}a_{n+1}-3a_n=-13\cdot(-1)^{n-1}\\ a_{n+1}+a_n=7\cdot 3^{n-1}\end{cases}$，可得 $a_n=\frac{7\cdot 3^{n-1}+13(-1)^{n-1}}{4}$.

题 18 已知数列 $\{a_n\}$ 满足 $a_1=5$，$a_2=2$，$a_{n+2}=4a_{n+1}-4a_n$，求数列 $\{a_n\}$ 的通项公式.

解 同题17的解法，可得 $\{a_{n+1}-2a_n\}$ 是首项为 -8、公比为2的等比数列，得 $a_{n+1}-2a_n=-2^{n+2}$.

所以$\frac{a_{n+1}}{2^{n+1}}-\frac{a_n}{2^n}=-2$，即$\left\{\frac{a_n}{2^n}\right\}$是首项为$\frac{5}{2}$、公差为$-2$的等差数列，得$\frac{a_n}{2^n}=\frac{9-4n}{2}$，$a_n=(9-4n)\cdot 2^{n-1}$.

注　满足$a_{n+2}=pa_{n+1}+qa_n$(p,q是已知数)的数列$\{a_n\}$的通项公式：当$p^2+4q\neq 0$时可用题17的方法(构造等比数列后解方程组)求得；当$p^2+4q=0$时可用题18的方法(构造等比数列后再构造等差数列)求得.

2.6　$a_{n+1}=pa_n^k$ **型——先取对数**

题19　已知数列$\{a_n\}$满足$a_1=1$，$a_{n+1}=2a_n^2$，求数列$\{a_n\}$的通项公式.

解　可用数学归纳法证得$a_n>0(n\in \mathbf{N}^*)$，所以$\lg a_{n+1}=2\lg a_n+\lg 2$. 再由前面"2.3　$a_{n+1}=pa_n+q$型——可构造等比数列"节介绍的求法，可得$\lg a_{n+1}+\lg 2=2(\lg a_n+\lg 2)$.

所以$\lg a_n+\lg 2=2^{n-1}\lg 2$，$a_n=2^{2^{n-1}-1}$.

2.7　$a_{n+1}=\frac{Aa_n}{Ca_n+D}$ **型——先取倒数**

题20　已知数列$\{a_n\}$满足$a_1=1$，$a_{n+1}=\frac{a_n}{3a_n+1}$，求数列$\{a_n\}$的通项公式.

解　可用数学归纳法证得$a_n>0(n\in \mathbf{N}^*)$，所以可以对$a_{n+1}=\frac{a_n}{3a_n+1}$两边取倒数，得

$$\frac{1}{a_{n+1}}=\frac{1}{a_n}+3$$

得数列$\left\{\frac{1}{a_n}\right\}$是等差数列，所以$\frac{1}{a_n}=3n-2$，$a_n=\frac{1}{3n-2}$.

2.8　$a_{n+1}=\frac{Aa_n+B}{Ca_n+D}$ **型——先作变换化成** $a_{n+1}=\frac{Aa_n}{Ca_n+D}$ **型**

题21　已知数列$\{a_n\}$满足$a_1=5$，$a_{n+1}=\frac{3a_n-4}{a_n-1}$，求数列$\{a_n\}$的通项公式.

解　令$a_n=b_n+p$，得

$$b_{n+1}+p=\frac{3b_n+3p-4}{b_n+p-1}$$

$$b_{n+1}=\frac{3b_n+3p-4}{b_n+p-1}-p=\frac{(3-p)b_n+4p-4-p^2}{b_n+p-1}$$

令$4p-4-p^2=0$，得$p=2$，所以$b_1=3$，$b_{n+1}=\frac{b_n}{b_n+1}$.

由2.7节介绍的求法，可求得$b_n=\frac{3}{3n-2}$，所以$a_n=\frac{6n-1}{3n-2}$.

2.9　**解方程组法**

题17的解法就是解方程组法求递推数列的通项公式. 这里再举一例.

题22 已知数列$\{a_n\}$满足$a_1=1, a_{n+1}=2a_n+3\cdot 5^n(n\in\mathbf{N}^*)$，求数列$\{a_n\}$的通项公式.

解 解法1(待定系数法) 可得

$$a_{n+1}+x\cdot 5^{n+1}=2a_n+3\cdot 5^n+x\cdot 5^{n+1}=2\left(a_n+\frac{5x+3}{2}\cdot 5^n\right)$$

令$x=\frac{5x+3}{2}$，得$x=-1$，所以

$$a_{n+1}-5^{n+1}=2(a_n-5^n)$$
$$a_n-5^n=(a_1-5)\cdot 2^{n-1}=-2^{n+1}$$
$$a_n=5^n-2^{n+1}$$

解法2(累加法) 可得$\frac{a_{n+1}}{2^{n+1}}=\frac{a_n}{2^n}+\frac{3}{2}\left(\frac{5}{2}\right)^n(n\in\mathbf{N}^*)$，设$\frac{a_n}{2^n}=b_n$，得$b_{n+1}-b_n=\frac{3}{2}\left(\frac{5}{2}\right)^n$，所以

$$b_n=(b_n-b_{n-1})+(b_{n-1}-b_{n-2})+\cdots+(b_2-b_1)+b_1$$
$$=\frac{3}{2}\cdot\frac{\frac{5}{2}-\left(\frac{5}{2}\right)^n}{1-\frac{5}{2}}+\frac{1}{2}=\left(\frac{5}{2}\right)^n-2=\frac{a_n}{2^n}$$
$$a_n=5^n-2^{n+1}$$

解法3(解方程组法) 由$a_{n+1}=2a_n+3\cdot 5^n$得$5a_n=10a_{n-1}+3\cdot 5^n(n\geqslant 2)$，相减得

$$a_{n+1}-5a_n=2(a_n-5a_{n-1})$$
$$a_{n+1}-5a_n=(a_2-5a_1)\cdot 2^{n-1}=3\cdot 2^{n+1}$$
$$\begin{cases}a_{n+1}-2a_n=3\cdot 5^n\\ a_{n+1}-5a_n=3\cdot 2^{n+1}\end{cases}$$

解此关于a_{n+1}, a_n的方程组，得

$$a_n=5^n-2^{n+1}$$

注 由递推式$a_{n+1}=pa_n+r\cdot q^n(p\neq q; p,q,r$是已知数)求通项$a_n$的问题都可以用这种解方程组法简洁求解.

题23 已知数列$\{a_n\}$满足$a_1=1, a_2=2, a_{n+2}=3a_{n+1}-2a_n(n\in\mathbf{N}^*)$，求数列$\{a_n\}$的通项公式.

解 解法1(待定系数法及累加法) 可得

$$a_{n+2}+xa_{n+1}=(3+x)\left(a_{n+1}-\frac{2}{3+x}a_n\right)$$

令$x=-\frac{2}{3+x}$，得$x=-1$或-2.

当 $x=-1$ 时，得

$$a_{n+2}-a_{n+1}=2(a_{n+1}-a_n)$$
$$a_{n+1}-a_n=(a_2-a_1)\cdot 2^{n-1}=2^{n-1}$$

再用累加法可求得 $a_n=2^{n-1}$.

解法 2(解方程组法)　同解法 1，可得

当 $x=-1$ 时，可得 $a_{n+1}-a_n=2^{n-1}$.

当 $x=-2$ 时，可得

$$a_{n+2}-2a_{n+1}=a_{n+1}-2a_n$$
$$a_{n+1}-2a_n=a_2-2a_1=0$$

解方程组 $\begin{cases}a_{n+1}-a_n=2^{n-1}\\a_{n+1}-2a_n=0\end{cases}$，可得 $a_n=2^{n-1}$.

注　由递推式 $a_{n+2}=pa_{n+1}+qa_n(p^2+4q\neq 0;p,q$ 是已知数) 求通项 a_n 的问题都可以用这种解方程组法简洁求解.

题 24　已知数列 $\{a_n\}$，$\{b_n\}$ 满足

$$a_1=2,b_1=1,\text{且}\begin{cases}a_n=\dfrac{3}{4}a_{n-1}+\dfrac{1}{4}b_{n-1}\\b_n=\dfrac{1}{4}a_{n-1}+\dfrac{3}{4}b_{n-1}\end{cases}(n\geqslant 2)$$

求数列 $\{a_n\}$，$\{b_n\}$ 的通项公式.

解　当 $\lambda\neq -3$ 时，得 $a_n+\lambda b_n=\left(\dfrac{3}{4}+\dfrac{1}{4}\lambda\right)\left(a_{n-1}+\dfrac{\dfrac{1}{4}+\dfrac{3}{4}\lambda}{\dfrac{3}{4}+\dfrac{1}{4}\lambda}b_{n-1}\right)$.

令 $\lambda=\dfrac{\dfrac{1}{4}+\dfrac{3}{4}\lambda}{\dfrac{3}{4}+\dfrac{1}{4}\lambda}$，得 $\lambda=\pm 1$.

当 $\lambda=1$ 时，可得 $a_n+b_n=a_{n-1}+b_{n-1}$，所以 $a_n+b_n=a_1+b_1=3$.

当 $\lambda=-1$ 时，可得 $a_n-b_n=\dfrac{1}{2}(a_{n-1}-b_{n-1})$，所以 $a_n-b_n=\dfrac{1}{2^{n-1}}$.

解方程组 $\begin{cases}a_n+b_n=3\\a_n-b_n=\dfrac{1}{2^{n-1}}\end{cases}$，得 $a_n=\dfrac{3}{2}+\dfrac{1}{2^n}$，$b_n=\dfrac{3}{2}-\dfrac{1}{2^n}$.

题 25　已知数列 $\{a_n\}$，$\{b_n\}$ 满足 $a_1=2,b_1=1$，且 $\begin{cases}a_n=3a_{n-1}-b_{n-1}\\b_n=a_{n-1}+b_{n-1}\end{cases}(n\geqslant 2)$，求数列 $\{a_n\}$，$\{b_n\}$ 的通项公式.

解　当 $\lambda\neq -3$ 时，可得 $a_n+\lambda b_n=(\lambda+3)\left(a_{n-1}+\dfrac{\lambda-1}{\lambda+3}b_{n-1}\right)$.

令 $\lambda=\dfrac{\lambda-1}{\lambda+3}$,可得 $\lambda=-1$.

当 $\lambda=-1$ 时,可得 $a_n-b_n=2(a_{n-1}-b_{n-1})$,所以 $a_n-b_n=2^{n-1}$.

得 $a_{n-1}-b_{n-1}=2^{n-2}$,再由 $a_n=3a_{n-1}-b_{n-1}$,得

$$a_n=2a_{n-1}+2^{n-2}$$

$$\frac{a_n}{2^n}=\frac{a_{n-1}}{2^{n-1}}+\frac{1}{4}$$

$$\frac{a_n}{2^n}=1+\frac{1}{4}(n-1)$$

$$a_n=(n+3)2^{n-2},b_n=(n+1)2^{n-2}$$

题 26　已知数列 $\{a_n\}$,$\{b_n\}$ 满足

$$a_1=2,b_1=1,\text{且}\begin{cases}a_n=\dfrac{3}{4}a_{n-1}+\dfrac{1}{4}b_{n-1}+1\\ b_n=\dfrac{1}{4}a_{n-1}+\dfrac{3}{4}b_{n-1}+1\end{cases}\quad(n\geqslant 2)$$

求数列 $\{a_n\}$,$\{b_n\}$ 的通项公式.

解　当 $\lambda\neq-3$ 时,可得

$$a_n+\lambda b_n+\mu=\frac{\lambda+3}{4}\left(a_{n-1}+\frac{3\lambda+1}{\lambda+3}b_{n-1}+\frac{4\lambda+4\mu+4}{\lambda+3}\right)$$

令 $\begin{cases}\lambda=\dfrac{3\lambda+1}{\lambda+3}\\ \mu=\dfrac{4\lambda+4\mu+4}{\lambda+3}\end{cases}$,可得 $\begin{cases}\lambda=1\\ \mu\text{不存在}\end{cases}$ 或 $\begin{cases}\lambda=-1\\ \mu=0\end{cases}$.

当 $\lambda=1$ 时,可得 $a_n+b_n=a_{n-1}+b_{n-1}+2$,所以 $a_n+b_n=2n+1$.

当 $\lambda=-1,\mu=0$ 时,可得 $a_n-b_n=\dfrac{1}{2}(a_{n-1}-b_{n-1})$,所以 $a_n-b_n=\dfrac{1}{2^{n-1}}$.

解方程组 $\begin{cases}a_n+b_n=2n+1\\ a_n-b_n=\dfrac{1}{2^{n-1}}\end{cases}$,可得 $a_n=n+\dfrac{1}{2}+\dfrac{1}{2^n}$,$b_n=n+\dfrac{1}{2}-\dfrac{1}{2^n}$.

注　题 24 ~ 26 均来源于 2007 年高考辽宁卷文科第 20 题:

已知数列 $\{a_n\}$,$\{b_n\}$ 满足

$$a_1=2,b_1=1,\text{且}\begin{cases}a_n=\dfrac{3}{4}a_{n-1}+\dfrac{1}{4}b_{n-1}+1\\ b_n=\dfrac{1}{4}a_{n-1}+\dfrac{3}{4}b_{n-1}+1\end{cases}\quad(n\geqslant 2)$$

(1) 令 $c_n=a_n+b_n$,求数列 $\{c_n\}$ 的通项公式;

(2) 求数列 $\{a_n\}$ 的通项公式及前 n 项和公式 S_n.

题 27　(普通高中课程标准实验教科书《数学 5 · 必修 · A 版》(人民教育出

版社,2007年第3版)第69页第5题的等价问题)已知数列$\{a_n\}$,$\{b_n\}$满足$a_1=300$,$\begin{cases}a_n=0.8a_{n-1}+0.3b_{n-1},n\geqslant 2\\a_n+b_n=500,n\geqslant 1\end{cases}$,求数列$\{a_n\}$,$\{b_n\}$的通项公式.

解 当$500\lambda+\mu\neq 0$时,可得

$$(1+\lambda)a_n+\lambda b_n+\mu=0.8a_{n-1}+0.3b_{n-1}+500\lambda+\mu$$

令

$$\frac{1+\lambda}{0.8}=\frac{\lambda}{0.3}=\frac{\mu}{500\lambda+\mu}$$

得$\lambda=0.6$,$\mu=-600$,所以

$$1.6a_n+0.6b_n-600=\frac{1}{2}(1.6a_{n-1}+0.6b_{n-1}-600)$$

由$1.6a_1+0.6b_1-600=1.6\times 300+0.6\times 200-600=0$,可得$1.6a_n+0.6b_n-600=0$,$1.6a_n+0.6b_n=600$.

解方程组$\begin{cases}1.6a_n+0.6b_n=600\\a_n+b_n=500\end{cases}$,得$\begin{cases}a_n=300\\b_n=200\end{cases}$,即数列$\{a_n\}$,$\{b_n\}$的通项公式分别为$a_n=300$,$b_n=200$.

注 本题用下一页的"2.14 验证法"求解最简洁.

2.10 构造常数列

题28 (2008年高考天津卷理科第22题(部分))在数列$\{a_n\}$中,$a_1=1$,其前n项和S_n满足$nS_{n+1}-(n+3)S_n=0$,求数列$\{a_n\}$的通项公式.

解 把$nS_{n+1}=(n+3)S_n$,$(n+1)S_{n+2}=(n+4)S_{n+1}$相减,得

$$\frac{a_{n+2}}{n+3}=\frac{a_{n+1}}{n+1}$$

$$\frac{a_{n+2}}{(n+2)(n+3)}=\frac{a_{n+1}}{(n+1)(n+2)}$$

所以数列$\left\{\frac{a_{n+1}}{(n+1)(n+2)}\right\}$是常数列,再由$a_1=1$,$a_2=3$得数列$\left\{\frac{a_n}{n(n+1)}\right\}$也是常数列,所以

$$\frac{a_n}{n(n+1)}=\frac{a_1}{2}=\frac{1}{2}$$

$$a_n=\frac{1}{2}n(n+1)$$

前面的题13及题14用构造常数列的方法也容易求解.

2.11 三角换元法

题29 已知数列$\{a_n\}$满足$a_1=\sqrt{2}$,$a_{n+1}=\sqrt{2+a_n}$,求数列$\{a_n\}$的通项公式.

解 可用数学归纳法证得$0<a_n<2(n\in\mathbf{N}^*)$,所以可设$a_n=$

$2\cos\theta_n\left(0<\theta_n<\frac{\pi}{2}\right)$.

由 $a_{n+1}=\sqrt{2+a_n}$，可得

$$2\cos\theta_{n+1}=\sqrt{2+2\cos\theta_n}=2\cos\frac{\theta_n}{2}$$

$$\theta_{n+1}=\frac{\theta_n}{2}$$

又因为 $\theta_1=\frac{\pi}{4}$，所以 $\theta_n=\frac{\pi}{4}\cdot\frac{1}{2^{n-1}}=\frac{\pi}{2^{n+1}}$，得 $a_n=2\cos\frac{\pi}{2^{n+1}}$.

2.12　**特征方程法**

人们总结出了不少递推数列的通项公式都可以用特征方程求解，下面介绍 $a_{n+2}=pa_{n+1}+qa_n(q\neq 0;p,q$ 是常数）型递推数列 $\{a_n\}$ 的通项公式的求法：

把一元二次方程 $x^2-px-q=0$ 叫作数列 $\{a_n\}$ 的特征方程.

(1) 当 $p^2+4q\neq 0$ 时，可设该特征方程的两个不相等的复数根为 x_1,x_2，则可设数列 $\{a_n\}$ 的通项公式为 $a_n=\alpha x_1^n+\beta x_2^n$（$\alpha,\beta$ 是待定的常数）；

(2) 当 $p^2+4q=0$ 时，可设该特征方程的两个相等复数根均为 x_0，则可设数列 $\{a_n\}$ 的通项公式为 $a_n=(\alpha n+\beta)x_0^n$（$\alpha,\beta$ 是待定的常数）.

接下来，就可以用待定系数法求解了.

读者可用这种方法求解题 17 及题 18.

2.13　**先猜后证**

题 30　（2014 年高考广东卷理科第 19 题）设数列 $\{a_n\}$ 的前 n 项和为 S_n，满足 $S_n=2na_{n+1}-3n^2-4n,n\in\mathbf{N}^*$，且 $S_3=15$.

(1) 求 a_1,a_2,a_3 的值；

(2) 求数列 $\{a_n\}$ 的通项公式.

答案：(1)$a_1=3,a_2=5,a_3=7$.

(2) 由(1) 的答案知，可猜测 $a_n=2n+1$，还可用数学归纳法证得此结论成立，所以数列 $\{a_n\}$ 的通项公式是 $a_n=2n+1$.

注　对于所给数列的递推公式，通过变形后若难以求出数列的通项公式，可以尝试先猜后证. 这种解法能够成功的关键是猜测正确.

2.14　**验证法**

题 31　（2005 年高考江苏卷第 23(1)(2) 题）设数列 $\{a_n\}$ 的前 n 项和为 S_n，已知 $a_1=1,a_2=6,a_3=11$，且 $(5n-8)S_{n+1}-(5n+2)S_n=An+B(n\in\mathbf{N}^*)$，其中 A,B 为常数.

(1) 求 A 与 B 的值；

(2) 证明：数列 $\{a_n\}$ 为等差数列.

解　(1)$A=-20,B=-8$.

(2) 因为

$$S_{n+1}=\frac{5n+2}{5n-8}S_n-\frac{20n+8}{5n-8}(n\in\mathbf{N}^*),S_1=1 \quad ③$$

所以 $\{S_n\}$ 是唯一确定的数列，$\{a_n\}$ 也是唯一确定的数列.

又由 $a_1=1,a_2=6,a_3=11$ 知，若 $\{a_n\}$ 为等差数列，则 $a_n=5n-4$，于是 $S_n=\frac{1}{2}n(5n-3)$.

容易验证 $S_n=\frac{1}{2}n(5n-3)$ 满足式 ③，所以题中的 $S_n=\frac{1}{2}n(5n-3)$，$a_n=5n-4$，故 $\{a_n\}$ 为等差数列.

题 32 （2001 年湖南省高中数学奥林匹克选拔赛第 19 题）设至少四项的数列 $\{a_n\}$，其前 n 项和为 $S_n=npa_n(n\in\mathbf{N}^*,p$ 为常数)，且 $a_1\neq a_2$，试问：这个数列是什么数列？并说明理由.

解 解法 1 可得 $a_1=pa_1$，$(p-1)a_1=0$，$p=1$ 或 $a_1=0$.

若 $p=1$，可得 $S_2=a_1+a_2=2a_2$，$a_1=a_2$，而 $a_1\neq a_2$，所以 $p\neq1$，$a_1=0$，$a_2\neq0$.

可得 $S_2=a_1+a_2=a_2=2pa_2$，$p=\frac{1}{2}$，$S_n=\frac{1}{2}na_n$.

由 $S_n=\frac{1}{2}na_n$，$S_{n+1}=\frac{1}{2}(n+1)a_{n+1}$，可得 $a_{n+1}=\frac{1}{2}(n+1)a_{n+1}-\frac{1}{2}na_n$，$(n-1)a_{n+1}=na_n$.

由 $(n-1)a_{n+1}=na_n$，$na_{n+2}=(n+1)a_{n+1}$，相加得 $a_n+a_{n+2}=2a_{n+1}$，所以 $\{a_n\}$ 是等差数列且不是等比数列，且其通项公式为 $a_n=(n-1)a_2$.

解法 2 同解法 1，可得 $(n-1)a_{n+1}=na_n$，$a_1=0$，$a_2\neq0$，所以当 $n\geqslant3$ 时，$\frac{a_n}{a_{n-1}}=\frac{n-1}{n-2}$，有

$$a_n=\frac{a_n}{a_{n-1}}\cdot\frac{a_{n-1}}{a_{n-2}}\cdot\cdots\cdot\frac{a_3}{a_2}\cdot a_2=\frac{n-1}{n-2}\cdot\frac{n-2}{n-3}\cdot\cdots\cdot\frac{2}{1}\cdot a_2=(n-1)a_2$$

下面再对此题做些研究.

定理 1 (1) 若数列 $\{a_n\}$ 的前 n 项和为 $S_n=\frac{n(a_1+a_n)}{2}(n\in\mathbf{N}^*)$，则 $\{a_n\}$ 是等差数列；

(2) 若数列 $\{a_n\}$ 的前 n 项和为 $S_n=\frac{a_1-a_nq}{1-q}(n\in\mathbf{N}^*)$，则 $\{a_n\}$ 是等比数列.

下面只对结论(1) 进行证明，(2) 的证明是完全类似的.

证明 证法 1 由 $2S_n=n(a_1+a_n)$，$2S_{n+1}=(n+1)(a_1+a_{n+1})$，可得

$$2a_{n+1}=a_1+(n+1)a_{n+1}-na_n, a_1+(n-1)a_{n+1}=na_n$$

由 $a_1+(n-1)a_{n+1}=na_n, a_1+na_{n+2}=(n+1)a_{n+1}$，得 $a_n+a_{n+2}=2a_{n+1}$，所以 $\{a_n\}$ 是等差数列.

证法 2 由数列 $\{a_n\}$ 的前 n 项和为 $S_n=\frac{n(a_1+a_n)}{2}(n\in\mathbf{N}^*)$，得 a_1, a_2 可以是任意数. 但 a_1, a_2 确定之后，a_3 也是确定的，因为关于 a_3 的方程 $2(a_1+a_2+a_3)=3(a_1+a_3)$ 有唯一解. 一般地，若 $a_1, a_2, \cdots, a_k (k\geqslant 2)$ 确定之后，a_{k+1} 也是确定的，因为关于 a_{k+1} 的方程

$$2(a_1+a_2+\cdots+a_k+a_{k+1})=(k+1)(a_1+a_{k+1})$$

有唯一解. 所以数列 $\{a_n\}$ 是由其前两项唯一确定的，可不妨设 a_1, a_2 是确定的数，则数列 $\{a_n\}$ 也是唯一确定的. 若能找到一个数列 $\{a_n\}$ 满足 $S_n=\frac{n(a_1+a_n)}{2}(n\in\mathbf{N}^*)$，则这个数列就是所求的数列，而 $\{a_n\}$ 是由 a_1, a_2 确定的等差数列就满足，所以 $\{a_n\}$ 就是该等差数列.（笔者在文献[1][2] 中均阐述了这种求数列通项公式的简单方法 —— 验证法.）

由定理 1 还可给出题 32 的简解：

由题 32 的解法 1，可得 $S_n=\frac{1}{2}na_n=\frac{1}{2}n(a_1+a_n), a_1=0$. 由定理 1，可得 $\{a_n\}$ 是由 $a_1=0, a_2$ 确定的等差数列，所以 $a_n=(n-1)a_2$.

题 33 已知数列 $\{a_n\}$ 满足 $a_1=\frac{1}{2}, a_{n+1}=a_n+\frac{1}{n^2+n}$，求数列 $\{a_n\}$ 的通项公式.

解 首先，由首项 $a_1=\frac{1}{2}$ 及递推关系 $a_{n+1}=a_n+\frac{1}{n^2+n}$ 知，满足题意的数列 $\{a_n\}$ 是唯一确定的. 所以，若能找到一个数列满足该题目的所有条件，则该数列的通项公式就是所求的答案.

易得 $a_{n+1}-a_n=\frac{1}{n^2+n}=\frac{1}{n}-\frac{1}{n+1}=\left(k-\frac{1}{n+1}\right)-\left(k-\frac{1}{n}\right)$，即 $a_n=k-\frac{1}{n}$（k 是常数）满足递推关系 $a_{n+1}=a_n+\frac{1}{n^2+n}$. 再由 $a_1=\frac{1}{2}$，可得 $a_n=\frac{3}{2}-\frac{1}{n}$ 满足题目的所有条件，所以本题的答案就是 $a_n=\frac{3}{2}-\frac{1}{n}$.

题 34 已知数列 $\{a_n\}$ 满足 $a_1=\frac{2}{3}, a_{n+1}=\frac{n}{n+1}a_n$，求数列 $\{a_n\}$ 的通项公式.

解 易知本题的答案是唯一确定的，所以只需寻求一个数列满足该题目的所有条件.

易得$\frac{a_{n+1}}{a_n}=\frac{n}{n+1}=\frac{\frac{k}{n+1}}{\frac{k}{n}}$($k$是非零常数),即$a_n=\frac{k}{n}$满足递推关系$a_{n+1}=\frac{n}{n+1}a_n$,再由$a_1=\frac{2}{3}$,得$a_n=\frac{2}{3n}$满足题目的所有条件,所以本题的答案就是$a_n=\frac{2}{3n}$.

注 因为绝大部分求数列通项公式的题目答案都是唯一的,所以只要能观察或求出满足所有题设的一个通项公式,则该通项公式就是所求的唯一答案.

题 35 已知$a_1C_n^0+a_2C_n^1+a_3C_n^2+\cdots+a_{n+1}C_n^n=n\cdot 2^n$对任意的正整数$n$恒成立.

(1) 若$a_1,a_2,a_3,\cdots,a_{n+1}$成等差数列,求出该数列的通项公式;

(2) 若a_1是已知数,求数列$a_1,a_2,a_3,\cdots,a_{n+1}$的通项公式.

解 (1) 由题设,可得

$$a_{n+1}C_n^0+a_nC_n^1+a_{n-1}C_n^2+\cdots+a_1C_n^n=n\cdot 2^n$$

把它与题设中已知的等式相加,得

$$(a_1+a_{n+1})(C_n^0+C_n^1+C_n^2+\cdots+C_n^n)=2n\cdot 2^n$$

$$a_1+a_{n+1}=2n$$

因为该式对任意的正整数n恒成立,再由$a_1,a_2,a_3,\cdots,a_{n+1}$成等差数列可求得该数列的通项公式是$a_k=2k-2(k=1,2,\cdots,n+1)$.

(2) 由已知的等式可得(约定$C_0^0=1$)

$$(a_1+a_2)C_{n-1}^0+(a_2+a_3)C_{n-1}^1+(a_3+a_4)C_{n-1}^2+\cdots+(a_n+a_{n+1})C_{n-1}^{n-1}=n\cdot 2^n$$

设$a_k+a_{k+1}=b_k(k=1,2,\cdots,n)$,可得

$$b_1C_{n-1}^0+b_2C_{n-1}^1+b_3C_{n-1}^2+\cdots+b_nC_{n-1}^{n-1}=n\cdot 2^n \quad ④$$

令$n=1$,可得$b_1=2$;

令$n=2$,可得$b_1+b_2=8$,所以$b_2=6$;

……

进而可得$b_1,b_2,\cdots,b_n$是唯一确定的数列.

又可以证明当$b_k=4k-2(k=1,2,\cdots,n)$时式④成立(用倒序相加法),所以数列$b_1,b_2,\cdots,b_n$的通项公式就是$b_k=4k-2(k=1,2,\cdots,n)$,所以

$$a_k+a_{k+1}=4k-2 \quad (k=1,2,\cdots,n)$$

$$a_{k+1}-2(k+1)+2=-(a_k-2k+2)$$

$$a_k-2k+2=(-1)^{k-1}a_1$$

$$a_k=2k-2+(-1)^{k-1}a_1 \quad (k=1,2,\cdots,n)$$

这就是所求数列的通项公式.

题 36　(《数学通报》数学问题 1882)在数列 $\{a_n\}$ 中，$a_1=1,a_2=4$，当 $n\geqslant 3$ 时，总有 $a_n=7a_{n-1}-a_{n-2}-2$，求证：当 $n\in\mathbf{N}^*$ 时，a_n 均为完全平方数.

证明　该题与著名的 Fibonacci 数列 $\{F_n\}$ 有关(它由 $F_1=F_2=1,F_{n+2}=F_{n+1}+F_n$ 确定，其通项公式是 $F_n=\frac{1}{\sqrt{5}}\left[\left(\frac{1+\sqrt{5}}{2}\right)^n-\left(\frac{1-\sqrt{5}}{2}\right)^n\right]$)，可以证明 $a_n=F_{2n-1}^2$，这只需证明

$$F_{2n+3}^2-7F_{2n+1}^2+F_{2n-1}^2+2=0$$

由数列 $\{F_n\}$ 的通项公式代入验证便可知上式成立，所以欲证成立.

题 37　已知数列 $\{a_n\}$ 的第一项是 $a_1=1$，且 $a_{n+1}=\frac{a_n}{1+a_n}(n=1,2,3,\cdots)$，求这个数列的通项公式.

解　计算出 a_1,a_2,a_3,a_4 后，容易归纳出 $a_n=\frac{1}{n}$. 又满足题设的数列 $\{a_n\}$ 是唯一确定的，还可验证 $a_n=\frac{1}{n}$ 满足所有的题设，所以所求数列的通项公式是 $a_n=\frac{1}{n}$.

注　题 37 是仅文科生学习的普通高中课程标准实验教科书《数学・选修 1－2・A 版》(人民教育出版社，2007 年第 2 版)(以下简称《选修 1－2》)第 23～24 页的例 2 的变形，原题只要求归纳出结论.

文科生当然可以提出这样的问题：如何证明该结论？当然首选数学归纳法. 但文科生又不学习数学归纳法，有别的办法吗？例 2 这样的问题是高一学生(尚未分文、理科)的常见问题，不用数学归纳法的常规解法是：

把已知递推式两边取倒数后，可得

$$\frac{1}{a_{n+1}}-\frac{1}{a_n}=1\quad(n=1,2,3,\cdots)$$

所以数列 $\left\{\frac{1}{a_n}\right\}$ 是首项、公差均为 1 的等差数列，得 $\frac{1}{a_n}=n,a_n=\frac{1}{n}$.

但笔者认为：对于文科生来说，“把已知递推式两边取倒数”这关键的一步并不好想，他们习惯的还是“先算出数列的前几项，再发现规律”，若只到此为止(即使发现了正确的规律)，根据评分标准，往往得不到分；该解答也不严谨，已知递推式两边为何能取倒数？即必须证明数列 $\{a_n\}$ 的各项均不为 0：如何证？只有数学归纳法！有人说，由 $a_1>0$ 及递推式可得 $a_2>0$，再由 $a_2>0$ 及递推式可得 $a_3>0$，…… 所以数列 $\{a_n\}$ 的各项均为正数. 实际上，把此论述严格地表述出来，就是数学归纳法！

求递推数列的通项公式时，“取倒数”也算是一种常用技巧了，但很多文献

都没有注意“不为 0 的数才能取倒数”，这是不能忽略的问题.

所以说，解答题 37 用验证法是首选.

参考文献

[1] 甘志国. 用验证法求数列通项两例[J]. 中学数学月刊，2008(3)：46.

[2] 甘志国. 例谈用验证法求数列通项[J]. 数学教学研究，2015(4)：39-41.

1.3 由一道教科书数列练习题得到的等差(比) 数列的性质

1. 一道教科书数列练习题

全日制普通高级中学教科书（必修）《数学 ·（第一册（上）》(2006 年人民教育出版社）第 96 页练习第 2(2) 题：

在等差数列 $\{a_n\}$ 中，已知 $a_3=9, a_9=3$，求 a_{12}.（答案：$a_{12}=0$.）

这是一道很有趣味的题，笔者由此还发现了等差（比）数列的一些有趣性质，撰成此节供读者欣赏.

2. 得到的等差数列性质

题 1 在等差数列 $\{a_n\}$ 中，若 $a_p=q, a_q=p(p\neq q)$，求 a_{p+q} 的值.

解 公差 $d=\dfrac{a_p-a_q}{p-q}=\dfrac{q-p}{p-q}=-1$，所以 $a_{p+q}=a_p+qd=q+q\cdot(-1)=0$.

等差数列性质 1 在等差数列 $\{a_n\}$ 中，若 $p\neq q$，则 $pa_p=qa_q\Leftrightarrow a_{p+q}=0$.

证明 可设 $a_n=an+b(n\in\mathbf{N}^*, a, b$ 是常数)，由 $p\neq q$，得

$$ap^2+bp=aq^2+bq\Leftrightarrow(p-q)[a(p+q)+b]=(p-q)a_{p+q}=0\Leftrightarrow a_{p+q}=0$$

题 2 设等差数列 $\{a_n\}$ 的前 n 项和是 S_n，若 $S_p=q, S_q=p(p\neq q)$，求 S_{p+q} 的值.

解 解法 1 可设 $S_n=An^2+Bn(n\in\mathbf{N}^*, A, B$ 是常数)，由题设，得

$$\begin{cases}S_p=Ap^2+Bp=q & ①\\ S_q=Aq^2+Bq=p & ②\end{cases}$$

① − ②，可得 $A(p+q)+B=-1$，所以

$$S_{p+q}=(p+q)[A(p+q)+B]=-p-q$$

解法 2　可不妨设 $p<q$，得 $a_{p+1}+a_{p+2}+\cdots+a_q=p-q$，由倒序相加法可得

$$(q-p)(a_{p+1}+a_q)=2(p-q)$$

$$a_{p+1}+a_q=a_1+a_{p+q}=-2$$

所以 $$S_{p+q}=\frac{p+q}{2}(a_1+a_{p+q})=-p-q$$

等差数列性质 2　设等差数列 $\{a_n\}$ 的前 n 项和是 S_n，若 $p\neq q$，则 $pS_p=qS_q\Leftrightarrow S_{p+q}+S_p+S_q=0$.

证明　可设 $S_n=An^2+Bn(n\in\mathbf{N}^*,A,B$ 是常数)，由 $p\neq q$，得

$$pS_p=qS_q$$

$$\Leftrightarrow(Ap^3+Bp^2)-(Aq^3+Bq^2)=(p-q)[A(p^2+pq+q^2)+B(p+q)]=0$$

$$\Leftrightarrow S_{p+q}+S_p+S_q=2[A(p^2+pq+q^2)+B(p+q)]=0$$

题 3　设等差数列 $\{a_n\}$ 的前 n 项和是 S_n，若 $S_p=p,S_q=q(p\neq q)$，求 S_{p+q} 的值.

解　解法 1　可设 $S_n=An^2+Bn(n\in\mathbf{N}^*,A,B$ 是常数)，由题设，得

$$\begin{cases}S_p=Ap^2+Bp=p & ③\\ S_q=Aq^2+Bq=q & ④\end{cases}$$

③－④，可得 $A(p+q)+B=1$，所以

$$S_{p+q}=(p+q)[A(p+q)+B]=p+q$$

解法 2　可不妨设 $p<q$，得

$$S_q-S_p=a_{p+1}+a_{p+2}+\cdots+a_q=q-p$$

$$\frac{1}{2}(q-p)(a_{p+1}+a_q)=q-p$$

$$a_{p+1}+a_q=2,a_1+a_{p+q}=2$$

$$S_{p+q}=\frac{1}{2}(p+q)(a_1+a_{p+q})=p+q$$

等差数列性质 3　设等差数列 $\{a_n\}$ 的前 n 项和是 S_n，若 $p\neq q$，则 $\frac{S_p}{p}=\frac{S_q}{q}\Leftrightarrow S_{p+q}=S_p+S_q$.

证明　可设 $S_n=An^2+Bn(n\in\mathbf{N}^*,A,B$ 是常数)，由 $p\neq q$，得

$$\frac{S_p}{p}=\frac{S_q}{q}\Leftrightarrow Ap+B=Aq+B\Leftrightarrow A=0$$

$$\Leftrightarrow A(p+q)^2+B(p+q)=(Ap^2+Bp)+(Aq^2+Bq)\Leftrightarrow S_{p+q}=S_p+S_q$$

题 4　设等差数列 $\{a_n\}$ 的前 n 项和是 S_n，若 $S_p=S_q(p\neq q)$，求 S_{p+q} 的值.

解　解法 1　可设 $S_n = An^2 + Bn(n \in \mathbf{N}^*, A, B$ 是常数)，由题设，得 $A(p+q)+B=0$，所以

$$S_{p+q}=(p+q)[A(p+q)+B]=0$$

解法 2　可不妨设 $p<q$，得

$$S_q - S_p = a_{p+1}+a_{p+2}+\cdots+a_q=0$$

$$\frac{1}{2}(q-p)(a_{p+1}+a_q)=0$$

$$a_1 + a_{p+q}=0$$

$$S_{p+q}=\frac{1}{2}(p+q)(a_1+a_{p+q})=0$$

解法 3　可设 $S_n = An^2+Bn(n\in\mathbf{N}^*, A, B$ 是常数).

若 $A=0$，得 $\{S_n\}$ 是等差数列；再由 $S_p=S_q(p\neq q)$ 及 $S_n=An^2+Bn(n\in \mathbf{N}^*, A, B$ 是常数)，得 $B=0, S_n=0$，所以 $S_{p+q}=0$.

若 $A\neq 0$，得函数 $S_n=An^2+Bn(n\in\mathbf{N}^*)$ 的图像是抛物线 $f(x)=Ax^2+Bx(x\in\mathbf{R})$ 上的一些点.

由 $S_p=S_q(p\neq q)$，得 $f(p)=f(q)$，所以该抛物线的对称轴是直线 $x=\frac{p+q}{2}$，得 $f(p+q)=f(0)=0$，所以 $S_{p+q}=f(p+q)=0$.

(这种扩大定义域的解题方法值得读者重视.)

等差数列性质 4　设等差数列 $\{a_n\}$ 的前 n 项和是 S_n，若 $p\neq q$，则 $S_p=S_q \Leftrightarrow S_{p+q}=0$.

证明　可设 $S_n=An^2+Bn(n\in\mathbf{N}^*, A, B$ 是常数)，由 $p\neq q$，得

$$S_p=S_q\Leftrightarrow Ap^2+Bp=Aq^2+Bq\Leftrightarrow A(p+q)+B=0\Leftrightarrow S_{p+q}=0$$

等差数列性质 5　设等差数列 $\{a_n\}$ 的前 n 项和是 S_n，若 $p\neq q$，则 $\frac{S_{p+q}}{p+q}=\frac{S_p-S_q}{p-q}$.

证明过程请读者自行完成.

3. 得到的等比数列性质

亲爱的读者，你是否注意到：等差数列若有一条性质，则等比数列也有一条类似的性质，且前者中的“$=0$”往往变成了后者中的“$=1$”. 这是为什么呢？这可从等差数列与正项等比数列的转换说起.

若 $\{a_n\}$ 成等差数列(公差为 d)，则 $\{b_n\}$ $(b_n=a^{a_n}, a>0$ 且 $a\neq 1)$ 成正项等比数列，所以在等差数列 $\{a_n\}$ 的项之间若有加、减、乘、除的运算性质，则在正项等比数列 $\{b_n\}$ 的项之间也一定分别有乘、除、乘方、开方的运算性质.

若 $\{b_n\}$ 成正项等比数列(公比为 q),则 $\{a_n\}$ $(a_n=\log_a b_n=\log_a b_1+(n-1)\cdot\log_a q)$ 成等差数列,所以在正项等比数列 $\{b_n\}$ 的项之间若有乘、除、乘方、开方的运算性质,则在等差数列 $\{a_n\}$ 的项之间也一定分别有加、减、乘、除的运算性质.

由非零实数的 0 次幂等于 1(1 的对数是 0) 可知,等差数列性质中的"$=0$"会变为正项等比数列性质中的"$=1$"[1].

由此,我们可以把等差数列的上述四条性质转换为正项等比数列的四条类似性质.

正项等比数列性质 1　在正项等比数列 $\{b_n\}$ 中,若 $p\neq q$,则 $b_p^p=b_q^q\Leftrightarrow b_{p+q}=1$.

证明　可设 $b_n=b_1q'^{n-1}(n\in\mathbf{N}^*,b_1,q$ 是正常数),由 $p\neq q$,得

$$b_p^p=b_q^q\Leftrightarrow b_1^p q'^{p(p-1)}=b_1^q q'^{q(q-1)}\Leftrightarrow(b_1q'^{p+q-1})^{p-q}=1\Leftrightarrow b_{p+q}^{p-q}=1\Leftrightarrow b_{p+q}=1$$

注　由此证明还可得,在复数项的等比数列 $\{b_n\}$ 中,$b_p^p=b_q^q\Leftrightarrow b_{p+q}^{p-q}=1$.

正项等比数列性质 2　设正项等比数列 $\{b_n\}$ 的前 n 项积是 T_n,若 $p\neq q$,则 $T_p^p=T_q^q\Leftrightarrow T_{p+q}T_pT_q=1$.

证明　因为 $T_n=b_1^n q'^{\frac{n(n-1)}{2}}=(\sqrt{q'})^{n^2}\left(\frac{b_1}{\sqrt{q'}}\right)^n$,所以可设 $T_n=\alpha^{n^2}\beta^n(n\in\mathbf{N}^*,\alpha,\beta$ 是正常数),由 $p\neq q$,得

$$\begin{aligned}T_p^p=T_q^q&\Leftrightarrow\alpha^{p^3}\beta^{p^2}=\alpha^{q^3}\beta^{q^2}\Leftrightarrow(\alpha^{p^2+pq+q^2}\beta^{p+q})^{p-q}=1\\&\Leftrightarrow\alpha^{p^2+pq+q^2}\beta^{p+q}=1\Leftrightarrow(\alpha^{p^2+pq+q^2}\beta^{p+q})^2=1\\&\Leftrightarrow\cdots\Leftrightarrow T_{p+q}T_pT_q=1\end{aligned}$$

正项等比数列的性质 3　设正项等比数列 $\{b_n\}$ 的前 n 项积是 T_n,若 $p\neq q$,则 $T_p^{\frac{1}{p}}=T_q^{\frac{1}{q}}\Leftrightarrow T_{p+q}=T_pT_q$.

证明　可设 $T_n=\alpha^{n^2}\beta^n(n\in\mathbf{N}^*,\alpha,\beta$ 是正常数),由 $p\neq q$,得

$$T_p^{\frac{1}{p}}=T_q^{\frac{1}{q}}\Leftrightarrow\alpha^p\beta=\alpha^q\beta\Leftrightarrow\alpha=1\Leftrightarrow\alpha^{2pq}=1\Leftrightarrow\cdots\Leftrightarrow T_{p+q}=T_pT_q$$

正项等比数列的性质 4　设正项等比数列 $\{b_n\}$ 的前 n 项积是 T_n,若 $p\neq q$,则 $T_p=T_q\Leftrightarrow T_{p+q}=1$.

证明　可设 $T_n=\alpha^{n^2}\beta^n(n\in\mathbf{N}^*,\alpha,\beta$ 是正常数),由 $p\neq q$,得

$$T_p^{\frac{1}{p}}=T_q^{\frac{1}{q}}\Leftrightarrow\alpha^p\beta=\alpha^q\beta\Leftrightarrow\alpha=1\Leftrightarrow\alpha^{2pq}=1\Leftrightarrow\cdots\Leftrightarrow T_{p+q}=T_pT_q$$

$$T_p=T_q\Leftrightarrow\alpha^{p^2}\beta^p=\alpha^{q^2}\beta^q\Leftrightarrow(\alpha^{p+q}\beta)^{p-q}=1\Leftrightarrow\alpha^{p+q}\beta=1\Leftrightarrow(\alpha^{p+q}\beta)^{p+q}=1\Leftrightarrow T_{p+q}=1$$

正项等比数列的性质 5　设正项等比数列 $\{b_n\}$ 的前 n 项积是 T_n,若 $p\neq q$,则 $T_{p+q}^{\frac{1}{p+q}}=\left(\frac{T_p}{T_q}\right)^{\frac{1}{p-q}}$.

证明　可设 $T_n=\alpha^{n^2}\beta^n(n\in\mathbf{N}^*,\alpha,\beta$ 是正常数),由 $p\neq q$,得

$$T_{p+q}^{\frac{1}{p+q}}=\left(\frac{T_p}{T_q}\right)^{\frac{1}{p-q}}\Leftrightarrow(\alpha^{p+q}\beta)^{p-q}=\frac{\alpha^{p^2}\beta^p}{\alpha^{q^2}\beta^q}$$

由此可知要证结论成立.

文献[2]也得到了等比数列的一条性质“设等比数列$\{a_n\}$的前n项积是T_n,若存在正整数$m,n(m<n)$,使$T_m=n,T_n=m$,则有$T_{m+n}=mn\left(\frac{n}{m}\right)^{\frac{m+n}{m-n}}$”,但该结论有误. 反例:设$a_n=5\left(-\frac{1}{\sqrt{5}}\right)^{n-1}$,则数列$\{a_n\}$的前$n$项积是$T_n=5^n\left(-\frac{1}{\sqrt{5}}\right)^{\frac{n(n-1)}{2}}$,得$T_1=5,T_5=1,T_6=-5^{-\frac{3}{2}}$,而由以上结论得$T_6=5^{-\frac{3}{2}}$. 产生错误的原因是文献[2]第15页左栏中由倒数第四行到倒数第三行的推理有误,因为还有$q=-\left(\frac{n^n}{m^m}\right)^{\frac{2}{mn(m-n)}}$的可能. 但可以把此结论修正为:

定理 设等比数列$\{b_n\}$的前n项积是T_n,若$p,q\in\mathbf{N}^*$,$p\neq q$,则(以下是在实数范围内讨论问题):

(1)① 当$2\nmid pq$且$4\mid p-q$时,$T_{p+q}=\pm\left(\frac{T_p}{T_q}\right)^{\frac{p+q}{p-q}}$;

② 其余的情形,$T_{p+q}=\left(\frac{T_p}{T_q}\right)^{\frac{p+q}{p-q}}$.

(2) 当$2\nmid p-q$时,$T_{p+q}^{\frac{1}{p+q}}=\left(\frac{T_p}{T_q}\right)^{\frac{1}{p-q}}$.

证明 (1)可得$T_p=b_1^p q'^{\frac{1}{2}p(p-1)}$,$T_q=b_1^{qn}q'^{\frac{1}{2}q(q-1)}$,$T_{p+q}=b_1^{p+q}q'^{\frac{1}{2}(p+q)(p+q-1)}$,所以$\frac{T_{p+q}}{T_pT_q}=q'^{pq}$.

又可得$\frac{T_p^q}{T_q^p}=(q'^{pq})^{\frac{p-q}{2}}$,所以:

当$2\nmid p-q$时,$2\mid pq$,得$q'^{pq}>0$;
当$2\mid p-q$但$4\nmid p-q$时,由奇次方根的唯一性知q'^{pq}的值是唯一的;
当$4\mid p-q$且$2\mid p$时,得$q'^{pq}>0$;
当$4\mid p-q$且$2\nmid pq$时,得q'^{pq}为正负数均有可能.

综上,对于前三种情形均有$q'^{pq}=\left(\frac{T_p^q}{T_q^p}\right)^{\frac{2}{p-q}}$,对于第四种情形有$q'^{pq}=\pm\left(\frac{T_p^q}{T_q^p}\right)^{\frac{2}{p-q}}$.

又因为可证$T_pT_q\left(\frac{T_p^q}{T_q^p}\right)^{\frac{2}{p-q}}=\left(\frac{T_p}{T_q}\right)^{\frac{p+q}{p-q}}$,所以再由$\frac{T_{p+q}}{T_pT_q}=q'^{pq}$,立得结论(1)

成立.

(2) 由结论(1)② 立得.

参考文献

[1] 甘志国. 初等数学研究(I)[M]. 哈尔滨:哈尔滨工业大学出版社,2008:335-336.

[2] 邱云. 未曾预约的美丽 —— 一道习题教学的境遇[J]. 数学通讯,2010(2):14-15.

1.4 用函数观点求解数列问题

首先约定,本文中除下标外的字母均在复数范围内取值.

由等差数列的通项公式 $a_n = a_1 + (n-1)d$,可得如下定理:

定理 1 (1) 公差为 d 的等差数列 $\{a_n\}$ 的通项公式是 n 的形式上的一次函数 $a_n = dn + B$;

(2) $\{dn + B\}$ 是公差为 d 的等差数列.

由等差数列的前 n 项和公式 $S_n = na_1 + \dfrac{n(n-1)}{2}d$,可得如下定理:

定理 2 (1) 公差为 $2A$ 的等差数列 $\{a_n\}$ 的前 n 项和 S_n 是 n 的形式上的缺常数项的二次函数 $S_n = An^2 + Bn$;

(2) 若数列 $\{a_n\}$ 的前 n 项和 $S_n = An^2 + Bn$,则 $\{a_n\}$ 是公差为 $2A$ 的等差数列.

由等比数列的通项公式 $a_n = a_1 q^{n-1}$,可得如下定理:

定理 3 (1) 公比为 q 的等比数列 $\{a_n\}$ 的通项公式是 $a_n = Aq^n (Aq \neq 0)$ 的形式;

(2) $\{Aq^n\} (Aq \neq 0)$ 是公比为 q 的等比数列.

由等比数列的前 n 项和公式 $S_n = \begin{cases} na_1, q = 1 \\ \dfrac{a_1(1-q^n)}{1-q}, q \neq 1 \end{cases}$,可得如下定理:

定理 4 (1) 公比为 $q(q \neq 1)$ 的等比数列 $\{a_n\}$ 的前 n 项和是 $S_n = Aq^n - A$ $(q \neq 1)$ 的形式;

(2) 若数列 $\{a_n\}$ 的前 n 项和 $S_n = Aq^n - A(A \neq 0, q \neq 0, 1)$,则 $\{a_n\}$ 是公比为 q 的等比数列.

定理 5 设数列 $\{a_n\}$ 是等差数列或等比数列，数列 $\{a_n\}$ 的前 n 项和为 $S_n = f(n)$，则 $f(0)=0$（可记作 $S_0=0$）.

证明 由定理 2 知，当 $\{a_n\}$ 是等差数列时成立；由等比数列的前 n 项和公式的两种情形（$q=1$ 和 $q\neq 1$）知，当 $\{a_n\}$ 是等比数列时也成立.

以上结论就是由函数的观点得到的结论，用这些结论解某些数列题可大大简化运算，下面举例说明.

题 1 （2013 年高考课标全国卷 Ⅰ 理科第 7 题）设等差数列 $\{a_n\}$ 的前 n 项和为 S_n，若 $S_{m-1}=-2$，$S_m=0$，$S_{m+1}=3$，则 $m=$（　　）.

A. 3　　　B. 4　　　C. 5　　　D. 6

解 解法 1　B. 由 $S_m=0$，可得 $\frac{m}{2}(a_1+a_m)=0$，$a_1+a_m=0$.

再由 $S_{m-1}=-2$，可得 $\frac{m-1}{2}(a_1+a_{m-1})=-2$，即 $\frac{m-1}{2}\cdot(-d)=-2$.

由 $S_{m+1}=3$，可得 $\frac{m+1}{2}(a_1+a_{m+1})=3$，即 $\frac{m+1}{2}d=3$.

把得到的两式相比后可求得 $m=5$.

解法 2　B. 可得 $a_m=S_m-S_{m-1}=2$，$a_{m+1}=S_{m+1}-S_m=3$，所以公差 $d=a_{m+1}-a_m=1$.

由等差数列 $\{a_n\}$ 的前 n 项和公式 $S_n=na_1+\frac{n(n-1)}{2}d$ 知，可设 $S_n=\frac{1}{2}n^2+Bn$（B 是常数）.

又由 $S_m=0$ 知多项式 S_n 有因式 $(n-m)$，可得 $S_n=\frac{1}{2}n(n-m)$.

再由 $S_{m+1}=3$，可求得 $m=5$.

题 2 （2004 年高考湖北卷理科第 8 题即文科第 9 题）已知数列 $\{a_n\}$ 的前 n 项和 $S_n=a\left[2-\left(\frac{1}{2}\right)^{n-1}\right]-b\left[2-(n+1)\left(\frac{1}{2}\right)^{n-1}\right]$（$n=1,2,\cdots$），其中 a,b 是非零常数，则存在数列 $\{x_n\}$，$\{y_n\}$ 使得（　　）.

A. $a_n=x_n+y_n$，其中 $\{x_n\}$ 为等差数列，$\{y_n\}$ 为等比数列

B. $a_n=x_n+y_n$，其中 $\{x_n\}$ 和 $\{y_n\}$ 都为等差数列

C. $a_n=x_n\cdot y_n$，其中 $\{x_n\}$ 为等差数列，$\{y_n\}$ 为等比数列

D. $a_n=x_n\cdot y_n$，其中 $\{x_n\}$ 和 $\{y_n\}$ 都为等比数列

解 C. 对于选项 A，若等比数列 $\{y_n\}$ 的公比为 1，由定理 2(1) 知，S_n 的形式是 $S_n=An^2+Bn+y_1n$；若等比数列 $\{y_n\}$ 的公比不为 1，由定理 2(1) 及定理 4(1) 知，S_n 的形式是 $S_n=An^2+Bn+Cq^n-C$，均与题设中 S_n 的形式不符，所以排除 A.

由定理 2(1),容易排除选项 B.

对于选项 D,可得 $\{a_n\}$ 是等比数列,由定理 4(1),容易排除选项 D.

所以选 C.

题 3　设数列 $\{a_n\}$ 的前 n 项和是 S_n,则下列四个命题中正确的序号是________:

① 若 $\{a_n\}$ 既是等差数列又是等比数列,则 $S_n = na_1$;

② 若 $S_n = 2 + (-1)^n$,则 $\{a_n\}$ 是等比数列;

③ 若 $S_n = An^2 + Bn(a, b \in \mathbf{R})$,则 $\{a_n\}$ 是等差数列;

④ 若 $S_n = p^n$,则无论若 p 取何值时 $\{a_n\}$ 一定不是等比数列.

解　①③④. 若 $\{a_n\}$ 既是等差数列又是等比数列,可得 $\{a_n\}$ 是常数列,所以 ① 正确.

由定理 4(2) 可知 ② 不正确,④ 正确.

由定理 2(2) 可知 ③ 正确.

题 4　(2010年第21届"希望杯"全国数学邀请赛高一第一试第19题)以下是四个关于数列的命题,其中正确的是________.(填序号.)

① 既是等差数列又是等比数列的数列是常数列;

② 若数列 $\{a_n\}$ 是等比数列,则数列 $\{a_n + a_{n+1}\}$ 也是等比数列;

③ 若数列 $\{a_n\}$ 的递推公式是 $a_{n+1} = aa_n$,则数列 $\{a_n + a_{n+1}\}$ 是等比数列;

④ 若数列 $\{a_n\}$ 的前 n 项和是 S_n,$S_n = q^n - 1$,则数列 $\{a_n\}$ 是等差数列或等比数列.

解　①. 易知 ① 正确,② 错误(公比为 -1 时),③ 错误($a = 0, -1$ 时).

对于④,当 $q \neq 0, 1$ 时,由定理 4 知 $\{a_n\}$ 是公比为 q 的等比数列;当 $q = 0$ 或 1 时,$S_n = -1$ 或 0,当 $S_n = -1$ 时,由定理 2 知 $\{a_n\}$ 不是等差数列,当 $S_n = 0$ 时,由定理 2 知 $\{a_n\}$ 是等差数列,所以 ④ 错误(当 $q = 0$ 时,$a_n = \begin{cases} -1, n = 1 \\ 0, n \geqslant 2 \end{cases}$;当 $q \neq 0$ 时,$a_n = (q-1)q^{n-1}$).

题 5　在等差数列 $\{a_n\}$ 中,若 $a_p = q, a_q = p(p \neq q)$,求 a_{p+q} 的值.

解　由定理 1 知,可设 $a_n = dn + B$,所以点 (n, a_n) 是直线 l 上的点,且直线 l 过两点 (p, q),(q, p). 由"两点确定一直线",可得 $l: x + y = p + q$,所以直线 l 还过点 $(p + q, 0)$,得 $a_{p+q} = 0$.

题 6　若等差数列 $\{a_n\}$ 满足 $a_{n+1}^2 - a_n^2 = p$(p 是常数,$n \in \mathbf{N}^*$),求证 $\{a_n\}$ 是常数列.

证明　由定理 1 知,可设 $a_n = dn + B$,可得

$$a_{n+1}^2 - a_n^2 = (dn + d + B)^2 - (dn + B)^2 = d(2dn + d + 2B) = p \quad (n \in \mathbf{N}^*)$$

所以 $d \cdot 2d = 0, d = 0, a_n = B$,即 $\{a_n\}$ 是常数列.

题 7 是否存在等差数列$\{a_n\}$满足$\left\{\dfrac{1}{a_n}\right\}$也是等差数列？

解 因为$\{a_n\}$是等差数列，所以由定理 1 知，可设$a_n=dn+B$.

又因为$\left\{\dfrac{1}{a_n}\right\}$也是等差数列，所以可设$\dfrac{1}{a_n}=d'n+B'$.

得$\dfrac{1}{dn+B}=d'n+B'(n\in\mathbf{N}^*)$，所以$d=d'=0, B\neq 0$.

即当且仅当$\{a_n\}$是非零常数列时满足题意.

题 8 设等差数列$\{a_n\}$的前n项和是S_n.

(1) 若$S_n=n^2+\dfrac{n}{2}$，求通项公式a_n；

(2) 若$S_{10}=100, S_{100}=10$，求S_{110}.

解 (1) 由定理 2，可得$a_1=S_1=\dfrac{3}{2}, d=2A=2$，所以

$$a_n=a_1+(n-1)d=\frac{3}{2}+2(n-1)=2n-\frac{1}{2}$$

(2) 由定理 2 知，可设$S_n=An^2+Bn$，得

$$\begin{cases}S_{10}=100A+10B=100\\S_{100}=10\,000A+100B=10\end{cases},\begin{cases}A=-\dfrac{11}{100}\\B=\dfrac{111}{10}\end{cases}$$

$$S_n=-\frac{11}{100}n^2+\frac{111}{10}n, S_{110}=-110$$

题 8(2) 的一般情形是：设等差数列$\{a_n\}$的前n项和是S_n，若$S_p=q, S_q=p(p\neq q)$，则$S_{p+q}=-p-q$.

证明 若等差数列$\{a_n\}$为常数列，可得$S_p=q=pa_1, S_q=p=qa_1, a_1=\dfrac{q}{p}=\dfrac{p}{q}, p=q$，这与题设$p\neq q$矛盾！所以等差数列$\{a_n\}$不为常数列，即其公差不为 0.

由题设，可得关于n的方程

$$S_n+n=p+q$$

有两个不等的根p, q.

由定理 2(2) 知，可设

$$f(n)=S_n+n=\alpha n^2+\beta n\quad(\alpha\neq 0; n\in\mathbf{N}^*; \alpha,\beta\text{是常数})$$

由$f(p)=f(q)$知，二次函数$f(x)(x\in\mathbf{R})$的对称轴是$x=\dfrac{p+q}{2}$，因而

$$f(p+q)=f(0)=\alpha\cdot 0^2+\beta\cdot 0=0$$
$$f(p+q)=S_{p+q}+p+q=0$$

$$S_{p+q}=-p-q$$

题9　设等差数列$\{a_n\}$的前n项和是S_n，由以下条件分别求S_{p+q}的值：

(1)$S_p=p,S_q=q(p\neq q)$；

(2)$S_p=S_q(p\neq q)$.

解　由定理2知，可设$S_n=An^2+Bn$.

(1)得$f(x)=Ax^2+Bx$的图像过直线$f(x)=x$上的三个不同点$(0,0)$，(p,p)，(q,q)，而抛物线不能经过同一条直线上的三点，所以$A=0,B=1,S_n=n$，可得$S_{p+q}=p+q$.

(2)若$A=0$，由$S_p=S_q(p\neq q)$，可得$S_n=0$，所以$S_{p+q}=0$.

若$A\neq 0$，由$S_p=S_q(p\neq q)$可得抛物线$f(x)=Ax^2+Bx$的对称轴是直线$x=\dfrac{p+q}{2}$，所以$f(p+q)=f(0)=0,S_{p+q}=f(p+q)=0$.

题10　设等差数列$\{a_n\}$的前n项和是S_n，由下列条件分别求出S_n取最大值时对应的n：

(1)$a_1>0,S_4=S_{12}$；

(2)已知$a_3>0,S_{12}>0,S_{13}<0$.

解　可设$S_n=An^2+Bn$(公差$d=2A$).

(1)若$A=0$，可得$S_n=Bn$，又由$S_4=S_{12}$，可得$B=0,S_n=0,a_n=0$，这与$a_1>0$矛盾！

若$A>0$，可得公差$d>0$，又由$a_1>0$，可得$\{a_n\}$的各项均是正数，$S_4<S_{12}$，这与$S_4=S_{12}$矛盾！

所以$A<0$，函数$f(x)=Ax^2+Bx$的图像是开口向下的抛物线，由$S_4=S_{12}$可知$f(4)=f(12)$，所以此抛物线的对称轴是直线$x=\dfrac{4+12}{2}=8$，函数$f(x)$的最大值是$f(8)$. 而点$(n,S_n)(n\in\mathbf{N}^*)$是此抛物线上的点，所以当且仅当$n=8$时$S_n$取最大值.

(2)若$A=0$，可得$d=0$，$\{a_n\}$是常数列，$a_n=a_3>0,S_n=na_3>0$，这与$S_{13}<0$矛盾！

若$A>0$，可得公差$d>0$，又由$a_3>0$，可得$a_{13}=a_3+10d>0,S_{13}=S_{12}+a_{13}>0$，这与$S_{13}<0$矛盾！

所以$A<0$，函数$f(x)=Ax^2+Bx$的图像是开口向下的抛物线，且两个零点是$0,t(12<t<13)$，所以此抛物线的对称轴是直线$x=\dfrac{t}{2}\left(6<\dfrac{t}{2}<6.5\right)$，所以当且仅当$n=6$时$S_n$取最大值.

题11　求出所有的既是等差数列又是等比数列的数列$\{a_n\}$.

解　由定理1与定理3，可得

$$a_n = dn + B = Aq^n \quad (Aq \neq 0, n \in \mathbf{N}^*)$$

所以 $d = 0, q = 1, B = A$，即满足题意的数列 $\{a_n\}$ 是非零常数列.

题 12 （普通高中课程标准实验教科书《数学 5 · 必修 · A 版》（人民教育出版社，2007 年第 3 版）（以下简称《必修 5》）第 68 页第 2(1) 题）如果三个不全相等的非零实数 a, b, c 成等差数列，那么 $\frac{1}{a}, \frac{1}{b}, \frac{1}{c}$ 能否成为等差数列吗？你能用函数图像解释一下吗？

解 与《必修 5》配套使用的《教师教学用书》第 66 页给出的解答是：

不成等差数列. 可以从图像上解释. 因为 a, b, c 成等差数列，所以可设其通项公式为 $y = pn + q(p \neq 0)$，且点 $(1, a), (2, b), (3, c)$ 位于同一直线上，而数列 $\frac{1}{a}, \frac{1}{b}, \frac{1}{c}$ 的通项公式为 $y = \frac{1}{pn + q}$，所以点 $\left(1, \frac{1}{a}\right), \left(1, \frac{1}{b}\right), \left(1, \frac{1}{c}\right)$ 不可能在同一直线上，即 $\frac{1}{a}, \frac{1}{b}, \frac{1}{c}$ 不能成为等差数列.

题 13 设公比为 q 的等比数列 $\{a_n\}$ 的前 n 项和是 S_n，若 $\{S_n\}$ 是等差数列，求 q.

解 当 $q = 1$ 时，$S_n = na_1$，满足题意.

当 $q \neq 1$ 时，由定理 4 与定理 1 可得

$$Aq^n - A = dn + B \quad (q \neq 1, n \in \mathbf{N}^*)$$

而此结论不可能成立，所以 $q = 1$.

题 14 设等比数列 $\{a_n\}$ 的前 n 项和 $S_n = 2^n + r$（r 是常数），求 r.

解 解法 1 由定理 4 及题设，可得

$$S_n = Aq^n - A = 2^n + r \quad (n \in \mathbf{N}^*)$$

所以 $A = 1, q = 2, -A = r$，可得 $r = -1$.

解法 2 由定理 5，可得 $S_0 = 1 + r = 0, r = -1$，且由定理 4 知，当 $r = -1$ 时，由 $S_n = 2^n - 1$ 确定的数列 $\{a_n\}$ 是等比数列，所以 $r = -1$.

题 15 设等差数列 $\{a_n\}$ 的前 n 项和 S_n 满足 $a_1 < 0, S_{2\,015} = 0$.

(1) 求 n 为何值时 S_n 取最小值？

(2) 求满足 $S_n > 0$ 的 n 的最小值及求满足 $S_n < 0$ 的 n 的最大值；

(3) 求 n 的取值范围，使 $a_n \geqslant S_n$.

解 设等差数列 $\{a_n\}$ 的公差为 d.

由 $a_1 < 0, S_{2\,015} = 0$ 知：若 $d = 0$，可得 $S_{2\,015} = 2\,015a_1 < 0$；若 $d < 0$，也可得 $S_{2\,015} < 0$. 均矛盾！所以 $d > 0$.

由等差数列 $\{a_n\}$ 的前 n 项和公式 $S_n = na_1 + \frac{n(n-1)}{2}d$ 知，可设 $S_n = \frac{d}{2}n^2 + Bn$（$B$ 是常数）. 又由 $S_{2\,015} = 0$ 知 $S_n = \frac{d}{2}n(n - 2\,015)(d > 0)$.

由“抛物线”$S_n=\frac{d}{2}n(n-2\,015)(d>0)$的图像可得所求各问的答案为：

(1)1 007 或 1 008.

(2)2 016;2 014.

(3) 当 $n=1$ 时满足题意.

当 $n\geqslant 2$ 时，题设即 $S_{n-1}\leqslant 0$，由图像可得 $S_{n-1}\leqslant 0\Leftrightarrow 1\leqslant n-1\leqslant 2\,015\Leftrightarrow 2\leqslant n\leqslant 2\,016$.

所以所求答案是$\{n\in\mathbf{N}^*\mid n\leqslant 2\,016\}$.

题 16　(2009 年高考山东卷文科、理科第 20(1) 题) 等比数列$\{a_n\}$的前n项和为 S_n，已知对任意的 $n\in\mathbf{N}^*$，点(n,S_n)均在函数 $y=b^x+r(b>0$ 且 $b\neq 1$，b,r 均为常数) 的图像上，求 r 的值.

解　设等比数列$\{a_n\}$的公比为 $q(q\neq 0)$.

由题设，可得 $S_n=b^n+r$ 在 $n\in\mathbf{N}^*$ 时恒成立.

若 $q=1$，可得 $S_n=na_1$，与题意不符.

所以 $q\neq 1$，可得 $S_n=\frac{a_1(1-q^n)}{1-q}=\frac{a_1}{q-1}q^n+\frac{a_1}{1-q}$，由题意可得

$$\begin{cases}\dfrac{a_1}{q-1}=1\\ q=b\\ \dfrac{a_1}{1-q}=r\end{cases}$$

所以 $r=-1$.

题 17　(2008 年高考湖北卷理科第 21(1) 题) 已知数列$\{a_n\}$和$\{b_n\}$满足：$a_1=\lambda,a_{n+1}=\frac{2}{3}a_n+n-4,b_n=(-1)^n(a_n-3n+21)$，其中 λ 为实数，n 为正整数. 对任意实数 λ，证明：数列$\{a_n\}$不是等比数列.

证明　若存在实数 λ 使$\{a_n\}$是公比为 q 的等比数列，则由题设及定理 3 可得

$$a_{n+1}=\frac{2}{3}a_n+n-4=qa_n$$

$$n-4=\left(q-\frac{2}{3}\right)a_n=\left(q-\frac{2}{3}\right)\cdot Aq^n\quad (n\in\mathbf{N}^*)$$

因为此式的右端不可能出现项 n，所以此结论不成立，得欲证结论成立.

1.5　在等差数列中用公式 $S_n=na_n-\frac{n(n-1)}{2}d$ 解题

在公差为 d 的等差数列$\{a_n\}$中，我们熟知的一个前 n 项和公式是

$$S_n = na_1 + \frac{n(n-1)}{2}d \qquad ①$$

再由通项公式 $a_n = a_1 + (n-1)d$，得 $a_1 = a_n - (n-1)d$，把它代入式 ①，得

$$S_n = na_n - \frac{n(n-1)}{2}d \qquad ②$$

还可这样证得式 ②：

因为 $a_n, a_{n-1}, \cdots, a_2, a_1$ 是首项为 a_n、公差为 $-d$ 的等差数列，所以由式 ① 立得式 ② 成立.

下面以普通高中课程标准实验教科书《数学 5 · 必修 · A 版》(人民教育出版社 2007 年第 3 版)(以下简称《必修 5》)及全日制普通高级中学教科书(必修)《数学 · 第一册(上)》(2006 年人民教育出版社)(以下简称《教科书第一册(上)》)中的几道题目谈谈公式 ② 的应用.

题 1 (《必修 5》第 46 页第 2 题第(4) 小题即《教科书第一册(上)》第 132 页第 2 题第(4) 小题) 在等差数列 $\{a_n\}$ 中，已知公差 $d=2, n=15, a_n=-10$，求 a_1 及前 n 项和 S_n.

解 由等差数列的通项公式容易求得 $a_1=-38$，下面再用公式 ② 直接求出 S_n

$$S_n = S_{15} = 15 \times (-10) - \frac{15 \times 14}{2} \times 2 = -360$$

题 2 (《必修 5》第 46 页第 4 题即《教科书第一册(上)》第 132 页第 8 题) 一个多边形的周长等于 158 cm，各边的长成等差数列，最大边的长等于 44 cm，公差等于 3 cm，求多边形的边数.

解 在等差数列 $\{a_n\}$ 中，由 $S_n=158, a_1=44, d=3$ 及公式 ②，得

$$158 = 44n - \frac{n(n-1)}{2} \cdot 3$$

解得 $n=4$(舍去 $n=\frac{79}{3}$)，即所求多边形的边数为 4.

题 3 (《教科书第一册(上)》第 132 页第 6 题第(2) 小题) 设等差数列 $\{a_n\}$ 的前 n 项和公式是 $S_n=5n^2+3n$，求它的前 3 项，并求它的通项公式.

解 这里由公式 ② 直接求通项公式.

由公式 ① 知，当 a_1 是常数时，等差数列 $\{a_n\}$ 的前 n 项和 $S_n = na_1 + \frac{n(n-1)}{2}d$ 是 an^2+bn(a,b 是常数) 的形式，且其二次项系数是公差的一半，所以在本题中，$\frac{d}{2}=5$. 由公式 ②，得

$$5n^2 + 3n = na_n - 5n(n-1)$$

$$a_n = 10n - 2$$

题 4 （《必修 5》第 44 页例 3）已知数列$\{a_n\}$的前n项和为$S_n=n^2+\frac{1}{2}n$，求这个数列的通项公式. 这个数列是等差数列吗？如果是，它的首项与公差分别是什么？

解 这里只求通项公式.

当数列$\{a_n\}$的前n项和S_n确定时，由公式$a_n=\begin{cases}S_1, n=1\\ S_n-S_{n-1}, n\geqslant 2\end{cases}$知，数列$\{a_n\}$的各项也是唯一确定的，即数列$\{a_n\}$是唯一确定的. 所以，若能找到一个数列使其前$n$项和是$S_n$，则该数列就是所求的数列. 再由公式 ① 知，本题的数列$\{a_n\}$是公差为 2 的等差数列. 又由公式 ②，得

$$n^2+\frac{1}{2}n=na_n-\frac{n(n-1)}{2}\cdot 2$$

$$a_n=2n-\frac{1}{2}$$

题 5 （《必修 5》第 45 页第 2 题）已知数列$\{a_n\}$的前n项和为$S_n=\frac{1}{4}n^2+\frac{2}{3}n+3$，求这个数列的通项公式.

解 由题设及公式$a_n=\begin{cases}S_1, n=1\\ S_n-S_{n-1}, n\geqslant 2\end{cases}$知，数列$\{a_n\}$从第二项开始起成等差数列.

由题 4 的解法，容易求得：若数列$\{a'_n\}$的前n项和为$S'_n=\frac{1}{4}n^2+\frac{2}{3}n$，则$a'_n=\frac{1}{2}n+\frac{5}{12}$.

只需把数列$\{a'_n\}$的首项变成$a_1=S_1=\frac{47}{12}$后面的各项均不变，得到的新数列的前n项和就是$S_n=\frac{1}{4}n^2+\frac{2}{3}n+3$，所以所求通项公式为

$$a_n=\begin{cases}\frac{47}{12}, n=1\\ \frac{1}{2}n+\frac{5}{12}, n\geqslant 2\end{cases}$$

1.6 谈谈由两个等差数列的公共项组成的新数列问题

题 1 （普通高中课程标准实验教科书《数学 5 · 必修 · A 版》（人民教育出

版社,2007 年第 3 版)(下简称《必修 5》)第 46 页第 6 题)有两个等差数列 2,6,10,…,190 及 2,8,14,…,200,由这两个等差数列的公共项按从小到大的顺序组成一个新数列,求这个新数列的各项之和.

与《必修 5》配套使用的《教师教学用书》第 47 页给出的答案是"1 472"(没有任何过程),对于高中生来说,这种问题是有难度的,本节将谈谈这种问题.

定理 1　设无穷等差数列 $\{a_n\}$,$\{b_n\}$ 的公差分别为正数 d_1,d_2,且存在正整数 k_1,l_1 使得 $a_{k_1}=b_{l_1}$,则存在正整数 k_2,l_2($k_2\neq k_1$ 或 $l_2\neq l_1$)使得 $a_{k_2}=b_{l_2}$ 的充要条件是 $\frac{d_1}{d_2}$ 是正有理数(即存在互质的正整数 p,q 及正数 t 使得 $d_1=pt$,$d_2=qt$).

证明　必要性. 由"$k_2\neq k_1$ 或 $l_2\neq l_1$"及"$a_{k_1}=b_{l_1}$ 且 $a_{k_2}=b_{l_2}$",可得"$k_2\neq k_1$ 且 $l_2\neq l_1$".

可得 $a_{k_2}-a_{k_1}=b_{l_2}-b_{l_1}$,即 $(k_2-k_1)d_1=(l_2-l_1)d_2$,$\frac{d_1}{d_2}=\frac{l_2-l_1}{k_2-k_1}$,再由"正数 d_1,d_2",得 $\frac{d_1}{d_2}$ 是正有理数.

充分性. 可设 $\frac{d_1}{d_2}=\frac{p}{q}$($p,q\in\mathbf{N}^*$),即存在 $t>0$ 使 $d_1=pt$,$d_2=qt$,所以

$$a_{k_1+q}=a_{k_1}+qd_1=a_{k_1}+pqt,\quad b_{l_1+p}=b_{l_1}+pd_2=b_{l_1}+pqt$$

$$a_{k_1+q}=b_{l_1+p}$$

充分性成立.

定理 2　设无穷等差数列 $\{a_n\}$,$\{b_n\}$ 的公差分别是 pt,qt(p,q 是互质的正整数,$t>0$),$\{a_n\}$ 与 $\{b_n\}$ 的公共项的最小值是 $a_{k_0}=b_{l_0}$($k_0,l_0\in\mathbf{N}^*$),则它们的所有公共项按从小到大的顺序组成的新数列是无穷等差数列 $\{a_{k_0}+(n-1)pqt\}$,也即 $\{a_{k_0+q(n-1)}\}$,还即 $\{b_{l_0+p(n-1)}\}$.

证明　因为无穷等差数列 $\{a_n\}$,$\{b_n\}$ 的通项公式分别为

$$a_n=a_{k_0}+(n-k_0)pt,\quad b_n=b_{l_0}+(n-l_0)qt$$

又 $a_{k_0}=b_{l_0}$,所以 $a_k=b_l\Leftrightarrow\frac{k-k_0}{l-l_0}=\frac{q}{p}\Leftrightarrow\begin{cases}k-k_0=q(n-1)\\ l-l_0=p(n-1)\end{cases}$($n\in\mathbf{N}^*$)(这里用到了"$p$,$q$ 是互质的正整数,$\{a_n\}$ 与 $\{b_n\}$ 的公共项的最小值是 $a_{k_0}=b_{l_0}$($k_0,l_0\in\mathbf{N}^*$)"),进而可得欲证成立.

同上,还可证得以下定理:

定理 3　设无穷等差数列 $\{a_n\}$,$\{b_n\}$ 的公差分别为负数 d_1,d_2,且存在正整数 k_1,l_1 使得 $a_{k_1}=b_{l_1}$,则存在正整数 k_2,l_2($k_2\neq k_1$ 或 $l_2\neq l_1$)使得 $a_{k_2}=b_{l_2}$ 的充要条件是 $\frac{d_1}{d_2}$ 是正有理数(即存在互质的正整数 p,q 及正数 t 使得 $d_1=pt$,

$d_2=qt$).

定理 4　设无穷等差数列 $\{a_n\}$，$\{b_n\}$ 的公差分别是 pt,qt(p,q 是互质的正整数，$t<0$)，$\{a_n\}$ 与 $\{b_n\}$ 的公共项的最大值是 $a_{k_0}=b_{l_0}$($k_0,l_0\in\mathbf{N}^*$)，则它们的所有公共项按从小到大的顺序组成的新数列是无穷等差数列 $\{a_{k_0}+(n-1)pqt\}$，也即 $\{a_{k_0+q(n-1)}\}$，还即 $\{b_{l_0+p(n-1)}\}$.

下面用定理 2 给出本节题 1 的解答：

可得无穷等差数列 2,6,10,… 及 2,8,14,… 的公共项按从小到大的顺序组成的新数列为 $\{12n-10\}$，再由 $12n-10\leqslant 190$，得 $n\leqslant 16$，所以本题即求数列 $\{12n-10\}$ 的前 16 项和，为 1 472.

题 2　(2009 年高考福建卷理科第 15 题)5 位同学围成一圈报数，规定：① 第 1 位同学首次报出的数为 1，第 2 位同学首次报出的数也为 1，之后每位同学所报出的数都是前 2 位同学所报出的数之和；② 若报出的数为 3 的倍数，则报该数的同学需拍手 1 次. 已知甲同学第 1 个报数，当 5 位同学依序循环报到第 100 个数时，甲同学拍手的次数为________.

解　5. 设所有人第 n 次报的数为 F_n，则数列 $\{F_n\}$ 为

$$1,1,2,3,5,8,13,21,34,55,89,144,\cdots,F_n,\cdots,F_{100}$$

由条件 ② 知，只有所报的数是 F_{4k}($k\in\mathbf{N}^*$) 时才拍手.

又因为甲报的数是 F_{5l+1}($l\in\mathbf{N}$)，所以当且仅当两者均满足，即甲报的数是 $F_{16},F_{36},F_{56},F_{76},F_{96}$ 时(用定理 2)，甲才拍手，所以甲拍手的次数为 5.

题 3　(上海交通大学 2000 年保送生数学试题第二大题第 6 题) 两个等差数列 200,203,206,… 和 50,54,58,… 都有 100 项，它们的共同项的个数是________.

解　21. 由定理 2 可求得共同项的个数为 21，且它们的共同项从小到大依次为 206,218,230,…,446.

题 4　(2014 北约自主招生试题文科第 7 题) 求等差数列 $\{4n+1\}$($1\leqslant n\leqslant 200$)，$\{6m-3\}$($1\leqslant m\leqslant 200$) 的公共项之和.

解　由定理 2 可求得等差数列 $\{4n+1\}$($1\leqslant n\leqslant 200$)，$\{6m-3\}$($1\leqslant m\leqslant 200$) 的公共项按从小到大的顺序组成的数列是等差数列 $\{12t-3\}$($t\leqslant 67$)，其和为 $67\times 9+\dfrac{67\times 66}{2}\times 12=27\ 135$.

1.7 题谈“奇偶项交织”的递推数列问题的求解

1. 分别讨论第奇数项与第偶数项

题1 大衍数列来源于《乾坤谱》中对易传“大衍之数五十”的推论，主要用于解释中国传统文化中的太极衍生原理，数列中的每一项都代表太极衍生过程中，曾经经历过的两仪数量总和，它是中华传统文化中隐藏着的世界数学史上第一道数列题，该数列的各项依次是 0，2，4，8，12，18，24，32，40，50，…，则该数列的第 18 项为(　　).

A. 200　　B. 162　　C. 144　　D. 128

解 解法 1 B. 设该数列是 $\{a_n\}$，可得

$$a_2=2\cdot 1^2, a_4=2\cdot 2^2, a_6=2\cdot 3^2, a_8=2\cdot 4^2, a_{10}=2\cdot 5^2$$

因而可猜测 $a_{2n}=2n^2(n\in \mathbf{N}^*)$，得可猜测该数列的第 18 项为 $a_{2\cdot 9}=2\cdot 9^2=162$.

解法 2 B. 设该数列是 $\{a_n\}$，可得

$$a_1=4\cdot 0, a_3=4\cdot 1, a_5=4(1+2), a_7=4(1+2+3), a_9=4(1+2+3+4)$$

因而可猜测 $a_{2n-1}=4[1+2+3+\cdots+(n-1)]=2n(n-1)(n\in \mathbf{N}^*)$，得可猜测该数列的第 17 项为 $a_{17}=a_{2\cdot 9-1}=2\cdot 9(9-1)=144$.

还可得数列

$$\{a_{n+1}-a_n\}: 2,2,4,4,6,6,8,8,\cdots$$

因而可猜测 $a_{2k}-a_{2k-1}=a_{2k+1}-a_{2k}=2k(k\in \mathbf{N}^*)$，得可猜测 $a_{18}-a_{17}=18$，所以可猜测原数列的第 18 项为 $a_{18}=a_{17}+18=144+18=162$.

注 对于任意已知的 $k+1$ 个复数 $a_i(i=1,2,3,\cdots,k+1)$，用待定系数法或拉格朗日插值公式可以证明：存在唯一的关于 n 的 $k(k\in \mathbf{N}^*)$ 次多项式 $f(n)$，使得 $f(i)=a_i(i=1,2,3,\cdots,k+1)$. 所以本题若是填空题，则答案可以是任意复数.

题2 若数列 $\{a_n-n\}$ 的前 2 018 项和是 1，且 $\sum\limits_{i=1}^{n}[a_{i+1}+(-1)^i a_i]=n^2$ $(n\in \mathbf{N}^*)$，则 $a_1=$________.

解 $\dfrac{3}{2}$. 由 $\sum\limits_{i=1}^{n}[a_{i+1}+(-1)^i a_i]=n^2$ 及 $\sum\limits_{i=1}^{n}(2i-1)=n^2$，可得

$$a_{i+1}+(-1)^i a_i=2i-1\quad (i\in \mathbf{N}^*)$$

若 i 为正奇数，可得 $\begin{cases}a_{i+1}-a_i=2i-1\\ a_{i+2}+a_{i+1}=2i+1\end{cases}$，$a_i+a_{i+2}=2(i\in \mathbf{N}^*)$，所以 a_2-

$a_1=1, a_1+a_2=2a_1+1$，且

$$(a_3+a_5)+(a_7+a_9)+\cdots+(a_{2\,015}+a_{2\,017})=1\,008$$

若 i 为正偶数，可得$\begin{cases}a_{i+1}+a_i=2i-1\\ a_{i+2}-a_{i+1}=2i+1\end{cases}$，$a_i+a_{i+2}=4i(i\in\mathbf{N}^*)$，所以

$$(a_4+a_6)+(a_8+a_{10})+\cdots+(a_{2\,016}+a_{2\,018})$$
$$=4\times(4+8+\cdots+2\,016)=16\times(1+2+\cdots+504)=1\,008\times2\,020$$

再由数列 $\{a_n-n\}$ 的前 2 018 项和是 1，可得

$$(a_1+a_2)+[(a_3+a_5)+(a_7+a_9)+\cdots+(a_{2\,015}+a_{2\,017})]+$$
$$[(a_4+a_6)+(a_8+a_{10})+\cdots+(a_{2\,016}+a_{2\,018})]-(1+2+3+\cdots+2\,018)$$
$$=(2a_1+1)+1\,008+1\,008\times2\,020-1\,009\times2\,019=1$$

所以

$$\begin{aligned}2a_1&=1\,009\times2\,019-1\,008\times2\,021\\&=(1\,008+1)\times(2\,021-2)-1\,008\times2\,021\\&=2\,021-2\,016-2=3\end{aligned}$$

$$a_1=\frac{3}{2}$$

题 3　设数列 $\{a_n\}$ 的前 n 项和为 S_n，若 $a_2<2, a_{n+1}+a_n=2n+1(n\in\mathbf{N}^*)$，则使得 $S_n=2\,019$ 的 n 的最大值是________.

解　63. 由题设 $a_{n+1}+a_n=2n+1(n\in\mathbf{N}^*)$，可得 $a_{2m-1}+a_{2m}=4m-1$ $(m\in\mathbf{N}^*)$，所以

$$\begin{aligned}S_{2m}&=(a_1+a_2)+(a_3+a_4)+\cdots+(a_{2m-1}+a_{2m})\\&=3+7+11+\cdots+(4m-1)=\frac{m}{2}[3+(4m-1)]\\&=m(2m+1)\quad(m\in\mathbf{N}^*)\end{aligned}$$

若满足 $S_n=2\,019$ 的 n 是正偶数，则可设 $n=2m(m\in\mathbf{N}^*)$，得 $m(2m+1)=2\,019=3\cdot673(m\in\mathbf{N}^*)$. 由 3 与 673 均是质数，可知此时不可能！因而满足 $S_n=2\,019$ 的 n 是正奇数.

可得满足 $S_n=2\,019$ 的 n 可以是 1：此时 $a_1=2\,019, a_2=-2\,016<2$.

当满足 $S_n=2\,019$ 的正奇数 n 不是 1 时，可设 $n=2m+1(m\in\mathbf{N}^*)$. 由题设 $a_{n+1}+a_n=2n+1(n\in\mathbf{N}^*)$，可得 $a_{2m}+a_{2m+1}=4m+1(m\in\mathbf{N}^*)$，所以

$$\begin{aligned}2\,019=S_n&=a_1+(a_2+a_3)+(a_4+a_5)+\cdots+(a_{2m}+a_{2m+1})\\&=a_1+[5+9+14+\cdots+(4m+1)]\\&=3-a_2+\frac{m}{2}[5+(4m+1)]\\&=2m^2+3m+3-a_2\quad(m\in\mathbf{N}^*)\end{aligned}$$

得 $a_2=2m^2+3m-2\,016<2(m\in\mathbf{N}^*)$，$m\leqslant31$，$n=2m+1\leqslant63$.

综上所述，可得所求 n 的最大值是 63.

题 4 (1) 已知数列 $\{a_n\}$ 满足 $a_1=1, a_n+a_{n+1}=3n(n\in\mathbf{N}^*)$，求数列 $\{a_n\}$ 的通项公式；

(2) 已知数列 $\{a_n\}$ 满足 $a_1=1, a_na_{n+1}=3^n(n\in\mathbf{N}^*)$，求数列 $\{a_n\}$ 的通项公式.

解 解法 1 (1) 由题设，可得 $a_2=2, \begin{cases}a_n+a_{n+1}=3n\\a_{n+1}+a_{n+2}=3n+3\end{cases}(n\in\mathbf{N}^*)$，所以 $a_{n+2}-a_n=3(n\in\mathbf{N}^*)$，进而可得 $\{a_{2n-1}\}$ 是首项为 1、公差为 3 的等差数列，$\{a_{2n}\}$ 是首项为 2、公差为为 3 的等差数列，进而可求得数列 $\{a_n\}$ 的通项公式是

$$a_n=\begin{cases}\dfrac{3n-1}{2}, n\text{ 为正奇数}\\\dfrac{3n-2}{2}, n\text{ 为正偶数}\end{cases}.$$

(2) 由题设，可得 $a_2=3, \begin{cases}a_na_{n+1}=3^n\\a_{n+1}a_{n+2}=3^{n+1}\end{cases}(n\in\mathbf{N}^*)$，所以 $\dfrac{a_{n+2}}{a_n}=3(n\in\mathbf{N}^*)$，进而可得 $\{a_{2n-1}\}$ 是首项为 1、公比为 3 的等比数列，$\{a_{2n}\}$ 是首项与公比均为 3 的等比数列，进而可求得数列 $\{a_n\}$ 的通项公式是 $a_n=\begin{cases}3^{\frac{n-1}{2}}, n\text{ 为正奇数}\\3^{\frac{n}{2}}, n\text{ 为正偶数}\end{cases}$.

解法 2 (1) 由题设，可得

$$a_{n+1}-\frac{3}{2}(n+1)+\frac{3}{4}=-\left(a_n-\frac{3}{2}n+\frac{3}{4}\right)\quad(n\in\mathbf{N}^*)$$

进而可得 $\left\{a_n-\dfrac{3}{2}n+\dfrac{3}{4}\right\}$ 是首项为 $\dfrac{1}{4}$、公比为 -1 的等比数列，所以

$$a_n-\frac{3}{2}n+\frac{3}{4}=\frac{1}{4}(-1)^{n-1}, a_n=\frac{6n-3-(-1)^n}{4}\quad(n\in\mathbf{N}^*)$$

得数列 $\{a_n\}$ 的通项公式是 $a_n=\dfrac{6n-3-(-1)^n}{4}$.

(2) 由题设及数学归纳法可证得 $a_n>0(n\in\mathbf{N}^*)$，所以

$$\log_3 a_{n+1}+\log_3 a_n=n\quad(n\in\mathbf{N}^*)$$

$$\log_3 a_{n+1}-\frac{n+1}{2}+\frac{1}{4}=-\left(\log_3 a_n-\frac{n}{2}+\frac{1}{4}\right)\quad(n\in\mathbf{N}^*)$$

进而可得 $\left\{\log_3 a_n-\dfrac{n}{2}+\dfrac{1}{4}\right\}$ 是首项为 $-\dfrac{1}{4}$、公比为 -1 的等比数列，所以

$$\log_3 a_n-\frac{n}{2}+\frac{1}{4}=-\frac{1}{4}(-1)^{n-1}, a_n=3^{\frac{2n-1+(-1)^n}{4}}\quad(n\in\mathbf{N}^*)$$

得数列 $\{a_n\}$ 的通项公式是 $a_n=3^{\frac{2n-1+(-1)^n}{4}}$.

题 5　已知数列 $\{a_n\}$ 的前 n 项和 S_n，且 $a_n \neq 0, a_n \in \mathbf{Z}, a_1 = a, 2S_n = a_n a_{n+1}$.

(1) 求 a_2 的值；

(2) 求数列 $\{a_n\}$ 的通项公式；

(3) 若当 $n = 15$ 时，S_n 取得最小值，求 a 的值.

解　(1) 在已知的递推式中，令 $n = 1$，可求得 $a_2 = 2$.

(2) 由 $2S_n = a_n a_{n+1}, 2S_{n+1} = a_{n+1} a_{n+2}$ 相减后，可得 $a_{n+2} - a_n = 2$，所以 $\{a_{2k-1}\}, \{a_{2k}\}$ 均是公差为 2 的等差数列，因而

$$a_{2k-1} = a + 2(k-1), a_n = n + a - 1 \quad (n \text{ 是正奇数})$$

$$a_{2k} = 2 + 2(k-1) = 2k, a_n = n \quad (n \text{ 是正偶数})$$

所以

$$a_n = \begin{cases} n + a - 1, n \text{ 是正奇数} \\ n, n \text{ 是正偶数} \end{cases}$$

(3) 由已知的递推式及(2) 的答案，可得

$$S_n = \begin{cases} \dfrac{1}{2}(n+1)(n+a-1), n \text{ 是正奇数} \\ \dfrac{1}{2}n(n+a), n \text{ 是正偶数} \end{cases}$$

因为当 m 是正偶数时，$a_m = m > 0$，所以当 S_n 取得最小值时，n 是正奇数.

而当 n 是正奇数时，$S_n = \dfrac{1}{2}(n+1)(n+a-1)$. 又因为 $f(x) = \dfrac{1}{2}(x+1) \cdot (x+a-1)(x \in \mathbf{R})$ 是开口向上的抛物线，所以“当 $n = 15$ 时，S_n 取得最小值” 即 $\begin{cases} S_{15} \leqslant S_{13} \\ S_{15} \leqslant S_{17} \end{cases}$，也即

$$\begin{cases} a_{14} + a_{15} = 28 + a \leqslant 0 \\ a_{16} + a_{17} = 31 + a \geqslant 0 \end{cases}$$

所以 $a = -28, -29, -30$ 或 -31.

但是，当 $a = -28$ 时，$a_{29} = 0$；当 $a = -30$ 时，$a_{31} = 0$. 所以 $a = -28, -30$ 均不满足题意.

还可得 $a = -29, -31$ 均满足题意.

所以所求答案是 $a = -29$ 或 -31.

2. 先迭代求解第奇数项子列或第偶数项子列

题 6　已知数列 $\{a_n\}$ 满足 $a_1 = \dfrac{1}{2}, a_{n+1} = \begin{cases} a_n + \dfrac{1}{4}, n \text{ 为正奇数} \\ a_n - \dfrac{1}{2}, n \text{ 为正偶数} \end{cases}$，求数列

$\{a_n\}$的通项公式.

解 解法1 由题设,可得

$$a_{2n+1}=a_{2n}-\frac{1}{2}=a_{2n-1}+\frac{1}{4}-\frac{1}{2}=a_{2n-1}-\frac{1}{4}\quad(n\in\mathbf{N}^*)$$

所以$\{a_{2n-1}\}$是首项为$\frac{1}{2}$、公差是$-\frac{1}{4}$的等差数列,因而

$$a_{2n-1}=\frac{1}{2}-\frac{1}{4}(n-1)=\frac{3-n}{4}\quad(n\in\mathbf{N}^*)$$

$$a_{2n}=a_{2n-1}+\frac{1}{4}=1-\frac{n}{4}\quad(n\in\mathbf{N}^*)$$

进而可得数列$\{a_n\}$的通项公式为

$$a_n=\begin{cases}\dfrac{5-n}{8}, n\text{ 为正奇数}\\ 1-\dfrac{n}{8}, n\text{ 为正偶数}\end{cases}$$

解法2 由题设,可得

$$a_{2n+2}=a_{2n+1}+\frac{1}{4}=a_{2n}-\frac{1}{2}+\frac{1}{4}=a_{2n}-\frac{1}{4}\quad(n\in\mathbf{N}^*)$$

所以$\{a_{2n}\}$是首项为$a_2=a_1+\frac{1}{4}=\frac{1}{2}+\frac{1}{4}=\frac{3}{4}$、公差是$-\frac{1}{4}$的等差数列,因而

$$a_{2n}=\frac{3}{4}-\frac{1}{4}(n-1)=1-\frac{n}{4}\quad(n\in\mathbf{N}^*)$$

$$a_{2n+1}=a_{2n}-\frac{1}{2}=\frac{1}{2}-\frac{n}{4}\quad(n\in\mathbf{N}^*)$$

进而可得数列$\{a_n\}$的通项公式为

$$a_n=\begin{cases}\dfrac{5-n}{8}, n\text{ 为正奇数}\\ 1-\dfrac{n}{8}, n\text{ 为正偶数}\end{cases}$$

题7 已知数列$\{a_n\}$满足$a_1=1, a_{n+1}=\begin{cases}\frac{1}{2}a_n+n, n\text{ 为正奇数}\\ a_n-2n, n\text{ 为正偶数}\end{cases}$,求数列$\{a_n\}$的通项公式.

解 解法1 由题设,可得

$$a_{2n+1}=a_{2n}-2\cdot 2n=\frac{1}{2}a_{2n-1}+(2n-1)-4n=\frac{1}{2}a_{2n-1}-2n-1\quad(n\in\mathbf{N}^*)$$

$$a_{2n+1}+2(2n+1)-4=\frac{1}{2}[a_{2n-1}+2(2n-1)-4]\quad(n\in\mathbf{N}^*)$$

(该式可由待定系数法得到)

所以$\{a_{2n-1}+2(2n-1)-4\}$是首项为$a_1-2=-1$、公比是$\frac{1}{2}$的等比数列,因而

$$a_{2n-1}+2(2n-1)-4=-1\cdot\left(\frac{1}{2}\right)^{n-1}=-2^{1-n}\quad(n\in\mathbf{N}^*)$$

$$a_{2n-1}=6-4n-2^{1-n}\quad(n\in\mathbf{N}^*)$$

$$a_{2n}=\frac{1}{2}a_{2n-1}+2n-1=2-2^{-n}\quad(n\in\mathbf{N}^*)$$

进而可得数列$\{a_n\}$的通项公式为

$$a_n=\begin{cases}4-2n-2^{\frac{1-n}{2}},n\text{ 为正奇数}\\2-2^{-\frac{n}{2}},n\text{ 为正偶数}\end{cases}$$

解法 2　由题设,可得

$$a_{2n+2}=\frac{1}{2}a_{2n+1}+2n+1=\frac{1}{2}(a_{2n}-2\cdot 2n)+2n+1=\frac{1}{2}a_{2n}+1\quad(n\in\mathbf{N}^*)$$

$$a_{2n+2}-2=\frac{1}{2}(a_{2n}-2)\quad(n\in\mathbf{N}^*)$$

所以$\{a_{2n}-2\}$是首项为$a_2-2=\left(\frac{1}{2}a_1+1\right)-2=-\frac{1}{2}$、公比是$\frac{1}{2}$的等比数列,因而

$$a_{2n}-2=-\frac{1}{2}\left(\frac{1}{2}\right)^{n-1}=-2^{-n}\quad(n\in\mathbf{N}^*)$$

$$a_{2n}=2-2^{-n}\quad(n\in\mathbf{N}^*)$$

$$a_{2n}=\frac{1}{2}a_{2n-1}+2n-1=2-2^{-n}\quad(n\in\mathbf{N}^*)$$

$$a_{2n-1}=6-4n-2^{1-n}\quad(n\in\mathbf{N}^*)$$

进而可得数列$\{a_n\}$的通项公式为

$$a_n=\begin{cases}4-2n-2^{\frac{1-n}{2}},n\text{ 为正奇数}\\2-2^{-\frac{n}{2}},n\text{ 为正偶数}\end{cases}$$

注　解法 2 比解法 1 要简洁.

题 8　(2005 年高考北京卷理科第 19 题) 设数列$\{a_n\}$的首项$a_1=a\neq\frac{1}{4}$,

且$a_{n+1}=\begin{cases}\frac{1}{2}a_n,n\text{ 是偶数}\\a_n+\frac{1}{4},n\text{ 是奇数}\end{cases}$,记$b_n=a_{2n-1}-\frac{1}{4}$,$n=1,2,3,\cdots$.

(1) 求a_2,a_3;

(2) 判断数列$\{b_n\}$是否为等比数列,并证明你的结论;

(3) 求$\lim\limits_{n\to\infty}(b_1+b_2+\cdots+b_n)$.

解 (1) 可求得 $a_2=a+\frac{1}{4}$,$a_3=\frac{1}{2}a+\frac{1}{8}$.

(2) 由题设,可得

$$a_{2n+1}=\frac{1}{2}a_{2n}=\frac{1}{2}\left(a_{2n-1}+\frac{1}{4}\right)=\frac{1}{2}a_{2n-1}+\frac{1}{8}\quad(n\in\mathbf{N}^*)$$

$$a_{2n+1}-\frac{1}{4}=\frac{1}{2}\left(a_{2n-1}-\frac{1}{4}\right)\quad(n\in\mathbf{N}^*)$$

$$b_{n+1}=\frac{1}{2}b_n\quad(n\in\mathbf{N}^*)$$

又因为 $b_1=a-\frac{1}{4}\neq 0$,所以 $\{b_n\}$ 是首项为 $a-\frac{1}{4}$、公比为 $\frac{1}{2}$ 的等比数列.

(3) 由无穷递缩等比数列各项和公式,可得

$$\lim_{n\to\infty}(b_1+b_2+\cdots+b_n)=b_1+b_2+\cdots+b_n+\cdots=\frac{a-\frac{1}{4}}{1-\frac{1}{2}}=2a-\frac{1}{2}$$

题 9 (2012 年高考新课标全国卷理科第 16 题) 数列 $\{a_n\}$ 满足 $a_{n+1}+(-1)^n a_n=2n-1$,则 $\{a_n\}$ 的前 60 项的和为________.

解 解法 1 1 830. 由题设,可得

$$\begin{aligned}a_{n+2}&=(-1)^n[(-1)^{n-1}a_n+2n-1]+2n+1\\&=-a_n+(-1)^n(2n-1)+2n+1\end{aligned}$$

$$a_{n+2}+a_n=(-1)^n(2n-1)+2n+1$$

$$a_{n+3}+a_{n+1}=-(-1)^n(2n+1)+2n+3$$

所以

$$a_n+a_{n+1}+a_{n+2}+a_{n+3}=-2(-1)^n+4n+4$$

$$a_{4k+1}+a_{4k+2}+a_{4k+3}+a_{4k+4}=16k+10\quad(k\in\mathbf{N})$$

$$a_1+a_2+\cdots+a_{60}=16(0+1+2+\cdots+14)+10\times 15=1\,830$$

解法 2 1 830. 分别令 $n=2k-1,2k(k\in\mathbf{N}^*)$,可得

$$a_{2k}-a_{2k-1}=4k-3,a_{2k+1}+a_{2k}=4k-1$$

把它们相减,可得 $a_{2k-1}+a_{2k+1}=2$(得数列 $\{a_{2n-1}\}$ 是"等和数列",再得它是周期为 2 的周期数列),所以 $a_{4k-3}=a_1$,$a_{4k-1}=2-a_1(k\in\mathbf{N}^*)$.

进而可得 $a_{4k-2}=a_1+8k-7$,$a_{4k}=8k-1-a_1(k\in\mathbf{N}^*)$. 同解法 1 可得答案.

解法 3 1 830. 由题设,可得

$$a_{2n}-a_{2n-1}=4n-3 \qquad ①$$

$$a_{2n+1}+a_{2n}=4n-1 \qquad ②$$

$$a_{2n+2}-a_{2n+1}=4n+1 \qquad ③$$

所以由 ①②,可得

$$a_{2n+1}+a_{2n-1}=2$$

$$(a_1+a_3)+(a_5+a_7)+(a_9+a_{11})+\cdots+(a_{57}+a_{59})=2\times 15=30$$

由 ②③,可得

$$a_{2n+2}+a_{2n}=8n$$

$$\begin{aligned}&(a_2+a_4)+(a_6+a_8)+(a_{10}+a_{12})+\cdots+(a_{58}+a_{60})\\&=8(1+3+5+\cdots+29)=1\ 800\end{aligned}$$

所以

$$a_1+a_2+a_3+\cdots+a_{60}=30+1\ 800=1\ 830$$

解法 4　1 830. 也可这样解这道填空题:令 $a_1=1$,得 $a_2=2,a_3=1,a_4=6,a_5=1,a_6=10,\cdots$ 进而可猜测 $a_n=\begin{cases}1, n \text{ 为奇数}\\2n-2, n \text{ 为偶数}\end{cases}$,还可验证它确实满足题意,此时得

$$a_1+a_3+a_5+\cdots+a_{59}=30$$

$$a_2+a_4+a_6+\cdots+a_{60}=30\times 2+\frac{30\times 29}{2}\times 4=1\ 800$$

$$a_1+a_2+a_3+\cdots+a_{60}=30+1\ 800=1\ 830$$

注　本题"巧"在数列 $\{a_n\}$ 的首项可取任意值,但其前 60 项的和为定值.

3. 先猜后证

题 10　已知 $a_1=-1<a_2$, $|a_{n+1}-a_n|=2^n\quad(n\in\mathbf{N}^*)$,且 $\{a_{2n-1}\}$, $\{a_{2n}\}$ 分别是单调递减、单调递增数列,求数列 $\{a_n\}$ 的通项公式.

解　解法 1　由题设可求得

$$a_1=-1,a_3=-3,a_5=-11,a_7=-43;a_2=1,a_4=5,a_6=21,a_8=85$$

有

$$a_3-a_1=-2^1,a_5-a_3=-2^3,a_7-a_5=-2^5$$

$$a_4-a_2=2^2,a_6-a_4=2^4,a_8-a_6=2^6 \qquad ④$$

所以猜想

$$a_{2n+1}-a_{2n-1}=-2^{2n-1},a_{2n+2}-a_{2n}=2^{2n}\quad(n\in\mathbf{N}^*) \qquad ⑤$$

下面用数学归纳法证明结论 ⑤ 成立.

(1) 由 ④ 中的第一、四个等式,可得当 $n=1$ 时结论 ⑤ 成立.

(2) 假设当 $n=k$ 时结论 ⑤ 成立:$a_{2k+1}-a_{2k-1}=-2^{2k-1},a_{2k+2}-a_{2k}=2^{2k}$. 由题设,可得 $a_{2k+1}-a_{2k}=\pm 2^{2k},a_{2k}-a_{2k-1}=\pm 2^{2k-1}$(前后两个"±"任意选取),所以

$$a_{2k+1}-a_{2k-1}=\pm 2^{2k}\pm 2^{2k-1}\quad(\text{前后两个"±"任意选取})$$

$$a_{2k+1}-a_{2k-1}=2^{2k}+2^{2k-1}=3\cdot 2^{2k-1}>-2^{2k-1}$$

或 $$a_{2k+1}-a_{2k-1}=2^{2k}-2^{2k-1}=2^{2k-1}>-2^{2k-1}$$

或 $$a_{2k+1}-a_{2k-1}=-2^{2k}+2^{2k-1}=-2^{2k-1}$$

或 $$a_{2k+1}-a_{2k-1}=-2^{2k}-2^{2k-1}=-3\cdot 2^{2k-1}<-2^{2k-1}$$

再由归纳假设中的“$a_{2k+1}-a_{2k-1}=-2^{2k-1}$”，可得 $a_{2k+1}-a_{2k}=-2^{2k}$，$a_{2k}-a_{2k-1}=2^{2k-1}$.

由题设，还可得 $a_{2k+2}-a_{2k+1}=\pm 2^{2k+1}$，所以

$$a_{2k+2}-a_{2k}=\pm 2^{2k+1}-2^{2k}=2^{2k}\text{ 或 }-3\cdot 2^{2k}$$

再由归纳假设中的“$a_{2k+2}-a_{2k}=2^{2k}$”，可得 $a_{2k+2}-a_{2k+1}=2^{2k+1}$.

由题设还可得 $a_{2k+3}-a_{2k+2}=\pm 2^{2k+2}$，所以

$$a_{2k+3}-a_{2k+1}=\pm 2^{2k+2}+2^{2k+1}=3\cdot 2^{2k+1}\text{ 或 }-2^{2k+1}$$

再由题设 $\{a_{2n-1}\}$ 是单调递减数列，可得

$$a_{2k+3}-a_{2k+1}=-2^{2k+1} \quad ⑥$$

且 $a_{2k+3}-a_{2k+2}=-2^{2k+2}$.

由题设还可得 $a_{2k+4}-a_{2k+3}=\pm 2^{2k+3}$，所以

$$a_{2k+4}-a_{2k+2}=\pm 2^{2k+3}-2^{2k+2}=2^{2k+2}\text{ 或 }-3\cdot 2^{2k+2}$$

再由题设 $\{a_{2n}\}$ 是单调递增数列，可得

$$a_{2k+4}-a_{2k+2}=2^{2k+2} \quad ⑦$$

由式⑥⑦，可得当 $n=k+1$ 时结论⑤成立.

所以结论⑤成立.

进而可得

$$\begin{aligned}a_{2n+1}&=a_1+(a_3-a_1)+(a_5-a_3)+\cdots+(a_{2n+1}-a_{2n-1})\\&=-1-2^1-2^3-2^5-\cdots-2^{2n-1}=-\frac{2^{2n+1}+1}{3}\quad(n\in\mathbf{N}^*)\end{aligned}$$

$$\begin{aligned}a_{2n+2}&=a_2+(a_4-a_2)+(a_6-a_4)+\cdots+(a_{2n+2}-a_{2n})\\&=1+2^2+2^4+2^6+\cdots+2^{2n}=\frac{2^{2n+2}-1}{3}\quad(n\in\mathbf{N}^*)\end{aligned}$$

从而可得所求数列 $\{a_n\}$ 的通项公式为 $a_n=\frac{(-2)^n-1}{3}$.

解法2　同解法1，先猜想结论⑤成立.

当结论⑤成立时，同解法1的累加法可求得 $a_n=\frac{(-2)^n-1}{3}$，即

$$a_{2n-1}=-\frac{2^{2n-1}+1}{3},a_{2n}=\frac{2^{2n}-1}{3}\quad(n\in\mathbf{N}^*) \quad ⑧$$

以上解答过程完成了猜想结论⑧成立.

下面用数学归纳法证明结论⑧成立.

(1) 由 $a_1=-1$，$a_2=1$，可得当 $n=1$ 时结论⑧成立.

(2) 假设当 $n=k$ 时结论 ⑧ 成立：$a_{2k-1}=-\frac{2^{2k-1}+1}{3}$，$a_{2k}=\frac{2^{2k}-1}{3}$.

由题设，可得 $a_{2k+1}=a_{2k}\pm 2^{2k}=\frac{2^{2k}-1}{3}\pm 2^{2k}=\frac{2^{2(k+1)}-1}{3}$ 或 $-\frac{2^{2k+1}+1}{3}$.

再由题设 $\{a_{2n-1}\}$ 是单调递减数列，可得

$$a_{2k+1}=-\frac{2^{2k+1}+1}{3} \qquad ⑨$$

由题设，可得 $a_{2k+2}=a_{2k+1}\pm 2^{2k+1}=-\frac{2^{2k+1}+1}{3}\pm 2^{2k+1}=\frac{2^{2(k+1)}-1}{3}$ 或 $-\frac{2^{2(k+1)+1}+1}{3}$.

再由题设 $\{a_{2n}\}$ 是单调递增数列，可得

$$a_{2k+2}=\frac{2^{2(k+1)}-1}{3} \qquad ⑩$$

由结论 ⑨⑩，可得当 $n=k+1$ 时结论 ⑧ 成立.

所以结论 ⑧ 成立.

因而所求数列 $\{a_n\}$ 的通项公式为 $a_n=\frac{(-2)^n-1}{3}$.

1.8　出自同一道课本题的四道数列高考题

题 1　(2017 年高考全国卷 Ⅰ 文科第 17 题) 记 S_n 为等比数列 $\{a_n\}$ 的前 n 项和. 已知 $S_2=2$，$S_3=-6$.

(1) 求 $\{a_n\}$ 的通项公式；

(2) 求 S_n，并判断 S_{n+1}，S_n，S_{n+2} 是否成等差数列？

题 2　(2012 年高考陕西卷理科第 17 题) 已知 $\{a_n\}$ 是公比不为 1 的等比数列，其前 n 项和为 S_n，且 a_5，a_3，a_4 成等差数列.

(1) 求数列 $\{a_n\}$ 的公比；

(2) 证明：对任意 $k\in\mathbf{N}^*$，S_{k+2}，S_k，S_{k+1} 成等差数列.

题 3　(2011 年高考四川卷文科第 20 题) 已知 $\{a_n\}$ 是以 a 为首项、q 为公比的等比数列，S_n 为它的前 n 项和.

(1) 当 S_1，S_3，S_4 成等差数列时，求 q 的值；

(2) 当 S_m，S_n，S_l 成等差数列时，求证：对任意自然数 k，a_{m+k}，a_{n+k}，a_{l+k} 也成等差数列.

题 4　(2011 年高考湖北卷理科第 19 题) 已知数列 $\{a_n\}$ 的前 n 项和为 S_n，且满足：$a_1=a(a\neq 0)$，$a_{n+1}=rS_n(n\in\mathbf{N}^*,r\in\mathbf{R},r\neq -1)$.

(1) 求数列$\{a_n\}$的通项公式；

(2) 若存在$k\in\mathbf{N}^*$，使得S_{k+1},S_k,S_{k+2}成等差数列，试判断：对于任意的$m\in\mathbf{N}^*$，且$m\geqslant 2$，a_{m+1},a_m,a_{m+2}是否成等差数列，并证明你的结论.

对于题4，下面的解法比参考答案更简洁自然(在第(2)问中避免了求r的值)：

解 (1)(过程略)$a_n=\begin{cases}a,n=1\\ r(r+1)^{n-2}a,n\geqslant 2\end{cases}$.

(2) 当$r=0$时，得$a_{m+1}=a_m=a_{m+2}=0(m\in\mathbf{N},m\geqslant 2)$，所以对于任意的$m\in\mathbf{N}^*$，且$m\geqslant 2$，$a_{m+1},a_m,a_{m+2}$成等差数列.

当$r\neq 0$时，题设即"存在$k\in\mathbf{N}^*$，使得rS_{k+1},rS_k,rS_{k+2}成等差数列也即a_{k+2},a_{k+1},a_{k+3}成等差数列"，由第(1)问的结论，得$r(r+1)^ka,r(r+1)^{k-1}a$，$r(r+1)^{k+1}a$成等差数列.

因为$(r+1)^{m-k-1}\neq 0$，所以

$r(r+1)^ka\cdot(r+1)^{m-k-1},r(r+1)^{k-1}a\cdot(r+1)^{m-k-1},r(r+1)^{k+1}a\cdot(r+1)^{m-k-1}$成等差数列，即$r(r+1)^{m-1}a,r(r+1)^{m-2}a,r(r+1)^ma$成等差数列，也即对于任意的$m\in\mathbf{N}^*$，且$m\geqslant 2$，$a_{m+1},a_m,a_{m+2}$成等差数列.

总之，对于任意的$m\in\mathbf{N}^*$，且$m\geqslant 2$，a_{m+1},a_m,a_{m+2}成等差数列.

注 这四道高考题均源于全日制普通高级中学教科书(必修)《数学·第一册(上)》(2006年人民教育出版社)第128页的例4(也即普通高中课程标准实验教科书《数学5·必修·A版》(人民教育出版社，2007年第3版)第61页的第6题)：

已知S_n是等比数列$\{a_n\}$的前n项和，S_3,S_9,S_6成等差数列，求证：a_2,a_8,a_5成等差数列.

下面对这道课本题的结论做推广：

定理1 设S_n是公比为q(q是不等于1的复数)的等比数列$\{a_n\}$的前n项和，则$\exists k,l,m\in\mathbf{N}^*$使$S_k,S_l,S_m$成等差数列$\Leftrightarrow\forall t\in\mathbf{Z}$(但$k+t,l+t,m+t\in\mathbf{N}^*$)有$S_{k+t},S_{l+t},S_{m+t}$成等差数列$\Leftrightarrow\exists t_0\in\mathbf{Z}$(但$k+t_0,l+t_0,m+t_0\in\mathbf{N}^*$)使$a_{k+t_0},a_{l+t_0},a_{m+t_0}$成等差数列$\Leftrightarrow\forall t\in\mathbf{Z}$(但$k+t,l+t,m+t\in\mathbf{N}^*$)使$a_{k+t},a_{l+t},a_{m+t}$成等差数列.

证明 $\exists k,l,m\in\mathbf{N}^*$使$S_k,S_l,S_m$成等差数列$\Leftrightarrow\exists k,l,m\in\mathbf{N}^*$使$a_k,a_l,a_m$成等差数列(因为$S_k=\dfrac{a_1-a_kq}{1-q},S_l=\dfrac{a_1-a_lq}{1-q},S_m=\dfrac{a_1-a_mq}{1-q}$)$\Leftrightarrow\forall t\in\mathbf{Z}$(但$k+t,l+t,m+t\in\mathbf{N}^*$)使$a_{k+t},a_{l+t},a_{m+t}$成等差数列(因为$a_{k+t}=a_kq^t,a_{l+t}=a_lq^t,a_{m+t}=a_mq^t$)$\Leftrightarrow\forall t\in\mathbf{Z}$(但$k+t,l+t,m+t\in\mathbf{N}^*$)有$S_{k+t},S_{l+t},S_{m+t}$成等差数列(因为$S_{k+t}=\dfrac{a_1-a_{k+t}q}{1-q},S_{l+t}=\dfrac{a_1-a_{l+t}q}{1-q},S_{m+t}=\dfrac{a_1-a_{m+t}q}{1-q}$).

$\exists t_0 \in \mathbf{Z}$(但 $k+t_0, l+t_0, m+t_0 \in \mathbf{N}^*$)使 $a_{k+t_0}, a_{l+t_0}, a_{m+t_0}$ 成等差数列 $\Leftrightarrow \exists k,l,m \in \mathbf{N}^*$ 使 a_k, a_l, a_m 成等差数列(因为 $a_{k+t_0} = a_k q^{t_0}, a_{l+t_0} = a_l q^{t_0}$, $a_{m+t_0} = a_m q^{t_0}$)$\Leftrightarrow \forall t \in \mathbf{Z}$(但 $k+t, l+t, m+t \in \mathbf{N}^*$)使 $a_{k+t}, a_{l+t}, a_{m+t}$ 成等差数列(因为 $a_{k+t} = a_k q^t, a_{l+t} = a_l q^t, a_{m+t} = a_m q^t$).

得欲证成立.

下面再对题 4 的结论做推广:

定理 2　若数列 $\{a_n\}$ 的前 n 项和为 S_n,且满足 $a_{n+1} = rS_n$($n \in \mathbf{N}^*$,r 是已知的复数),则 $\exists k,l,m \in \mathbf{N}^*$ 使 S_k, S_l, S_m 成等差数列 $\Leftrightarrow \forall t \in \mathbf{Z}$(但 $k+t, l+t, m+t \in \mathbf{N}^*$)有 $S_{k+t}, S_{l+t}, S_{m+t}$ 成等差数列 $\Leftrightarrow \exists t_0 \in \mathbf{Z}$(但 $k+t_0, l+t_0, m+t_0 \in \{2,3,4,\cdots\}$)使 $a_{k+t_0}, a_{l+t_0}, a_{m+t_0}$ 成等差数列 $\Leftrightarrow \forall t \in \mathbf{Z}$(但 $k+t, l+t, m+t \in \{2,3,4,\cdots\}$)使 $a_{k+t}, a_{l+t}, a_{m+t}$ 成等差数列.

证明　由题设,可得

$$a_n = \begin{cases} a_1, n=1 \\ r(r+1)^{n-2}a_1, n \geqslant 2 \end{cases}$$

(1) 当 $a_1 = 0$ 时,$a_n = S_n = 0$($n \in \mathbf{N}^*$),可得欲证成立.

(2) 当 $r = -1$ 或 0 时

$$a_n = \begin{cases} a_1, n=1 \\ 0, n \geqslant 2 \end{cases}, S_n = a_1 \quad (n \in \mathbf{N}^*)$$

此时也可得欲证成立.

(3) 当 $ra_1 \neq 0$ 且 $r \neq -1$ 时

$$a_n = \begin{cases} a_1, n=1 \\ r(r+1)^{n-2}a_1, n \geqslant 2 \end{cases}, S_n = \frac{a_{n+1}}{r} = (r+1)^{n-1}a_1 \quad (n \in \mathbf{N}^*)$$

所以

$\exists k,l,m \in \mathbf{N}^*$ 使 S_k, S_l, S_m 成等差数列 $\Leftrightarrow \exists k,l,m \in \mathbf{N}^*$ 使 $(r+1)^{k-1}a_1$, $(r+1)^{l-1}a_1$, $(r+1)^{m-1}a_1$ 成等差数列 $\Leftrightarrow \forall t \in \mathbf{Z}$ 有 $(r+1)^{k+t-1}a_1$, $(r+1)^{l+t-1}a_1$, $(r+1)^{m+t-1}a_1$ 成等差数列 $\Leftrightarrow \forall t \in \mathbf{Z}$(但 $k+t, l+t, m+t \in \mathbf{N}^*$)有 $S_{k+t}, S_{l+t}, S_{m+t}$ 成等差数列.

$\exists t_0 \in \mathbf{Z}$(但 $k+t_0, l+t_0, m+t_0 \in \{2,3,4,\cdots\}$)使 $a_{k+t_0}, a_{l+t_0}, a_{m+t_0}$ 成等差数列 $\Leftrightarrow (r+1)^{k-1}a_1, (r+1)^{l-1}a_1, (r+1)^{m-1}a_1$ 成等差数列 $\Leftrightarrow \forall t \in \mathbf{Z}$ 有 $r(r+1)^{k+t-2}a_1, r(r+1)^{l+t-2}a_1, r(r+1)^{m+t-2}a_1$ 成等差数列 $\Leftrightarrow \forall t \in \mathbf{Z}$(但 $k+t, l+t, m+t \in \{2,3,4,\cdots\}$)使 $a_{k+t}, a_{l+t}, a_{m+t}$ 成等差数列.

此时欲证也成立.

定理 2 获证.

1.9 应注意由递推式确定的数列可以是有穷数列

题 1 (2005 年高考福建卷理科第 22 (2) 题) 已知数列 $\{a_n\}$ 满足 $a_1=a$, $a_{n+1}=1+\frac{1}{a_n}$. 我们知道当 a 取不同的值时,得到不同的数列. 如当 $a=1$ 时,得到无穷数列:$1,2,\frac{3}{2},\frac{5}{3},\cdots$;当 $a=-\frac{1}{2}$ 时,得到有穷数列:$-\frac{1}{2},-1,0$. 设数列 $\{b_n\}$ 满足 $b_1=-1,b_{n+1}=\frac{1}{b_n-1}(n\in\mathbf{N}^*)$,求证 a 取数列 $\{b_n\}$ 中的任一个数,都可以得到一个有穷数列 $\{a_n\}$.

题 2 (2010 年上海春季高考第 23(3) 题) 已知首项为 x_1 的数列 $\{x_n\}$ 满足 $x_{n+1}=\frac{2x_n}{x_n+1}$,数列 $\{x_n\}$ 由其首项 x_1 确定,通过对数列 $\{x_n\}$ 的探究,写出"$\{x_n\}$ 是有穷数列"的一个真命题(不必证明).(说明:将根据写出真命题所体现的思维层次和对问题探究的完整性,给予不同的评分.)

由这两道高考题可以看出,由递推式

$$a_{n+1}=\frac{ca_n+d}{aa_n+b}\quad(a\neq 0,ad\neq bc;a,b,c,d\in\mathbf{C},\mathbf{C}\text{ 是复数集})\qquad ①$$

确定的数列 $\{a_n\}$ 可以是有穷数列,我们在解题时,一定不能忽略了这种情形.

定理 由递推式 ① 确定的数列 $\{a_n\}$ 是项数为 m 的有穷数列的充要条件是,$\exists m\in\mathbf{N}^*$,使 $a_m=-\frac{b}{a}$(且此时该数列除 $a_m=-\frac{b}{a}$ 外,其余的项均不是 $-\frac{b}{a}$).

《学数学》2013 年第 10 ~ 12 期合刊第 132 页第 10 题是一道高中数学竞赛训练题:

题目 设数列 $\{a_n\}$ 满足 $a_{n+1}a_n+3a_{n+1}+a_n+4=0$,若 $a_{2\,013}$ 是数列 $\{a_n\}$ 的最小项,求 a_1 的取值范围.

该期《学数学》第 135 ~ 136 页给出了该题的两种解法,答案均是 $\left(-\frac{4\,025}{2\,012},-\frac{4\,027}{2\,013}\right)$.

笔者认为该题的答案是 $\left(-\frac{4\,025}{2\,012},-\frac{4\,027}{2\,013}\right]\cup\{-2\}$. 原解答产生错误的原因就是没有注意本题中的数列 $\{a_n\}$ 可以是有穷数列等错误.

完整解答 可将题设中的递推式等价变形为下面两种形式

$$a_{n+1}(a_n+3)=-a_n-4 \quad ②$$

$$(a_{n+1}+2)(a_n+2)=(a_n+2)-(a_{n+1}+2) \quad ③$$

(1) 当 $a_1=-2$ 时，由 ② 及数学归纳法可证得 $a_n=-2(n\in\mathbf{N}^*)$，所以 $a_1=-2$ 满足题意.

(2) 当 $a_1\neq-2$ 时，数列 $\{a_n\}$ 的任一项（存在时）均不是 -2（只需证明 $a_{n+1}\neq-2(n\in\mathbf{N}^*)$：否则由式 ③ 得 $a_n=-2$，由此结论得 $a_1=-2$，矛盾）. 此时式 ③ 即

$$\frac{1}{a_{n+1}+2}-\frac{1}{a_n+2}=1$$

$$\frac{1}{a_n+2}=\frac{1}{a_1+2}+n-1$$

$$a_n=\frac{1}{n-\left(1-\frac{1}{a_1+2}\right)}-2 \quad ④$$

(i) 若数列 $\{a_n\}$ 中存在一项比如 $a_k=-3$，由定理知 $\{a_n\}$ 是 k 项的有穷数列.

在式 ④ 中令 $n=k$ 后，可得 $a_1=-\frac{1}{k}-2$，再由 ④ 得 $a_n=\frac{1}{n-k-1}-2$ $(n=1,2,\cdots,k)$，且 $\{a_n\}$ 是递减数列.

因为 $a_{2\,013}$ 是数列 $\{a_n\}$ 的最小项，所以 $k=2\,013$，得 $a_1=-\frac{4\,027}{2\,013}$.

(ii) 若数列 $\{a_n\}$ 中没有项是 -3，由定理知 $\{a_n\}$ 是无穷数列（所以式 ④ 中的 $1-\frac{1}{a_1+2}\notin\mathbf{N}^*$）.

当 $1-\frac{1}{a_1+2}>1$ 时，当且仅当 n 是小于 $1-\frac{1}{a_1+2}$ 的最大正整数时，a_n 取最小值. 所以由题意，得 $2\,013<1-\frac{1}{a_1+2}<2\,014$，即 $-\frac{4\,025}{2\,012}<a_1<-\frac{4\,027}{2\,013}$.

当 $0<1-\frac{1}{a_1+2}<1$，$1-\frac{1}{a_1+2}=0$，$1-\frac{1}{a_1+2}<0$ 时，均可得 a_n 无最小值，所以此时不满足题意.

综上所述，a_1 的取值范围是 $\left(-\frac{4\,025}{2\,012},-\frac{4\,027}{2\,013}\right]\cup\{-2\}$.

笔者的著作《数列与不等式》（哈尔滨工业大学出版社，2014）第 13 ~ 20 页的“满足 $a_{n+1}=\frac{ca_n+d}{aa_n+b}$ 的数列 $\{a_n\}$ 何时为有穷数列、周期数列”给出了相关的结论，读者可以参阅.

1.10 满足 $a_{n+1}=\dfrac{ca_n+d}{aa_n+b}$ 的数列 $\{a_n\}$ 何时为有穷数列、周期数列

题 1 （2005年高考福建卷理科第22（2）题）已知数列 $\{a_n\}$ 满足 $a_1=a$，$a_{n+1}=1+\dfrac{1}{a_n}$. 我们知道当 a 取不同的值时，得到不同的数列. 如当 $a=1$ 时，得到无穷数列：$1,2,\dfrac{3}{2},\dfrac{5}{3},\cdots$，当 $a=-\dfrac{1}{2}$ 时，得到有穷数列：$-\dfrac{1}{2},-1,0$. 设数列 $\{b_n\}$ 满足 $b_1=-1$，$b_{n+1}=\dfrac{1}{b_n-1}(n\in\mathbf{N}^*)$，求证 a 取数列 $\{b_n\}$ 中的任一个数，都可以得到一个有穷数列 $\{a_n\}$.

题 2 （2007年高考全国卷Ⅰ理科第22（2）题）已知数列 $\{a_n\}$ 中，$a_1=2$，$a_{n+1}=(\sqrt{2}-1)(a_n+2)(n\in\mathbf{N}^*)$. 若数列 $\{b_n\}$ 中，$b_1=2$，$b_{n+1}=\dfrac{3b_n+4}{2b_n+3}(n\in\mathbf{N}^*)$，求证 $\sqrt{2}<b_n\leqslant a_{4n-3}$.

题 3 （2008年高考陕西卷理科第22（1）题）已知数列 $\{a_n\}$ 的首项 $a_1=\dfrac{3}{5}$，$a_{n+1}=\dfrac{3a_n}{2a_n+1}$，$n=1,2,\cdots$. 求 $\{a_n\}$ 的通项公式[1].

题 4 （2009年高考江西卷理科第22（1）题）各项均为正数的数列 $\{a_n\}$，$a_1=a$，$a_2=b$，且对满足 $m+n=p+q$ 的正整数 m,n,p,q，都有 $\dfrac{a_m+a_n}{(1+a_m)(1+a_n)}=\dfrac{a_p+a_q}{(1+a_p)(1+a_q)}$. 当 $a=\dfrac{1}{2}$，$b=\dfrac{4}{5}$ 时，求通项 a_n.

解[2]　先得 $\dfrac{a_1+a_n}{(1+a_1)(1+a_n)}=\dfrac{a_2+a_{n-1}}{(1+a_2)(1+a_{n-1})}(n\geqslant 2,n\in\mathbf{N}^*)$，再由 $a_1=\dfrac{1}{2}$，$a_2=\dfrac{4}{5}$，得 $a_n=\dfrac{2a_{n-1}+1}{a_{n-1}+2}$，…… 可求得 $a_n=\dfrac{3^n-1}{3^n+1}$. 还可验证 ……

题 5 （2010年上海春季高考第22(3)题）已知首项为 x_1 的数列 $\{x_n\}$ 满足 $x_{n+1}=\dfrac{2x_n}{x_n+1}$，数列 $\{x_n\}$ 由其首项 x_1 确定，通过对数列 $\{x_n\}$ 的探究，写出"$\{x_n\}$ 是有穷数列"的一个真命题(不必证明).（说明：将根据写出真命题所体现的思维层次和对问题探究的完整性，给予不同的评分.）

题 6 （2012年高考全国大纲卷第22(2)题的等价问题）若数列 $\{x_n\}$ 满足 $x_1=2$，$x_{n+1}=\dfrac{4x_n+3}{x_n+2}$，求 $\{x_n\}$ 的通项公式.

题 7　(2005 年高考湖南卷文科第 5 题)已知数列$\{a_n\}$满足$a_1=0,a_{n+1}=\dfrac{a_n-\sqrt{3}}{\sqrt{3}a_n+1}(n\in\mathbf{N}^*)$,则$a_{20}=$(　　).

A. 0　　B. $\sqrt{3}$　　C. $-\sqrt{3}$　　D. $\dfrac{\sqrt{3}}{3}$

(先得$\{a_n\}$是最小正周期为 3 的周期数列,再求解.)

由这七道高考题(前六道都是压轴题)可以看出,探求由递推式

$$a_{n+1}=\frac{ca_n+d}{aa_n+b}\quad(a\neq 0,ad\neq bc;a,b,c,d\in\mathbf{C},\mathbf{C}\text{ 是复数集})\qquad ①$$

(若$\forall n\in\mathbf{N}^*,aa_n+b\neq 0$,则数列$\{a_n\}$中$n$的取值范围是$\mathbf{N}^*$;若$\exists m\in\mathbf{N}^*,aa_m+b=0$,则数列$\{a_n\}$中$n$的取值范围是$\{1,2,\cdots,m\}$)确定的数列$\{a_n\}$的通项公式是很有意义的,更有意义的是探求$\{a_n\}$何时是有穷数列、周期数列(当$a=0$或$ad=bc$时,它们均容易解决).下面来解决它们[3].

定理 1　由递推式 ① 确定的数列$\{a_n\}$是项数为m的有穷数列的充要条件是$a_i\neq -\dfrac{b}{a}(i=1,2,\cdots,m-1)$且$a_m=-\dfrac{b}{a}$(当$m=1$时,该充要条件即$a_1=-\dfrac{b}{a}$).

在递推式 ① 中,设$a_n=b_n+t$(t是待定的常数),可得

$$b_{n+1}+t=\frac{c(b_n+t)+d}{a(b_n+t)+b}$$

$$b_{n+1}=\frac{(c-at)b_n-[at^2+(b-c)t-d]}{ab_n+at+b}$$

令

$$at^2+(b-c)t-d=0\qquad ②$$

(方程 ② 也即递推式 ① 的特征方程$t=\dfrac{ct+d}{at+b}$.)

选t是方程 ② 的根(由$ad\neq bc$,可得$t\neq\dfrac{c}{a},c-at\neq 0$),得

$$b_{n+1}=\frac{(c-at)b_n}{ab_n+at+b}\qquad ③$$

当方程 ② 中的$t=a_1$时,由$a_n=b_n+t$得$b_1=0$,再由式 ③ 并用数学归纳法可证得$b_n=0,a_n=a_1(n\in\mathbf{N}^*)$(因为若$at+b=0$,由方程 ② 可得$ct+d=0$,将与$ad\neq bc$矛盾).

当方程 ② 中的$t\neq a_1$时,由$a_n=b_n+t$,可得$b_1\neq 0$,再由式 ③ 及$c-at\neq 0$并用数学归纳法可证得$b_n\neq 0$恒成立.此时可在式 ③ 两边同时取倒数,得

$$\frac{1}{b_{n+1}}=\frac{b+at}{c-at}\cdot\frac{1}{b_n}+\frac{a}{c-at}$$

又设$\frac{1}{b_n}=c_n$，得

$$c_{n+1}=\frac{b+at}{c-at}\cdot c_n+\frac{a}{c-at} \tag{④}$$

再由递推式④构造等比数列可求出c_n，进而可以求出b_n，a_n.

定理2 (1) 若a_1是关于t的一元二次方程②的复数根，则由递推式①确定的数列$\{a_n\}$是无穷常数列$\{a_1\}$，它也是周期为1的周期数列；

(2) 若α，$\beta(\alpha,\beta\neq a_1)$是方程②的两个不等复数根，则由递推式①确定的数列$\{a_n\}$满足$\left\{\frac{a_n-\beta}{a_n-\alpha}\right\}$是等比数列，$\frac{a_n-\beta}{a_n-\alpha}=\frac{a_1-\beta}{a_1-\alpha}\left(\frac{c-a\beta}{c-a\alpha}\right)^{n-1}$，且此时当且仅当

$$a_1=\frac{(b\alpha-d)(a\alpha-c)^{m-1}-(b\beta-d)(a\beta-c)^{m-1}}{(a\beta+b)(a\alpha-c)^{m-1}-(a\alpha+b)(a\beta-c)^{m-1}}\quad(m\in\mathbf{N}^*)$$

时，数列$\{a_n\}$是项数为m的有穷数列；当且仅当$\exists T\in\mathbf{N}^*$使$\left(\frac{c-a\beta}{c-a\alpha}\right)^T=1$时$\{a_n\}$是周期数列且最小正周期为$T_{\min}$（当且仅当$b+c=0$时$\{a_n\}$是周期数列且最小正周期为2）；

(3) 若方程②有两个相等的复数根（即$(b-c)^2+4ad=0$时）且不为a_1，则$\frac{1}{a_n+\frac{b-c}{2a}}=\frac{2a}{b+c}(n-1)+\frac{2a}{2aa_1+b-c}$，且此时$\{a_n\}$不是周期数列，当且仅当

$a_1=\frac{c(m-1)-b(m-1)}{2am}(m\in\mathbf{N}^*)$时，数列$\{a_n\}$是项数为$m$的有穷数列.

证明 (1) 由定理1可得.

(2) 由定理1知，只需证明前半部分.

已证$\frac{c}{a}$不是方程②的根，再证a_n不是方程②的根：因为a_1不是方程②的根，所以只需证a_{n+1}（n是正整数）不是方程②的根.

假设某个a_{n+1}是方程②的根，可得

$$d=aa_{n+1}^2+(b-c)a_{n+1}$$
$$d-ba_{n+1}=a_{n+1}(aa_{n+1}-c)$$

由此还可得$aa_{n+1}-c\neq0$：否则$c=aa_{n+1}$，$d=ba_{n+1}$，所以$ada_{n+1}=cd=bca_{n+1}$，$(ad-bc)a_{n+1}=0(ad\neq bc)$，$a_{n+1}=0$，再得$c=d=0$，与$ad\neq bc$矛盾！所以$aa_{n+1}-c\neq0$.

若$a_{n+1}=0$，可得$c=d=0$，与$ad\neq bc$矛盾，所以$a_{n+1}\neq0$，再得$ad=bc$，矛盾！所以$aa_{n+1}-c\neq0$.

由递推式①，可得

$$aa_{n+1}a_n + ba_{n+1} = ca_n + d$$
$$(aa_{n+1} - c)a_n = d - ba_{n+1} = a_{n+1}(aa_{n+1} - c)$$
$$a_{n+1} = a_n$$

进而可得 $a_{n+1} = a_1$，由假设知 a_1 是方程 ② 的根，又与题设矛盾！所以 a_n 不是方程 ② 的根，$a_n \neq \alpha, \beta$.

（注：要证明结论(2)，须先证明结论(2)中的所有“分母不为0”，文献[4]指出了文献[5]的此种错误.）

又因为

$$\frac{\dfrac{a_{n+1}-\beta}{a_{n+1}-\alpha}}{\dfrac{a_n-\beta}{a_n-\alpha}} = \frac{\dfrac{ca_n+d}{ca_n+b}-\beta}{\dfrac{ca_n+d}{aa_n+b}-\alpha} \cdot \frac{a_n-\alpha}{a_n-\beta} = \frac{(c-a\beta)a_n+(d-b\beta)}{(c-a\alpha)a_n-(d-b\alpha)} \cdot \frac{a_n-\alpha}{a_n-\beta} = \frac{c-a\beta}{c-a\alpha}$$

（最后一步：由 α, β 是方程 ② 的根，可得 $d - b\beta = -\beta(c - a\beta)$，$d - b\alpha = -\alpha(c - a\alpha)$），所以欲证结论成立.

(3) 由方程 ② 有两个相等的复数根. 可得 $t = \dfrac{c-b}{2a}$，所以 $\dfrac{b+at}{c-at} = 1$，$b + c = 2(c - at) \neq 0$. 由 $t \neq a_1$，还可得 $2aa_1 + b - c \neq 0$，再由递推式 ④ 可得欲证结论成立.

题 1 的解答　由定理 1(2)，可求得 $b_n = \dfrac{-2[(1+\sqrt{5})^n - (1-\sqrt{5})^n]}{(1+\sqrt{5})^{n+1} - (1-\sqrt{5})^{n+1}}(n \in \mathbf{N}^*)$，再得当且仅当 $a_1 = \dfrac{-2[(1+\sqrt{5})^{m-1} - (1-\sqrt{5})^{m-1}]}{(1+\sqrt{5})^m - (1-\sqrt{5})^m}(m \in \mathbf{N}^*)$ 即 $a_1 = b_{m-1}$（约定 $b_0 = 0$）时数列 $\{a_n\}$ 是项数为 m 的有穷数列.

题 5 的解答　由定理 2(2) 可得，$\dfrac{x_n - 1}{x_n} = \dfrac{x_1 - 1}{x_1}\left(\dfrac{1}{2}\right)^{n-1}(n \in \mathbf{N}^*)$，再得当且仅当 $x_1 = \dfrac{1}{1-2^m}(m \in \mathbf{N}^*)$ 时数列 $\{x_n\}$ 是项数为 m 的有穷数列.

当然，这些高考题也可直接作答，下面给出题 5 的两种直接解法：

解法 1　由递推式 $x_{n+1} = \dfrac{2x_n}{x_n + 1}$ 知，若数列 $\{x_n\}$ 是项数为 k 的有穷数列 $x_1, x_2, \cdots, x_k$，则 $x_k = -1$，且其各项均不为 0（若某一项为 0，则可算得该项及以后的每一项（共无穷项）均为 0）. 所以

$$\frac{1}{x_{n+1}} = \frac{x_n + 1}{2x_n} = \frac{1}{2} \cdot \frac{1}{x_n} + \frac{1}{2} \quad (n = 1, 2, \cdots, k-1)$$

$$\frac{1}{x_{n+1}} - 1 = \frac{1}{2}\left(\frac{1}{x_n} - 1\right) \quad (n = 1, 2, \cdots, k-1)$$

$$\frac{1}{x_n} - 1 = \left(\frac{1}{x_1} - 1\right)\left(\frac{1}{2}\right)^{n-1} \quad (n = 1, 2, \cdots, k)$$

令 $n=k$ 后，由 $x_k=-1$，得 $x_1=\frac{1}{1-2^k}$. 且此时还可得

$$x_n=\frac{1}{1-2^{k+1-n}}\quad(n=1,2,\cdots,k)$$

所以本题的答案是：当且仅当 $x_1=\frac{1}{1-2^k}(k\in\mathbf{N}^*)$ 时，数列 $\{x_n\}$ 是有穷数列（且项数为 k，通项公式是 $x_n=\frac{1}{1-2^{k+1-n}}(n=1,2,\cdots,k)$）.

解法 2 我们对 i 用反向数学归纳法证明：

若数列 $\{x_n\}$ 满足 $x_{n+1}=\frac{2x_n}{x_n+1}$，则 $x_k=-1\Leftrightarrow x_i=\frac{1}{1-2^{k+1-i}}(i=k,k-1,\cdots,1)$ 均成立.

只需证明“$\Rightarrow$”：

当 $i=k$ 时显然成立.

假设 $i=j(j=k,k-1,\cdots,$或 $2)$ 时成立：$x_j=\frac{1}{1-2^{k+1-j}}$.

由 $x_j=\frac{2x_{j-1}}{x_{j-1}+1}$，可得

$$x_jx_{j-1}+x_j=2x_{j-1},x_{j-1}(2-x_j)=x_j$$

可得 $2-x_j\neq 0$（否则 $0=2$），所以

$$x_{j-1}=\frac{x_j}{2-x_j}=\frac{\frac{1}{1-2^{k+1-j}}}{2-\frac{1}{1-2^{k+1-j}}}=\frac{1}{1-2^{k+1-(j-1)}}$$

即 $i=j-1$ 时也成立.

所以欲证结论成立. 由该结论立得本题的答案：当且仅当 $x_1=\frac{1}{1-2^k}(k\in\mathbf{N}^*)$ 时，数列 $\{x_n\}$ 是有穷数列（且项数为 k，通项公式是 $x_n=\frac{1}{1-2^{k+1-n}}(n=1,2,\cdots,k)$）. 所以，本题的一个答案是：当 $x_1=-1$ 时，数列 $\{x_n\}$ 是有穷数列（且是项数为 1 的有穷数列）.

题 8 已知数列 $\{a_n\}$ 满足 $a_{n+1}=\frac{2a_n-1}{a_n}$，若数列 $\{a_n\}$ 是有穷数列且项数为 $m(m\in\mathbf{N}^*)$，求 a_1.

解 当 $a_1=1$ 时，由数学归纳法可证得 $a_n=1(n\in\mathbf{N}^*)$.

当 $a_1\neq 1$ 时，由定理 2(3) 可得当且仅当 $a_1=1-\frac{1}{m}(m\in\mathbf{N}^*)$ 时数列 $\{a_n\}$ 是有穷数列（且项数为 m）.

定理3 由 $a_{n+1}=\dfrac{a_n-a}{aa_n+1}(a\neq 0,a\in\mathbf{R};a_1\neq\pm\mathrm{i},\mathrm{i}$ 为虚数单位）确定的数列 $\{a_n\}$ 为周期数列的充要条件是 $\exists T,k\in\mathbf{N}^*$ 使得 $a=\tan\dfrac{k}{T}\pi$（且此时数列 $\{a_n\}$ 的最小正周期是 $T_{\min}$).

证明 因为 $a\in\mathbf{R},a\neq 0$，所以 $\exists\alpha\in\left(-\dfrac{\pi}{2},0\right)\cup\left(0,\dfrac{\pi}{2}\right)$，使得 $a=\tan\alpha$.

由定理2(2)可得，数列 $\{a_n\}$ 为周期数列的充要条件是存在正整数 T 使得 $\left(\dfrac{1+a\mathrm{i}}{1-a\mathrm{i}}\right)^T=1$，即 $\cos 2T\alpha+\mathrm{i}\sin 2T\alpha=1$，得 $\alpha=\dfrac{k}{T}\pi(k\in\mathbf{N}^*)$，所以欲证结论成立.

由定理3可得，题7中的 $\{a_n\}$ 是最小正周期为3的周期数列.

题9 已知数列 $\{a_n\}$ 满足 $a_{n+1}=\dfrac{a_n+\sqrt{3}}{1-\sqrt{3}a_n},a_1=2\mathrm{i}$，求 $a_{2\,023}$.

解 由 $-\sqrt{3}=\tan\dfrac{2\pi}{3}$ 及定理3知，3是周期数列 $\{a_n\}$ 的一个周期，且不存在 $k,l\in\mathbf{N}^*$ 使得 $-\sqrt{3}=\tan\dfrac{k\pi}{1},-\sqrt{3}=\tan\dfrac{l\pi}{2}$，所以数列 $\{a_n\}$ 的最小正周期是3（事实上，数列 $\{a_n\}$ 为 $2\mathrm{i},\dfrac{-3\sqrt{3}+8\mathrm{i}}{13},\dfrac{39\sqrt{3}+104\mathrm{i}}{169},2\mathrm{i},\dfrac{-3\sqrt{3}+8\mathrm{i}}{13},\dfrac{39\sqrt{3}+104\mathrm{i}}{169},\cdots$），所以 $a_{2\,023}=a_1=2\mathrm{i}$.

在由递推式①确定的数列 $\{a_n\}$ 中，设 $a_n=\dfrac{p}{a}h_n+\dfrac{c-b}{2a}$（其中 $p^2=-ad-\left(\dfrac{b-c}{2}\right)^2$），可得

$$h_{n+1}=\frac{h_n-\dfrac{2p}{b+c}}{\dfrac{2p}{b+c}h_n+1}$$

再由定理3，可得如下定理4：

定理4 在由递推式①确定的数列 $\{a_n\}$ 中，若 $ad+\left(\dfrac{b-c}{2}\right)^2\neq 0,p^2=-ad-\left(\dfrac{b-c}{2}\right)^2,\dfrac{2p}{b+c}\in\mathbf{R};a_1\neq\dfrac{c-b\pm 2p\mathrm{i}}{2a}$，则 $\{a_n\}$ 为周期数列的充要条件是 $\exists T,k\in\mathbf{N}^*$ 使得 $\dfrac{2p}{b+c}=\tan\dfrac{k}{T}\pi$（且此时数列 $\{a_n\}$ 的最小正周期是 $T_{\min}$).

题10 已知数列 $\{a_n\}$ 满足 $a_{n+1}=\dfrac{(-1-2\mathrm{i})a_n+3-2\mathrm{i}}{a_n+1},a_1=\mathrm{i}$，求 $a_{2\,021}$.

解 把 $a=b=1,c=-1-2\mathrm{i},d=3-2\mathrm{i}$ 代入定理 4，并选 $p=-\sqrt{3}\mathrm{i}$，可得 $\dfrac{2p}{b+c}=\sqrt{3}=\tan\dfrac{\pi}{3}$，再得数列 $\{a_n\}$ 的最小正周期是 3（事实上，数列 $\{a_n\}$ 为 $\mathrm{i},1-4\mathrm{i},-\dfrac{3}{5}-\dfrac{6}{5}\mathrm{i},\mathrm{i},1-4\mathrm{i},-\dfrac{3}{5}-\dfrac{6}{5}\mathrm{i},\cdots$），所以 $a_{2\,021}=a_2=1-4\mathrm{i}$.

定理 5 由 $a_{n+1}=\dfrac{a_n-\tan\alpha}{a_n\tan\alpha+1}\left(\alpha\in\left(-\dfrac{\pi}{2},\dfrac{\pi}{2}\right),a_1\in\mathbf{R}\right)$ 确定的数列 $\{a_n\}$ 为周期数列的充要条件是 $\exists\, p\in\mathbf{N}^*,q\in\mathbf{Z},(p,q)=1$，使得 $a=\tan\dfrac{q}{p}\pi$（且此时数列 $\{a_n\}$ 的最小正周期是 p）.

证明 当 $q=0$ 时，由 $(p,q)=1$ 可得 $p=1$，得欲证结论成立.

下证当 $q\neq 0$ 时成立.

可得 $a_n\in\mathbf{R}(n\in\mathbf{N}^*)$，所以可设 $a_n=\tan\theta_n,\theta_n\in\left(-\dfrac{\pi}{2},\dfrac{\pi}{2}\right)$，得

$$\tan\theta_{n+1}=\frac{\tan\theta_n-\tan\alpha}{1+\tan\theta_n\tan\alpha}=\tan(\theta_n-\alpha)$$

$$\theta_{n+1}=\theta_n-\alpha+k_n\pi\quad(k_n=0,\pm 1)$$

用累加法可得，$\theta_n=\theta_1-(n-1)\alpha+k\pi(k\in\mathbf{Z})$，所以

$$a_n=\tan(\theta_1+\alpha-n\alpha)\quad(n\in\mathbf{N}^*)$$

设数列 $\{a_n\}$ 的最小正周期是 T，得 $a_{n+T}=a_n$，所以

$$\theta_1+\alpha-(n+T)\alpha=\theta_1+\alpha-n\alpha-l\pi\quad(l\in\mathbf{Z},n\in\mathbf{N}^*)$$

$$\alpha=\frac{l}{T}\pi\quad(l\in\mathbf{Z})$$

再由 T 是满足题意的最小正整数知，欲证结论成立.

题 11 已知数列 $\{a_n\}$ 满足 $a_{n+1}=\dfrac{a_n+\sqrt{3}}{1-\sqrt{3}a_n},a_1=1$，求 $a_{2\,023}$.

解 由 $-\sqrt{3}=\tan\left(-\dfrac{\pi}{3}\right)$ 及定理 5 知，数列 $\{a_n\}$ 的最小正周期是 3（事实上，数列 $\{a_n\}$ 为 $1,-2-\sqrt{3},\sqrt{3}-2,1,-2-\sqrt{3},\sqrt{3}-2,\cdots$），所以 $a_{2\,023}=a_1=1$.

下面再来探求由

$$a_{n+1}=\frac{ca_n+d}{aa_n+b}\quad(a\neq 0;a,b,c,d,a_1\in\mathbf{R})\qquad ⑤$$

确定的数列 $\{a_n\}$ 的周期性：

若 $4ad+(b-c)^2<0$，设 $a_n=\dfrac{\sqrt{-4ad-(b-c)^2}}{2a}h_n+\dfrac{c-b}{2a}$，可得

$$h_{n+1}=\frac{h_n-\frac{\sqrt{-4ad-(b-c)^2}}{b+c}}{\frac{\sqrt{-4ad-(b-c)^2}}{b+c}h_n+1}$$

再由定理5，可得：

定理6　在由递推式⑤确定的数列$\{a_n\}$中，若$4ad+(b-c)^2<0$，则$\{a_n\}$为周期数列的充要条件是$\exists p\in \mathbf{N}^*, q\in \mathbf{Z}$，$(p,q)=1$，使得$\frac{\sqrt{-4ad-(b-c)^2}}{b+c}=\tan\frac{q}{p}\pi$（且此时数列$\{a_n\}$的最小正周期是$p$）.

题12　已知数列$\{a_n\}$满足$a_{n+1}=\frac{-3a_n-7}{a_n+1}$，$a_1=0$，求$a_{2\,021}$.

解　把$a=1,b=1,c=-3,d=-7$代入定理6，得$\frac{\sqrt{-4ad-(b-c)^2}}{b+c}=\tan\left(-\frac{\pi}{3}\right)$，可得数列$\{a_n\}$的最小正周期是3（事实上，数列$\{a_n\}$为$0,-7,-\frac{7}{3},0,-7,-\frac{7}{3},\cdots$），所以$a_{2\,021}=a_2=-7$.

由定理5可知，文献[6]第88页最后一段话是错误的；由定理6可知，文献[7]的结论(3)不对.

参考文献

[1] 甘志国. 应对高考需要研究性备考——兼评2008年高考试题陕西卷(理科)压轴题[J]. 中学数学研究，2009(5)：28-30.

[2] 甘志国. 对2009年高考江西卷压轴题的研究[J]. 中学数学，2009(9)：42-43.

[3] 甘志国. 初等数学研究(I)[M]. 哈尔滨：哈尔滨工业大学出版社，2008：292-295.

[4] 甘志国. 两类递推数列通项的求法[J]. 数学通讯，2006(17)：21-22.

[5] 包志秀. 妙求$a_n=\frac{c\cdot a_{n-1}+d}{a\cdot a_{n-1}+b}$的通项[J]. 数学通讯，2006(9)：21-22.

[6] 张欣星. 一道数列题引起的三角换元法的思考[J]. 数学通讯，2012(11,12上)：88-89.

[7] 杨华. 一道课本例题的探究[J]. 数学教学研究，2013(3)：7-10.

1.11 $\{\log_{F_{n+1}} F_n\}_{n\geqslant 2}$ 是递增数列

题1 (2020年高考全国卷 Ⅲ 文科第10题)设 $a=\log_3 2, b=\log_5 3, c=\frac{2}{3}$,则( ).

A. $a<c<b$ B. $a<b<c$ C. $b<c<a$ D. $c<a<b$

解 A. 可证得 $\log_3 2<\frac{2}{3}<\log_5 3$,即 $a<c<b$.

题2 (2020年高考全国卷 Ⅲ 理科第12题)已知 $5^5<8^4, 13^4<8^5$,设 $a=\log_5 3, b=\log_8 5, c=\log_{13} 8$,则( ).

A. $a<b<c$ B. $b<a<c$ C. $b<c<a$ D. $c<a<b$

解 A. 由 $5^5<8^4, 13^4<8^5$,得 $5\log_8 5<4, 4<5\log_{13} 8$,所以 $5\log_8 5<5\log_{13} 8, \log_8 5<\log_{13} 8$,即 $b<c$.

又因为 $a=\log_5 3>0, b=\log_8 5>0$,所以

$$\frac{a}{b}=\frac{\log_5 3}{\log_8 5}=\log_5 3\cdot\log_5 8\leqslant\left(\frac{\log_5 3+\log_5 8}{2}\right)^2=\frac{(\log_5 24)^2}{4}<1$$

得 $a<b$,因而 $a<b<c$.

题3 (2021年新高考全国卷2第7题)已知 $a=\log_5 2, b=\log_8 3, c=\frac{1}{2}$,则下列判断正确的是( ).

A. $c<b<a$ B. $b<a<c$

C. $a<c<b$ D. $a<b<c$

解 C. 可证得 $\log_5 2<\frac{1}{2}<\log_8 3$,即 $a<c<b$.

约定,下文中的数列 $\{F_n\}$ 由 $F_1=F_2=1, F_{n+2}=F_n+F_{n+1}(n\in\mathbf{N}^*)$ 确定.

定理 (1) $\{\log_{F_{n+1}} F_n\}_{n\geqslant 2}$ 是递增数列;

(2) $\frac{3}{2}F_n\leqslant F_{n+1}\leqslant 2F_n(n\geqslant 2)$;

(3) $1+\log_{F_n}\frac{3}{2}\leqslant\log_{F_n} F_{n+1}\leqslant 1+\log_{F_n} 2(n\geqslant 3)$;

(4) $\lim\limits_{n\to\infty}\log_{F_{n+2}} F_{n+1}=1$.

证明 (1)(西安领军教育培训中心张学宾老师提供)只需证明 $\{\log_{F_{n+1}} F_n\}_{n\geqslant 3}$ 是递增数列,即证当 $n\geqslant 3$ 时

$$\log_{F_{n+1}} F_n<\log_{F_{n+2}} F_{n+1}, \frac{\ln F_n}{\ln F_{n+1}}<\frac{\ln F_{n+1}}{\ln F_{n+2}}$$

$$\frac{\ln F_{n+1}}{\ln F_n}-1>\frac{\ln F_{n+2}}{\ln F_{n+1}}-1,\frac{\ln\frac{F_{n+1}}{F_n}}{\ln F_n}>\frac{\ln\frac{F_{n+2}}{F_{n+1}}}{\ln F_{n+1}}$$

$$\frac{\ln F_{n+1}}{\ln F_n}-1>\frac{\ln\frac{F_{n+2}}{F_{n+1}}}{\ln\frac{F_{n+1}}{F_n}}-1,\frac{\ln\frac{F_{n+1}}{F_n}}{\ln F_n}>\frac{\ln\frac{F_nF_{n+2}}{F_{n+1}^2}}{\ln\frac{F_{n+1}}{F_n}}$$

$$\left(\ln\frac{F_{n+1}}{F_n}\right)^2>\ln F_n\cdot\ln\frac{F_nF_{n+2}}{F_{n+1}^2}$$

可用数学归纳法或用数列 $\{F_n\}$ 的通项公式 $F_n=\frac{1}{\sqrt5}\left[\left(\frac{1+\sqrt5}{2}\right)^n-\left(\frac{1-\sqrt5}{2}\right)^n\right]$ 证得

$$F_{n+1}F_{n+2}-F_nF_{n+3}=(-1)^n\quad(n\in\mathbf{N}^*)\qquad①$$

$$F_{n+1}^2-F_nF_{n+2}=(-1)^n\quad(n\in\mathbf{N}^*)\qquad②$$

由①,可得

$$\frac{F_{2n+2}}{F_{2n+1}}-\frac{F_{2n}}{F_{2n-1}}=\frac{F_{2n-1}F_{2n+2}-F_{2n}F_{2n+1}}{F_{2n-1}F_{2n+1}}=\frac{1}{F_{2n-1}F_{2n+1}}>0\quad(n\in\mathbf{N}^*)$$

所以

$$\left\{\frac{F_{2n}}{F_{2n-1}}\right\}\text{是递增数列}\qquad③$$

还可用导数证得

$$\ln x\leqslant x-1\qquad④$$

下面证明

$$\left(\ln\frac{F_{n+1}}{F_n}\right)^2>\ln F_n\cdot\ln\frac{F_nF_{n+2}}{F_{n+1}^2}\quad(n\geqslant3)\qquad⑤$$

当 $n(n\geqslant3)$ 为偶数时,可得 $F_{n+1}^2-F_nF_{n+2}=1,F_nF_{n+2}<F_{n+1}^2,\ln\frac{F_nF_{n+2}}{F_{n+1}^2}<0,\left(\ln\frac{F_{n+1}}{F_n}\right)^2>0>\ln F_n\cdot\ln\frac{F_nF_{n+2}}{F_{n+1}^2}$,此时⑤成立.

当 $n(n\geqslant3)$ 为奇数时,由④②可得

$$\ln\frac{F_{n+2}F_n}{F_{n+1}^2}\leqslant\frac{F_{n+2}F_n}{F_{n+1}^2}-1=\frac{F_{n+2}F_n-F_{n+1}^2}{F_{n+1}^2}=\frac{1}{F_{n+1}^2}$$

$$\ln F_n\cdot\ln\frac{F_{n+2}F_n}{F_{n+1}^2}\leqslant\frac{\ln F_n}{F_{n+1}^2}<\frac{F_n}{F_{n+1}^2}<\frac{F_n}{F_{n+1}^2}<\frac{1}{F_{n+1}}\leqslant\frac{1}{F_6}=\frac{1}{8}$$

由③,可得

$$\frac{F_{n+1}}{F_n}\geqslant\frac{F_4}{F_3}=\frac{3}{2}\qquad⑥$$

$$\left(\ln\frac{F_{n+1}}{F_n}\right)^2\geqslant\left(\ln\frac{3}{2}\right)^2$$

下面证明$\left(\ln\dfrac{3}{2}\right)^2>\dfrac{1}{8}$，$2\sqrt{2}\ln\dfrac{3}{2}>1$，$\left(\dfrac{9}{4}\right)^{\sqrt{2}}>\mathrm{e}$，只需证明$\left(\dfrac{9}{4}\right)^{1.4}>3$，$\left(\dfrac{3^2}{4}\right)^7>3^5$，$3^9>4^7$，$19\ 683>16\ 384$，进而可得此时 ⑤ 也成立.

综上所述，可得欲证结论成立.

(2) 由 ⑥ 及数列$\{F_n\}$的定义可得.

(3) 当$n\geqslant 2$时，由(2) 的结论，可得

$$\log_{F_{n+1}}\left(\frac{3}{2}F_{n+1}\right)\leqslant\log_{F_{n+1}}F_{n+2}\leqslant\log_{F_{n+1}}(2F_{n+1})$$

$$1+\log_{F_{n+1}}\frac{3}{2}\leqslant\log_{F_{n+1}}F_{n+2}\leqslant 1+\log_{F_{n+1}}2 \quad ⑦$$

进而可得欲证结论成立.

(4) 证法 1　当$n\geqslant 2$时，由$\lim\limits_{n\to\infty}\left(1+\log_{F_{n+1}}\dfrac{3}{2}\right)=1+\dfrac{1}{\lim\limits_{n\to\infty}\log_{\frac{3}{2}}F_{n+1}}=1$，$\lim\limits_{n\to\infty}(1+\log_{F_{n+1}}2)=1$及 ⑦、两边夹法则，可得$\lim\limits_{n\to\infty}\log_{F_{n+1}}F_{n+2}=1$，所以$\lim\limits_{n\to\infty}\log_{F_{n+2}}F_{n+1}=1$.

证法 2　当$n\geqslant 2$时，可得

$$1<\log_{F_{n+1}}F_{n+2}=\log_{F_{n+1}}(F_{n+1}+F_n)<\log_{F_{n+1}}(2F_{n+1})=1+\log_{F_{n+1}}2$$

$$1<\log_{F_{n+1}}F_{n+2}<1+\log_{F_{n+1}}2$$

再由两边夹法则可得$\lim\limits_{n\to\infty}\log_{F_{n+1}}F_{n+2}=1$，所以$\lim\limits_{n\to\infty}\log_{F_{n+2}}F_{n+1}=1$.

推论　(1) $\{\log_{F_n}F_{n+2}\}_{n\geqslant 3}$，$\{\log_{F_{n+2}}F_n\}_{n\geqslant 2}$分别是递减、递增数列；

(2) $\{\log_{F_n}(F_{n+1}F_{n+2})\}_{n\geqslant 3}$，$\{\log_{F_n}F_{n+1}+\log_{F_{n+1}}F_n\}_{n\geqslant 3}$均是递减数列.

证明　(1) 可设$a_n=\log_{F_n}F_{n+2}=\log_{F_n}F_{n+1}\log_{F_{n+1}}F_{n+2}(n\geqslant 3)$，由定理(1) 可得$\log_{F_n}F_{n+1}>\log_{F_{n+1}}F_{n+2}>0$，$\log_{F_{n+1}}F_{n+2}>\log_{F_{n+2}}F_{n+3}>0(n\geqslant 3)$，把这两个不等式相乘可得$a_n>a_{n+1}(n\geqslant 3)$，所以$\{\log_{F_n}F_{n+2}\}_{n\geqslant 3}$是递减数列.

再由$\log_{F_{n+2}}F_n=\dfrac{1}{\log_{F_n}F_{n+2}}$，$\log_{F_n}F_{n+2}>0(n\geqslant 3)$，可得$\{\log_{F_{n+2}}F_n\}_{n\geqslant 3}$是递增数列，再得$\{\log_{F_{n+2}}F_n\}_{n\geqslant 2}$是递增数列.

(2) 由定理及推论(1) 可得$\{\log_{F_n}F_{n+1}\}_{n\geqslant 3}$，$\{\log_{F_n}F_{n+2}\}_{n\geqslant 3}$均是递减数列，再由$\log_{F_n}(F_{n+1}F_{n+2})=\log_{F_n}F_{n+1}+\log_{F_n}F_{n+2}(n\geqslant 3)$，可得$\{\log_{F_n}(F_{n+1}F_{n+2})\}_{n\geqslant 3}$是递减数列.

由$\log_{F_n}F_{n+1}>1(n\geqslant 3)$，$\{\log_{F_n}F_{n+1}\}_{n\geqslant 3}$是递减数列及$y=x+\dfrac{1}{x}(x>1)$是增函数，可得$\left\{\log_{F_n}F_{n+1}+\dfrac{1}{\log_{F_n}F_{n+1}}\right\}_{n\geqslant 3}$即$\{\log_{F_n}F_{n+1}+\log_{F_{n+1}}F_n\}_{n\geqslant 3}$是递减数列.

注　由定理(1)可得题1及题2的答案;由推论(1)及排除法可得题3的答案.

猜想1　$\log_{F_{n+1}} F_n > \dfrac{n-2}{n-1}(n \geqslant 2)$.

猜想2　$\{\log_{F_{2n}}(F_{2n-1}F_{2n+1})\}_{n\geqslant 2}$,$\{\log_{F_{2n+1}}(F_{2n}F_{2n+2})\}$分别是递减、递增数列.

猜想3　$\{\log_{F_n} F_{n+1} + \log_{F_{n+2}} F_{n+1}\}_{n\geqslant 3}$是递增数列.

1.12　再谈用验证法简洁求解数列的通项公式

早在2008年3月,笔者就在《中学数学月刊》发表文章《用验证法求数列通项两例》介绍了一种求数列通项的好方法——验证法,简洁解答了两道理科压轴题.下面再用这种方法来求解此类问题.

题1　已知数列$\{a_n\}$的前n项和是S_n,若$a_4=7$,$4S_n=n(a_n+a_{n+1})(n\in\mathbf{N}^*)$,则$S_n-8a_n$的最小值是________.

解　-56.在所给递推式中,令$n=1$可得$a_2=3a_1$.

由题设,还可得$\begin{cases}4S_n=n(a_n+a_{n+1})\\4S_{n+1}=(n+1)(a_{n+1}+a_{n+2})\end{cases}(n\in\mathbf{N}^*)$,把它们相减可得

$$a_{n+2}=\frac{3}{n+1}a_{n+1}+\frac{n}{n+1}a_n\quad(n\in\mathbf{N}^*)\qquad①$$

所以

$$a_3=\frac{3}{2}a_2+\frac{1}{2}a_1$$

$$7=a_4=a_3+\frac{2}{3}a_2=\frac{3}{2}a_2+\frac{1}{2}a_1+\frac{2}{3}a_2$$

$$=\frac{13}{6}a_2+\frac{1}{2}a_1=\frac{13}{6}\cdot 3a_1+\frac{1}{2}a_1=7a_1$$

进而可得$a_1=1$,$a_2=3$.

再由①知数列$\{a_n\}$是唯一确定的.还可验证$a_n=2n-1(n\in\mathbf{N}^*)$满足"$a_1=1$,$a_2=3$及①",所以由"用验证法求数列通项公式"的方法,可得题设中的数列$\{a_n\}$的通项公式就是$a_n=2n-1$.

因而$S_n-8a_n=n^2-8(2n-1)=(n-8)^2-56$,所以当且仅当$n=8$时,$(S_n-8a_n)_{\min}=-56$.

题2　(2021年中国科学技术大学自主招生数学试题(广东地区使用)第8题)若数列$\{a_n\}$满足$a_1=3$,$\forall m,n\in\mathbf{N}^*$,$a_{2m+n}=2a_m+a_n+2m^2+4mn$,求

$\{a_n\}$ 的通项公式.

解 令 $m=n=1$,可得 $a_3=15$;令 $m=1$,可得 $a_{n+2}=a_n+4n+8$.从而可得 $a_5=a_3+20=35$.

再令 $m=2,n=1$,可求得 $a_2=8$.因而,数列 $\{a_n\}$ 由 $a_1=3,a_2=8,a_{n+2}=a_n+4n+8(n\in\mathbf{N}^*)$ 确定(因而数列 $\{a_n\}$ 是唯一确定的).

可求得 $a_1=1\cdot3,a_2=2\cdot4,a_3=3\cdot5,a_4=4\cdot6$,因而可猜测出数列 $\{a_n\}$ 的通项公式是 $a_n=n(n+2)$.还可验证该通项公式满足所有题设"数列 $\{a_n\}$ 由 $a_1=3,a_2=8,a_{n+2}=a_n+4n+8(n\in\mathbf{N}^*)$ 确定".再由数列 $\{a_n\}$ 是唯一确定的,可得数列 $\{a_n\}$ 的通项公式就是 $a_n=n(n+2)$.

题 3 (2012 年高中数学联赛辽宁赛区预赛试题第 16 题)设递增数列 $\{a_n\}$ 满足 $a_1=1,4a_{n+1}=5a_n+\sqrt{9a_n^2+16}\,(n\geqslant1)$.

(1) 求数列 $\{a_n\}$ 的通项公式;

(2) 证明:$\dfrac{1}{a_1}+\dfrac{1}{a_2}+\dfrac{1}{a_3}+\cdots+\dfrac{1}{a_n}<2$.

解 先来解答第(1)问:

解法 1 由 $4a_{n+1}=5a_n+\sqrt{9a_n^2+16}\,(n\geqslant1)$,可得

$$a_{n+1}^2+a_n^2-\frac{5}{2}a_{n+1}a_n=1\quad(n\geqslant1)$$

所以

$$a_{n+2}^2+a_{n+1}^2-\frac{5}{2}a_{n+2}a_{n+1}=1\quad(n\geqslant1)$$

把这两式相减,得

$$(a_{n+2}-a_n)\left(a_{n+2}+a_n-\frac{5}{2}a_{n+1}\right)=0\quad(n\geqslant1)$$

由题设易知 $\{a_n\}$ 是递增数列,所以 $a_{n+2}=\dfrac{5}{2}a_{n+1}-a_n(n\geqslant1)$.

进而可求得数列 $\{a_n\}$ 的通项公式是 $a_n=\dfrac{2}{3}\left(2^n-\dfrac{1}{2^n}\right)$.

解法 2 可求得 $a_1=1,a_2=\dfrac{5}{2}=\dfrac{1+4}{2},a_3=\dfrac{21}{4}=\dfrac{1+4+4^2}{2^2},a_4=\dfrac{85}{8}=\dfrac{1+4+4^2+4^3}{2^3}$,所以可猜测

$$a_n=\frac{1+4+4^2+\cdots+4^{n-1}}{2^{n-1}}$$

即

$$a_n=\frac{2}{3}\left(2^n-\frac{1}{2^n}\right)$$

接下来，可用数学归纳法证得 $a_n=\frac{2}{3}\left(2^n-\frac{1}{2^n}\right)(n\in\mathbf{N}^*)$ 恒成立，所以所求数列 $\{a_n\}$ 的通项公式就是 $a_n=\frac{2}{3}\left(2^n-\frac{1}{2^n}\right)$.

解法3　同解法2，可猜测 $a_n=\frac{2}{3}\left(2^n-\frac{1}{2^n}\right)$.

易证其满足全部题设. 又满足题设的数列 $\{a_n\}$ 是唯一存在的，所以所求数列 $\{a_n\}$ 的通项公式就是 $a_n=\frac{2}{3}\left(2^n-\frac{1}{2^n}\right)$.

再来解答第(2)问：

设 $S_n=\frac{1}{a_1}+\frac{1}{a_2}+\frac{1}{a_3}+\cdots+\frac{1}{a_n}$.

由 $2^n-\frac{1}{2^n}=2\left(2^{n-1}-\frac{1}{2^{n+1}}\right)>2\left(2^{n-1}-\frac{1}{2^{n-1}}\right)$，得 $a_n>2a_{n-1}$，$\frac{1}{a_n}<\frac{1}{2}\cdot\frac{1}{a_{n-1}}(n\geqslant 2)$，所以

$$
\begin{aligned}
S_n&=\frac{1}{a_1}+\frac{1}{a_2}+\frac{1}{a_3}+\cdots+\frac{1}{a_n}<\frac{1}{a_1}+\frac{1}{2}\left(\frac{1}{a_1}+\frac{1}{a_2}+\cdots+\frac{1}{a_{n-1}}\right)\\
&=\frac{1}{a_1}+\frac{1}{2}\left(S_n-\frac{1}{a_n}\right)<\frac{1}{a_1}+\frac{1}{2}S_n\quad(n\geqslant 2)
\end{aligned}
$$

$$S_n<\frac{2}{a_1}=2\quad(n\geqslant 2)$$

又因为 $S_1=\frac{1}{a_1}=1<2$，所以欲证结论成立.

题4　在数列 $\{a_n\}$ 中，$a_1=0$，且对任意 $k\in\mathbf{N}^*$，a_{2k-1}，a_{2k}，a_{2k+1} 成等差数列，其公差为 d_k.

(1) 若 $d_k=2k$，证明：a_{2k}，a_{2k+1}，a_{2k+2} 成等比数列($k\in\mathbf{N}^*$)；

(2) 若对任意 $k\in\mathbf{N}^*$，a_{2k}，a_{2k+1}，a_{2k+2} 成等比数列，其公比为 q_k：

① 证明：$\left\{\frac{1}{q_k-1}\right\}$ 是等差数列；

② 若 $a_2=2$，证明：$\frac{3}{2}<2n-\sum\limits_{k=2}^{n}\frac{k^2}{a_k}\leqslant 2(n\geqslant 2)$.

分析　(1) 我们先来探求数列 $\{a_n\}$ 的通项公式.

可算得 $\{a_n\}$ 的一些项：0，2，4，8，12，18，24，32，….

所以，$\{a_{2k-1}\}$：0，4，12，24，…；$\{a_{2k}\}$：2，8，18，32，….

设 $a_{2k-1}=b_k$，得 $b_{k+1}-b_k=4k$，$b_1=0$，用累加法可求得 $a_{2k-1}=b_k=2k(k-1)$(实际上，用观察法也容易得出此式).

同理，可得 $a_{2k}=2k^2$. 所以 $a_n=\left[\frac{n^2}{2}\right]$(即不超过 $\frac{n^2}{2}$ 的最大整数，下同).

若能再证得以上所求就是$\{a_n\}$的通项公式，则欲证就一定不在话下.

(2) 也来先探求数列$\{a_n\}$的通项公式.

可算得$\{a_n\}$的一些项：$0, a_2, 2a_2, 4a_2, 6a_2, 9a_2, 12a_2, 16a_2, 20a_2, \cdots$.

同上可求得$a_{2k-1}=k(k-1)a_2$，$a_{2k}=k^2a_2$，即$a_n=\frac{1}{2}\left[\frac{n^2}{2}\right]a_2$.

若能再证得以上所求就是$\{a_n\}$的通项公式，则：

① 容易求出q_k，从而欲证也不在话下.

② 因为题中的和式可以求出，所以欲证肯定能解决.

证明 (1) 数列$\{a_n\}$是由条件"$a_1=0$，且对任意$k\in\mathbf{N}^*$，$a_{2k-1}, a_{2k}, a_{2k+1}$成公差为$2k$的等差数列"唯一确定的，所以，若能找到一个数列$\{a_n\}$（$a_n=f(n)$）满足这里的所有题设，则该数列就是数列$\{a_n\}$. 容易验证由$a_{2k-1}=2k(k-1)$，$a_{2k}=2k^2$（$k\in\mathbf{N}^*$）满足上述题设，所以$a_{2k-1}=2k(k-1)$，$a_{2k}=2k^2$（$k\in\mathbf{N}^*$）. 进而可验证欲证成立.

(2) 把a_2看成已知数，则数列$\{a_n\}$是由条件"$a_1=0$，且对任意$k\in\mathbf{N}^*$，$a_{2k-1}, a_{2k}, a_{2k+1}$成等差数列，$a_{2k}, a_{2k+1}, a_{2k+2}$成等比数列"唯一确定的，又可验证由$a_{2k-1}=k(k-1)a_2$，$a_{2k}=k^2a_2$（$k\in\mathbf{N}^*$）确定的$\{a_n\}$满足上述题设，所以$a_{2k-1}=k(k-1)a_2$，$a_{2k}=k^2a_2$（$k\in\mathbf{N}^*$）.

① 进而可得$q_k=1+\frac{1}{k}$，$\frac{1}{q_k-1}=k$，所以欲证成立.

② 因为$a_2=2$，所以$\frac{(2k+1)^2}{a_{2k+1}}=2+\frac{1}{2}\left(\frac{1}{k}-\frac{1}{k+1}\right)$，$\frac{(2k)^2}{a_{2k}}=2$.

下面分n为奇数和偶数来证.

当n为奇数时，可设$n=2l+1$（$l\in\mathbf{N}^*$），得

$$\sum_{k=2}^{n}\frac{k^2}{a_k}=\sum_{k=2}^{2l+1}\frac{k^2}{a_k}=2l+2l+\frac{1}{2}\left(1-\frac{1}{l+1}\right)=2n-\frac{3}{2}-\frac{1}{n+1}$$

$$2n-\sum_{k=2}^{n}\frac{k^2}{a_k}=\frac{3}{2}+\frac{1}{n+1}\quad(n\geqslant 3)$$

当n为偶数时，可设$n=2l$（$l\in\mathbf{N}^*$），得

$$\sum_{k=2}^{n}\frac{k^2}{a_k}=\sum_{k=2}^{2l}\frac{k^2}{a_k}=2l+2(l-1)+\frac{1}{2}\left(1-\frac{1}{l}\right)=2n-\frac{3}{2}-\frac{1}{n}$$

$$2n-\sum_{k=2}^{n}\frac{k^2}{a_k}=\frac{3}{2}+\frac{1}{n}\quad(n\geqslant 2)$$

均易得欲证结论成立.

1.13 用二阶递归数列的转化解题

由$a_{n+2}=pa_{n+1}+qa_n+r$（p, q, r是与n无关的常数，a_1, a_2是已知数）确定

的二阶递归数列$\{a_n\}$的各项容易用递推法求出，但有时把其中的一类等价变形为分式型二阶递归数列（见定理1）就不容易用递推法求出其各项了. 如果读者能发现它们之间的联系，就可以解决后面这个困难的问题了.

定理1　若 p,q 是与 n 无关的常数，则

$$a_{n+2}=\frac{a_{n+1}^2+pa_{n+1}+q}{a_n}\quad(n\in\mathbf{N}^*)$$

$$\Leftrightarrow a_{n+2}=\frac{a_1^2+a_2^2+pa_1+pa_2+q}{a_1a_2}a_{n+1}-a_n-p\quad(a_n\neq 0,n\in\mathbf{N}^*)$$

证明　"⇒"　由题设，可得

$$a_na_{n+2}-a_{n+1}^2-pa_{n+1}=a_{n+1}a_{n+3}-a_{n+2}^2-pa_{n+2}=q\quad(n\in\mathbf{N}^*)$$

$$a_{n+2}(a_{n+2}+a_n+p)=a_{n+1}(a_{n+3}+a_{n+1}+p)\quad(a_n\neq 0,n\in\mathbf{N}^*)$$

$$\frac{a_{n+3}+a_{n+1}+p}{a_{n+2}}=\frac{a_{n+2}+a_n+p}{a_{n+1}}\quad(n\in\mathbf{N}^*)$$

因而$\left\{\frac{a_{n+2}+a_n+p}{a_{n+1}}\right\}$是常数列，得$\frac{a_{n+2}+a_n+p}{a_{n+1}}=\frac{a_3+a_1+p}{a_2}(n\in\mathbf{N}^*)$.

由题设还可得 $a_3=\frac{a_2^2+pa_2+q}{a_1}$，所以

$$\frac{a_{n+2}+a_n+p}{a_{n+1}}=\frac{\frac{a_2^2+pa_2+q}{a_1}+a_1+p}{a_2}=\frac{a_1^2+a_2^2+pa_1+pa_2+q}{a_1a_2}\quad(n\in\mathbf{N}^*)$$

$$\Leftrightarrow a_{n+2}=\frac{a_1^2+a_2^2+pa_1+pa_2+q}{a_1a_2}a_{n+1}-a_n-p\quad(a_n\neq 0,n\in\mathbf{N}^*)$$

"⇐"　由题设，可得

$$\frac{a_{n+3}+a_{n+1}+p}{a_{n+2}}=\frac{a_{n+2}+a_n+p}{a_{n+1}}=\frac{a_1^2+a_2^2+pa_1+pa_2+q}{a_1a_2}\quad(n\in\mathbf{N}^*)$$

$$a_{n+1}(a_{n+3}+a_{n+1}+p)=a_{n+2}(a_{n+2}+a_n+p)\quad(n\in\mathbf{N}^*)$$

$$a_{n+3}a_{n+1}-a_{n+2}^2-pa_{n+2}=a_{n+2}a_n-a_{n+1}^2-pa_{n+1}\quad(n\in\mathbf{N}^*)$$

因而$\{a_{n+2}a_n-a_{n+1}^2-pa_{n+1}\}$是常数列，得 $a_{n+2}a_n-a_{n+1}^2-pa_{n+1}=a_1a_3-a_2^2-pa_2(n\in\mathbf{N}^*)$.

由题设还可得 $a_3=\frac{a_2^2+pa_2+q}{a_1}$，所以

$$a_{n+2}a_n-a_{n+1}^2-pa_{n+1}=q\quad(a_n\neq 0,n\in\mathbf{N}^*)$$

$$a_{n+2}=\frac{a_{n+1}^2+pa_{n+1}+q}{a_n}\quad(n\in\mathbf{N}^*)$$

题1　已知 $a_1=1,a_2=5,a_{n+2}=\frac{2a_{n+1}^2-3a_{n+1}-9}{2a_n}(n\in\mathbf{N}^*)$，求数列$\{a_n\}$的通项公式.

解 由定理 1,可得 $a_1=1, a_2=5, a_{n+2}=\frac{5}{2}a_{n+1}-a_n+\frac{3}{2}(n\in\mathbf{N}^*)$.

设 $a_n=b_n-3(n\in\mathbf{N}^*)$,可得 $b_1=4, b_2=8, b_{n+2}=\frac{5}{2}b_{n+1}-b_n(n\in\mathbf{N}^*)$.

进而可求得 $b_n=2^{n+2}(n\in\mathbf{N}^*)$,因而数列 $\{a_n\}$ 的通项公式是 $a_n=2^{n+2}-3$.

题 2 已知 $a_1=a_2=1, a_{n+2}=\frac{(n+1)^2a_{n+1}^2+5}{n(n+2)a_n}(n\in\mathbf{N}^*)$,求数列 $\{a_n\}$ 的通项公式.

解 设 $b_n=na_n(n\in\mathbf{N}^*)$,可得 $b_1=1, b_2=2, b_{n+2}=\frac{b_{n+1}^2+5}{b_n}(n\in\mathbf{N}^*)$. 再由定理 1,可得 $b_1=1, b_2=2, b_{n+2}=5b_{n+1}-b_n(n\in\mathbf{N}^*)$,进而可求得

$$b_n=\frac{63-13\sqrt{21}}{42}\left(\frac{5+\sqrt{21}}{2}\right)^n+\frac{63+13\sqrt{21}}{42}\left(\frac{5-\sqrt{21}}{2}\right)^n \quad (n\in\mathbf{N}^*)$$

因而数列 $\{a_n\}$ 的通项公式是

$$a_n=\frac{1}{n}\left[\frac{63-13\sqrt{21}}{42}\left(\frac{5+\sqrt{21}}{2}\right)^n+\frac{63+13\sqrt{21}}{42}\left(\frac{5-\sqrt{21}}{2}\right)^n\right]$$

题 3 已知 $a_1=a_2=\frac{1}{3}, a_{n+2}=\frac{(1-2a_n)a_{n+1}^2}{2(1-2a_n)a_{n+1}^2+a_n}(n\in\mathbf{N}^*)$,求数列 $\{a_n\}$ 的通项公式.

解 我们先用数学归纳法证明 $0<a_n<\frac{1}{2}(n\in\mathbf{N}^*)$.

当 $n=1,2$ 时成立:$a_1=a_2=\frac{1}{3}, 0<\frac{1}{3}<\frac{1}{2}$.

假设 $n=k, k+1$ 时均成立:$a_k, a_{k+1}\in\left(0,\frac{1}{2}\right)$.

可得 $a_{k+2}=\frac{(1-2a_k)a_{k+1}^2}{2(1-2a_k)a_{k+1}^2+a_k}>0, a_{k+2}=\frac{(1-2a_k)a_{k+1}^2}{2(1-2a_k)a_{k+1}^2+a_k}<\frac{(1-2a_k)a_{k+1}^2}{2(1-2a_k)a_{k+1}^2}=\frac{1}{2}$,所以 $0<a_{k+1}<\frac{1}{2}$,得 $n=k+2$ 时均成立.

所以欲证结论成立.

再由题设,可得

$$\frac{1}{a_{n+2}}=\frac{a_n}{(1-2a_n)a_{n+1}^2}+2, \frac{1}{a_{n+2}}-2=\frac{1}{\left(\frac{1}{a_n}-2\right)a_{n+1}^2} \quad (n\in\mathbf{N}^*)$$

设 $b_n=\frac{1}{a_n}-2(n\in\mathbf{N}^*)$,可得

$$b_{n+2}=\frac{1}{b_n\cdot\left(\frac{1}{b_{n+1}+2}\right)^2} \quad (n\in\mathbf{N}^*)$$

$$b_1=b_2=1,b_{n+2}=\frac{b_{n+1}^2+4b_{n+1}+4}{b_n}\quad (n\in\mathbf{N}^*)$$

再由定理 1,可得 $b_1=b_2=1,b_{n+2}=14b_{n+1}-b_n-4(n\in\mathbf{N}^*)$.

又设 $b_n=c_n+\frac{1}{3}(n\in\mathbf{N}^*)$,可得 $c_1=c_2=\frac{2}{3},c_{n+2}=14c_{n+1}-c_n(n\in\mathbf{N}^*)$.

进而可求得

$$c_n=\frac{26-15\sqrt{3}}{6}(7+4\sqrt{3})^n+\frac{26+15\sqrt{3}}{6}(7-4\sqrt{3})^n\quad (n\in\mathbf{N}^*)$$

$$b_n=\frac{26-15\sqrt{3}}{6}(7+4\sqrt{3})^n+\frac{26+15\sqrt{3}}{6}(7-4\sqrt{3})^n+\frac{1}{3}\quad (n\in\mathbf{N}^*)$$

所以数列 $\{a_n\}$ 的通项公式是

$$a_n=\frac{6}{(26-15\sqrt{3})(7+4\sqrt{3})^n+(26+15\sqrt{3})(7-4\sqrt{3})^n+14}$$

题 4　(1963 年第 26 届莫斯科奥林匹克试题)已知数列 $\{a_n\}$ 满足 $a_1=a_2=1,a_{n+2}=\frac{a_{n+1}^2+2}{a_n}$,求证:数列 $\{a_n\}$ 的各项都是整数.

证明　由定理 1 可得数列 $\{a_n\}$ 满足 $a_1=a_2=1,a_{n+2}=4a_{n+1}-a_n(n\in\mathbf{N}^*)$. 还可用数学归纳法证得 $\{a_n\}$ 是递增数列,所以 $a_n\in\mathbf{N}^*(n\in\mathbf{N}^*)$.

题 5　(2013 年全国高中数学联赛安徽赛区初赛试题第 12 题)设数列 $\{a_n\}$ 满足 $a_1=1,a_2=2,a_n=\frac{(1+a_{n-1})^2}{a_{n-2}}(n\geqslant 3)$.

(1) 求数列 $\{a_n\}$ 的通项公式;

(2) 求证:对任意正整数 k,$\sqrt{a_{2k-1}}$ 和 $\sqrt{\frac{a_{2k}}{2}}$ 都是整数.

解　(1) 可得题设即 $a_1=1,a_2=2,a_{n+2}=\frac{a_{n+1}^2+2a_{n+1}+1}{a_n}(n\in\mathbf{N}^*)$. 再由定理 2 可得 $a_{n+2}=6a_{n+1}-a_n-2$.

令 $a_n=b_n+\frac{1}{2}$,得 $b_{n+2}=6b_{n+1}-b_n$,进而可求得数列 $\{a_n\}$ 的通项公式是 $a_n=\frac{(3+2\sqrt{2})^{n-1}+(3-2\sqrt{2})^{n-1}+2}{4}$.

(2) 由(1) 的结论,可得

$$\sqrt{a_{2k-1}}=\frac{(3+2\sqrt{2})^{k-1}+(3-2\sqrt{2})^{k-1}}{2}=\sum_{0\leqslant 2j\leqslant k-1,j\in\mathbf{N}}\mathrm{C}_{k-1}^{2j}3^{k-1-2j}2^{3j}$$

$$\sqrt{\frac{a_{2k}}{2}}=\frac{(\sqrt{2}+1)^{2k-1}+(\sqrt{2}-1)^{2k-1}}{2\sqrt{2}}=\sum_{j=0}^{k-1}\mathrm{C}_{2k-1}^{2j+1}2^j$$

所以欲证结论成立.

题6 (2019年全国高中数学联赛(重庆赛区)预赛试题第10题)已知数列$\{a_n\}$满足$a_1=3,a_2=6,a_{n+2}=\dfrac{a_{n+1}^2+9}{a_n}(n\in\mathbf{N}^*)$.

(1) 证明:$a_n\in\mathbf{N}^*(n\in\mathbf{N}^*)$;

(2) 是否存在$m\in\mathbf{N}^*$,使得$2\,019\mid a_m$,请说明理由.

解 (1) 由定理1可得数列$\{a_n\}$满足$a_1=3,a_2=6,a_{n+2}=3a_{n+1}-a_n(n\in\mathbf{N}^*)$,进而可用数学归纳法证得$\{a_n\}$是递增数列,所以$a_n\in\mathbf{N}^*(n\in\mathbf{N}^*)$.

(2) 可得

$$\{a_n(\bmod 19)\}:3,6,15,1,7,1,15,6,3,3,6,\cdots$$

是以9为最小正周期的周期数列,进而可得不存在$m\in\mathbf{N}^*$,使得$2\,019\mid a_m$.

定理2 若$a_{n+1}=pa_n+q\sqrt{a_n^2+r}(p^2-q^2=1;q,r$是与$n$无关的常数$)$,则$a_{n+2}=2pa_{n+1}-a_n,2(p\pm1)a_na_{n+1}+q^2r=(a_{n+1}\pm a_n)^2,a_na_{n+2}+q^2r=a_{n+1}^2(n\in\mathbf{N}^*)$.

证明 由题设,可得

$$(a_{n+1}-pa_n)^2=\left(q\sqrt{a_n^2+r}\right)^2$$

$$a_{n+1}^2-2pa_na_{n+1}+(p^2-q^2)a_n^2-q^2r=0$$

$$a_{n+1}^2-2pa_na_{n+1}+a_n^2-q^2r=0 \qquad ①$$

$$a_{n+2}^2-2pa_{n+1}a_{n+2}+a_{n+1}^2-q^2r=0$$

进而可得a_n,a_{n+2}是关于x的一元二次方程$x^2-2pa_{n+1}x+a_{n+1}^2-q^2r=0$的两个根,所以由韦达定理可得$a_{n+2}=2pa_{n+1}-a_n,a_na_{n+2}+q^2r=a_{n+1}^2(n\in\mathbf{N}^*)$.

由①可得$2(p\pm1)a_na_{n+1}+q^2r=(a_n\pm a_{n+1})^2(n\in\mathbf{N}^*)$,所以欲证结论成立.

推论 若$p^2-q^2=1;q,r$是与n无关的常数,则

$$a_{n+1}=pa_n+q\sqrt{a_n^2+r}\quad(n\in\mathbf{N}^*)$$

$$\Leftrightarrow a_2=pa_1+q\sqrt{a_1^2+r}$$

$$a_1=pa_2-q\sqrt{a_2^2+r},a_{n+2}=2pa_{n+1}-a_n\quad(n\in\mathbf{N}^*)$$

证明 因为"由a_1已知,$a_{n+1}=pa_n+q\sqrt{a_n^2+r}(n\in\mathbf{N}^*)$确定的数列是唯一存在的","由$a_1,a_2$已知,$a_{n+2}=2pa_{n+1}-a_n(n\in\mathbf{N}^*)$确定的数列也是唯一存在的",所以由定理2知只需证明"$\Leftarrow$",且只需证明由"$a_2=pa_1+q\sqrt{a_1^2+r},a_1=pa_2-q\sqrt{a_2^2+r},a_{n+2}=2pa_{n+1}-a_n(n\in\mathbf{N}^*)$"确定的$a_3=pa_2+q\sqrt{a_2^2+r}$:

可得$a_3=2pa_2-a_1$,因而只需证明$pa_2+q\sqrt{a_2^2+r}=2pa_2-a_1$,而这由题

设 $a_1=pa_2-q\sqrt{a_2^2+r}$ 可得，所以欲证结论成立.

题 7 (2015 年全国高中数学联赛浙江预赛附加题第 1 题) 已知数列 $\{a_n\}$ 满足 $a_1=1,a_{n+1}=3a_n+2\sqrt{2a_n^2-1},n\in\mathbf{N}^*$.

(1) 证明：数列 $\{a_n\}$ 的各项都是正整数；

(2) 是否存在 $m\in\mathbf{N}^*$，使得 $2\,015\mid a_m$，并说明理由.

解 (1) 由定理 2 可得 $a_{n+2}=10a_{n+1}-a_n(n\in\mathbf{N}^*)$. 又因为可得 $a_1=1$，$a_2=10$，所以 $a_n\in\mathbf{Z}^*(n\in\mathbf{N}^*)$.

还可用数学归纳法证得 $a_n\geqslant 1$，所以欲证结论成立.

(2) 假设存在 $m\in\mathbf{N}^*$，使得 $2\,015\mid a_m$，得 $31\mid a_m$(因为 $2\,015=31\times 65$).

可得 $a_m a_{m+2}=a_{m+1}^2+4$，所以 $31\mid a_{m+1}^2+4$，因而

$$a_{m+1}^2\equiv -4,a_{m+1}^{30}\equiv(-4)^{15}\equiv -2^{30}\pmod{31}$$

由 Fermat 小定理知，$2^{30}\equiv 1\pmod{31}$，所以 $a_{m+1}^{30}\equiv -1\pmod{31}$.

所以 $(a_{m+1},31)=1$. 再由 Fermat 小定理知，$a_{m+1}^{30}\equiv 1\pmod{31}$，所以 $-1\equiv 1,2\equiv 0\pmod{31}$，这不可能！

所以不存在 $m\in\mathbf{N}^*$，使得 $2\,015\mid a_m$.

题 8 已知 $a_1=1,a_{n+1}=5a_n+\sqrt{24a_n^2+1}(n\in\mathbf{N}^*)$，求证：$a_n$，$\sqrt{8a_na_{n+1}+1},\sqrt{12a_na_{n+1}+1},\sqrt{a_na_{n+2}+1}\in\mathbf{N}^*(n\in\mathbf{N}^*)$.

证明 由定理 2 可得 $a_{n+2}=10a_{n+1}-a_n,12a_na_{n+1}+1=(a_n+a_{n+1})^2$，$8a_na_{n+1}+1=(a_{n+1}-a_n)^2,a_na_{n+2}+1=a_{n+1}^2(n\in\mathbf{N}^*)$. 又因为可得 $a_1=1$，$a_2=10$，所以 $a_n\in\mathbf{Z}^*(n\in\mathbf{N}^*)$.

还可用数学归纳法证得 $a_n\geqslant 1$，所以欲证结论成立.

题 9 已知数列 $\{a_n\}$ 满足 $a_1=1,a_{n+1}=\dfrac{7a_n+\sqrt{45a_n^2-36}}{2}$，求证：$a_n$，$\sqrt{a_na_{n+1}-1},\sqrt{5a_na_{n+1}-9},\sqrt{a_na_{n+2}-9}\in\mathbf{N}^*(n\in\mathbf{N}^*)$.

证明 由定理 2 可得 $a_{n+2}=7a_{n+1}-a_n,a_na_{n+1}-1=\left(\dfrac{a_n+a_{n+1}}{3}\right)^2$，$5a_na_{n+1}-9=(a_{n+1}-a_n)^2,a_na_{n+2}-9=a_{n+1}^2(n\in\mathbf{N}^*)$. 又因为可得 $a_1=1,a_2=5$，所以 $a_n\in\mathbf{Z}^*(n\in\mathbf{N}^*)$.

还可用数学归纳法证得 $0<a_n<a_{n+1}$，所以 a_n，$\sqrt{5a_na_{n+1}-9}$，$\sqrt{a_na_{n+2}-9}\in\mathbf{N}^*(n\in\mathbf{N}^*)$.

还可得 $\{a_n\pmod 3\}$：$1,-1,1,-1,1,-1,\cdots$ 是最小正周期为 2 的周期数列，所以 $\dfrac{a_n+a_{n+1}}{3}\in\mathbf{N}^*$，$\sqrt{a_na_{n+1}-1}\in\mathbf{N}^*$.

所以欲证结论成立.

题 10 （2012 年高中数学联赛辽宁赛区预赛试题第 16 题）设递增数列 $\{a_n\}$ 满足 $a_1=1,4a_{n+1}=5a_n+\sqrt{9a_n^2+16}\,(n\geqslant 1)$.

(1) 求数列 $\{a_n\}$ 的通项公式；

(2) 证明：$\frac{1}{a_1}+\frac{1}{a_2}+\frac{1}{a_3}+\cdots+\frac{1}{a_n}<2$.

解 (1) 由推论可得 $a_{n+2}=\frac{5}{2}a_{n+1}-a_n\,(n\in\mathbf{N}^*)$，进而可求得数列 $\{a_n\}$ 的通项公式是 $a_n=\frac{2}{3}\left(2^n-\frac{1}{2^n}\right)$.

(2) 设 $S_n=\frac{1}{a_1}+\frac{1}{a_2}+\frac{1}{a_3}+\cdots+\frac{1}{a_n}$.

由 $2^n-\frac{1}{2^n}=2\left(2^{n-1}-\frac{1}{2^{n+1}}\right)>2\left(2^{n-1}-\frac{1}{2^{n-1}}\right)$，得 $a_n>2a_{n-1}$，$\frac{1}{a_n}<\frac{1}{2}\cdot\frac{1}{a_{n-1}}\,(n\geqslant 2)$，所以

$$
\begin{aligned}
S_n&=\frac{1}{a_1}+\frac{1}{a_2}+\frac{1}{a_3}+\cdots+\frac{1}{a_n}<\frac{1}{a_1}+\frac{1}{2}\left(\frac{1}{a_1}+\frac{1}{a_2}+\cdots+\frac{1}{a_{n-1}}\right)\\
&=\frac{1}{a_1}+\frac{1}{2}\left(S_n-\frac{1}{a_n}\right)<\frac{1}{a_1}+\frac{1}{2}S_n\quad(n\geqslant 2)
\end{aligned}
$$

$$S_n<\frac{2}{a_1}=2\quad(n\geqslant 2)$$

又因为 $S_1=\frac{1}{a_1}=1<2$，所以欲证结论成立.

题 11 已知 $a_1=1,a_2=4,a_{n+1}=\sqrt{a_na_{n+2}+1}\,(n\in\mathbf{N}^*)$，求证：$a_n$，$\sqrt{2a_na_{n+1}+1}$，$\sqrt{6a_na_{n+1}+1}$，$\sqrt{a_na_{n+2}+1}\in\mathbf{N}^*\,(n\in\mathbf{N}^*)$.

证明 由题设可得 $a_{n+2}=\frac{a_{n+1}^2-1}{a_n}\,(n\in\mathbf{N}^*)$，所以由定理 2 可得 $a_1=1$，$a_2=4,a_{n+2}=4a_{n+1}-a_n\,(n\in\mathbf{N}^*)$，所以 $a_n\in\mathbf{Z}^*\,(n\in\mathbf{N}^*)$. 还可用数学归纳法证得 $0<a_n<a_{n+1}$，所以 $a_n\in\mathbf{N}^*\,(n\in\mathbf{N}^*)$.

由 $a_1=1,a_2=4,a_{n+2}=4a_{n+1}-a_n\,(n\in\mathbf{N}^*)$ 及推论，可得 $a_1=1,a_{n+1}=2a_n+\sqrt{3a_n^2+1}\,(n\in\mathbf{N}^*)$，再由定理 2 可得 $\sqrt{2a_na_{n+1}+1}$，$\sqrt{6a_na_{n+1}+1}$，$\sqrt{a_na_{n+2}+1}\in\mathbf{N}^*\,(n\in\mathbf{N}^*)$.

所以欲证结论成立.

题 12 已知 $a_1=1,a_2=4,a_{n+2}=7a_{n+1}-a_n-2\,(n\in\mathbf{N}^*)$，求证：$\sqrt{5\left(a_n-\frac{2}{5}\right)\left(a_{n+1}-\frac{2}{5}\right)-\frac{9}{5}}\in\mathbf{N}^*\,(n\in\mathbf{N}^*)$.

证明 设 $a_n=b_n+\frac{2}{5}\,(n\in\mathbf{N}^*)$，可得 $b_1=\frac{3}{5}$，$b_2=\frac{18}{5}$，$b_{n+2}=7b_{n+1}-b_n$

$(n \in \mathbf{N}^*)$.

再由推论,可得 $b_1 = \frac{3}{5}, b_{n+1} = \frac{7}{2}b_n + \frac{3}{2}\sqrt{5b_n^2 - \frac{4}{5}}\ (n \in \mathbf{N}^*)$.

又由定理 2,可得

$$5b_n b_{n+1} - \frac{9}{5} = (b_{n+1} - b_n)^2 \quad (n \in \mathbf{N}^*)$$

$$5b_n b_{n+1} - \frac{9}{5} = (b_{n+1} - b_n)^2 \quad (n \in \mathbf{N}^*)$$

$$5\left(a_n - \frac{2}{5}\right)\left(a_{n+1} - \frac{2}{5}\right) - \frac{9}{5} = (a_{n+1} - a_n)^2 \quad (n \in \mathbf{N}^*)$$

由题设,可用数学归纳法证得 $\{a_n\}$ 是递增数列,进而可得 $a_n \in \mathbf{N}^*, a_{n+1} - a_n \in \mathbf{N}^*\ (n \in \mathbf{N}^*)$,所以欲证结论成立.

读者还可用本节的结论编拟出大量的二阶递归数列的变形问题.

1.14　对 2021 年高考数学北京卷压轴题结论的推广

本文将给出 2021 年高考数学北京卷第 21 题(即下面的题 1,也即试卷压轴题)两个结论的推广,由此也可给出该题三问的统一解答:其主要思路是用换元法求出由题 1 大前提确定的数列 $\{a_n\}$ 的通项公式.

约定:下文中的"$[x]$"在很多时候表示不超过实数 x 的最大整数.

题 1　(2021 年高考北京卷第 21 题) 设 p 为实数.若无穷数列 $\{a_n\}$ 满足如下三个性质,则称 $\{a_n\}$ 为 R_p 数列:

(i) $a_1 + p \geqslant 0$,且 $a_2 + p = 0$;

(ii) $a_{4n-1} < a_{4n}\ (n = 1, 2, \cdots)$;

(iii) $a_{m+n} \in \{a_m + a_n + p, a_m + a_n + p + 1\}\ (m = 1, 2, \cdots; n = 1, 2, \cdots)$.

(1) 如果数列 $\{a_n\}$ 的前四项为 $2, -2, -2, 1$,那么 $\{a_n\}$ 是否可能为 R_2 数列?说明理由;

(2) 若数列 $\{a_n\}$ 是 R_0 数列,求 a_5;

(3) 设数列 $\{a_n\}$ 的前 n 项和为 S_n.是否存在 R_p 数列 $\{a_n\}$,使得 $S_n \geqslant S_{10}$ 恒成立?如果存在,求出所有的 p;如果不存在,说明理由.

定理 1　若 p 是已知的实数,则同时满足下列三个条件:

(i) $a_1 = -p, a_3 = 1 - p$;

(ii) $\forall n \in \mathbf{N}^*, a_{2n-1} < a_{2n}$;

(iii) $\forall m, n \in \mathbf{N}^*, a_{m+n} \in \{a_m + a_n + p, a_m + a_n + p + 1\}$,

的数列 $\{a_n\}$ 的通项公式是 $a_n=\left[\frac{n}{2}\right]-p$.

证明 设 $b_n=a_n+p(n\in\mathbf{N}^*)$，可得数列 $\{b_n\}$ 同时满足下列三个条件：

(i) $b_1=0, b_3=1$；

(ii) $\forall n\in\mathbf{N}^*, b_{2n-1}<b_{2n}$；

(iii) $\forall m,n\in\mathbf{N}, b_{m+n}\in\{b_m+b_n, b_m+b_n+1\}$.

由(iii)可得 $b_2\in\{2b_1, 2b_1+1\}$，再由(i)可得 $b_2\in\{0,1\}$，又由(i)(ii)可得 $b_2=1$.

还可得：$b_4\in\{b_1+b_3, b_1+b_3+1\}$，$b_4\in\{1,2\}$，再由 $1=b_3<b_4$，可得 $b_4=2$. $b_5\in\{b_2+b_3, b_2+b_3+1\}$，$b_5\in\{2,3\}$；$b_6\in\{2b_3, 2b_3+1\}$，$b_6\in\{2,3\}$，再由 $b_5<b_6$，可得 $b_5=2, b_6=3$.

下面对 n 用第二数学归纳法证明 $b_{2n-1}=n-1, b_{2n}=n(n\in\mathbf{N}^*)$.

由前面的论述可得 $n=1,2,3$ 时均成立.

假设 $n=1,2,3,\cdots,k(k\in\mathbf{N}^*, k\geqslant 3)$ 时均成立，再由 $k+2\leqslant 2k-1$ 可得

$$b_{k+(k+1)}\in\{b_k+b_{k+1}, b_k+b_{k+1}+1\}$$

$$\{b_k+b_{k+1}, b_k+b_{k+1}+1\}$$

$$=\left\{\left[\frac{k}{2}\right]+\left[\frac{k+1}{2}\right], \left[\frac{k}{2}\right]+\left[\frac{k+1}{2}\right]+1\right\}=\{k, k+1\}$$

当 k 是正奇数时，可得

$$b_{k+(k+2)}\in\{b_k+b_{k+2}, b_k+b_{k+2}+1\}$$

$$\{b_k+b_{k+2}, b_k+b_{k+2}+1\}=\left\{\left[\frac{k}{2}\right]+\left[\frac{k+2}{2}\right], \left[\frac{k}{2}\right]+\left[\frac{k+2}{2}\right]+1\right\}=\{k, k+1\}$$

当 k 是正偶数时，可得

$$b_{k+(k+2)}\in\{2b_{k+1}, 2b_{k+1}+1\}$$

$$\{2b_{k+1}, 2b_{k+1}+1\}=\left\{2\left[\frac{k+1}{2}\right], 2\left[\frac{k+1}{2}\right]+1\right\}=\{k, k+1\}$$

所以 $b_{2k+1}, b_{2k+2}\in\{k, k+1\}$. 再由 $b_{2k+1}<b_{2k+2}$，可得 $b_{2k+1}=k, b_{2k+2}=k+1$，即 $n=k+1$ 时均成立.

得欲证结论成立. 又因为还可验证 $b_n=\left[\frac{n}{2}\right](n\in\mathbf{N}^*)$ 满足题设，所以数列 $\{b_n\}$ 的通项公式是 $b_n=\left[\frac{n}{2}\right]$，因而数列 $\{a_n\}$ 的通项公式是 $a_n=\left[\frac{n}{2}\right]-p$.

定理 2 若 p 是已知的实数，则同时满足下列三个条件：

(i) $a_1=a_2=-p$；

(ii) $\forall n\in\mathbf{N}^*, a_{3n-1}<a_{3n}$；

(iii) $\forall m,n\in\mathbf{N}^*, a_{m+n}\in\{a_m+a_n+p, a_m+a_n+p+1\}$，

的数列 $\{a_n\}$ 的通项公式是 $a_n=\left[\frac{n}{3}\right]-p$.

证明　设 $b_n=a_n+p(n\in\mathbf{N}^*)$,可得数列 $\{b_n\}$ 同时满足下列三个条件:

(i)$b_1=b_2=0$;

(ii)$\forall n\in\mathbf{N}^*,b_{3n-1}<b_{3n}$;

(iii)$\forall m,n\in\mathbf{N},b_{m+n}\in\{b_m+b_n,b_m+b_n+1\}$.

由(iii)可得 $b_3\in\{b_1+b_2,b_1+b_2+1\}$,再由(i)可得 $b_3\in\{0,1\}$,又由(i)(ii)可得 $b_3=1$.

下面对 n 用数学归纳法证明 $b_{3n+1}=b_{3n+2}=n,b_{3n+3}=n+1(n\in\mathbf{N})$.

(1)由前面的论述可得 $n=0$ 时成立.

(2)假设 $n=t(t\in\mathbf{N})$ 时成立:$b_{3t+1}=b_{3t+2}=t,b_{3t+3}=t+1$.

可得 $b_{3t+4}\in\{b_{3t+2}+b_2,b_{3t+2}+b_2+1\},b_{3t+4}\in\{t,t+1\}$;$b_{3t+4}\in\{b_{3t+3}+b_1,b_{3t+3}+b_1+1\}$,

$b_{3t+4}\in\{t+1,t+2\}$,所以 $b_{3t+4}=t+1$.

还可得 $b_{3t+5}\in\{b_{3t+3}+b_2,b_{3t+3}+b_2+1\},b_{3t+5}\in\{t+1,t+2\}$;$b_{3t+6}\in\{b_{3t+4}+b_2,b_{3t+4}+b_2+1\},b_{3t+6}\in\{t+1,t+2\}$.再由(ii)可得 $b_{3t+5}<b_{3t+6}$,所以 $b_{3t+5}=t+1,b_{3t+6}=t+2$.

得 $n=t+1$ 时也成立.所以欲证结论成立.

还可验证:当数列 $\{b_n\}$ 的通项公式是 $b_n=\left[\frac{n}{3}\right]$ 时,满足题设.

综上所述,可得数列 $\{b_n\}$ 的通项公式是 $b_n=\left[\frac{n}{3}\right]$.进而可得欲证结论成立.

定理 3　若 $k(k\geqslant 4)$ 是已知的正整数,则同时满足下列三个条件:

(i)$b_i\geqslant 0(i=0,1,2,\cdots,k-3),b_{k-2}=0$;

(ii)$\forall n\in\mathbf{N}^*,b_{kn-1}<b_{kn}$;

(iii)$\forall m,n\in\mathbf{N},b_{m+n}\in\{b_m+b_n,b_m+b_n+1\}$,

的数列 $\{b_n\}_{n\in\mathbf{N}}$ 的通项公式是 $b_n=\left[\frac{n}{k}\right]$.

证明　当 $j=0,1,2,\cdots,k-2$ 时,由(iii)可得 $b_{j+(k-j-2)}\in\{b_j+b_{k-j-2},b_j+b_{k-j-2}+1\}$.由(i)可得 $b_{j+(k-j-2)}=b_{k-2}=0,b_j+b_{k-j-2}+1\geqslant 1$,所以 $b_j+b_{k-j-2}=0$.再由(i)可得 $b_j=0(j=0,1,2,\cdots,k-2)$.

由(iii)可得 $b_{n+1}\in\{b_n+b_1,b_n+b_1+1\},b_{n+2}\in\{b_n+b_2,b_n+b_2+1\}$.再由 $b_1=b_2=0$,可得 $b_{n+1},b_{n+2}\in\{b_n,b_n+1\}$,所以 $b_{kn-1},b_{kn}\in\{b_{kn-2},b_{kn-2}+1\}(n\in\mathbf{N}^*)$.再由(ii),可得

$$b_{kn-1}=b_{kn-2},b_{kn}=b_{kn-2}+1\quad (n\in \mathbf{N}^*) \qquad ①$$

在 ① 中令 $n=1$，可得 $b_{k-1}=b_{k-2}=0,b_k=b_{k-2}+1=1$.

下面对 n 用第二数学归纳法证明（进而可得 $b_n=\left[\frac{n}{k}\right](k\in \mathbf{N})$）：$b_{kn+j}=n$ $(j=0,1,2,\cdots,k-1)(n\in \mathbf{N})$.

(1) 由前面的论述可得 $n=0$ 时成立.

(2) 假设 $n=0,1,2,\cdots,t$ 时均成立.

当 $j=0,1,2,\cdots,k-2$ 时，由(iii) 可得：

$$b_{k(t+1)+j}=b_{[k(t-1)+k-1]+[k+(j+1)]}$$

$$b_{k(t+1)+j}\in \{b_{k(t-1)+k-1}+b_{k+(j+1)},b_{k(t-1)+k-1}+b_{k+(j+1)}+1\}$$

再由归纳假设中的 $n=t-1,1$ 时均成立，可得 $b_{k(t+1)+j}\in\{t,t+1\}$.

$b_{k(t+1)+j}=b_{kt+(k+j)},b_{k(t+1)+j}\in\{b_{kt}+b_{k+j},b_{kt}+b_{k+j}+1\}$. 再由归纳假设中的 $n=t,1$ 时均成立，可得 $b_{k(t+1)+j}\in\{t+1,t+2\}$.

所以当 $j=0,1,2,\cdots,k-2$ 时，$b_{k(t+1)+j}\in\{t,t+1\}\cap\{t+1,t+2\}$，$b_{k(t+1)+j}=t+1$.

再由 ① 中的第一个等式，可得 $b_{k(t+1)+k-1}=b_{k(t+1)+k-2}=t+1$.

所以 $n=t+1$ 时成立，因而欲证结论成立.

还可验证：当数列 $\{b_n\}_{n\in\mathbf{N}}$ 的通项公式是 $b_n=\left[\frac{n}{k}\right]$ 时，满足题设.

综上所述，可得数列 $\{b_n\}_{n\in\mathbf{N}}$ 的通项公式是 $b_n=\left[\frac{n}{k}\right]$.

注　可把定理 3 中的条件(iii) 替换成等价的条件"$\forall m,n\in\mathbf{N},m\geqslant n$，有 $b_{m-n}\in\{b_m-b_n,b_m-b_n+1\}$". 在本节的所有题目与定理、推论中也有类似的替换.

推论 1　若 $k(k\geqslant 4)$ 是已知的正整数，p 是已知的实数，则同时满足下列三个条件：

(i) $a_i\geqslant -p(i=1,2,\cdots,k-3),a_{k-2}=-p$;

(ii) $\forall n\in\mathbf{N}^*,a_{kn-1}<a_{kn}$;

(iii) $\forall m,n\in\mathbf{N}^*,a_{m+n}\in\{a_m+a_n+p,a_m+a_n+p+1\}$,

的数列 $\{a_n\}$ 的通项公式是 $a_n=\left[\frac{n}{k}\right]-p$;

证明　在定理 3 中令 $b_n=a_n+p(n\in\mathbf{N}^*)$，可得欲证结论成立.

定理 4　设 $a_n=\left[\frac{n}{k}\right]-p(n\in\mathbf{N}^*;k\geqslant 2,k$ 是已知的正整数，p 是与 n 无关的常数)，数列 $\{a_n\}$ 前 n 项和是 S_n. 若 $\forall n\in\mathbf{N}^*,S_n\geqslant S_t$（$t$ 是已知的正整数），则：

(1) 当 $t=1$ 时：

(i) 当 $k=2$ 时，p 的取值范围是 $(-\infty,1]$. 当 $p<1$ 时当且仅当 $n=1$ 时 $S_n=S_t$，当 $p=1$ 时当且仅当 $n=1,2,3$ 时 $S_n=S_t$；

(ii) 当 $k\geqslant 3$ 时，p 的取值范围是 $(-\infty,0]$，且：当 $p<0$ 时 $S_n>S_1$，当 $p=0$ 时当且仅当 $n=1,2,\cdots,k-1$ 时 $S_n=S_t$；

(2) 当 $t\geqslant 2$ 时：

(i) 当 $\frac{t+1}{k}\notin\mathbf{N}^*$ 时，p 的取值范围是 $\left\{\left[\frac{t}{k}\right]\right\}$，当且仅当 $n=k\left[\frac{t}{k}\right]+r-1(n\geqslant 1;r=0,1,\cdots,k)$ 时 $S_n=S_t$；

(ii) 当 $\frac{t+1}{k}\in\mathbf{N}^*$ 时，p 的取值范围是 $\left[\frac{t+1}{k}-1,\frac{t+1}{k}\right]$，当 $p=\frac{t+1}{k}-1$ 或 $p=\frac{t+1}{k}$ 时均当且仅当 $n=kp+r-1(n\geqslant 1;r=0,1,2,\cdots,$ 或 $k)$ 时 $S_n=S_t$，当 $\frac{t+1}{k}-1<p<\frac{t+1}{k}$ 时当且仅当 $n=t$ 时 $S_n=S_t$.

证明　由文献[1]第433页的"推论1 $\sum\limits_{k=1}^{n}\left[\frac{k}{a}\right]=\left[\frac{n}{a}\right]\left(n-\frac{a}{2}\left[\frac{n}{a}\right]-\frac{a}{2}+1\right)(a,n\in\mathbf{N}^*)$"可得

$$S_n=\left[\frac{n}{k}\right]\left(n-\frac{k}{2}\left[\frac{n}{k}\right]-\frac{k}{2}+1\right)-\left[\frac{t}{k}\right]n\quad(n\in\mathbf{N}^*)$$

(1) 当 $t=1$ 时，可得 $S_n\geqslant S_t\Leftrightarrow\left[\frac{n}{k}\right]\left(n-\frac{k}{2}\left[\frac{n}{k}\right]-\frac{k}{2}+1\right)\geqslant p(n-1)$.

(i) 当 $k=2$ 时，可得 $S_n\geqslant S_t\Leftrightarrow\left[\frac{n}{2}\right]\left(n-\left[\frac{n}{2}\right]\right)\geqslant p(n-1)$. 令 $n=2$，可得 $p\leqslant 1$.

当 $p\leqslant 1,n\geqslant 4$ 时，可得 $\left[\frac{n}{2}\right]\left(n-\left[\frac{n}{2}\right]\right)>\frac{n-1}{2}\left(n-\frac{n}{2}\right)=\frac{n}{4}(n-1)\geqslant p(n-1)$.

进而可得欲证结论成立.

(ii) 当 $k\geqslant 3$ 时，令 $n=2$，可得 $p\leqslant 0$.

当 $n\geqslant k$ 时，可证得 $n-\frac{k}{2}\left[\frac{n}{k}\right]-\frac{k}{2}+1>0$，即证 $2n+2>k\left[\frac{n}{k}\right]+k$：

设 $\left[\frac{n}{k}\right]=m(m\in\mathbf{N}^*)$，即 $n=km+r(r=0,1,\cdots,k-1)$，可得即证 $2km+2r+2>km+k$，$k(m-1)+2r+2>0$，进而可得欲证结论成立.

从而可得结论(ii)成立.

(2) 由题设可得$\begin{cases}S_{t+1}\geqslant S_t\\S_{t-1}\geqslant S_t\end{cases}$，即 $a_t\leqslant 0\leqslant a_{t+1}$，$\left[\frac{t}{k}\right]\leqslant p\leqslant\left[\frac{t+1}{k}\right]$.

(i) 当$\frac{t+1}{k}\notin\mathbf{N}^*$ 时，可设 $t+1=\alpha k+r'(\alpha\in\mathbf{N};r'=1,2,\cdots,k-1)$，得 $\left[\frac{t}{k}\right]=\alpha=\left[\frac{t+1}{k}\right]$，所以 $p=\left[\frac{t}{k}\right]$.

当 $p=\left[\frac{t}{k}\right]$ 时，$a_n=\left[\frac{n}{k}\right]-\left[\frac{t}{k}\right](n\in\mathbf{N}^*)$. 进而可得

$$S_n\geqslant S_t\Leftrightarrow\left(\left[\frac{n}{k}\right]-\left[\frac{t}{k}\right]\right)\left(2n-k+2-k\left[\frac{n}{k}\right]-k\left[\frac{t}{k}\right]\right)\geqslant 0$$

(a) 当$\left[\frac{n}{k}\right]>\left[\frac{t}{k}\right]$时，可设$\left[\frac{t}{k}\right]=u(u\in\mathbf{N})$，$\left[\frac{n}{k}\right]=u+v(v\in\mathbf{N}^*)$，得 $n=k(u+v)+s(s=0,1,2,\cdots,\text{或 }k-1)$，所以

$$\begin{aligned}2n-k+2-k\left[\frac{n}{k}\right]-k\left[\frac{t}{k}\right]>0&\Leftrightarrow\frac{2n-k+2}{k}>\left[\frac{n}{k}\right]+\left[\frac{t}{k}\right]\\&\Leftrightarrow 2u+2v-1+\frac{2(s+1)}{k}>2u+v\\&\Leftrightarrow(v-1)+\frac{2(s+1)}{k}>0\end{aligned}$$

而$(v-1)+\frac{2(s+1)}{k}>0$ 成立，所以 $S_n>S_t$.

(b) 当$\left[\frac{n}{k}\right]<\left[\frac{t}{k}\right]$时，可设$\left[\frac{t}{k}\right]=u$，$\left[\frac{n}{k}\right]=u-v(u,v\in\mathbf{N}^*,u\geqslant v)$，得 $n=k(u-v)+s(s=0,1,2,\cdots,\text{或 }k-1)$，所以

$$\begin{aligned}2n-k+2-k\left[\frac{n}{k}\right]-k\left[\frac{t}{k}\right]\leqslant 0&\Leftrightarrow\frac{2n-k+2}{k}\leqslant\left[\frac{n}{k}\right]+\left[\frac{t}{k}\right]\\&\Leftrightarrow 2u-2v-1+\frac{2(s+1)}{k}\leqslant 2u-v\\&\Leftrightarrow\frac{2(s+1)}{k}-1\leqslant v\end{aligned}$$

而$\frac{2(s+1)}{k}-1\leqslant\frac{2(k-1+1)}{k}-1=1\leqslant v$，$\frac{2(s+1)}{k}-1\leqslant v$（当且仅当$\begin{cases}s=k-1\\v=1\end{cases}$时取等号），所以 $S_n\geqslant S_t$（当且仅当 $n=k\left[\frac{t}{k}\right]-1$ 时取等号）.

(c) 当$\left[\frac{n}{k}\right]=\left[\frac{t}{k}\right]$即 $n=k\left[\frac{t}{k}\right]+s(s=0,1,2,\cdots,\text{或 }k-1)$ 时，$S_n=S_t$.

综上所述，可得欲证结论成立.

(ii) 当$\frac{t+1}{k}\in\mathbf{N}^*$ 时，可设 $t+1=\alpha k(\alpha\in\mathbf{N}^*)$，得$\left[\frac{t}{k}\right]=\alpha-1$，所以 $\alpha-$

$1 \leqslant p \leqslant \alpha$.

可得 $a_n=\left[\frac{n}{k}\right]-p, S_n=\left[\frac{n}{k}\right]\left(n-\frac{k}{2}\left[\frac{n}{k}\right]-\frac{k}{2}+1\right)-pn\left(n \in \mathbf{N}^*\right)$，所以

$$S_n \geqslant S_t \Leftrightarrow 2S_n \geqslant 2S_{\alpha k-1}$$

$$\Leftrightarrow\left[\frac{n}{k}\right]\left(2n-k\left[\frac{n}{k}\right]-k+2\right)-2pn \geqslant k\alpha^2-k\alpha-2pk\alpha+2p$$

设 $\left[\frac{n}{k}\right]=\lambda$ 即 $n=k\lambda+s(\lambda \in \mathbf{N}; s=0,1,2,\cdots$，或 $k-1)$，再设 $f(\lambda)=k\lambda^2+(2s-2pk-k+2)\lambda+2p\alpha k-k\alpha^2+k\alpha-2ps-2p$，可得 $S_n \geqslant S_t \Leftrightarrow f(\lambda) \geqslant 0$.

可得抛物线 $y=f(x)$ 的对称轴是直线 $x=p+\frac{1}{2}-\frac{s+1}{k}$.

(a) 当 $s=k-1$ 时，抛物线 $y=f(x)$ 的对称轴是直线 $x=p-\frac{1}{2}$. 由 $\alpha-1 \leqslant p \leqslant \alpha$，可得与对称轴 $x=p-\frac{1}{2}$ 最近的自然数只可能是 $\alpha-2, \alpha-1$ 或 α.

1° 当 $\alpha=1$ 即 $t=k-1(k \geqslant 3)$ 时，与对称轴 $x=p-\frac{1}{2}(0 \leqslant p \leqslant 1)$ 最近的自然数只可能是 0 或 1，且 $f(0)=0, f(1)=2k(1-p) \geqslant 0$（当且仅当 $p=1$ 时取等号），所以：

当 $p=1$ 时，$S_n \geqslant S_t$（当且仅当 $\lambda=0$ 或 1 即 $n=t$ 或 $2t+1$ 时取等号）；当 $0 \leqslant p<1$ 时，$S_n \geqslant S_t$（当且仅当 $\lambda=0$ 即 $n=t$ 时取等号）.

2° 当 $\alpha \geqslant 2$ 时，抛物线 $y=f(x)$ 的对称轴是直线 $x=p-\frac{1}{2}(\alpha-1 \leqslant p \leqslant \alpha)$，所以：

当 $p=\alpha-1$ 时，$S_n \geqslant S_t$（当且仅当 $\lambda=\alpha-2$ 或 $\alpha-1$ 即 $n=t-k$ 或 t 时取等号）；当 $p=\alpha$ 时，$S_n \geqslant S_t$（当且仅当 $\lambda=\alpha-1$ 或 α 即 $n=t$ 或 $t+k$ 时取等号）；当 $\alpha-1<p<\alpha$ 时，$S_n \geqslant S_t$（当且仅当 $\lambda=\alpha-1$ 即 $n=t$ 时取等号）.

(b) 当 $s=0,1,2,\cdots$，或 $k-2$ 时，由

$$\alpha-\frac{3}{2}<\alpha-\frac{3}{2}+\frac{1}{k}=\alpha-1+\frac{1}{2}-\frac{(k-2)+1}{k}$$

$$\leqslant p+\frac{1}{2}-\frac{s+1}{k} \leqslant \alpha+\frac{1}{2}-\frac{0+1}{k}<\alpha+\frac{1}{2}$$

可得，与对称轴 $x=p+\frac{1}{2}-\frac{s+1}{k}$ 最近的自然数只可能是 $\alpha-1$ 或 α. 且

$f(\lambda) \geqslant f(\alpha-1)=2[p-(\alpha-1)][(k-1)-s] \geqslant 0$（当且仅当 $p=\alpha-1$ 时 $f(\alpha-1)=0$）

$f(\lambda) \geqslant f(\alpha) = 2(s+1)(\alpha - p) \geqslant 0$(当且仅当 $p=\alpha$ 时 $f(\alpha)=0$)

因而 $S_n \geqslant S_t$(当且仅当 $\begin{cases} p=\dfrac{t+1}{k}-1 \\ n=t+1-k+s \end{cases}$ 即 $\begin{cases} p=\dfrac{t+1}{k} \\ n=t+1+s \end{cases}$ 时 $S_n=S_t$).

综上所述,可得欲证结论成立.

题 2 对于由题 1 的大前提确定的数列 $\{a_n\}$,是否存在实数 p 使得 $\forall n \in \mathbf{N}^*, S_n \geqslant S_{11}$? 若存在,请求出 p 的取值范围并求出当 $S_n=S_{11}$ 时 n 的取值范围;若不存在,请说明理由;

解 由推论 1 可得 $a_n=\left[\dfrac{n}{4}\right]-p(n\in\mathbf{N}^*)$. 再由定理 4(2)(ii) 可得:存在实数 p 使得 $\forall n\in\mathbf{N}^*, S_n\geqslant S_{11}$,且 p 的取值范围是 $[2,3]$,当 $p=2$ 时 $S_n=S_{11}$ 时 n 的取值范围是 $\{7,8,9,10,11\}$,当 $p=3$ 时 $S_n=S_{11}$ 时 n 的取值范围是 $\{11,12,13,14,15\}$,当 $2<p<3$ 时 $S_n=S_{11}$ 时 n 的取值范围是 $\{11\}$.

题 3 已知数列 $\{a_n\}$ 同时满足下列三个条件:

(i) $a_i \geqslant -p(i=1,2,3), a_4=-p$;

(ii) $\forall n\in\mathbf{N}^*, a_{6n-1}<a_{6n}$;

(iii) $\forall m,n\in\mathbf{N}^*, a_{m+n}\in\{a_m+a_n+p, a_m+a_n+p+1\}$,

是否存在实数 p 使得:

(1) $\forall n\in\mathbf{N}^*, S_n\geqslant S_{15}$? 若存在,请求出 p 的取值范围,并求出当 $S_n=S_{15}$ 时 n 的取值范围;若不存在,请说明理由;

(2) $\forall n\in\mathbf{N}^*, S_n\geqslant S_{17}$? 若存在,请求出 p 的取值范围,并求出当 $S_n=S_{17}$ 时 n 的取值范围;若不存在,请说明理由.

解 由推论 1 可得 $a_n=\left[\dfrac{n}{6}\right]-p(n\in\mathbf{N}^*)$.

(1) 再由定理 4(2)(i) 可得:存在实数 p 使得 $\forall n\in\mathbf{N}^*, S_n\geqslant S_{15}$,且 p 的取值范围是 $\{2\}$, 当 $p=2$ 时 $S_n=S_{15}$ 时 n 的取值范围是 $\{11,12,13,14,15,16,17\}$.

(2) 再由定理 4(2)(ii) 可得:存在实数 p 使得 $\forall n\in\mathbf{N}^*, S_n\geqslant S_{17}$,且 p 的取值范围是 $[2,3]$, 当 $p=2$ 时 $S_n=S_{17}$ 时 n 的取值范围是 $\{11,12,13,14,15,16,17\}$, 当 $p=3$ 时 $S_n=S_{17}$ 时 n 的取值范围是 $\{17,18,19,20,21,22,23\}$,当 $2<p<3$ 时 $S_n=S_{11}$ 时 n 的取值范围是 $\{17\}$.

在定理 3 中分别令 $b_n=qa_n+p(n\in\mathbf{N}^*), q>0$ 及 $b_n=qa_n+p(n\in\mathbf{N}^*)$, $q<0$,可得

推论 2 (1) 若 $k(k\geqslant 4)$ 是已知的正整数,则同时满足下列三个条件:

(i) $a_i\geqslant -\dfrac{p}{q}(p\in\mathbf{R}, q>0; i=1,2,\cdots,k-3), a_{k-2}=-\dfrac{p}{q}$;

(ii) $\forall n \in \mathbf{N}^*, a_{kn-1} < a_{kn}$;

(iii) $\forall m, n \in \mathbf{N}^*, a_{m+n} \in \left\{a_m + a_n + \frac{p}{q}, a_m + a_n + \frac{p+1}{q}\right\}$,

的数列 $\{a_n\}$ 的通项公式是 $a_n = \frac{1}{q}\left[\frac{n}{k}\right] - \frac{p}{q}$;

(2) 若 $k(k \geqslant 4)$ 是已知的正整数,则同时满足下列三个条件:

(i) $a_n \leqslant -\frac{p}{q}(p \in \mathbf{R}, q < 0; i = 1, 2, \cdots, k-3), b_{k-2} = -\frac{p}{q}$;

(ii) $\forall n \in \mathbf{N}^*, a_{kn-1} > a_{kn}$;

(iii) $\forall m, n \in \mathbf{N}^*, a_{m+n} \in \left\{a_m + a_n + \frac{p}{q}, a_m + a_n + \frac{p+1}{q}\right\}$.

的数列 $\{a_n\}$ 的通项公式是 $a_n = \frac{1}{q}\left[\frac{n}{k}\right] - \frac{p}{q}$.

参考文献

[1] 甘志国. 初等数学研究(II)上[M]. 哈尔滨:哈尔滨工业大学出版社,2009.

第2章　练习

2.1　数列的概念及表示法

1. 若 $a_n=n+\frac{a}{n}(n\in\mathbf{N}^*)$，则 $a_1<a_2$ 是数列 $\{a_n\}$ 为递增数列的(　　).

A. 充分不必要条件　　B. 必要不充分条件

C. 充要条件　　D. 既不充分也不必要条件

解　C. 可得 $a_1<a_2\Leftrightarrow 1+\frac{a}{1}<2+\frac{a}{2}\Leftrightarrow a<2$.

还可得数列 $\{a_n\}$ 为递增数列，$a_n<a_{n+1}(n\in\mathbf{N}^*)\Leftrightarrow n+\frac{a}{n}<n+1+\frac{a}{n+1}(n\in\mathbf{N}^*)\Leftrightarrow a<n(n+1)(n\in\mathbf{N}^*)\Leftrightarrow a<2$.

所以答案是 C.

2.(2017 年北京市西城高三一模) 数列 $\{a_n\}$ 的通项公式为 $a_n=|n-c|(n\in\mathbf{N}^*)$，则"$c\leqslant 1$"是"$\{a_n\}$ 为递增数列"的(　　).

A. 充分不必要条件　　B. 必要不充分条件

C. 充要条件　　D. 既不充分也不必要条件

解　解法 1　A. 可得 $\{a_n\}$ 为递增数列，即

$$a_n<a_{n+1}\quad(n\in\mathbf{N}^*)$$
$$|n-c|<|n+1-c|\quad(n\in\mathbf{N}^*)$$
$$(n-c)^2-[n-(c-1)]^2<0\quad(n\in\mathbf{N}^*)$$
$$2n-2c+1>0\quad(n\in\mathbf{N}^*)$$
$$n_{\min}>c-\frac{1}{2}\quad(n\in\mathbf{N}^*)$$
$$1>c-\frac{1}{2}$$
$$c<\frac{3}{2}$$

进而可得答案.

解法 2　A. 当 $c\leqslant 1$ 时，$a_n=|n-c|=n-c(n\in\mathbf{N}^*)$，所以 $\{a_n\}$ 为递增数列.

当 $c=1.1$ 时,可得$\{a_n\}$也为递增数列. 从而可得答案.

3. 数列$\{a_n\}$:1,3,3,5,5,7,7,9,9,… 的一个通项公式是(　　).

A. $a_n=n-\dfrac{1-(-1)^n}{2}$　　B. $a_n=n+\dfrac{1-(-1)^n}{2}$

C. $a_n=\dfrac{1+(-1)^n}{2}$　　D. $a_n=n+\dfrac{1+(-1)^n}{2}$

解　D. 在选项 A,C 中均可得 $a_1=0$;在选项 B 中可得 $a_1=2$. 进而可排除选项 A,B,C,所以选 D.

由选项 D 可得:$a_n=\begin{cases}2k-1, n=2k-1\\2k+1, n=2k\end{cases}(k\in\mathbf{N}^*)$.

4. 若 $a_n=\left(\dfrac{4}{9}\right)^{n-1}-\left(\dfrac{2}{3}\right)^{n-1}$,则数列$\{a_n\}$(　　).

A. 有最大项,无最小项　　B. 有最小项,无最大项

C. 既有最大项又有最小项　　D. 既无最大项也无最小项

解　C. 设 $t=\left(\dfrac{2}{3}\right)^{n-1}(n\in\mathbf{N}^*)$,可得 $a_n=\left(t-\dfrac{1}{2}\right)^2-\dfrac{1}{4}(0<t\leqslant 1)$. 当且仅当 $t=1$ 即 $n=1$ 时,a_n 是数列$\{a_n\}$中的最大项;当且仅当 t 与$\dfrac{1}{2}$最接近时(这样的 n 一定存在),a_n 是数列$\{a_n\}$中的最小项.

5. 若数列$\{a_n\}$满足 $a_1=2, a_n=\dfrac{a_{n+1}-1}{a_{n+1}+1}$,其前 n 项积为 T_n,则 $T_{2\,014}=$(　　).

A. $\dfrac{1}{6}$　　B. $-\dfrac{1}{6}$　　C. 6　　D. -6

解　D. 可得 $a_1=2, a_{n+1}=\dfrac{1+a_n}{1-a_n}$,所以 $a_1=2, a_2=-3, a_3=-\dfrac{1}{2}, a_4=\dfrac{1}{3}$, $a_5=2$,…,得$\{a_n\}$是以 4 为周期的周期数列. 又 $T_4=a_1a_2a_3a_4=1$,所以 $T_{2\,014}=T_2=a_1a_2=-6$.

6. (2016 年北京市海淀高三二模) 在数列$\{a_n\}$中,$a_1=2$,且$(n+1)a_n=na_{n+1}$,则 a_3 的值为(　　).

A. 5　　B. 6　　C. 7　　D. 8

解　B. 可得$\dfrac{a_{n+1}}{n+1}=\dfrac{a_n}{n}$,所以$\left\{\dfrac{a_n}{n}\right\}$是常数列,因而$\dfrac{a_n}{n}=\dfrac{a_1}{1}=2, a_n=2n, a_3=6$.

7. 若数列$\{a_n\}$满足 $a_1=2, a_{n+1}=\dfrac{a_n-1}{a_n+1}$,数列$\{a_n\}$的前 n 项和是 S_n,则 $S_{2\,016}=$(　　).

A. 504　　B. 588　　C. -588　　D. -504

解　C. 可求得 $a_1=2, a_2=\frac{1}{3}, a_3=-\frac{1}{2}, a_4=-3, a_5=a_1=2$，进而可得 $\{a_n\}$ 是周期为 4 的周期数列.

由 $a_1+a_2+a_3+a_4=-\frac{7}{6}$，$2\,016=4\times 504$，可得 $S_{2\,016}=-\frac{7}{6}\times 504=-588$.

8. 若数列 $\{a_n\}$ 满足 $a_1=1, a_{n+1}=a_n^2-2a_n+1(n\in \mathbf{N}^*)$，则 $a_{2\,019}=($　　$)$.

A. 1　　　B. 0　　　C. 2 019　　　D. $-2\,019$

解　A. 可得 $a_{n+1}=(a_n-1)^2(n\in \mathbf{N}^*)$，进而可求得 $a_1=1, a_2=0, a_3=1, \cdots$，所以 $\{a_n\}$ 是周期为 2 的周期数列.

因而 $a_{2\,019}=a_1=1$.

9. 数列 $\left\{(n+1)\left(\frac{10}{11}\right)^n\right\}$ 的最大项的项数是(　　).

A. 8　　　B. 9　　　C. 8 或 9　　　D. 9 或 10

解　D. 设 $a_n=(n+1)\left(\frac{10}{11}\right)^n$，可得 $\frac{a_{n+1}}{a_n}=\frac{10(n+2)}{11(n+1)}$，再得 $\frac{a_{n+1}}{a_n}>1 \Leftrightarrow n<9$，从而

$$a_1<a_2<\cdots<a_9=a_{10}, a_{10}>a_{11}>a_{12}>\cdots$$

所以数列 $\{a_n\}$ 的最大项的项数是 9 或 10. 进而可得答案.

10. 一给定函数 $y=f(x)$ 的图像在下列图中，并且 $\forall a_1\in(0,1)$，由关系式 $a_{n+1}=f(a_n)$ 得到的数列 $\{a_n\}$ 满足 $a_{n+1}>a_n(n\in \mathbf{N}^*)$，则该函数的图像可以是(　　).

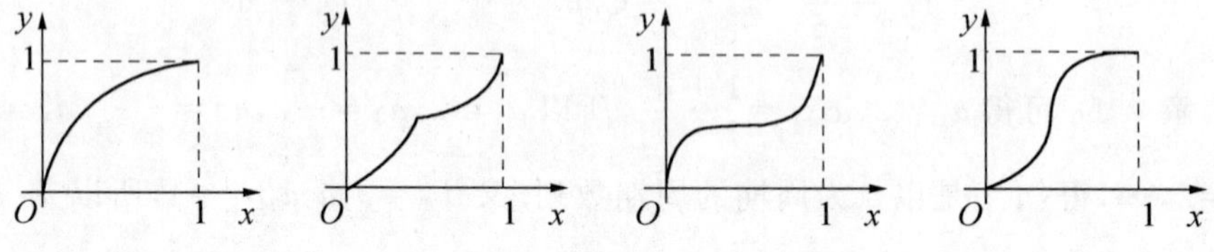

A.　　　B.　　　C.　　　D.

解　A. 由 $a_{n+1}=f(a_n)$ 及 $a_{n+1}>a_n(n\in \mathbf{N}^*)$，可得 $f(a_1)>a_1(0<a_1<1)$，所以 $f(x)>x(0<x<1)$. 由此可排除 B, C, D, 所以选 A.

11. 已知数列 $\{a_n\}$ 满足 $a_n=\begin{cases} n, n=2k-1 \\ a_k, n=2k \end{cases}(k\in \mathbf{N}^*)$. 若 $f(n)=a_1+a_2+a_3+\cdots+a_{2^n}(n\in \mathbf{N}^*)$，则 $f(2\,013)-f(2\,012)=($　　$)$.

A. $2^{2\,012}$　　　B. $2^{2\,013}$　　　C. $4^{2\,012}$　　　D. $4^{2\,013}$

解　C. 可得

$$f(n)=(a_1+a_3+a_5+\cdots+a_{2^n-1})+(a_2+a_4+a_6+\cdots+a_{2^n})$$

$$=[1+3+5+\cdots+(2^n-1)]+(a_1+a_2+a_3+\cdots+a_{2^{n-1}})$$
$$=4^{n-1}+f(n-1)\quad(n\geqslant 2,n\in\mathbf{N}^*)$$
$$f(n)-f(n-1)=4^{n-1}\quad(n\geqslant 2,n\in\mathbf{N}^*)$$
$$f(2\,013)-f(2\,012)=4^{2\,012}$$

12. 如图 1 所示，一只蜜蜂的家在 8 号房间，它从 1 号或 2 号房间进入，途径其他若干房间回家. 若这只蜜蜂在任何房间里只能进入相邻房间，且只能从小号房间进入大号房间，则蜜蜂回家的不同路径共有（　　）.

A. 8 种　　B. 16 种　　C. 32 种　　D. 34 种

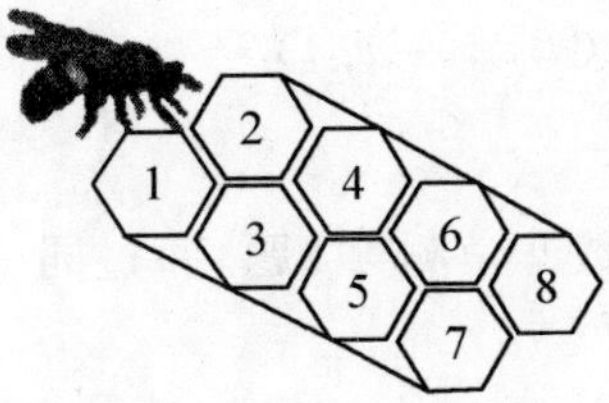

图 1

解　D. 设这只蜜蜂按要求到达 n 号房间的不同路径共有 a_n 种，则从 1 号，2 号房间进入的分别有 a_{n-1}，a_{n-2}（$n\geqslant 3$）种，所以 $a_n=a_{n-1}+a_{n-2}$（$n\geqslant 3$）. 又因为 $a_1=1$，$a_2=2$，所以 $a_8=34$.

13. 由 $F_1=F_2=1$，$F_{n+2}=F_n+F_{n+1}$（$n\in\mathbf{N}^*$）的数列 $\{F_n\}$ 叫作斐波那契数列. 将该数列的各项依次放进图 2 中（图 2 中每个小格子的边长为 1），各项均占据一个正方形（比如 5 占据边长为 5 的正方形）. 记前 n 项所占的格子的面积之和为 S_n，每段螺旋线与其所占据的正方形所围成的扇形面积为 a_n，则下列结论错误的是（　　）.

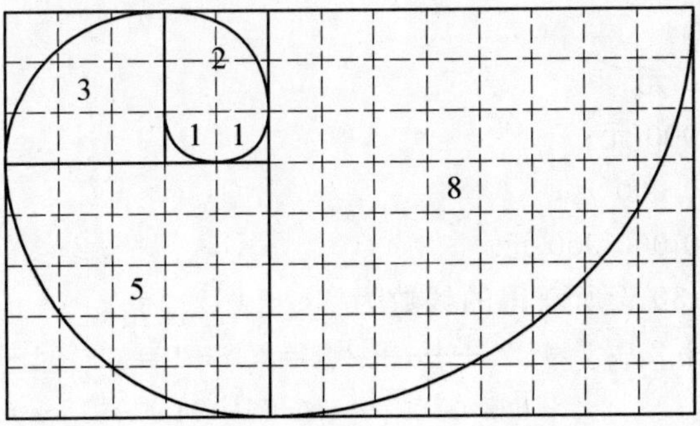

图 2

A. $S_{n+1}=F_nF_{n+1}+F_{n+1}^2$

B. $F_1+F_2+F_3+\cdots+F_n=F_{n+2}-1$

C. $F_1+F_3+F_5+\cdots+F_{2n-1}=F_{2n}-1$

D. $4(a_{n+2}-a_{n+1})=\pi F_nF_{n+3}$

解 C. 选项 A 正确:由图 1 可知,$S_2=F_2F_3,S_3=F_3F_4,S_4=F_4F_5,\cdots$,进而可得 $S_{n+1}=F_{n+1}F_{n+2}=F_{n+1}(F_{n+1}+F_n)=F_nF_{n+1}+F_{n+1}^2$.

选项 B 正确:因为可用数学归纳法证得 $1+F_1+F_2+F_3+\cdots+F_n=F_{n+2}$ $(n\in\mathbf{N}^*)$.

选项 C 错误:因为当 $n=1$ 时,$F_1=1\neq0=F_2-1$.

选项 D 正确:因为 $4(a_{n+2}-a_{n+1})=4\cdot\frac{\pi}{4}(F_{n+2}^2-F_{n+1}^2)=\pi(F_{n+2}-F_{n+1})(F_{n+2}+F_{n+1})=\pi F_nF_{n+3}$.

14.(2015 年中国台湾数学学测第 1 题)每过同一时间点记录某植物的成长高度,连续 5 周的数据为

$$a_1=1,a_2=2,a_3=6,a_4=15,a_5=31$$

请问此成长高度数列满足下列选项中的哪一个式子?

(1)$a_{t+1}=3a_t-1,t=1,2,3,4$;

(2)$a_t=t!,t=1,2,3,4$;

(3)$a_{t+1}=a_t+t^2,t=1,2,3,4$;

(4)$a_t=2^t-1,t=1,2,3,4$;

(5)$a_{t+1}=ta_t+1,t=1,2,3,4$.

解 (3). 用排除法可解.

15.(2015 年台湾数学学测第 2 题)第 1 天获得 1 元、第 2 天获得 2 元、第 3 天获得 4 元、第 4 天获得 8 元,以后每天所获得的钱为前一天的两倍,如此进行到第 30 天,试问这 30 天所获得的钱,总数最接近下列哪一个选项?

(1)10 000 元;

(2)1 000 000 元;

(3)100 000 000 元;

(4)1 000 000 000 元;

(5)1 000 000 000 000 元.

解 (4). 这 30 天所获得的钱数为

$$\begin{aligned}1+2+2^2+2^3+\cdots+2^{29}&=2^{30}-1=(2^{10})^3-1\\&=(1\,024)^3-1\approx(10^3)^3=10^9(\text{元})\end{aligned}$$

16.(2013 年高考上海卷理科数学第 17 题)在数列 $\{a_n\}$ 中,$a_n=2^n-1$,若一个 7 行 12 列的矩阵的第 i 行第 j 列的元素 $a_{i,j}=a_i\cdot a_j+a_i+a_j(i=1,2,\cdots,7;j=1,2,\cdots,12)$,则该矩阵元素能取到的不同数值的个数为(　　).

A. 18　　　　B. 28　　　　C. 48　　　　D. 63

解　A. 可得该矩阵的第 i 行第 j 列的元素 $a_{i,j}=(2^i-1)(2^j-1)+(2^i-1)+(2^j-1)=2^{i+j}-1(i=1,2,\cdots,7;j=1,2,\cdots,12)$.

当且仅当 $i+j=m+n$ 时，$a_{i,j}=a_{m,n}(i,m=1,2,\cdots,7;j,n=1,2,\cdots,12)$，因此该矩阵元素能取到的不同数值的个数为和 $i+j(i=1,2,\cdots,7;j=1,2,\cdots,12)$ 的个数.

可得 $i+j=2,3,4,\cdots,19(i=1,2,\cdots,7;j=1,2,\cdots,12)$，所以答案是 A.

17.（2009 年高考湖北卷文科、理科第 10 题）古希腊人常用小石子在沙滩上摆成各种形状来研究数. 比如：

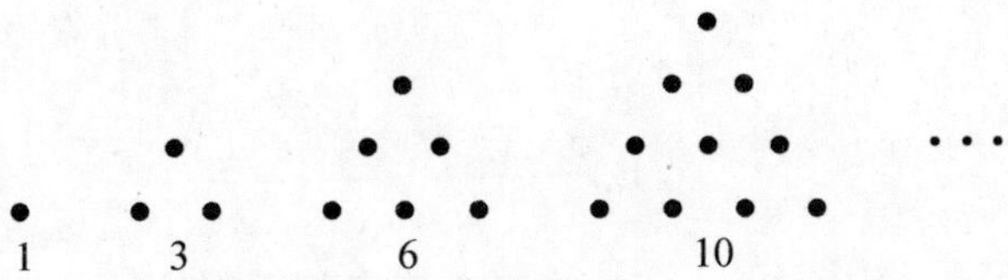

图 3

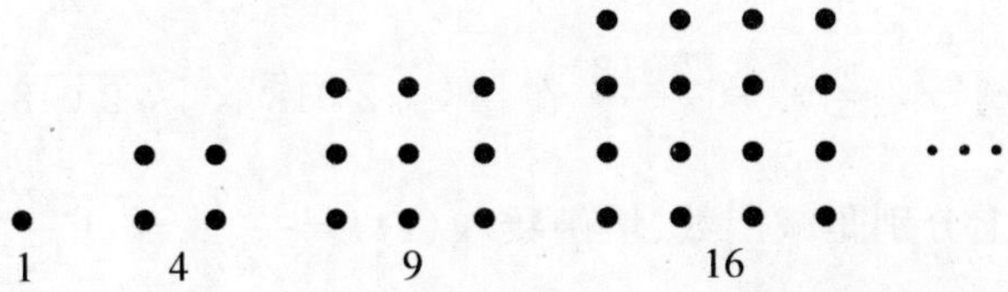

图 4

他们研究过图 3 中的 1，3，6，10，…，由于这些数能够表示成三角形，将其称为三角形数；类似地，称图 4 中的 1，4，9，16，… 这样的数为正方形数. 下列数中既是三角形数又是正方形数的是（　　）.

A. 289　　　　B. 1 024　　　　C. 1 225　　　　D. 1 378

解　C. 因为正方形数 $m^2(m\in\mathbf{N}^*)$ 的个位数字不会是 8（只能是 0，1，4，9，6，5），所以排除 D.

因为三角形数 $1+2+\cdots+n=\frac{1}{2}n(n+1)(n\in\mathbf{N}^*)$ 的 2 倍 $n(n+1)$ 的个位数字不会是 8（只能是 0，2，6），而 289，1 024 的 2 倍的个位数字均是 8，所以排除 A，B，得选 C.

18.（2001 年春季高考上海卷第 16 题）若数列 $\{a_n\}$ 前 8 项的值各异，且 $a_{n+8}=a_n$ 对任意的 $n\in\mathbf{N}^*$ 都成立，则下列数列中可以取遍 $\{a_n\}$ 前 8 项值的数列为（　　）.

A. $\{a_{2k+1}\}$　　　　B. $\{a_{3k+1}\}$　　　　C. $\{a_{4k+1}\}$　　　　D. $\{a_{6k+1}\}$

解　解法 1　B. 因为 $2k+1,4k+1,6k+1(k\in\mathbf{N}^*)$ 都是正奇数,所以 $a_{2k+1},a_{4k+1},a_{6k+1}$ 都是数列 $\{a_n\}$ 的第奇数项,不可能取到前 8 项中的偶数项,可排除选项 A,C,D,因而选 B.

解法 2　B. 由题设可得 $\{a_n\}$ 是周期数列且有一个周期是 8,所以

$$a_{3(8n)+1}=a_1,a_{3(8n+1)+1}=a_4,a_{3(8n+2)+1}=a_7,a_{3(8n+3)+1}=a_2$$

$$a_{3(8n+4)+1}=a_5,a_{3(8n+5)+1}=a_8,a_{3(8n+6)+1}=a_3,a_{3(8n+7)+1}=a_6$$

所以数列 $\{a_{3k+1}\}$ 取遍了 $\{a_n\}$ 的前 8 项.

19.(2018 年北京大学博雅计划自主招生数学试题第 2 题) 用 $[x]$ 表示不超过 x 的最大整数,若 $f(x)=[x[x]],a_n=f(n)$,则 $\dfrac{a_n+2\ 018}{n}$ 的最小值是(　　).

A. $\dfrac{1\ 977}{22}$　　　　B. $\dfrac{4\ 043}{45}$

C. $2\sqrt{2\ 018}$　　　　D. 前三个答案都不对

解　B. 可得 $a_n=f(n)=[n[n]]=[n^2]=n^2$,所以 $\dfrac{a_n+2\ 018}{n}=n+\dfrac{2\ 018}{n}$.

因为函数 $g(x)=x+\dfrac{2\ 018}{x}$ 在 $[1,\sqrt{2\ 018}]$, $[\sqrt{2\ 018},+\infty)(44<\sqrt{2\ 018}<45)$ 上分别是减函数、增函数,$g(44)=\dfrac{1\ 977}{22}=89\dfrac{38}{44}>89\dfrac{38}{45}=\dfrac{4\ 043}{45}=g(45)$,所以 $\dfrac{a_n+2\ 018}{n}$ 的最小值是 $\dfrac{4\ 043}{45}$.

20.(2018 年北京大学博雅计划自主招生数学试题第 17 题) 若把全体正整数中的完全平方数全部去掉后,再把剩下的数从小到大排列得到一个新数列,则该数列的第 2 018 项是(　　).

A. 2 062　　　　B. 2 063

C. 1 009　　　　D. 前三个答案都不对

解　B. 由 $44^2=1\ 936<2\ 018<2\ 025=45^2$,可知在 $1,2,3,\cdots,2\ 018$ 中先去掉了 44 个完全平方数,因而目前得到的新数列的第 2 018 项是 $2\ 018+44=2\ 062$.

但该数列中还有一个完全平方数 2 025 即 45^2,所以还要去掉它,因而目前得到的新数列的第 2 018 项是 $2\ 062+1=2\ 063$.

又由 $45^2=2\ 025<2\ 063<2\ 116=46^2$,可知 2 063 不是完全平方数,所以所求答案是 2 063.

21.(2017 年清华大学能力测试数学试题,不定项选择题) 已知 $a>0,b>0$,$\{x_n\}$ 是正项递减数列,且 $x_n=ax_{n+1}+bx_{n+2}$,则

A. $a>1$　　B. $b>1$　　C. $a+b>1$　　D. $a+b<1$

解　C. 由题设可得 $x_n=ax_{n+1}+bx_{n+2}<ax_n+bx_n, a+b>1$,所以 C 正确,D 错误.

当 $a=b=1, x_n>0(n\in\mathbf{N}^*)$ 时,可得 $x_n=x_{n+1}+x_{n+2}<x_{n+1}$,得 $\{x_n\}$ 是正项递减数列,所以选项 A,B 均错误.

22. 若数列 $\{a_n\}$ 的前 n 项和 $S_n=3n^2+2n$,则 $a_5+a_6=$________.

解　64. $a_5+a_6=S_6-S_4=120-56=64$.

23. 数列 $\left\{\dfrac{n-\sqrt{97}}{n-\sqrt{98}}\right\}$ 的最大项、最小项的项数分别是________.

解　10,9. 可得 $\dfrac{n-\sqrt{97}}{n-\sqrt{98}}=1+\dfrac{\sqrt{98}-\sqrt{97}}{n-\sqrt{98}}$.

若第 n 项是最大项,则 $n-\sqrt{98}(n\in\mathbf{N}^*)$ 是最小的正数,得 $n=10$;若第 n 项是最小项,则 $n-\sqrt{98}(n\in\mathbf{N}^*)$ 是最大的负数,得 $n=9$.

24. 若数列 $\{a_n\}$ 的前 n 项和为 S_n, $S_n=2^n+cn(n\in\mathbf{N}^*)$,且 $a_3=7$,则首项 a_1 的值是________.

解　5. 由题设可得 $a_1=2+c, a_n=2^{n-1}+c(n\geqslant 2)$,所以 $a_3=4+c=7$, $c=3$,因而 $a_1=2+c=5$.

25. 在数列 $\{a_n\}$ 中,若 $a_n=n^2+\lambda n$,且 $\{a_n\}$ 是递增数列,则实数 λ 的取值范围是________.

解　$\lambda>-3$.

26. 若数列 $\{a_n\}$ 的前 n 项和为 $S_n, a_n\neq 0(n\in\mathbf{N}^*), a_na_{n+1}=S_n$,则 $a_3-a_1=$________.

解　1. 可得 $a_1a_2=a_1(a_1\neq 0), a_2=1$,再得 $a_2a_3=a_1+a_2, a_3=a_1+1$, $a_3-a_1=1$.

27. 已知函数 $f(x)$ 的对应关系如表 1 所示,数列 $\{a_n\}$ 满足 $a_1=3, a_{n+1}=f(a_n)$,则 $a_4=$________, $a_{2\,019}=$________.

表 1

x	1	2	3
$f(x)$	3	2	1

解　1,3. 可得 $a_1=3, a_2=1, a_3=3, \cdots$,进而可得 $a_{2k-1}=3, a_{2k}=1(k\in\mathbf{N}^*)$,从而可得答案.

28. (2015 年北京市朝阳高三二模) 已知点 $A_1(a_1,1), A_2(a_2,2), \cdots, A_n(a_n,n)(n\in\mathbf{N}^*)$ 都在函数 $y=\log_{\frac{1}{3}}x$ 的图像上. 则数列 $\{a_n\}$ 的通项公式为

________；

设 O 为坐标原点，点 $M_n(a_n,0)(n\in\mathbf{N}^*)$，则 $\triangle OA_1M_1,\triangle OA_2M_2,\cdots,\triangle OA_nM_n$ 中，面积的最大值是________.

解　$a_n=\left(\frac{1}{3}\right)^n$，$\frac{1}{6}$. 第二空：可得 $\triangle OA_nM_n$ 的面积为 $\frac{na_n}{2}=\frac{n}{2\cdot 3^n}$，用比值法可证其值随 n 的增大而减小，所以所求最大值是 $\frac{1}{2\cdot 3^1}=\frac{1}{6}$.

29. 如图 5 所示：有三根针和套在一根针上的 n 个金属片，按下列规则，把金属片从一根针上全部移到另一根针上.

图 5

(1) 每次只能移动一个金属片；

(2) 在每次移动过程中，每根针上较大的金属片不能放在较小的金属片上面.

若将 n 个金属片从 1 号针移到 3 号针最少需要移动的次数记为 $f(n)$，则 $f(3)=$________；$f(n)=$________.

解　7，2^n-1. 要将 n 个金属片全部转移到 3 号针上，只需先将上面 $n-1$ 个金属片转移到 2 号针上，需要 $f(n-1)$ 次转移，然后将最大的那个圆盘转移到 3 号针上，需要 1 次转移，再将 2 号针上的 $n-1$ 个圆盘转移到 3 号针上，需要 $f(n-1)$ 次转移，所以有 $f(n)=2f(n-1)+1$.

又由 $f(1)=1$，可求得 $f(n)=2^n-1(n\in\mathbf{N}^*)$. 由此还可得 $f(3)=2^3-1=7$.

30. 根据数列 1,2,2,1,1,2,1,2,2,1,2,2,1,1,2,1,1,2,2,1,2,1,1,2,1,2,2,1,1,2,1,1,2,1,2,2,… 的规律可知，该数列被省略的前五项是________.

解　解法 1　1,2,2,1,1. 我们先把该数列做如下分组：

(1),(2,2),(1,1),(2),(1),(2,2),(1),(2,2),(1,1),(2),(1,1),(2,2),(1),(2),(1,1),(2),(1),(2,2),(1,1),(2),(1,1),(2),(1),(2,2),(1),(2,2),(1,1),…

第 1 项是 1，即第 1 个括号是 1 个 1；所以第 2 项是 2，得第 2 个括号是 2 个 2；因为第 3 项是 2，所以第 3 个括号是 2 个 1；因为第 4 项是 1，所以第 4 个括号是 1 个 2；因为第 5 项是 1，所以第 5 个括号是 1 个 1；因为第 6 项是 2，所以第 6

个括号是 2 个 2;……

由此规律便得答案.

解法 2　同解法 1,先把相同的数分成一组,再依次写出各组数的个数

1,2,2,1,1,2,1,2,2,1,2,2,1,1,2,1,1,2,2,1,2,1,1,2,1,2,2,…

所以可猜测该数列与原数列是同一个数列,进而由后者的各项可写出原数列的各项.

31. 已知数列 $\{a_n\}$ 的各项均为正整数,其前 n 项和为 S_n. 若 $a_{n+1}=\begin{cases}\dfrac{a_n}{2},当\ a_n\ 为偶数时\\ 3a_n+1,当\ a_n\ 为奇数时\end{cases}$,且 $S_3=29$,则 $a_1=$________;$S_{3n}=$________.

解　$5,7n+22$. 对于第一空,需分三种情况讨论:

(1) 若 a_1 是 4 的倍数,可得 $S_3=a_1+\dfrac{a_1}{2}+\dfrac{a_1}{4}=\dfrac{7a_1}{4}=29$,$a_1\notin \mathbf{N}^*$,矛盾!

(2) 若 a_1 是 2 的倍数但不是 4 的倍数,可得 $S_3=a_1+\dfrac{a_1}{2}+\left(\dfrac{3a_1}{2}+1\right)=3a_1+1=29$,$a_1\notin \mathbf{N}^*$,矛盾!

(3) 若 a_1 是奇数,可得 $S_3=a_1+(3a_1+1)+\dfrac{3a_1+1}{2}=\dfrac{11a_1+3}{2}=29$,$a_1=5$.

所以 $a_1=5$.

由 $a_1=5$,可得数列 $\{a_n\}$:5,16,8,4,2,1,4,2,1,4,2,1,4,2,1,…,由此可得 $S_{3n}=7n+22$.

32. 由已知的两个正数 a,b 可计算出 $c_1=ab+a+b$,再在 a,b,c_1 这三个数中取两个较大的数,按上述规则再计算出 c_2,依次进行下去,……,记第 n 次计算出的数是 c_n.

(1) 若 $a=1,b=3$,则 $c_3=$________;

(2) 若已知的两个正数是 p,q(且 $p>q$),则 $c_6=$________.

解　不妨设 $0<a\leqslant b$,可得

$$c_1=(a+1)(b+1)-1=ab+a+b>b\geqslant a>0$$
$$c_2=(a+1)(b+1)^2-1>c_1>b>0$$
$$c_3=(a+1)^2(b+1)^3-1>c_2>c_1>0$$
$$c_4=(a+1)^3(b+1)^5-1>c_3>c_2>0$$
$$\vdots$$
$$c_n=(a+1)^{F_n}(b+1)^{F_{n+1}}-1$$

其中 Fibonacci 数列 $\{F_n\}$ 由 $F_1=F_2=1,F_{n+2}=F_n+F_{n+1}$ 确定,还可用数学归纳法证得以上结论成立.

从而可得答案：

(1)$c_3=2^2 4^3-1=255$；

(2)$c_6=(q+1)^{F_6}(p+1)^{F_7}-1=(p+1)^{13}(q+1)^8-1$.

注 此题由“北京市朝阳区 2011—2012 学年度高三年级第一学期期末统一考试数学试题(文)”第 14 题及“北京市朝阳区 2011—2012 学年度高三年级第一学期期末统一考试数学试题（理）”第 14 题(它们是同一道题）改编而成，这道题是：

已知两个正数 a,b，可按规则 $c=ab+a+b$ 扩充为一个新数 c，在 a,b,c 三个数中取两个较大的数，按上述规则扩充得到一个新数，依次下去，将每扩充一次得到一个新数称为一次操作.

(1) 若 $a=1,b=3$，按上述规则操作三次，扩充所得的数是________；

(2) 若 $p>q>0$，经过 6 次操作后扩充所得的数为 $(q+1)^m(p+1)^n-1$(m,n 为正整数)，则 m,n 的值分别为________.

参考答案 (1)255；(2)8,13.

这里要指出的是，第(2) 问的答案并不正确：可得 $(q+1)^8(p+1)^{13}=(q+1)^m(p+1)^n$，但由此并不能得出 $m=8,n=13$. 比如，当 $p=3,q=1$ 时，可得 $2^8 4^{13}=2^m 4^n(m,n\in \mathbf{N}^*)$，可得 $m+2n=34(m,n\in \mathbf{N}^*)$，$m=34-2n(n=1,2,3,\cdots,16)$，共有 16 组解.

33. 已知数列 $\{a_n\}$ 的前 n 项和为 S_n，$a_n\neq 0(n\in \mathbf{N}^*)$，$a_n a_{n+1}=S_n$，则 $a_3-a_1=$________.

解 1. 在题设的递推式中，令 $n=1$，可得 $a_1a_2=a_1(a_1\neq 0)$，$a_2=1$；再令 $n=2$，可得 $a_2a_3=a_1+a_2$，$a_3-a_1=1$.

34. 已知函数 $d(x)=\begin{cases}0, x \text{ 为有理数} \\ x, x \text{ 为无理数}\end{cases}$. 若数列 $\{a_n\}$ 满足 $a_1=0$，$a_{n+1}=d\left(\dfrac{a_n-\sqrt{3}}{\sqrt{3}a_n+1}\right)(n\in \mathbf{N}^*)$，则 $a_{20}=$________.

解 $-\sqrt{3}$. 由题设，可求得 $a_1=0$，$a_2=d(-\sqrt{3})=-\sqrt{3}$，$a_3=d(\sqrt{3})=\sqrt{3}$，$a_4=d(0)=0=a_1$，进而可得 $\{a_n\}$ 是以 3 为周期的周期数列，所以 $a_{20}=a_2=-\sqrt{3}$.

35. (2017 年高考上海卷第 10 题) 已知数列 $\{a_n\}$ 和 $\{b_n\}$，其中 $a_n=n^2$，$n\in \mathbf{N}^*$，$\{b_n\}$ 的项是互不相等的正整数. 若对于任意的 $n\in \mathbf{N}^*$，$\{b_n\}$ 的第 a_n 项等于 $\{a_n\}$ 的第 b_n 项，则 $\dfrac{\lg(b_1b_4b_9b_{16})}{\lg(b_1b_2b_3b_4)}=$________.

解 题设即 $b_{a_n}=a_{b_n}$，也即 $b_{n^2}=b_n^2$，所以 $\dfrac{\lg(b_1b_4b_9b_{16})}{\lg(b_1b_2b_3b_4)}=\dfrac{\lg(b_1^2b_2^2b_3^2b_4^2)}{\lg(b_1b_2b_3b_4)}=2$.

36.(2016年高考上海卷理科第11题即文科第14题)无穷数列$\{a_n\}$由k个不同的数组成,S_n为$\{a_n\}$的前n项和.若对任意$n\in\mathbf{N}^*$,$S_n\in\{2,3\}$,则k的最大值为________.

解 解法1 4.由$\forall n\in\mathbf{N}^*$,$S_n\in\{2,3\}$及$a_1=S_1$,得$a_1=S_1\in\{2,3\}$.

将数列写出至最多项,其中有相同项的情况舍去,共有如下六种情况:

①$a_1=2,a_2=0,a_3=1,a_4=-1$;

②$a_1=2,a_2=1,a_3=0,a_4=-1$;

③$a_1=2,a_2=1,a_3=-1,a_4=0$;

④$a_1=3,a_2=0,a_3=-1,a_4=1$;

⑤$a_1=3,a_2=-1,a_3=0,a_4=1$;

⑥$a_1=3,a_2=-1,a_3=1,a_4=0$.

因为最多项均只能写到第4项,所以$k_{\max}=4$.

解法2 4.由$\forall n\in\mathbf{N}^*$,$S_{n+1},S_n\in\{2,3\}$及$a_{n+1}=S_{n+1}-S_n$,可得$a_{n+1}\in\{-1,0,1\}$.

即数列$\{a_n\}$从第二项起项的不同取值不超过3个,所以数列$\{a_n\}$所有项的不同取值不超过4个.

还可以验证数列

$$\{a_n\}:2,1,0,-1,1,0,-1,1,0,-1,\cdots$$

满足题设.

所以$k_{\max}=4$.

37.(2014年高考课标全国卷II文科第16题)数列$\{a_n\}$满足$a_{n+1}=\dfrac{1}{1-a_n}$,$a_8=2$,则$a_1=$________.

解 $\dfrac{1}{2}$.可得$a_8=2,a_7=\dfrac{1}{2},a_6=-1,a_5=2$,进而有数列$\{a_n\}$是以3为周期的周期数列,所以$a_1=a_7=\dfrac{1}{2}$.

38.(2010年高考湖南卷理科第15题)若数列$\{a_n\}$满足:对任意的$n\in\mathbf{N}^*$,只有有限个正整数m使得$a_m<n$成立,记这样的m的个数为$(a_n)^*$,则得到一个新数列$\{(a_n)^*\}$.例如,若数列$\{a_n\}$是$1,2,3,\cdots,n,\cdots$,则数列$\{(a_n)^*\}$是$0,1,2,\cdots,n-1,\cdots$.已知对任意的$n\in\mathbf{N}^*$,$a_n=n^2$,则$(a_5)^*=$________,$((a_n)^*)^*=$________.

解 $2,n^2$.可得$(a_1)^*=0$,$(a_2)^*=(a_3)^*=(a_4)^*=1$,$(a_5)^*=(a_6)^*=\cdots=(a_9)^*=2$,$(a_{10})^*=(a_{11})^*=\cdots=(a_{16})^*=3,\cdots$,一般地,有:当$k^2<n\leqslant(k+1)^2$,$k\in\mathbf{N}$时,$(a_n)^*=k$,进而得$((a_n)^*)^*=n^2$.

39.(2009年高考北京卷理科第14题)已知数列$\{a_n\}$满足:$a_{4n-3}=1,a_{4n-1}=$

$0, a_{2n}=a_n, n\in \mathbf{N}^*$，则 $a_{2\,009}=$ ________；$a_{2\,014}=$ ________.

解 1，0. $a_{2\,009}=a_{4\times 503-3}=1$；$a_{2\,014}=a_{1\,007}=a_{4\times 252-1}=0$.

40.（2009 年高考湖南卷理科第 15 题）将正 $\triangle ABC$ 分割成 $n^2(n\geqslant 2, n\in \mathbf{N}^*)$ 个全等的正三角形（图 6、图 7 分别给出了 $n=2,3$ 的情形），在每个三角形的顶点各放置一个数，使位于 $\triangle ABC$ 的三边及平行于某边的任一直线上的数（当数的个数不少于 3 时）都分别依次成等差数列. 若顶点 A,B,C 处的三个数互不相同且和为 1，记所有顶点上的数之和为 $f(n)$，则有 $f(2)=2, f(3)=$ ________，…，$f(n)=$ ________.

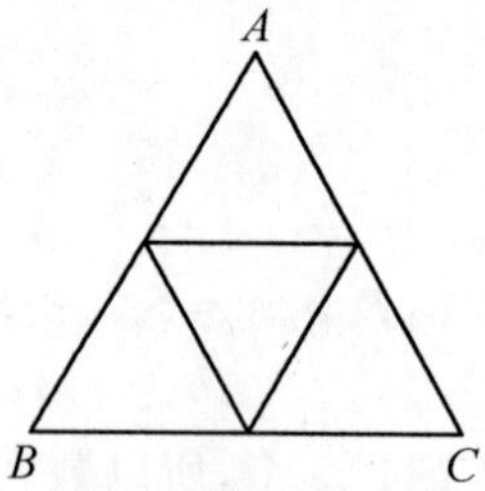

图 6

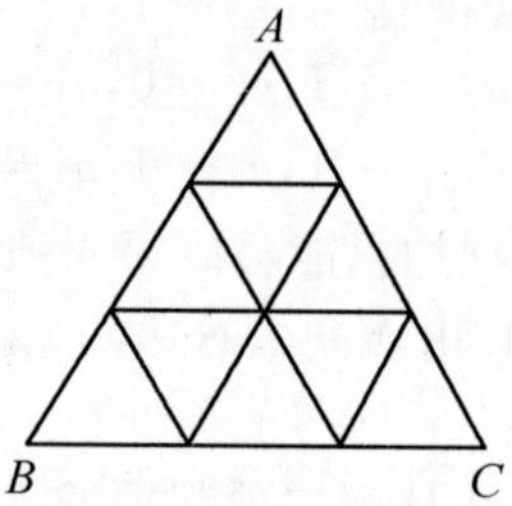

图 7

解 $\dfrac{10}{3}$，$\dfrac{1}{6}(n+1)(n+2)$.

由题意知三角形每条边上的数都成等差数列，利用等差数列的性质“若 $m+n=p+q$，则 $a_m+a_n=a_p+a_q$”得，$n=3$ 时每边中间两数的和等于三角形两端点的数之和，而三角形中心的数是三个顶点上数之和的 $\dfrac{1}{3}$，所以 $f(3)=1+2+\dfrac{1}{3}=\dfrac{10}{3}$.

对于分成 n^2 个三角形的情形，可通过特殊值来处理. 不妨设上顶点处是 0，两个下顶点处都是 $\dfrac{1}{2}$，则中间与底边平行的线段的两个端点的数值相同，分别都是 $\dfrac{1}{2n}, \dfrac{2}{2n}, \dfrac{3}{2n}, \cdots, \dfrac{n-1}{2n}$，由此可得

$$f(n)=\frac{1}{2n}\times 2+\frac{2}{2n}\times 3+\frac{3}{2n}\times 4+\cdots+\frac{n}{2n}\times(n+1)=\frac{1}{6}(n+1)(n+2)$$

41.（2009 年高考湖北卷理科第 15 题）已知数列 $\{a_n\}$ 满足：$a_1=m$（m 为正整数），$a_{n+1}=\begin{cases}\dfrac{a_n}{2}, & \text{当 } a_n \text{ 为偶数时}\\ 3a_n+1, & \text{当 } a_n \text{ 为奇数时}\end{cases}$ 若 $a_6=1$，则 m 所有可能的取值为 ________.

解　4,5,32. 若从 $a_1=m$ 算出 a_2，则 a_2 的值有两个，再算 a_3 的值有四个，……，得 a_6 的值有 32 个，这样将很复杂，而下面反算的方法却很简洁：

由 $a_6=1$，得 $a_5=2$，$a_4=4$，$a_3=1$ 或 8，$a_2=2$ 或 16，$a_1=4$ 或 5 或 32.

注　本题的背景是世界数学难题、名题"$3x+1$ 问题"：

对于任意给定的正整数，连续进行如下运算：如果它是偶数，就除以 2，若还是偶数，就再除以 2，…… 直到得到奇数，如果这个奇数不是 1，就把这个奇数乘以 3 再加上 1，这样得到的结果又为偶数，就再除以 2，这样不断地运算下去，直至得到 1 为止. "$3x+1$ 问题"就是：对于任一正整数，进行上述运算，经过有限步后都能得到 1 吗？

据说，耶鲁大学有长达一个月之久，人人都在研究这个问题，但却没有任何实质性的进展. 经过几十年的探索与研究，人们似乎接受了大数学家爱尔特希的说法：数学还没有成熟到足以解决这样的问题.

42.（2019 年清华大学自主招生数学试题）若 $\forall m,n\in\mathbf{N}^*$，$m\neq n$，都有 $\dfrac{a_m-a_n}{m-n}\geqslant t$（$t$ 为常数），则称数列 $\{a_n\}$ 具有性质 $P(t)$.

(1) 若数列 $\{2^n\}$ 具有性质 $P(t)$，则 t 的最大值是________；

(2) 若数列 $\left\{n^2-\dfrac{a}{n}\right\}$（$a$ 为常数）具有性质 $P(10)$，则 a 的取值范围是________；

解　(1)2. 可不妨设 $m>n$，再设 $m=n+k(k\in\mathbf{N}^*)$，可得题设即 $\forall n,k\in\mathbf{N}^*$，$2^n\cdot\dfrac{2^k-1}{k}\geqslant t$.

可以证明 $\{2^n\}$，$\left\{\dfrac{2^k-1}{k}\right\}$ 均是正项递增数列，因而题设即 $2^1\cdot\dfrac{2^1-1}{1}=2\geqslant t$，得所 t 的最大值是 2.

(2) 解法 1　$[36,+\infty)$. 可得题设即 $\forall m,n\in\mathbf{N}^*$，$m\neq n$，都有 $a\geqslant mn\cdot(10-m-n)$.

设 $y=mn(10-m-n)(m\neq n;m,n\in\mathbf{N}^*)$，可得题设即 $a\geqslant y_{\max}$.

当 $m+n\geqslant 10$ 时，$y\leqslant 0$.

当 $m+n\leqslant 9$ 时，由 $m,n\in\mathbf{N}^*$，$m\neq n$，可得 $m+n\geqslant 3$.

当 $m+n=3$ 时，可得 $y=1\cdot 2(10-3)=14$；

当 $m+n=4$ 时，可得 $y=6mn=18,24$；

当 $m+n=5$ 时，可得 $y=5mn=20,30$；

当 $m+n=6$ 时，可得 $y=4mn=20,32,36$；

当 $m+n=7$ 时，可得 $y=3mn=18,30,36$；

当 $m+n=8$ 时，可得 $y=2mn=14,24,30,32$；

当 $m+n=9$ 时,可得 $y=mn=8,14,18,20$.

综上所述,可得 $y_{\max}=36$,所以所求 a 的取值范围是$[36,+\infty)$.

解法 2 $[36,+\infty)$. 设 $y=mn(10-m-n)(m\neq n;m,n\in \mathbf{N}^*)$,同解法 1 可得题设即 $a\geqslant y_{\max}$.

当 $m+n\geqslant 10$ 时,$y\leqslant 0$.

当 $m+n\leqslant 9$ 时,由 $m,n\in \mathbf{N}^*$,$m\neq n$,可得 $m+n\in\{3,4,5,6,7,8,9\}$,$(m-n)^2\geqslant 1$,所以

$$y=\frac{1}{4}[(m+n)^2-(m-n)^2][10-(m+n)]$$

$$\leqslant\frac{1}{4}[(m+n)^2-1][10-(m+n)]$$

进而可得 $y_{\max}\in\left\{14,22\frac{1}{2},30,35,36,31\frac{1}{2},20\right\}$.

还可得当$(m,n)=(4,3)$时,$y=36$. 所以 $y_{\max}=36$,所以所求 a 的取值范围是$[36,+\infty)$.

解法 3 $[36,+\infty)$. 设 $y=mn(10-m-n)(m\neq n;m,n\in \mathbf{N}^*)$,同解法 1 可得题设即 $a\geqslant y_{\max}$.

当 $m+n\geqslant 10$ 时,$y\leqslant 0$.

当 $m+n\leqslant 9$ 时,由 $m,n\in \mathbf{N}^*$,$m\neq n$,可得 $3\leqslant m+n\leqslant 9$. 再由 $mn\leqslant\left(\frac{m+n}{2}\right)^2$ 及三元均值不等式,可得

$$y\leqslant\frac{m+n}{2}\cdot\frac{m+n}{2}\cdot(10-m-n)\leqslant\left[\frac{\frac{m+n}{2}+\frac{m+n}{2}+(10-m-n)}{3}\right]^3$$

$$=\left(\frac{10}{3}\right)^3=37\frac{1}{27}$$

又由 $y\in \mathbf{N}^*$,可得 $y\leqslant 37$.

若 $y=mn(10-m-n)=37(3\leqslant m+n\leqslant 9,m\neq n;m,n\in \mathbf{N}^*)$,由 37 是质数,可得 $m,n,10-m-n$ 这三个正整数中两个是 1 另一个是 37,而可得这三个正整数均小于 9,所以 $y\leqslant 36$.

还可得当且仅当$(m,n)=(3,3),(3,4)$或$(4,3)$时,$y=36$.

综上所述,可得 $y_{\max}=36$,所以所求 a 的取值范围是$[36,+\infty)$.

解法 4 $[36,+\infty)$. 设 $y=mn(10-m-n)(m\neq n;m,n\in \mathbf{N}^*)$,同以上"解法 2"可得题设即 $a\geqslant y_{\max}$ 及当 $m+n\geqslant 10$ 时,$y\leqslant 0$;当 $m+n\leqslant 9$ 时,可得 $3\leqslant m+n\leqslant 9$,且 $y\leqslant\frac{m+n}{2}\cdot\frac{m+n}{2}\cdot(10-m-n)=\frac{1}{4}(m+n)^2(10-m-n)$.

设 $f(x)=x^2(10-x)(3\leqslant x\leqslant 9)$，可得 $f'(x)=3x^2\left(6\dfrac{2}{3}-x\right)(3\leqslant x\leqslant 9)$，进而可得 $f(x)$ 在 $\left(3,6\dfrac{2}{3}\right)$，$\left(6\dfrac{2}{3},9\right)$ 上分别是增函数、减函数.

再由当 $m+n=6,7$ 时，$\dfrac{1}{4}(m+n)^2(10-m-n)$ 的值分别为 $36,36\dfrac{3}{4}$，因而 $y\leqslant 36$.

还可得当且仅当 $(m,n)=(3,3),(3,4)$ 或 $(4,3)$ 时，$y=36$.

综上所述，可得 $y_{\max}=36$，所以所求 a 的取值范围是 $[36,+\infty)$.

43.（2018 年上海交通大学自主招生数学试题第 14 题）将正整数列 1,2,3,… 中的完全平方数和完全立方数都去掉，将剩下的数按照从小到大排列，第 500 个数是多少？

解　由 $22^2=484,23^2=529$ 可知，在区间 $[1,500]$ 中的完全平方数有 22 个：$1^2,2^2,3^2,\cdots,22^2$；由 $7^3=343,8^3=512$ 可知，在区间 $[1,500]$ 中的完全立方数有 7 个：$1^3,2^3,3^3,\cdots,7^3$；在区间 $[1,500]$ 中既是完全平方数又是完全立方数的有 2 个：$1^2=1^3=1^6,8^2=4^3=2^6$.

这样，在区间 $[1,500]$ 中是完全平方数或完全立方数的有 $22+7-2=27$ 个.

又因为 $8^3=512,9^3=729$，所以在区间 $[1,527]$ 中是完全平方数或完全立方数的有 $27+1=28$ 个.

进而可得在区间 $[1,528]$ 中是完全平方数或完全立方数的也有 28 个，所以所求答案是 528.

44.（2004 年上海交通大学保送生考试数学试题第一题第 4 题）已知自然数 a,b,c 为三角形的三边长，若 $b\leqslant n,a\leqslant b\leqslant c$，则满足条件的三角形的个数为________.

解　$\dfrac{1}{6}n(n+1)(n+2)$. 其解法是

$$\begin{aligned}&1+(1+2)+(1+2+3)+\cdots+(1+2+\cdots+n)\\&=C_2^2+C_3^2+C_4^2+\cdots+C_{n+1}^2\\&=C_{n+2}^3=\frac{1}{6}n(n+1)(n+2)\end{aligned}$$

45.（2004 年上海交通大学自主招生暨冬令营数学试题第一题第 8 题）若数列 $\{a_n\}$ 满足 $a_1=1,a_2=2$，且 $a_{n+2}=3a_{n+1}-2a_n$，则 $a_{2\,004}=$________.

解　$2^{2\,003}$. 可求得 $a_n=2^{n-1}$.

2.（2001 年上海交通大学自主招生暨冬令营数学试题第 7 题）在数列 1,3,2,… 中，若 $a_{n+2}=a_{n+1}-a_n$，则 $\sum\limits_{i=1}^{100}a_i=$________.

解 5. 先得$\{a_n\}$是周期为 6 的周期数列.

46. 写出下面各数列的一个通项公式：

(1)0,3,26,255,3 124,…；

(2)1,2,12,288,34 560,….

解 (1)n^n-1. (2)$(1!)(2!)\cdots(n!)$.

47. 把奇数数列按如下方式分组(第 n 组有 n 个数)

$$1;3,5;7,9,11;13,15,17,19;\cdots$$

求第 n 组的各数之和.

解 从第 1 组到第 n 组(包括第 n 组)共 $1+2+\cdots+n=\dfrac{n(n+1)}{2}$ 个数，从第 1 组到第 $n-1$ 组(包括第 $n-1$ 组)共$\dfrac{n(n-1)}{2}$个数. 这两个数列都是公差为 2 的等差数列，所以可得所求答案为 n^3.

48. 若$\dfrac{1^3+3^3+5^3+\cdots+(2n-1)^3}{2^3+4^3+6^3+\cdots+(2n)^3}=\dfrac{199}{242}$，求 n.

解 所给等式两边都加上 1 后，得

$$\frac{1^3+2^3+3^3+\cdots+(2n)^3}{2^3(1^3+2^3+3^3+\cdots+n^3)}=\frac{441}{242}$$

由公式 $1^3+2^3+3^3+\cdots+n^3=\dfrac{1}{4}n^2(n+1)^2$，可解得 $n=10$.

49. 设奇数列

$$1,3,5,7,9,\cdots \quad ①$$

按 2,3,2,3,… 的个数分群如下

$$(1,3),(5,7,9),(11,13),(15,17,19),\cdots \quad ②$$

(1) 试问数列 ① 中的 2 007 是分群数列 ② 中的第几群中的第几个元素？

(2) 求第 n 个群中所有元素的和.

解 (1) 把数列 ① 重新分群(每个群含 5 个元素)

$$(1,3,5,7,9),(11,13,15,17,19),\cdots \quad ③$$

易知 2 007 是数列 ① 的第 1 004 项，所以 2 007 是分群数列 ③ 中的第 201 群中的第 4 个元素. 对照分群数列 ②③，可得 ③ 中的第 201 个群中的第 4 个元素是数列 ② 的第 402 个群中的第 2 个元素.

(2) 若 n 为偶数，可设 $n=2k(k\in\mathbf{N}^*)$，得数列 ② 的第 n 群的元素是数列 ③ 的第 k 群的第 3,4,5 个元素. 因为数列 ③ 的第 k 群的第 5 个元素是 $10k-1$，所以数列 ② 的第 n 群的元素之和是$(10k-5)+(10k-3)+(10k-1)=30k-9=15n-9$.

若 n 为奇数，可设 $n=2k+1(k\in\mathbf{N})$，得数列 ② 的第 n 群的元素是数列 ③

的第 $k+1$ 群的第 1,2 个元素. 因为数列 ③ 的第 $k+1$ 群的第 1 个元素是 $10k+1$,所以数列 ② 的第 n 群的元素之和是 $(10k+1)+(10k+3)=20k+4=10n-6$.

50. 已知 $n\in\mathbf{N}^*$, $n\geqslant 2$. 给定 $n\times n$ 个整点 (x,y),其中 $x,y\in\{1,2,\cdots,n\}$.

(1) 当 $n=2$ 时,从所给的 2×2 个整点中任取两个不同的整点 (x_1,y_1), (x_2,y_2),求 x_1+x_2 的所有可能值.

(2) 从所给的 $n\times n$ 个整点中任取 m 个两两不同的整点,$m\geqslant\frac{5}{2}n-1$. 证明:存在两两不同的四个整点 (x_1,y_1), (x'_1,y'_1), (x_2,y_2), (x'_2,y'_2),满足 $y_1=y'_1$, $y_2=y'_2$, $y_1\neq y_2$.

解　(1) 当 $n=2$ 时,可得 4 个整点分别为 $(1,1)$, $(1,2)$, $(2,1)$, $(2,2)$. 由 $x_1,x_2\in\{1,2\}$,可得 x_1+x_2 的所有可能值 2,3,4.

(2) 假设欲证结论不成立,则在所取的 m 个整点中不存在四个整点 (x_1,y_1), (x'_1,y_1), (x_2,y_2), (x'_2,y_2) $(x_1\neq x'_1, x_2\neq x'_2, y_1\neq y_2)$.

因而在 n 条直线 $y=i(i=1,2,\cdots,n)$ 中至多有一条直线上取的整点多于 1 个,其余 $n-1$ 条直线上各只取一个整点. 此时选点的个数 $m\leqslant n+(n-1)=2n-1$.

所以由题设,可得 $m\leqslant 2n-1<\frac{5}{2}n-1\leqslant m$, $m<m$,而这不可能! 所以假设错误,即欲证结论成立.

51. 已知数列 $\{a_n\}$ 满足 $a_1=\frac{1}{2}$, $a_{n+1}=\frac{1}{a_n+1}(n\in\mathbf{N}^*)$,求证:$\{a_{2n}\}$ 是单调递减数列.

解　可得 $a_2=\frac{2}{3}$, $a_4=\frac{5}{8}$;还可用数学归纳法证得 $a_n>0(n\in\mathbf{N}^*)$.

下面用数学归纳法证明 $a_{2n}>a_{2n+2}(n\in\mathbf{N}^*)$,即得欲证结论成立.

(1) 当 $n=1$ 时成立:由 $\frac{2}{3}>\frac{5}{8}$,可得 $a_2>a_4$.

(2) 假设当 $n=k$ 时成立:$a_{2k}>a_{2k+2}$.

可得

$$a_{2k+2}-a_{2k+4}=\frac{1}{1+a_{2k+1}}-\frac{1}{1+a_{2k+3}}=\frac{a_{2k+3}-a_{2k+1}}{(1+a_{2k+1})(1+a_{2k+3})}$$
$$=\frac{a_{2k}-a_{2k+2}}{(1+a_{2k})(1+a_{2k+1})(1+a_{2k+2})(1+a_{2k+3})}>0$$

所以 $a_{2k+2}>a_{2k+4}$,得当 $n=k+1$ 时成立.

得欲证结论成立.

注　我们知道,Fibonacci 数列 $\{F_n\}$ 由 $F_1=F_2=1$, $F_{n+2}=F_n+F_{n+1}(n\in$

$\mathbf{N}^*$）确定，可用数学归纳法证得 $a_n=\frac{F_{n+1}}{F_{n+2}}(n\in\mathbf{N}^*)$.

52. 已知 $a_n=1+\frac{1}{2(n-1)+a}$（$n\in\mathbf{N}^*$，常数 $a\neq 0$）.

(1) 若 $a=-7$，求数列 $\{a_n\}$ 中的最大项和最小项的值；

(2) 若数列 $\{a_n\}$ 中的最大项的值是 a_6，求 a 的取值范围.

解　(1) 可得 $a_n=\frac{1}{2n-9}+1(n\in\mathbf{N}^*)$，再由函数 $f(x)=\frac{1}{2x-9}+1$ 在 $[1,4]$，$[5,+\infty)$ 上均是减函数，可得 $a_5>a_6>a_7>\cdots>1>a_1>a_2>a_3>a_4$，所以数列 $\{a_n\}$ 中的最大项是 $a_5=2$，最小项是 $a_4=0$.

(2) 解法 1　可得 $2a_n=\frac{1}{n-\left(1-\frac{a}{2}\right)}+2(n\in\mathbf{N}^*)$，作出曲线 $y=\frac{1}{x-\left(1-\frac{a}{2}\right)}+2$ 的图像后，可得题设等价于 $5<1-\frac{a}{2}<6$，所以可求得 a 的取值范围是 $(-10,-8)$.

解法 2　可得 $a_n=\frac{1}{2n+a-2}+1(n\in\mathbf{N}^*)$. 设 $b_n=\frac{1}{2n+a-2}(n\in\mathbf{N}^*)$，得题设即 $b_n\leqslant b_6(n\in\mathbf{N}^*)$ 恒成立，也即 $\frac{1}{2n+a-2}\leqslant\frac{1}{a+10}(n\in\mathbf{N}^*)$ 恒成立，还即 $\frac{n-6}{(a+10)(2n+a-2)}\geqslant 0(n\neq 6,n\in\mathbf{N}^*)$ 恒成立.

当 $n\geqslant 7,n\in\mathbf{N}^*$ 时，即 $(a+10)(2n+a-2)\geqslant 0$ 恒成立，即 $\begin{cases}a+10>0\\2\cdot 7+a-2\geqslant 0\end{cases}$，也即 $a>-10$.

当 $n=1,2,3,4,5$ 时，题设即 $(a+10)(2n+a-2)<0$ 恒成立，即 $2n+a-2<0$ 恒成立(因为 $a>-10$)，也即 $2\cdot 5+a-2<0,a<-8$.

综上所述，可得所求 a 的取值范围是 $(-10,-8)$.

53. 已知有穷数列 $a_1,a_2,a_3,\cdots,a_k(k\in\mathbf{N}^*,k\geqslant 3)$ 的各项均为正数，且满足条件：

①$a_1=a_k$；②$a_n+\frac{2}{a_n}=2a_{n+1}+\frac{1}{a_{n+1}}(n=1,2,3,\cdots,k-1)$.

(1) 若 $k=3,a_1=2$，请求出这个数列；

(2) 若 $k=4$，请求出 a_1 的取值范围.

解　可得条件 ② 即

$$\left(a_{n+1}-\frac{1}{2}a_n\right)\left(a_{n+1}-\frac{1}{a_n}\right)=0\quad(n=1,2,3,\cdots,k-1)$$

得 $a_{n+1}=\frac{1}{2}a_n$ 或 $a_{n+1}=\frac{1}{a_n}(n=1,2,3,\cdots,k-1)$.

(1) 由 $a_1=2$,可得 $a_2=1$ 或 $\frac{1}{2}$.

由条件 ① 可得 $a_3=2$,因而 $a_2=4$ 或 $\frac{1}{2}$.

所以 $a_2=\frac{1}{2}$.因而这个数列是 $2,\frac{1}{2},2$.

(2) 可列出表 2:

表 2

a_1	a_2	a_3	a_4	由 $a_4=a_1(a_1>0)$ 求 a_1 的值
a_1	$\frac{a_1}{2}$	$\frac{a_1}{4}$	$\frac{a_1}{8}$	不存在
			$\frac{4}{a_1}$	$a_1=2$
		$\frac{2}{a_1}$	$\frac{1}{a_1}$	$a_1=1$
			$\frac{a_1}{2}$	不存在
	$\frac{1}{a_1}$	$\frac{1}{2a_1}$	$\frac{1}{4a_1}$	$a_1=\frac{1}{2}$
			$2a_1$	不存在
		a_1	$\frac{a_1}{2}$	不存在
			$\frac{1}{a_1}$	$a_1=1$

从而可得 a_1 的取值范围是 $\left\{\frac{1}{2},1,2\right\}$.(注:还可得满足题意的数列有且只有四个:$\frac{1}{2},2,1,\frac{1}{2}$;$1,1,1,1$;$1,\frac{1}{2},2,1$;$2,1,\frac{1}{2},2$.)

54. 已知数列 $\{a_n\}$ 是无穷数列,$a_1=a$,$a_2=ba$(b 是正整数),满足

$$a_{n+1}=\begin{cases}\frac{a_n}{a_{n-1}}, & \frac{a_n}{a_{n-1}}>1\\ \frac{a_{n-1}}{a_n}, & \frac{a_n}{a_{n-1}}\leqslant 1\end{cases}$$

(1) 若 $a_1=2$,$a_2=1$,写出 a_4,a_5 的值;

(2) 已知数列 $\{a_n\}$ 中 $a_k=1(k\in\mathbf{N}^*)$,求证:数列 $\{a_n\}$ 中有无穷项为 1;

(3) 已知数列 $\{a_n\}$ 中任何一项都不等于 1,记 $b_n=\max\{a_{2n-1},a_{2n}\}(n=1,2,3,\cdots$;$\max\{m,n\}$ 为 m,n 较大者).求证:数列 $\{b_n\}$ 是单调递减数列.

解　(1)$a_4=2$,$a_5=1$.

(2) 假设 $a_{k+1}=m$.

① 当 $m=1$ 时,依题意有 $a_{k+2}=a_{k+3}=\cdots=1$;

② 当 $m>1$ 时，依题意有 $a_{k+2}=m, a_{k+3}=1$；

③ 当 $m<1$ 时，依题意有 $a_{k+2}=\dfrac{1}{m}, a_{k+3}=\dfrac{1}{m^2}, a_{k+4}=\dfrac{1}{m}, a_{k+5}=\dfrac{1}{m}, a_{k+6}=1$.

由以上过程可知：若 $a_k=1(k\in\mathbf{N}^*)$，在无穷数列 $\{a_n\}$ 中，第 k 项后总存在数值为 1 的项，以此类推，数列 $\{a_n\}$ 中有无穷项为 1.

(3) 由条件可知 $a_n>1(n=1,2,3,\cdots)$.

因为 $\{a_n\}$ 中任何一项不等于 1，所以 $a_n\neq a_{n+1}(n=1,2,3,\cdots)$.

① 若 $a_{2n-1}>a_{2n}$，则 $b_n=a_{2n-1}$.

因为 $a_{2n+1}=\dfrac{a_{2n-1}}{a_{2n}}$，所以 $a_{2n-1}>a_{2n+1}$.

若 $\dfrac{a_{2n-1}}{a_{2n}^2}>1$，则 $a_{2n+2}=\dfrac{a_{2n-1}}{a_{2n}^2}<a_{2n-1}$，于是 $a_{2n-1}>a_{2n+2}$；

若 $\dfrac{a_{2n-1}}{a_{2n}^2}<1$，则 $a_{2n+2}=\dfrac{a_{2n}}{\dfrac{a_{2n-1}}{a_{2n}}}=\dfrac{a_{2n}^2}{a_{2n-1}}=\dfrac{a_{2n}}{a_{2n-1}}\cdot a_{2n}<a_{2n}<a_{2n-1}$，于是 $a_{2n-1}>a_{2n+2}$；

若 $\dfrac{a_{2n-1}}{a_{2n}^2}=1$，则 $a_{2n+2}=1$，与题意不符；

所以 $a_{2n-1}>\max\{a_{2n+1}, a_{2n+2}\}$，即 $b_n>b_{n+1}$.

② 若 $a_{2n-1}<a_{2n}$，则 $b_n=a_{2n}$.

因为 $a_{2n+1}=\dfrac{a_{2n}}{a_{2n-1}}$，所以 $a_{2n}>a_{2n+1}$；

因为 $a_{2n+2}=\dfrac{a_{2n}}{a_{2n+1}}$，所以 $a_{2n}>a_{2n+2}$；

所以 $a_{2n}>\max\{a_{2n+1}, a_{2n+2}\}$，即 $b_n>b_{n+1}$.

综上所述，对于一切正整数 n，总有 $b_n>b_{n+1}$，所以数列 $\{b_n\}$ 是单调递减数列.

55. (2018年北京市丰台高三一模) 已知无穷数列 $\{a_n\}(a_n\in\mathbf{Z})$ 的前 n 项和为 S_n，记 $S_1, S_2, \cdots, S_n$ 中奇数的个数为 b_n.

(1) 若 $a_n=n$，请写出数列 $\{b_n\}$ 的前 5 项；

(2) 求证："a_1 为奇数，$a_i(i=2,3,4,\cdots)$ 为偶数"是"数列 $\{b_n\}$ 是单调递增数列"的充分不必要条件；

(3) 若 $a_i=b_i, i=1,2,3,\cdots$，求数列 $\{a_n\}$ 的通项公式.

解 (1) $b_1=1, b_2=2, b_3=2, b_4=2, b_5=3$.

(2) 充分性.

因为 a_1 为奇数，$a_i(i=2,3,4,\cdots)$ 为偶数，所以，对于任意 $i\in\mathbf{N}^*$，S_i 都为奇数. 得 $b_n=n$，所以数列 $\{b_n\}$ 是单调递增数列.

不必要性.

当数列$\{a_n\}$中只有a_2是奇数,其余项都是偶数时,S_1为偶数,$S_i(i=2,3,4,\cdots)$均为奇数,所以$b_n=n-1$,数列$\{b_n\}$是单调递增数列.

所以"a_1为奇数,$a_i(i=2,3,4,\cdots)$为偶数"不是"数列$\{b_n\}$是单调递增数列"的必要条件.

综上所述可得:"a_1为奇数,$a_i(i=2,3,4,\cdots)$为偶数"是"数列$\{b_n\}$是单调递增数列"的充分不必要条件.

(3) 解法1 (i) 当a_k为奇数时.

如果S_k为偶数:

若a_{k+1}为奇数,则S_{k+1}为奇数,所以$b_{k+1}=b_k+1=a_k+1$为偶数,与$a_{k+1}=b_{k+1}$矛盾;

若a_{k+1}为偶数,则S_{k+1}为偶数,所以$b_{k+1}=b_k=a_k$为奇数,与$a_{k+1}=b_{k+1}$矛盾.

所以当a_k为奇数时,S_k不能为偶数.

(ii) 当a_k为偶数时.

如果S_k为奇数:

若a_{k+1}为奇数,则S_{k+1}为偶数,所以$b_{k+1}=b_k=a_k$为偶数,与$a_{k+1}=b_{k+1}$矛盾;

若a_{k+1}为偶数,则S_{k+1}为奇数,所以$b_{k+1}=b_k+1=a_k+1$为奇数,与$a_{k+1}=b_{k+1}$矛盾.

所以当a_k为偶数时,S_k不能为奇数.

综上所述,可得a_k与S_k同奇偶,所以S_n-a_n为偶数.

因为$S_n=S_{n+1}-a_{n+1}$为偶数,所以a_n为偶数.

因为$a_1=b_1=S_1$为偶数,且$0\leqslant b_1\leqslant 1$,所以$b_1=a_1=0$.

因为$a_2=b_2\leqslant b_1+1=1$,且$b_2\geqslant 0$,所以$b_2=a_2=0$.

以此类推,可得$a_n=0$.

解法2 题设即"$a_1,a_1+a_2,a_1+a_2+a_3,\cdots,a_1+a_2+a_3+\cdots+a_n$中奇数的个数是$a_n$".

令$n=1$,由"a_1中奇数的个数是a_1",可得$a_1=0$或1.

若$a_1=1$,令$n=2$,可得"$1,1+a_2$中奇数的个数是a_2"(注意到1是奇数),所以"$1,1+a_2$中奇数的个数是1或2",即$a_2=1$或2.

(i) 若$a_2=1$,令$n=3$,可得"$1,2,2+a_3$中奇数的个数是a_3"(注意到1是奇数),所以"$1,2,2+a_3$中奇数的个数是1或2",即$a_3=1$或2.

当$a_3=1$时,"$1,2,2+a_3$中奇数的个数是2",得$a_3=2$,前后矛盾!

当$a_3=2$时,"$1,2,2+a_3$中奇数的个数是1",得$a_3=1$,前后矛盾!

(ii) 若 $a_2=2$，令 $n=3$，可得"1,3,3 + a_3 中奇数的个数是 a_3"(注意到 1,3 均是奇数)，所以"1,3,3 + a_3 中奇数的个数是 2 或 3"，即 $a_3=2$ 或 3.

当 $a_3=2$ 时，"1,3,3 + a_3 中奇数的个数是 3"，得 $a_3=3$，前后矛盾！

当 $a_3=3$ 时，"1,3,3 + a_3 中奇数的个数是 2"，得 $a_3=2$，前后矛盾！

综上所述，可得 $a_1\neq 1$，因而 $a_1=0$.

接下来，用数学归纳法可证得 $a_n=0(n\in\mathbf{N}^*)$，得数列 $\{a_n\}$ 的通项公式是 $a_n=0$.

56. (1) 设 $a_1a_2a_3\neq 0$，若 $(a_1+a_2+\cdots+a_n)^2=a_1^3+a_2^3+\cdots+a_n^3$ 对 $n=1,2,3$ 恒成立，求出所有这样的数列 a_1,a_2,a_3；

(2) 是否存在各项均不为 0 的无穷数列 $\{a_n\}$ 满足 $(a_1+a_2+\cdots+a_n)^2=a_1^3+a_2^3+\cdots+a_n^3$ 对 $n\in\mathbf{N}^*$ 恒成立且 $a_{2\,013}=-2\,012$？若存在，请求出几个；若不存在，请说明理由.

解 (1) 通过解方程可得全部答案有三个：1,2,3,…；1,2,−2,…；1,−1,1,….

(2) 令 $S_n=a_1+a_2+\cdots+a_n$，可得 $S_n^2=a_1^3+a_2^3+\cdots+a_n^3$，所以 $(S_n+a_{n+1})^2=a_1^3+a_2^3+\cdots+a_n^3+a_{n+1}^3$.

把后两式相减，得 $2S_n=a_{n+1}^2-a_{n+1}$.

所以 $2S_{n+1}=a_{n+2}^2-a_{n+2}$. 把这两式相减，可得

$$(a_{n+1}+a_{n+2})(a_{n+2}-a_{n+1}-1)=0\quad(n\in\mathbf{N}^*)$$

又因为可求得 $a_1=1$，所以可得以下答案均满足题设：

$$①a_n=\begin{cases}n,1\leqslant n\leqslant 2\,012\\2\,012(-1)^n,n\geqslant 2\,013\end{cases};②a_n=\begin{cases}n,1\leqslant n\leqslant 2\,012\\1-n,n\geqslant 2\,013\end{cases};$$

$$③a_n=\begin{cases}(-1)^n,1\leqslant n\leqslant 2\,012\\2\,012(-1)^n,n\geqslant 2\,013\end{cases};④a_n=\begin{cases}(-1)^n,1\leqslant n\leqslant 2\,012\\-2\,012,n=2\,013\\2\,012,n=2\,014\\n-2,n\geqslant 2\,015\end{cases};$$

$$⑤a_n=\begin{cases}n,1\leqslant n\leqslant 2\,012\\-2\,012,n=2\,013,2\,015\\2\,012,n=2\,014\\n-4,n\geqslant 2\,016\end{cases};⑥a_n=\begin{cases}n,1\leqslant n\leqslant 2\,012\\n-4\,025,2\,013\leqslant n\leqslant 4\,024\\n-4\,024,n\geqslant 4\,025\end{cases};$$

$$⑦a_n=\begin{cases}(-1)^n,1\leqslant n\leqslant 2\,012\\n-4\,025,2\,013\leqslant n\leqslant 4\,024.\\n-4\,024,n\geqslant 4\,025\end{cases}$$

57. (2006 年北京大学自主招生保送生测试数学试题第 4 题) 设无穷数列 $\{a_n\}$ 定义如下：$a_1=1,a_2=a_3=2,a_4=a_5=a_6=3,\cdots$.

(1) 给定正整数 n,求使 $a_i=n$ 的 i 的取值范围；

(2) 令 $b_m=\sum_{i=1}^{2m^2}a_i$,求 $\lim_{m\to\infty}\frac{b_m}{m^3}$.

解　(1) 可得

$$1+2+3+\cdots+(n-1)+1\leqslant i\leqslant 1+2+3+\cdots+(n-1)+n$$

$$\frac{n(n-1)}{2}+1\leqslant i\leqslant\frac{n(n+1)}{2}$$

所以所求 i 的取值范围是

$$\left\{\frac{n(n-1)}{2}+1,\frac{n(n-1)}{2}+2,\frac{n(n-1)}{2}+3,\cdots,\frac{n(n+1)}{2}\right\}$$

(2) 可得

$$a_1+a_2+a_3+\cdots+a_{\frac{n(n+1)}{2}}=1^2+2^2+3^2+\cdots+n^2=\frac{1}{6}n(n+1)(2n+1)$$

取 $n=2m-1$,得

$$a_1+a_2+a_3+\cdots+a_{2m^2-m}=\frac{1}{3}m(2m-1)(4m-1)$$

由 $n=2m-1$,可得 $1+2+3+\cdots+n+(n+1)=2m^2-m+(n+1)$,所以

$$a_{2m^2-m+1}=a_{2m^2-m+2}=a_{2m^2-m+3}=\cdots=a_{2m^2-m+n+1}=n+1$$

由此,可得

$$b_m=\sum_{i=1}^{2m^2}a_i=\frac{1}{3}m(2m-1)(4m-1)+m(n+1)$$

$$=\frac{8}{3}m\left(m-\frac{1}{2}\right)\left(m-\frac{1}{4}\right)+2m^2$$

$$\lim_{m\to\infty}\frac{b_m}{m^3}=\frac{8}{3}$$

58. (2005 年上海交通大学自主招生暨冬令营数学试题第二题第 5 题) 对于数列 $\{a_n\}$: 1,3,3,3,5,5,5,5,5,…,即正奇数 k 有 k 个,是否存在整数 r,s,t,使得对于任意正整数 n 都有 $a_n=r[\sqrt{n+s}]+t$ 恒成立. (其中 $[x]$ 表示不超过 x 的最大整数)

解　可证 $a_n=2[\sqrt{n-1}]+1$:

当 $m^2+1\leqslant n<(m+1)^2+1(m\in\mathbf{N},n\in\mathbf{N}^*)$ 时,$a_n=2m+1$. 且此时 $\sqrt{n-1}-1<m\leqslant\sqrt{n-1}$,所以 $m=\sqrt{n-1}$. 证毕.

59. (2017 年拉丁美洲数学奥林匹克第 1 题) 对每个正整数 n,设 $S(n)$ 为 n 的各个数位上的数字之和. 若无穷序列 $n,S(n),S(S(n)),\cdots$ 的各项均为偶数,则称 n 具有性质 P;若无穷序列 $n,S(n),S(S(n)),\cdots$ 的各项均为奇数,则称 n

具有性质 I. 证明:在 $1,2,3,\cdots,2\ 017$ 中,具有性质 I 的正整数多于具有性质 P 的正整数.

解 当正整数 n 取 $1,2,3,\cdots$,或 $2\ 017$ 时,可得 $S(n)$ 取 $1,2,3,\cdots$,或 28,进而可得:

若 n 具有性质 P,则 $S(n)$ 和 $S(S(n))$ 均为偶数,因而 $S(n)=2,4,6,8,20,22,24$,或 26,此时必有 $S(n+1)=S(n)+1=3,5,7,9,21,23,25$,或 27,再得 $S(S(n+1))=3,5,7,9$,所以 $n+1$ 必具有性质 I.

又因为 1 具有性质 I 不具有性质 P,所以欲证结论成立.

60.(2016 年第七届世界数学团体锦标赛青年组试题团体赛第 15 题)已知 $a_n=\left[\dfrac{2n+3}{5}\right](n\in\mathbf{N}^*)$(其中 $[x]$ 表示不超过实数 x 的最大整数),求数列 $\{a_n\}$ 的前 2 017 项和.

解 可得 $a_{n+5}=a_n+2(n\in\mathbf{N}^*)$. 设

$$b_k=a_{5k-2}+a_{5k-1}+a_{5k}+a_{5k+1}+a_{5k+2}\quad(k\in\mathbf{N}^*)$$

可得 $b_{k+1}=b_k+10(k\in\mathbf{N}^*)$,即 $\{b_k\}$ 是首项为

$$b_1=a_3+a_4+a_5+a_6+a_7=1+2+2+3+3=11$$

且公差为 10 的等差数列,所以数列 $\{a_n\}$ 的前 2 017 项和为

$$(a_1+a_2)+(a_3+a_4+a_5+a_6+a_7)+(a_8+a_9+a_{10}+a_{11}+a_{12})+\cdots+(a_{2\,013}+a_{2\,014}+a_{2\,015}+a_{2\,016}+a_{2\,017})$$

$$=(a_1+a_2)+b_1+b_2+\cdots+b_{403}$$

$$(1+1)+403\cdot 11+\frac{403\cdot 402}{2}\cdot 10=814\ 465$$

61.(2007 年江苏省高中数学联赛初赛第 15 题)已知数列 $\{a_n\}$ 中,$a_1=1$,$a_{n+3}\leqslant a_n+3$,$a_{n+2}\geqslant a_n+2$. 求 $a_{2\,007}$.

解 由 $a_1=1$,$a_{n+2}\geqslant a_n+2$,可得

$$a_{2\,007}\geqslant a_{2\,005}+2\geqslant a_{2\,003}+2\cdot 2\geqslant\cdots\geqslant a_1+2\cdot 1\ 003=2\ 007$$

由题设,可得 $a_{n+3}\leqslant a_n+3\leqslant(a_{n+2}-2)+3=a_{n+2}+1$,所以

$$a_{2\,007}\leqslant a_{2\,006}+1\leqslant a_{2\,005}+1\cdot 2\leqslant a_{2\,002}+3+1\cdot 2\leqslant a_{1\,999}+3\cdot 2+1\cdot 2$$
$$\leqslant a_{1\,996}+3\cdot 3+1\cdot 2\leqslant\cdots\leqslant a_1+3\cdot 668+1\cdot 2=2\ 007$$

所以 $a_{2\,007}=2\ 007$.

2.2 等差数列

1. 在等差数列 $\{a_n\}$ 中,若 $a_2+a_{12}=32$,则 $2a_3+a_{15}=$(　　).

A. 24　　B. 48　　C. 96　　D. 无法确定

解　B. 可得 $a_2 + a_{12} = 2a_7 = 32, a_7 = 16$，所以 $2a_3 + a_{15} = 3a_7 = 48$.

2. 在等差数列 $\{a_n\}$ 中，若 $a_4 + a_6 + a_8 + a_{10} + a_{12} = 120$，则 $a_9 - \frac{1}{3}a_{11} =$ (　　).

A. 14　　B. 15　　C. 16　　D. 17

解　C. 题设即 $5a_8 = 120, a_8 = 24$. 再由 $3a_9 = 2a_8 + a_{11}$，所以

$$a_9 - \frac{1}{3}a_{11} = \frac{3a_9 - a_{11}}{3} = \frac{2}{3}a_8 = 16$$

3. (2016 年北京市房山高三二模) 若等差数列 $\{a_n\}$ 满足 $a_n \in \mathbf{N}^*$，且前 10 项和 $S_{10} = 290$，则 a_9 的最大值为(　　).

A. 29　　B. 49　　C. 50　　D. 58

解　C. 设等差数列 $\{a_n\}$ 的公差为 d. 由 $a_n \in \mathbf{N}^*$，可得 $d \in \mathbf{N}$.

由 $S_{10} = 290$，可得 $10a_1 + 45d = 290, 2a_1 = 58 - 9d$.

再由 $a_1 \in \mathbf{N}^*$，可得 $d \leqslant 6, d \in \mathbf{N}$.

所以 $2a_9 = 2a_1 + 16d = (58 - 9d) + 16d = 58 + 7d$，进而可得当且仅当 $d = 6$(此时 $a_1 = 2$) 时，a_9 取到最大值，且最大值为 50.

4. 已知数列 $\{a_n\}$ 的前 n 项和 $S_n = 2n^2 + 3n (n \in \mathbf{N}^*)$. 若 $p - q = 5$，则 $a_p - a_q =$ (　　).

A. 10　　B. 15　　C. -5　　D. 20

解　D. 可先求得 $a_n = 4n + 1$，所以 $\frac{a_p - a_q}{p - q} = 4$，进而可得答案.

5. (2018 年北京市东城高三一模) 若 $\{a_n\}$ 是公差为 d 的等差数列，S_n 为其前 n 项和，则“$d > 0$”是“$\{S_n\}$ 为递增数列”的(　　).

A. 充分不必要条件　　B. 必要不充分条件

C. 充要条件　　D. 既不充分也不必要条件

解　D. 可得 $\{S_n\}$ 为递增数列 $\Leftrightarrow S_{n+1} > S_n (n \in \mathbf{N}^*) \Leftrightarrow a_{n+1} > 0 (n \in \mathbf{N}^*) \Leftrightarrow a_1 + nd > 0 (n \in \mathbf{N}^*)$.

当 $d > 0$ 时，不能推出 $a_n + nd > 0 (n \in \mathbf{N}^*)$(反例：$a_1 = -1, d = 1$).

当 $a_1 + nd > 0 (n \in \mathbf{N}^*)$ 时，不能推出 $d > 0$(反例：$a_1 = 1, d = 0$).

所以选 D.

6. (2018 年北京市海淀高三一模) 已知 S_n 是等差数列 $\{a_n\}$ 的前 n 项和，则“$\exists n \geqslant 2, S_n < na_n$”是“数列 $\{a_n\}$ 为递增数列”的(　　).

A. 充分不必要条件　　B. 必要不充分条件

C. 充要条件　　D. 既不充分也不必要条件

解　C. $\exists n \geqslant 2, S_n < na_n \Leftrightarrow \exists n \geqslant 2, \frac{n}{2}(a_1 + a_n) < na_n \Leftrightarrow \exists n \geqslant 2, a_1 <$

$a_n \Leftrightarrow$ 等差数列$\{a_n\}$的公差是正数$\Leftrightarrow$等差数列$\{a_n\}$为递增数列.

7.(2018年北京市朝阳高三二模)若三个非零且不全相等的实数x_1,x_2,x_3成等差数列且满足$\frac{1}{x_1}+\frac{1}{x_2}=\frac{2}{x_3}$,则称$x_1,x_2,x_3$成一个"$\beta$等差数列".已知集合$M=\{x\mid |x|\leqslant 100, x\in \mathbf{Z}\}$,则由$M$中的三个元素组成的所有数列中,"$\beta$等差数列"的个数为(　　).

A. 25　　　　B. 50　　　　C. 51　　　　D. 100

解　B. 由题设,可得$x_1+x_3=2x_2$,$x_3=2x_2-x_1$.

再由$\frac{1}{x_1}+\frac{1}{x_2}=\frac{2}{x_3}$,可得

$$\frac{1}{x_1}+\frac{1}{x_2}=\frac{2}{2x_2-x_1}$$

$$\frac{x_1+x_2}{x_1x_2}=\frac{2}{2x_2-x_1}$$

$$(x_1+x_2)(2x_2-x_1)=2x_1x_2$$

$$x_1^2+x_1x_2-2x_2^2=0$$

$$(x_1-x_2)(x_1+2x_2)=0$$

由题设"x_1,x_2,x_3非零且不全相等"可得$x_1\neq x_2$,所以$x_1=-2x_2$.再由$x_3=2x_2-x_1$,可得$x_3=4x_2$.因而,"三个非零且不全相等的实数x_1,x_2,x_3"即$(x_1,x_2,x_3)=(-2x_2,x_2,4x_2)(x_2\neq 0)$.

再由$x_1,x_2,x_3\in M$,$M=\{x\mid |x|\leqslant 100, x\in \mathbf{Z}\}$,可得$0<|x_2|\leqslant 25$,$x_2\in \mathbf{Z}$,进而可得答案.

8.已知S_n是等差数列$\{a_n\}(n\in \mathbf{N}^*)$的前$n$项和,且$S_5>S_6>S_4$,有以下四个命题:

① 数列$\{a_n\}$中前n项和的最大项为S_{10};

② 数列$\{a_n\}$的公差是负数;

③$S_{10}>0$;

④$S_{11}<0$.

其中是真命题的序号是(　　).

A. ②③　　　　B. ②③④　　　　C. ②④　　　　D. ①③④

解　B. 由$S_5>S_6$,可得$a_6=S_6-S_5<0$;由$S_6>S_4$,可得$a_5+a_6=S_6-S_4>0$.

所以$a_5>-a_6>0$,等差数列$\{a_n\}$的公差$d=a_6-a_5<0$,得②是真命题.

因而数列$\{a_n\}$中的最大项为a_1.若数列$\{a_n\}$中前n项和的最大项为S_{10},则

$$a_1=S_{10}=10a_1+45d$$

$$a_6=a_1+5d=0$$

这与 $a_6<0$ 矛盾！所以 ① 是假命题.

还可得 $S_{10}=\frac{10}{2}(a_1+a_{10})=5(a_5+a_6)>0$，得 ③ 是真命题.

还可得 $S_{11}=\frac{11}{2}(a_1+a_{11})=11a_6<0$，得 ④ 也是真命题.

9. 设数列 $\{a_n\}$ 的前 n 项和为 S_n，若 $\frac{S_n}{S_{2n}}$ 为常数，则称数列 $\{a_n\}$ 为"吉祥数列". 已知等差数列 $\{a_n\}$ 的首项为 1，公差不为 0，则数列 $\{b_n\}$ 的通项公式为（　　）.

A. $b_n=n-1$　　B. $b_n=2n-1$　　C. $b_n=n+1$　　D. $b_n=2n+1$

解　解法 1　B. 设等差数列 $\{a_n\}$ 的公差为 $d(d\neq 0)$，$\frac{S_n}{S_{2n}}=k$（k 为常数），可得

$$n+\frac{1}{2}n(n-1)d=k[2n+n(2n-1)d]$$

$$(4k-1)dn=(2k-1)(d-2)\quad (n\in \mathbf{N}^*)$$

由该式恒成立，可得 $k=\frac{1}{4}$，$d=2$，所以 $b_n=2n-1$.

解法 2　B. 结合解法 1 用特殊与一般思想可简洁求解.

解法 3　B. 对各选项逐一验证即可.

10.（2015 年北京市西城高三二模）数列 $\{a_n\}$ 为等差数列，满足 $a_2+a_4+\cdots+a_{20}=10$，则数列 $\{a_n\}$ 前 21 项的和等于（　　）.

A. $\frac{21}{2}$　　B. 21　　C. 42　　D. 84

解　解法 1　B. 由等差数列的前 n 项和公式及题设，可得 $10=a_2+a_4+\cdots+a_{20}=\frac{10}{2}(a_2+a_{20})$，$2=a_2+a_{20}=a_1+a_{21}$，所以数列 $\{a_n\}$ 前 21 项的和为 $S_{21}=\frac{21}{2}(a_1+a_{21})=21$.

解法 2　B.（排除法）若常数列 $\{a_n\}$ 满足题设，可得 $a_n=1$，所以数列 $\{a_n\}$ 前 21 项的和为 21. 由此可排除选项 A，C，D，进而可得答案.

11. 在等差数列 $\{a_n\}$ 中，$a_1=29$，$S_{10}=S_{20}$，则数列 $\{a_n\}$ 的前 n 项和 S_n 中最大的为（　　）.

A. S_{15}　　B. S_{16}　　C. S_{15} 和 S_{16}　　D. S_{17}

解　解法 1　A. 设等差数列 $\{a_n\}$ 的公差为 d，可得

$$\begin{cases}a_1=29\\ 10a_1+\frac{10\cdot 9}{2}d=20a_1+\frac{20\cdot 19}{2}d\end{cases}$$

解得$\begin{cases}a_1=29\\d=-2\end{cases}$,进而可得 $S_n=225-(n-15)^2$,因而可得答案.

解法 2 A. 可设 $S_n=an^2+bn$(a,b 是常数),再设 $f(x)=ax^2+bx(x\in\mathbf{R})$,可得 $f(0)=0,f(1)=29,f(10)=f(20)$,所以曲线 $y=f(x)$ 只可能是开口向下的抛物线且其对称轴是 $x=\frac{10+20}{2}=15$,从而可得答案.

12.(2015 年北京市石景山高三一模)在等差数列$\{a_n\}$中,$a_m=\frac{1}{k}$,$a_k=\frac{1}{m}(m\neq k)$,则该数列的前 mk 项和为(   ).

A. $\frac{mk}{2}-1$　　B. $\frac{mk}{2}$　　C. $\frac{mk+1}{2}$　　D. $\frac{mk}{2}+1$

解 C. 可得等差数列$\{a_n\}$的公差 $d=\frac{a_m-a_k}{m-k}=\frac{1}{mk}$. 再由 $a_m=a_1+(m-1)d$,可求得 $a_1=\frac{1}{mk}$.

因而数列$\{a_n\}$的前 mk 项和为 $mka_1+\frac{mk(mk-1)}{2}d=\frac{mk+1}{2}$.

13. 若等差数列$\{a_n\}$的前 6 项和 $S_6=-3,a_3=-2$,则数列$\{a_n+n\}$的前 4 项和为(   ).

A. -4　　B. -1　　C. 5　　D. 6

解 A. 设等差数列$\{a_n\}$的公差为 d,可得$\begin{cases}S_6=6a_1+\frac{6\cdot 5}{2}d=-3\\a_3=a_1+2d=-2\end{cases}$,解得$\begin{cases}a_1=-8\\d=3\end{cases}$.

所以 $a_1=-8,a_2=-5,a_3=-2,a_4=1$,从而可得答案.

14. 若等差数列$\{a_n\}$单调递增且满足 $a_1+a_{10}=4$,则 a_8 的取值范围是(   ).

A. $(2,4)$　　B. $(-\infty,2)$　　C. $(2,+\infty)$　　D. $(4,+\infty)$

解 C. 可设等差数列的公差为正数 d,又 $4=a_1+a_{10}=2a_1+9d$,所以 $a_1=2-\frac{9}{2}d$,得 $a_8=a_1+7d=2+\frac{5}{2}d>2$,即 a_8 的取值范围是$(2,+\infty)$.

15. 在等差数列$\{a_n\}$中,$a_1=-2\ 012$,其前 n 项和为 S_n. 若 $\frac{S_{2\,012}}{2\,012}-\frac{S_{10}}{10}=2\ 002$,则 $S_{2\,014}=$(   ).

A. 2 011　　B. $-2\ 012$　　C. 2 014　　D. $-2\ 013$

解 C.设等差数列$\{a_n\}$的公差为d,得$\frac{S_n}{n}=a_1+\frac{d}{2}(n-1)$,即数列$\left\{\frac{S_n}{n}\right\}$是首项为$a_1=-2\,012$,公差为$\frac{d}{2}$的等差数列.再由$\frac{S_{2\,012}}{2\,012}-\frac{S_{10}}{10}=2\,002$,可得$(2\,012-10)\cdot\frac{d}{2}=2\,002,d=2$.进而可得$S_{2\,014}=2\,014$.

16.已知函数$f(x)=2x+1,x\in\mathbf{N}^*$.若$\exists x_0,n\in\mathbf{N}^*$,使$f(x_0)+f(x_0+1)+\cdots+f(x_0+n)=63$成立,则称$(x_0,n)$为函数$f(x)$的一个"生成点".函数$f(x)$的"生成点"共有(　　).

A. 1个　　B. 2个　　C. 3个　　D. 4个

解 B.可得

$$(2x_0+1)+[2(x_0+1)+1]+[2(x_0+2)+1]+\cdots+[2(x_0+n)+1]=63$$

$$2\left[(n+1)x_0+\frac{n(n+1)}{2}\right]+(n+1)=63$$

$$(n+1)(2x_0+n+1)=3^2\cdot 7\quad(x_0,n\in\mathbf{N}^*)$$

得$n+1=3$或7,进而可得$(x_0,n)=(9,2)$或$(1,6)$,所以选B.

17.已知各项都是正数的数列$\{a_n\}$满足$a_{n+1}-a_n=2n(n\in\mathbf{N}^*)$,若当且仅当$n=4$时,$\frac{a_n}{n}$取得最小值,则$a_1$的取值范围是(　　).

A. $(0,12)$　　B. $(12,20)$　　C. $\{12\}$　　D. $\{20\}$

解 B.由题设,可得

$$\begin{aligned}a_n&=a_1+(a_2-a_1)+(a_3-a_2)+\cdots+(a_n-a_{n-1})\\&=a_1+2[1+2+3+\cdots+(n-1)]=a_1+n(n-1)\end{aligned}$$

所以$\frac{a_n}{n}=n+\frac{a_1}{n}-1(n\in\mathbf{N}^*)$.

设$b_n=\frac{a_n}{n}=n+\frac{a_1}{n}-1(n\in\mathbf{N}^*)$,由题设可得$\begin{cases}b_4<b_3\\b_4<b_5\end{cases}$,即$12<a_1<20$.

当$12<a_1<20$时,可得函数$y=x+\frac{a_1}{x}-1(x>0)$在$(0,\sqrt{a_1})$,$(\sqrt{a_1},+\infty)$上分别是减函数、增函数.再由$3<\sqrt{a_1}<5$,可得

$$b_1>b_2>b_3>b_4,b_4<b_5<b_6<\cdots$$

所以当且仅当$n=4$时,$\frac{a_n}{n}$取得最小值.

综上所述,可得所求a_1的取值范围是$(12,20)$.

18.(2015年北京市海淀高三上学期期中考试试题)设等差数列$\{a_n\}$的前n项和为S_n.在同一个坐标系中,$a_n=f(n)$及$S_n=g(n)$的部分图像如图1所示,则(　　).

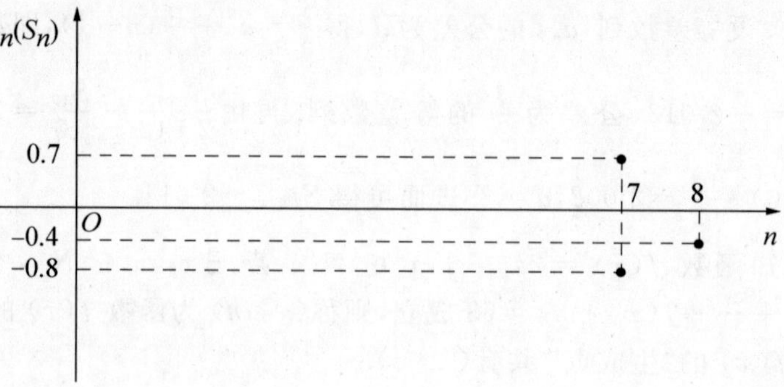

图 1

A. 当 $n=4$ 时,S_n 取得最大值　　B. 当 $n=3$ 时,S_n 取得最大值

C. 当 $n=4$ 时,S_n 取得最小值　　D. 当 $n=3$ 时,S_n 取得最小值

解　A. 设 $A(7,0.7)$,$B(7,-0.8)$,$C(8,-0.4)$. 因为点 A,B 不可能都在 $a_n=f(n)$ 的图像上,也不可能都在 $S_n=g(n)$ 的图像上,所以可分下面的四种情形讨论:

(1) 点 A,C 都在 $a_n=f(n)$ 的图像上,点 B 在 $S_n=g(n)$ 的图像上.

由前者可得 $\begin{cases}a_1+6d=0.7\\a_1+7d=-0.4\end{cases}$,解得 $\begin{cases}a_1=7.3\\d=-1.1\end{cases}$,所以 $S_7=7\times 7.3+\dfrac{7\times 6}{2}\times(-1.1)=28\neq -0.8$,得点 B 不在 $S_n=g(n)$ 的图像上,所以此时不满足题意.

(2) 点 A 在 $a_n=f(n)$ 的图像上,点 B,C 都在 $S_n=g(n)$ 的图像上.

由后者可得 $\begin{cases}7a_1+21d=-0.8\\8a_1+28d=-0.4\end{cases}$,解得 $\begin{cases}a_1=-0.5\\d=\dfrac{9}{70}\end{cases}$,所以 $a_7=-0.5+6\times\dfrac{9}{70}\neq 0.7$,得点 A 不在 $a_n=f(n)$ 的图像上,所以此时也不满足题意.

(3) 点 B,C 都在 $a_n=f(n)$ 的图像上,点 A 在 $S_n=g(n)$ 的图像上.

由前者可得 $\begin{cases}a_1+6d=-0.8\\a_1+7d=-0.4\end{cases}$,解得 $\begin{cases}a_1=-3.2\\d=0.4\end{cases}$,所以 $S_7=7\times(-3.2)+\dfrac{7\times 6}{2}\times 0.4=-14\neq 0.7$,得点 A 不在 $S_n=g(n)$ 的图像上,所以此时也不满足题意.

(4) 点 B 在 $a_n=f(n)$ 的图像上,点 A,C 都在 $S_n=g(n)$ 的图像上.

由后者可得 $\begin{cases}7a_1+21d=0.7\\8a_1+28d=-0.4\end{cases}$,解得 $\begin{cases}a_1=1\\d=-0.3\end{cases}$,所以 $a_n=1.3-0.3n$,$a_7=-0.8$,得点 B 在 $a_n=f(n)$ 的图像上,所以此时满足题意.

由 $a_n=1.3-0.3n$,可得 a_1,a_2,a_3,a_4 是正数,$a_m(m\geqslant 5,m\in\mathbf{N}^*)$ 是负数,

所以正确答案是 A.

19. 某企业为节能减排，用 9 万元购进一台新设备用于生产. 第一年需运营费用 2 万元，从第二年起，每年运营费用均比上一年增加 2 万元，该设备每年生产的收入均为 11 万元. 若该设备使用了 $n(n\in \mathbf{N}^*)$ 年后，年平均盈利额达到最大值(盈利额等于收入减去成本)，则 n 等于(　　).

A. 3　　　　B. 4　　　　C. 5　　　　D. 6

解　A. 可设该设备第 n 年的运营费用为 $2n$ 万元，所以该设备使用了 n 年的运营费用总和为 (n^2+n) 万元. 得 n 年的年平均盈利额为 $\dfrac{11n-(n^2+n)-9}{n}=10-\left(n+\dfrac{9}{n}\right)$，进而可得：当且仅当 $n=3$ 时，年平均盈利额达到最大值.

20. 设 S_n 为等差数列 $\{a_n\}$ 的前 n 项和. 若 $a_4<0, a_5>|a_4|$，则使 $S_n>0$ 成立的 n 的最小值是(　　).

A. 6　　　　B. 7　　　　C. 8　　　　D. 9

解　C. 可得 a_1, a_2, a_3, a_4 均是负数，$a_n>0(n\geqslant 5)$. 再由 $a_4<0, a_5>|a_4|$，得 $a_1+a_8=a_4+a_5>0, S_8>0$，再由 $a_n>0(n\geqslant 5)$ 知 $S_n>0(n\geqslant 8)$. 又由 a_1, a_2, a_3, a_4 均是负数，可得 $S_n<0(1\leqslant n\leqslant 7)$，所以选 C.

21. (台湾高考试题，不定项选择题) 设 $a_1=1$ 且 $a_1, a_2, a_3, \cdots$ 为等差数列. 请选出正确的选项.

(1) 若 $a_{100}>0$，则 $a_{1\,000}>0$　　　　(2) 若 $a_{100}<0$，则 $a_{1\,000}<0$

(3) 若 $a_{1\,000}>0$，则 $a_{100}>0$　　　　(4) 若 $a_{1\,000}<0$，则 $a_{100}<0$

(5) $a_{1\,000}-a_{10}=10(a_{100}-a_1)$

解　(2)(3)(5). 本题给出了一等差数列，且给出了首项，通过等差数列的通项公式可以排除或者选择出选项. 已知 $a_1=1$，若 $a_{100}>0$，不能确定数列 $\{a_n\}$ 是递增还是递减数列；若 $a_{100}<0$ 则可以判定数列 $\{a_n\}$ 为递减数列.

对于选项(1)，因为当公差 $d<0$ 时，可以找到这样的数列 $\{a_n\}$，满足 $a_1=1, a_{100}>0$，但 $a_{1\,000}<0$，因此选项(1) 错误.

对于选项(2)，因为 $a_{100}<0$，又因为 $a_1=1$，所以 $d<0$，可以确定数列 $\{a_n\}$ 为递减数列，所以有 $a_{1\,000}<a_{100}<0<a_1=1$，因此选项(2) 正确.

对于选项(3)，因为 $a_1=1, a_{1\,000}>0$ 不能判定数列 $\{a_n\}$ 为递增数列还是递减数列；若数列 $\{a_n\}$ 为递增数列，则 $a_{1\,000}>a_{100}>a_1=1$，显然 $a_{100}>0$；若数列 $\{a_n\}$ 为递减数列，则 $a_1>a_{100}>a_{1\,000}>0$，所以 $a_{100}>0$，因此选项(3) 正确.

对于选项(4)，因为 $a_1=1, a_{1\,000}<0$ 可以判定数列 $\{a_n\}$ 为递减数列，但不能判定 $a_{100}<0$，因此选项(4) 错误.

对于选项(5)，由等差数列的通项公式 $a_n=a_1+(n-1)d$，可得

$$a_{1\,000}-a_{10}=a_1+999d-a_1-9d=990d,10(a_{100}-a_1)=990d$$

所以 $a_{1\,000}-a_{10}=10(a_{100}-a_1)$，因此选项(5)正确.

22.(2019年台湾地区高考学科能力测验数学试题第7题，多选题)已知各项都是实数的等差数列 $\{a_n\}$ 的公差是正数 α，则(　　).

(1) 若 $b_n=-a_n(n\in\mathbf{N}^*)$，则 $b_1>b_2>b_3>\cdots$

(2) 若 $c_n=a_n^2(n\in\mathbf{N}^*)$，则 $c_1<c_2<c_3<\cdots$

(3) 若 $d_n=a_n+a_{n+1}(n\in\mathbf{N}^*)$，则 $\{d_n\}$ 是公差为 α 的等差数列

(4) 若 $e_n=a_n+n(n\in\mathbf{N}^*)$，则 $\{e_n\}$ 是公差为 $\alpha+1$ 的等差数列

(5) 若 $f_n(n\in\mathbf{N}^*)$ 为 $a_1,a_2,\cdots,a_n$ 的算术平均数，则 $\{f_n\}$ 是公差为 α 的等差数列

解　(1)(4).(1) 正确.由题设可得 $a_1<a_2<a_3<\cdots$，所以 $-a_1>-a_2>-a_3>\cdots$，即 $b_1>b_2>b_3>\cdots$.

(2) 错误.反例：$\{a_n\}$：$-1,0,1,2,3,\cdots$.

(3) 错误.由题设可得 $a_n=a_1+(n-1)\alpha(n\in\mathbf{N}^*)$，所以

$$\begin{aligned}d_n=a_n+a_{n+1}&=[a_1+(n-1)\alpha]+(a_1+n\alpha)\\&=(2a_1+\alpha)+(n-1)\cdot 2\alpha\quad(n\in\mathbf{N}^*)\end{aligned}$$

进而可得 $\{d_n\}$ 是公差为 2α 的等差数列.

(4) 正确.由题设可得 $a_n=a_1+(n-1)\alpha(n\in\mathbf{N}^*)$，所以

$$e_n=a_n+n=[a_1+(n-1)\alpha]+n=(a_1+1)+(n-1)(\alpha+1)\quad(n\in\mathbf{N}^*)$$

进而可得 $\{e_n\}$ 是公差为 $\alpha+1$ 的等差数列.

(5) 错误.由题设可得

$$f_n=\frac{a_1+a_2+\cdots+a_n}{n}=\frac{na_1+\dfrac{n(n-1)}{2}\alpha}{n}=a_1+(n-1)\cdot\frac{\alpha}{2}\quad(n\in\mathbf{N}^*)$$

进而可得 $\{f_n\}$ 是公差为 $\frac{\alpha}{2}$ 的等差数列.

23.(2017年高考浙江卷第6题)已知等差数列 $\{a_n\}$ 的公差为 d，前 n 项和为 S_n，则“$d>0$”是“$S_4+S_6>2S_5$”的(　　).

A.充分不必要条件　　B.必要不充分条件

C.充分必要条件　　D.既不充分也不必要条件

解　C.因为 $S_4+S_6=4a_1+6d+6a_1+15d=10a_1+21d$，$2S_5=10a_1+20d$，所以：

当 $d>0$ 时，有 $S_4+S_6>2S_5$；当 $S_4+S_6>2S_5$ 时，有 $d>0$.

从而可得答案.

24.(2017年高考上海卷第15题)已知 a,b,c 为实常数，数列 $\{x_n\}$ 的通项 $x_n=an^2+bn+c,n\in\mathbf{N}^*$，则“存在 $k\in\mathbf{N}^*$，使得 $x_{100+k},x_{200+k},x_{300+k}$ 成等差数

列”的一个必要条件是(　　).

A. $a \geqslant 0$　　B. $b \leqslant 0$　　C. $c = 0$　　D. $a - 2b + c = 0$

解　A. 可得

$$2x_{200+k} = x_{100+k} + x_{300+k} \Leftrightarrow$$
$$2[a(200+k)^2 + b(200+k) + c]$$
$$= a(100+k)^2 + b(100+k) + c + a(300+k)^2 +$$
$$b(300+k) + c \Leftrightarrow a = 0$$

进而可得答案.

25.(2016 年高考浙江卷理科第 6 题即文科第 8 题) 如图 2,点列 $\{A_n\}$, $\{B_n\}$ 分别在某锐角的两边上,且 $|A_nA_{n+1}| = |A_{n+1}A_{n+2}|$, $A_n \neq A_{n+2}$, $n \in \mathbf{N}^*$, $|B_nB_{n+1}| = |B_{n+1}B_{n+2}|$, $B_n \neq B_{n+2}$, $n \in \mathbf{N}^*$ ($P \neq Q$ 表示点 P 与点 Q 不重合). 若 $d_n = |A_nB_n|$, S_n 为 $\triangle A_nB_nB_{n+1}$ 的面积,则(　　).

A. $\{S_n\}$ 是等差数列　　B. $\{S_n^2\}$ 是等差数列

C. $\{d_n\}$ 是等差数列　　D. $\{d_n^2\}$ 是等差数列

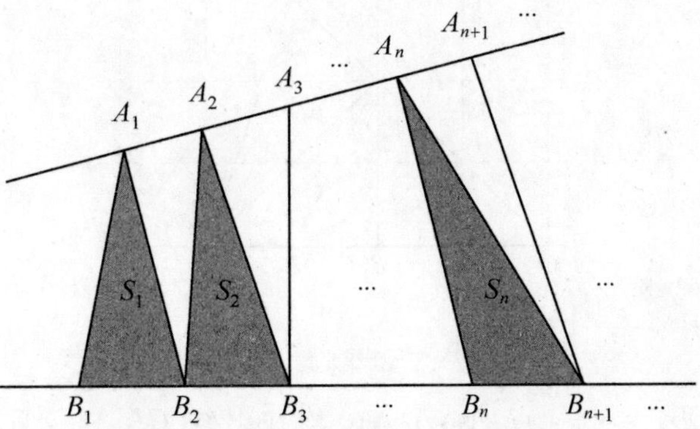

图 2

解　解法 1　A. 由题设,可得 $A_1A_2 = A_2A_3 = \cdots = A_nA_{n+1}$, $B_1B_2 = B_2B_3 = \cdots = B_nB_{n+1}$.

如图 3 所示,过点 A_1, A_n 分别作直线 B_1B_2 的垂线段 h_1, h_n(设这两条垂线段的长也分别是 h_1, h_n),再作 $A_1H_n \perp h_n$ 于 H_n.

设直线 A_1A_2, B_1B_2 交于点 O,可设 $\angle A_nA_1H_n = \angle A_1OB_1 = \theta$(锐角 θ 为定值). 在 $\mathrm{Rt}\triangle A_nA_1H_n$ 中,可得 $A_nH_n = A_1A_n\sin\theta = (n-1)A_1A_2\sin\theta$,所以 $h_n = A_nH_n + h_1 = h_1 + (n-1)A_1A_2\sin\theta$.

再得 $\triangle A_nB_nB_{n+1}$ 的面积 $S_n = \frac{1}{2}B_1B_2 \cdot h_n = \frac{1}{2}B_1B_2[h_1 + (n-1)A_1A_2 \cdot \sin\theta]$,所以数列 $\{S_n\}$ 是等差数列.

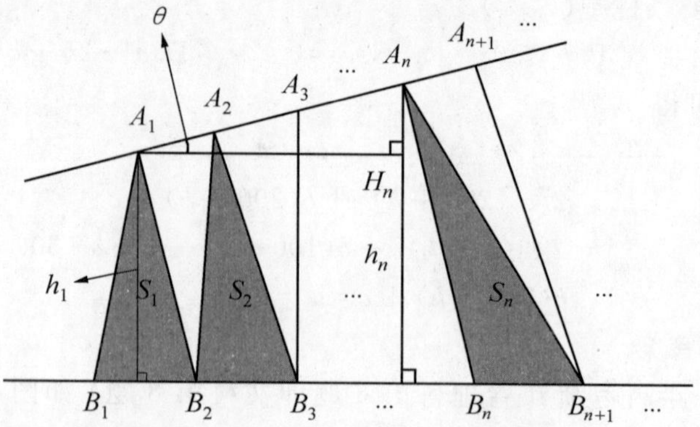

图 3

解法 2(排除法) A. 我们在如图 4 所示的网格中来求解：

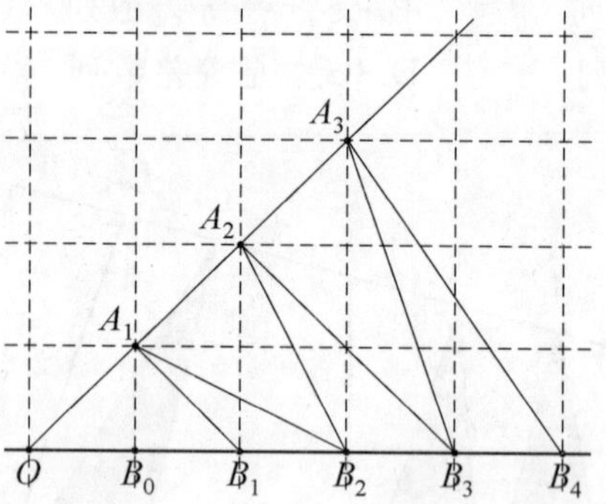

图 4

选 $\angle A_1OB_1=45°$，点 A_1,A_2,A_3 均在射线 OA_1 上，且 $OA_1=A_1A_2=A_2A_3=\sqrt{2}$，点 B_0,B_1,B_2,B_3,B_4 均在射线 OB_1 上，且 $OB_0=B_0B_1=B_1B_2=B_2B_3=B_3B_4=1$，可得 A_1B_0,A_2B_1,A_3B_2 均与射线 OB_0 垂直.

容易求得 $d_1=|A_1B_1|=\sqrt{2}$，$d_2=|A_2B_2|=\sqrt{5}$，$d_3=|A_3B_3|=\sqrt{10}$，进而可排除选项 C，D.

还可求得 $S_1=S_{\triangle A_1B_1B_2}=\frac{1}{2}A_1B_0=\frac{1}{2}$，$S_2=S_{\triangle A_2B_2B_3}=\frac{1}{2}A_2B_1=\frac{2}{2}$，$S_3=S_{\triangle A_3B_3B_4}=\frac{1}{2}A_3B_2=\frac{3}{2}$，进而可排除选项 B.

所以选 A.

26.(2014 年高考辽宁卷文科、理科第 10 题) 设等差数列 $\{a_n\}$ 的公差为 d，若数列 $\{2^{a_1a_n}\}$ 为递减数列，则(　　).

A. $d<0$　　B. $d>0$　　C. $a_1d<0$　　D. $a_1d>0$

解　C. 即$\{a_1a_n\}$是递减数列. 又因为$a_1a_n=a_1dn+a_1^2-a_1d$,所以$a_1d<0$.

27. (2013年高考课标全国卷 Ⅰ 理科第7题) 设等差数列$\{a_n\}$的前n项和为S_n,若$S_{m-1}=-2,S_m=0,S_{m+1}=3$,则$m=$(　　).

A. 3　　B. 4　　C. 5　　D. 6

解　解法1　C. 由$S_m=0$,得$\frac{m}{2}(a_1+a_m)=0,a_1+a_m=0$. 再由$S_{m-1}=-2$,得$\frac{m-1}{2}(a_1+a_{m-1})=-2$,即$\frac{m-1}{2}\cdot(-d)=-2$;由$S_{m+1}=3$,得$\frac{m+1}{2}(a_1+a_{m+1})=3$,即$\frac{m+1}{2}d=3$.

把得到的两式相比后可求得$m=5$.

解法2　C. 得$a_m=S_m-S_{m-1}=2,a_{m+1}=S_{m+1}-S_m=3$,所以公差$d=a_{m+1}-a_m=1$.

由等差数列$\{a_n\}$的前n项和公式$S_n=na_1+\frac{n(n-1)}{2}d$知,可设$S_n=\frac{1}{2}n^2+Bn$($B$是常数). 又由$S_m=0$知多项式$S_n$有因式$(n-m)$,所以$S_n=\frac{1}{2}n(n-m)$.

再由$S_{m+1}=3$,可求得$m=5$.

解法3　C. 可得$a_m=S_m-S_{m-1}=2,a_{m+1}=S_{m+1}-S_m=3$,所以公差$d=a_{m+1}-a_m=1$.

由$S_m=0$,得$\frac{m}{2}(a_1+a_m)=0,a_1+a_m=0$. 再由$a_m=2$,得$a_1=-2$,所以

$$a_1+(m-1)d=2$$
$$-2+(m-1)\cdot 1=2$$
$$m=5$$

28. (2012年高考辽宁卷理科第6题) 在等差数列$\{a_n\}$中,已知$a_4+a_8=16$,则该数列前11项和$S_{11}=$(　　).

A. 58　　B. 88　　C. 143　　D. 176

解　B. 可得$2a_6=a_4+a_8=16,2a_6=a_1+a_{11}$,所以$a_1+a_{11}=16$. 得$S_{11}=\frac{11(a_1+a_{11})}{2}=\frac{11\times 16}{2}=88$.

29. (2012年高考四川卷理科第12题) 设函数$f(x)=2x-\cos x$,$\{a_n\}$是公差为$\frac{\pi}{8}$的等差数列,$f(a_1)+f(a_2)+\cdots+f(a_5)=5\pi$,则$[f(a_3)]^2-a_1a_5=$

(　　).

A. 0　　　　B. $\frac{1}{16}\pi^2$　　　　C. $\frac{1}{8}\pi^2$　　　　D. $\frac{13}{16}\pi^2$

解　解法1　D.

$$f(a_1)+f(a_2)+\cdots+f(a_5)=5\pi$$
$$f(a_5)+f(a_4)+\cdots+f(a_1)=5\pi$$

由倒序相加法及和差化积公式,得

$$20a_3-2\left[\cos\left(-\frac{\pi}{4}\right)+\cos\left(-\frac{\pi}{8}\right)+\cos 0+\cos\frac{\pi}{8}+\cos\frac{\pi}{4}\right]\cos a_3=10\pi$$

$$10a_3-\left[1+2\cos\frac{\pi}{8}+2\cos\frac{\pi}{4}\right]\cos a_3=5\pi$$

设 $g(x)=10x-\left[1+2\cos\frac{\pi}{8}+2\cos\frac{\pi}{4}\right]\cos x(x\in\mathbf{R})$,由导数可证得函数 $g(x)$ 是增函数. 又因为 $g\left(\frac{\pi}{2}\right)=5\pi$,所以 $a_3=\frac{\pi}{2}$.

$$[f(a_3)]^2-a_1a_5=\pi^2-\left(\frac{\pi}{2}-2\cdot\frac{\pi}{8}\right)\left(\frac{\pi}{2}+2\cdot\frac{\pi}{8}\right)=\frac{13}{16}\pi^2$$

解法2　D. 设 $g(x)=2x+\sin x$,得该函数是奇函数,还可用导数证明它是增函数.

有 $f(x)-\pi=g\left(x-\frac{\pi}{2}\right)$,所以 $f(a_1)+f(a_2)+\cdots+f(a_5)=5\pi$,即

$$g\left(a_1-\frac{\pi}{2}\right)+g\left(a_2-\frac{\pi}{2}\right)+\cdots+g\left(a_5-\frac{\pi}{2}\right)=0$$

$$g\left(a_3-\frac{\pi}{4}-\frac{\pi}{2}\right)+g\left(a_3-\frac{\pi}{8}-\frac{\pi}{2}\right)+g\left(a_3-\frac{\pi}{2}\right)+$$
$$g\left(a_3+\frac{\pi}{8}-\frac{\pi}{2}\right)+g\left(a_3+\frac{\pi}{4}-\frac{\pi}{2}\right)=0$$

由 $g(x)=2x+\sin x$ 是增函数,得上式左端是关于 a_3 的增函数;再由 $g(x)=2x+\sin x$ 是奇函数,得 $a_3=\frac{\pi}{2}$,所以 $a_1=\frac{\pi}{4}$,$a_5=\frac{3\pi}{4}$,可得答案.

30. (2008年高考北京卷理科第6题)已知数列$\{a_n\}$对任意的 $p,q\in\mathbf{N}^*$ 满足 $a_{p+q}=a_p+a_q$,且 $a_2=-6$,那么 a_{10} 等于(　　).

A. -165　　B. -33　　C. -30　　D. -21

解　C. $a_2=-6=a_1+a_1$,$a_1=-3$,$a_{n+1}=a_n+a_1=a_n-3$,所以$\{a_n\}$是首项公差均为 -3 的等差数列,所以 $a_{10}=-30$.

31. (2018年北京大学自主招生数学试题第4题)若某个等差数列的前 n 项和是 S_n,且 $S_{10}=0$,$S_{15}=25$,则 nS_n 的最小值是(　　).

A. -25　　B. -36　　C. -49　　D. 前三个答案都不对

解 解法1 D. 设等差数列$\{a_n\}$(其公差为d)的前n项和是S_n,由题设可得

$$\begin{cases}S_{10}=10a_1+\dfrac{10\cdot 9}{2}d=0\\ S_{15}=15a_1+\dfrac{15\cdot 14}{2}d=25\end{cases}$$

解得$a_1=-3,d=\dfrac{2}{3}$,所以

$$S_n=na_1+\frac{n(n-1)}{2}d=\frac{n^2-10n}{3}$$

$$nS_n=\frac{1}{3}(n^3-10n^2)$$

设$f(x)=x^3-10x^2(x\geqslant 1)$,可得$f'(x)=3x^2-20x(x\geqslant 1)$,进而可得$f(x)$在$\left[1,6\dfrac{2}{3}\right]$,$\left[6\dfrac{2}{3},+\infty\right)$上分别是减函数、增函数.

再由$f(6)=-144,f(7)=-147$,可得nS_n的最小值是$\dfrac{1}{3}\cdot(-147)=-49$.

解法2 D. 由S_n是某个等差数列的前n项和,可得$\left\{\dfrac{S_n}{n}\right\}$是等差数列.

再由题设,可得等差数列$\left\{\dfrac{S_n}{n}\right\}$的第10,15项分别是$\dfrac{0}{10},\dfrac{25}{15}$,进而可求得$\dfrac{S_n}{n}=\dfrac{n-10}{3}$,所以$nS_n=\dfrac{1}{3}(n^3-10n^2)$.

接下来,同解法1可求得答案.

32.(2018年北京大学博雅计划自主招生数学试题第14题)已知a,b,c是公差不为0的等差数列,过点$P(-3,2)$向直线$ax+by+c=0$作垂线,垂足为M. 若点N的坐标是(2,3),则$|MN|$的最大值与最小值之积为( ).

A. 10 B. $3\sqrt{2}$ C. 14 D. 前三个答案都不对

解 A. 由题设可得$a-2b+c=0$,所以直线$ax+by+c=0$过定点$A(1,-2)$.

如图5所示,由题设可得$AM\perp MP$,所以点M在以线段AP为直径的圆$C:(x+1)^2+y^2=(2\sqrt{2})^2$(其圆心是$C(-1,0)$)上.

再由点$N(2,3)$在圆C外,可得

$$\begin{aligned}|MN|_{\max}\cdot|MN|_{\min}&=(|NC|+2\sqrt{2})(|NC|-2\sqrt{2})\\&=[(2+1)^2+(3-0)^2]-(2\sqrt{2})^2=10\end{aligned}$$

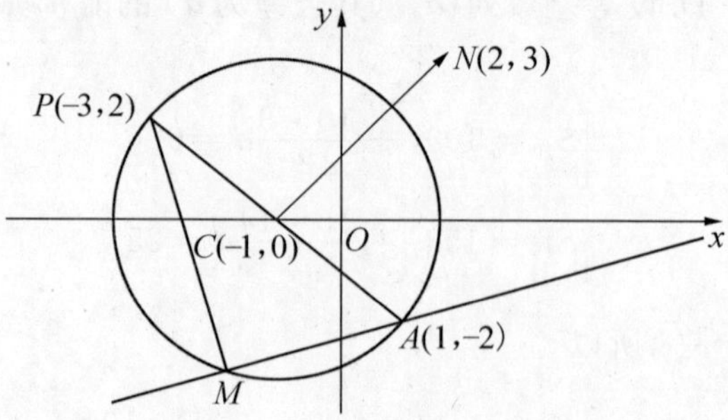

图 5

33.(2017 年北京大学博雅人才计划笔试(理科数学)试题第 2 题)将等差数列 1,5,9,13,…,2 017 排成一个大数 15913…2 017,则该数值被 9 除的余数为( ).

A. 4　　B. 1　　C. 7　　D. 前三个答案都不对

解　B. 可得等差数列 1,5,9,13,…,2 017 共 505 项,因而

$$15913\cdots2\ 017\equiv1+5+9+13+\cdots+2\ 017=\frac{505}{2}(1+2\ 017)$$

$$=505\cdot1\ 009\equiv1\cdot1=1(\bmod 9)$$

34.(2015 年清华大学领军计划数学测试题第 2 题,不定项选择题)若数列 $\{a_n\}$ 为等差数列,$p,q,k,l\in\mathbf{N}^*$,则“$p+q>k+l$”是“$a_p+a_q>a_k+a_l$”的( ).

A. 充分不必要条件　　B. 必要不充分条件

C. 充要条件　　D. 既不充分也不必要条件

解　D. 设等差数列 $\{a_n\}$ 的公差为 d,可得 $(a_p+a_q)-(a_k+a_l)=[(p+q)-(k+l)]d$,所以

$a_p+a_q>a_k+a_l\Leftrightarrow(a_p+a_q)-(a_k+a_l)>0\Leftrightarrow[(p+q)-(k+l)]d>0$

(1) 当 $d<0$ 时,可得 $a_p+a_q>a_k+a_l\Leftrightarrow(p+q)-(k+l)<0\Leftrightarrow p+q<k+l$;

(2) 当 $d=0$ 时,可得 $a_p+a_q>a_k+a_l$ 不成立;

(3) 当 $d>0$ 时,可得 $a_p+a_q>a_k+a_l\Leftrightarrow(p+q)-(k+l)>0\Leftrightarrow p+q>k+l$.

所以答案是 D.

注　请注意等差数列 $\{a_n\}$ 的公差 d 可以是复数.

35.(2009 年复旦大学千分考第 137 题)若 $\frac{bc}{a},\frac{ca}{b},\frac{ab}{c}$ 成等差数列,则在下列不等式中一定成立的是( ).

A. $|b|\leqslant|ac|$　　B. $b^2\geqslant|ac|$

C. $a^2 \leqslant b^2 \leqslant c^2$　　　　　　　　D. $|b| \leqslant \frac{|a|+|c|}{2}$

解　D. 可得 $2a^2c^2 = b^2(a^2+c^2) \geqslant 2b^2|ac|$，$b^2 \leqslant |ac| \leqslant \left(\frac{|a|+|c|}{2}\right)^2$，$|b| \leqslant \frac{|a|+|c|}{2}$.

36.（2006年复旦大学千分考第125题）在等差数列$\{a_n\}$中，若$a_5<0$，$a_6>0$，$a_6>|a_5|$，S_n是前n项之和，则下列正确的是（　）.

A. S_1,S_2,S_3均小于0，而$S_4,S_5,\cdots$均大于0

B. $S_1,S_2,\cdots,S_5$均小于0，而$S_6,S_7,\cdots$均大于0

C. $S_1,S_2,\cdots,S_9$均小于0，而$S_{10},S_{11},\cdots$均大于0

D. $S_1,S_2,\cdots,S_{10}$均小于0，而$S_{11},S_{12},\cdots$均大于0

解　解法1　C. 可得$a_i<0(i=1,2,3,4,5)$，$a_j>0(j=6,7,8,\cdots)$，等差数列$\{a_n\}$的公差$d=a_6-a_5>0$.

由$a_6>|a_5|=-a_5$即$a_1+a_{10}=a_6+a_5>0$，得$S_{10}=\frac{10}{2}(a_1+a_{10})>0$.

再由$a_j>0(j=6,7,8,\cdots)$，可得$S_{10},S_{11},\cdots$均大于0.

还可得

$$S_9=\frac{9}{2}(a_1+a_9)=9a_5<0$$

$$S_8=\frac{8}{2}(a_1+a_8)=4(a_4+a_5)<0$$

$$S_7=\frac{7}{2}(a_1+a_7)=7a_4<0$$

$$S_6=\frac{6}{2}(a_1+a_6)=3(a_3+a_4)<0$$

由$a_i<0(i=1,2,3,4,5)$，可得$S_1,S_2,\cdots,S_5$均小于0.

所以选C.

解法2　C. 可得等差数列$\{a_n\}$的公差$d=a_6-a_5>0$.

由$a_6>|a_5|=-a_5$即$a_1+a_{10}=a_6+a_5>0$，可得$S_{10}=\frac{10}{2}(a_1+a_{10})>0$；还可得$S_9=\frac{9}{2}(a_1+a_9)=9a_5<0$.

再由等差数列$\{a_n\}$的前n项和$S_n=na_1+\frac{n(n-1)}{2}d=\frac{d}{2}n^2+\left(a_1-\frac{d}{2}\right)n$，可得点$(n,S_n)(n\in\mathbf{N}^*)$均在函数$f(x)=\frac{d}{2}x^2+\left(a_1-\frac{d}{2}\right)x$的图像(该图像是过原点且开口向上的抛物线)上.

又由 $S_9<0,S_{10}>0$,可得 $S_1,S_2,\cdots,S_9$ 均小于0,而 $S_{10},S_{11},\cdots$ 均大于0.

解法3(特值排除法)　C. 在等差数列$\{a_n\}$中,可选 $a_5=-5,a_6=6$,可得通项公式 $a_n=11n-60$,前 n 项和 $S_n=\frac{n}{2}(11n-109)$,所以 $S_n>0\Leftrightarrow n\geqslant 10$.

从而可排除选项A,B,D,所以选C.

37.(2008年上海财经大学自主招生试题第15题)若数列$\{a_n\}$满足 $a_1=3$,$a_2=4$ 及递推关系 $a_{n+2}=\sqrt{a_{n+1}a_n-\frac{1}{a_{n+1}}}$,则此数列的项数最多有(　　).

A. 50项　　B. 51项　　C. 49项　　D. 48项

解　C. 得 $a_{n+1}a_{n+2}^2=a_na_{n+1}^2-1$,再由等差数列的通项公式及 $a_n\geqslant 0(n\in\mathbf{N}^*)$,得 $a_na_{n+1}^2=49-n\geqslant 0,n\leqslant 49$. 还可验证 $n=49$ 能成立,所以选C.

38.(2017年清华大学标准学术能力数学测试题第5题,不定项选择题)已知等差数列$\{a_n\}$,$\{b_n\}$满足 $a_1b_1=135,a_2b_2=304,a_3b_3=529$,则下列各数中是数列$\{a_nb_n\}$的项的有(　　).

A. 810　　B. 1 147　　C. 1 540　　D. 3 672

解　解法1　ABCD. 设等差数列$\{a_n\}$,$\{b_n\}$的公差分别为 d,d',可得

$$\begin{cases}a_1b_1=135\\a_2b_2=(a_1+d)(b_1+d')=304\\a_3b_3=(a_1+2d)(b_1+2d')=529\end{cases}$$

即

$$\begin{cases}a_1b_1=135\\dd'=28\\a_1d'+b_1d=141\end{cases}$$

所以

$$\begin{aligned}a_nb_n&=[a_1+(n-1)d][b_1+(n-1)d']\\&=dd'(n-1)^2+(a_1d'+b_1d)(n-1)+a_1b_1\\&=28(n-1)^2+141(n-1)+135=28n^2+85n+22\end{aligned}$$

若 $a_nb_n=28n^2+85n+22=810$,可得 $n=4$,还可得810是数列$\{a_nb_n\}$(其中 $a_n=4n+11,b_n=7n+2$,下同)的第4项.

若 $a_nb_n=28n^2+85n+22=1\ 147$,可得 $n=5$,还可得1 147是数列$\{a_nb_n\}$的第5项.

若 $a_nb_n=28n^2+85n+22=1\ 540$,可得 $n=6$,还可得1 540是数列$\{a_nb_n\}$的第6项.

若 $a_nb_n=28n^2+85n+22=3\ 672$,可得 $n=10$,还可得3 672是数列$\{a_nb_n\}$的第10项.

解法 2　ABCD. 由 $\{a_n\}$，$\{b_n\}$ 均是等差数列知，可设

$$a_nb_n = x(n-2)^2 + y(n-2) + z \quad (x,y,z\text{ 是常数},n\in\mathbf{N}^*)$$

再由题设“$a_1b_1=135,a_2b_2=304,a_3b_3=529$”，可求得

$$a_nb_n = 28(n-2)^2 + 197(n-2) + 304 \quad (n\in\mathbf{N}^*)$$

所以 $a_4b_4=810,a_5b_5=1\ 147,a_6b_6=1\ 540,a_7b_7=1\ 989,a_8b_8=2\ 494,a_9b_9=3\ 055,a_{10}b_{10}=3\ 672$，从而可得答案.

39.（2019 年美国数学竞赛（AMC10A）试题第 5 题）最多有多少个连续整数的和是 45（　　）.

A. 9　　B. 25　　C. 45　　D. 90　　E. 120

解　D. 可设 $x(x\in\mathbf{N}^*)$ 个连续整数 $n,n+1,n+2,\cdots,n+x-1(n\in\mathbf{Z})$ 的和是 45，进而可得

$$x(2n+x-1)=90$$

所以 $x_{\max}=90$（此时 $n=-44$）.

40.（2019 年美国数学竞赛（AMC10A）试题第 23 题）特拉维斯必须照顾麻烦的汤普森三胞胎. 特拉维斯知道他们喜欢大数字，就为他们设计了一种数数游戏. 首先塔德数 1，接着托德数接下来的两个数字(2,3)，然后塔克数接下来的三个数字(4,5,6)，接着塔德数接下来的四个数字(7,8,9,10)，并且这个过程一直在这三个孩子之间按顺序循环进行，每个孩子都比前一个孩子多数一个数，直到数字 10 000 出现为止. 问塔德数的第 2019 个数字是几？　　（　　）

A. 5 743　B. 5 885　C. 5 979　D. 6 001　E. 6 011

解　C. 塔德在第一轮中数 1 个数，在第二轮中数 4 个数，在第三轮中数 7 个数，……，在第 n 轮中数 $3n-2$ 个数. 在这 n 轮中共数了$\dfrac{n(3n-1)}{2}$个数.

可求得满足$\dfrac{n(3n-1)}{2}<2\ 019$ 的 $n_{\max}=36$，所以塔德数到第 36 轮时共数了$\dfrac{36(3\cdot 36-1)}{2}=1\ 926$ 个数. 在接下来的第 37 轮中，塔德要数 $3\cdot 37-2=109$ 个数，此时只需要数到 $2\ 019-1\ 926=93$ 个数即可.

另外，36 轮过后，三个人一起数到 $1+2+3+\cdots+108=5\ 886$，接下来的第 93 个数 $5\ 886+93=5\ 979$ 就是所求的答案.

41. 已知等差数列 $\{a_n\}$ 的公差为 d，前 n 项和为 S_n，首项 $a_1=-24$. 若当且仅当 $n=4$ 时，S_n 取得最小值，则 d 的取值范围是________.

解　(6,8). 可得题设即$\begin{cases}a_4=-24+3d<0\\a_5=-24+4d>0\end{cases}$，进而可求得答案.

42. 若等差数列 $\{a_n\}$，$\{b_n\}$ 的前 n 项和分别是 S_n，T_n，且$\dfrac{S_n}{T_n}=\dfrac{7n+2}{n+3}$($n\in$

$\mathbf{N}^*$)，则$\dfrac{a_7}{b_9}=$________.

解 $\dfrac{93}{20}$. 用等差数列的前 n 项和是“an^2+bn(a,b 是常数)”的形式.

43. 若首项为-24的等差数列从第10项起开始为正数，则公差的取值范围是________.

解 $\left(\dfrac{8}{3},3\right]$.

44. 若数列$\{a_n\}$满足$a_1=2,a_2=1,\dfrac{a_n-a_{n+1}}{a_n}=\dfrac{a_{n+1}-a_{n+2}}{a_{n+2}}(n\in\mathbf{N}^*)$，则数列$\{a_n\}$的通项公式是________.

解 $a_n=\dfrac{2}{n}$. 可得

$$2a_na_{n+2}=a_{n+1}a_{n+2}+a_na_{n+1}\quad(n\in\mathbf{N}^*)$$

$$\frac{2}{a_{n+1}}=\frac{1}{a_n}+\frac{1}{a_{n+2}}\quad(n\in\mathbf{N}^*)$$

进而可得$\left\{\dfrac{1}{a_n}\right\}$是首项、公差均为$\dfrac{1}{2}$的等差数列，所以

$$\frac{1}{a_n}=\frac{1}{2}+(n-1)\cdot\frac{1}{2}=\frac{n}{2}$$

$$a_n=\frac{2}{n}$$

45. 若等差数列$\{a_n\}$只有$m(m>6)$项，其前6项和为36，最后6项和为180，所有项的和为324，则$m=$________.

解 18. 可得$\begin{cases}a_1+a_2+a_3+a_4+a_5+a_6=36\\a_m+a_{m-1}+a_{m-2}+a_{m-3}+a_{m-4}+a_{m-5}=180\end{cases}$，相加后可得$6(a_1+a_m)=216,a_1+a_m=36$.

再由所有项的和为324，可得$\dfrac{m}{2}(a_1+a_m)=\dfrac{m}{2}\cdot36=324,m=18$.

46. 若等差数列$\{a_n\}$的各项均为正整数，且$a_8=2\ 020$，则a_1的最小值是________.

解 4. 因为题设中并没有说“无穷数列”，所以只能得到等差数列$\{a_n\}$的公差d是整数，且$a_8=2\ 020=a_1+7d(a_1\in\mathbf{N}^*,d\in\mathbf{Z})$.

再由$2\ 020=288\cdot7+4$，可得$a_1=7k+4(k\in\mathbf{Z})$，又由$a_1\in\mathbf{N}^*$，可得$k\in\mathbf{N}$，进而可得a_1的最小值是4(当且仅当等差数列$\{a_n\}$的通项公式是$a_n=7n-3$时，取到最小值).

47. 设等差数列$\{a_n\}$的前 n 项和为 S_n，若$\frac{a_6}{a_5}=\frac{9}{11}$，则$\frac{S_{11}}{S_9}=$________.

解　1. 可得$\frac{S_{11}}{S_9}=\frac{\frac{11}{2}(a_1+a_{11})}{\frac{9}{2}(a_1+a_9)}=\frac{\frac{11}{2}\cdot 2a_6}{\frac{9}{2}\cdot 2a_5}=\frac{11}{9}\cdot\frac{a_6}{a_5}=1$.

48.（2016 年北京市西城高三一模）若递增的等差数列$\{a_n\}$满足 $a_3=-3$，$a_2\cdot a_4=5$，则 $a_n=$________；记$\{a_n\}$的前 n 项和为 S_n，则 S_n 的最小值为________.

解　$2n-9$，-16. 可得$\begin{cases}a_2+a_4=2a_3=-6\\ a_2\cdot a_4=5\\ a_2<a_4\end{cases}$，进而可求得$\begin{cases}a_2=-5\\ a_4=-1\end{cases}$，可再求得 $a_n=2n-9$.

由 $a_n=2n-9<0\Leftrightarrow n<4.5$，可得 S_n 的最小值为 $S_4=-16$.

49. 若等差数列$\{a_n\}$满足 $a_1+a_7+a_{13}=4\pi$，则 $\tan(a_2+a_{12})=$________.

解　$-\sqrt{3}$. 可得 $a_1+a_7+a_{13}=3a_7=4\pi$，$a_7=\frac{4\pi}{3}$，$a_2+a_{12}=2a_7=\frac{8\pi}{3}$，进而可得答案.

50. 若等差数列$\{a_n\}$满足 $a_9+a_{10}=10$，$a_{19}+a_{20}=40$，则 $a_{99}+a_{100}=$________.

解　280. 因为 $a_9,a_{19},\cdots,a_{99}$ 成等差数列，$a_{10},a_{20},\cdots,a_{100}$ 也成等差数列，所以 $a_9+a_{10},a_{19}+a_{20},\cdots,a_{99}+a_{100}$ 成等差数列. 进而可得答案.

51. 已知等差数列$\{a_n\}$，$\{b_n\}$的前 n 项和分别为 S_n，T_n，且$\frac{S_n}{T_n}=\frac{7n+41}{n+3}$（$n\in\mathbf{N}^*$），则使得$\frac{a_m}{b_m}\in\mathbf{Z}$的正整数 m 的个数是________.

解　3. 当 n 是正奇数时，可得

$$\frac{S_n}{T_n}=\frac{\frac{n}{2}(a_1+a_n)}{\frac{n}{2}(b_1+b_n)}=\frac{a_1+a_n}{b_1+b_n}=\frac{a_{\frac{n+1}{2}}}{b_{\frac{n+1}{2}}}=\frac{7n+41}{n+3}$$

可设$\frac{n+1}{2}=m$，得 $n=2m-1$，所以$\frac{a_m}{b_m}=\frac{7(2m-1)+41}{(2m-1)+3}=7+\frac{10}{m+1}$.

由$\frac{a_m}{b_m}\in\mathbf{Z}$，可得 $m+1$ 是 10 的大于 1 的正约数，所以 $m+1=2,5,10$，$m=1,4,9$，得所求答案是 3.

52.（1）两个等差数列 3，5，7，…，91 与 4，7，10，…，91 相同项的和是________；

(2) 两个等差数列 2,5,8,…,197 和 2,7,12,…,197 中相同项的和是________.

解 (1)735. 可得这两个等差数列的相同项从小到大组成公差是 6 的等差数列 7,13,19,…,91,可求得其项数是$\frac{91-7}{6}+1=15$,所以所求答案是$\frac{15}{2}(7+91)=735$.

(2)1 393. 解法同(1).

53. 若等差数列$\{a_n\}$的前 n 项和是 S_n,$\frac{a_3}{a_4}=\frac{3}{4}$,则$\frac{S_9}{S_5}=$________.

解 3. 设等差数列$\{a_n\}$的公差是 d,可得$\frac{a_3}{a_4}=\frac{a_1+2d}{a_1+3d}=\frac{3}{4}$,$a_1=d$,所以 $a_n=nd(d\neq 0)$,因而

$$\frac{S_9}{S_5}=\frac{9a_5}{5a_3}=\frac{9\cdot 5d}{5\cdot 3d}=3$$

54. 设等差数列$\{a_n\}$的前 n 项和为 S_n,若 $S_m=30$,$S_{3m}=90$,则 $S_{2m}=$________.

解 60. 可得 S_m,$S_{2m}-S_m$,$S_{3m}-S_{2m}$ 即 30,$S_{2m}-30$,$90-S_{2m}$ 成等差数列,所以

$$30+(90-S_{2m})=2(S_{2m}-30)$$
$$S_{2m}=60$$

55. (2016 年北京市朝阳高三一模)已知等差数列$\{a_n\}$中,$a_1=1$,$a_4=7$,则数列$\{a_n\}$的通项公式 $a_n=$________;$a_2+a_6+a_{10}+\cdots+a_{4n+10}=$________.

解 $2n-1$,$4n^2+23n+33$. 第二空的解法:

$$\begin{aligned}a_2+a_6+a_{10}+\cdots+a_{4n+10}&=\frac{(n+3)(a_2+a_{4n+10})}{2}\\&=\frac{(n+3)(3+8n+19)}{2}\\&=4n^2+23n+33\end{aligned}$$

56. 在 n 行 $m(n,m\in\mathbf{N}^*\ n\geqslant 2,m\geqslant 2)$ 列的方格表中的每一个方格都填上一个数,使得每一行的 m 个数与每一列的 n 个数都成等差数列. 若该方格表中四个角上各一个数之和是 S,则该方格表中所有数之和是________.

解 $\frac{mnS}{4}$. 可设该数表如表 1 所示:

表 1

a_{11}	a_{12}	…	a_{1m}
a_{21}	a_{22}	…	a_{2m}
…	…	…	…
a_{n1}	a_{n2}	…	a_{nm}

可得该方格表第 1 行，第 n 行各数之和分别为

$$a_{11}+a_{12}+\cdots+a_{1m}=\frac{m}{2}(a_{11}+a_{1m})$$

$$a_{n1}+a_{n2}+\cdots+a_{nm}=\frac{m}{2}(a_{n1}+a_{nm})$$

该方格表第 1 列，第 2 列，……，第 n 列各数之和依次为 $\frac{n}{2}(a_{11}+a_{n1})$，$\frac{n}{2}(a_{12}+a_{n2})$，…，$\frac{n}{2}(a_{1m}+a_{nm})$.

设该方格表中所有数之和是 S_{nm}，可得

$$\begin{aligned}S_{nm}&=\frac{n}{2}(a_{11}+a_{n1})+\frac{n}{2}(a_{12}+a_{n2})+\cdots+\frac{n}{2}(a_{1m}+a_{nm})\\&=\frac{n}{2}(a_{11}+a_{12}+\cdots+a_{1m})+\frac{n}{2}(a_{n1}+a_{n2}+\cdots+a_{nm})\\&=\frac{n}{2}\cdot\frac{m}{2}(a_{11}+a_{1m})+\frac{n}{2}\cdot\frac{m}{2}(a_{n1}+a_{nm})\\&=\frac{mn}{4}(a_{11}+a_{1m}+a_{n1}+a_{nm})=\frac{mnS}{4}\end{aligned}$$

57. 若等差数列 $\{a_n\}$ 的前 n 项和 S_n 有最小值，且 $\frac{a_{11}}{a_{10}}<-1$，则 S_n 取最小正值时 $n=$________.

解　20. 设 $\{a_n\}$ 的公差是 d. 若 $d=0$，则 $\frac{a_{11}}{a_{10}}<-1$ 不成立，若 $d<0$，则 S_n 没有最小值. 所以 $d>0$. 又 a_{10}，a_{11} 异号，所以 $a_k<0(k=1,2,\cdots,10)$，$a_{11}>0$. 再由 $\frac{a_{11}}{a_{10}}<-1$，可得 $a_{10}+a_{11}>0$.

可得 $S_{20}=10(a_1+a_{20})=10(a_{10}+a_{11})>0$.

还可得 $S_{19}=19a_{10}<0$，$S_{18}=9(a_9+a_{10})<0$，…，$S_i<0(i=1,2,\cdots,17)$.

所以满足题意的 $n=20$.

58. 设等差数列 $\{a_n\}$ 的前 n 项和是 S_n，若 $a_1=-2\,011$，$\frac{S_{2\,009}}{2\,009}-\frac{S_{2\,007}}{2\,007}=2$，则 $S_{2\,011}=$________.

解　$-2\ 011$. 可得$\left\{\frac{S_n}{n}\right\}$是等差数列,设其公差为$d$,得$a_1=\frac{S_1}{1}=-2\ 011$, $2d=2,d=1$.

所以$\frac{S_n}{n}=-2\ 011+(n-1)\cdot 1,S_{2\ 011}=-2\ 011$.

59. 若$\{a_n\},\{b_n\}$都是公差为2的等差数列,且$a_1+2b_1=5,a_1,b_1\in \mathbf{N}^*$. 设$c_n=a_{b_n}(n\in \mathbf{N}^*)$,则数列$\{c_n\}$的通项$c_n=$________.

解　$4n-1$. 可得$(a_1,b_1)=(1,2),(3,1)$.

若$(a_1,b_1)=(1,2)$,所以$a_n=2n-1,b_n=2n,c_n=a_{2n}=4n-1$.

若$(a_1,b_1)=(3,1)$,所以$a_n=2n+1,b_n=2n-1,c_n=a_{2n-1}=4n-1$.

故$c_n=4n-1$.

60. 设各项及公差都是正整数的等差数列$\{a_n\}$还满足该数列中的任意两项之和也是该数列的项. 若$a_1=3^5$,则d的所有可能取值之和为________.

解　364. 设等差数列$\{a_n\}$的公差为d,得$a_n=3^5+(n-1)d$.

设数列$\{a_n\}$中的任意两项a_p,a_q之和是该数列的项a_k,得

$$[3^5+(p-1)d]+[3^5+(q-1)d]=3^5+(k-1)d$$

$$k+1-p-q=\frac{3^5}{d}$$

由$k,p,q,d\in \mathbf{N}^*$,得$d=3^0,3^1,3^2,3^3,3^4$,或3^5. 进而可得答案.

61. 若数列$\{a_n\},\{b_n\}$均是公差为1的等差数列,且$a_1+b_1=5,a_1>b_1,a_1,b_1\in \mathbf{N}^*$,则数列$\{a_{b_n}\}$的前10项的和为________.

解　85. 由题设,可得$a_n=a_1+n-1,b_n=b_1+n-1$,所以

$$a_{b_n}=a_1+(b_1+n-1)-1=n+3$$

从而数列$\{a_{b_n}\}$的前10项的和为$\frac{10}{2}(4+13)=85$.

62. 若等差数列的项数为奇数$n(n\geqslant 3)$,则该数列的所有第奇数项的和与所有第偶数项的和之比是________.

解　$\frac{n+1}{n-1}$. 由等差数列的前n项和公式可得所求答案为

$$\frac{\dfrac{\frac{n+1}{2}(a_1+a_n)}{2}}{\dfrac{\frac{n-1}{2}(a_2+a_{n-1})}{2}}=\frac{n+1}{n-1}$$

63. 设数列$\{a_n\}$的前n项和是S_n,若不等式$a_n^2+\frac{S_n^2}{n^2}\geqslant ma_1^2$对任意的等差数列$\{a_n\}$及任意的正整数$n$均成立,则实数$m$的取值范围是________.

解　$\left(-\infty,\frac{1}{5}\right]$. 由题设,可得 $S_n=\frac{n}{2}(a_1+a_n)$,因而不等式 $a_n^2+\frac{S_n^2}{n^2}\geqslant ma_1^2$ 即

$$a_n^2+\frac{(a_n+a_1)^2}{4}\geqslant ma_1^2$$

当 $a_1=0$ 时,该不等式显然成立,所以题设即不等式

$$\left(\frac{a_n}{a_1}\right)^2+\frac{1}{4}\left(\frac{a_n}{a_1}+1\right)^2\geqslant m$$

对任意的等差数列 $\{a_n\}$ 及任意的正整数 n 均成立.

设 $\frac{a_n}{a_1}+1=x(x\in\mathbf{R})$ 后,可得题设即不等式

$$(x-1)^2+\frac{1}{4}x^2\geqslant m\quad(x\in\mathbf{R})$$

也即

$$\frac{5}{4}\left(x-\frac{4}{5}\right)^2+\frac{1}{5}\geqslant m\quad(x\in\mathbf{R})$$

恒成立.

进而可得答案.

64. 已知数列 $\{a_n\}$ 的通项公式为 $a_n=|n-13|$,若 $a_k+a_{k+1}+a_{k+2}+\cdots+a_{k+19}=102$,则 $k=$________.

解　2或5. 可得 $a_n=\begin{cases}13-n,n\leqslant 13\\ n-13,n\geqslant 13\end{cases}$. 当 $n\leqslant 13$ 时数列 $\{a_n\}$ 递减,当 $n\geqslant 13$ 时数列 $\{a_n\}$ 递增.

设 $f(k)=a_k+a_{k+1}+a_{k+2}+\cdots+a_{k+19}$,则

当 $k=13$ 时,可得 $f(13)=0+1+2+3+\cdots+19=190$,进而可得当 $k\geqslant 13$ 时,$f(k)\geqslant f(13)>102$,所以满足题设的 $k\leqslant 12$,因而

$$\begin{aligned}f(k)&=(a_k+a_{k+1}+\cdots+a_{13})+(a_{14}+a_{15}+\cdots+a_{k+19})\\&=\frac{(14-k)(a_k+a_{13})}{2}+\frac{(k+6)(a_{14}+a_{k+19})}{2}\\&=\frac{(14-k)(13-k+0)}{2}+\frac{(k+6)(1+k+6)}{2}\\&=k^2-7k+112=102\end{aligned}$$

解得 $k=2$ 或 5.

65.(2016年北京市朝阳高三二模)为了响应政府推进“菜篮子”工程建设的号召,某经销商投资60万元建了一个蔬菜生产基地. 第一年支出各种费用8万元,以后每年支出的费用比上一年多2万元. 每年销售蔬菜的收入为26万元. 设 $f(n)$ 表示前 n 年的纯利润($f(n)=$前 n 年的总收入$-$前 n 年的总费用支出$-$

投资额)，则 $f(n)=$ ________ (用 n 表示)；从第 ________ 年开始盈利.

解 $-n^2+19n-60$，5. 可得

$$f(n)=26n-\left[8n+\frac{n(n-1)}{2}\cdot 2\right]-60=-n^2+19n-60$$

解不等式 $f(n)>0$，可得 $4<n<15(n\in\mathbf{N}^*)$，进而可得第二个空的答案.

66. 把形如 $M=m^n(m,n\in\mathbf{N}^*,n\geqslant 2)$ 的正整数 M 表示成各项都是整数且公差为2的等差数列的前 m 项的和，称为"对 M 的 m 项分划". 例如，把9表示成 $9=3^2=1+3+5$，称为"对9的3项分划"；把64表示成 $64=4^3=13+15+17+19$，称为"对64的4项分划".

(1) 对324的18项分划中最大的数是 ________；

(2) 若 $M=m^3(m\in\mathbf{N}^*)$ 的 m 项分划中第5项是281，则 $m=$ ________.

解 35，17. 若"对 M 的 m 项分划"中的等差数列的首项、末项分别为 a_1，a_m，可得

$$M=m^n=a_1+a_2+\cdots+a_m=ma_1+\frac{m(m-1)}{2}\cdot 2=m(a_1+m-1)$$

$$a_1+m-1=m^{n-1} \quad ①$$

(1) 可得 $324=18^2$，所以 $m=18,n=2$. 再由式 ① 可得 $a_1=1$，所以 $a_m=a_1+2(m-1)=35$ 为所求.

(2) 设 $M=m^3=a_1+a_2+\cdots+a_m$. 因为 $a_5=a_1+4\cdot 2=281$，所以 $a_1=273$. 再由式 ① 可得 $273+m-1=m^2(m\in\mathbf{N}^*)$，得 $m=17$.

67. (2019年高考北京卷理科第10题) 设等差数列 $\{a_n\}$ 的前 n 项和为 S_n，若 $a_2=-3,S_5=-10$，则 $a_5=$ ________，S_n 的最小值为 ________.

解 解法1 0，-10. 设等差数列 $\{a_n\}$ 的公差为 d，由题设可得 $\begin{cases}a_2=a_1+d=-3\\ S_5=a_1\cdot 5+10d=-10\end{cases}$，解得 $\begin{cases}a_1=-4\\ d=1\end{cases}$，所以 $a_5=a_1+4d=0$.

由 $a_1=-4,a_5=0$，可得等差数列 $\{a_n\}$ 是递增数列，且可得 S_n 的最小值为 S_4 即 S_5：$S_4=S_5=(-4)\times 4+\dfrac{4\times 3}{2}\times 1=-10$.

解法2 0，-10. 由题设可得 $S_5=(a_1+a_5)+(a_2+a_4)+a_3=5a_3=-10$，$a_3=-2$.

再由 $a_2=-3$，可得等差数列 $\{a_n\}$ 的公差 $d=a_3-a_2=1$，进而可得等差数列 $\{a_n\}$ 的通项公式是 $a_n=a_2+(n-2)d=-3+(n-2)\cdot 1=n-5$，所以 $a_5=5-5=0$.

再由等差数列的前 n 项和公式，可得

$$S_n=na_1+\frac{n(n-1)}{2}d=-4n+\frac{n(n-1)}{2}\cdot 1=\frac{1}{2}\left(n-\frac{9}{2}\right)^2-\frac{81}{8}$$

进而可得当且仅当 $n=4$ 或 5 时，S_n 取到最小值且最小值是 -10.

解法 3　0，-10. 由题设可得 $S_5=(a_1+a_5)+(a_2+a_4)+a_3=5a_3=-10$，$a_3=-2$.

再由 $a_2=-3$，可得等差数列 $\{a_n\}$ 的公差 $d=a_3-a_2=1$，所以 $a_1=-4$，$a_2=-3$，$a_3=-2$，$a_4=-1$，$a_5=0$，$a_6=1$，进而可得 S_n 的最小值为 $-4-3-2-1=-10$.

注　解答等差数列问题也可不用基本量法，而用枚举法.

68.（2014 年高考北京卷理科第 12 题）若等差数列 $\{a_n\}$ 满足 $a_7+a_8+a_9>0$，$a_7+a_{10}<0$，则当 $n=$ ________ 时，$\{a_n\}$ 的前 n 项和最大.

解　8. 得 $a_7+a_8+a_9=3a_8>0$，$a_8>0$. 再由 $a_7+a_{10}=a_8+a_9<0$，得 $a_9<0$. 所以由 $\{a_n\}$ 是等差数列，可得 $a_1,a_2,\cdots,a_8>0$，$a_i<0(i\geqslant 9)$，所以可得所求答案是 8.

注　若把最大改为第二大，则答案为"7"：由"公差 $a_9-a_8<0$，$\{a_n\}$ 前 8 项和最大"知，答案是 7 或 9，但 $S_9-S_7=a_8+a_9<0$，所以答案为"7".

69.（2013 年高考广东卷理科第 12 题）在等差数列 $\{a_n\}$ 中，已知 $a_3+a_8=10$，则 $3a_5+a_7=$ ________.

解　20. 可得 $3a_5+a_7=a_5+a_5+a_5+a_7=(a_3+a_8)+(a_3+a_8)=20$.

70.（2011 年高考广东卷理科第 11 题）等差数列 $\{a_n\}$ 前 9 项的和等于前 4 项的和. 若 $a_1=1$，$a_k+a_4=0$，则 $k=$ ________.

解　10. 设等差数列 $\{a_n\}$ 的公差为 d，前 n 项和是 S_n. 由 $S_9=S_4$，$a_1=1$，得

$$9+36d=4+6d,d=-\frac{1}{6}$$

再由 $a_k+a_4=0$，得

$$1-\frac{1}{6}(k-1)+1-\frac{1}{6}\cdot 3=0,k=10$$

注　用这种解法还可把该题的结论推广为：

若等差数列 $\{a_n\}$ 不是常数列，且其前 9 项的和等于前 4 项的和，$a_k+a_l=0$，则 $k+l=14$.

下面再给出该结论的一种简证：

由 $a_1+a_2+\cdots+a_9=a_1+a_2+a_3+a_4$，得 $a_5+a_6+\cdots+a_9=\frac{5}{2}(a_5+a_9)=0$，$a_5+a_9=a_7+a_7=0$，$a_7=0$. 所以 $a_k+a_l=a_7+a_{k+l-7}=0$，$a_{k+l-7}=0$，$a_{k+l-7}=a_7$.

因为等差数列 $\{a_n\}$ 不是常数列，所以 $k+l-7=7$，$k+l=14$.

71.（2016 年清华大学夏令营数学试题第 7 题）已知等差数列 $\{a_n\}$ 的前 n 项和是 S_n，若 $S_{105}=2\,016$，$S_{2\,016}=105$，则 $S_{2\,121}=$ ________.

解　$-2\ 121$. 由题设,可得关于 n 的方程

$$S_n+n=2\ 121$$

有两个根 105 与 2 016.

因为等差数列$\{a_n\}$(设其公差为 d)的前 n 项和 $S_n=na_1+\frac{1}{2}n(n-1)d$(若 $d=0$,可得 $S_{105}=2\ 016=105a_1$, $S_{2\ 016}=105=2\ 016a_1$,这不可能!所以 $d\neq 0$),所以可设

$$f(n)=S_n+n=\alpha n^2+\beta n\quad(\alpha\neq 0;n\in\mathbf{N}^*;\alpha,\beta\text{ 是常数})$$

由 $f(105)=f(2\ 016)$,可得二次函数 $f(x)(x\in\mathbf{R})$ 的对称轴是 $x=\frac{105+2\ 016}{2}$,因而

$$f(2\ 121)=f(105+2\ 016)=f(0)=\alpha\cdot 0^2+\beta\cdot 0=0$$

$$f(2\ 121)=S_{2\ 121}+2\ 121=0$$

$$S_{2\ 121}=-2\ 121$$

72.(2008年上海交通大学保送生考试数学试题第一题第5题)设等差数列$\{a_n\}$满足 $3a_8=5a_{13}$,且 $a_1>0$,当其前 n 项和 S_n 取得最大值时,$n=$________.

解　20. 设等差数列$\{a_n\}$的公差为 d,由 $3a_8=5a_{13}$,可得 $2a_1+39d=0$.

由 $a_1>0$,得 $d<0$. 所以 $a_{20}=a_1+19d=-\frac{1}{2}d>0$, $a_{21}=a_1+20d=\frac{1}{2}d<0$,得所求答案是 20.

73.(2005年上海交通大学推优、保送生数学试题第一大题第10题)在等差数列$\{a_n\}$中,若 $a_3+a_7+a_{11}+a_{19}=44$,则 $a_5+a_9+a_{16}=$________.

解　33. 由题设,可得

$$a_3+a_7+a_{11}+a_{19}=a_{10}+a_{10}+a_{10}+a_{10}=44$$

$$a_{10}=11$$

所以

$$a_5+a_9+a_{16}=a_{10}+a_{10}+a_{10}=33$$

注　对于这道填空题,可考查$\{a_n\}$是常数列的特殊情形,可得 $a_n=11$,所以 $a_5+a_9+a_{16}=33$.

74.(2014 年全国高中数学联赛江西赛区预赛试题第 6 题)设等差数列$\{a_n\}$,$\{b_n\}$的前 n 项和分别为 S_n,T_n. 若对任意的正整数 n 都有 $\frac{S_n}{T_n}=\frac{5n-3}{2n+1}$,则 $\frac{a_{20}}{b_7}=$________.

解　$\frac{64}{9}$. 可设 $S_n=kn(5n-3)$, $T_n=kn(2n+1)$(k 是非零常数),得 $a_n=$

$k(10n-8)$，$b_n=k(4n-1)$，由此可得答案.

75. 已知数列 $a_1,a_2,a_3,\cdots,a_n(n\geqslant 2)$ 的各项两两不等，若将该数列的各项从小到大重新排序后得到的数列是 $a_{i_1},a_{i_2},\cdots,a_{i_n}$，其中 $i_1,i_2,\cdots,i_n$ 是 $1,2,\cdots,n$ 的一个排列，则把数列 $i_1,i_2,\cdots,i_n$ 叫作数列 $a_1,a_2,a_3,\cdots,a_n$ 的排序数列. 例如：若数列 a_1,a_2,a_3 满足 $a_2<a_3<a_1$，则数列 a_1,a_2,a_3 的排序数列为 2，3，1.

(1) 分别写出数列 4，2，3，1 和 3，4，1，2 的排序数列；

(2) 若数列 a_1,a_2,a_3 的排序数列是自身，请求出该数列的个数；

(3) 求证：数列 $a_1,a_2,a_3,\cdots,a_n(n\geqslant 2)$ 的排序数列为等差数列的充要条件是该数列单调.

解　(1) 可得数列 4，2，3，1 和 3，4，1，2 的排序数列均是自身.

(2) 因为数列 a_1,a_2,a_3 的排序数列是 1，2，3 的一个排列，所以数列 a_1,a_2,a_3 只可能是 1，2，3；1，3，2；2，1，3；2，3，1；3，1，2；3，2，1 之一.

可得 1，2，3；1，3，2；2，1，3；3，2，1 的排序数列均是自身，2，3，1；3，1，2 的排序数列分别是 3，1，2；2，3，1(均不是自身)，因而所求答案是 4.

(3) 充分性　当数列 $a_1,a_2,a_3,\cdots,a_n(n\geqslant 2)$ 单调递增时，可得 $a_1<a_2<\cdots<a_n$，所以其排序数列为 $1,2,3,\cdots,n$，它为等差数列.

当数列 $a_1,a_2,a_3,\cdots,a_n(n\geqslant 2)$ 单调递减时，可得 $a_n<a_{n-1}<\cdots<a_1$，所以其排序数列为 $n,n-1,n-2,\cdots,1$，它也为等差数列.

必要性　由数列 $a_1,a_2,a_3,\cdots,a_n(n\geqslant 2)$ 的排序数列是 $1,2,\cdots,n$ 的一个排列且是等差数列，可得数列 $a_1,a_2,a_3,\cdots,a_n(n\geqslant 2)$ 的排序数列是 $1,2,3,\cdots,n$ 或 $n,n-1,n-2,\cdots,1$.

所以 $a_1<a_2<\cdots<a_n$ 或 $a_n<a_{n-1}<\cdots<a_1$，得数列 $\{a_n\}$ 为单调数列.

76. 已知数列 $\{a_n\}$ 的前 n 项和 $S_n=12n-n^2$，求数列 $\{|a_n|\}$ 的前 n 项和 T_n.

解　$T_n=\begin{cases}12n-n^2, n\leqslant 6, n\in\mathbf{N}^*\\ n^2-12n+72, n>6, n\in\mathbf{N}^*\end{cases}$.

77. 设等差数列 $\{a_n\}$ 的前 n 项和 S_n 满足 $a_1<0$，$S_{2\,015}=0$.

(1) 求 n 为何值时 S_n 取最小值?

(2) 求满足 $S_n>0$ 的 n 的最小值及求满足 $S_n<0$ 的 n 的最大值；

(3) 求 n 的取值范围，使 $a_n\geqslant S_n$.

解　设等差数列 $\{a_n\}$ 的公差为 d.

由 $a_1<0$，$S_{2\,015}=0$ 知：若 $d=0$，得 $S_{2\,015}=2\,015a_1<0$；若 $d<0$，也可得 $S_{2\,015}<0$. 均矛盾！所以 $d>0$.

由等差数列 $\{a_n\}$ 的前 n 项和公式 $S_n=na_1+\dfrac{n(n-1)}{2}d$ 知，可设 $S_n=\dfrac{d}{2}n^2+Bn$(B 是常数). 又由 $S_{2\,015}=0$ 知 $S_n=\dfrac{d}{2}n(n-2\,015)(d>0)$.

由"抛物线"$S_n=\frac{d}{2}n(n-2\ 015)(d>0)$ 的图像可得所求各问的答案为：

(1)1 007 或 1 008.

(2)2 016；2 014.

(3) 当 $n=1$ 时满足题意.

当 $n\geqslant 2$ 时：题设即 $S_{n-1}\leqslant 0$，由图像可得 $S_{n-1}\leqslant 0\Leftrightarrow 1\leqslant n-1\leqslant 2\ 015\Leftrightarrow 2\leqslant n\leqslant 2\ 016$.

所以所求答案是 $\{n\in\mathbf{N}^*\mid n\leqslant 2016\}$

78. 设等差数列 $\{a_n\}$ 的前 n 项和为 S_n.

(1) 若 $a_{11}=0$，$S_{14}=98$，求数列 $\{a_n\}$ 的通项公式；

(2) 若等差数列 $\{a_n\}$ 的首项 a_1 及公差 d 均为整数，且 $a_1\geqslant 6$，$a_{11}>0$，$S_{14}\leqslant 77$，求数列 $\{a_n\}$ 的通项公式.

解 (1) 设等差数列 $\{a_n\}$ 的公差是 d，可得 $\begin{cases}a_{11}=a_1+10d=0\\ S_{14}=14a_1+\frac{14\cdot 13}{2}d=98\end{cases}$，解得 $\begin{cases}a_1=20\\ d=-2\end{cases}$，所以等差数列 $\{a_n\}$ 的通项公式是 $a_n=20-2(n-1)$，即 $a_n=22-2n$.

(2) 可得 $\begin{cases}a_1\geqslant 6\\ a_{11}=a_1+10d>0\\ S_{14}=14a_1+\frac{14\cdot 13}{2}d\leqslant 77\end{cases}$，即 $\begin{cases}a_1\geqslant 6\\ a_1+10d>0\\ 2a_1+13d\leqslant 11\end{cases}$.

因而 $12+13d\leqslant 2a_1+13d\leqslant 11$，$d\leqslant -\frac{1}{13}(d\in\mathbf{Z})$，$d\leqslant -1$.

还可得 $\begin{cases}2a_1+20d>0\\ -2a_1-13d\geqslant -11\end{cases}(d\in\mathbf{Z})$，把它们相加后可得 $d\geqslant -1$.

所以 $d=-1$.

进而可得 $a_1=11$ 或 12.

从而可得数列 $\{a_n\}$ 的通项公式有两个：$a_n=12-n$ 或 $a_n=13-n$.

注 也可由线性规划知识得出 $d=-1$.

79. 设等差数列 $\{a_n\}$ 的前 n 项和是 S_n，由下列条件分别求出 S_n 取最大值时对应的 n：

(1)$a_1>0$，$S_4=S_{12}$；

(2) 已知 $a_3>0$，$S_{12}>0$，$S_{13}<0$.

解 可设 $S_n=An^2+Bn$（公差 $d=2A$）.

(1) 若 $A=0$，得 $S_n=Bn$，又 $S_4=S_{12}$，得 $B=0$，$S_n=0$，$a_n=0$，这与 $a_1>0$

矛盾！

若 $A>0$，得公差 $d>0$，又 $a_1>0$，得 $\{a_n\}$ 的各项均是正数，$S_4<S_{12}$，这与 $S_4=S_{12}$ 矛盾！

所以 $A<0$，函数 $f(x)=Ax^2+Bx$ 的图像是开口向下的抛物线，由 $S_4=S_{12}$ 知 $f(4)=f(12)$，所以此抛物线的对称轴是直线 $x=\frac{4+12}{2}=8$，函数 $f(x)$ 的最大值是 $f(8)$. 而点 $(n,S_n)(n\in\mathbf{N}^*)$ 是此抛物线上的点，所以当且仅当 $n=8$ 时 S_n 取最大值.

(2) 若 $A=0$，得 $d=0$，$\{a_n\}$ 是常数列，$a_n=a_3>0$，$S_n=na_3>0$，这与 $S_{13}<0$ 矛盾！

若 $A>0$，得公差 $d>0$，又 $a_3>0$，得 $a_{13}=a_3+10d>0$，$S_{13}=S_{12}+a_{13}>0$，这与 $S_{13}<0$ 矛盾！

所以 $A<0$，函数 $f(x)=Ax^2+Bx$ 的图像是开口向下的抛物线，且两个零点是 0，$t(12<t<13)$，所以此抛物线的对称轴是直线 $x=\frac{t}{2}\left(6<\frac{t}{2}<6.5\right)$，所以当且仅当 $n=6$ 时 S_n 取最大值.

80. 设等差数列 $\{a_n\}$，$\{b_n\}$ 的前 n 项和分别是 S_n，T_n，且 $\frac{S_n}{T_n}=\frac{7n+2}{n+3}(n\in\mathbf{N}^*)$，求：

(1) $\frac{a_5}{b_5}$；(2) $\frac{a_7}{b_9}$.

解 (1) $\frac{a_5}{b_5}=\frac{\frac{9}{2}(a_1+a_9)}{\frac{9}{2}(b_1+b_9)}=\frac{S_9}{T_9}=\frac{7\times9+2}{9+3}=\frac{65}{12}$.

(2) 由于等差数列的前 n 项和是“$an^2+bn(a,b$ 是常数$)$”型，又 $\frac{S_n}{T_n}=\frac{7n+2}{n+3}(n\in\mathbf{N}^*)$，所以可不妨设

$$S_n=kn(7n+2),T_n=kn(n+3)\quad(\text{常数 }k\neq0)$$

进而，得

$$a_n=k(14n-5),b_n=k(2n+2)\quad(\text{常数 }k\neq0)$$

所以

$$\frac{a_7}{b_9}=\frac{k(14\times7-5)}{k(2\times9+2)}=\frac{93}{20}$$

81. 在数列 $\{a_n\}$ 中，$a_1=0$ 且 $\forall k\in\mathbf{N}^*$，a_{2k-1}，a_{2k}，a_{2k+1} 是公差为 $2k$ 的等差数列，求数列 $\{a_n\}$ 的通项公式.

解 由 $a_{2k+1}-a_{2k-1}=4k(k\in\mathbf{N}^*)$，可得

$$a_3-a_1=4\cdot 1, a_5-a_3=4\cdot 2, a_7-a_5=4\cdot 3, \cdots, a_{2k+1}-a_{2k-1}=4k$$

相加后，可得 $a_{2k+1}-a_1=4(1+2+3+\cdots+k)=2k(k+1)(k\in\mathbf{N}^*)$. 又因为 $a_1=0$，所以 $a_{2k+1}=2k(k+1)(k\in\mathbf{N}^*)$.

由题设，还可得 $a_{2k}=a_{2k+1}-2k=2k^2(k\in\mathbf{N}^*)$.

所以数列 $\{a_n\}$ 的通项公式是 $a_n=\begin{cases}\dfrac{n^2-1}{2}, n\text{ 为正奇数}\\ \dfrac{n^2}{2}, n\text{ 为正偶数}\end{cases}$.

82. 已知函数 $f(x)=(x-1)^2$，数列 $\{a_n\}$ 为等差数列，公差为 d，数列 $\{b_n\}$ 为等比数列，公比为 $q(q\neq 1)$，且 $a_1=f(d-1)$, $a_2=f(d+1)$, $b_1=f(q-1)$, $b_2=f(q+1)$.

(1) 求数列 $\{a_n\}$, $\{b_n\}$ 的通项公式；

(2) 若 $n\in\mathbf{N}^*$ 时，都有 $a_{n+1}=\dfrac{c_1}{b_1}+\dfrac{c_2}{b_2}+\cdots+\dfrac{c_n}{b_n}$，求 $c_1+c_2+\cdots+c_n$.

解 (1) 由 $f(d-1)+d=f(d+1)$，可得 $d=\dfrac{4}{3}$, $a_n=\dfrac{4}{3}n-\dfrac{8}{9}$.

由 $f(q-1)\cdot q=f(q+1)$，可得 $q=4$, $b_n=4^n$.

(2) 可得 $a_{n+2}=a_{n+1}+\dfrac{c_{n+1}}{b_{n+1}}(n\in\mathbf{N}^*)$，所以

$$\frac{c_{n+1}}{b_{n+1}}=a_{n+2}-a_{n+1}=\frac{4}{3}, c_{n+1}=\frac{4}{3}b_{n+1}=\frac{4^{n+2}}{3}$$

再由 $a_2=\dfrac{c_1}{b_1}$ 可得 $c_1=\dfrac{64}{9}$，所以 $c_n=\begin{cases}\dfrac{64}{9}, n=1\\ \dfrac{4^{n+1}}{3}, n\geqslant 2\end{cases}$.

所以当 $n=1$ 时，$c_1=\dfrac{64}{9}$；

当 $n\geqslant 2$ 时，$c_1+c_2+\cdots+c_n=\dfrac{64}{9}+\dfrac{1}{3}(4^3+4^4+\cdots+4^{n+1})=\dfrac{4^{n+2}}{9}$.

因而 $(c_1+c_2+\cdots+c_n)=\dfrac{4^{n+2}}{9}(n\in\mathbf{N}^*)$.

83. 已知等差数列 $\{a_n\}$ 的公差为 2，数列 $\{b_n\}$ 满足 $b_{n+1}-b_n=a_n$，且 $b_2=-18$, $b_3=-24$.

(1) 求数列 $\{a_n\}$ 的通项公式；

(2) 求 b_n 取得最小值时 n 的值.

解 (1) 可得 $b_3-b_2=a_2=-6$，再由等差数列 $\{a_n\}$ 的公差为 2，可得

$$a_n=a_2+(n-2)d=-6+2(n-2)=2n-10$$

所以数列 $\{a_n\}$ 的通项公式是 $a_n=2n-10$.

(2) 可得

$b_n = b_1 + (b_2 - b_1) + (b_3 - b_2) + \cdots + (b_n - b_{n-1}) = b_1 + a_1 + a_2 + \cdots + a_{n-1}$

所以 b_n 取得最小值即 $a_1 + a_2 + \cdots + a_{n-1}$ 取最小值.

由 $a_n = 2n - 10$,可得 $a_n < 0 \Leftrightarrow n < 5$,进而可得 b_n 取得最小值时 n 的值是 5 或 6.

84.(2015 年北京市丰台高三二模)已知数列 $\{a_n\}$ 满足 $a_1 = 10$,$a_n = \begin{cases} 2^{a_{n-1}}, n = 2k \\ -1 + \log_2 a_{n-1}, n = 2k+1 \end{cases} (k \in \mathbf{N}^*)$,其前 n 项和为 S_n.

(1) 写出 a_3,a_4;

(2) 求数列 $\{a_n\}$ 的通项公式;

(3) 求 S_n 的最大值.

解　(1) 因为 $a_1 = 10$,所以 $a_2 = 2^{a_1} = 2^{10}$,$a_3 = -1 + \log_2 a_2 = -1 + \log_2 2^{10} = 9$,$a_4 = 2^9 = 512$.

(2) 解法 1　当 n 为奇数时,$a_n = -1 + \log_2 a_{n-1} = -1 + \log_2 2^{a_{n-2}} = a_{n-2} - 1$,即 $a_n - a_{n-2} = -1$.

所以 $\{a_n\}$ 的奇数项成首项为 $a_1 = 10$,公差为 -1 的等差数列.

所以当 n 为奇数时,$a_n = a_1 + \left(\frac{n-1}{2}\right) \cdot (-1) = \frac{21-n}{2}$;

当 n 为偶数时,$a_n = 2^{a_{n-1}} = 2^{\frac{21-(n-1)}{2}} = 2^{11-\frac{n}{2}}$.

所以 $a_n = \begin{cases} 2^{11-\frac{n}{2}}, n = 2k \\ \frac{21-n}{2}, n = 2k-1 \end{cases} (k \in \mathbf{N}^*)$.

解法 2　当 n 为偶数时,$a_n = 2^{a_{n-1}} = 2^{-1+\log_2 a_{n-2}} = 2^{\log_2 \frac{1}{2} a_{n-2}} = \frac{1}{2} a_{n-2}$,即 $\frac{a_n}{a_{n-2}} = \frac{1}{2}$.

所以 $\{a_n\}$ 的偶数项成首项为 $a_2 = 2^{10}$,公比为 $\frac{1}{2}$ 的等比数列.

所以当 n 为偶数时,$a_n = a_2 \left(\frac{1}{2}\right)^{\frac{n}{2}-1} = 2^{11-\frac{n}{2}}$;

当 n 为奇数时,$a_n = -1 + \log_2 a_{n-1} = -1 + \log_2 2^{11-\frac{n-1}{2}} = \frac{21-n}{2}$.

所以 $a_n = \begin{cases} 2^{11-\frac{n}{2}}, n = 2k \\ \frac{21-n}{2}, n = 2k-1 \end{cases} (k \in \mathbf{N}^*)$.

(3) 因为第偶数项 $a_n = 2^{11-\frac{n}{2}} > 0$,所以 S_n 取最大值时 n 为偶数(因为

$S_{2k-1}=S_{2k}-a_{2k}<S_{2k}(k\in\mathbf{N}^*)$).

又因为$\{a_{2k-1}\}$，$\{a_{2k}\}$均是递减数列，所以$\{a_{2k-1}+a_{2k}\}$也是递减数列.

令$a_{2k-1}+a_{2k}=11-k+2^{11-k}\geqslant 0$，得$2^{11-k}\geqslant k-11$，$k\leqslant 11$，且当$k\leqslant 11$时，$a_{2k-1}+a_{2k}>0$恒成立.

所以当且仅当$n=22$时，S_n取最大值，且最大值为

$$S_{22}=(2^{10}+2^9+\cdots+2^1+2^0)+(10+9+\cdots+0)=2\ 102$$

85. (1) 已知数列$\{a_n\}$满足$a_n\neq 0$，$a_{n+1}^2=a_na_{n+2}+\lambda$($n\in\mathbf{N}^*$，$\lambda$是常数)，求证：$\{a_n\}$是等差数列$\Leftrightarrow\lambda=(a_2-a_1)^2$；

(2) 请判断命题"若数列$\{a_n\}$满足$a_{n+1}^2=a_na_{n+2}+(a_2-a_1)^2$($n\in\mathbf{N}^*$)，则$\{a_n\}$是等差数列"的真假，并说明理由.

解　(1)"$\Rightarrow$"　在所给递推式中令$n=1$，可得$a_2^2=a_1a_3-\lambda$；由$\{a_n\}$是等差数列，可得$a_3=2a_2-a_1$，所以

$$a_2^2=a_1(2a_2-a_1)-\lambda$$
$$\lambda=(a_2-a_1)^2$$

"$\Leftarrow$"　由题设，可得

$$a_{n+1}^2=a_na_{n+2}+(a_2-a_1)^2\quad(n\in\mathbf{N}^*)$$
$$a_{n+2}^2=a_{n+1}a_{n+3}+(a_2-a_1)^2\quad(n\in\mathbf{N}^*)$$

把它们相减后，可得

$$a_{n+2}^2-a_{n+1}^2=a_{n+1}a_{n+3}-a_na_{n+2}\quad(n\in\mathbf{N}^*)$$
$$a_{n+2}(a_{n+2}+a_n)=a_{n+1}(a_{n+3}+a_{n+1})\quad(n\in\mathbf{N}^*)$$

再由$a_n\neq 0$($n\in\mathbf{N}^*$)，可得

$$\frac{a_{n+3}+a_{n+1}}{a_{n+2}}=\frac{a_{n+2}+a_n}{a_{n+1}}\quad(n\in\mathbf{N}^*)$$

即$\left\{\dfrac{a_{n+2}+a_n}{a_{n+1}}\right\}$是常数列，因而$\dfrac{a_{n+2}+a_n}{a_{n+1}}=\dfrac{a_3+a_1}{a_2}$($n\in\mathbf{N}^*$).

在所给递推式中令$n=1$，可得$a_2^2=a_1a_3-\lambda$. 再由题设$\lambda=(a_2-a_1)^2$，$a_1a_2\neq 0$，可得$\dfrac{a_3+a_1}{a_2}=2$，所以

$$a_{n+2}+a_n=2a_{n+1}\quad(n\in\mathbf{N}^*)$$

即$\{a_n\}$是等差数列.

(2) 该命题是假命题. 反例：当$a_1=1$，$a_2=0$且数列$\{a_n\}$满足$a_{n+1}^2=a_na_{n+2}+(a_2-a_1)^2$($n\in\mathbf{N}^*$)时，可得$a_3=-1$，$a_4$可以是任意数.

86. 若数列$\{A_n\}$满足$\forall k,l\in\mathbf{N}^*$，$k\neq l$都有$A_k+A_l$也是该数列中的项，则称该数列是"$C$数列". 记数列$\{a_n\}$的前$n$项和是$S_n$，且$\forall n\in\mathbf{N}^*$，$n(a_1+a_n)=2S_n$.

(1) 求证:数列$\{a_n\}$是等差数列;

(2) 若$\{a_n\}$是"C数列",且$a_1=6,a_2>6,a_2\in\mathbf{N}^*$,求$a_2$的取值范围;

(3) 若$\forall n\in\mathbf{N}^*,S_n$是数列$\{a_n\}$中的项,求证:$\{a_n\}$是"$C$数列".

解　(1) 可得$n(a_1+a_n)=2S_n,(n+1)(a_1+a_{n+1})=2S_{n+1}$,把它们相减,得

$$a_1+(n-1)a_{n+1}=na_n$$

还可得

$$a_1+na_{n+2}=(n+1)a_{n+1}$$

把它们相减,得

$$a_n+a_{n+2}=2a_{n+1}\quad(n\in\mathbf{N}^*)$$

即数列$\{a_n\}$是等差数列.

(2) 由题设,可得$a_n=6+(n-1)(a_2-6)\quad(n\in\mathbf{N}^*)$.

还可得$\forall k,l\in\mathbf{N}^*,k\neq l,\exists m\in\mathbf{N}^*$,使得$a_k+a_l=a_m$,即

$$m=\frac{6}{a_2-6}+k+l-1\quad(a_2-6,k,l,m\in\mathbf{N}^*)$$

所以$a_2-6=1,2,3,6$,进而可得a_2的取值范围是$\{7,8,9,12\}$.

(3) 可设等差数列$\{a_n\}$的公差是d,再设$S_n=a_k$,即

$$na_1+\frac{n(n-1)}{2}d=a_1+(k-1)d$$

当$d=0$时,可得$a_1=0$,所以$\{a_n\}$是常数列,当然是"C数列".

当$d\neq0$时,可得

$$k=1+\frac{n(n-1)}{2}+(n-1)\cdot\frac{a_1}{d}\qquad①$$

因为$\forall n\in\mathbf{N}^*,k\in\mathbf{N}^*$,所以当$n=2$时,$k=2+\frac{a_1}{d}$的值是正整数,因而$\frac{a_1}{d}$是不小于$-1$的整数.

当$\frac{a_1}{d}=-1$时,可得$k=\frac{n(n-3)}{2}+2$,可验证$\forall n\in\mathbf{N}^*,k\in\mathbf{N}^*$(先验证$n=1,2,3$的情形,再验证$n\geqslant4$的情形).

当$\frac{a_1}{d}\in\mathbf{N}$时,由式①可得$k\in\mathbf{N}^*$.

设$\frac{a_1}{d}=s$,可得$a_1=sd$,s的取值范围是不小于-1的整数.

还可得$a_n=sd+(n-1)d(n\in\mathbf{N}^*)$.

$\forall k,l\in\mathbf{N}^*,k\neq l$,有$k+l\geqslant3$.再由$s$是不小于$-1$的整数,可得$r=s+k+l-1$是正整数.

因为

$$a_k+a_l=(s+k-1)d+(s+l-1)d=(2s+k+l-2)d=a_{s+k+l-1}=a_r$$

所以$\{a_n\}$也是"C数列".

综上所述,可得欲证结论成立.

87. 当整数 n,k 为何值时,$C_n^k,C_n^{k+1},C_n^{k+2}(n\geqslant 3,k\geqslant 0)$成等差数列?

解 要使$C_n^k,C_n^{k+1},C_n^{k+2}$成等差数列,得$C_n^k+C_n^{k+2}=2C_n^{k+1}$,即

$$\frac{n!}{k!\,(n-k)!}+\frac{n!}{(k+2)!\,(n-k-2)!}=\frac{2\times n!}{(k+1)!\,(n-k-1)!}$$

$$n^2-(4k+5)n+4k^2+8k+2=0$$

$$n=\frac{4k+5\pm\sqrt{8k+17}}{2}$$

可设$8k+17=(2m-1)^2(m\in\mathbf{N}^*)$.

因为$k\geqslant 0,8k+17\geqslant 17$,所以$(2m-1)^2\geqslant 17,m\geqslant 3$,且$k=\frac{1}{2}m(m-1)-2$.从而可求得:

当且仅当$n=m^2-2,k=\frac{1}{2}m(m-1)-2(m\geqslant 3,m\in\mathbf{N}^*)$,或$n=m^2-2m-1,k=\frac{1}{2}m(m-1)-2(m\geqslant 4,m\in\mathbf{N}^*)$时,$C_n^k,C_n^{k+1},C_n^{k+2}$成等差数列.

88. 设数列$\{a_n\}$满足$a_{n-1}+a_{n+1}\geqslant 2a_n(n\geqslant 2,n\in\mathbf{N})$,求证:$a_p-a_q\geqslant(p-q)(a_{q+1}-a_q)(p,q\in\mathbf{N}^*)$.

证明 当$p>q$时,可得

$$a_p-a_{p-1}\geqslant a_{p-1}-a_{p-2}\geqslant\cdots\geqslant a_{q+1}-a_q$$

$$a_p-a_q=(a_p-a_{p-1})+(a_{p-1}-a_{p-2})+\cdots+(a_{q+1}-a_q)\geqslant(p-q)(a_{q+1}-a_q)$$

当$p=q$时,$a_p-a_q=(p-q)(a_{q+1}-a_q)$.

当$p<q$时,可得

$$a_p-a_{p+1}\geqslant a_{p+1}-a_{p+2}\geqslant\cdots\geqslant a_q-a_{q+1}$$

$$\begin{aligned}a_p-a_q&=(a_p-a_{p+1})+(a_{p+1}-a_{p+2})+\cdots+(a_q-a_{q+1})\\&\geqslant(q-p)(a_q-a_{q+1})=(p-q)(a_{q+1}-a_q)\end{aligned}$$

综上所述,可得欲证成立.

89. 在首项及公差均是正整数的等差数列$\{a_n\}$中:

(1) 求证:若$\{a_n\}$中有一项是完全平方数,则必有无穷项是完全平方数;

(2) $\{a_n\}$的项中一定有完全平方数吗?

解 (1) 设等差数列$\{a_n\}$的公差是正整数$d,a_l=m^2(m\in\mathbf{N}^*)$,则$\forall k\in\mathbf{N}^*$,有$a_{l+2km+k^2d}$均是完全平方数

$$a_{l+2km+k^2d}=a_l+(2km+k^2d)d=(m+kd)^2$$

所以欲证结论成立.

(2) 不一定:$\{n^2\}$的各项均是完全平方数;$\{3n-1\}$,$\{4n+2\}$的各项均不

是完全平方数.

90. 在金融危机中,某钢材公司积压了部分圆钢,经清理知共有 2 009 根.现将它们堆放在一起.

(1) 若堆放成纵断面为正三角形(每一层的根数比上一层根数多 1 根),并使剩余的圆钢尽可能地少,则剩余了多少根圆钢?

(2) 若堆成纵断面为等腰梯形(每一层的根数比上一层根数多 1 根),且不少于 7 层.

① 共有几种不同的方案?

② 已知每根圆钢的直径为 10 cm,为考虑安全隐患,堆放高度不得高于 4 m,则选择哪个方案,最能节省堆放场地?

解　(1) 当纵断面为正三角形时,设共堆放 n 层,则从上到下每层圆钢根数是以首项、公差均为 1 的等差数列,且剩余的圆钢一定小于 n 根,从而由 $\begin{cases} 2\,009-\dfrac{n(n+1)}{2}<n \\ \dfrac{n(n+1)}{2}\leqslant 2\,009 \end{cases}$ 且 $n\in\mathbf{N}^*$ 得,当 $n=62$ 时,使剩余的圆钢尽可能地少,此时剩余了 56 根圆钢.

(2)① 当纵断面为等腰梯形时(如图 6 所示),设共堆放 n 层,则从上到下每层圆钢根数是以 x 为首项、1 为公差的等差数列,从而 $nx+\frac{1}{2}n(n-1)=2\,009$,即 $n(2x+n-1)=2\times 2\,009=2\times 7\times 7\times 41$.

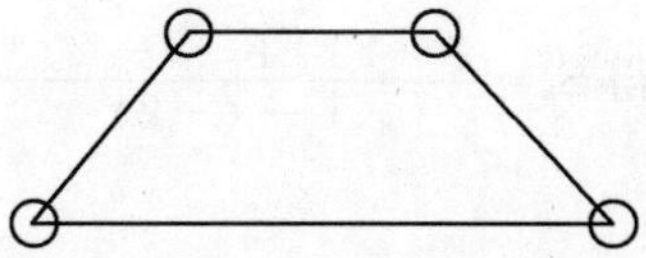

图 6

因为 $n-1$ 与 n 的奇偶性不同,所以 $2x+n-1$ 与 n 的奇偶性也不同,且 $n<2x+n-1$,从而由上述等式得

$\begin{cases} n=7 \\ 2x+n-1=574 \end{cases}$ 或 $\begin{cases} n=14 \\ 2x+n-1=287 \end{cases}$ 或 $\begin{cases} n=41 \\ 2x+n-1=98 \end{cases}$ 或 $\begin{cases} n=49 \\ 2x+n-1=82 \end{cases}$

所以共有 4 种方案可供选择.

② 因层数越多,最下层堆放的越少,占用面积也越少.

若 $n=41$,则 $x=29$,说明最上层有 29 根圆钢,最下层有 69 根圆钢,此时两腰之长为 400 cm,上下底之长为 280 cm 和 680 cm,从而梯形之高为 $200\sqrt{3}$ cm,而 $200\sqrt{3}+10+10<400$,所以符合条件.

若$n=49$，则$x=17$，说明最上层有17根圆钢，最下层有65根圆钢，此时两腰之长为480 cm，上下底之长为160 cm和640 cm，从而梯形之高为$240\sqrt{3}$ cm，显然大于4 m，不合条件，舍去.

综上所述可得，选择堆放41层这个方案，最能节省堆放场地.

91.（日本同志社大学试题）已知p为质数，m,n为正整数，且$m<n$，求分母是p，且介于m,n之间的所有既约分数之和.

解 所求和为

$$\begin{aligned}&\left(\frac{pm+1}{p}+\frac{pm+2}{p}+\frac{pm+3}{p}+\cdots+\frac{pn-1}{p}\right)-\\&[(m+1)+(m+2)+\cdots+(n-1)]\\&=\frac{1}{p}\cdot\frac{pn-pm-1}{2}(pm+pn)-\frac{n-m-1}{2}(m+n)\\&=\frac{p-1}{2}(n^2-m^2)\end{aligned}$$

92.（2017年高考全国卷Ⅰ文科第17题）记S_n为等比数列$\{a_n\}$的前n项和.已知$S_2=2$，$S_3=-6$.

(1) 求$\{a_n\}$的通项公式；

(2) 求S_n，并判断S_{n+1},S_n,S_{n+2}是否成等差数列.

解 (1) 设等比数列$\{a_n\}$的公比为q，可得$\begin{cases}S_2=a_1(1+q)=2\\S_3=a_1(1+q+q^2)=-6\end{cases}$，解得$a_1=q=-2$，所以数列$\{a_n\}$的通项公式为$a_n=(-2)^n$.

(2) 由(1)的结论，可得$S_n=\dfrac{(-2)[1-(-2)^n]}{1-(-2)}=-\dfrac{2}{3}[1-(-2)^n]$，所以

$$\begin{aligned}S_{n+1}+S_{n+2}&=-\frac{2}{3}[1-(-2)^{n+1}]-\frac{2}{3}[1-(-2)^{n+2}]\\&=-\frac{4}{3}[1-(-2)^n]=2S_n\end{aligned}$$

得S_{n+1},S_n,S_{n+2}成等差数列.

注 这道高考题与2012年高考陕西卷理科第17题、2011年高考四川卷文科第20题、2011年高考湖北卷理科第19题均源于普通高中课程标准实验教科书《数学5·必修·A版》(人民教育出版社，2007年第3版)第61页的第6题：

已知S_n是等比数列$\{a_n\}$的前n项和，S_3,S_9,S_6成等差数列，求证a_2,a_8,a_5成等差数列.

93.（2016年高考上海卷文科第22题）对于无穷数列$\{a_n\}$与$\{b_n\}$，记$A=\{x\mid x=a_n,n\in\mathbf{N}^*\}$，$B=\{x\mid x=b_n,n\in\mathbf{N}^*\}$，若同时满足条件：

①$\{a_n\}$，$\{b_n\}$ 均单调递增；②$A\cap B=\varnothing$ 且 $A\cup B=\mathbf{N}^*$，则称$\{a_n\}$与$\{b_n\}$是无穷互补数列.

(1) 若 $a_n=2n-1$，$b_n=4n-2$，判断$\{a_n\}$与$\{b_n\}$是否为无穷互补数列，并说明理由；

(2) 若 $a_n=2^n$ 且$\{a_n\}$与$\{b_n\}$是无穷互补数列，求数列$\{b_n\}$的前 16 项的和；

(3) 若$\{a_n\}$与$\{b_n\}$是无穷互补数列，$\{a_n\}$为等差数列且 $a_{16}=36$，求$\{a_n\}$与$\{b_n\}$的通项公式.

解　(1) 因为 $4\notin A$，且 $4\notin B$，所以 $4\notin A\cup B$，从而$\{a_n\}$与$\{b_n\}$不是无穷互补数列.

(2) 由 $a_4=16$，得 $b_{16}=16+4=20$.

所以数列$\{b_n\}$的前 16 项的和为

$$(1+2+\cdots+20)-(2+2^2+2^3+2^4)=\frac{1+20}{2}\times 20-(2^5-2)=180$$

(3) 设等差数列$\{a_n\}$的公差为 $d(d\in\mathbf{N}^*)$，得 $a_{16}=a_1+15d=36$.

由 $a_1=36-15d\geqslant 1$，可得 $d=1$ 或 2.

若 $d=1$，则 $a_1=21$，$a_n=n+20$，与条件②矛盾的"$\{a_n\}$与$\{b_n\}$是无穷互补数列"！

所以 $d=2$，得 $a_1=6$，$a_n=2n+4$，$b_n=\begin{cases}n, n\leqslant 5\\ 2n-5, n>5\end{cases}$.

综上所述，可得 $a_n=2n+4$，$b_n=\begin{cases}n, n\leqslant 5\\ 2n-5, n>5\end{cases}$.

94.(2016 年高考天津卷理科第 18 题) 已知$\{a_n\}$是各项均为正数的等差数列，公差为 d. 对任意的 $n\in\mathbf{N}^*$，b_n 是 a_n 和 a_{n+1} 的等比中项.

(1) 设 $c_n=b_{n+1}^2-b_n^2$，$n\in\mathbf{N}^*$，求证：数列$\{c_n\}$是等差数列；

(2) 设 $a_1=d$，$T_n=\sum\limits_{k=1}^{2n}(-1)^k b_k^2$，$n\in\mathbf{N}^*$，求证：$\sum\limits_{k=1}^{n}\frac{1}{T_k}<\frac{1}{2d^2}$.

解　(1) 可得 $b_n^2=a_na_{n+1}$，所以

$$c_n=b_{n+1}^2-b_n^2=a_{n+1}a_{n+2}-a_na_{n+1}=2da_{n+1} \quad ①$$

$$c_{n+1}-c_n=2d(a_{n+2}-a_{n+1})=2d^2$$

所以数列$\{c_n\}$是等差数列.

(2) 可得 $a_n=a_1+(n-1)d=d+(n-1)d=nd$，还可得式①在这里也成立，所以

$$T_n=(-b_1^2+b_2^2)+(-b_3^2+b_4^2)+\cdots+(-b_{2n-1}^2+b_{2n}^2)=$$

$$2d(a_2+a_4+\cdots+a_{2n})=2d^2(2+4+6+\cdots+2n)=2d^2n(n+1)$$

所以

$$\sum_{k=1}^{n}\frac{1}{T_k}=\frac{1}{2d^2}\sum_{k=1}^{n}\frac{1}{k(k+1)}=\frac{1}{2d^2}\sum_{k=1}^{n}\left(\frac{1}{k}-\frac{1}{k+1}\right)=\frac{1}{2d^2}\left(1-\frac{1}{n+1}\right)<\frac{1}{2d^2}$$

95.(2014年高考课标全国卷Ⅰ理科第17题)已知数列$\{a_n\}$的前n项和为S_n,$a_1=1$,$a_n\neq 0$,$a_na_{n+1}=\lambda S_n-1$,其中λ为常数.

(1) 证明:$a_{n+2}-a_n=\lambda$;

(2) 是否存在λ,使得$\{a_n\}$为等差数列?并说明理由.

解 (1) 由$a_na_{n+1}=\lambda S_n-1$,$a_{n+1}a_{n+2}=\lambda S_{n+1}-1$相减后,可得欲证.

(2) 由题设可得$a_2=\lambda-1$,$a_3=\lambda+1$.再由a_1,a_2,a_3成等差数列,得$\lambda=4$.

当$\lambda=4$时,$a_{n+2}-a_n=4$.所以$a_{2n-1}=4n-3=2(2n-1)-1$,$a_{2n+1}=4n-1=2\cdot 2n-1$.由此得$a_n=2n-1$,所以存在$\lambda=4$,使得$\{a_n\}$为等差数列.

96.(2014年高考全国大纲卷理科第18题)等差数列$\{a_n\}$的前n项和为S_n.已知$a_1=10$,a_2为整数,且$S_n\leqslant S_4$.

(1) 求$\{a_n\}$的通项公式;

(2) 设$b_n=\dfrac{1}{a_na_{n+1}}$,求数列$\{b_n\}$的前$n$项和$T_n$.

解 (1) 由$a_1=10$,a_2为整数知,等差数列$\{a_n\}$的公差d为整数.

又因为$S_n\leqslant S_4$,所以$a_4\geqslant 0$,$a_5\leqslant 0$,于是$10+3d\geqslant 0$,$10+4d\leqslant 0$,得$-\dfrac{10}{3}\leqslant d\leqslant -\dfrac{5}{2}$,所以$d=-3$.

得数列$\{a_n\}$的通项公式为$a_n=13-3n$.

(2) 因为$b_n=\dfrac{1}{(13-3n)(10-3n)}=\dfrac{1}{3}\left(\dfrac{1}{10-3n}-\dfrac{1}{13-3n}\right)$,所以

$$T_n=b_1+b_2+\cdots+b_n=\frac{1}{3}\left(\frac{1}{7}-\frac{1}{10}\right)+\left(\frac{1}{4}-\frac{1}{7}\right)+\cdots+\left(\frac{1}{10-3n}-\frac{1}{13-3n}\right)$$

$$=\frac{1}{3}\left(\frac{1}{10-3n}-\frac{1}{10}\right)=\frac{n}{10(10-3n)}$$

97.(2014年高考湖南卷理科第20题)已知数列$\{a_n\}$满足$a_1=1$,$|a_{n+1}-a_n|=p^n$,$n\in\mathbf{N}^*$.

(1) 若$\{a_n\}$是递增数列,且a_1,$2a_2$,$3a_3$成等差数列,求p的值;

(2) 若$p=\dfrac{1}{2}$,且$\{a_{2n-1}\}$是递增数列,$\{a_{2n}\}$是递减数列,求数列$\{a_n\}$的通项公式.

解 (1) 得$a_{n+1}-a_n=p^n(n\in\mathbf{N}^*)$,所以$a_1=1$,$a_2=p+1$,$a_3=p^2+p+1$,再由题设可得$p=\dfrac{1}{3}$(舍去$p=0$).

(2) 由$\{a_{2n-1}\}$是递增数列,得$(a_{2n+1}-a_{2n})+(a_{2n}-a_{2n-1})>0$.

由$\left(\dfrac{1}{2}\right)^{2n}<\left(\dfrac{1}{2}\right)^{2n-1}$,得$|a_{2n+1}-a_{2n}|<|a_{2n}-a_{2n-1}|$.

所以 $a_{2n}-a_{2n-1}>0$，得 $a_{2n}-a_{2n-1}=\left(\frac{1}{2}\right)^{2n-1}=\frac{(-1)^{2n}}{2^{2n-1}}$.

由$\{a_{2n}\}$是递减数列，同理可得 $a_{2n+1}-a_{2n}<0$，得 $a_{2n+1}-a_{2n}=-\left(\frac{1}{2}\right)^{2n}=\frac{(-1)^{2n+1}}{2^{2n}}$.

所以 $a_{n+1}-a_n=\frac{(-1)^{n+1}}{2^n}$.

用累加法可求得 $a_n=\frac{4}{3}+\frac{(-1)^n}{3\cdot 2^{n-1}}$.

98.（2013年高考浙江卷理科第18题）在公差为 d 的等差数列$\{a_n\}$中，已知 $a_1=10$，且 $a_1,2a_2+2,5a_3$ 成等比数列.

(1) 求 d,a_n；

(2) 若 $d<0$，求 $|a_1|+|a_2|+|a_3|+\cdots+|a_n|$.

解　(1) $d=4,a_n=4n+6$ 或 $d=-1,a_n=11-n$.

(2) $\begin{cases}-\frac{1}{2}n^2+\frac{21}{2}nn\leqslant 11\\ \frac{1}{2}n^2-\frac{21}{2}n+110n\geqslant 12\end{cases}$（$\begin{cases}-\frac{1}{2}n^2+\frac{21}{2}nn\leqslant 10\\ \frac{1}{2}n^2-\frac{21}{2}n+110n\geqslant 11\end{cases}$ 也对）.

99.（2012年高考湖北卷理科第18题即文科第20题）已知等差数列$\{a_n\}$前三项的和为 -3，前三项的积为8.

(1) 求等差数列$\{a_n\}$的通项公式；

(2) 若 a_2,a_3,a_1 成等比数列，求数列$\{|a_n|\}$的前 n 项和.

解　(1) 由等差数列$\{a_n\}$前三项的和为 -3，得 $a_2=-1$. 设等差数列$\{a_n\}$的公差为 d，由等差数列$\{a_n\}$前三项的积为8，得

$$(-1-d)\cdot(-1)\cdot(-1+d)=-8$$

$$d=\pm 3$$

再由 $a_n=a_2+(n-2)d$，可求得等差数列$\{a_n\}$的通项公式为 $a_n=3n-7$ 或 $a_n=5-3n$.

(2)（过程略）$S_n=\begin{cases}4 & (n=1)\\ \frac{3}{2}n^2-\frac{11}{2}n+10 & (n\geqslant 2)\end{cases}$.

注　这里也编拟一道类题：

已知数列$\{a_n\}$满足 $a_1=-5,a_2=-2$. 记 $A(n)=a_1+a_2+\cdots+a_n$，$B(n)=a_2+a_3+\cdots+a_{n+1}$，$C(n)=a_3+a_4+\cdots+a_{n+2}$ $(n\in\mathbf{N}^*)$，若 $\forall n\in\mathbf{N}^*$，$A(n)$，$B(n)$，$C(n)$ 成等差数列，求：

(1) 数列$\{a_n\}$的通项公式；

(2) 数列$\{|a_n|\}$的前n项和.

答案:(1)$a_n=3n-8$.(2)$\begin{cases}5, n=1\\ \frac{3}{2}n^2-\frac{13}{2}n+14, n\geqslant 2\end{cases}$.

100.(2012年高考广东卷理科第19题)设数列$\{a_n\}$的前n项和为S_n,满足$2S_n=a_{n+1}-2^{n+1}+1, n\in\mathbf{N}^*$,且$a_1, a_2+5, a_3$成等差数列.

(1) 求a_1的值;

(2) 求数列$\{a_n\}$的通项公式;

(3) 证明:对一切正整数n,有$\frac{1}{a_1}+\frac{1}{a_2}+\cdots+\frac{1}{a_n}<\frac{3}{2}$.

解 (1)(过程略)$a_1=1$.

(2)(过程略)$a_n=3^n-2^n$.

(3) 只证$n\geqslant 2$时的情形.

当$n\geqslant 2$时,得$2S_n=a_{n+1}-2^{n+1}+1, 2S_{n-1}=a_n-2^n+1$,把这两式相减,得$a_{n+1}=3a_n+2^n$.

由(1),(2)问的答案知$a_1=1, a_2=5$,所以$a_{n+1}=3a_n+2^n, a_n>0(n\in\mathbf{N}^*)$.

所以$\frac{1}{a_{n+1}}=\frac{1}{3a_n+2^n}<\frac{1}{3}\cdot\frac{1}{a_n}$.可得$\frac{1}{a_n}<\left(\frac{1}{3}\right)^{n-1}\ (n\geqslant 2)$,所以

$$\frac{1}{a_1}+\frac{1}{a_2}+\cdots+\frac{1}{a_n}<\frac{1-\left(\frac{1}{3}\right)^{n-1}}{1-\frac{1}{3}}<\frac{3}{2}\quad(n\geqslant 2)$$

得欲证成立.

101.(2010年高考江西卷理科第22题)证明以下命题:

(1) 对任一正整数a,都存在正整数$b, c(b<c)$,使得a^2, b^2, c^2成等差数列;

(2) 存在无穷多个互不相似的三角形$\triangle_n$,其边长a_n, b_n, c_n为正整数且a_n^2, b_n^2, c_n^2成等差数列.

解 (1) 易知$1^2, 5^2, 7^2$成等差数列,所以$a^2, (5a)^2, (7a)^2$也成等差数列,即对任一正整数a,都存在正整数$b=5a, c=7a(b<c)$,使得a^2, b^2, c^2成等差数列.

(2) 若a_n^2, b_n^2, c_n^2成等差数列,得

$$b_n^2-a_n^2=c_n^2-b_n^2$$

$$(b_n-a_n)(b_n+a_n)=(c_n-b_n)(c_n+b_n) \qquad ①$$

选取关于n的一个多项式,例如$4n(n^2-1)$,使得它可按两种方式分解因式,由于

$$4n(n^2-1)=(2n+2)(2n^2-2n)=(2n-2)(2n^2+2n)$$

所以,可令

$$\begin{cases}b_n-a_n=2n+2\\b_n+a_n=2n^2-2n\\c_n-b_n=2n-2\\c_n+b_n=2n^2+2n\end{cases}$$

即

$$\begin{cases}a_n=n^2-2n-1\\b_n=n^2+1\qquad(n\geqslant 4)\\c_n=n^2+2n-1\end{cases}$$

易证 a_n,b_n,c_n 满足式①,所以 a_n^2,b_n^2,c_n^2 成等差数列.

当 $n\geqslant 4$ 时,$a_n<b_n<c_n$,且 $a_n+b_n-c_n=n^2-4n+1>0$,所以以 a_n,b_n,c_n 为边长可以构成三角形,将此三角形记为 $\triangle_n(n\geqslant 4)$.

任取正整数 $m,n(m\geqslant 4,n\geqslant 4,m\neq n)$,若 $\triangle_m$ 与 $\triangle_n$ 相似,得

$$\frac{m^2-2m-1}{n^2-2n-1}=\frac{m^2+1}{n^2+1}=\frac{m^2+2m-1}{n^2+2n-1}$$

$$\frac{m^2+1}{n^2+1}=\frac{m^2+2m-1}{n^2+2n-1}=\frac{(m^2+2m-1)-(m^2+1)}{(n^2+2n-1)-(n^2+1)}=\frac{m-1}{n-1}$$

$$\frac{m^2+1}{n^2+1}=\frac{m^2-2m-1}{n^2-2n-1}=\frac{(m^2+1)-(m^2-2m-1)}{(n^2+1)-(n^2-2n-1)}=\frac{m+1}{n+1}$$

$$\frac{m+1}{n+1}=\frac{m-1}{n-1},m=n$$

这与 $m\neq n$ 矛盾! 所以任意两个三角形 $\triangle_m$ 与 $\triangle_n(m\geqslant 4,n\geqslant 4,m\neq n)$ 互不相似. 即欲证成立.

102. 设等差数列 $\{a_n\}$,$\{b_n\}$ 的前 n 项和分别是 S_n,T_n.

(1)(2009 年高考全国卷 II 理科第 14 题) 若 $a_5=5a_3$,则 $\dfrac{S_9}{S_5}=$________;

(2) 若 $a_5=5a_3$,$a_m\neq 0$,$S_m\neq 0$,则 $\dfrac{a_n}{a_m}=$________,$\dfrac{S_n}{S_m}=$________;

(3) 若 $S_9=9S_5$,$a_m\neq 0$,$S_m\neq 0$,则 $\dfrac{a_n}{a_m}=$________,$\dfrac{S_n}{S_m}=$________;

(4) 证明:当 $a_m\neq 0$ 时,$\dfrac{S_{2n-1}}{S_{2m-1}}=\dfrac{(2n-1)a_n}{(2m-1)a_m}(m,n\in\mathbf{N}^*)$;

(5) 证明:当 $b_n\neq 0$ 时,$\dfrac{S_{2n-1}}{T_{2n-1}}=\dfrac{a_n}{b_n}(n\in\mathbf{N}^*)$;

(6) 证明:当 $b_m\neq 0$ 时,$\dfrac{S_{2n-1}}{T_{2m-1}}=\dfrac{(2n-1)a_n}{(2m-1)b_m}(m,n\in\mathbf{N}^*)$;

(7) 证明:若 $\dfrac{S_n}{T_n}=\dfrac{pn+q}{p'n+q'}(n\in\mathbf{N}^*)$,则当 $b_m\neq 0$ 时,$\dfrac{a_n}{b_m}=$

$\dfrac{p(2n-1)+q}{p'(2m-1)+q'}(m,n\in\mathbf{N}^*)$；

(8) 证明：若 $\dfrac{a_n}{b_n}=\dfrac{pn+q}{p'n+q'}(n\in\mathbf{N}^*)$，则当 $T_m\neq 0$ 时，$\dfrac{S_n}{T_m}=\dfrac{n(pn+p+2q)}{m(p'm+p'+2q')}(m,n\in\mathbf{N}^*)$.

解 (1) $\dfrac{S_9}{S_5}=\dfrac{\frac{9}{2}(a_1+a_9)}{\frac{5}{2}(a_1+a_5)}=\dfrac{9a_5}{5a_3}=9$.

(2) 设等差数列 $\{a_n\}$ 的公差为 d，由 $a_5=5a_3$，可得 $a_1=-\dfrac{3}{2}d$，$a_n=\left(n-\dfrac{5}{2}\right)d$，$S_n=\dfrac{1}{2}n(n-4)d$，所以

$$\frac{a_n}{a_m}=\frac{2n-5}{2m-5},\frac{S_n}{S_m}=\frac{n(n-4)}{m(m-4)}$$

(3) 设等差数列 $\{a_n\}$ 的公差为 d，由 $S_9=9S_5$，可得 $a_1=-\dfrac{3}{2}d$，$a_n=\left(n-\dfrac{5}{2}\right)d$，$S_n=\dfrac{1}{2}n(n-4)d$，所以

$$\frac{a_n}{a_m}=\frac{2n-5}{2m-5},\frac{S_n}{S_m}=\frac{n(n-4)}{m(m-4)}$$

(4)(5)(6) 易证.

(7) 由题设知，可设

$$S_n=kn(pn+q),T_n=kn(p'n+q')\quad(\text{常数 }k\neq 0)$$

进而，得

$$a_n=k(2pn+q-p),b_n=k(2p'n+q'-p')\quad(\text{常数 }k\neq 0)$$

所以

$$\frac{a_n}{b_m}=\frac{k(2pn+q-p)}{k(2p'm+q'-p')}=\frac{p(2n-1)+q}{p'(2m-1)+q'}\quad(\text{用题设})$$

(8) 由题设知，可设

$$a_n=k(pn+q),b_n=k(p'n+q')\quad(\text{常数 }k\neq 0)$$

进而，得

$$S_n=kn(pn+p+2q),T_n=kn(p'n+p'+2q')\quad(\text{常数 }k\neq 0)$$

从而可得要证结论成立.

103.（2004年高考江苏卷第20题）设无穷等差数列 $\{a_n\}$ 的前 n 项和为 S_n.

(1) 若首项 $a_1=\dfrac{3}{2}$，公差 $d=1$，求满足 $S_{k^2}=(S_k)^2$ 的正整数 k；

(2) 求所有的无穷等差数列 $\{a_n\}$，使得对于一切正整数 k 都有 $S_{k^2}=(S_k)^2$

成立.

解　(1) 由 $S_n=\frac{1}{2}n^2+n$ 可求得 $k=4$.

(2) 可设 $S_n=An^2+Bn$(A,B 是常数),由 $S_{k^2}=(S_k)^2$,得

$$Ak^4+Bk^2=A^2k^4+2ABk^3+B^2k^2$$

在 $k\in\mathbf{N}^*$ 时恒成立,所以 $\begin{cases}A=A^2\\0=2AB\\B=B^2\end{cases}$,可得 $A=B=0$ 或 $\begin{cases}A=0\\B=1\end{cases}$ 或 $\begin{cases}A=1\\B=0\end{cases}$,即 $S_n=0$ 或 $S_n=n$ 或 $S_n=n^2$,进而可得

$$\{a_n\}:0,0,0,\cdots$$

或

$$\{a_n\}:1,1,1,\cdots$$

或

$$\{a_n\}:1,3,5,\cdots,2n-1,\cdots$$

104.(2018年上海交通大学自主招生数学试题第1题)已知点 $P(\sqrt{5},0)$,曲线 $y=\sqrt{\frac{x^2}{2}-1}\ (2\leqslant x\leqslant\sqrt{5})$ 上存在 n 个点 $A_1,A_2,\cdots,A_n$,使得 $|PA_1|$,$|PA_2|,\cdots,|PA_n|$ 组成公差 $d\in\left(\frac{1}{5},\frac{1}{\sqrt{5}}\right)$ 的等差数列,求 n 的最大值.

解　可设 $A_n\left(x_n,\sqrt{\frac{x_n^2}{2}-1}\right)(2\leqslant x_n\leqslant\sqrt{5})$,得

$$\begin{aligned}|PA_n|^2&=(x_n-\sqrt{5})^2+\left(\sqrt{\frac{x_n^2}{2}-1}\right)^2=\frac{3}{2}x_n^2-2\sqrt{5}x_n+4\\&=\frac{3}{2}\left(x_n-\frac{2}{3}\sqrt{5}\right)^2+\frac{2}{3}\quad(2\leqslant x_n\leqslant\sqrt{5})\end{aligned}$$

由 $\frac{2}{3}\sqrt{5}<2$,可得 $|PA_n|$ 的值随 x_n 的增加而增加,进而可得 $|PA_n|\in\left[\sqrt{10-4\sqrt{5}},\frac{\sqrt{6}}{2}\right]$.

若题设成立,再由 $n\geqslant3$,可得

$$\frac{2}{5}<2d\leqslant d(n-1)=|PA_n|-|PA_1|\leqslant\frac{\sqrt{6}}{2}-\sqrt{10-4\sqrt{5}}$$

$$\sqrt{10-4\sqrt{5}}<\frac{\sqrt{6}}{2}-\frac{2}{5}$$

$$10-4\sqrt{5}<\frac{83}{50}-\frac{2}{5}\sqrt{6}$$

$$417+20\sqrt{6}<200\sqrt{5}$$

$$400+20\sqrt{6}<200\sqrt{5}$$

$$20+\sqrt{6}<10\sqrt{5}$$

$$22.4<20+\sqrt{6}<10\sqrt{5}<22.4$$

这不可能！所以题设不成立，因而所求 n 的最大值不存在.

105.(2018 年上海交通大学自主招生数学试题第 3 题) 给定正整数 n 和正常数 a，对于满足条件 $a_1^2+a_{n+1}^2\leqslant a$ 的所有等差数列 $a_1,a_2,a_3,\cdots$，求 $\sum\limits_{i=n+1}^{2n+1}a_i$ 的最大值.

解 解法 1 记 $a_{n+1}=\alpha$，等差数列 $\{a_n\}$ 的公差为 d，$\sum\limits_{i=n+1}^{2n+1}a_i=S$，由题设可得

$$S=(n+1)\alpha+\frac{1}{2}n(n+1)d$$

$$\frac{S}{n+1}=\alpha+\frac{n}{2}d$$

又由 $a_1^2+a_{n+1}^2\leqslant a$，可得 $(\alpha-nd)^2+\alpha^2\leqslant a$，所以

$$a\geqslant\frac{4}{10}\left(\alpha+\frac{n}{2}d\right)^2+\frac{1}{10}(4\alpha-3nd)^2\geqslant\frac{4}{10}\left(\frac{S}{n+1}\right)^2$$

$$\sqrt{a}\geqslant\frac{2}{\sqrt{10}}\cdot\frac{|S|}{n+1},|S|\leqslant\frac{\sqrt{10a}}{2}(n+1)$$

从而可得所求 S 的最大值是 $\frac{\sqrt{10a}}{2}(n+1)$.

解法 2(三角换元法) 由 $a_1^2+a_{n+1}^2\leqslant a$ 知，可设 $a_1=\sqrt{r}\cos\theta,a_{n+1}=\sqrt{r}\sin\theta(0\leqslant\theta<2\pi,0\leqslant r\leqslant a)$.

再设等差数列 $\{a_n\}$ 的公差为 d，可得

$$nd=a_{n+1}-a_1=\sqrt{r}(\sin\theta-\cos\theta)$$

$$a_{n+1}+a_{2n+1}=2a_1+3nd=\sqrt{r}(3\sin\theta-\cos\theta)$$

所以

$$S=a_{n+1}+a_{n+2}+\cdots+a_{2n+1}=\frac{n+1}{2}(a_{n+1}+a_{2n+1})=\frac{n+1}{2}\sqrt{r}(3\sin\theta-\cos\theta)$$

$$S\leqslant\frac{\sqrt{10a}}{2}(n+1)$$

当且仅当 $r=a,3\sin\theta-\cos\theta=\sqrt{10}$ (即 $\sin\theta=\frac{3}{\sqrt{10}},\cos\theta=-\frac{1}{\sqrt{10}}$)，即当且仅当 $a_1=-\sqrt{\frac{a}{10}},a_{n+1}=3\sqrt{\frac{a}{10}}$ 时，$S=\frac{\sqrt{10a}}{2}(n+1)$.

所以所求 S 的最大值是 $\frac{\sqrt{10a}}{2}(n+1)$.

解法 3　可得 $\sum_{i=n+1}^{2n+1} a_i = \frac{a_{n+1}+a_{2n+1}}{2}(n+1) = \frac{3a_{n+1}-a_1}{2}(n+1)$.

再由柯西不等式,可得

$$(3a_{n+1}-a_1)^2 \leqslant (3^2+1^2)(a_{n+1}^2+a_1^2) \leqslant 10a$$
$$3a_{n+1}-a_1 \leqslant \sqrt{10a}$$

(可得当且仅当 $a_1=-\sqrt{\frac{a}{10}}$, $a_{n+1}=3\sqrt{\frac{a}{10}}$ 时取等号)

所以 $\sum_{i=n+1}^{2n+1} a_i$ 的最大值为 $\frac{\sqrt{10a}}{2}(n+1)$.

注　该题与下面的两道题如出一辙:

(2007 年复旦大学千分考第 81 题) 给定正整数 n 和正常数 a,对于满足条件 $a_1^2+a_{n+1}^2 \leqslant a$ 的所有等差数列 $a_1, a_2, a_3, \cdots$,求和式 $\sum_{i=n+1}^{2n+1} a_i$ 的最大值为(　　).

A. $\frac{\sqrt{10a}}{2}(n+1)$　B. $\frac{\sqrt{10a}}{2}n$　C. $\frac{\sqrt{10a}}{2}(n+1)$　D. $\frac{\sqrt{5a}}{2}n$

(答案:A.)

(1999 年全国高中数学联赛第一试第 15 题) 给定正整数 n 和正数 M,对于满足条件 $a_1^2+a_{n+1}^2 \leqslant M$ 的所有等差数列 $a_1, a_2, a_3, \cdots$,试求 $S=a_{n+1}+a_{n+2}+\cdots+a_{2n+1}$ 的最大值.　(答案:$\frac{n+1}{2}\sqrt{10M}$.)

106. (2017 年北京大学优秀中学生夏令营数学试题第 3 题) 在数列 $\left\{\frac{1}{n}\right\}$ 中,是否存在 2 017 个数,使其成等差数列.

解　存在.比如下面的等差数列:

$$\frac{1}{2\,017!}, \frac{2}{2\,017!}, \frac{3}{2\,017!}, \cdots, \frac{2\,017}{2\,017!}$$

即

$$\frac{1}{2\,017!}, \frac{1}{\frac{2\,017!}{2}}, \frac{1}{\frac{2\,017!}{3}}, \cdots, \frac{1}{\frac{2\,017!}{2\,017}}$$

107. (2016 年北京大学全国优秀中学生暑期夏令营数学试题第 2 题) 已知正数 a, b, c 成等差数列,判断 $\frac{1}{\sqrt{b}+\sqrt{c}}, \frac{1}{\sqrt{c}+\sqrt{a}}, \frac{1}{\sqrt{a}+\sqrt{b}}$ 是否成等差数列,并说明理由.

解　由题设,可得 $b-a=c-b=\frac{1}{2}(c-a)$,所以

$$\frac{1}{\sqrt{b}+\sqrt{c}}+\frac{1}{\sqrt{a}+\sqrt{b}}=\frac{\sqrt{c}-\sqrt{b}}{c-b}+\frac{\sqrt{b}-\sqrt{a}}{b-a}=\frac{\sqrt{c}-\sqrt{a}}{b-a}$$

$$=\frac{\sqrt{c}-\sqrt{a}}{\frac{1}{2}(c-a)}=\frac{2}{\sqrt{c}+\sqrt{a}}$$

所以$\frac{1}{\sqrt{b}+\sqrt{c}},\frac{1}{\sqrt{c}+\sqrt{a}},\frac{1}{\sqrt{a}+\sqrt{b}}$成等差数列.

108.(2013年北约自主招生试题第7题)已知$a_1,a_2,a_3,\cdots$是一个递增的正项等差数列,k,l,m,n是给定的正整数.若a_k与a_l的几何平均数大于a_m与a_n的算术平均数,求证:$\frac{k+l}{2}>\sqrt{mn}$.

解 由题设及均值不等式,可得

$$\frac{a_k+a_l}{2}\geqslant\sqrt{a_ka_l}>\frac{a_m+a_n}{2}$$

$$a_k+a_l>a_m+a_n$$

设递增的等差数列$a_1,a_2,a_3,\cdots$的公差是正数d,可得

$$a_1+(k-1)d+a_1+(l-1)d>a_1+(m-1)d+a_1+(n-1)d$$

$$k+l>m+n$$

$$\frac{k+l}{2}>\frac{m+n}{2}\geqslant\sqrt{mn}$$

$$\frac{k+l}{2}>\sqrt{mn}$$

109.(2013年北京大学暑期体验营数学试题第4题)若等差数列$\{a_n\}$的前14项和为77,且$a_1,a_{11}\in\mathbf{N}^*$,求$a_{18}$的值.

解 由等差数列$\{a_n\}$的性质$a_1+a_{14}=a_2+a_{13}=\cdots=a_7+a_8$及题设等差数列$\{a_n\}$的前14项和为77,可得

$$7(a_1+a_{14})=77$$

$$a_1+a_{14}=11$$

所以等差数列$\{a_n\}$的公差

$$d=\frac{a_{14}-a_1}{13}=\frac{11-2a_1}{13}$$

因而

$$a_{11}=a_1+10\cdot\frac{11-2a_1}{13}=9-\frac{7}{13}(a_1+1)$$

再由$a_1,a_{11}\in\mathbf{N}^*$知,可设$a_1=13k-1(k\in\mathbf{N}^*)$,得$a_{11}=9-7k$,因而$k=1$,所以$a_1=12,d=-1$,从而可得$a_{18}=a_1+17d=-5$.

110.(2012年北约自主招生试题第3题)已知$(x^2-2x+m)(x^2-2x+$

$n)=0$ 的 4 个根组成首项为$\frac{1}{4}$的等差数列,求$|m-n|$.

解　注意到两个方程的一次项系数相同,所以由韦达定理知,首项与末项之和为 2,得末项为 $2-\frac{1}{4}=\frac{7}{4}$,再得公差为$\frac{1}{2}$,所以 4 个根为$\frac{1}{4},\frac{3}{4},\frac{5}{4},\frac{7}{4}$.由此,得

$$|m-n|=\left|\frac{1}{4}\cdot\frac{7}{4}-\frac{3}{4}\cdot\frac{5}{4}\right|=\frac{1}{2}$$

111.(2012 年北京大学优秀中学生夏令营试题第 4 题)在等差数列$\{a_n\}$中,已知 $a_1<0,a_{100}\geqslant 74,a_{200}<200$,且在区间$\left(\frac{1}{2},5\right)$中的项比在区间$\left[20,\frac{49}{2}\right]$中的项少 2 项,求数列$\{a_n\}$的通项公式.

解　将等差数列$\{a_n\}$的所有项对应的点在数轴上表示出来,可得每相邻两个点的距离均相等.而题中两个区间的长度相等,所以由题设可得$\frac{1}{2}$,5,20,$\frac{49}{2}$均是数列$\{a_n\}$中的项(注意到 $a_1<0$).

可设等差数列$\{a_n\}$的公差是正数 d,得 $5-\frac{1}{2},20-5,\frac{49}{2}-20$ 即$\frac{9}{2},15,\frac{9}{2}$也即$\frac{3}{2}\cdot 3,\frac{3}{2}\cdot 10,\frac{3}{2}\cdot 3$都是 d 的正整数倍.注意到 3 与 10 互质,可得$\frac{3}{2}$是 d 的正整数倍,因而可设$\frac{3}{2}=dm,d=\frac{3}{2m}(m\in\mathbf{N}^*)$.

由题设 $a_1<0,a_1+99d\geqslant 74,a_1+199d<200$,可得$\frac{74}{99}<d<\frac{63}{50}$,即$\frac{25}{21}<m<\frac{297}{148}(m\in\mathbf{N}^*)$,得 $m=2,d=\frac{3}{4}$.

再由题设 $a_1<0,a_1+99d\geqslant 74$,可得$-\frac{1}{4}\leqslant a_1<0$.

由$\frac{1}{2}$是公差为$\frac{3}{4}$的等差数列$\{a_n\}$的项,可得在区间$\left[-\frac{1}{4},0\right)$(其长度小于$\frac{3}{4}$)上至多只有$\{a_n\}$中的一项,而$\frac{1}{2}-\frac{3}{4}=-\frac{1}{4}$可以是数列$\{a_n\}$的项,再由 $a_1<0$,可得 $a_1=-\frac{1}{4}$.

进而可得数列$\{a_n\}$的通项公式是 $a_n=-\frac{1}{4}+(n-1)\cdot\frac{3}{4}$,即 $a_n=\frac{3}{4}n-1$.

112.(2009 年北京大学自主招生保送生测试数学试题第 2 题)已知一无穷

递增的等差数列中有三项分别是 13,25,41,证明:这个数列中有一项等于 2 009.

解 可不妨设 13,25,41 分别是公差为正数 d 的无穷等差数列 $\{a_n\}$ 的第 $1,k+1,l+1(1<k<l)$ 项,得

$$25-13=12=kd,41-13=28=ld$$

$$\frac{k}{l}=\frac{3}{7}$$

所以可设 $k=3t,l=7t(t\in\mathbf{N}^*)$,再由 $12=kd$ 或 $28=ld$,得 $4=td$,所以

$$2\ 009=13+4\cdot 499=13+499td=a_{499t+1}$$

证毕!

113.(2008年同济大学自主招生试题)设数列 $\{a_n\}$ 中,$a_1=1,a_{n+3}\leqslant a_n+3,a_{n+2}\geqslant a_n+2$,求 $a_{2\ 009}$.

解 可得 $a_{n+6}\leqslant a_{n+3}+3\leqslant a_n+6,a_{n+6}\geqslant a_{n+4}+2\geqslant a_{n+2}+4\geqslant a_n+6$,所以 $a_{n+6}=a_n+6$,且

$$a_{n+3}=a_n+3,a_{n+2}=a_n+2$$

所以 $a_{n+3}=a_{n+2}+1$,即 $\{a_n\}_{n\geqslant 3}$ 是公差为 1 的等差数列,得 $a_{2\ 009}=a_3+2\ 006$.

又因为 $a_1=1$,所以 $a_3=3,a_{2\ 009}=3+2\ 006=2\ 009$.

114.(2005年日本第2届初级广中杯决赛试题第3题)求出1到100的自然数中,各位数字中 5 一次都没有出现的那些自然数之和.

解 所求答案为

$$\begin{aligned}&(1+2+3+\cdots+100)-(5+15+25+\cdots+95)-\\&(50+51+52+\cdots+59)+55\\=&\frac{100(1+100)}{2}-\frac{10(5+95)}{2}-\frac{10(50+59)}{2}+55\\=&5\ 050-500-545+55=4\ 060\end{aligned}$$

115.(2017年全国高中数学联合竞赛一试(B卷)第10题)设数列 $\{a_n\}$ 是等差数列,数列 $\{b_n\}$ 满足 $b_n=a_{n+1}a_{n+2}-a_n^2,n=1,2,\cdots$.

(1) 证明:数列 $\{b_n\}$ 也是等差数列;

(2) 设数列 $\{a_n\},\{b_n\}$ 的公差均是 $d\neq 0$,并且存在正整数 s,t,使得 a_s+b_t 是整数,求 $|a_1|$ 的最小值.

解 (1) 设等差数列 $\{a_n\}$ 的公差是 d,则

$$\begin{aligned}b_{n+1}-b_n&=(a_{n+2}a_{n+3}-a_{n+1}^2)-(a_{n+1}a_{n+2}-a_n^2)\\&=a_{n+2}(a_{n+3}-a_{n+1})-(a_{n+1}+a_n)(a_{n+1}-a_n)\\&=2da_{n+2}-d(a_{n+1}+a_n)\\&=d[(a_{n+2}-a_{n+1})+(a_{n+2}-a_n)]=3d^2\end{aligned}$$

所以数列 $\{b_n\}$ 是公差为 $3d^2$ 的等差数列.

(2) 由题设及(1) 的证明过程可得 $3d^2=d\neq 0$,所以 $d=\frac{1}{3}$. 从而

$$b_n=a_{n+1}a_{n+2}-a_n^2=(a_n+d)(a_n+2d)-a_n^2=3da_n+2d^2=a_n+\frac{2}{9}$$

若正整数 s,t 满足 a_s+b_t 是整数,则

$$a_s+b_t=a_s+a_t+\frac{2}{9}=2a_1+\frac{s+t-2}{3}+\frac{2}{9}$$

设 $l=2a_1+\frac{s+t-2}{3}+\frac{2}{9}$,得 $l\in\mathbf{Z}$,且 $18a_1=3(3l-s-t+1)+1$ 是一个非零的整数,所以 $|18a_1|>1,|a_1|>\frac{1}{18}$.

又因为当 $a_1=\frac{1}{18}$ 时,$a_1+b_3=\frac{1}{18}+\frac{17}{18}=1,a_1+b_3\in\mathbf{Z}$.

综上所述,可得 $|a_1|$ 的最小值为 $\frac{1}{18}$.

116.(2016 年第七届世界数学团体锦标赛青年组试题接力赛第 3 题)(1) 已知集合 $\{a,b,c\}\subseteq\{1,2,3,4,5,6,7,8,9\}$,求 $\frac{abc}{a+b+c}$ 的最小值;

(2) 设第(1) 问的答案是 T. 已知等差数列 $\{a_n\}$ 的前 n 项和 S_n 满足 $\frac{S_{2\,019}}{2\,019}-\frac{S_{2\,017}}{2\,017}=a_1=T$. 令 $b_n=\frac{1}{a_na_{n+1}}$,求数列 $\{b_n\}$ 的前 2 017 项和.

解　(1) 可不妨设 $a>b>c$,可得 $a\geqslant 3,b\geqslant 2,c\geqslant 1$,所以

$$ab\geqslant 6,ac\geqslant 3,bc\geqslant 2$$

因而

$$\frac{a+b+c}{abc}=\frac{1}{ab}+\frac{1}{ac}+\frac{1}{bc}\leqslant\frac{1}{6}+\frac{1}{3}+\frac{1}{2}=1$$

$$\frac{abc}{a+b+c}\geqslant 1$$

进而可得 $\frac{abc}{a+b+c}$ 的最小值是 1.

(2) 设等差数列 $\{a_n\}$ 的公差为 d,可得 $\frac{S_n}{n}=a_1+\frac{1}{2}(n-1)d$,因而 $\left\{\frac{S_n}{n}\right\}$ 是公差为 $\frac{d}{2}$ 的等差数列.

所以 $\frac{S_{2\,019}}{2\,019}-\frac{S_{2\,017}}{2\,017}=2\cdot\frac{d}{2}=d=a_1=T=1$,得 $\{a_n\}$ 是首项、公差均为 1 的等差数列,从而可得 $a_n=n(n\in\mathbf{N}^*)$.

所以 $b_n=\frac{1}{n(n+1)}=\frac{1}{n}-\frac{1}{n+1}(n\in\mathbf{N}^*)$,可得数列 $\{b_n\}$ 的前 2 017 项和

为$\frac{2\ 017}{2\ 018}$.

2.3 等比数列

1. 在各项均为正数的等比数列$\{a_n\}$中,若$a_3=\sqrt{2}-1$,$a_5=\sqrt{2}+1$,则$a_3^2+2a_2a_6+a_3a_7=$( ).

A. 4　　B. 6　　C. 8　　D. $8-4\sqrt{2}$

解　C. 可得$a_3^2+2a_2a_6+a_3a_7=a_3^2+2a_3a_5+a_5^2=(a_3+a_5)^2=8$.

2. 已知正项等比数列$\{a_n\}$满足$a_7=a_6+2a_5$,若存在两项a_m,a_n使得$\sqrt{a_ma_n}=4a_1$,则$\frac{1}{m}+\frac{4}{n}$的最小值为( ).

A. $\frac{3}{2}$　　B. $\frac{5}{3}$　　C. $\frac{25}{6}$　　D. 不存在

解　A. 设正项等比数列$\{a_n\}$的公比为$q(q>0)$.

由$a_7=a_6+2a_5$,可得$q^2=q+2$,$q=2$(舍去$q=-1$).

再由$\sqrt{a_ma_n}=4a_1$,可得$m+n=6(m,n\in\mathbf{N}^*)$,所以

$$6\left(\frac{1}{m}+\frac{4}{n}\right)=(m+n)\left(\frac{1}{m}+\frac{4}{n}\right)=5+\frac{n}{m}+\frac{4m}{n}\geqslant 5+2\sqrt{\frac{n}{m}\cdot\frac{4m}{n}}=9$$

$$\frac{1}{m}+\frac{4}{n}\geqslant\frac{3}{2}$$

当且仅当$\frac{n}{m}=\frac{4m}{n}$即$(m,n)=(2,4)$时,$\left(\frac{1}{m}+\frac{4}{n}\right)_{\min}=\frac{3}{2}$.

3.(2017年北京市海淀高三二模)若数列$\{a_n\}$是等比数列,则“$a_2>a_1$”是“数列$\{a_n\}$为递增数列”的( ).

A. 充分不必要条件　　B. 必要不充分条件

C. 充要条件　　D. 既不充分也不必要条件

解　解法1　B. 由数列$\{a_n\}$为递增数列,可得$a_2>a_1$.

由$a_2>a_1$,不能推出数列$\{a_n\}$为递增数列. 反例:数列$\{a_n\}$为$\{(-1)^n\}$.

进而可得答案.

解法2　B. 设等比数列的公比为q,可得

$$a_2>a_1\Leftrightarrow a_1(q-1)>0$$

数列$\{a_n\}$为递增数列$\Leftrightarrow a_{n+1}-a_n>0(n\in\mathbf{N}^*)\Leftrightarrow a_1q^{n-1}(q-1)>0(n\in\mathbf{N}^*)\Leftrightarrow\begin{cases}a_1(q-1)>0\\q>0\end{cases}$.

进而可得答案.

4.(2016 年北京市丰台高三二模) 在实数范围内,若等比数列$\{a_n\}$的前 n 项和为 S_n,则下列结论中一定成立的(　　).

A. 若 $a_5>0$,则 $a_{2\,015}<0$　　B. 若 $a_5>0$,则 $S_{2\,015}>0$

C. 若 $a_6>0$,则 $a_{2\,016}<0$　　D. 若 $a_6>0$,则 $S_{2\,016}>0$

解　B. 设等比数列$\{a_n\}$的公比为 $q(q\neq0)$.

选项 A 错误:由题设可得 $a_{2\,015}=a_5q^{2\,010}>0$.

选项 C 错误:由题设可得 $a_{2\,016}=a_6q^{2\,010}>0$.

选项 B 正确,理由如下:

若 $q=1$,可得 $S_{2\,015}=2\,015a_5>0$.

若 $q\neq1$,由 $a_5=a_1q^4>0$ 可得 $a_1>0$,所以 $S_{2\,015}=a_1\cdot\dfrac{1-q^{2\,015}}{1-q}$. 当 $q<1$ 时,$1-q^{2\,015}>0,1-q>0$,所以 $S_{2\,015}>0$;当 $q>1$ 时,$1-q^{2\,015}<0,1-q<0$,所以 $S_{2\,015}>0$.

因而选项 B 正确.

选项 D 错误,一个反例是:由 $a_1=q=-1$,可得 $a_6=1,S_{2\,016}=0$.

5.(2018 年北京市大兴高三一模) 若 $A=2^n+2^{n-1}\times3+2^{n-2}\times3^2+\cdots+2\times3^{n-1}+3^n(n\in\mathbf{N}^*)$,则 $A=$(　　).

A. 2^n　　B. $2\times3^n-2^{n+1}$　　C. 3^n+2^n　　D. $3^{n+1}-2^{n+1}$

解　解法 1　D. 设 $a_k=2^{n+1-k}\cdot3^{k-1}=2^n\left(\dfrac{3}{2}\right)^{k-1}$ $(k\in\mathbf{N}^*)$,可得 A 即求等比数列$\{a_k\}$(其公比是$\dfrac{3}{2}$)的前 $n+1$ 项和,所以

$$A=\frac{2^n-3^n\cdot\dfrac{3}{2}}{1-\dfrac{3}{2}}=3^{n+1}-2^{n+1}$$

解法 2　D. 在恒等式

$$(a-b)(a^n+a^{n-1}b+a^{n-2}b^2+\cdots+ab^{n-1}+b^n)=a^{n+1}-b^{n+1}\quad(n\in\mathbf{N}^*)$$

中令 $a=3,b=2$ 后,可得答案.

解法 3　D. 当 $n=1$ 时,可得 $A=5$,进而可排除选项 A,B.

当 $n\geqslant2$ 时,可得 $A>3^n+2^n$,所以可排除选项 C.

所以选 D.

6. 在等比数列$\{a_n\}$中,若 $a_1+a_2+a_3=m>0$,公比 $q<0$,则 $a_1a_2a_3$ 的取值范围是(　　).

A. $[-m^3,0)$　B. $[-m^3,+\infty)$　　C. $(0,m^3]$　　D. $(-\infty,m^3]$

解 A. 由 $q<0$，得 $\frac{1}{q}+q\in(-\infty,-2]$，所以 $a_2=\dfrac{m}{\frac{1}{q}+1+q}$ 的取值范围是 $[-m,0)$. $a_1a_2a_3=a_2^3$ 的取值范围是 $[-m^3,0)$.

7. 若 $\{a_n\}$ 是等比数列，则"$a_1<a_2<a_3$"是"数列 $\{a_n\}$ 是递增数列"的(　　).

A. 充分不必要条件　　B. 必要不充分条件

C. 充要条件　　D. 既不充分又不必要条件

解 C. 设等比数列 $\{a_n\}$ 的公比为 q，由题设可得，$a_1<a_2<a_3\Leftrightarrow a_1<a_1q<a_1q^2\Leftrightarrow\begin{cases}a_1>0\\q>1\end{cases}$ 或 $\begin{cases}a_1<0\\0<q<1\end{cases}$，所以可得选 C.

8. (2016 年北京市东城高三二模) 成等差数列的三个正数的和等于 6，并且这三个数分别加上 3，6，13 后成为等比数列 $\{b_n\}$ 中的 b_3,b_4,b_5，则数列 $\{b_n\}$ 的通项公式为(　　).

A. $b_n=2^{n-1}$　　B. $b_n=3^{n-1}$　　C. $b_n=2^{n-2}$　　D. $b_n=3^{n-2}$

解 A. 可设这三个正数分别是 $2-d,2,2+d(-2<d<2)$，进而可得 $5-d,8,15+d$ 成等比数列，再求得 $d=1$，所以 $b_3=4,b_4=8$，从而可得答案.

9. 已知正项等比数列 $\{a_n\}$ 满足 $a_7=a_6+2a_5$. 若存在两项 a_m,a_n 使得 $\sqrt{a_ma_n}=4a_1$，则 $\frac{1}{m}+\frac{9}{n}$ 的最小值为(　　).

A. $\frac{8}{3}$　　B. $\frac{11}{4}$　　C. $\frac{14}{5}$　　D. $\frac{17}{6}$

解 解法 1　可得正项等比数列 $\{a_n\}$ 的公比为 2，再由 $\sqrt{a_ma_n}=4a_1$，得 $m+n=6$. 所以

$$\frac{1}{m}+\frac{9}{n}=\frac{m+n}{6}\left(\frac{1}{m}+\frac{9}{n}\right)=\frac{1}{6}\left(10+\frac{n}{m}+\frac{9m}{n}\right)\geqslant\frac{1}{6}\left(10+2\sqrt{\frac{n}{m}\cdot\frac{9m}{n}}\right)=\frac{8}{3}$$

当且仅当 $\frac{n}{m}=\frac{9m}{n}$ 即 $\begin{cases}n=3m\\m+n=6\end{cases}$ 也即 $(m,n)=\left(\frac{3}{2},\frac{9}{2}\right)$ 时，$\left(\frac{1}{m}+\frac{9}{n}\right)_{\min}=\frac{8}{3}$.

这个答案显然不对！因为当 $\frac{1}{m}+\frac{9}{n}$ 取到最小值时，不满足"$m,n\in\mathbf{N}^*$".

那么，是不是只需试验与 $m=\frac{3}{2}$ 最近的两组值 $(m,n)=(1,5)$，或 $(2,4)$ 就可以了呢(进而可得当且仅当 $(m,n)=(2,4)$ 时，$\left(\frac{1}{m}+\frac{9}{n}\right)_{\min}=\frac{11}{4}$)？这样也不行，因为我们目前并不知晓函数 $f(m)=\frac{1}{m}+\frac{9}{n}=\frac{1}{m}+\frac{9}{6-m}(m>0)$ 在

$\left(0,\frac{3}{2}\right)$，$\left(\frac{3}{2},+\infty\right)$上分别是减函数、增函数，这是必须验证的

$$f'(m)=-\frac{1}{m^2}+\frac{9}{(m-6)^2}=\frac{8(m+3)}{m^2(m-6)^2}\left(m-\frac{3}{2}\right)\quad(m>0)$$

…… 进而可得完整严谨的解答！

解法 2　B. 同解法 1 可得 $m+n=6$，即 $(m,n)=(1,5),(2,4),(3,3),(4,2),(5,1)$，分别得 $\frac{1}{m}+\frac{9}{n}=2\frac{4}{5},2\frac{3}{4},3\frac{1}{3},4\frac{3}{4},9\frac{1}{5}$，所以 $\frac{1}{m}+\frac{9}{n}$ 的最小值是 $\frac{11}{4}$.

10. 甲、乙两企业每年缴纳的地税逐年增加，并且甲企业的年增长数相同，乙企业的年增长率相同. 若这两家企业在 2004 年和 2010 年所缴地税均相同，则它们在 2016 年缴纳地税的情况是(　　).

A. 甲多　　B. 乙多　　C. 一样多　　D. 不能确定

解　B. 设 2004 年和 2010 年，甲、乙两个企业所缴纳的地税额分别为 a，b(由"逐年增加"知，$0<a<b$).

因为甲企业的年增长数相同，乙企业的年增长率相同，所以甲缴纳的地税额是成等差数列增长的，乙是成等比数列增长的.

因而到 2016 年，甲、乙缴纳的地税额分别为 $2b-a,\frac{b^2}{a}$. 再由 $2b-a-\frac{b^2}{a}=\frac{2ab-a^2-b^2}{a}<0$，可得答案是 B.

11.（中国台湾高考试题，不定项选择题）第 1 天获得 1 元，第 2 天获得 2 元，第 3 天获得 4 元，第 4 天获得 8 元，…… 每天所获得的钱为前一天的两倍，如此进行到第 30 天，试问这 30 天所获得的钱，总数最接近下列哪一个选项？

(1)10 000 元

(2)1 000 000 元

(3)100 000 000 元

(4)1 000 000 000 元

(5)1 000 000 000 000 元

解　(4). 由等比数列的前 n 项和公式，可知第 30 天所获的钱数为 $2^{29}=536\ 870\ 912$ 元. 实际上，考生若能知道 $2^{10}=1\ 024$，利用心算就可知正确选项为(4).

12.（中国台湾高考试题，不定项选择题）设 $\{a_n\}$ 为一等比数列. 已知前 10 项的和为 $\sum\limits_{k=1}^{10}a_k=80$，前 5 个奇数项的和为 $a_1+a_3+a_5+a_7+a_9=120$，请选出首项 a_1 的正确范围.

(1)$a_1 < 80$　　(2)$80 \leqslant a_1 < 90$　　(3)$90 \leqslant a_1 < 100$

(4)$100 \leqslant a_1 < 110$　　(5)$110 \leqslant a_1$

解　(4). 本题的关键是求出等比数列$\{a_n\}$的公比q，代入到$a_1 + a_3 + a_5 + a_7 + a_9 = 120$中可以求出$q$的准确值，再利用估算求出$a_1$的范围.

因为$\sum\limits_{k=1}^{10} a_k = 80$，$a_1 + a_3 + a_5 + a_7 + a_9 = 120$，所以，$a_2 + a_4 + a_6 + a_8 + a_{10} = -40$. 设等比数列$\{a_n\}$的公比为$q$，所以有

$$q = \frac{a_2}{a_1} = \frac{a_4}{a_3} = \frac{a_6}{a_5} = \frac{a_8}{a_7} = \frac{a_{10}}{a_9} = \frac{a_2 + a_4 + a_6 + a_8 + a_{10}}{a_1 + a_3 + a_5 + a_7 + a_9} = -\frac{1}{3}$$

将$q = -\frac{1}{3}$代入$a_1 + a_3 + a_5 + a_7 + a_9 = 120$中得

$$a_1(1 + q^2 + q^4 + q^6 + q^8) = 120 \Rightarrow a_1 \cdot \frac{(q^2)^5 - 1}{q^2 - 1} = a_1 \cdot \frac{\left(-\frac{1}{3}\right)^{10} - 1}{\left(-\frac{1}{3}\right)^2 - 1} = 120$$

下面由此式来估算出a_1的范围：

一方面，由$a_1\left[1 + \left(-\frac{1}{3}\right)^2\right] < 120$，可得$\frac{10}{9}a_1 < 120$，$a_1 < 108$.

另一方面，由$a_1 \cdot \dfrac{1}{1 - \left(-\frac{1}{3}\right)^2} > a_1 \cdot \dfrac{1 - \left(-\frac{1}{3}\right)^{10}}{1 - \left(-\frac{1}{3}\right)^2} = 120$，可得$\frac{9}{8}a_1 > 120$，$a_1 > \frac{320}{3} > 100$.

所以$100 < a_1 < 108$.

13.（2018年高考北京卷文科第4题）a,b,c,d是非零实数，则“$ad = bc$”是“a,b,c,d成等比数列”的（　　）.

A. 充分而不必要条件　　B. 必要而不充分条件

C. 充分必要条件　　D. 既不充分也不必要条件

解　B. 若a,b,c,d成等比数列（设其公比为q），则$\frac{b}{a} = \frac{d}{c} = q$，$ad = bc$；若$ad = bc$，则$a,b,c,d$成等比数列不能恒成立，比如$a = 1$，$b = 2$，$c = 8$，$d = 16$. 进而可得答案.

14.（2018年高考浙江卷第10题）已知a_1,a_2,a_3,a_4成等比数列，且$a_1 + a_2 + a_3 + a_4 = \ln(a_1 + a_2 + a_3)$. 若$a_1 > 1$，则（　　）.

A. $a_1 < a_3$，$a_2 < a_4$　　B. $a_1 > a_3$，$a_2 < a_4$

C. $a_1 < a_3$，$a_2 > a_4$　　D. $a_1 > a_3$，$a_2 > a_4$

解　解法1　B. 设$a_1 + a_2 + a_3 = t\,(t > 0)$，可得$t + a_4 = \ln t$，$a_4 = \ln t - t$.

用导数知识可证得 $\ln t - t \leqslant -1$，所以 $a_4 \leqslant -1$.

再由 $a_1 > 1$，可得等比数列 a_1, a_2, a_3, a_4 的公比 $q < 0$ 且 $q \neq -1$（若 $q = -1$，可得 $a_1 + a_2 + a_3 + a_4 = a_1 - a_1 + a_1 - a_1 = 0$，$\ln(a_1 + a_2 + a_3) = \ln a_1 > 0$，这将与题设 $a_1 + a_2 + a_3 + a_4 = \ln(a_1 + a_2 + a_3)$ 矛盾）.

还可得 $a_1 + a_2 + a_3 + a_4 = a_1(1 + q + q^2 + q^3) = a_1(1+q)(1+q^2)$.

若 $q < -1$，可得 $1 + q + q^2 = 1 + q(q+1) > 1$，此时可得 $a_1 + a_2 + a_3 + a_4 < 0$，且

$$a_1 + a_2 + a_3 = a_1(1 + q + q^2) > a_1 > 1$$
$$\ln(a_1 + a_2 + a_3) > 0$$

这将与题设 $a_1 + a_2 + a_3 + a_4 = \ln(a_1 + a_2 + a_3)$ 矛盾！所以 $-1 < q < 0$，$0 < q^2 < 1$.

因而 $a_3 = a_1 q^2 < a_1$，$a_4 = a_2 q^2 > a_2$.

解法 2　B. 可设等比数列 a_1, a_2, a_3, a_4 的公比为 q，由题设 $a_1 + a_2 + a_3 + a_4 = \ln(a_1 + a_2 + a_3)$，可得 $a_1(1 + q + q^2 + q^3) - \ln[a_1(1 + q + q^2)] = 0$.

设函数 $f(x) = a_1(1 + x + x^2 + x^3) - \ln[a_1(1 + x + x^2)]$，可得 $f(-1) = -\ln a_1 < 0$，$f(0) = a_1 - \ln a_1 > 0$（因为用导数可证得 $x - \ln x \geqslant 1$），再由函数 $f(x)$ 在 $(-1, 0)$ 上连续，可得 $\exists q \in (-1, 0)$ 使得 $f(q) = 0$，即满足题设 $a_1 + a_2 + a_3 + a_4 = \ln(a_1 + a_2 + a_3)$.

此时，可得 $a_1 - a_3 = a_1(1+q)(1-q) > 0$，$a_2 - a_4 = q(a_1 - a_3) < 0$，因而 $a_1 > a_3$，$a_2 < a_4$，由此可排除选项 A,C,D，所以答案是 B.

15.（2016 年高考上海卷理科第 17 题）已知无穷等比数列 $\{a_n\}$ 的公比为 q，前 n 项和为 S_n，且 $\lim\limits_{n\to\infty} S_n = S$. 下列条件中，使得 $2S_n < S(n \in \mathbf{N}^*)$ 恒成立的是（　　）.

A. $a_1 > 0, 0.6 < q < 0.7$　　B. $a_1 < 0, -0.7 < q < -0.6$

C. $a_1 > 0, 0.7 < q < 0.8$　　D. $a_1 < 0, -0.8 < q < -0.7$

解　B. 由 $\lim\limits_{n\to\infty} S_n = S$，可得 $S_n = \dfrac{a_1(1-q^n)}{1-q}$，$S = \dfrac{a_1}{1-q}(0 < |q| < 1)$，所以“$2S_n < S(n \in \mathbf{N}^*)$ 恒成立”即“$a_1(2q^n - 1) > 0(n \in \mathbf{N}^*)$ 恒成立”.

若 $a_1 > 0$，得 $q^n > \dfrac{1}{2}(n \in \mathbf{N}^*)$ 恒成立，这与 $\lim\limits_{n\to\infty} q^n = 0(0 < |q| < 1)$ 矛盾！由此可排除选项 A,C.

若 $a_1 < 0$，得 $q^n < \dfrac{1}{2}(n \in \mathbf{N}^*)$ 恒成立. 此时，若 $-0.8 < q < -0.7$，得 $0.49 < q^2 < 0.64$，$0.64 > \dfrac{1}{2}$，不合题意，由此可排除选项 D.

所以选 B.

16.（2006 年高考北京卷理科第 7 题）若 $f(n)=2+2^4+2^7+2^{10}+\cdots+2^{3n+10}(n\in\mathbf{N})$，则 $f(n)$ 等于（　　）.

A. $\frac{2}{7}(8^n-1)$　　B. $\frac{2}{7}(8^{n+1}-1)$　　C. $\frac{2}{7}(8^{n+3}-1)$　　D. $\frac{2}{7}(8^{n+4}-1)$

解　D. 令 $n=0$ 后可排除选项 A,B,C.

17.（2018 年北京大学自主招生数学试题第 18 题）若实数 a,b,c 成等比数列，且 $c>0,a\leqslant 2b+3c$，则 $\frac{b-2c}{a}$ 的取值范围是（　　）.

A. $\left(-\infty,\frac{1}{16}\right]$　　B. $\left(-\infty,\frac{1}{9}\right]$

C. $\left(-\infty,\frac{1}{8}\right]$　　D. 前三个答案都不对

解　B. 由 $0<b^2=ac(c>0)$，可得 $a>0$.

可设 $\frac{b}{a}=\frac{c}{b}=q$，由 $a\leqslant 2b+3c$，可得 $1\leqslant 2q+3q^2,q\leqslant -1$ 或 $q\geqslant\frac{1}{3}$.

再由 $\frac{b-2c}{a}=q-2q^2=\frac{1}{8}-2\left(q-\frac{1}{4}\right)^2$，可得 $\frac{b-2c}{a}$ 的取值范围 $\left(-\infty,\frac{1}{9}\right]$.

18.（2018 年清华大学领军计划数学试题第 22 题，不定项选择题）若数列 $\{a_n\}$ 满足 $a_1=1,a_{n+1}=\frac{a_n}{(n-2)a_n+2}(n\in\mathbf{N}^*)$，则（　　）.

A. $a_9=\frac{2}{9}$　　B. $a_{10}=\frac{2}{503}$

C. $a_{n+1}\leqslant a_n(n\in\mathbf{N}^*)$　　D. $0<a_n\leqslant 2(n\in\mathbf{N}^*)$

解　CD. 可得 $a_1=a_2=1$，接下来可用数学归纳法证得 $a_n>0(n\in\mathbf{N}^*)$.

由题设，可得

$$\frac{1}{a_{n+1}}=\frac{2}{a_n}+n-2,\frac{1}{a_{n+1}}+n=2\left(\frac{1}{a_n}+n-1\right)\quad(n\in\mathbf{N}^*)$$

所以数列 $\left\{\frac{1}{a_n}+n-1\right\}$ 是首项为 1、公比为 2 的等比数列，得

$$\frac{1}{a_n}+n-1=2^{n-1}\quad(n\in\mathbf{N}^*)$$

$$a_n=\frac{1}{2^{n-1}-(n-1)}\quad(n\in\mathbf{N}^*)$$

进而可得 $a_9=\frac{1}{248}\neq\frac{2}{9},a_{10}=\frac{1}{503}\neq\frac{2}{503}$，所以选项 A,B 均错误.

由 $a_n>0(n\in\mathbf{N}^*)$，可得 $a_{n+1}\leqslant a_n(n\in\mathbf{N}^*)\Leftrightarrow 2^n-n\geqslant 2^{n-1}-(n-1)(n\in\mathbf{N}^*)\Leftrightarrow 2^{n-1}\geqslant 1(n\in\mathbf{N}^*)$，所以选项 C 正确.

由 $a_n>0(n\in\mathbf{N}^*)$，可得 $0<a_n\leqslant 2(n\in\mathbf{N}^*)\Leftrightarrow 2^{n-1}-(n-1)\geqslant\frac{1}{2}(n\in\mathbf{N}^*)\Leftrightarrow 2^n-n\geqslant\frac{1}{2}(n\in\mathbf{N}^*)$.

由 $2^n=(1+1)^n=C_n^0+C_n^1+\cdots+C_n^n\geqslant C_n^0+C_n^1=n+1$，可得 $2^n-n\geqslant\frac{1}{2}(n\in\mathbf{N}^*)$，所以选项 D 正确.

19.（2017 年北京大学博雅人才计划笔试（理科数学）试题第 1 题）正整数 $9+95+995+\cdots+\underbrace{99\cdots9}_{2\,016个9}5$ 的十进制表示中数值 1 的个数为（　　）.

A. 2 012　　B. 2 013　　C. 2 014　　D. 前三个答案都不对

解　C. 可得

$$\begin{aligned}&9+95+995+\cdots+\underbrace{99\cdots9}_{2\,016个9}5\\=&(10-1)+(10^2-5)+(10^3-5)+\cdots+(10^{2\,017}-5)\\=&(10+10^2+10^3+\cdots+10^{2\,017})-(5\cdot 2\,017-4)\\=&\underbrace{111\cdots1}_{2\,017个1}0-10\,081=\underbrace{111\cdots1}_{2\,013个1}01\,029\end{aligned}$$

20.（2016 年北京大学博雅自主招生试题第 6 题）已知 $k\neq1$，则等比数列 $a+\log_2 k, a+\log_4 k, a+\log_8 k$ 的公比为（　　）.

A. $\frac{1}{2}$　　B. $\frac{1}{3}$　　C. $\frac{1}{4}$　　D. 前三个答案都不对

解　B. 由题设，得

$$\left(a+\frac{1}{2}\log_2 k\right)^2=(a+\log_2 k)\left(a+\frac{1}{3}\log_2 k\right)$$

$$a=-\frac{1}{4}\log_2 k$$

所以所求的公比为 $\dfrac{a+\log_4 k}{a+\log_2 k}=\dfrac{-\frac{1}{4}\log_2 k+\frac{1}{2}\log_2 k}{-\frac{1}{4}\log_2 k+\log_2 k}=\dfrac{1}{3}$.

21.（2013 年清华大学夏令营数学试题第 3 题）已知数列 $\{a_n\}$ 的各项均为正数，若对于任意的正整数 p,q 总有 $a_{p+q}=a_pa_q$，且 $a_8=16$，则 $a_{10}=$（　　）.

A. 16　　B. 32　　C. 48　　D. 64

解　B. 可得 $a_{n+1}=a_1a_n(n\in\mathbf{N}^*)$，所以 $\{a_n\}$ 是公比为 a_1 的等比数列，进而可得 $a_n=a_1^n(n\in\mathbf{N}^*)$.

再由 $a_8=16=(\sqrt{2})^8$，可得 $a_1^8=(\sqrt{2})^8(a_1>0)$，$a_1=\sqrt{2}$，所以 $a_n=(\sqrt{2})^n(n\in\mathbf{N}^*)$.

因而 $a_{10}=(\sqrt{2})^{10}=32$.

22. 若 a,b 是函数 $f(x)=x^2=px+q(p,q$ 是正数常数) 的两个不同零点，且 $a,b,-2$ 这三个数适当排序后可成等差数列，且适当排序后也可成等比数列，则 $p=$________.

解 5. 由韦达定理，可得 $\begin{cases}a+b=p>0\\ab=q>0\end{cases}$，所以 $a>0,b>0$.

再由 $a,b,-2$ 这三个数适当排序后可成等差数列，可得 $a\neq b$.

再由本题是关于 a,b 对称的，因而可不妨设 $a>b$.

还可不妨设排成的等差数列是递增的，即是 $-2,b,a$，得 $a-2=2b$.

由 $a,b,-2$ 这三个数适当排序后可成等比数列，可得 $ab=(-2)^2=4$. 进而可求得 $a=4,b=1$，所以 $p=a+b=5$.

23. 若 $\{a_n\}$ 是等比数列，且 $S_n=3^n+r$，则 $r=$________.

解 -1. 由 $S_0=0$ 可简洁求解(这种解法是先把定义域扩大，再求解).

24. 设等比数列 $\{a_n\}$ 的前 n 项和为 S_n，若 $S_n=2^n+c(c$ 为常数)，则 $a_1^2+a_2^2+\cdots+a_n^2=$________.

解 $\dfrac{4^n-1}{3}$. 可求得 $c=-1$，进而可得 $a_n=2^{n-1}$，$a_n^2=4^{n-1}$，从而可得答案.

25. 已知等比数列 $\{a_n\}$ 的公比为 2，若 $a_2+a_3=4$，则 $a_1+a_4=$________.

解 6. 题设即 $a_2+a_3=a_1(2+2^2)=6a_1=4,a_1=\dfrac{2}{3}$，所以 $a_1+a_4=a_1(1+q^3)=\dfrac{2}{3}\cdot 9=6$.

26. (2015 年北京市西城高三一模) 若数列 $\{a_n\}$ 满足 $a_1=-2$，且对于任意的 $m,n\in \mathbf{N}^*$，都有 $a_{m+n}=a_m\cdot a_n$，则 $a_3=$________；数列 $\{a_n\}$ 前 10 项的和 $S_{10}=$________.

解 $-8,682$. 令 $m=1$ 后得 $a_{1+n}=-2a_n$，进而可得 $a_n=(-2)^{n-1}$，从而可得答案.

27. 若等比数列 $\{a_n\}$ 的各项均为正数，其前 n 项和为 S_n，且 $S_{10}=10,S_{30}=70$，则 $S_{40}=$________.

解 150. 可得 $S_{10},S_{20}-S_{10},S_{30}-S_{20}$ 即 $10,S_{20}-10,70-S_{20}$ 成等比数列，所以

$$(S_{20}-10)^2=10(70-S_{20})$$
$$(S_{20}+20)(S_{20}-30)=0\quad (S_{20}>0)$$
$$S_{20}=30$$

再由 $S_{20}-S_{10},S_{30}-S_{20},S_{40}-S_{30}$ 即 $20,40,S_{40}-70$ 成等比数列，可求得答案.

28. 若 $x,y,z\in\mathbf{R}$，$-1,x,y,z,-3$ 成等比数列，则 $xyz=$________.

解　$-3\sqrt{3}$. 可得 $-1,y,-3$ 成等比数列，所以 $y^2=(-1)(-3)=3$.

又由 $-1,x,y$ 成等比数列，可得 $x^2=-1\cdot y>0$，$y<0$，所以 $y=-\sqrt{3}$.

由 x,y,z 成等比数列，可得 $xyz=y^3=-3\sqrt{3}$.

29. 若等比数列 $\{a_n\}$ 的各项均为正数，且 $a_1a_2a_3=5$，$a_7a_8a_9=10$，则 $a_4a_5a_6=$________.

解　$5\sqrt{2}$. 由 $(a_4a_5a_6)^2=a_1a_2a_3\cdot a_7a_8a_9=5\cdot 10$ 可得答案.

30. 设等比数列 $\{a_n\}$ 前 n 项的积为 P_n，若 $P_{12}=32P_7$，则 $a_{10}=$________.

解　2. 由 $P_{12}=32P_7$，可得 $a_8a_9a_{10}a_{11}a_{12}=32$，即 $a_{10}^5=32$，$a_{10}=2$.

31. 设公比为正数 q 的等比数列 $\{a_n\}$ 的前 n 项和为 S_n，且 $S_2=3a_2+2$，$S_4=3a_4+2$，则 $q=$________.

解　$\dfrac{3}{2}$. 把题设中的两个等式相减后，可得 $a_3+a_4=3a_4-3a_2$，$2a_4-a_3-3a_2=0$，$2q^2-q-3=0(q>0)$，$q=\dfrac{3}{2}$.

32. 在各项都是实数的等比数列 $\{a_n\}$ 中，若 $a_1a_9=64$，$a_3+a_7=20$，则 $a_{11}=$________.

解　1 或 64. 因为等比数列 $\{a_n\}$ 的各项都是实数，所以 a_3,a_5,a_7 同号. 再由 $a_3+a_7=20>0$，可得 $a_5>0$. 又由 $a_5^2=a_1a_9=64$，可得 $a_5=8$.

设等比数列 $\{a_n\}$ 的公比是实数 q，由 $a_3+a_7=20$，$a_5=8$，可得 $\dfrac{8}{q^2}+8q^2=20$，$q^2=\dfrac{1}{2}$ 或 2.

因而 $a_{11}=a_5q^6=8(q^2)^3=1$ 或 64.

33. 设数列 $\{a_n\}$ 的前 n 项和为 S_n，若 $S_2=4$，$a_{n+1}=2S_n+1$，则 $a_1=$________，$S_5=$________.

解　1，121. 可得 $a_{n+1}=S_{n+1}-S_n=2S_n+1$，$S_{n+1}=3S_n+1$，$S_{n+1}+\dfrac{1}{2}=3\left(S_n+\dfrac{1}{2}\right)$，所以 $S_n+\dfrac{1}{2}=\left(S_2+\dfrac{1}{2}\right)\cdot 3^{n-2}=\dfrac{3^n}{2}$，$S_n=\dfrac{3^n-1}{2}$，进而可求得答案.

34. 已知数列 $\{a_n\}$ 由 $a_1=1$，$2a_{n+1}+a_n+3=0(n\in\mathbf{N}^*)$ 确定，$b_n=a_n+1(n\in\mathbf{N}^*)$，数列 $\{b_n\}$ 的前 n 项和是 S_n. 若 $3\lambda S_n\leqslant 4(n\in\mathbf{N}^*)$，则实数 λ 的最大值为________.

解　$\dfrac{2}{3}$. 由题设可得 $b_1=2$，$2b_{n+1}+b_n=0(n\in\mathbf{N}^*)$，进而可得 $\{b_n\}$ 是首项为 2、公比为 $-\dfrac{1}{2}$ 的等比数列，所以 $S_n=\dfrac{4}{3}\left[1-\left(-\dfrac{1}{2}\right)^n\right](n\in\mathbf{N}^*)$.

因而 $3\lambda S_n \leqslant 4(n\in\mathbf{N}^*)$ 即 $\lambda\left[1-\left(-\frac{1}{2}\right)^n\right]\leqslant 1(n\in\mathbf{N}^*)$.

(1) 当 $\lambda\leqslant 0$ 时,可得上式恒成立.

(2) 当 $\lambda>0$ 时,可得上式即 $1-\left(-\frac{1}{2}\right)^n\leqslant\frac{1}{\lambda}$,$\left(-\frac{1}{2}\right)^n\geqslant 1-\frac{1}{\lambda}(n\in\mathbf{N}^*)$,也即 $\left(-\frac{1}{2}\right)^n\geqslant 1-\frac{1}{\lambda}$($n$ 为正奇数),也即 $-\frac{1}{2^n}\geqslant 1-\frac{1}{\lambda}$,$\frac{1}{2^n}\leqslant\frac{1}{\lambda}-1$($n$ 为正奇数),也即 $\frac{1}{2^1}\leqslant\frac{1}{\lambda}-1$,$0<\lambda\leqslant\frac{2}{3}$,所以所求实数 λ 的最大值为 $\frac{2}{3}$.

35. 设等比数列 $\{a_n\}$ 的前 n 项和为 S_n,若存在正整数 m,使得 $\frac{S_{2m}}{S_m}=9$,$\frac{a_{2m}}{a_m}=\frac{5m+1}{m-1}$,则数列 $\{a_n\}$ 的公比为________.

解 2. 设等比数列 $\{a_n\}$ 的公比为 q. 若 $q=1$,则 $9=\frac{S_{2m}}{S_m}=\frac{2ma_1}{ma_1}=2$,这不可能! 所以 $q\neq 1$,因而

$$9=\frac{S_{2m}}{S_m}=\frac{\frac{a_1(1-q^{2m})}{1-q}}{\frac{a_1(1-q^m)}{1-q}}=1+q^m,q^m=8$$

$$\frac{5m+1}{m-1}=\frac{a_{2m}}{a_m}=q^m=8$$

$$m=3$$

再由 $q^m=8$,可得 $q=2$.

36. 若一个等比数列前三项、后三项、所有项的积分别为 2,4,64,则该数列的项数是________.

解 解法 1 12. 设该等比数列的首项、公比、项数分别为 a_1,q,n,得

$$a_1\cdot a_1q\cdot a_1q^2=a_1^3q^3=2$$

$$a_1q^{n-3}\cdot a_1q^{n-2}\cdot a_1q^{n-1}=a_1^3q^{3n-6}=4$$

两式相乘,得 $a_1^6q^{3n-3}=8$,$a_1^2q^{n-1}=2$.

又因为 $a_1\cdot a_1q\cdot a_1q^2\cdot\cdots\cdot a_1q^{n-1}=a_1^nq^{\frac{1}{2}n(n-1)}=64$,所以

$$(a_1^2q^{n-1})^n=64^2,2^n=64^2,n=12$$

解法 2 12. 设该等比数列为 $\{a_n\}$,项数为 n,得

$$a_1a_2a_3\cdot a_{n-2}a_{n-1}a_n=(a_1a_n)^3=2\cdot 4=8,a_1a_n=2$$

$$2^{12}=64^2=(a_1a_2a_3\cdots a_n)^2=(a_1a_n)^n=2^n,n=12$$

37. 在等比数列 $\{a_n\}$ 中,若 $a_1+a_2+a_3+a_4=\frac{15}{8}$,$a_2a_3=-\frac{9}{8}$,则 $\frac{1}{a_1}+\frac{1}{a_2}+$

$\frac{1}{a_3}+\frac{1}{a_4}=$________.

解 $-\frac{5}{3}$. $\frac{1}{a_1}+\frac{1}{a_2}+\frac{1}{a_3}+\frac{1}{a_4}=\frac{a_1+a_2+a_3+a_4}{a_2a_3}=\frac{15}{8}\cdot\left(-\frac{8}{9}\right)=-\frac{5}{3}$.

38. 在各项都是实数的等比数列$\{a_n\}$中，若a_4,a_8是方程$x^2-3x+2=0$的两个根，则$a_6=$________.

解 $\sqrt{2}$. 得$\{a_4,a_8\}=\{1,2\}$，所以$a_6^2=a_4a_8=2$. 设等比数列$\{a_n\}$的公比是非零实数q，可得$a_6=a_4q^2>0$，所以$a_6=\sqrt{2}$.

39. 若一个等比数列的前 2 项的和为 6，前 6 项的和为 126，则其前 4 项的和为________.

解 30. 设该等比数列是$\{a_n\}$，其公比是q，得

$$\begin{cases}a_1(1+q)=6\\ \dfrac{a_1(1-q^6)}{1-q}=126\end{cases}$$

把这两式相除后，可解得$(a_1,q)=(-6,-2)$，或$(2,2)$.

对于这两种情形，均可得答案为 30.

40. 已知数列$\{a_n\}$是公比为q的等比数列，S_n是数列$\{a_n\}$的前n项和. 如果若干个能唯一确定一个数列的量称为该数列的“基本量”，在下列关于$\{a_n\}$的三组量中，一定能成为数列$\{a_n\}$的“基本量”的是____.（写出所有符合要求的组号）

①S_1与a_3；②S_2与S_3；③q与S_3.

解 ③. ①可求得q有两个不同的值$\sqrt{\frac{a_3}{S_1}}$，$-\sqrt{\frac{a_3}{S_1}}$，所以该选项不对；②可得$\begin{cases}a_1(1+q)=S_2\\a_1(1+q+q^2)=S_3\end{cases}$，再得$S_2q^2+(S_2-S_3)q+(S_2-S_3)=0$，可求得$q$可能有两个不同的值，比如当$S_2=1,S_3=2$时，所以该选项不对；③可得$a_1=\frac{S_3}{1+q+q^2}$，因而该选项正确.

41.（2016 年北京市房山高三一模）设T_n为等比数列$\{a_n\}$的前n项之积，且$a_1=-6,a_4=-\frac{3}{4}$，则公比$q=$________，当T_n最大时，n的值为________.

解 $\frac{1}{2}$，4. 下面解答第二空：可得$a_n=-3\cdot 2^{2-n}$，当T_n最大时，n为正偶数.

可得$a_1=-6,a_2=-3,a_3=-\frac{3}{2},a_4=-\frac{3}{4},|a_k|<1(k\geqslant 4)$，所以$T_2=$

$18, T_4=\frac{81}{4}>T_{2n}(n\geqslant 3)$,进而可得答案.

42.(2017年北京市海淀高三一模)若等比数列$\{a_n\}$满足$a_2a_4=a_5, a_4=8$,则公比$q=$________;前n项和$S_n=$________.

解 $2, 2^n-1$.由$a_2a_4=a_5$,可得$a_1q\cdot a_1q^3=a_1q^4$,所以$a_1=1$.再由$a_4=8$,可得$q=2$.

再得$S_n=\frac{1-2^n}{1-2}=2^n-1$.

43.若一个数列的第m项等于这个数列的前m项之积,则称该数列为“m积数列”.若各项均为正数的等比数列$\{a_n\}$是一个“2 016积数列”,且$a_1>1$,则当其前n项之积取最大值时$n=$________.

解 1 007或1 008.可得$a_1a_2a_3\cdots a_{2\,016}=a_{2\,016}, a_1a_2a_3\cdots a_{2\,015}=1, a_{1\,008}^{1\,008}=1$,$a_{1\,008}=1$.

再由$a_1>1$,可得各项均为正数的等比数列$\{a_n\}$的公比q满足$0<q<1$,进而可得答案.

44.若等比数列$\{a_n\}$满足$a_2=3, a_5=81$,则公比$q=$________,$a_1+a_3+a_5+\cdots+a_{2n+3}=$________.

解 $3, \frac{9^{n+2}-1}{8}$.由$a_5=a_2q^3$,可得$q=3$.

进而可得$a_1=1, a_n=3^{n-1}, a_{2n+3}=9^{n+1}$,再由等比数列$a_1, a_3, a_5, \cdots$的公比是$q^2=9$,可得

$$a_1+a_3+a_5+\cdots+a_{2n+3}=\frac{a_1-a_{2n+3}q^2}{1-q^2}=\frac{9^{n+2}-1}{8}$$

45.设各项均为正数的等比数列$\{a_n\}$的前n项和为S_n.若$a_3=2, S_4=5S_2$,则S_4的值为________.

解 $\frac{15}{2}$.可设等比数列$\{a_n\}$的公比为$q(q>0)$.

若$q=1$,可得$S_4=4a_3, 5S_2=5\cdot 2a_3=10a_3$.再由题设$S_4=5S_2$,可得$a_3=0$,又与题设$a_3=2$矛盾!所以$q\neq 1$.

再由$S_4=5S_2$,可得$\frac{a_1(1-q^4)}{1-q}=\frac{5a_1(1-q^2)}{1-q}, q=2$.

进而还可得$a_1=\frac{1}{2}$.所以$S_4=5S_2=5a_1(1+q)=\frac{15}{2}$.

46.若公比为q的等比数列$\{a_n\}$的前n项和S_n满足$\forall k\in\mathbf{N}^*, a_k=\lim\limits_{n\to\infty}(S_n-S_k)$,则$q=$________.

解 $\frac{1}{2}$.由$\lim\limits_{n\to\infty}(S_n-S_k)$存在,可得$\lim\limits_{n\to\infty}S_n$存在,即$0<|q|<1$,所以

$$a_1q^{k-1}=a_k=\lim_{n\to\infty}(S_n-S_k)=\frac{a_1}{1-q}-\frac{a_1(1-q^k)}{1-q}$$

由此可解得 $q=\frac{1}{2}$.

47. 有边长为 1 的正方形，取其对角线的一半作边，构成新的正方形. 再取新正方形对角线的一半作边，构成正方形，…… 如此形成一个边长不断缩小的正方形系列.

(1) 从原始的正方形开始计数，到第 2 次构成新正方形时，共有 3 个正方形，第 3 个正方形的边长为________；

(2) 如果将这一过程延续下去，记前 n 个正方形面积的和为 S_n. 若 $\forall n\in\mathbf{N}^*$，$S_n<m$，则整数 m 的最小值为________.

解　(1) $\frac{1}{2}$. 设第 $n(n\in\mathbf{N}^*)$ 个正方形的边长为 a_n，可得 $a_1=1$，$a_2=\frac{\sqrt{2}}{2}$，$a_3=\left(\frac{\sqrt{2}}{2}\right)^2=\frac{1}{2}$.

(2)2. 设第 $n(n\in\mathbf{N}^*)$ 个正方形的边长为 a_n，可得 $a_n=1\cdot\left(\frac{\sqrt{2}}{2}\right)^{n-1}=\left(\frac{1}{\sqrt{2}}\right)^{n-1}$，所以第 n 个正方形的面积 $b_n=a_n^2=\frac{1}{2^{n-1}}$，因而前 n 个正方形面积的和 $S_n=2-\frac{1}{2^{n-1}}$，从而可得答案.

48. (2019 年高考上海卷第 8 题) 已知数列 $\{a_n\}$ 前 n 项和为 S_n，且满足 $S_n+a_n=2$，则 $S_5=$________.

解　解法 1　$\frac{31}{16}$. 由题设，可得 $2=S_1+a_1=2a_1$，$a_1=1$.

由题设，还可得 $\begin{cases}S_n+a_n=2\\S_{n+1}+a_{n+1}=2\end{cases}(n\in\mathbf{N}^*)$，相减后可得 $a_{n+1}=\frac{1}{2}a_n(n\in\mathbf{N}^*)$，所以 $\{a_n\}$ 是首项为 1，公比为 $\frac{1}{2}$ 的等比数列，进而可得 $S_5=\frac{1\cdot\left[1-\left(\frac{1}{2}\right)^5\right]}{1-\frac{1}{2}}=\frac{31}{16}$.

解法 2　$\frac{31}{16}$. 由题设，可得 $2=S_1+a_1=2S_1$，$S_1=1$.

由题设，还可得 $S_n+S_n-S_{n-1}=2$，$S_n-2=\frac{1}{2}(S_{n-1}-2)(n\geqslant 2)$.

进而可得 $\{S_n-2\}$ 是首项为 $S_1-2=-1$、公比为 $\frac{1}{2}$ 的等比数列，所以 S_5-

$2=-\left(\frac{1}{2}\right)^4=-\frac{1}{16}$, $S_5=2-\frac{1}{16}=\frac{31}{16}$.

49.(2016年高考全国卷Ⅰ理科第15题)设等比数列$\{a_n\}$满足$a_1+a_3=10$, $a_2+a_4=5$,则$a_1a_2\cdots a_n$的最大值为________.

解 解法1 64.可得等比数列$\{a_n\}$的公比$q=\frac{a_2+a_4}{a_1+a_3}=\frac{5}{10}=\frac{1}{2}$,还可求得$a_1=8$,所以$a_n=8\left(\frac{1}{2}\right)^{n-1}=2^{4-n}$.

所以$a_1a_2\cdots a_n=2^{3+2+1+\cdots+(4-n)}=(\sqrt{2})^{n(7-n)}$,进而可得当且仅当$n=3$或4时,$(a_1a_2\cdots a_n)_{\max}=2^6=64$.

解法2 64.同解法1可得$a_n=8\left(\frac{1}{2}\right)^{n-1}=2^{4-n}$.

还可得$a_n>0(n\in\mathbf{N}^*)$,且$a_n>(=,<)1\Leftrightarrow n<(=,>)4$,所以当且仅当$n=3$或4时,$a_1a_2\cdots a_n$取得最大值,且最大值为$a_1a_2a_3=a_1a_2a_3a_4=2^3\cdot 2^2\cdot 2^1=64$.

50.(2006年上海交通大学冬令营选拔测试数学试题第一题第2题)如果一个正实数与它的整数部分、小数部分成等比数列,那么这个正实数是________.

解 解法1 $\frac{1+\sqrt{5}}{2}$.可设该实数为x(且$x>[x]>0$),得

$$x(x-[x])=[x]^2$$
$$x^2-[x]x-[x]^2=0$$
$$x=\frac{1+\sqrt{5}}{2}[x]$$

由$[x]\leqslant x<[x]+1$,得$[x]<x<[x]+1$,所以$[x]<\frac{1+\sqrt{5}}{2}[x]<[x]+1$,得$0<[x]<\frac{1+\sqrt{5}}{2}$,$[x]=1$,$x=\frac{1+\sqrt{5}}{2}$.

解法2 可设该实数为x(且$x>[x]>0$),得$x(x-[x])=[x]^2$.
由$[x]\leqslant x<[x]+1$,得$[x]<x<[x]+1$,所以

$$[x]^2=x(x-[x])<x<[x]+1,[x]=1$$

得$x(x-1)=1$,$x=\frac{1+\sqrt{5}}{2}$.

51.(2004年复旦大学推优、保送生数学试题第一题第5题)在等比数列$\{a_n\}$中,若$a_1=3$,且第一项至第八项的几何平均数为9,则第三项为________.

解 $3^{\frac{11}{7}}$.设等比数列$\{a_n\}$的公比为q,可得

$$\sqrt[8]{a_1a_2a_3\cdots a_8}=\sqrt[8]{a_1^8q^{1+2+3+\cdots+7}}=\sqrt[8]{3^8q^{28}}=9,q^2=3^{\frac{4}{7}},a_3=a_1q^2=3^{\frac{11}{7}}$$

52.(2018年全国高中数学联合竞赛一试(B卷)第4题)在平面直角坐标系 xOy 中，直线 l 通过原点，$\boldsymbol{n}=(3,1)$ 是 l 的一个法向量.已知数列 $\{a_n\}$ 满足：对任意正整数 n，点 (a_{n+1},a_n) 均在 l 上.若 $a_2=6$，则 $a_1a_2a_3a_4a_5$ 的值为________.

解　-32.可得直线 l 的方程是 $3x+y=0$，再得 $a_{n+1}=-\dfrac{1}{3}a_n$，所以 $a_3=-\dfrac{1}{3}a_2=-2$，因而 $a_1a_2a_3a_4a_5=a_3^5=-32$.

53.(2017年全国高中数学联合竞赛一试(B卷)第1题)在等比数列 $\{a_n\}$ 中，$a_2=\sqrt{2}$，$a_3=\sqrt[3]{3}$，则 $\dfrac{a_1+a_{2\,011}}{a_7+a_{2\,017}}$ 的值为________.

解　$\dfrac{8}{9}$.设等比数列 $\{a_n\}$ 的公比为 q，可得 $q^6=\left(\dfrac{a_3}{a_2}\right)^6=\dfrac{9}{8}$，所以 $\dfrac{a_1+a_{2\,011}}{a_7+a_{2\,017}}=\dfrac{1}{q^6}=\dfrac{8}{9}$.

54.(2016年全国高中数学联合竞赛一试(B卷)第1题)等比数列 $\{a_n\}$ 的各项均为正数，且 $a_1a_3+a_2a_6+2a_3^2=36$，则 a_2+a_4 的值为________.

解　6.可得 $36=a_2^2+a_4^2+2a_2a_4=(a_2+a_4)^2$，$a_2+a_4>0$，所以 $a_2+a_4=6$.

55.已知首项为正数的等比数列 $\{a_n\}$ 的前 m 项和是 80，前 $2m$ 项和是 6 560，前 m 项的最大值是 54，求数列 $\{a_n\}$ 的通项公式.

解　可设等比数列 $\{a_n\}$ 的公比为 $q(q\neq 1)$，得

$$\begin{cases}\dfrac{a_1(1-q^m)}{1-q}=80 & ①\\[2ex] \dfrac{a_1(1-q^{2m})}{1-q}=6\,560 & ②\end{cases}$$

把它们相除，得

$$q^m=81 \qquad ③$$

把式 ③ 代入式 ①，得

$$a_1=q-1 \qquad ④$$

再由题设 $a_1>0$，得 $q>1$，所以数列 $\{a_n\}$ 是递增数列.

由题设可得 $a_m=a_1q^{m-1}=54$，$a_1q^m=54q$，再由式③，得 $81a_1=54q$，$a_1=\dfrac{2}{3}q$.

又由 $q=3$，$a_1=2$，所以 $a_n=2\cdot 3^{n-1}$.

56.已知等比数列 $\{a_n\}$ 的前 n 项和、倒数和、积分别为 S_n，Q_n，T_n，求证：$T_n^2=\left(\dfrac{S_n}{Q_n}\right)^n$.

解　由

$$S_n=a_1+a_2+\cdots+a_n,Q_n=\frac{1}{a_1}+\frac{1}{a_2}+\cdots+\frac{1}{a_n},T_n=a_1a_2\cdots a_n$$

可得

$$2Q_n=\left(\frac{1}{a_1}+\frac{1}{a_n}\right)+\left(\frac{1}{a_2}+\frac{1}{a_{n-1}}\right)+\cdots+\left(\frac{1}{a_n}+\frac{1}{a_1}\right)=\frac{2(a_1+a_2+\cdots+a_n)}{a_1a_n}=\frac{2S_n}{a_1a_n}$$

$$a_1a_n=\frac{S_n}{Q_n}$$

$$T_n^2=(a_1a_2\cdots a_n)(a_na_{n-1}\cdots a_1)=(a_1a_n)(a_2a_{n-1})\cdots(a_na_1)=(a_1a_n)^n=\left(\frac{S_n}{Q_n}\right)^n$$

57. $1,\sqrt{2},3$ 能否为某个等比数列中的三项?

解　解法 1　假设存在这样的等比数列,设公比为 q,则可设 $\sqrt{2}=q^m,3=q^n,m,n\in\mathbf{N}^*$.

由 $\sqrt{2}=q^m$,得 $|q|=2^{\frac{1}{2m}}$,代入 $3=|q|^n$ 得 $2^{\frac{n}{2m}}=3,2^n=3^{2m}$,得 2^n 有约数 3,这不可能!所以不存在这样的等比数列,使 $1,\sqrt{2},3$ 为其中的三项.

解法 2　假设存在这样的等比数列,设公比为 q,则可设 $\sqrt{2}=q^m,3=q^n,m,n\in\mathbf{N}^*$.

两式相除得 $\frac{\sqrt{2}}{3}=q^{m-n}$ 即 $q=\left(\frac{\sqrt{2}}{3}\right)^{\frac{1}{m-n}}$,所以 $3=q^n=\left(\frac{\sqrt{2}}{3}\right)^{\frac{n}{m-n}}$,$3^{m-n}=\left(\frac{\sqrt{2}}{3}\right)^n$,$3^m=(\sqrt{2})^n,3^{2m}=2^n$,该式不可能成立,所以选不出同时满足 $\sqrt{2}=q^m,3=q^n,m,n\in\mathbf{N}^*$ 的 $q>1$.

58. 求证:对于每一个正整数 n,都存在一个正整数 $f(n)$,使得 $f(n)$ 等于其 $n+2$ 个两两不同的正约数的和.

证明　选 $f(n)=2\cdot 3^n$ 即可:因为

$$2\cdot 3^n=1+2+(3+6+12+\cdots+2\cdot 3^{n-1})\quad(n\in\mathbf{N}^*)$$

59. (1) 寻找一个实数,使它的整数部分、本身和它的小数部分成等比数列;

(2) 寻找一个实数,使它的小数部分、本身和它的整数部分成等比数列.

解　可设所求实数为 x(且 $x\neq 0,[x]\neq 0,x-[x]\neq 0$).

(1) 得 $x[x]=(x-[x])^2$.

由 $[x]<x<[x]+1$,得 $0<x-[x]<1$,所以 $0<x[x]<1$.

若 $[x]>0$ 即 $[x]\geqslant 1,x\geqslant 1$,但 $0<x[x]<1$ 不成立.所以 $[x]<0$ 即 $[x]\leqslant -1$.

若 $[x]\leqslant -2$,得 $x<-1$,但 $0<x[x]<1$ 也不成立.所以 $[x]=-1$.

再由 $x[x]=(x-[x])^2$,得 $x=\frac{\sqrt{5}-3}{2}$.

(2) 得$[x](x-[x])=x^2$.

由$0<x-[x]<1$,得$[x]>0$即$[x]\geqslant 1$,$x\geqslant 1$,所以

$$[x]>[x](x-[x])=x^2>[x]^2$$

由$[x]>[x]^2$知$0<[x]<1$,这不可能!所以所求实数x不存在.

60.(2018年北京市西城高三期末考试试题)数列$\{a_n\}$是公比为$\dfrac{1}{3}$的等比数列,且a_2+6是a_1和a_3的等差中项.

(1) 求$\{a_n\}$的通项公式;

(2) 设数列$\{a_n\}$的前n项之积为T_n,求T_n的最大值.

解 (1) 由a_2+6是a_1和a_3的等差中项,可得$2(a_2+6)=a_1+a_3$.

因为数列$\{a_n\}$是公比为$q=\dfrac{1}{3}$的等比数列,所以$2\left(\dfrac{a_1}{3}+6\right)=a_1+\dfrac{a_1}{9}$,解得$a_1=27$.

进而可得$a_n=a_1\cdot q^{n-1}=3^{4-n}$.

(2) 解法1 可得

$$T_n=a_1a_2a_3\cdots a_n=3^{3+2+1+\cdots+(4-n)}=3^{\frac{n(7-n)}{2}}$$

进而可得当且仅当$n=3$或$n=4$时,T_n取得最大值,因而T_n的最大值为$T_3=T_4=a_1a_2a_3=729$.

解法2 可得$a_n\geqslant 1\Leftrightarrow 3^{4-n}\geqslant 1\Leftrightarrow n=1,2,3,4$,进而可得正项数列$\{a_n\}$的前3项大于1,第4项等于1,以后各项均小于1.

所以当且仅当$n=3$或$n=4$时,T_n取得最大值,因而T_n的最大值为$T_3=T_4=a_1a_2a_3=729$.

61.(2015年北京市东城高三二模)已知数列$\{a_n\}$的前n项和为S_n,且满足$a_1=a(a\neq 3)$,$a_{n+1}=S_n+3^n$,设$b_n=S_n-3^n$,$n\in\mathbf{N}^*$.

(1) 求证:数列$\{b_n\}$是等比数列;

(2) 若$a_{n+1}\geqslant a_n(n\in\mathbf{N}^*)$,求实数$a$的最小值;

(3) 当$a=4$时,给出一个新数列$\{e_n\}$,其中$e_n=\begin{cases}3, n=1\\ b_n, n\geqslant 2\end{cases}$,设这个新数列的前$n$项和为$C_n$,若$C_n$可以写成$t^p(t,p\in\mathbf{N}^*$且$t>1,p>1)$的形式,则称$C_n$为"指数型和".问$\{C_n\}$中的项是否存在"指数型和",若存在,求出所有"指数型和";若不存在,请说明理由.

解 (1) 因为$b_{n+1}=S_{n+1}-3^{n+1}=2S_n+3^n-3^{n+1}=2b_n$,$n\in\mathbf{N}^*$,且$a\neq 3$,所以$\{b_n\}$是首项为$a-3$、公比为2的等比数列.

得$b_n=(a-3)\times 2^{n-1}$.

(2) 由(1)可得$S_n-3^n=(a-3)\times 2^{n-1}$,可求得

$$a_n=\begin{cases}a,n=1\\2\times 3^{n-1}+(a-3)\times 2^{n-2},n\geqslant 2\end{cases}$$

因为 $a_{n+1}\geqslant a_n$，所以 $a\geqslant -9$，且 $a\neq 3$.

得 a 的最小值为 -9.

(3) 由(1) 知，当 $a=4$ 时，$b_n=2^{n-1}$.

当 $n\geqslant 2$ 时，$C_n=3+2+4+\cdots+2^{n-1}=2^n+1$，$C_1=3$.

所以对正整数 n 都有 $C_n=2^n+1$.

由 $t^p=2^n+1$，$t^p-1=2^n$($t,p\in\mathbf{N}^*$ 且 $t>1,p>1$)，t 只能是不小于 3 的奇数.

① 当 p 为偶数时，$t^p-1=(t^{\frac{p}{2}}+1)(t^{\frac{p}{2}}-1)=2^n$.

因为 $t^{\frac{p}{2}}+1$ 和 $t^{\frac{p}{2}}-1$ 都是大于 1 的正整数，所以存在正整数 g,h，使得

$$t^{\frac{p}{2}}+1=2^g,t^{\frac{p}{2}}-1=2^h,2^g-2^h=2,2^h(2^{g-h}-1)=2$$

所以 $\begin{cases}2^h=2\\2^{g-h}-1=1\end{cases}$，即 $\begin{cases}h=1\\g=2\end{cases}$，相应的 $n=3$，即有 $C_3=3^2$，C_3 为“指数型和”.

② 当 p 为奇数时，$t^p-1=(t-1)(1+t+t^2+\cdots+t^{p-1})$.

由于 $1+t+t^2+\cdots+t^{p-1}$ 是 p 个奇数之和，仍为奇数，又 $t-1$ 为正偶数，所以 $(t-1)(1+t+t^2+\cdots+t^{p-1})=2^n$ 不成立，此时没有“指数型和”.

62. 已知数列 $\{a_n\}$ 满足 $a_{n+2}=\dfrac{a_n+a_{n+1}}{2}$，$a_1=a$，$a_2=b$.

(1) 若 $b_n=a_n-a_{n-1}(n=2,3,4,\cdots)$，求 $\sum\limits_{i=2}^{n}b_i$；

(2) 求 $\lim\limits_{n\to\infty}a_n$.

解 (1) 可得 $a_{n+2}-a_{n+1}=-\dfrac{1}{2}(a_{n+1}-a_n)$，所以 $b_{n+2}=-\dfrac{1}{2}b_{n+1}(n\in\mathbf{N}^*)$，得

$$\sum_{i=2}^{n}b_i=\frac{(b-a)\left[1-\left(-\frac{1}{2}\right)^{n-1}\right]}{1-\left(-\frac{1}{2}\right)}=\frac{2}{3}(b-a)\left[1-\left(-\frac{1}{2}\right)^{n-1}\right]$$

(2) $\sum\limits_{i=2}^{n}b_i=(a_2-a_1)+(a_3-a_2)+\cdots+(a_n-a_{n-1})=a_n-a$

再由(1) 的答案，可得 $\lim\limits_{n\to\infty}a_n=\dfrac{a+2b}{3}$.

63. 已知 $x,y\in\mathbf{R}$，$|x|<1$，$|y|<1$，求证：$\dfrac{1}{1-x^2}+\dfrac{1}{1-y^2}\geqslant\dfrac{2}{1-xy}$.

证明 可得 $|x^2|<1$，$|y^2|<1$，$|xy|<1$，所以

$$\frac{1}{1-x^2}+\frac{1}{1-y^2}=(1+x^2+x^4+x^6+\cdots)+(1+y^2+y^4+y^6+\cdots)$$
$$=2+(x^2+y^2)+(x^4+y^4)+(x^6+y^6)+\cdots$$
$$\geqslant 2[1+(xy)+(xy)^2+(xy)^3+\cdots]=\frac{2}{1-xy}$$

64. 设正项数列 $\{a_n\}$ 的前 n 项和是 S_n，若 $\forall m,n\in\mathbf{N}^*$ $(S_{m+n}+S_1)^2=4a_{2m}a_{2n}$，求证：$\{a_n\}$ 为等比数列.

证明　在题设中，分别令 $m=n, m=n+1$，可得

$$S_{2n}+S_1=2a_{2n} \quad ①$$
$$S_{2n+1}+S_1=2\sqrt{a_{2n}a_{2n+2}} \quad ②$$

由式①，还可得

$$S_{2n+2}+S_1=2a_{2n+2} \quad ③$$

②－①，③－②，分别得

$$a_{2n+1}=2\sqrt{a_{2n}}(\sqrt{a_{2n+2}}-\sqrt{a_{2n}}) \quad ④$$
$$a_{2n+2}=2\sqrt{a_{2n+2}}(\sqrt{a_{2n+2}}-\sqrt{a_{2n}}) \quad ⑤$$

$\frac{⑤}{④}$，可得

$$a_{2n+1}=\sqrt{a_{2n}a_{2n+2}} \quad ⑥$$

由④⑥，可得

$$a_{2n+2}=4a_{2n}$$

再把它代入式⑥，可得

$$a_{2n+1}=2a_{2n}$$
$$a_{2n+2}=2a_{2n+1}$$

因而 $\frac{a_{2n+2}}{a_{2n+1}}=\frac{a_{2n+1}}{a_{2n}}=2$，所以 $\{a_n\}$ 为等比数列，且其公比为 2.

65.（2018 年全国卷 III 文科、理科第 17 题）等比数列 $\{a_n\}$ 中，$a_1=1, a_5=4a_3$.

(1) 求 $\{a_n\}$ 的通项公式；

(2) 记 S_n 为 $\{a_n\}$ 的前 n 项和. 若 $S_m=63$，求 m.

解　(1) 设 $\{a_n\}$ 的公比为 $q(q\neq 0)$，由题设可得 $q^4=4q^2$，解得 $q=-2$ 或 $q=2$.

进而可得数列 $\{a_n\}$ 的通项公式是 $a_n=(-2)^{n-1}$ 或 $a_n=2^{n-1}$.

(2) 若 $a_n=(-2)^{n-1}$，则 $S_n=\frac{1-(-2)^n}{3}$. 再由 $S_m=63$，可得 $(-2)^m=-188=-2^2\cdot 47(m\in\mathbf{N}^*)$，此方程无解.

所以 $a_n=2^{n-1}$，得 $S_n=2^n-1$. 再由 $S_m=63$，可得 $2^m=64, m=6$.

综上所述，可得 $m=6$.

66.(2016 年高考全国卷 III 理科第 17 题) 已知数列$\{a_n\}$的前 n 项和 $S_n=1+\lambda a_n$，其中 $\lambda\neq 0$.

(1) 证明$\{a_n\}$是等比数列，并求其通项公式；

(2) 若 $S_5=\frac{31}{32}$，求 λ.

解 (1) 可得 $a_1=S_1=1+\lambda a_1$，所以 $\lambda\neq 1$，$a_1=\frac{1}{1-\lambda}$，$a_1\neq 0$.

由 $S_n=1+\lambda a_n$，$S_{n+1}=1+\lambda a_{n+1}$，相减得 $a_{n+1}=\lambda a_{n+1}-\lambda a_n$，$a_{n+1}(\lambda-1)=\lambda a_n$.

由 $a_1\neq 0$，$\lambda\neq 0$，可用数学归纳法证得 $a_n\neq 0(n\in\mathbf{N}^*)$，所以$\frac{a_{n+1}}{a_n}=\frac{\lambda}{\lambda-1}$.

得$\{a_n\}$是首项为$\frac{1}{1-\lambda}$、公比为$\frac{\lambda}{\lambda-1}$的等比数列，所以

$$a_n=\frac{1}{1-\lambda}\left(\frac{\lambda}{\lambda-1}\right)^{n-1}$$

(2) 由题设及(1) 的结论，可得 $S_n=1-\left(\frac{\lambda}{\lambda-1}\right)^n$.

再由 $S_5=\frac{31}{32}$，可求得 $\lambda=-1$.

67.(2014 年高考全国新课标卷 Ⅱ 理科第 17 题) 已知数列$\{a_n\}$满足 $a_1=1$，$a_{n+1}=3a_n+1$.

(1) 证明$\left\{a_n+\frac{1}{2}\right\}$是等比数列，并求$\{a_n\}$的通项公式；

(2) 证明：$\frac{1}{a_1}+\frac{1}{a_2}+\cdots+\frac{1}{a_n}<\frac{3}{2}$.

证明 (1) 略.

(2) 只证 $n\geqslant 2$ 时的情形. 易得 $a_{n+1}>3a_n>0$，所以$\frac{1}{a_{n+1}}<\frac{1}{3}\cdot\frac{1}{a_n}$. 可得 $\frac{1}{a_n}<\left(\frac{1}{3}\right)^{n-1}$ $(n\geqslant 2)$，所以

$$\frac{1}{a_1}+\frac{1}{a_2}+\cdots+\frac{1}{a_n}<\frac{1-\left(\frac{1}{3}\right)^{n-1}}{1-\frac{1}{3}}<\frac{3}{2}\quad(n\geqslant 2)$$

得欲证成立.

68.(2012 年高考江苏卷第 20(2) 题) 已知各项均为正数的两个数列$\{a_n\}$和$\{b_n\}$满足 $a_{n+1}=\frac{a_n+b_n}{\sqrt{a_n^2+b_n^2}}$，$n\in\mathbf{N}^*$. 设 $b_{n+1}=\sqrt{2}\cdot\frac{b_n}{a_n}$，$n\in\mathbf{N}^*$，且$\{a_n\}$是等比数列，求 a_1 和 b_1 的值.

解 解法1 可设等比数列$\{a_n\}$的公比为$q(q>0)$，再由“$b_{n+1}=\sqrt{2}\cdot\frac{b_n}{a_n}$，$n\in\mathbf{N}^*$”，得

$$\frac{b_{n+1}}{b_n}=\frac{\sqrt{2}}{a_1q^{n-1}}\quad(n\in\mathbf{N}^*)$$

由累乘法，可得

$$b_n=b_1\left(\frac{\sqrt{2}}{a_1q^{\frac{n-2}{2}}}\right)^{n-1}\quad(n\in\mathbf{N}^*)\qquad①$$

由$a_{n+1}=\frac{a_n+b_n}{\sqrt{a_n^2+b_n^2}}$，$n\in\mathbf{N}^*$，得

$$a_{n+1}^2-1=\frac{2a_nb_n}{a_n^2+b_n^2}\quad(n\in\mathbf{N}^*)\qquad②$$

由式①②，可得

$$a_1^2q^{2n}-1=\frac{(\sqrt{2})^{n+1}a_1^nb_1q^{\frac{n(n-1)}{2}}}{a_1^{2n}q^{n(n-1)}+2^{n-1}b_1^2}\quad(n\in\mathbf{N}^*)$$

$$a_1^{2n+2}q^{n(n+1)}-a_1^{2n}q^{n(n-1)}+2^{n-1}a_1^2b_1^2q^{2n}-2^{n-1}b_1^2-(\sqrt{2})^{n+1}a_1^nb_1q^{\frac{n(n-1)}{2}}=0\quad(n\in\mathbf{N}^*)\qquad③$$

两边都除以$a_1^{2n+2}q^{n(n+1)}$，得

$$1=\frac{1}{a_1^2q^{2n}}-\left(\frac{b_1}{a_1}\right)^2\left(\frac{2}{a_1^2q^n}\right)^{n-1}+\left(\frac{b_1}{2}\right)^2\left(\frac{2}{a_1^2q^n}\right)^{n+1}+\frac{\sqrt{2}b_1}{a_1^2}\left(\frac{\sqrt{2}}{a_1q^{\frac{n+3}{2}}}\right)^n\quad(n\in\mathbf{N}^*)$$

若$q>1$，对该式左右两边取极限，得$1=0$，矛盾！

若$0<q<1$，得式③即

$$(a_1^2q^n)^{n+1}-(a_1^2q^{n-1})^n+\frac{a_1^2b_1^2}{2}(2q^2)^n-\sqrt{2}b_1(\sqrt{2}a_1q^{\frac{n-1}{2}})^n=2^{n-1}b_1^2\quad(n\in\mathbf{N}^*)$$

当$n\to+\infty$时，该式左边的极限是0，而右边是无穷大，矛盾！

所以$q=1$，得$a_1=a_n=a_{n+1}$，$n\in\mathbf{N}^*$，再由式③②，得

$$(a_1^2-1)b_n^2-2a_1b_n+a_1^2(a_1^2-1)=0\quad(n\in\mathbf{N}^*)\qquad④$$

$$b_n=b_1\left(\frac{\sqrt{2}}{a_1}\right)^{n-1}\quad(n\in\mathbf{N}^*)\qquad⑤$$

式④左边是关于b_n的一次或二次多项式，因为式④恒成立，所以b_n最多只能取两个值，再由式⑤得$a_1=\sqrt{2}$，$b_n=b_1$，$n\in\mathbf{N}^*$．再由式④，得$a_1=b_1=\sqrt{2}$．

解法2 由数列$\{a_n\}$和$\{b_n\}$的各项均为正数，得

$$2(a_n^2+b_n^2)\geqslant(a_n+b_n)^2>a_n^2+b_n^2\quad(n\in\mathbf{N}^*)$$

再由题设，得$1<a_{n+1}\leqslant\sqrt{2}(n\in\mathbf{N}^*)$．

由$\{a_n\}$是各项均为正数的等比数列(设公比为q)，得$a_n=a_1q^{n-1}(a_1>0$，

$q>0, n\in \mathbf{N}^*$).

若 $q>1$，由“指数爆炸”知将与 $a_{n+1}\leqslant\sqrt{2}(n\in\mathbf{N}^*)$ 矛盾！若 $0<q<1$，得 $\lim\limits_{n\to\infty} a_{n+1}=a_1\lim\limits_{n\to\infty} q^n=0$，这将与 $1<a_{n+1}(n\in\mathbf{N}^*)$ 矛盾！所以 $q=1$，即 $a_n=a_1\ (n\in\mathbf{N}^*)$.

以下解法同解法 1.

69.（2008 年高考辽宁卷理科第 21 题）在数列 $\{a_n\}$，$\{b_n\}$ 中，$a_1=2$，$b_1=4$，且 a_n, b_n, a_{n+1} 成等差数列，b_n, a_{n+1}, b_{n+1} 成等比数列（$n\in\mathbf{N}^*$）.

(1) 求 a_2, a_3, a_4 及 b_2, b_3, b_4，由此猜测 $\{a_n\}$，$\{b_n\}$ 的通项公式，并证明你的结论；

(2) 证明：$\dfrac{1}{a_1+b_1}+\dfrac{1}{a_2+b_2}+\cdots+\dfrac{1}{a_n+b_n}<\dfrac{5}{12}$.

解　由条件得 $2b_n=a_n+a_{n+1}$，$a_{n+1}^2=b_nb_{n+1}$.

由此可得 $a_2=6, b_2=9, a_3=12, b_3=16, a_4=20, b_4=25$.

猜测 $a_n=n(n+1)$，$b_n=(n+1)^2$.

用数学归纳法可证，这里略去过程.

(2) $n=1$ 时可直接验证，当 $n\geqslant 2$ 时用裂项法可证.

70.（2012 年北京大学保送生考试理科第 1 题）已知数列 $\{a_n\}$ 为正项等比数列，且 $a_3+a_4-a_1-a_2=5$，求 a_5+a_6 的最小值.

解　可设正项等比数列 $\{a_n\}$ 的公比为正数 q.

由题设，可得

$$a_3+a_4-a_1-a_2=(a_1+a_2)(q^2-1)=5$$

$$a_1+a_2=\frac{5}{q^2-1}>0\quad(q>1)$$

所以

$$a_5+a_6=(a_1+a_2)q^4=\frac{5q^4}{q^2-1}\quad(q>1)$$

设 $q^2-1=t(t>0)$，由均值不等式，可得 $a_5+a_6=\dfrac{5(t+1)^2}{t}=5\left(t+\dfrac{1}{t}+2\right)\geqslant 20(t>0)$，当且仅当 $t=1$ 即 $q=\sqrt{2}$，$a_1=5(\sqrt{2}-1)$ 时，$(a_5+a_6)_{\min}=20$.

71.（2012 年北京大学保送生考试第 2 题）已知 $f(x)$ 为一个二次函数，且 $a, f(a), f(f(a)), f(f(f(a)))$ 成正项等比数列. 证明：$f(a)=a$.

证明　证法 1　可设 $f(x)=mx^2+nx+t(m\neq 0)$，正项等比数列的 a，$f(a), f(f(a)), f(f(f(a)))$ 公比为 $q(q>0)$，得

$$\begin{cases} f(a)=ma^2+na+t=aq & ① \\ f(f(a))=f(aq)=m(aq)^2+n(aq)+t=aq^2 & ② \\ f(f(f(a)))=f(aq^2)=m(aq^2)^2+n(aq^2)+t=aq^3 & ③ \end{cases}$$

①－②并化简后，可得 $ma(1-q^2)+n(1-q)=q(1-q)$.

②－③并化简后，可得 $maq(1-q^2)+n(1-q)=q(1-q)$.

从而可得 $q=1, f(a)=a$.

证法2　由题设，可得 $\frac{f(a)}{a}=\frac{f(f(a))}{f(a)}=\frac{f(f(f(a)))}{f(f(a))}$.

假设 $f(a)\neq a$，可得

$$\frac{f(f(a))-f(a)}{f(a)-a}=\frac{f(f(f(a)))-f(f(a))}{f(f(a))-f(a)}$$

设点 $A(a,f(a)),B(f(a),f(f(a))),C(f(f(a)),f(f(f(a))))$，可得 $k_{AB}=k_{BC}$，A,B,C 三点共线.

得直线 ABC 与抛物线 $y=f(x)$ 有三个公共点 A,B,C，这不可能！所以假设错误，即 $f(a)=a$.

证法3　设该等比数列的公比为正数 q，得

$$f(a)=aq, f(f(a))=f(a)q, f(f(f(a)))=f(f(a))q$$

所以二次方程 $f(x)-qx=0$ 有三个根 a,aq,aq^2，得这三个根中有两个相等，可得 $q=1$，即 $f(a)=a$.

72.（2008年上海财经大学自主招生试题第18题）在1和9两数之间插入 $2n-1$ 个正数 $a_1,a_2,a_3,a_4,\cdots,a_{2n-1}$，使这 $2n+1$ 个正数成等比数列，又在1和9之间插入 $2n-1$ 个正数 $b_1,b_2,b_3,\cdots,b_{2n-1}$，使这 $2n+1$ 个正数成等差数列，设 $A_n=a_1a_2a_3\cdots a_{2n-1}$ 及 $B_n=b_1+b_2+b_3+\cdots+b_{2n-1}$.

(1) 求数列 $\{A_n\}$ 及 $\{B_n\}$ 的通项；

(2) 若 $f(n)=9A_n+4B_n+17(n\in\mathbf{N}^*)$，试求最大的自然数 p，使得 $f(n)$ 均能被 p 整除.

解　(1) 可得 $a_1a_{2n-1}=a_2a_{2n-2}=\cdots=a_{n-1}a_{n+1}=a_na_n=1\times9=9$，又 $a_n>0$，所以 $A_n=a_1a_2a_3\cdots a_{2n-1}=3^{2n-1}$.

有 $b_1+b_{2n-1}=b_2+b_{2n-2}=\cdots=b_{n-1}+b_{n+1}=b_n+b_n=1+9=10$，所以 $B_n=b_1+b_2+b_3+\cdots+b_{2n-1}=10n-5$.

(2) 可得 $f(n)=3^{2n+1}+40n-3(n\in\mathbf{N}^*)$ 是递增函数，所以 $f(n)\geqslant f(1)=64(n\in\mathbf{N}^*)$，可用数学归纳法证得 $64\mid f(n)(n\in\mathbf{N}^*)$，所以所求的最大自然数 p 为64.

73.（2007年上海交通大学冬令营第15题）已知等差数列 $\{a_n\}$ 的首项为 a，公差为 b，等比数列 $\{b_n\}$ 的首项为 b，公比为 a，$n=1,2,\cdots$，其中 a,b 均为正整数，$a_1<b_1<a_2<b_2<a_3$.

(1) 求 a 的值；

(2) 若对于$\{a_n\}$,$\{b_n\}$,存在正整数 m,n 满足关系式 $a_m+1=b_n$,试求 b 的值；

(3) 对于满足(2) 中关系式的 a_m,试求 $a_1+a_2+\cdots+a_m$ 的值(用 n 表示).

解 (1) 可得 $a<b<a+b<ab<a+2b$,所以

$$0<\frac{a}{b}<1,1<1+\frac{a}{b}<a<2+\frac{a}{b}<3$$

得 $a=2$.

(2) 因为 $a_n=2+(n-1)b,b_n=b\cdot 2^{n-1}$,所以由 $a_m+1=b_n$,可得

$$b(2^{n-1}-m+1)=3$$

得 $b\mid 3$.又因为 $2=a<b$,所以 $b=3$.

(3) 由(2) 的解答可得等差数列$\{a_n\}$的首项为2,公差为3,且 $m=2^{n-1}$,所以

$$a_1+a_2+\cdots+a_m=2m+\frac{m(m-1)}{2}\cdot 3=\frac{1}{2}m(3m+1)=3\cdot 2^{2n-3}+2^{n-2}$$

74.(2005 年上海交通大学推优、保送生考试数学试题第二题第 4 题) 已知月利率为 y,采用等额还款方式,若本金为 1 万元,试推导每月等额还款金额 m 关于 y 的函数关系式(假设贷款时间为 2 年).

解 由题意,可得

$$m+m(1+y)+m(1+y)^2+\cdots+m(1+y)^{23}=1(1+y)^{24}$$

$$m\cdot\frac{(1+y)^{24}-1}{(1+y)-1}=(1+y)^{24}$$

$$m=\frac{y(1+y)^{24}}{(1+y)^{24}-1}$$

75.(2016年全国高中数学联合竞赛一试(B卷) 第9题) 已知$\{a_n\}$是各项均为正数的等比数列,且 a_{50},a_{51} 是方程

$$100\lg^2 x=\lg(100x)$$

的两个不同的解.求 $a_1a_2\cdots a_{100}$ 的值.

解 对 $k=50,51$,有

$$100\lg^2 a_k=\lg(100a_k)=2+\lg a_k$$

$$100(\lg a_k)^2-\lg a_k-2=0$$

所以 $\lg a_{50}$,$\lg a_{51}$ 是一元二次方程 $100x^2-x-2=0$ 的两个不等实根,因而

$$\lg a_{50}+\lg a_{51}=\lg a_{50}a_{51}=\frac{1}{100}$$

$$a_{50}a_{51}=10^{\frac{1}{100}}$$

再由等比数列的性质,可得 $a_1a_2\cdots a_{100}=(a_{50}a_{51})^{50}=(10^{\frac{1}{100}})^{50}=\sqrt{10}$.

2.4　数列求和

1. 数列$\{(-1)^{n-1}\cdot(4n-3)\}$的前 100 项的和为(　　).

A. 200　　B. -200　　C. 400　　D. -400

解　B. 1,2、3,4,… 项的和均为-4.

2. 数列$\{2^n(3n-13)\}$的前 n 项和 S_n 的最小值是(　　).

A. S_3　　B. S_4　　C. S_5　　D. S_6

解　解法 1　B. 用错位相减法可求得 $S_n=2^{n+1}(3n-16)+32$,所以

$$S_{n+1}-S_n=2^{n+1}(3n-10)>0\Leftrightarrow n>3\frac{1}{3}$$

从而可得 $S_1>S_2>S_3>S_4,S_4<S_5<S_6<\cdots$,所以 S_n 的最小值是 S_4.

解法 2　B. 设 $a_n=2^n(3n-13)$,可得 $a_n<0\Leftrightarrow n<4\frac{1}{3}$,从而 $S_1>S_2>S_3>S_4,S_4<S_5<S_6<\cdots$,所以 S_n 的最小值是 S_4.

注　解法 1 是烦琐的,事实上,解法 1 中的 $S_{n+1}-S_n=a_{n+1}$.

3. 数列$\left\{n\cos\frac{n\pi}{2}\right\}$的前 2 020 项和是(　　).

A. 1 010　　B. 2 020　　C. 505　　D. 0

解　A. 设 $a_n=n\cos\frac{n\pi}{2}$,可得

$$a_{4k+1}+a_{4k+2}+a_{4k+3}+a_{4k+4}=0-(4k+2)+0+(4k+4)=2$$

又因为 $2\,020=4\cdot505$,所以数列$\left\{n\cos\frac{n\pi}{2}\right\}$的前 2 020 项和是 $2\cdot505=1\,010$.

4. 已知数列 $5,6,1,-5,\cdots$,其特点是:从第二项起,每一项等于它相邻两项之和,则这个数列的前 16 项之和是(　　).

A. 5　　B. 6　　C. 7　　D. 16

解　C. 设该数列是$\{a_n\}$,可得 $a_{n+1}=a_n+a_{n+2},a_{n+2}=a_{n+1}+a_{n+3}$,等量代换后可得 $a_{n+3}=-a_n$,所以 $a_{n+6}=-a_{n+3}=a_n$,得$\{a_n\}$是一个周期为 6 的周期数列.

还可得 $a_1+a_2+a_3+a_4+a_5+a_6=a_1+a_2+a_3-a_1-a_2-a_3=0$,所以这个数列的前 16 项之和是

$$a_{13}+a_{14}+a_{15}+a_{16}=a_1+a_2+a_3+a_4=a_1+a_2+a_3-a_1=a_2+a_3=6+1=7$$

5. 若数列$\{a_n\}$,$\{b_n\}$满足 $a_1=1,a_2=2,b_1=2$,且 $\forall\, i+j=k+l(i,j,k,l\in\mathbf{N}^*$,都有 $a_i+b_j=a_k+b_l$,则$\frac{1}{2\,020}[(a_1+b_1)+(a_2+b_2)+(a_3+b_3)+\cdots+$

$(a_{2\,020}+b_{2\,020})]=($　　$)$.

A. 2 019　　B. 2 020　　C. 2 021　　D. 2 022

解　D. 可得

$$a_1+b_2=a_2+b_1,1+b_2=2+2,b_2=3$$
$$a_2+b_2=a_3+b_1,2+3=a_3+2,a_3=3$$

由 $a_1=1,a_2=2,a_3=3;b_1=2,b_2=3$,可猜测 $a_n=n,b_n=n+1$.还可验证 $a_n=n,b_n=n+1$ 满足题设,因而该结论成立.

所以 $a_n+b_n=2n+1$,由等差数列的前 n 项和公式可求得答案是 $\frac{1}{2\,020}\cdot(2\,021^2-1)=2\,022$.

6. 若数列 $\left\{\frac{1}{(n+1)\sqrt{n}+n\sqrt{n+1}}\right\}$ 的前 n 项和是 S_n,则在数列 $S_1,S_2,S_3,\cdots,S_{2\,024}$ 中的有理项的项数是(　　).

A. 42　　B. 43　　C. 44　　D. 45

解　C. 由

$$\begin{aligned}\frac{1}{(n+1)\sqrt{n}+n\sqrt{n+1}}&=\frac{1}{\sqrt{n(n+1)}(\sqrt{n+1}+\sqrt{n})}\\&=\frac{\sqrt{n+1}-\sqrt{n}}{\sqrt{n(n+1)}}=\frac{1}{\sqrt{n}}-\frac{1}{\sqrt{n+1}}\end{aligned}$$

可得数列 $\left\{\frac{1}{(n+1)\sqrt{n}+n\sqrt{n+1}}\right\}$ 的前 n 项和 $S_n=1-\frac{1}{\sqrt{n+1}}$,所以 S_n 是有理数 $\Leftrightarrow n+1$ 是完全平方数.

又因为 $44^2=1\,936<2\,024<2\,025=45^2$,所以数列 $S_1,S_2,S_3,\cdots,S_{2\,024}$ 中的有理项是 $S_{2^2-1},S_{3^2-1},S_{4^2-1},\cdots,S_{45^2-1}$,共 44 项.

7. (2012 年高考北京卷文科、理科第 8 题)某棵果树前 n 年的总产量 S_n 与 n 之间的关系如图 1 所示. 从目前记录的结果看,若前 m 年的年平均产量最高,则 m 的值为(　　).

A. 5　　B. 7　　C. 9　　D. 11

解　C. 前 m 年的年平均产量即 $\frac{S_m}{m}=\frac{S_m-0}{m-0}$,即两点 $(0,0)$,(m,S_m) 连线的斜率,由图可得答案为 9.

8. (2009 年高考江西卷理科第 8 题)数列 $\{a_n\}$ 的通项 $a_n=n^2\left(\cos^2\frac{n\pi}{3}-\sin^2\frac{n\pi}{3}\right)$,其前 n 项和为 S_n,则 S_{30} 为(　　).

A. 470　　B. 490　　C. 495　　D. 510

解　A. 设 $a_n=n^2\cos\frac{2n\pi}{3}$,得数列 $\left\{\cos\frac{2n\pi}{3}\right\}$ 是周期为 3 的周期数列,所以

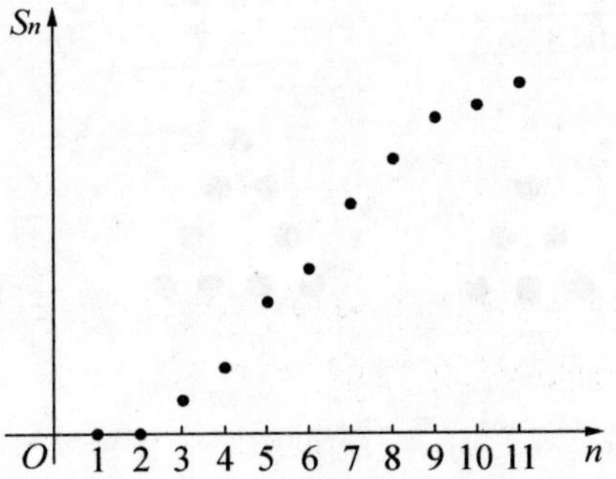

图1

$$a_1+a_4+a_7+\cdots+a_{28}=-\frac{1}{2}(1^2+4^2+7^2+\cdots+28^2)$$

$$a_2+a_5+a_8+\cdots+a_{29}=-\frac{1}{2}(2^2+5^2+8^2+\cdots+29^2)$$

$$\begin{aligned}a_3+a_6+a_9+\cdots+a_{30}&=3^2+6^2+9^2+\cdots+30^2\\&=-\frac{1}{2}(3^2+6^2+9^2+\cdots+30^2)+\\&\quad\frac{27}{2}(1^2+2^2+3^2+\cdots+10^2)\end{aligned}$$

所以数列$\{a_n\}$的前30项和为

$$-\frac{1}{2}(1^2+2^2+3^2+\cdots+30^2)+\frac{27}{2}(1^2+2^2+3^2+\cdots+10^2)$$

$$=-\frac{1}{2}\cdot\frac{1}{6}\cdot 30\cdot 31\cdot 61+\frac{27}{2}\cdot\frac{1}{6}\cdot 10\cdot 11\cdot 21=470$$

9.(2018年北京大学自主招生数学试题)如图2所示,将若干个点摆成三角形图案,每条边(包括两个端点)有$n(n>1,n\in\mathbf{N}^*)$个点,相应的图案中总的点数记为a_n,则$\frac{9}{a_2a_3}+\frac{9}{a_3a_4}+\frac{9}{a_4a_5}+\cdots+\frac{9}{a_{2\,013}a_{2\,014}}$等于( ).

A. $\frac{2\,011}{2\,012}$ B. $\frac{2\,012}{2\,013}$ C. $\frac{2\,013}{2\,014}$ D. $\frac{2\,014}{2\,013}$

解 B. 可得$a_n=3n-3(n\geqslant 2,n\in\mathbf{N}^*)$,所以

$$\frac{9}{a_na_{n+1}}=\frac{1}{n(n-1)}=\frac{1}{n-1}-\frac{1}{n}\quad(n\geqslant 2,n\in\mathbf{N}^*)$$

$$\frac{9}{a_2a_3}+\frac{9}{a_3a_4}+\frac{9}{a_4a_5}+\cdots+\frac{9}{a_{2\,013}a_{2\,014}}$$

$$=\left(\frac{1}{1}-\frac{1}{2}\right)+\left(\frac{1}{2}-\frac{1}{3}\right)+\left(\frac{1}{3}-\frac{1}{4}\right)+\cdots+\left(\frac{1}{2\,012}-\frac{1}{2\,013}\right)$$

$=\frac{1}{1}-\frac{1}{2\ 013}=\frac{2\ 012}{2\ 013}$

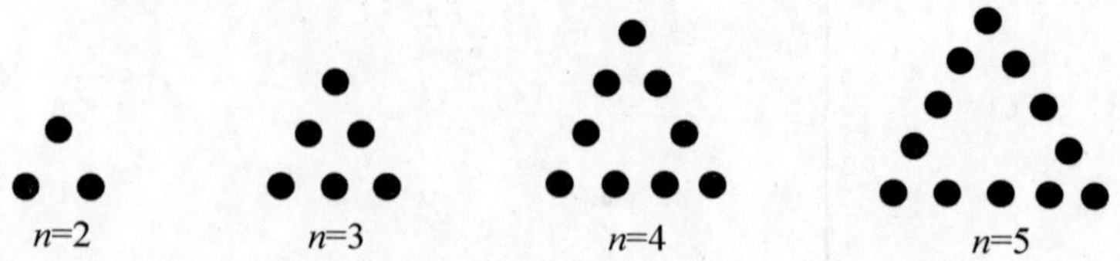

图 2

10.(2018 年清华大学领军计划数学试题第 24 题,不定项选择题)若数列 $\{a_n\}$ 满足 $a_1=\frac{1}{2}$,$2na_{n+1}=(n+1)a_n(n\in\mathbf{N}^*)$,记 $S_n=\sum\limits_{k=1}^{n}a_k$,则 $S_n=($　　$)$.

A. $2-\frac{n+2}{2^n}$　　B. $1-\frac{n+2}{2^{n+1}}$　　C. $2-\frac{n+2}{2^{n+1}}$　　D. $2-\frac{n+1}{2^n}$

解　解法 1　A. 由题设可得 $\frac{a_1}{1}=\frac{1}{2}$,$\frac{a_{n+1}}{n+1}=\frac{1}{2}\cdot\frac{a_n}{n}(n\in\mathbf{N}^*)$,所以数列 $\left\{\frac{a_n}{n}\right\}$ 是首项与公比均为 $\frac{1}{2}$ 的等比数列,所以 $\frac{a_n}{n}=\left(\frac{1}{2}\right)^n$,$a_n=\frac{n}{2^n}(n\in\mathbf{N}^*)$.

再由错位相减法,可求得 $S_n=2-\frac{n+2}{2^n}$.

解法 2　A. 由 $S_1=a_1=\frac{1}{2}$,可排除选项 B,C,D,所以选 A.

11.(2017 年北京大学博雅人才计划笔试(理科数学)试题第 1 题)正整数 $9+95+995+\cdots+\underbrace{99\cdots9}_{2\ 016个9}5$ 的十进制表示中数字 1 的个数为(　　).

A. 2 012　　B. 2 013　　C. 2 014　　D. 前三个答案都不对

解　C. 可得

$$\begin{aligned}&9+95+995+\cdots+\underbrace{99\cdots9}_{2\ 016个9}5\\=&(10-1)+(10^2-5)+(10^3-5)+\cdots+(10^{2\ 017}-5)\\=&(10+10^2+10^3+\cdots+10^{2\ 017})-(5\cdot 2\ 017-4)\\=&\underbrace{11\cdots1}_{2\ 017个1}0-10\ 081=\underbrace{11\cdots1}_{2\ 013个1}01\ 029\end{aligned}$$

12.(2017 年北京大学 514 优特数学测试第 1 题)若数列 $\{a_n\}$ 满足 $a_1=\frac{2}{3}$,$a_{n+1}=\frac{a_n}{2(2n+1)a_n+1}$,则数列 $\{a_n\}$ 的前 2 017 项和 $S_{2\ 017}=($　　$)$.

A. $\frac{2\ 016}{2\ 017}$　　B. $\frac{2\ 017}{2\ 018}$　　C. $\frac{4\ 034}{4\ 035}$　　D. $\frac{4\ 033}{4\ 034}$

解　C. 易用数学归纳法证得 $a_n>0(n\in\mathbf{N}^*)$，所以可对已知的递推式两边取倒数，得

$$\frac{1}{a_{n+1}}-\frac{1}{a_n}=2(2n+1)$$

因而

$$\begin{aligned}\frac{1}{a_n}&=\frac{1}{a_1}+\left(\frac{1}{a_2}-\frac{1}{a_1}\right)+\left(\frac{1}{a_3}-\frac{1}{a_2}\right)+\cdots+\left(\frac{1}{a_n}-\frac{1}{a_{n-1}}\right)\\&=\frac{3}{2}+2[3+5+\cdots+(2n-1)]\\&=\frac{3}{2}+2[1+3+5+\cdots+(2n-1)]-2\\&=\frac{(2n+1)(2n-1)}{2}(n\geqslant 2)\end{aligned}$$

进而可得 $a_n=\frac{1}{2n-1}-\frac{1}{2n+1}(n\in\mathbf{N}^*)$，再由累加法可求得答案.

13.（2016 年北京大学自主招生数学试题第 11 题）设 a_n 是最接近 $\sqrt{n}$ 的整数，若 $\sum\limits_{k=1}^{n}\frac{1}{a_k}=2\ 016$，则 n 的值是（　　）.

A. 1 017 070　　B. 1 017 071　　C. 1 017 072　　D. 以上都不对

解　解法 1　C. 可先求出数列 $\{a_n\}$ 的前 13 项分别为

$$1,1,2,2,2,2,3,3,3,3,3,3,4$$

所以可猜测：当

$$2[1+2+3+\cdots+(k-1)]+1\leqslant n\leqslant 2(1+2+3+\cdots+k)\quad(k\in\mathbf{N}^*)$$

即 $k^2-k+1\leqslant n\leqslant k^2+k(k\in\mathbf{N}^*)$ 时，$a_n=k$.

证明如下：

因为可证“当 x 的小数部分 $\{x\}\neq\frac{1}{2}$ 时，与 x 最接近的整数是 $\left[x+\frac{1}{2}\right]$”（当 $0\leqslant\{x\}<\frac{1}{2}$ 时，$\left[x+\frac{1}{2}\right]=\left[[x]+\{x\}+\frac{1}{2}\right]=\left[[x]+\left(\{x\}+\frac{1}{2}\right)\right]=[x]$；当 $\frac{1}{2}<\{x\}<1$ 时，$\left[x+\frac{1}{2}\right]=\left[[x]+\{x\}+\frac{1}{2}\right]=\left[[x]+1+\left(\{x\}-\frac{1}{2}\right)\right]=[x]+1$），所以即证 $k=\left[\sqrt{n}+\frac{1}{2}\right]$，也即证

$$k\leqslant\sqrt{n}+\frac{1}{2}<k+1$$

$$k^2-k+\frac{1}{4}\leqslant n<k^2+k+\frac{1}{4}$$

$$k^2-k+1\leqslant n\leqslant k^2+k\quad(k\in\mathbf{N}^*)$$

所以欲证结论成立.

因而,在和式$\sum\limits_{k=1}^{n}\dfrac{1}{a_k}$中,值为$\dfrac{1}{k}(k\in\mathbf{N}^*)$的项共有 $2k$ 项,这 $2k$ 项的和为 $\dfrac{1}{k}\cdot 2k=2$.

进而可得满足$\sum\limits_{k=1}^{n}\dfrac{1}{a_k}=2\ 016$的数列$\{a_n\}$的各项依次是

$$\underbrace{1,1}_{2个},\underbrace{2,2,2,2}_{4个},\underbrace{3,3,\cdots,3}_{6个},\cdots,\underbrace{1\ 008,1\ 008,\cdots,1\ 008}_{2\ 016个}$$

所以 $n=2(1+2+3+\cdots+1\ 008)=1\ 008\cdot 1\ 009=1\ 017\ 072$.

解法 2　C. 设 $a_n=k(k\in\mathbf{N}^*)$,得 $|\sqrt{n}-k|<\dfrac{1}{2}$,$k^2-k+1\leqslant n\leqslant k^2+k$.

所以当且仅当 $k^2-k+1\leqslant n\leqslant k^2+k(k\in\mathbf{N}^*)$ 时,$a_n=k$.

因而,在和式$\sum\limits_{k=1}^{n}\dfrac{1}{a_k}$中,值为$\dfrac{1}{k}(k\in\mathbf{N}^*)$的项共有 $2k$ 项,这 $2k$ 项的和为 $\dfrac{1}{k}\cdot 2k=2$.

进而可得满足$\sum\limits_{k=1}^{n}\dfrac{1}{a_k}=2\ 016$的数列$\{a_n\}$的各项依次是

$$\underbrace{1,1}_{2个},\underbrace{2,2,2,2}_{4个},\underbrace{3,3,\cdots,3}_{6个},\cdots,\underbrace{1\ 008,1\ 008,\cdots,1\ 008}_{2\ 016个}$$

所以 $n=2(1+2+3+\cdots+1\ 008)=1\ 008\cdot 1\ 009=1\ 017\ 072$.

14.(2010年复旦大学千分考第142题)已知数列$\{a_n\}$满足$a_1=2$且$\left\{\dfrac{a_n}{n}\right\}$是公比为2的等比数列,则$\sum\limits_{k=1}^{n}a_k=$(　　).

A. $n\cdot 2^{n+1}-2$　　B. $(n-1)\cdot 2^{n+1}+2$

C. $n\cdot 2^n+2(n-1)$　　D. $(n-1)\cdot 2^n+2n$

解　B. 可得 $a_n=n\cdot 2^n$,再用错位相减法可求得答案.

15.(2008年复旦大学千分考第119题)下列不等式成立的是(　　).

A. $16<\sum\limits_{k=1}^{120}\dfrac{1}{\sqrt{k}}<17$　　B. $18<\sum\limits_{k=1}^{120}\dfrac{1}{\sqrt{k}}<19$

C. $20<\sum\limits_{k=1}^{120}\dfrac{1}{\sqrt{k}}<21$　　D. $22<\sum\limits_{k=1}^{120}\dfrac{1}{\sqrt{k}}<23$

解　解法 1　C. 因为

$$\sqrt{k+1}-\sqrt{k}=\frac{1}{\sqrt{k+1}+\sqrt{k}}<\frac{1}{2\sqrt{k}}<\frac{1}{\sqrt{k}+\sqrt{k-1}}=\sqrt{k}-\sqrt{k-1}\quad(k\in\mathbf{N}^*)$$

所以

$$20=2(\sqrt{121}-\sqrt{120}+\sqrt{120}-\sqrt{119}+\cdots+\sqrt{2}-\sqrt{1})<\sum_{k=1}^{120}\frac{1}{\sqrt{k}}$$

$$<2(\sqrt{120}-\sqrt{119}+\sqrt{119}-\sqrt{118}+\cdots+\sqrt{1}-\sqrt{0})=\sqrt{480}<22$$

得 $20<\sum\limits_{k=1}^{120}\frac{1}{\sqrt{k}}<22$，由此可排除选项 A,B,D，所以选 C.

解法 2　C. 可得 $f(x)=\frac{1}{\sqrt{x}}(x>0)$ 是减函数，因而当 $i\leqslant x\leqslant i+1(i\in\mathbf{N}^*)$ 时，可得

$$\frac{1}{\sqrt{i+1}}\leqslant\frac{1}{\sqrt{x}}\leqslant\frac{1}{\sqrt{i}}$$

$$\int_i^{i+1}\frac{1}{\sqrt{i+1}}\mathrm{d}x<\int_i^{i+1}\frac{1}{\sqrt{x}}\mathrm{d}x<\int_i^{i+1}\frac{1}{\sqrt{i}}\mathrm{d}x$$

$$\frac{1}{\sqrt{i+1}}<\int_i^{i+1}\frac{1}{\sqrt{x}}\mathrm{d}x<\frac{1}{\sqrt{i}}$$

进而可得

$$1+\sum_{i=1}^{119}\frac{1}{\sqrt{i+1}}<1+\sum_{i=1}^{119}\int_i^{i+1}\frac{1}{\sqrt{x}}\mathrm{d}x,1+\sum_{i=2}^{120}\int_i^{i+1}\frac{1}{\sqrt{x}}\mathrm{d}x<1+\sum_{i=2}^{120}\frac{1}{\sqrt{i}}$$

所以

$$\sum_{i=1}^{120}\frac{1}{\sqrt{i}}<1+\int_1^{120}\frac{1}{\sqrt{x}}\mathrm{d}x=1+(2\sqrt{x})\Big|_1^{120}=2\sqrt{120}-1<21$$

$$\sum_{i=1}^{120}\frac{1}{\sqrt{i}}>1+\sum_{i=2}^{120}\int_i^{i+1}\frac{1}{\sqrt{x}}\mathrm{d}x=1+\int_2^{121}\frac{1}{\sqrt{x}}\mathrm{d}x=1+(2\sqrt{x})\Big|_2^{121}$$

$$=23-2\sqrt{2}>20$$

因而

$$20<\sum_{k=1}^{120}\frac{1}{\sqrt{k}}<21$$

16.(2015年湖南省高中数学竞赛试卷(B卷)第5题)已知 $a*b=\frac{ab}{a-b}$，则 $\frac{1}{1*2}-\frac{1}{2*3}-\frac{1}{3*4}-\cdots-\frac{1}{2\,014*2\,015}$ 的值为(　　).

A. $-\frac{1}{2\,015}$　　B. $\frac{1}{2\,015}$　　C. $\frac{2\,016}{2\,015}$　　D. 以上都不是

解　A. 由题设可得 $\frac{1}{1*2}=-\frac{1}{2}$，$-\frac{1}{a*b}=\frac{1}{a}-\frac{1}{b}$，因而

$$\frac{1}{1*2}-\frac{1}{2*3}-\frac{1}{3*4}-\cdots-\frac{1}{2\ 014*2\ 015}$$
$$=-\frac{1}{2}+\left(\frac{1}{2}-\frac{1}{3}\right)+\left(\frac{1}{3}-\frac{1}{4}\right)+\cdots+\left(\frac{1}{2\ 014}-\frac{1}{2\ 015}\right)$$
$$=\frac{1}{2\ 015}$$

17.(2018 年包头市高三一模) 设数列$\{a_n\}$的前 n 项和为 S_n，若 $S_2=6$，$a_{n+1}=2S_n+2, n\in\mathbf{N}^*$，则 $S_4=$________.

解 解法 1 66. 可得$\begin{cases}S_2=a_1+a_2=6\\a_2=2S_1+3=2a_1+3\end{cases}$，$\begin{cases}a_1=1\\a_2=5\end{cases}$.

还可得 $a_3=2S_2+3=2\cdot6+3=15, a_4=2S_3+3=2(a_3+S_2)+3=2(15+6)+3=45$.

所以 $S_4=a_4+S_3=45+(15+6)=66$.

解法 2 66. 由 $a_{n+1}=2S_n+3, n\in\mathbf{N}^*$，可得

$$S_{n+1}-S_n=2S_n+3\quad(n\in\mathbf{N}^*)$$
$$S_{n+1}=3S_n+3\quad(n\in\mathbf{N}^*)$$
$$S_3=3S_2+3=3\cdot6+3=21$$
$$S_4=3S_3+3=3\cdot21+3=66$$

解法 3 66. 在解法 2 中，已得 $S_{n+1}=3S_n+3(n\in\mathbf{N}^*)$，所以

$$S_{n+1}+\frac{3}{2}=3\left(S_n+\frac{3}{2}\right)\quad(n\in\mathbf{N}^*)$$
$$S_n+\frac{3}{2}=\left(S_2+\frac{3}{2}\right)\cdot3^{n-2}=\frac{5}{2}\cdot3^{n-1}\quad(n\in\mathbf{N}^*)$$
$$S_n=\frac{5}{2}\cdot3^{n-1}-\frac{3}{2}\quad(n\in\mathbf{N}^*)$$
$$S_4=\frac{5}{2}\cdot3^3-\frac{3}{2}=66$$

解法 4 66. 由题设，可得$\begin{cases}a_{n+1}=2S_n+3\\a_{n+2}=2S_{n+1}+3\end{cases}(n\in\mathbf{N}^*)$. 相减后，可得

$$a_{n+2}-a_{n+1}=2a_{n+1}, a_{n+2}=3a_{n+1}\quad(n\in\mathbf{N}^*)$$

同解法 1，可求得 $a_1=1, a_2=5$，所以

$$a_n=a_2\cdot3^{n-2}=5\cdot3^{n-2}\quad(n\geqslant2, n\in\mathbf{N}^*)$$
$$a_3=5\cdot3=15, a_4=15\cdot3=45$$
$$S_4=1+5+15+45=66$$

18. $1+\frac{1}{1+2}+\frac{1}{1+2+3}+\cdots+\frac{1}{1+2+3+\cdots+n}=$________.

解 $\frac{2n}{n+1}$.

19. 在数列 1,3,2,⋯ 中,若 $a_{n+2}=a_{n+1}-a_n$,则 $\sum_{i=1}^{100}a_i=$________.

解 5. 易得 $a_{n+6}=a_n(n\in\mathbf{N}^*)$,且 $\sum_{i=1}^{6}a_i=0$,所以 $\sum_{i=1}^{100}a_i=\sum_{i=1}^{4}a_i=5$.

20. 若数列 $\{a_n\}$ 的前 n 项和为 S_n 满足 $S_n+\frac{1}{2^n}=(-1)^n a_n(n\in\mathbf{N}^*)$,则 $S_9=$________.

解 解法 1 $-\frac{1}{1\,024}$. (1) 当 n 为正奇数时,可得

$$S_n+\frac{1}{2^n}=-a_n,S_{n+1}+\frac{1}{2^{n+1}}=a_{n+1}$$

把它们相减后,可得 $a_n=-\frac{1}{2^{n+1}}$.

(2) 当 n 为正偶数时,可得 $S_n+\frac{1}{2^n}=a_n$,所以 $S_{n-1}=S_n-a_n=-\frac{1}{2^n}$.

因而 $S_{n+1}=-\frac{1}{2^{n+2}}$. 再得 $a_n+a_{n+1}=S_{n+1}-S_{n-1}=\frac{3}{2^{n+2}}$.

由(1) 的结论可得 $a_{n+1}=-\frac{1}{2^{n+2}}$,所以 $a_n=\frac{1}{2^n}$.

(3) 从而可得

$$\begin{aligned}S_9&=(a_1+a_3+a_5+a_7+a_9)+(a_2+a_4+a_6+a_8)\\&=-\left(\frac{1}{2^2}+\frac{1}{2^4}+\frac{1}{2^6}+\frac{1}{2^8}+\frac{1}{2^{10}}\right)+\left(\frac{1}{2^2}+\frac{1}{2^4}+\frac{1}{2^6}+\frac{1}{2^8}\right)\\&=-\frac{1}{2^{10}}=-\frac{1}{1\,024}\end{aligned}$$

解法 2 $-\frac{1}{1\,024}$. 在题设中令 $n=10$,可得

$$S_{10}+\frac{1}{2^{10}}=a_{10}$$

$$S_9=S_{10}-a_{10}=-\frac{1}{2^{10}}=-\frac{1}{1\,024}$$

21. 已知数列 $\{a_n\}$ 的前 n 项和为 S_n,且 $a_n>0,a_1=2$. 若当 $n\geqslant 2$ 时,$S_n=2a_n,b_n=\log_2 a_n$,则 $b_n=$________.

解 $\begin{cases}1,n=1\\n-1,n\geqslant 2\end{cases}$. 由 $S_2=2a_2=a_1+a_2=2+a_2$,得 $a_2=2$.

由 $S_n=2a_n,S_{n+1}=2a_{n+1}(n\geqslant 2)$,得

$$a_{n+1}=S_{n+1}-S_n=2a_{n+1}-2a_n,a_{n+1}=2a_n\quad(n\geqslant 2)$$

说明 $\{a_n\}$ 从第 2 项起成等比数列,所以

$$a_n = a_2 q^{n-2} = 2 \cdot 2^{n-2} = 2^{n-1} \quad (n \geqslant 2)$$

$$a_n = \begin{cases} 2, n = 1 \\ 2^{n-1}, n \geqslant 2 \end{cases}$$

$$b_n = \log_2 a_n = \begin{cases} 1, n = 1 \\ n-1, n \geqslant 2 \end{cases}$$

22.数列$\{1+2+3+\cdots+n\}$的前n项和$S_n=$________.

解　解法1　$\frac{1}{6}n(n+1)(n+2)$.因为$1+2+3+\cdots+n=\frac{1}{2}n(n+1)=\frac{1}{2}(n^2+n)$,所以

$$\begin{aligned} S_n &= \frac{1}{2}[(1^2+2^2+3^2+\cdots+n^2)+(1+2+3+\cdots+n)] \\ &= \frac{1}{2}\left[\frac{1}{6}n(n+1)(2n+1)+\frac{1}{2}n(n+1)\right] \\ &= \frac{1}{6}n(n+1)(n+2) \end{aligned}$$

解法2　$\frac{1}{6}n(n+1)(n+2)$.因为

$$1+2+3+\cdots+n=\frac{1}{2}n(n+1)=C_{n+1}^2=C_{n+2}^3-C_{n+1}^3 \quad (n \geqslant 2)$$

所以

$$\begin{aligned} S_n &= C_3^3+(C_4^3-C_3^3)+(C_5^3-C_4^3)+\cdots+(C_{n+2}^3-C_{n+1}^3) \\ &= C_{n+2}^3=\frac{1}{6}n(n+1)(n+2) \quad (n \geqslant 2) \end{aligned}$$

进而可得$S_n=\frac{1}{6}n(n+1)(n+2)(n \in \mathbf{N}^*)$.

解法3　$\frac{1}{6}n(n+1)(n+2)$.可得

$$S_n=1+(1+2)+(1+2+3)+\cdots+(1+2+3+\cdots+n)$$

$$S_n=1+(2+1)+(3+2+1)+\cdots+[n+(n-1)+(n-2)+\cdots+1]$$

$$S_n=n+[\underbrace{(n-1)+(n-1)}_{2\text{个}(n-1)}]+[\underbrace{(n-2)+(n-2)+(n-2)}_{3\text{个}(n-2)}]+\cdots+(\underbrace{1+1+1+\cdots+1}_{n\text{个}1})$$

把它们相加,得

$$\begin{aligned} 3S_n &= 1(n+2)+2(n+2)+3(n+2)+\cdots+n(n+2) \\ &= (1+2+3+\cdots+n)(n+2)=\frac{1}{2}n(n+1)(n+2) \end{aligned}$$

$$S_n=\frac{1}{6}n(n+1)(n+2)$$

23. 数列$\left\{n\cos\frac{n\pi}{2}\right\}$的前 2 020 项的和是________.

解　1 010. 设 $a_n=n\cos\frac{n\pi}{2}(n\in\mathbf{N}^*)$，可得 $a_n=\begin{cases}0,n=4k+1\\-(4k+2),n=4k+2\\0,n=4k+3\\4k+4,n=4k+4\end{cases}$

$(k\in\mathbf{N})$，所以 $a_{4k+1}+a_{4k+2}+a_{4k+3}+a_{4k+4}=2\ (k\in\mathbf{N})$，进而可得答案.

24. 已知$\{a_n\}$是首项为 1 的等比数列，且$\left\{\frac{1}{2a_n+a_{n+1}}\right\}$是等差数列，则$\left(\frac{1}{2a_1}+\frac{1}{a_2}\right)+\left(\frac{1}{2a_2}+\frac{1}{a_3}\right)+\cdots+\left(\frac{1}{2a_{2\,020}}+\frac{1}{a_{2\,021}}\right)=$________.

解　3 030. 设等比数列$\{a_n\}$的公比为 q，可得$\frac{1}{2a_n+a_{n+1}}=\frac{1}{a_n}\cdot\frac{1}{2+q}$. 由$\left\{\frac{1}{2a_n+a_{n+1}}\right\}$是等差数列，可得$\left\{\frac{1}{a_n}\right\}$也是等差数列.

由$\{a_n\}$是等比数列，可得$\left\{\frac{1}{a_n}\right\}$也是等比数列.

既是等差数列又是等比数列的数列只能是常数列，因而$\left\{\frac{1}{a_n}\right\}$是常数列，$\{a_n\}$也是常数列，得 $a_n=a_1=1(n\in\mathbf{N}^*)$.

所以$\frac{1}{2a_n}+\frac{1}{a_{n+1}}=\frac{3}{2}$，进而可得所求答案是$\frac{3}{2}\cdot 2\,020=3\,030$.

25. 若数列$\{(-1)^{n-1}(4n-3)\}$的前 n 项和是 S_n，则 $S_{15}+S_{22}-S_{31}=$________.

解　-76. 设 $a_n=(-1)^{n-1}(4n-3)$，可得 $a_{2k-1}+a_{2k}=(8k-7)-(8k-3)=-4$，所以 $S_{2n}=-4n(n\in\mathbf{N}^*)$.

进而可得 $S_{2n-1}=S_{2n}-a_{2n}=-4n+(8n-3)=4n-3(n\in\mathbf{N}^*)$.

所以 $S_{15}+S_{22}-S_{31}=29-44-61=-76$.

26. 数列$\left\{\frac{2n+5}{2^n(2n+1)(2n+3)}\right\}$的前 n 项和为________.

解　$\frac{1}{3}-\frac{1}{2^n(2n+3)}$. 可得

$$\frac{2n+5}{2^n(2n+1)(2n+3)}=\frac{1}{2^n}\cdot\frac{2(2n+3)-(2n+1)}{(2n+1)(2n+3)}=\frac{1}{2^n}\left(\frac{2}{2n+1}-\frac{1}{2n+3}\right)$$

$$=\frac{1}{2^{n-1}(2n+1)}-\frac{1}{2^n(2n+3)}$$

所以数列$\left\{\dfrac{2n+5}{2^n(2n+1)(2n+3)}\right\}$的前 n 项和为

$$\frac{1}{1\cdot 3}-\frac{1}{2\cdot 5}+\frac{1}{2\cdot 5}-\frac{1}{4\cdot 7}+\frac{1}{4\cdot 7}-\cdots+\frac{1}{2^{n-1}(2n+1)}-\frac{1}{2^n(2n+3)}$$

$$=\frac{1}{3}-\frac{1}{2^n(2n+3)}$$

27.(2016 年北京市昌平高三二模)已知数列$\{a_n\}$中,$a_1=a(0<a\leqslant 1)$,$a_{n+1}=\begin{cases}a_n-1,a_n>1,\\ -a_n+\dfrac{3}{2},a_n\leqslant 1\end{cases}(n\in\mathbf{N}^*)$.

(1) 若 $a_3=\dfrac{1}{6}$,则 $a=$________;

(2)$a_1+a_2+\cdots+a_{2\,016}=$________.

解 (1) $\dfrac{1}{3}$.由 $a_3=\dfrac{1}{6}$,可得 $a_2=\dfrac{7}{6}$,$a_1=\dfrac{1}{3}$.

(2)1 512.可得 $a_1=a(0<a\leqslant 1)$,$a_2=\dfrac{3}{2}-a$.

(i) 当 $0<a<\dfrac{1}{2}$ 时,可得 $a_2>1$,$a_3=a_2-1=\dfrac{1}{2}-a\leqslant 1$,$a_4=\dfrac{3}{2}-a_3=a+1>1$,$a_5=a_4-1=a=a_1$,…… 进而可得数列$\{a_n\}$是周期数列且有一个周期是 4,所以

$$a_1+a_2+\cdots+a_{2\,016}=504(a_1+a_2+a_3+a_4)=504\cdot 3=1\,512$$

(ii) 当$\dfrac{1}{2}\leqslant a\leqslant 1$时,可得 $a_2\leqslant 1$,$a_3=\dfrac{3}{2}-a_2=a=a_1$,…… 进而可得数列$\{a_n\}$是周期数列且有一个周期是 2,所以

$$a_1+a_2+\cdots+a_{2\,016}=1\,008(a_1+a_2)=1\,008\cdot\frac{3}{2}=1\,512$$

综上所述,可得答案.

28.(2018 年北京市房山高三期末考试试题)将正整数 12 分解成两个正整数的乘积有 1×12,2×6,3×4 三种,其中 3×4 是这三种分解中两数差的绝对值最小的,我们称 3×4 为 12 的最佳分解.当 $p\times q(p\leqslant q$ 且 $p,q\in\mathbf{N}^*)$是正整数 n 的最佳分解时,我们定义函数 $f(n)=q-p$,例如 $f(12)=4-3=1$.则 $f(81)=$________,数列$\{f(3^n)\}(n\in\mathbf{N}^*)$的前 100 项和为________.

解 0,$3^{50}-1$.第二空的解答如下:

可得 $f(3^{2k})=0$,$f(3^{2k-1})=3^k-3^{k-1}(k\in\mathbf{N}^*)$,所以数列$\{f(3^n)\}(n\in\mathbf{N}^*)$的前 100 项和为$\displaystyle\sum_{k=1}^{50}(3^k-3^{k-1})=3^{50}-1$.

29.若数列$\{a_n\}$的前 n 项和为 $S_n=2a_{n+1}$,$a_1=1$,则 $S_n=$________(仅用含

n 的式子表示).

解　解法 1　$\left(\frac{3}{2}\right)^{n-1}$. 由 $S_n=2a_{n+1}$, $S_{n+1}=2a_{n+2}$, 相减后可得 $a_{n+2}=\frac{3}{2}a_{n+1}$.

由 $a_n=a_2\left(\frac{3}{2}\right)^{n-2}(n\geqslant 2)$, 可得 $a_n=\begin{cases}1, n=1\\ \left(\frac{3}{2}\right)^{n-2}, n\geqslant 2\end{cases}$.

进而可求得答案.

解法 2　$\left(\frac{3}{2}\right)^{n-1}$. 可得 $S_n=2a_{n+1}=2(S_{n+1}-S_n)$, $S_{n+1}=\frac{3}{2}S_n$, $S_1=1$, 进而由等比数列的通项公式可求得答案.

30. 若数列 $\{a_n\}$ 满足 $a_1=\frac{1}{2}$, $a_{n+1}=\frac{1}{2}+\sqrt{a_n-a_n^2}$, 则该数列的前 2 020 项的和是________.

解　3 010. 可得 $a_1=\frac{1}{2}$, $a_2=1$, $a_n\geqslant\frac{1}{2}(n\in\mathbf{N}^*)$, 从而

$$a_{n+2}=\frac{1}{2}+\sqrt{a_{n+1}-a_{n+1}^2}=\frac{1}{2}+\sqrt{a_{n+1}(1-a_{n+1})}=\frac{1}{2}+\left|a_n-\frac{1}{2}\right|=a_n$$

得 $\{a_n\}$ 是一个周期为 2 的周期数列.

所以数列 $\{a_n\}$ 的前 2 020 项的和是 $\frac{2\,020}{2}(a_1+a_2)=1\,010\cdot\frac{3}{2}=3\,030$.

31. 数列 $\left\{\frac{2}{(\sqrt{n-1}+\sqrt{n})(\sqrt{n-1}+\sqrt{n+1})(\sqrt{n}+\sqrt{n+1})}\right\}$ 的前 n 项和 $S_n=$________.

解　$1+\sqrt{n}-\sqrt{n+1}$. 可得

$$\begin{aligned}&\frac{2}{(\sqrt{n-1}+\sqrt{n})(\sqrt{n-1}+\sqrt{n+1})(\sqrt{n}+\sqrt{n+1})}\\&=\frac{\sqrt{n+1}-\sqrt{n-1}}{(\sqrt{n-1}+\sqrt{n})(\sqrt{n}+\sqrt{n+1})}\\&=\frac{(\sqrt{n}+\sqrt{n+1})-(\sqrt{n-1}+\sqrt{n})}{(\sqrt{n-1}+\sqrt{n})(\sqrt{n}+\sqrt{n+1})}\\&=\frac{1}{\sqrt{n-1}+\sqrt{n}}-\frac{1}{\sqrt{n}+\sqrt{n+1}}\end{aligned}$$

所以

$$S_n=\frac{1}{\sqrt{0}+\sqrt{1}}-\frac{1}{\sqrt{n}+\sqrt{n+1}}=1-(\sqrt{n+1}-\sqrt{n})=1+\sqrt{n}-\sqrt{n+1}$$

32. 已知数列 $\{F_n\}$ 由 $F_1=F_2=1$, $F_{n+2}=F_n+F_{n+1}$ 确定, 其前 n 项和是 S_n.

(1) $S_7=$________;

(2) 若 $F_{2\,017}=m$，则 $S_{2\,015}=$________（用 m 表示）.

解　(1)33. $S_7=1+1+2+3+5+8+13=33$.

(2)$m-1$. 可得 $S_{n+2}-S_n=F_{n+1}+F_{n+2}=F_{n+3}$，所以

$$S_{2\,015}-S_{2\,013}=F_{2\,016},S_{2\,013}-S_{2\,011}=F_{2\,014},S_{2\,011}-S_{2\,009}=F_{2\,012},\cdots,S_3-S_1=F_4$$

把它们相加后，可得

$$S_{2\,015}-S_1=F_{2\,016}+F_{2\,014}+F_{2\,012}+\cdots+F_6+F_4$$

所以

$$\begin{aligned}m=F_{2\,017}&=F_{2\,016}+F_{2\,015}=F_{2\,016}+F_{2\,014}+F_{2\,013}\\&=F_{2\,016}+F_{2\,014}+F_{2\,012}+F_{2\,011}=\cdots\\&=F_{2\,016}+F_{2\,014}+F_{2\,012}+\cdots+F_4+F_3\\&=S_{2\,015}-S_1+F_3=S_{2\,015}-1+2=S_{2\,015}+1\end{aligned}$$

$$S_{2\,015}=m-1$$

33.（2018年高考全国卷Ⅰ理科第14题）记 S_n 为数列 $\{a_n\}$ 的前 n 项和. 若 $S_n=2a_n+1$，则 $S_6=$________.

解　解法1　-63. 可得 $S_n=2a_n+1,S_{n+1}=2a_{n+1}+1$，把这两式作差得 $a_{n+1}=2a_{n+1}-2a_n$，即 $a_{n+1}=2a_n$.

还可求得 $a_1=-1$，所以 $\{a_n\}$ 为等比数列，因而 $S_6=\dfrac{-1\times(1-2^6)}{1-2}=-63$.

解法2　-63. 可得 $S_n=2(S_n-S_{n-1})+1,S_n=2S_{n-1}-1,S_n-1=2(S_{n-1}-1)(n\geqslant 2)$.

还可求得 $S_1=-1,S_1-1=-2$，所以 $S_n-1=-2\times 2^{n-1},S_n=1-2^n(n\in\mathbf{N}^*)$，因而 $S_6=-63$.

34.（2017年高考全国卷II理科第15题）等差数列 $\{a_n\}$ 的前 n 项和为 S_n，$a_3=3,S_4=10$，则 $\sum\limits_{k=1}^{n}\dfrac{1}{S_k}=$________.

解　$\dfrac{2n}{n+1}$. 设等差数列 $\{a_n\}$ 的公差为 d，可得 $\begin{cases}a_3=a_1+2d=3\\S_4=4a_1+6d=10\end{cases}$，解得 $a_1=d=1$，所以 $a_n=n,S_n=\dfrac{n(n+1)}{2},\dfrac{1}{S_k}=2\left(\dfrac{1}{k}-\dfrac{1}{k+1}\right)$. 由此，可得

$$\begin{aligned}\sum_{k=1}^{n}\frac{1}{S_k}&=2\left(1-\frac{1}{2}+\frac{1}{2}-\frac{1}{3}+\cdots+\frac{1}{n-1}-\frac{1}{n}+\frac{1}{n}-\frac{1}{n+1}\right)\\&=2\left(1-\frac{1}{n+1}\right)=\frac{2n}{n+1}\end{aligned}$$

35.（2015年高考全国卷II理科第16题）设 S_n 是数列 $\{a_n\}$ 的前 n 项和，且 $a_1=-1,a_{n+1}=S_nS_{n+1}$，则 $S_n=$________.

解 $-\frac{1}{n}$. 因为 $a_1=-1, a_{n+1}=S_nS_{n+1}$, 所以 $S_1=-1, S_{n+1}-S_n=S_nS_{n+1}$.

若 $\exists n\in\mathbf{N}^*$, 使得 $S_{n+1}=0$, 也得 $S_n=0$, 进而可得 $S_1=0$, 这与 $S_1=-1$ 矛盾！所以 $\forall n\in\mathbf{N}^*, S_{n+1}\neq 0$. 进而可得 $\forall n\in\mathbf{N}^*, S_n\neq 0$.

所以 $\frac{1}{S_{n+1}}-\frac{1}{S_n}=-1$, 即数列 $\left\{\frac{1}{S_n}\right\}$ 是首项为 -1, 公差为 -1 的等差数列, 得 $\frac{1}{S_n}=-n, S_n=-\frac{1}{n}$.

36.(2013 年高考湖南卷理科第 15 题) 设 S_n 为数列 $\{a_n\}$ 的前 n 项和, $S_n=(-1)^n a_n-\frac{1}{2^n}, n\in\mathbf{N}^*$ 则

(1) $a_3=$________;

(2) $S_1+S_2+\cdots+S_{100}=$________.

解 $-\frac{1}{16}, \frac{1}{3}\left(\frac{1}{2^{100}}-1\right)$. (1) 得 $S_4=a_4-\frac{1}{16}, S_3=-a_3-\frac{1}{8}$, 相减后可得答案.

(2) 当 n 为奇数时, 得 $S_{n+1}=a_{n+1}-\frac{1}{2^{n+1}}, S_n=-a_n-\frac{1}{2^n}$, 相减后可得 $a_n=-\frac{1}{2^{n+1}}$.

当 n 为偶数时, 得 $S_{n+1}=-a_{n+1}-\frac{1}{2^{n+1}}, S_n=a_n-\frac{1}{2^n}$, 相减后可得 $a_n=-2a_{n+1}+\frac{1}{2^{n+1}}=\frac{1}{2^n}$. 所以

$$\begin{aligned}S_1+S_2+\cdots+S_{100}&=\left(-a_1-\frac{1}{2}\right)+\left(a_2-\frac{1}{2^2}\right)+\cdots+\left(a_{100}-\frac{1}{2^{100}}\right)\\&=[(a_2+a_4+\cdots+a_{100})-(a_1+a_3+\cdots+a_{99})]-\\&\quad\left(\frac{1}{2}+\frac{1}{2^2}+\cdots+\frac{1}{2^{100}}\right)\\&=\left[\left(\frac{1}{2^2}+\frac{1}{2^4}+\cdots+\frac{1}{2^{100}}\right)+\left(\frac{1}{2^2}+\frac{1}{2^4}+\cdots+\frac{1}{2^{100}}\right)\right]-\\&\quad\left(\frac{1}{2}+\frac{1}{2^2}+\cdots+\frac{1}{2^{100}}\right)\\&=\left(\frac{1}{2^2}+\frac{1}{2^4}+\cdots+\frac{1}{2^{100}}\right)-\left(\frac{1}{2}+\frac{1}{2^3}+\cdots+\frac{1}{2^{99}}\right)\\&=\cdots=\frac{1}{3}\left(\frac{1}{2^{100}}-1\right)\end{aligned}$$

37.(2012 年高考福建卷理科第 12 题) 数列 $\{a_n\}$ 的通项公式 $a_n=n\cos\frac{n\pi}{2}+$

1,前 n 项和为 S_n,则 $S_{2\,012}=$________.

解 3 018.可得 $a_{4k+1}=a_{4k+3}=1, a_{4k+2}=-4k-1, a_{4k+4}=4k+5(k\in \mathbf{N})$,所以

$$a_{4k+1}+a_{4k+2}+a_{4k+3}+a_{4k+4}=6 \quad (k\in \mathbf{N})$$

又因为 $2\,012=4\cdot 503$,所以 $S_{2\,012}=6\cdot 503=3\,018$.

38.(2019 年中国科学技术大学自主招生数学试题第 5 题)若数列 $\{a_n\}$ 满足 $a_1=\frac{1}{2}, a_{n+1}=\frac{a_n}{2(n+1)a_n+1}(n\in \mathbf{N}^*)$,则 $\sum\limits_{i=1}^{2\,019}a_i=$________.

解 $\frac{2\,019}{2\,020}$.由数学归纳法可证得 $a_n>0(n\in \mathbf{N}^*)$,再由题设可得

$$\frac{1}{a_{n+1}}-\frac{1}{a_n}=2(n+1) \quad (n\in \mathbf{N}^*)$$

再由累加法,可得

$$\frac{1}{a_n}=\frac{1}{a_1}+2(2+3+\cdots+n)=2(1+2+3+\cdots+n)=n(n+1) \quad (n\in \mathbf{N}^*)$$

$$a_n=\frac{1}{n(n+1)}=\frac{1}{n}-\frac{1}{n+1} \quad (n\in \mathbf{N}^*)$$

又由累加法,可得

$$\sum_{i=1}^{2\,019}a_i=\frac{1}{1}-\frac{1}{2\,020}=\frac{2\,019}{2\,020}$$

39.(2019 年浙江大学自主招生数学试题)若 $a_0=a_1=1, a_{n+2}=a_{n+1}+a_n$ $(n\in \mathbf{N})$,则 $\sum\limits_{i=0}^{\infty}\frac{1}{a_i a_{i+2}}=$________.

解 1.由题设,可用数学归纳法证得 $a_n\geqslant n(n\in \mathbf{N})$,进而可得

$$\frac{1}{a_i a_{i+2}}=\frac{a_{i+1}}{a_i a_{i+1} a_{i+2}}=\frac{1}{a_i a_{i+1}}-\frac{1}{a_{i+1}a_{i+2}}$$

所以

$$\sum_{i=0}^{\infty}\frac{1}{a_i a_{i+2}}=\lim_{n\to\infty}\left(\frac{1}{a_0 a_1}-\frac{1}{a_{n+1}a_{n+2}}\right)=1-\lim_{n\to\infty}\frac{1}{a_{n+1}a_{n+2}}=1$$

40.(2016 年中国科学技术大学自主招生数学试题第 8 题)在数列 $\{a_n\}$ 中 a_n 是与$\sqrt{n}$ 最接近的整数,则 $\sum\limits_{n=1}^{2\,016}\frac{1}{a_n}=$________.

解 解法 1 88.8.可先求出数列 $\{a_n\}$ 的前 13 项分别为

$$1,1,2,2,2,2,3,3,3,3,3,3,4$$

所以可猜测:

当 $2[1+2+3+\cdots+(k-1)]+1\leqslant n\leqslant 2(1+2+3+\cdots+k)(k\in \mathbf{N}^*)$,即 $k^2-k+1\leqslant n\leqslant k^2+k(k\in \mathbf{N}^*)$ 时,$a_n=k$.

证明如下：

因为可证“当 x 的小数部分 $\{x\}\neq\frac{1}{2}$ 时，与 x 最接近的整数是 $\left[x+\frac{1}{2}\right]$”（当 $0\leqslant\{x\}\leqslant\frac{1}{2}$ 时，$\left[x+\frac{1}{2}\right]=\left[[x]+\{x\}+\frac{1}{2}\right]=\left[[x]+\left(\{x\}+\frac{1}{2}\right)\right]=[x]$；当 $\frac{1}{2}<\{x\}<1$ 时，$\left[x+\frac{1}{2}\right]=\left[[x]+\{x\}+\frac{1}{2}\right]=\left[[x]+1+\left(\{x\}-\frac{1}{2}\right)\right]=[x]+1$），所以即证 $k=\left[\sqrt{n}+\frac{1}{2}\right]$，也即证

$$k\leqslant\sqrt{n}+\frac{1}{2}<k+1$$

$$k^2-k+\frac{1}{4}\leqslant n<k^2+k+\frac{1}{4}$$

$$k^2-k+1\leqslant n\leqslant k^2+k\quad(k\in\mathbf{N}^*)$$

所以欲证结论成立.

又因为 $2(1+2+3+\cdots+44)+36=2\,016$，所以数列 $a_1,a_2,\cdots,a_{2\,016}$ 即

$$\underbrace{1,1}_{2个},\underbrace{2,2,2,2}_{4个},\cdots,\underbrace{44,44,\cdots,44}_{88个},\underbrace{45,45,\cdots,45}_{36个}$$

进而可得

$$\sum_{n=1}^{2\,016}\frac{1}{a_n}=\sum_{k=1}^{44}\left(\frac{1}{k}\cdot 2k\right)+\frac{1}{45}\cdot 36=88.8$$

解法2　88.8. 设 $a_n=k(k\in\mathbf{N}^*)$，得 $|\sqrt{n}-k|<\frac{1}{2}$，$k^2-k+1\leqslant n\leqslant k^2+k$.

所以当且仅当 $k^2-k+1\leqslant n\leqslant k^2+k(k\in\mathbf{N}^*)$ 时，$a_n=k$.

因而，在和式 $\sum\limits_{k=1}^{n}\frac{1}{a_k}$ 中，值为 $\frac{1}{k}(k\in\mathbf{N}^*)$ 的项共有 $2k$ 项，这 $2k$ 项的和为 $\frac{1}{k}\cdot 2k=2$.

又因为 $2(1+2+3+\cdots+44)+36=2\,016$，所以数列 $a_1,a_2,\cdots,a_{2\,016}$ 即

$$\underbrace{1,1}_{2个},\underbrace{2,2,2,2}_{4个},\cdots,\underbrace{44,44,\cdots,44}_{88个},\underbrace{45,45,\cdots,45}_{36个}$$

进而可得

$$\sum_{n=1}^{2\,016}\frac{1}{a_n}=\sum_{k=1}^{44}\left(\frac{1}{k}\cdot 2k\right)+\frac{1}{45}\cdot 36=88.8$$

41.（2015年华中科技大学理科实验班选拔试题（数学）第2题）$\frac{1}{\sqrt{1}+\sqrt{2}}+$

$\frac{1}{\sqrt{2}+\sqrt{3}}+\cdots+\frac{1}{\sqrt{255}+\sqrt{256}}=$________.

解 15. 由分母有理化，可得

$$\begin{aligned}原式&=(\sqrt{2}-1)+(\sqrt{3}-\sqrt{2})+(\sqrt{4}-\sqrt{3})+\cdots+(\sqrt{256}-\sqrt{255})\\&=\sqrt{256}-1=15\end{aligned}$$

42.（2009 年上海交通大学自主招生暨冬令营数学试题第一题第 8 题）设 $\{a_n\}$ 是公差为 $d\neq 0$ 的等差数列，从中选出部分项以原次序可以组成等比数列 $a_{k_1},a_{k_2},\cdots,a_{k_m}$，若 $k_1=1,k_2=5,k_3=17$，则 $k_1+k_2+\cdots+k_m=$________.

解 3^m-m-1. 可得 $a_5^2=a_1a_{17}$，即

$$(a_1+4d)^2=a_1(a_1+16d)\quad(d\neq 0)$$

$$a_1=2d$$

所以数列 $\{a_{k_n}\}$ 的公比为 $\frac{a_5}{a_1}=\frac{6d}{2d}=3$，得 $a_{k_n}=2d\times 3^{n-1}$.

又因为 a_{k_n} 为等差数列 $\{a_n\}$ 的第 k_n 项，所以 $a_{k_n}=2d+(k_n-1)d=(k_n+1)d$.

得 $k_n=2\times 3^{n-1}-1$，所以 $k_1+k_2+\cdots+k_m=3^m-m-1$

43.（2008 年上海交通大学冬令营数学试题第一题第 6 题）若数列 $\{a_n\}$ 的通项公式为 $a_n=\frac{1}{n\sqrt{n+1}+(n+1)\sqrt{n}}$，则这个数列的前 99 项之和 $S_{99}=$________.

解 $\frac{9}{10}$. 可得

$$\begin{aligned}a_n&=\frac{1}{(\sqrt{n})^2\sqrt{n+1}+(\sqrt{n+1})^2\sqrt{n}}=\frac{1}{\sqrt{n}\sqrt{n+1}(\sqrt{n+1}+\sqrt{n})}\\&=\frac{\sqrt{n+1}-\sqrt{n}}{\sqrt{n}\sqrt{n+1}}=\frac{1}{\sqrt{n}}-\frac{1}{\sqrt{n+1}}\end{aligned}$$

所以

$$S_{99}=\frac{1}{\sqrt{1}}-\frac{1}{\sqrt{100}}=\frac{9}{10}$$

44.（2007 年上海交通大学冬令营数学试题第一题第 7 题）若函数 $f(x)=\frac{|x|}{x}$，则 $S=1+2f(x)+3f^2(x)+\cdots+nf^{n-1}(x)=$________.

解 $\begin{cases}\frac{1}{2}n(n+1),x>0\\ \frac{1-(-1)^n(2n+1)}{4},x<0\end{cases}$.

因为 $f(x)=\begin{cases}1,x>0\\-1,x<0\end{cases}$，所以：

当 $x>0$ 时，$S=1+2+3+\cdots+n=\frac{1}{2}n(n+1)$；

当 $x<0$ 且 n 为偶数时，$S=1-2+3-4+\cdots+(n-1)-n=-\frac{n}{2}$；

当 $x<0$ 且 n 为奇数时，$S=1-2+3-4+\cdots+(n-2)-(n-1)+n=-\frac{n-1}{2}+n=\frac{n+1}{2}$.

进而可得答案.

45.（2006年上海交通大学推优、保送生考试数学试题第一题第10题）若 $a_k=\frac{k+2}{k!+(k+1)!+(k+2)!}$，则数列 $\{a_n\}$ 的前100项和为________.

解 $\frac{1}{2}-\frac{1}{102!}$. 由

$$\begin{aligned}k!+(k+1)!+(k+2)! &= k!(k+2)+(k+2)!\\ &=(k+2)[k!+(k+1)!]\\ &=(k+2)\cdot k!(k+2)\end{aligned}$$

可得

$$a_k=\frac{1}{k!(k+2)}=\frac{k+1}{(k+2)!}=\frac{1}{(k+1)!}-\frac{1}{(k+2)!}$$

进而可得答案.

46.（2005年复旦大学推优、保送生考试数学试题第一题第6题）化简：$1+3+6+\cdots+\frac{n(n+1)}{2}=$________.

解 解法1 $\frac{1}{6}n(n+1)(n+2)$.

原式 $=\frac{1}{2}(1+2+3+\cdots+n)+\frac{1}{2}(1^2+2^2+3^2+\cdots+n^2)$

$$=\frac{1}{4}n(n+1)+\frac{1}{12}n(n+1)(2n+1)=\frac{1}{6}n(n+1)(n+2)$$

解法2 $\frac{1}{6}n(n+1)(n+2)$. 因为 $\frac{n(n+1)}{2}=C_{n+1}^2=C_{n+2}^3-C_{n+1}^3(n\in\mathbf{N}^*)$（由 $C_2^2=C_3^3-C_2^3$ 知应约定 $C_2^3=0$），所以由裂项法可得

$$\text{原式}=\cdots=C_{n+2}^3-C_2^3=C_{n+2}^3=\frac{1}{6}n(n+1)(n+2)$$

47.（2006年上海交通大学推优、保送生考试数学试题第一题第6题）化简：$2^2-4^2+6^2-8^2+\cdots+(-1)^{n+1}(2n)^2=$________.

解 $2(-1)^{n+1}\cdot n(n+1)$

设 $S_n=2^2-4^2+6^2-8^2+\cdots+(-1)^{n+1}(2n)^2$.

当 n 为正偶数时

$$S_n=2^2[(1^2-2^2)+(3^2-4^2)+\cdots+(n-1)^2-n^2]$$
$$=-4[3+7+11+\cdots+(2n-1)]$$
$$=-4\cdot\frac{\frac{n}{2}}{2}[3+(2n-1)]=-2n(n+1)$$

当 n 为正奇数时

$$S_n=S_{n+1}-(-1)^{n+2}(2n+2)^2$$
$$=-2(n+1)(n+2)+(2n+2)^2=2n(n+1)$$

进而可得答案.

48.(2011 年全国高中数学联赛湖北省预赛高二第 2 题)已知数列 $\{a_n\}$ 满足:$a_1=2,a_2=1,a_na_{n+1}a_{n+2}=a_n+a_{n+1}+a_{n+2}(n\in\mathbf{N}^*)$,则 $a_1+a_2+\cdots+a_{2\,011}=$________.

解 4 022.由已知求得数列的前几项为 2,1,3,2,1,3,所以 $\{a_n\}$ 是以 3 为周期的数列,所以

$$a_1+a_2+\cdots+a_{2\,011}=670(a_1+a_2+a_3)+a_1=670\times 6+2=4\ 022$$

49.已知数列 $\{a_n\}$ 的前 n 项和 $S_n=32n-n^2$,求数列 $\{|a_n|\}$ 的前 n 项和 T_n.

解 由 $S_n=32n-n^2$,可得 $a_n=33-2n,a_n>0\Leftrightarrow n\leqslant 16$,所以:

当 $n\leqslant 16$ 时

$$T_n=S_n=32n-n^2$$

当 $n\geqslant 17$ 时

$$T_n=|a_1|+|a_2|+\cdots+|a_n|$$
$$=(a_1+a_2+\cdots+a_{16})+(a_{17}+a_{18}+\cdots+a_n)$$
$$=S_{16}-(S_n-S_{16})$$
$$=2S_{16}-S_n$$
$$=n^2-32n+512$$

所以

$$T_n=\begin{cases}32n-n^2,n=1,2,\cdots,16\\ n^2-32n+512,n\geqslant 17,且\ n\in\mathbf{N}^*\end{cases}$$

50.求 $S_n=1\cdot n+2\cdot(n-1)+3\cdot(n-2)+\cdots+n\cdot 1$.

解 设 $a_k=k(n+1-k)=k(n+1)-k^2$,本题即求数列 $\{a_k\}$ 的前 n 项和.

$$S_n=(1+2+3+\cdots+n)(n+1)-(1^2+2^2+3^2+\cdots+n^2)$$
$$=\frac{1}{2}n(n+1)\cdot(n+1)-\frac{1}{6}n(n+1)(2n+1)$$
$$=\frac{1}{6}n(n+1)(n+2)$$

51. 求正整数 m 与 $n(m<n)$ 之间的分母为 3 的所有既约分数的和 S.

解　显然，这些既约分数为

$$m+\frac{1}{3},m+\frac{2}{3},m+\frac{4}{3},\cdots,n-\frac{4}{3},n-\frac{2}{3},n-\frac{1}{3}$$

有

$$S=\left(m+\frac{1}{3}\right)+\left(m+\frac{2}{3}\right)+\left(m+\frac{4}{3}\right)+\cdots+\left(n-\frac{4}{3}\right)+\left(n-\frac{2}{3}\right)+\left(n-\frac{1}{3}\right)$$

也有

$$S=\left(n-\frac{1}{3}\right)+\left(n-\frac{2}{3}\right)+\left(n-\frac{4}{3}\right)+\cdots+\left(m+\frac{4}{3}\right)+\left(m+\frac{2}{3}\right)+\left(m+\frac{1}{3}\right)$$

所以

$$2S=(m+n)\cdot 2(n-m)=2(n^2-m^2),S=n^2-m^2$$

52. 设 $f(x)=\frac{4^x}{4^x+2}$，求和 $f\left(\frac{1}{2\ 002}\right)+f\left(\frac{2}{2\ 002}\right)+f\left(\frac{3}{2\ 002}\right)+\cdots+f\left(\frac{2\ 001}{2\ 002}\right)$.

解　可先证得 $f(x)+f(1-x)=1$，由此结论用倒序相加法可求得答案为 $\frac{2\ 001}{2}$.

53. 若 $\{a_n\}$ 是各项均不为 0 的等差数列，求证：$\frac{1}{a_1a_2}+\frac{1}{a_2a_3}+\cdots+\frac{1}{a_na_{n+1}}=\frac{n}{a_1a_{n+1}}$.

证明　设等差数列 $\{a_n\}$ 的公差为 d：若 $d=0$，要证结论显然成立；若 $d\neq 0$，得

$$\frac{1}{a_na_{n+1}}=\frac{1}{d}\left(\frac{1}{a_n}-\frac{1}{a_{n+1}}\right)$$

所以

$$\begin{aligned}&\frac{1}{a_1a_2}+\frac{1}{a_2a_3}+\cdots+\frac{1}{a_na_{n+1}}\\&=\frac{1}{d}\left[\left(\frac{1}{a_1}-\frac{1}{a_2}\right)+\left(\frac{1}{a_2}-\frac{1}{a_3}\right)+\cdots+\left(\frac{1}{a_n}-\frac{1}{a_{n+1}}\right)\right]\\&=\frac{1}{d}\left[\frac{1}{a_1}-\frac{1}{a_{n+1}}\right]=\frac{1}{d}\cdot\frac{nd}{a_1a_{n+1}}=\frac{n}{a_1a_{n+1}}\end{aligned}$$

54. 证明：$\frac{1}{1^2}+\frac{1}{2^2}+\frac{1}{3^2}+\cdots+\frac{1}{n^2}<2(n\in\mathbf{N}^*$ 且 $n\geqslant 2)$.

证明　$\frac{1}{1^2}+\frac{1}{2^2}+\frac{1}{3^2}+\cdots+\frac{1}{n^2}$

$$<1+\frac{1}{1\cdot 2}+\frac{1}{2\cdot 3}+\cdots+\frac{1}{(n-1)\cdot n}$$

$$=1+\left(\frac{1}{1}-\frac{1}{2}\right)+\left(\frac{1}{2}-\frac{1}{3}\right)+\cdots+\left(\frac{1}{n-1}-\frac{1}{n}\right)$$

$$=1+\left(\frac{1}{1}-\frac{1}{n}\right)<2$$

55.求 $S_n=1+\left(1+\frac{1}{2}\right)+\left(1+\frac{1}{2}+\frac{1}{4}\right)+\cdots+\left(1+\frac{1}{2}+\frac{1}{4}+\cdots+\frac{1}{2^{n-1}}\right)$.

解　设 $a_n=1+\frac{1}{2}+\frac{1}{4}+\cdots+\frac{1}{2^{n-1}}$,得 $a_n=2-\frac{1}{2^{n-1}}$.

所以本题即求数列 $\left\{2-\frac{1}{2^{n-1}}\right\}$ 的前 n 项和

$$S_n-2n-\left(1+\frac{1}{2}+\frac{1}{4}+\cdots+\frac{1}{2^{n-1}}\right)=2n-a_n=2n-2+\frac{1}{2^{n-1}}$$

56.设各项都是正数的数列 $\{a_n\}$ 的前 n 项和 S_n 满足 $S_n=\left(\frac{a_n+1}{2}\right)^2$,又有 $b_n=(-1)^nS_n$,求数列 $\{b_n\}$ 的前 n 项和 T_n.

解　在 $S_n=\left(\frac{a_n+1}{2}\right)^2$ 中,令 $n=1$ 可求得 $a_1=1$.

还可得

$$4S_n=(a_n+1)^2,4S_{n+1}=(a_{n+1}+1)^2$$

相减,得

$$4a_{n+1}=a_{n+1}^2-a_n^2+2a_{n+1}-2a_n$$
$$(a_{n+1}+a_n)(a_{n+1}-a_n-2)=0$$
$$a_{n+1}-a_n=2$$

所以 $\{a_n\}$ 是首项为 1、公差为 2 的等差数列,可得

$$a_n=2n-1$$

所以

$$S_n=\left(\frac{a_n+1}{2}\right)^2=n^2,b_n=(-1)^n\cdot n^2$$

当 n 为偶数时,可得

$$T_n=(-1^2+2^2)+(-3^2+4^2)+\cdots+[-(n-1)^2+n^2]$$
$$=3+7+11+\cdots+(2n-1)=\frac{n(n+1)}{2}$$

当 n 为奇数时,可得

$$T_n=T_{n-1}+b_n=\frac{n(n-1)}{2}-n^2\text{(用以上结论)}=-\frac{n(n+1)}{2}$$

总之,$T_n=(-1)^n\cdot\frac{n(n+1)}{2}$.

57. 已知数列$\{a_n\}$的前n项和为S_n.

(1) 当数列$\{a_n\}$是各项为正数且公差为d的等差数列时，求数列$\{\sqrt{S_n}\}$是等差数列的简明充要条件；

(2) 若S_n满足$(2n-1)S_{n+1}=(2n+1)S_n+(4n^2-1)$，是否存在$a_1$，使数列$\{a_n\}$是等差数列？若存在，求出$a_1$的值；若不存在，请说明理由.

解 (1) 设等差数列$\{a_n\}$的公差为d，则

$$S_n=na_1+\frac{1}{2}n(n-1)d=\frac{d}{2}n^2+\left(a_1-\frac{d}{2}\right)n$$

$\{\sqrt{S_n}\}$是等差数列的充要条件是$\sqrt{S_n}=an+b$，即

$$a^2n^2+2abn+b^2=\frac{d}{2}n^2+\left(a_1-\frac{d}{2}\right)n$$

$$\begin{cases}a^2=\dfrac{d}{2}\\2ab=a_1-\dfrac{d}{2}\\b^2=0\end{cases}$$

$$d=2a_1$$

所以所求的简明充要条件是$d=2a_1$.

(2) 可得$\dfrac{S_{n+1}}{2n+1}=\dfrac{S_n}{2n-1}+1$，所以$\left\{\dfrac{S_n}{2n-1}\right\}$是公差为1的等差数列，得$\dfrac{S_n}{2n-1}=a_1+n-1$

$$S_n=(2n-1)(a_1+n-1)=2n^2+(2a_1-3)n-(a_1-1)$$

当$n\geqslant 2$时，$a_n=S_n-S_{n-1}=4n+2a_1-5$，$a_{n+1}-a_n=4$，所以$\{a_n\}_{n\geqslant 2}$成等差数列，所以$\{a_n\}$为等差数列的充要条件是$a_2-a_1=4$，即$(2a_1+3)-a_1=4$，$a_1=1$.

所以，仅仅存在$a_1=1$，使$\{a_n\}$是等差数列.

58. 求和：(1)$S_n=1\times 2+2\times 3+\cdots+n(n+1)$；

(2)$T_n=1^3+2^3+\cdots+n^3$.

解 (1)$S_n=2(C_2^2+C_3^2+\cdots+C_{n+1}^2)=2(C_3^3+C_3^2+\cdots+C_{n+1}^2)=2C_{n+2}^3=\dfrac{1}{3}n(n+1)(n+2)$.

(2)
$$k^3=(k+1)k(k-1)+k=6C_{k+1}^3+k\quad(k\geqslant 2)$$

$$T_n=1+6(C_3^3+C_4^3+\cdots+C_{n+1}^3)+(2+3+\cdots+n)$$

$$=6C_{n+2}^4+\frac{1}{2}n(n+1)=\left[\frac{n(n+1)}{2}\right]^2$$

59. 若数列 $\{a_n\}$ 满足 $a_1=2, a_{n+1}=a_n^2-a_n+1$，求证：$\sum\limits_{i=1}^{n}\frac{1}{a_i}<1$.

证明　可用数学归纳法证得 $a_n>1(n\in\mathbf{N}^*)$，所以

$a_{n+1}-1=a_n(a_n-1), \frac{1}{a_{n+1}-1}=\frac{1}{a_n-1}-\frac{1}{a_n}, \frac{1}{a_n}=\frac{1}{a_n-1}-\frac{1}{a_{n+1}-1}$

由此可得欲证.

60. 求和：$S_n=1\cdot 2^n+2\cdot 2^{n-1}+3\cdot 2^{n-2}+\cdots+(n-1)\cdot 2^2+n\cdot 2$.

解　可得

$$\frac{S_n}{2^n}=1\cdot\left(\frac{1}{2}\right)^0+2\cdot\left(\frac{1}{2}\right)+3\cdot\left(\frac{1}{2}\right)^2+\cdots+n\cdot\left(\frac{1}{2}\right)^{n-1}$$

由错位相减法可求得 $S_n=2^{n+2}-2n-4$.

61. (1) 求证：$1+x+x^2+x^3+\cdots+x^n=\frac{x^{n+1}-1}{x-1}(x\neq 1)$；

(2) 求证：$1+2x+3x^2+\cdots+nx^{n-1}=\frac{[(x-1)n-1]x^n+1}{(x-1)^2}(x\neq 1)$；

(3) 求数列 $\{(2n-1)\cdot 3^n\}$ 的前 n 项和 S_n.

解　(1) 当 $x=0$ 时，显然成立. 当 $x\neq 0$ 时，由等比数列的前 n 项和公式知，欲证结论也成立.

(2) 视(1) 的结论为两个函数相等，两边求导后即得欲证成立.

(3) $(2n-1)\cdot 3^n=6(n\cdot 3^{n-1})-3^n$.

在(2) 的结论中令 $x=3$，得数列 $\{n\cdot 3^{n-1}\}$ 的前 n 项和为 $\frac{(2n-1)\cdot 3^n+1}{4}$；

又因为数列 $\{3^n\}$ 的前 n 项和为 $\frac{3^{n+1}-3}{2}$. 所以数列 $\{(2n-1)\cdot 3^n\}$ 的前 n 项和为

$$S_n=6\cdot\frac{(2n-1)\cdot 3^n+1}{4}-\frac{3^{n+1}-3}{2}=(n-1)\cdot 3^{n+1}+3$$

62. 求证：$\frac{1}{2\cdot 3}+\frac{1}{3\cdot 5}+\frac{1}{4\cdot 7}+\cdots+\frac{1}{(n+1)(2n+1)}<\frac{5}{12}$.

证明　下证 $n\geqslant 2$ 时成立.

$$\begin{aligned}&\frac{1}{2\cdot 3}+\frac{1}{3\cdot 5}+\frac{1}{4\cdot 7}+\cdots+\frac{1}{(n+1)(2n+1)}\\&<\frac{1}{2\cdot 3}+\left(\frac{1}{3\cdot 4}+\frac{1}{4\cdot 6}+\cdots+\frac{1}{(n+1)\cdot 2n}\right)\\&=\frac{1}{6}+\frac{1}{2}\left(\frac{1}{2\cdot 3}+\frac{1}{3\cdot 4}+\cdots+\frac{1}{n(n+1)}\right)=\frac{5}{12}-\frac{1}{n+1}<\frac{5}{12}\end{aligned}$$

63. (1) 求证：可用裂项法求数列 $\left\{\frac{1}{an^2+bn+c}\right\}(a\neq 0, b^2-4ac=a^2k^2$，

$k\in\mathbf{N}^*$）的前 n 项和 S_n，且 $S_n=\dfrac{1}{ak}\left(\sum\limits_{i=1}^{k}\dfrac{1}{i+\dfrac{b}{2a}-\dfrac{k}{2}}-\sum\limits_{i=n-k+1}^{n}\dfrac{1}{i+\dfrac{b}{2a}+\dfrac{k}{2}}\right)$；

(2) 求数列 $\left\{\dfrac{1}{4n^2+8n+3}\right\}$ 的前 n 项和 S_n；

(3) 设数列 $\left\{\dfrac{1}{n^2+2n-1}\right\}$ 的前 n 项和是 S_n，求证 $S_n<\dfrac{46}{45}$；

(4) 设数列 $\left\{\dfrac{1}{n^2+n-1}\right\}$ 的前 n 项和是 S_n，求证 $S_n>\dfrac{4}{3}-\dfrac{2}{2n+1}$.

证明　(1) 由

$$\frac{1}{an^2+bn+c}=\frac{1}{a}\cdot\frac{1}{\left(n+\dfrac{b}{2a}\right)^2-\left(\dfrac{k}{2}\right)^2}=\frac{1}{ak}\left(\frac{1}{n+\dfrac{b}{2a}-\dfrac{k}{2}}-\frac{1}{n+\dfrac{b}{2a}+\dfrac{k}{2}}\right)$$

可得欲证成立.

(2) 由(1) 的结论，可得 $S_n=\dfrac{1}{6}-\dfrac{1}{4n+6}$.

(3) 不能由(1) 的结论求出 S_n，但可这样获证：由

$$\frac{1}{n^2+2n-1}=\frac{1}{(n+1)^2-\dfrac{8}{4}}<\frac{1}{(n+1)^2-\dfrac{9}{4}}=\frac{1}{3}\left(\frac{1}{n-\dfrac{1}{2}}-\frac{1}{n+\dfrac{5}{2}}\right)$$

累加，得

$$S_n<\frac{1}{3}\left(\frac{1}{1-\dfrac{1}{2}}+\frac{1}{2-\dfrac{1}{2}}+\frac{1}{3-\dfrac{1}{2}}-\frac{1}{n+\dfrac{1}{2}}-\frac{1}{n+\dfrac{3}{2}}+\frac{1}{n+\dfrac{5}{2}}\right)$$

$$<\frac{1}{3}\left(\frac{1}{1-\dfrac{1}{2}}+\frac{1}{2-\dfrac{1}{2}}+\frac{1}{3-\dfrac{1}{2}}\right)=\frac{46}{45}$$

(4) 可得

$$\frac{1}{n^2+n-1}=\frac{1}{\left(n+\dfrac{1}{2}\right)^2-\dfrac{5}{4}}>\frac{1}{\left(n+\dfrac{1}{2}\right)^2-\dfrac{4}{4}}=\frac{1}{2}\left(\frac{1}{n-\dfrac{1}{2}}-\frac{1}{n+\dfrac{3}{2}}\right)$$

由此累加，得

$$S_n>\frac{1}{2}\left(\frac{1}{1-\dfrac{1}{2}}+\frac{1}{2-\dfrac{1}{2}}-\frac{1}{n-1+\dfrac{3}{2}}-\frac{1}{n+\dfrac{3}{2}}\right)$$

$$=\frac{1}{2}\left(\frac{8}{3}-\frac{1}{n+\frac{1}{2}}-\frac{1}{n+\frac{3}{2}}\right)>\frac{1}{2}\left(\frac{8}{3}-\frac{2}{n+\frac{1}{2}}\right)$$

$$=\frac{4}{3}-\frac{2}{2n+1}$$

64. 设 m,n,a 是已知的自然数，$m<n,a\geqslant 2$，用 $\varphi(a)$ 表示集合 $A_a=\{x\mid x\in \mathbf{N}^*,x<a,(x,a)=1\}$ 的元素个数，求：

(1) m 与 n 之间所有分母为 a 的既约分数的整数部分的和 $G(a)$；

(2) m 与 n 之间所有分母为 a 的既约分数的小数部分的和 $H(a)$；

(3) m 与 n 之间所有分母为 a 的既约分数的和 $S(a)$.

(注：实数 a 的整数部分就是不超过 a 的最大整数，通常记作 $[a]$；实数 a 的小数部分就是 $a-[a]$，通常记作 $\{a\}$.)

解 先证明集合 A_a 中所有元素的和为 $\frac{1}{2}a\varphi(a)$.

当 $a=2$ 时，$A_a=\{1\}$，$\varphi(a)=1$，可以验证此时要证结论成立.

下证 $a\geqslant 3$ 时要证结论也成立.

若 $x\in A_a$，则 $a-x\in A_a$，且 $x\neq a-x$（否则 $a=2x$，又 $(x,a)=1$，得 $a=2$）.

所以可把 A_a 中的元素 x 与 $a-x$ 配对，其和为 a. 共配成 $\frac{1}{2}\varphi(a)$ 对，得 A_a 中所有元素的和为 $\frac{1}{2}a\varphi(a)$.

再来求 $G(a)$，$H(a)$，$S(a)$.

先把 A_a 中的所有元素从小到大排列成：$x_1,x_2,\cdots,x_{\varphi(a)}$.

则 m 与 n 之间所有分母为 a 的既约分数从小到大排列成：

$$m+\frac{x_1}{a},m+\frac{x_2}{a},\cdots,m+\frac{x_{\varphi(a)}}{a};m+1+\frac{x_1}{a},m+1+\frac{x_2}{a},\cdots,m+1+\frac{x_{\varphi(a)}}{a};\cdots;$$

$$n-1+\frac{x_1}{a},n-1+\frac{x_2}{a},\cdots,n-1+\frac{x_{\varphi(a)}}{a}$$

从而，可得

(1) $G(a)=\varphi(a)\cdot[m+(m+1)+(m+2)+\cdots+(n-1)]=\frac{1}{2}(n-m)\cdot(n+m-1)\varphi(a)$.

(2) $H(a)=\left[\frac{x_1}{a}+\frac{x_2}{a}+\cdots+\frac{x_{\varphi(a)}}{a}\right](n-m)=\frac{n-m}{a}\cdot\frac{1}{2}a\varphi(a)=\frac{1}{2}(n-m)\varphi(a)$.

(3) $S(a)=G(a)+H(a)=\frac{1}{2}(n^2-m^2)\varphi(a)$.

65. 求数列$\left\{\dfrac{n+2}{n!+(n+1)!+(n+2)!}\right\}$的前 n 项和 S_n.

解　$a_n=\dfrac{n+2}{n!+(n+1)!+(n+2)!}=\dfrac{1}{n!(n+2)}=\dfrac{1}{(n+1)!}-\dfrac{1}{(n+2)!}$

$$S_n=\frac{1}{2}-\frac{1}{(n+2)!}$$

66. (1) 求数列$\left\{\dfrac{2^{n-1}}{x^{2^{n-1}}+1}\right\}$的前 n 项和 S_n；

(2) 求数列$\dfrac{(3n-2)+(3n+1)+(3n+4)+(3n+7)}{(3n-2)(3n+1)(3n+4)(3n+7)}$的前 n 项和 T_n.

解　(1) 由$\dfrac{2^{n-1}}{x^{2^{n-1}}+1}=\dfrac{2^{n-1}}{x^{2^{n-1}}-1}-\dfrac{2^n}{x^{2^n}+1}$及裂项法求和，得 $S_n=\dfrac{1}{x-1}-\dfrac{2^n}{x^{2^n}-1}$.

(2)
$$\frac{(3n-2)+(3n+1)+(3n+4)+(3n+7)}{(3n-2)(3n+1)(3n+4)(3n+7)}$$
$$=\frac{1}{3}\left[\frac{1}{(3n-2)(3n+1)}-\frac{1}{(3n+4)(3n+7)}\right]$$
$$=\frac{1}{9}\left(\frac{1}{3n-2}-\frac{1}{3n+1}-\frac{1}{3n+4}+\frac{1}{3n+7}\right).$$

当 $n\geqslant 2$ 时，由裂项法求和，得 $T_n=\dfrac{1}{9}\left(1-\dfrac{1}{7}-\dfrac{1}{3n+1}+\dfrac{1}{3n+7}\right)=\dfrac{2n(3n+8)}{7(3n+1)(3n+7)}$(可证此式在 $n=1$ 时也成立).

67. (2015 年北京市朝阳高三期末考试试题) 若有穷数列 $a_1,a_2,a_3,\cdots,a_m$(m 是正整数) 满足条件：$a_i=a_{m-i+1}(i=1,2,3,\cdots,m)$，则称其为“对称数列”. 例如，1,2,3,2,1 和 1,2,3,3,2,1 都是“对称数列”.

(1) 若$\{b_n\}$是 25 项的“对称数列”，且 $b_{13},b_{14},b_{15},\cdots,b_{25}$ 是首项为 1、公比为 2 的等比数列. 求$\{b_n\}$的所有项和 S；

(2) 若$\{c_n\}$是 50 项的“对称数列”，且 $c_{26},c_{27},c_{28},\cdots,c_{50}$ 是首项为 1、公差为 2 的等差数列. 求$\{c_n\}$的前 n 项和 S_n，$1\leqslant n\leqslant 50$，$n\in\mathbf{N}^*$.

解　(1) 依题意，可得 $b_{13}=1,b_{14}=2,\cdots,b_{25}=b_{13}\cdot 2^{12}=2^{12}$.

因而 $b_1=b_{25}=2^{12},b_2=b_{24}=2^{11},\cdots,b_{12}=b_{14}=2$.

所以 $S=2(b_1+b_2+\cdots+b_{12})+1=2\times\dfrac{2^{12}\left[1-\left(\frac{1}{2}\right)^{12}\right]}{1-\frac{1}{2}}+1=2^{14}-3$.

(2) 依题意,可得 $c_{50}=c_{26}+24\times 2=49$.

因为$\{c_n\}$是50项的"对称数列",所以 $c_1=c_{50}=49, c_2=c_{49}=47, \cdots, c_{25}=c_{26}=1$.

因而当 $1\leqslant n\leqslant 25$ 时,$S_n=-n^2+50n$;当 $26\leqslant n\leqslant 50$ 时,$S_n=S_{25}+(n-25)+\frac{1}{2}\times(n-25)(n-26)\times 2=n^2-50n+1\,250$,所以

$$S_n=\begin{cases}-n^2+50n, 1\leqslant n\leqslant 25, n\in\mathbf{N}^*\\ n^2-50n+1\,250, 26\leqslant n\leqslant 50, n\in\mathbf{N}^*\end{cases}$$

68. 我们知道,随着正整数 n 的增大,$1+\frac{1}{2}+\frac{1}{3}+\cdots+\frac{1}{n}$ 的值可以大于事先给定的任意实数. 但请你证明下面的结论:在十进制中,所有不含数码0的正整数的倒数和小于90.

解 在十进制中,所有不含数码0的 $n(n\in\mathbf{N}^*)$ 位正整数共 9^n 个,且它们均大于 10^{n-1},所以它们的倒数和小于$\frac{1}{10^{n-1}}\cdot 9^n=9\times 0.9^{n-1}$,所以由无穷递缩等比数列各项和的公式得,所有不含数码0的正整数的倒数和小于

$$9(0.9^0+0.9^1+0.9^2+\cdots+0.9^{n-1}+\cdots)=9\times\frac{1}{1-0.9}=90$$

69. 有一些半径均为1的球如图3所示堆放成一座"球山"(相邻两球都外切),若堆放了 n 层,求这座"球山"中球的总个数及高.

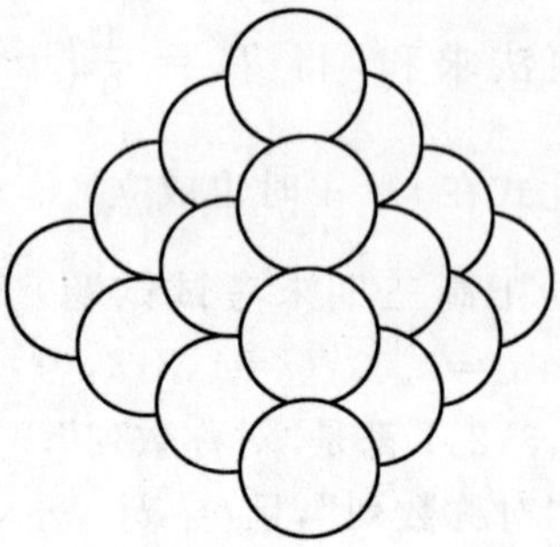

图3

解 如图3所示,从上到下第 k 层球的个数是 $1+2+3+\cdots+k=C_{k+1}^2$,所以球的总个数为

$$C_2^2+C_3^2+C_4^2+\cdots+C_{n+1}^2=C_{n+2}^3=\frac{1}{6}n(n+1)(n+2)$$

最顶端的四个球的球心是一个正四面体(其棱长为 $2n-2$)的四个顶点,所

求答案即该正四面体的高与一个球的半径的 2 倍的和，为$\frac{2}{3}\sqrt{6}(n-1)+2$.

70. 求 $S_n=\frac{1}{\sin 2\theta}+\frac{1}{\sin 2^2\theta}+\cdots+\frac{1}{\sin 2^n\theta}$.

解　用$\frac{1}{\sin 2^n\theta}=\cot 2^{n-1}\theta-\cot 2^n\theta$ 求解，答案为 $\cot\theta-\cot 2^n\theta$.

71. 已知等差数列 $\{a_n\}$ 满足 $a_2=4$，$a_3+a_4=17$.

(1) 求数列 $\{a_n\}$ 的通项公式；

(2) 若数列 $\{b_n\}$ 满足 $b_1=2$，再从 ①$b_{n+1}=2b_n$；②$2b_{n+1}=b_n$；③$b_{n+1}=-b_n$，这三个条件中任选一个作为已知，求数列 $\{a_n+b_n\}$ 的前 n 项和 T_n.

注：如果选择多个条件分别解答，按第一个解答计分.

解　(1) 设等差数列 $\{a_n\}$ 的公差为 d，由题设可得$\begin{cases}a_1+d=4\\2a_1+5d=17\end{cases}$，解得 $a_1=1$，$d=3$.

所以 $a_n=a_1+(n-1)d=3n-2$，得数列 $\{a_n\}$ 的通项公式是 $a_n=3n-2$.

(2) 选 ①，解答如下：

由题设可求得 $b_n=2^n$，所以

$$\begin{aligned}T_n&=(a_1+a_2+\cdots+a_n)+(b_1+b_2+\cdots+b_n)\\&=\frac{n(1+3n-2)}{2}+\frac{2(1-2^n)}{1-2}=2^{n+1}+\frac{3n^2-n}{2}-2\end{aligned}$$

选 ②，解答如下：

由题设可求得 $b_n=\left(\frac{1}{2}\right)^{n-2}$，所以

$$\begin{aligned}T_n&=(a_1+a_2+\cdots+a_n)+(b_1+b_2+\cdots+b_n)\\&=\frac{n(1+3n-2)}{2}+\frac{2\left(1-\left(\frac{1}{2}\right)^n\right)}{1-\frac{1}{2}}=\frac{3n^2-n}{2}-2^{2-n}+2\end{aligned}$$

选 ③，解答如下：

由题设可求得 $b_n=2(-1)^{n-1}$，所以

$$\begin{aligned}T_n&=(a_1+a_2+\cdots+a_n)+(b_1+b_2+\cdots+b_n)\\&=\frac{n(1+3n-2)}{2}+\frac{2(1-(-1)^n)}{1-(-1)}=\frac{3n^2-n}{2}+1-(-1)^n\end{aligned}$$

72. (1) 已知 $a_n=4^n-2^n$，$b_n=\frac{2^n}{a_1+a_2+\cdots+a_n}$，求数列 $\{b_n\}$ 的前 n 项和 S_n；

(2) 求数列$\left\{\frac{2n+5}{(2n+1)(2n+3)\cdot 2^n}\right\}$的前 n 项和 T_n.

解 (1) 可得

$$b_n=\frac{3}{2}\cdot\frac{2^n}{(2^{n+1}-1)(2^n-1)}=\frac{3}{2}\left(\frac{1}{2^n-1}-\frac{1}{2^{n+1}-1}\right)$$

所以 $S_n=\frac{3}{2}\left(1-\frac{1}{2^{n+1}-1}\right)$.

(2) 可得

$$\frac{2n+5}{(2n+1)(2n+3)\cdot 2^n}=\left(\frac{2}{2n+1}-\frac{1}{2n+3}\right)\cdot\frac{1}{2^n}$$

$$=\frac{1}{(2n+1)\cdot 2^{n-1}}-\frac{1}{(2n+3)\cdot 2^n}$$

所以 $T_n=\frac{1}{3}-\frac{1}{(2n+3)\cdot 2^n}$.

注 (2) 的一般情形如下(裂项法):

$$\frac{(a-1)a^n+b}{(a^n+bn+c)[a^{n+1}+b(n+1)+c]}=\frac{1}{a^n+bn+c}-\frac{1}{a^{n+1}+b(n+1)+c}$$

$$\frac{(c-1)a+c(a+b)-b}{(an+b)[a(n+1)+b]c^n}$$

$$=\frac{1}{(an+b)c^{n-1}}-\frac{1}{a(n+1)c^n}$$

73. (2017 年高考山东卷理科第 19 题) 已知 $\{x_n\}$ 是各项均为正数的等比数列,且 $x_1+x_2=3,x_3-x_2=2$,

(1) 求数列 $\{x_n\}$ 的通项公式;

(2) 如图 4,在平面直角坐标系 xOy 中,依次联结点 $P_1(x_1,1),P_2(x_2,2)\cdots P_{n+1}(x_{n+1},n+1)$ 得到折线 $P_1P_2\cdots P_{n+1}$,求由该折线与直线 $y=0,x=x_1,x=x_{n+1}$ 所围成的区域的面积 T_n.

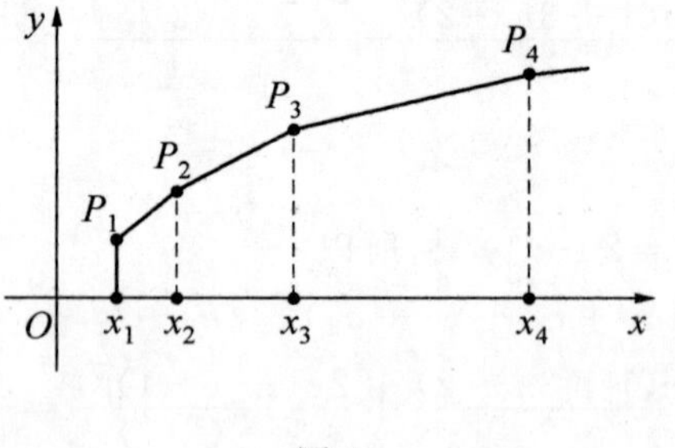

图 4

解 (1) 可设等比数列 $\{x_n\}$ 的公比为正数 q.

由题意可得 $\begin{cases}x_1+x_1q=3\\x_1q^2-x_1q=2\end{cases}$,解得 $\begin{cases}q=2\\x_1=1\end{cases}$,所以数列 $\{x_n\}$ 的通项公式为 $x_n=2^{n-1}$.

(2) 如图 4 所示，过 $P_1, P_2, P_3, \cdots, P_{n+1}$ 分别向 x 轴作垂线，垂足分别为 $Q_1, Q_2, Q_3, \cdots, Q_{n+1}$.

由(1) 的答案，可得 $x_{n+1} - x_n = 2^n - 2^{n-1} = 2^{n-1}$.

记梯形 $P_nP_{n+1}Q_{n+1}Q_n$ 的面积为 b_n，由题意可得

$$b_n = \frac{(n+n+1)}{2} \cdot 2^{n-1} = 2^{n-2}(2n+1)$$

所以

$$T_n = b_1 + b_2 + b_3 + \cdots + b_n$$
$$= 3 \times 2^{-1} + 5 \times 2^0 + 7 \times 2^1 + \cdots + (2n-1) \times 2^{n-3} + (2n+1) \times 2^{n-2} \quad ①$$

$$2T_n = 3 \times 2^0 + 5 \times 2^1 + 7 \times 2^2 + \cdots + (2n-1) \times 2^{n-2} + (2n+1) \times 2^{n-1} \quad ②$$

① − ②，可得

$$-T_n = 3 \times 2^{-1} + (2 + 2^2 + \cdots + 2^{n-1}) - (2n+1) \times 2^{n-1}$$
$$= \frac{3}{2} + \frac{2(1-2^{n-1})}{1-2} - (2n+1) \times 2^{n-1}$$

$$T_n = \frac{2^n(2n-1)+1}{2}$$

74. (2017 年高考上海卷第 19 题) 根据预测，某地第 $n(n \in \mathbf{N}^*)$ 个月共享单车的投放量和损失量分别为 a_n 和 b_n(单位：辆)，其中 $a_n = \begin{cases} 5n^4 + 15, 1 \leqslant n \leqslant 3 \\ -10n + 470, n \geqslant 4 \end{cases}$，$b_n = n + 5$. 第 n 个月底的共享单车的保有量是前 n 个月的累计投放量与累计损失量的差.

(1) 求该地第 4 个月底的共享单车的保有量；

(2) 已知该地共享单车停放点第 n 个月底的单车容纳量 $S_n = -4(n-46)^2 + 8\,800$(单位：辆). 设在某月底，共享单车的保有量达到最大，问：该保有量是否超出了此时停放点的单车容纳量？

解　(1) 设第 n 个月底的共享单车的保有量为 Q_n.

可得供应量 $a_1 = 20, a_2 = 95, a_3 = 420, a_4 = 430$，损失量 $b_1 = 6, b_2 = 7, b_3 = 8, b_4 = 9$，所以第 4 个月底的共享单车的保有量 $Q_4 = (a_1 + a_2 + a_3 + a_4) - (b_1 + b_2 + b_3 + b_4) = 935$.

(2) 解法 1　可得 $Q_1 = 14, Q_2 = 102, Q_3 = 514, Q_4 = 935$.

当 $n \geqslant 4$ 时，可得

$$Q_n = (a_1 + a_2 + a_3 + a_4 + \cdots + a_n) - (b_1 + b_2 + \cdots + b_n)$$
$$= Q_3 + (a_4 + a_5 + \cdots + a_n) - (b_4 + b_5 + \cdots + b_n)$$
$$= 514 + \frac{430 + (470 - 10n)}{2}(n-3) - \frac{9 + (n+5)}{2}(n-3)$$

$$=\frac{-11n^2+919n-1\,630}{2}$$

其对称轴 $n=\frac{919}{22}\approx 41.8$.

由于 $n\in \mathbf{N}^*$，所以当且仅当 $n=42$ 时，Q_n 取到最大值 8 782.

此时 $S_{42}=8\,736<Q_{42}$，所以保有量超出了此时停放点的单车容纳量.

解法 2　可得 $Q_1=14, Q_2=102, Q_3=514, Q_4=935$.

当 Q_n 取到最大值时，供应量要不小于损失量，即 $470-10n\geqslant n+5$，解得 $n\leqslant 42$，所以

$$Q_{42}=535+(a_4+\cdots+a_{42})-(b_1+b_2+\cdots+b_{42})$$
$$=535+\frac{430+(470-420)}{2}(42-3)-\frac{6+(42+5)}{2}\cdot 42=8\,782$$

此时 $S_{42}=8\,736<Q_{42}$，所以保有量超出了此时停放点的单车容纳量.

75.（2017 年高考全国卷 III 文科第 17 题）设数列 $\{a_n\}$ 满足 $a_1+3a_2+\cdots+(2n-1)a_n=2n$.

(1) 求 $\{a_n\}$ 的通项公式；

(2) 求数列 $\left\{\frac{a_n}{2n+1}\right\}$ 的前 n 项和.

解　(1) 当 $n\geqslant 2$ 时，可得

$$a_1+3a_2+\cdots+(2n-1)a_n=2n$$
$$a_1+3a_2+\cdots+(2n-3)a_{n-1}=2(n-1)$$

把它们相减后，可得 $(2n-1)a_n=2, a_n=\frac{2}{2n-1}(n\geqslant 2)$.

由题设还可得 $a_1=2$，从而 $\{a_n\}$ 的通项公式为 $a_n=\frac{2}{2n-1}$.

(2) 记 $\left\{\frac{a_n}{2n+1}\right\}$ 的前 n 项和为 S_n.

由(1) 的答案，可得 $\frac{a_n}{2n+1}=\frac{2}{(2n+1)(2n-1)}=\frac{1}{2n-1}-\frac{1}{2n+1}$，所以

$$S_n=\frac{1}{1}-\frac{1}{3}+\frac{1}{3}-\frac{1}{5}+\cdots+\frac{1}{2n-1}-\frac{1}{2n+1}=\frac{2n}{2n+1}$$

76.（2017 年高考山东卷文科第 19 题）已知 $\{a_n\}$ 是各项均为正数的等比数列，且 $a_1+a_2=6, a_1a_2=a_3$.

(1) 求数列 $\{a_n\}$ 通项公式；

(2) $\{b_n\}$ 为各项非零的等差数列，其前 n 项和 S_n，已知 $S_{2n+1}=b_nb_{n+1}$，求数列 $\left\{\frac{b_n}{a_n}\right\}$ 的前 n 项和 T_n.

解　(1) 设数列 $\{a_n\}$ 的公比为正数 q，可得 $a_1(1+q)=6, a_1^2q=a_1q^2$.

解得 $a_1=2, q=2$，所以数列 $\{a_n\}$ 的通项公式是 $a_n=2^n$.

(2) 可得 $S_{2n+1}=\dfrac{(2n+1)(b_1+b_{2n+1})}{2}=(2n+1)b_{n+1}$.

又因为 $S_{2n+1}=b_nb_{n+1}, b_{n+1}\neq 0$，所以 $b_n=2n+1$.

令 $c_n=\dfrac{b_n}{a_n}$，可得 $c_n=\dfrac{2n+1}{2^n}$，因此

$$T_n=c_1+c_2+\cdots+c_n=\frac{3}{2}+\frac{5}{2^2}+\frac{7}{2^3}+\cdots+\frac{2n-1}{2^{n-1}}+\frac{2n+1}{2^n}$$

$$\frac{1}{2}T_n=\frac{3}{2^2}+\frac{5}{2^3}+\frac{7}{2^4}+\cdots+\frac{2n-1}{2^n}+\frac{2n+1}{2^{n+1}}$$

把它们相减，得

$$\frac{1}{2}T_n=\frac{3}{2}+\left(\frac{1}{2}+\frac{1}{2^2}+\cdots+\frac{1}{2^{n-1}}\right)-\frac{2n+1}{2^{n+1}}$$

$$T_n=5-\frac{2n+5}{2^n}$$

77.（2012年高考上海卷文科第23题）对于项数为 m 的有穷数列 $\{a_n\}$，记 $b_k=\max\{a_1,a_2,\cdots,a_k\}(k=1,2,\cdots,m)$，即 b_k 为 $a_1,a_2,\cdots,a_k$ 中的最大值并称数列 $\{b_n\}$ 是 $\{a_n\}$ 的控制数列. 如1,3,2,5,5的控制数列是1,3,3,5,5.

(1) 若各项均为正整数的数列 $\{a_n\}$ 的控制数列为2,3,4,5,5，写出所有的 $\{a_n\}$；

(2) 设 $\{b_n\}$ 是 $\{a_n\}$ 的控制数列，满足 $a_k+b_{m-k+1}=C$（C 为常数，$k=1,2,\cdots,m$），求证：$b_k=a_k(k=1,2,\cdots,m)$；

(3) 设 $m=100$，常数 $a\in\left(\dfrac{1}{2},1\right)$. 若 $a_n=an^2-(-1)^{\frac{n(n+1)}{2}}n$，$\{b_n\}$ 是 $\{a_n\}$ 的控制数列，求 $(b_1-a_1)+(b_2-a_2)+\cdots+(b_{100}-a_{100})$.

解　(1) 数列 $\{a_n\}$ 可以是：2,3,4,5,1；或2,3,4,5,2；或2,3,4,5,3；或2,3,4,5,4；或2,3,4,5,5.

(2) 因为 $b_k=\max\{a_1,a_2,\cdots,a_k\}$，$b_{k+1}=\max\{a_1,a_2,\cdots,a_k,a_{k+1}\}$，所以 $b_{k+1}\geqslant b_k$.

又因为 $a_k+b_{m-k+1}=C, a_{k+1}+b_{m-k}=C$，所以 $a_{k+1}-a_k=b_{m-k+1}-b_{m-k}\geqslant 0$，$a_{k+1}\geqslant a_k$，所以 $b_k=a_k(k=1,2,\cdots,m)$.

(3) 对 $k=1,2,\cdots,25$，得

$$a_{4k-3}=a(4k-3)^2+(4k-3)$$
$$a_{4k-2}=a(4k-2)^2+(4k-2)$$
$$a_{4k-1}=a(4k-1)^2+(4k-1)$$
$$a_{4k}=a(4k)^2-4k$$

比较大小后，可得 $a_{4k-2}>a_{4k-3}$.

因为$\frac{1}{2}<a<1$,所以

$$a_{4k-1}-a_{4k-2}=(a-1)(8k-3)<0$$

$$a_{4k-2}>a_{4k-1}$$

又因为

$$a_{4k}-a_{4k-2}=2(2a-1)(4k-1)>0$$

$$a_{4k}>a_{4k-2}$$

又因为$a_{4k+1}>a_{4k}$,所以$b_{4k-3}=a_{4k-3}$,$b_{4k-2}=a_{4k-2}$,$b_{4k-1}=a_{4k-2}$,$b_{4k}=a_{4k}$.由此,得

$$\begin{aligned}&(b_1-a_1)+(b_2-a_2)+\cdots+(b_{100}-a_{100})\\=&(b_3-a_3)+(b_7-a_7)+(b_{11}-a_{11})+\cdots+\\&(b_{4k-1}-a_{4k-1})+\cdots+(b_{99}-a_{99})\\=&(a_2-a_3)+(a_6-a_7)+(a_{10}-a_{11})+\cdots+\\&(a_{4k-2}-a_{4k-1})+\cdots+(a_{98}-a_{99})\\=&\sum_{k=1}^{25}(a_{4k-2}-a_{4k-1})=(1-a)\sum_{k=1}^{25}(8k-3)=2\ 525(1-a)\end{aligned}$$

78.(1) 求数列$\left\{\frac{n^2}{(2n-1)(2n+1)}\right\}$的前$n$项和;

(2)(1993年全国高考理科第25题)已知数列$\frac{8\cdot 1}{1^2\cdot 3^2}$,$\frac{8\cdot 2}{3^2\cdot 5^2}$,$\frac{8\cdot 3}{5^2\cdot 7^2}$,…,$\frac{8\cdot n}{(2n-1)^2\cdot(2n+1)^2}$,….$S_n$为其前$n$项和,试求$S_1$,$S_2$,$S_3$,$S_4$,由此推测出$S_n$的公式,并证明你的结论;

(3)(1989年全国高考理科第23题)是否存在常数a,b,c,使得等式$1\cdot 2^2+2\cdot 3^2+\cdots+n\cdot(n+1)^2=\frac{1}{12}n(n+1)(an^2+bn+c)$对于一切正整数$n$都成立,并证明你的结论.

解 (1) 由

$$\begin{aligned}\frac{n^2}{(2n-1)(2n+1)}&=\frac{1}{4}\cdot\frac{4n^2}{4n^2-1}=\frac{1}{4}\left(1+\frac{1}{4n^2-1}\right)\\&=\frac{1}{4}\left[1+\frac{1}{(2n-1)(2n+1)}\right]\\&=\frac{1}{4}\left[1+\frac{1}{2}\left(\frac{1}{2n-1}-\frac{1}{2n+1}\right)\right]\\&=\frac{1}{4}+\frac{1}{8}\left(\frac{1}{2n-1}-\frac{1}{2n+1}\right)\end{aligned}$$

可得数列$\left\{\frac{n^2}{(2n-1)(2n+1)}\right\}$的前$n$项和为$\frac{n}{4}+\frac{1}{8}\left(1-\frac{1}{2n+1}\right)$,即

$\dfrac{n(n+1)}{2(2n+1)}$.

(2) 由

$$\frac{8\cdot n}{(2n-1)^2\cdot(2n+1)^2}=\frac{(2n+1)^2-(2n-1)^2}{(2n-1)^2\cdot(2n+1)^2}=\frac{1}{(2n-1)^2}-\frac{1}{(2n+1)^2}$$

可得

$$S_n=1-\frac{1}{(2n+1)^2}=\frac{(2n+1)^2-1}{(2n+1)^2}$$

所以 $S_1=\dfrac{8}{9},S_2=\dfrac{24}{25},S_3=\dfrac{48}{49},S_4=\dfrac{80}{81}$.

(3) 由

$$n\cdot(n+1)^2=n(n+1)(n+2)-n(n+1)=6C_{n+2}^3-2C_{n+1}^2$$

得

$$\begin{aligned}&1\cdot 2^2+2\cdot 3^2+\cdots+n\cdot(n+1)^2\\&=6(C_3^3+C_4^3+\cdots+C_{n+2}^3)-2(C_2^2+C_3^2+\cdots+C_{n+1}^2)\\&=6C_{n+3}^4-2C_{n+2}^3=\frac{1}{12}n(n+1)(3n^2+11n+10)\end{aligned}$$

所以存在常数 $a=3,b=11,c=10$ 满足题设.

79. (2019 年上海交通大学自主招生数学试题) 已知 $a_1=7$；当 $n\geqslant 2$ 时，a_n 表示 7^n 的末两位数字之和. 求 $a_1+a_2+a_3+\cdots+a_{2\,019}$.

解　由 $7^{n+4}-7^n=7^n(7^4-1)=100\cdot 24\cdot 7^n$，可得 7^{n+4} 与 7^n 的末两位数相同，这里 $n\in\mathbf{N}^*$，约定 7^1 的末两位数是 07 即 7.

进而可得 $\{a_n\}$ 是周期数列且一个周期是 4，还可得 $a_1=7,a_2=13,a_3=7,a_4=1$，所以

$$\begin{aligned}a_1+a_2+a_3+\cdots+a_{2\,019}+a_{2\,020}&=505(a_1+a_2+a_3+a_4)\\&=505(7+13+7+1)=14\,140\end{aligned}$$

又因为 $a_{2\,020}=a_4=1$，所以 $a_1+a_2+a_3+\cdots+a_{2\,019}=14\,139$.

80. (2015 年复旦大学自主招生数学试题第 1 题) 已知 $f(x)=2\,005\left(x-\dfrac{1}{2}\right)^3+x$，求 $\sum\limits_{k=1}^{2\,015}f\left(\dfrac{k}{2\,015}\right)$.

解　由三次函数图像的拐点是该图像的对称中心(即三次函数 $f(x)$ 图像的对称中心是 $(x_0,f(x_0))$，其中 $f''(x_0)=0$)，可得函数 $f(x)$ 的图像关于点 $\left(\dfrac{1}{2},\dfrac{1}{2}\right)$ 对称，所以 $f(x)+f(1-x)=1$，因而 $f\left(\dfrac{k}{2\,015}\right)+f\left(\dfrac{2\,015-k}{2\,015}\right)=1$ $(k=1,2,3,\cdots,2\,014)$.

因为

$$\sum_{k=1}^{2\,015} f\left(\frac{k}{2\,015}\right)=f\left(\frac{1}{2\,015}\right)+f\left(\frac{2}{2\,015}\right)+f\left(\frac{3}{2\,015}\right)+\cdots+f\left(\frac{2\,014}{2\,015}\right)+f(1)$$

$$\sum_{k=1}^{2\,015} f\left(\frac{k}{2\,015}\right)=f\left(\frac{2\,014}{2\,015}\right)+f\left(\frac{2\,013}{2\,015}\right)+f\left(\frac{2\,012}{2\,015}\right)+\cdots+f\left(\frac{1}{2\,015}\right)+f(1)$$

再由倒序相加法及 $f(1)=\frac{2\,013}{8}$，可得

$$2\sum_{k=1}^{2\,015} f\left(\frac{k}{2\,015}\right)=2\,014+2f(1)$$

$$\sum_{k=1}^{2\,015} f\left(\frac{k}{2\,015}\right)=1\,007+f(1)=1\,007+\frac{2\,013}{8}=\frac{10\,069}{8}$$

81.(2014 年北约自主招生试题文科第 7 题）求等差数列 $\{4n+1\}(1\leqslant n\leqslant 200)$，$\{6m-3\}(1\leqslant m\leqslant 200)$ 的公共项之和.

解 由 $4n+1=6m-3(m,n\in\mathbf{N}^*$ 且 $m\leqslant 200,n\leqslant 200)$，可得 $\begin{cases}m=2t\\n=3t-1\end{cases}(t\in\mathbf{N}^*$ 且 $t\leqslant 67)$.

得等差数列 $\{4n+1\}(1\leqslant n\leqslant 200)$，$\{6m-3\}(1\leqslant m\leqslant 200)$ 的公共项按从小到大的顺序组成的数列是等差数列 $\{4(3t-1)+1\}(1\leqslant t\leqslant 67)$ 也即 $\{6\cdot 2t-3\}(1\leqslant t\leqslant 67)$，其和为 $67\cdot 9+\frac{67\cdot 66}{2}\cdot 12=27\,135$.

注 此题源于普通高中课程标准实验教科书《数学 5·必修·A 版》(人民教育出版社，2007 年第 3 版）第 46 页第 6 题“有两个等差数列 2，6，10，…，190 及 2，8，14，…，200，由这两个等差数列的公共项按从小到大的顺序组成一个新数列，求这个新数列的各项之和.”甘志国的专著《数列与不等式》(哈尔滨工业大学出版社，2014）第 11 ~ 12 页的文章《谈谈由两个等差数列的公共项组成的新数列问题》给出了本题结论的推广.

82.(2009 年上海交通大学保送生考试数学试题第二题第 4 题）设 n 与 k 均为正整数，令 $f_k(n)=1^k+2^k+\cdots+n^k$，已知 $f_1(n)=1+2+\cdots+n=\frac{n^2}{2}+\frac{n}{2}$，$f_2(n)=1^2+2^2+\cdots+n^2=\frac{n^3}{3}+\frac{n^2}{2}+\frac{n}{6}$，$f_3(n)=1^3+2^3+\cdots+n^3=\frac{n^4}{4}+\frac{n^3}{2}+\frac{n^2}{4}$. 试观察上述各式右端的多项式的系数，说出其特点，进而求出 $f_4(n)$.

解 解法 1 特点：$f_k(n)$ 可表示为 n 的 $k+1$ 次多项式，且其首项系数为 $\frac{1}{k+1}$，n^k 的系数为 $\frac{1}{2}$，常数项为 0，各项系数和为 1.

所以可设 $f_4(n)=1^4+2^4+\cdots+n^4=\frac{1}{5}n^5+\frac{1}{2}n^4+bn^3+cn^2+dn(b,c,d$ 是常数).

令 $n=1,2,3$,得

$$\begin{cases}\frac{1}{5}+\frac{1}{2}+b+c+d=1\\\frac{32}{5}+8+8b+4c+2d=17\\\frac{243}{5}+\frac{81}{2}+27b+9c+3d=98\end{cases}$$

即

$$\begin{cases}b+c+d=\frac{3}{10}\\4b+2c+d=\frac{13}{10}\\9b+3c+d=\frac{89}{30}\end{cases}$$

解得 $(b,c,d)=\left(\frac{1}{3},0,-\frac{1}{30}\right)$,所以

$$f_4(n)=\frac{1}{5}n^5+\frac{1}{2}n^4+\frac{1}{3}n^3-\frac{1}{30}n$$

解法2　特点:可设

$$f_k(n)=\frac{1}{k+1}n^{k+1}+\frac{1}{2}n^k+b_{k-1}n^{k-1}+\cdots+b_2n^2+b_1n\quad(b_{k-1},\cdots,b_2,b_1\text{ 是常数})$$

由 $k^4=\frac{1}{5}[(k+1)^5-k^5]-2k^3-2k^2-k-\frac{1}{5}(k=1,2,\cdots,n)$,相加得

$$\begin{aligned}f_4(n)&=\frac{1}{5}[(n+1)^5-1]-2\left(\frac{n^4}{4}+\frac{n^3}{2}+\frac{n^2}{4}\right)-2\left(\frac{n^3}{3}+\frac{n^2}{2}+\frac{n}{6}\right)-\frac{n^2}{2}-\frac{n}{2}-\frac{n}{5}\\&=\frac{n^5}{5}+\frac{n^4}{2}+\frac{n^3}{3}-\frac{n}{30}\end{aligned}$$

83.(2008年清华大学自主招生保送生测试数学试题第6题)(1) 求区间 $[m,n](n>m;m,n\in\mathbf{N}^*)$ 上不能被3整除的正整数之和;

(2) 求正整数 m 与 $n(m<n)$ 之间的分母为3的所有既约分数的和 S.

解　(1) 在整数区间 $[0,n](n\in\mathbf{N}^*)$ 中所有3的倍数之和为

$$3\left(1+2+3+\cdots+\left[\frac{n}{3}\right]\right)=\frac{3}{2}\left[\frac{n}{3}\right]\left(\left[\frac{n}{3}\right]+1\right)$$

在整数区间 $[0,n](n\in\mathbf{N}^*)$ 中所有不是3的倍数的整数之和为

$$\frac{1}{n}(n+1)-\frac{3}{2}\left[\frac{n}{3}\right]\left(\left[\frac{n}{3}\right]+1\right)$$

所以,所求答案为上述答案减去 $[0,m-1]$ 中所有不是3的倍数的整数之和,即

$$\frac{1}{2}n(n+1)-\frac{1}{2}m(m+1)-\frac{3}{2}\left[\frac{n}{3}\right]\left(\left[\frac{n}{3}\right]+1\right)+\frac{3}{2}\left[\frac{m-1}{3}\right]\left(\left[\frac{m-1}{3}\right]+1\right)$$

(2) 显然,这些既约分数为

$$m+\frac{1}{3},m+\frac{2}{3},m+\frac{4}{3},\cdots,n-\frac{4}{3},n-\frac{2}{3},n-\frac{1}{3}$$

有

$$S=\left(m+\frac{1}{3}\right)+\left(m+\frac{2}{3}\right)+\left(m+\frac{4}{3}\right)+\cdots+\left(n-\frac{4}{3}\right)+\left(n-\frac{2}{3}\right)+\left(n-\frac{1}{3}\right)$$

也有

$$S=\left(n-\frac{1}{3}\right)+\left(n-\frac{2}{3}\right)+\left(n-\frac{4}{3}\right)+\cdots+\left(m+\frac{4}{3}\right)+\left(m+\frac{2}{3}\right)+\left(m+\frac{1}{3}\right)$$

所以

$$2S=(m+n)\cdot 2(n-m)=2(n^2-m^2),S=n^2-m^2$$

84.(2003 年复旦大学保送生考试数学试题第 16 题)已知数列$\{a_n\}$的前 n 项和是 S_n,$a_n=\dfrac{1}{(\sqrt{n-1}+\sqrt{n})(\sqrt{n-1}+\sqrt{n+1})(\sqrt{n}+\sqrt{n+1})}$,求 $S_{2\,003}$.

解 因为

$$a_n=\frac{\sqrt{n+1}-\sqrt{n-1}}{2(\sqrt{n-1}+\sqrt{n})(\sqrt{n}+\sqrt{n+1})}=\frac{1}{2}\left(\frac{1}{\sqrt{n-1}+\sqrt{n}}-\frac{1}{\sqrt{n}+\sqrt{n+1}}\right)$$

所以

$$S_{2\,003}=\frac{1}{2}\left(\frac{1}{\sqrt{0}+\sqrt{1}}-\frac{1}{\sqrt{2\,003}+\sqrt{2\,004}}\right)=\frac{1+\sqrt{2\,003}}{2}-\sqrt{501}$$

85.(2017 年 Berkeley 大学竞赛试题(数学分析卷)第 4 题)求值:$\frac{1}{2}+\frac{4}{2^2}+\frac{9}{2^3}+\frac{16}{2^4}+\cdots$.

解 设

$$S_n=\frac{1}{2}+\frac{4}{2^2}+\frac{9}{2^3}+\frac{16}{2^4}+\cdots+\frac{n^2}{2^n}$$

可得

$$\frac{1}{2}S_n=\frac{1}{2^2}+\frac{4}{2^3}+\frac{9}{2^4}+\cdots+\frac{(n-1)^2}{2^n}+\frac{n^2}{2^{n+1}}$$

把它们相减后,可得

$$\frac{1}{2}S_n=\frac{1}{2}+\frac{3}{2^2}+\frac{5}{2^3}+\frac{7}{2^4}+\cdots+\frac{2n-1}{2^n}-\frac{n^2}{2^{n+1}}$$

用错位相减法,可求得

$$\frac{1}{2}+\frac{3}{2^2}+\frac{5}{2^3}+\frac{7}{2^4}+\cdots+\frac{2n-1}{2^n}=3-\frac{2n+3}{2^n}$$

进而可得

$$S_n=6-\frac{n^2+4n+6}{2^n}$$

所以

$$\frac{1}{2}+\frac{4}{2^2}+\frac{9}{2^3}+\frac{16}{2^4}+\cdots=\lim_{n\to\infty}S_n=6$$

86.(1993 年上海市高中数学竞赛第二试第三题) 对正整数 k, $g(k)$ 表示 k 的最大奇因子(如 $g(3)=3$, $g(20)=5$), 求 $g(1)+g(2)+g(3)+\cdots+g(2^n)$ $(n\in\mathbf{N}^*)$.

解　设 $f(n)=g(1)+g(2)+g(3)+\cdots+g(2^n)(n\in\mathbf{N}^*)$.

对正奇数 k, 有 $g(k)=k$; 且对任意正整数 k, 有 $g(2k)=g(k)$.

所以当正整数 $n\geqslant 2$ 时, 可得

$$\begin{aligned}f(n+1)&=[g(1)+g(3)+g(5)+\cdots+g(2^{n+1}-1)]+\\&\quad[g(2)+g(4)+g(6)+\cdots+g(2^{n+1})]\\&=[1+3+5+\cdots+(2^{n+1}-1)]+\\&\quad[g(1)+g(2)+g(3)+\cdots+g(2^n)]\\&=4^n+f(n)\end{aligned}$$

$$f(n+1)-f(n)=4^n$$

用累加法可求得 $f(n)=\dfrac{4^n+2}{3}$.

2.5　求数列通项公式

1.(中国台湾高考试题, 不定项选择题) 每过同一时间点记录某植物的成长高度, 连续 5 周的数据为

$$a_1=1, a_2=2, a_3=6, a_4=15, a_5=31$$

请问此成长高度数列满足下列选项中的哪一个式子?

(1)$a_{t+1}=3a_t-1$, $t=1,2,3,4$;

(2)$a_t=t!$, $t=1,2,3,4$;

(3)$a_{t+1}=a_t+t^2$, $t=1,2,3,4$;

(4)$a_t=2^t-1$, $t=1,2,3,4$;

(5)$a_{t+1}=ta_t+1$, $t=1,2,3,4$.

解　(3). 根据数列的前几项, 观察其满足的通项公式, 可发现只有选项 (3) 符合, 其他选项均不符合.

2.(2019 年北京大学自主招生数学试题第 6 题) 若数列 $\{a_n\}$ 满足 $a_k+a_{k+1}=4k+3(k\in\mathbf{N}^*)$, 则 $a_1+a_{2\,020}=$(　　).

A. 4 041　　B. 4 042　　C. 4 043　　D. 前三个答案都不对

解　C. 由题设,可得

$$a_{k+1}-2(k+1)-\frac{1}{2}=-\left(a_k-2k-\frac{1}{2}\right)(k\in\mathbf{N}^*)$$

所以数列$\left\{a_n-2n-\frac{1}{2}\right\}$的首项为$a_1-\frac{5}{2}$,后一项总是前一项的$-1$倍,因而

$$a_n-2n-\frac{1}{2}=\left(a_1-\frac{5}{2}\right)(-1)^{n-1}\quad(n\in\mathbf{N}^*)$$

$$a_n=2n+\frac{1}{2}-\left(a_1-\frac{5}{2}\right)(-1)^n\quad(n\in\mathbf{N}^*)$$

所以

$$a_1+a_{2\,020}=a_1+(4\,043-a_1)=4\,043$$

3.(2019 年美国数学竞赛(AMC10A) 试题第 15 题) 已知数列$\{a_n\}$满足$a_1=1,a_2=\frac{3}{7},a_{n+2}=\frac{a_na_{n+1}}{2a_n-a_{n+1}}(n\in\mathbf{N}^*)$. 若$a_{2\,019}=\frac{p}{q}$($p,q$是互质的正整数),则$p+q=$(　　).

A. 2 020　　B. 4 039　　C. 6 057　　D. 6 061　　E. 8 078

解　解法 1　E. 可求得$a_1=\frac{3}{3},a_2=\frac{3}{7},a_3=\frac{3}{11},a_4=\frac{3}{15},a_5=\frac{3}{19}$,进而可猜测$a_n=\frac{3}{4n-1}(n\in\mathbf{N}^*)$.

因为满足题设的数列$\{a_n\}$是唯一确定的,还可验证$a_n=\frac{3}{4n-1}(n\in\mathbf{N}^*)$满足题设,所以满足题设的数列$\{a_n\}$的通项公式是$a_n=\frac{3}{4n-1}$.

因而$a_{2\,019}=\frac{3}{8\,075}$(3,8 075 是互质的正整数),进而可得$p+q=3+8\,075=8\,078$.

解法 2　E. 若存在某项$a_n=0$,由题设中的递推公式可得$a_{n-1}=0$或$a_{n-2}=0$,进而可得$a_1=0$或$a_2=0$,这与题设相矛盾! 所以$a_n\neq 0(n\in\mathbf{N}^*)$.

把题设中的递推公式两边取倒数,可得$\frac{1}{a_{n+2}}-\frac{1}{a_{n+1}}=\frac{1}{a_{n+1}}-\frac{1}{a_n}(n\in\mathbf{N}^*)$,所以$\left\{\frac{1}{a_{n+1}}-\frac{1}{a_n}\right\}$是常数列,进而可得$\frac{1}{a_{n+1}}-\frac{1}{a_n}=\frac{1}{a_2}-\frac{1}{a_1}=\frac{4}{3}(n\in\mathbf{N}^*)$.

所以$\left\{\frac{1}{a_n}\right\}$是等差数列,进而可得$\frac{1}{a_n}=\frac{1}{a_1}+\frac{4}{3}(n-1)=\frac{4n-1}{3},a_n=\frac{3}{4n-1}(n\in\mathbf{N}^*)$.

接下来的解法同解法 1.

4.(2018 年北京大学自主招生数学试题第 10 题）若数列$\{a_n\}$的前 n 项和 $S_n=n^2a_n$，且 $a_1=2\ 019$，则 $a_{2\ 018}$ 的值为（　　）.

A. $\frac{1}{2\ 019}$　　B. $\frac{1}{2\ 018}$　　C. $\frac{1}{1\ 009}$　　D. 前三个答案都不对

解　C. 由题设，可得 $S_{n+1}=(n+1)^2a_{n+1}$，$S_n=n^2a_n$.

把它们相减后，可得

$a_{n+1}=(n+1)^2a_{n+1}-n^2a_n$，$(n+2)a_{n+1}=na_n$，$(n+1)(n+2)a_{n+1}=n(n+1)a_n$

所以$\{n(n+1)a_n\}$是常数列，得 $n(n+1)a_n=1\cdot 2\cdot a_1=2\cdot 2\ 019$，$a_n=\frac{2\cdot 2\ 019}{n(n+1)}$，因而 $a_{2\ 018}=\frac{2\cdot 2\ 019}{2\ 018\cdot 2\ 019}=\frac{1}{1\ 009}$.

5.(2015 年清华大学领军计划数学测试题第 21 题）若数列$\{a_n\}$满足 $a_1=6$，$a_{n+1}=\frac{n+3}{n}a_n$，则（　　）.

A. $\forall n\in\mathbf{N}^*$，$a_n<(n+1)^3$　　B. $\forall n\in\mathbf{N}^*$，$a_n\neq 2\ 015$

C. $\exists n\in\mathbf{N}^*$，a_n 为完全平方数　　D. $\exists n\in\mathbf{N}^*$，a_n 为完全立方数

解　AB. 由题设，可得 $\frac{a_{n+1}}{(n+1)(n+2)(n+3)}=\frac{a_n}{n(n+1)(n+2)}$，所以 $\left\{\frac{a_n}{n(n+1)(n+2)}\right\}$ 是常数列，得 $\frac{a_n}{n(n+1)(n+2)}=\frac{a_1}{1\cdot 2\cdot 3}=1$，$a_n=n(n+1)(n+2)(n\in\mathbf{N}^*)$.

再由 $n(n+2)<(n+1)^2$，可得 $a_n<(n+1)^3(n\in\mathbf{N}^*)$，即选项 A 正确.

再由 $a_n=n(n+1)(n+2)=6\mathrm{C}_{n+2}^3$，$2\mid a_n(n\in\mathbf{N}^*)$，可得选项 B 正确.

由 $(n+1,n)=(n+1,n+2)=1$，可得 $(n+1,n(n+2))=1$. 若 $a_n=(n+1)\cdot n(n+2)$ 为完全平方数，则 $(n+1)$，$n(n+2)$ 均为完全平方数. 但 $n^2<n(n+2)<(n+1)^2$，所以 $n(n+2)$ 不为完全平方数. 前后矛盾！说明选项 C 错误.

由 $n^3<n(n+1)(n+2)<(n+1)^3$，可知 $a_n=n(n+1)(n+2)(n\in\mathbf{N}^*)$ 不为完全立方数，即选项 D 错误.

6.(2019 年北京大学自主招生数学试题，原题为选择题）若数列$\{a_n\}$满足 $a_k+a_{k+1}=4k+3(k\in\mathbf{N}^*)$，则 $a_{2\ 019}+a_2=$________，$a_{2\ 020}-a_2=$________.

解　4 043，4 036. 由题设，可得

$$a_{k+1}-2(k+1)-\frac{1}{2}=-\left(a_k-2k-\frac{1}{2}\right)\quad(k\in\mathbf{N}^*)$$

所以数列 $\left\{a_n-2n-\frac{1}{2}\right\}$ 的首项为 $a_1-\frac{5}{2}$，后一项总是前一项的 -1 倍，因而

$$a_n-2n-\frac{1}{2}=\left(a_1-\frac{5}{2}\right)(-1)^{n-1}\quad(n\in\mathbf{N}^*)$$

$$a_n=2n+\frac{1}{2}+\left(a_1-\frac{5}{2}\right)(-1)^{n-1}\quad(n\in\mathbf{N}^*)$$

所以

$$a_{2\,019}+a_2=\left[4\,038+\frac{1}{2}+\left(a_1-\frac{5}{2}\right)\right]+\left[4+\frac{1}{2}-\left(a_1-\frac{5}{2}\right)\right]=4\,043$$

$$a_{2\,020}-a_2=\left[4\,040+\frac{1}{2}-\left(a_1-\frac{5}{2}\right)\right]-\left[4+\frac{1}{2}-\left(a_1-\frac{5}{2}\right)\right]=4\,036$$

7. 数列 15,35,63,99,143,… 的一个通项公式可以是________.

解 解法 1 $a_n=(2n+1)(2n+3)$. 数列的项越来越大,不易发现规律. 但注意到该数列的各项均是正整数,因而可把各项分解成两个正整数之积,从形式上来看"正整数就变小了",难度也随之减小.

由 $15=3\times5,35=5\times7,63=7\times9,99=9\times11,143=11\times13$,进而可得答案.

解法 2 $a_n=4n^2+8n+3$. 若不易察觉出所给数列各项的变化规律,一种常见的处理方法是"差分"(即用后一项减去前一项),若能求出得到的数列的通项公式,再用累加法即可求得原数列的通项公式.

设题中的数列是 $\{a_n\}$,可得

$$\{a_{n+1}-a_n\}:20,28,36,44,\cdots$$

易知其是首项为 20、公差为 8 的等差数列,所以

$$a_{n+1}-a_n=20+8(n-1)=8n+12$$

再由累加法,可得

$$\begin{aligned}a_n&=a_1+(a_2-a_1)+(a_3-a_2)+\cdots+(a_n-a_{n-1})\\&=15+[20+28+36+\cdots+(8n+4)]\\&=[12+20+28+36+\cdots+(8n+4)]+3\\&=\frac{n}{2}[12+(8n+4)]+3=4n^2+8n+3\end{aligned}$$

8. 若 $a_1=1,a_{n+1}+a_n=n^2(n\in\mathbf{N}^*)$,则数列 $\{a_n\}$ 的通项公式是________.

解 解法 1 $a_n=\frac{n^2-n}{2}-(-1)^n$. 由题设,可得 $a_1=1,a_2=0$,且

$$a_{n+2}-a_n=(a_{n+2}+a_{n+1})-(a_{n+1}+a_n)=(n+1)^2-n^2=2n+1(n\in\mathbf{N}^*)$$

所以

$$\begin{aligned}a_{2k-1}&=a_1+(a_3-a_1)+(a_5-a_3)+(a_7-a_5)+\cdots+(a_{2k-1}-a_{2k-3})\\&=1+[3+7+11+\cdots+(4k-5)]\\&=1+\frac{k-1}{2}[3+(4k-5)]\\&=2k^2-3k+2\quad(k\in\mathbf{N}^*)\end{aligned}$$

$$a_{2k}=a_2+(a_4-a_2)+(a_6-a_4)+(a_8-a_6)+\cdots+(a_{2k}-a_{2k-2})$$

$$=0+[5+9+13+\cdots+(4k-3)]$$
$$=\frac{k-1}{2}[5+(4k-3)]$$
$$=2k^2-k-1\quad(k\in\mathbf{N}^*)$$

因而 $a_n=\begin{cases}\dfrac{n^2-n}{2}+1, n\text{ 为正奇数}\\ \dfrac{n^2-n}{2}-1, n\text{ 为正偶数}\end{cases}$，进而可得答案.

解法 2　$a_n=\dfrac{n^2-n}{2}-(-1)^n$. 若 p,q,r 是待定的常数，可得

$$a_{n+1}+p(n+1)^2+q(n+1)+r$$
$$=-[a_n-(p+1)n^2-(2p+q)n-p-q-r]\quad(n\in\mathbf{N}^*)$$

令 $\begin{cases}p=-(p+1)\\ q=-(2p+q)\\ r=-p-q-r\end{cases}$，解得 $\begin{cases}p=-\dfrac{1}{2}\\ q=\dfrac{1}{2}\\ r=0\end{cases}$，所以

$$a_{n+1}-\frac{1}{2}(n+1)^2+\frac{1}{2}(n+1)=-\left(a_n-\frac{1}{2}n^2+\frac{1}{2}n\right)\quad(n\in\mathbf{N}^*)$$

再由 $a_1-\dfrac{1}{2}\cdot 1^2+\dfrac{1}{2}\cdot 1=1$，可得 $\left\{a_n-\dfrac{1}{2}n^2+\dfrac{1}{2}n-\dfrac{1}{2}\right\}$ 是首项为 1、公比为 -1 的等比数列，所以

$$a_n-\frac{1}{2}n^2+\frac{1}{2}n=1(-1)^{n-1}\quad(n\in\mathbf{N}^*)$$

进而可得答案.

9. 若数列 $\{a_n\}$ 满足 $a_1=\dfrac{1}{2}$，$a_n-a_{n+1}=\dfrac{a_na_{n+1}}{n(n+1)}$，则该数列的通项公式是 $a_n=$________.

解　$\dfrac{n}{3n-1}$. 若存在 $n\in\mathbf{N}^*$，使 $a_n=0$ 或 $a_{n+1}=0$，则由 $a_n-a_{n+1}=\dfrac{a_na_{n+1}}{n(n+1)}$ 可得 $a_n=a_{n+1}=0$，所以 $a_n=0(n\in\mathbf{N}^*)$，这与 $a_1=\dfrac{1}{2}$ 矛盾！所以 $a_n\neq 0(n\in\mathbf{N}^*)$.

由 $a_n-a_{n+1}=\dfrac{a_na_{n+1}}{n(n+1)}$，可得 $\dfrac{1}{a_{n+1}}-\dfrac{1}{a_n}=\dfrac{1}{n}-\dfrac{1}{n+1}$，$\dfrac{1}{a_{n+1}}+\dfrac{1}{n+1}=\dfrac{1}{a_n}+\dfrac{1}{n}$，即 $\left\{\dfrac{1}{a_n}+\dfrac{1}{n}\right\}$ 是常数列，所以 $\dfrac{1}{a_n}+\dfrac{1}{n}=\dfrac{1}{a_1}+\dfrac{1}{1}=3$，$a_n=\dfrac{n}{3n-1}$.

10. 若数列 $\{a_n\}$ 的前 n 项和 S_n 满足 $S_{n+2}-(t+1)S_{n+1}+tS_n=0$，$a_1=t$，$a_2=t^2$，则 $a_n=$________.

解 t^n. 可得 $S_{n+2}-S_{n+1}=t(S_{n+1}-S_n)$, $a_{n+2}=ta_{n+1}$, 还得 $ta_{n+1}=ta_n$, $a_n=t^n$.

11. (1) 若数列$\{a_n\}$满足 $a_1=1$, $a_{n+1}=2a_n+3$, 则数列$\{a_n\}$的通项公式是________;

(2) 若数列$\{a_n\}$满足 $a_1=1$, $a_{n+1}=\dfrac{2a_n}{a_n+2}$, 则数列$\{a_n\}$的通项公式是________.

解 (1) $a_n=2^{n+1}-3$. 先得 $a_{n+1}+3=2(a_n+3)$.

(2) $a_n=\dfrac{2}{n+1}$. 用数学归纳法可证得 $a_n>0(n\in\mathbf{N}^*)$, 所以由题设可得

$$\frac{1}{a_{n+1}}=\frac{2+a_n}{2a_n}=\frac{1}{a_n}+\frac{1}{2}$$

从而$\left\{\dfrac{1}{a_n}\right\}$是首项为1、公差为$\dfrac{1}{2}$的等差数列, 因而

$$\frac{1}{a_n}=1+\frac{1}{2}(n-1)=\frac{n+1}{2}$$

$$a_n=\frac{2}{n+1}$$

12. (1) 若 $a_1=\dfrac{3}{5}$, $a_{n+1}=\dfrac{3a_n}{2a_n+1}(n\in\mathbf{N}^*)$, 则 $a_n=$________;

(2) 若 $a_1=\dfrac{3}{5}$, $a_{n+1}=\dfrac{3a_n}{2^{n+1}a_n+2}(n\in\mathbf{N}^*)$, 则 $a_n=$________;

(3) 若 $a_1=\dfrac{3}{5}$, $a_{n+1}=\dfrac{3(n+1)a_n}{2a_n+n}(n\in\mathbf{N}^*)$, 则 $a_n=$________.

解 均可用数学归纳法证得 $a_n>0(n\in\mathbf{N}^*)$. 用倒数变换来求解.

(1) $\dfrac{3^n}{3^n+2}$. 由 $a_{n+1}=\dfrac{3a_n}{2a_n+1}$, 可得$\dfrac{1}{a_{n+1}}=\dfrac{2}{3}+\dfrac{1}{3a_n}$, $\dfrac{1}{a_{n+1}}-1=\dfrac{1}{3}\left(\dfrac{1}{a_n}-1\right)$.

又因为$\dfrac{1}{a_1}-1=\dfrac{2}{3}$, 所以数列$\left\{\dfrac{1}{a_n}-1\right\}$是以$\dfrac{2}{3}$为首项、$\dfrac{1}{3}$为公比的等比数列.

于是$\dfrac{1}{a_n}-1=\dfrac{2}{3}\cdot\dfrac{1}{3^{n-1}}=\dfrac{2}{3^n}$, 即 $a_n=\dfrac{3^n}{3^n+2}$.

(2) $\dfrac{3^n}{6^n+2^{n+1}}$. 由 $a_{n+1}=\dfrac{3a_n}{2^{n+1}a_n+2}$, 可得 $2^{n+1}a_{n+1}=\dfrac{3\cdot 2^n a_n}{2^n a_n+1}$. 这样, 数列$\{2^n a_n\}$就是第(1)小题的情景, 于是 $2^n a_n=\dfrac{3^n}{3^n+2}$, 所以 $a_n=\dfrac{3^n}{6^n+2^{n+1}}$.

(3) $\dfrac{n\cdot 3^n}{3^n+2}$. 由 $a_{n+1}=\dfrac{3(n+1)a_n}{2a_n+n}$, 可得$\dfrac{a_{n+1}}{n+1}=\dfrac{3\cdot\dfrac{a_n}{n}}{2\cdot\dfrac{a_n}{n}+1}$, 所以数列$\left\{\dfrac{a_n}{n}\right\}$化

归为第(1) 小题的情景，可得$\frac{a_n}{a}=\frac{3^n}{3^n+2}$，即$\frac{n\cdot 3^n}{3^n+2}$.

13. (1) 设 $a_n=an^2+n(n\in\mathbf{N}^*)$，若$\{a_n\}$是递增数列，则实数 a 的取值范围是________；

(2) 设函数 $f(x)=ax^2+x$. 若 $f(3)<f(4)$，且当 $n\geqslant 9, n\in\mathbf{N}^*$ 时，$f(n)>f(n+1)$ 恒成立，则实数 a 的取值范围是________；

(3) 通项公式为 $a_n=an^2+n$ 的数列$\{a_n\}$，若满足 $a_1<a_2<a_3<a_4<a_5<a_6$，且 $a_n>a_{n+1}$ 对 $n\geqslant 8$ 恒成立，则实数 a 的取值范围是________.

解　(1)$[0,+\infty)$. 可得 $a_{n+1}-a_n=a(n+1)^2+(n+1)-(an^2+n)=(2n+1)a+1$.

因为$\{a_n\}$是递增数列，所以对任意的正整数 n，恒有$(2n+1)a+1>0$，得 $a>-\frac{1}{2n+1}$ 对任意的正整数 n 恒成立，即 $a\geqslant 0$.

(2)$\left(-\frac{1}{7},-\frac{1}{19}\right)$. 可得 $f(n+1)-f(n)=a(n+1)^2+(n+1)-(an^2+n)=(2n+1)a+1$.

因为当 $n\geqslant 9$ 时，$a_n>a_{n+1}$ 恒成立，所以 $a<\left(-\frac{1}{2n+1}\right)_{\min}=-\frac{1}{19}$.

又因为 $f(3)<f(4)$，所以$(2\times 3+1)a+1>0$，即 $a>-\frac{1}{7}$，得 $-\frac{1}{7}<a<-\frac{1}{19}$.

(3)$\left(-\frac{1}{11},-\frac{1}{17}\right)$. 可得 $a_{n+1}-a_n=a(n+1)^2+(n+1)-(an^2+n)=(2n+1)a+1$.

$a_1<a_2<a_3<a_4<a_5<a_6\Leftrightarrow$ 当 $1\leqslant n\leqslant 5$ 时，$a_n<a_{n+1}$ 恒成立，所以当 $1\leqslant n\leqslant 5$ 时，恒有$(2n+1)a+1>0$，得 $a>-\frac{1}{11}$.

又由当 $n\geqslant 8$ 时，$a_n>a_{n+1}$ 即 $a<-\frac{1}{2n+1}$ 恒成立，可得 $a<-\frac{1}{17}$.

所以 $-\frac{1}{11}<a<-\frac{1}{17}$.

14. 若数列$\{a_n\}$满足 $a_{n+1}=\frac{a_n}{3a_n+1}$，$a_9=\frac{1}{7}$，则 $a_{2\,002}=$________.

解　$\frac{1}{5\,986}$. 假设数列$\{a_n\}$中的某一项 $a_i=0$，则由所给的递推关系可得 $a_{i-1}=0, a_{i+1}=0$，进而可得 $a_n=0(n\in\mathbf{N}^*)$，这与 $a_9=\frac{1}{7}$ 矛盾！所以 $a_n\neq 0$

$(n \in \mathbf{N}^*)$.

由所给的递推关系,两边取倒数后,可得$\frac{1}{a_{n+1}}-\frac{1}{a_n}=3$,所以

$$\frac{1}{a_{2\,002}}=\frac{1}{a_9}+3(2\,002-9)=5\,986$$

$$a_{2\,002}=\frac{1}{5\,986}$$

15. 在数列$\{a_n\}$中,若$a_1=1, a_{n+1}=\begin{cases}\frac{a_n}{\sqrt{2}}, a_n \in \mathbf{Q} \\ \sqrt{2}a_n-\frac{1}{(\sqrt{2})^n}, a_n \notin \mathbf{Q}\end{cases}$,则数列$\{a_n\}$的通项公式是________.

解　$a_n=\left(\frac{\sqrt{2}}{2}\right)^{n-1}$. 先猜后证(用数学归纳法证).

16. 由$a_1=1, a_n a_{n+1}^2+2a_{n+1}-a_n=0(n \in \mathbf{N}^*)$确定的正项数列$\{a_n\}$的通项公式是________.

解　$a_n=\tan\frac{\pi}{2^{n+1}}$. 下面用数学归纳法证明$a_n=\tan\frac{\pi}{2^{n+1}}(n \in \mathbf{N}^*)$:

当$n=1$时成立:$a_1=1=\tan\frac{\pi}{2^{1+1}}$.

假设$n=k$时成立:$a_k=\tan\frac{\pi}{2^{k+1}}$.

由题设,可得$a_{k+1}^2\tan\frac{\pi}{2^{k+1}}+2a_{k+1}-\tan\frac{\pi}{2^{k+1}}=0(a_{k+1}>0)$,所以

$$a_{k+1}=\frac{-1+\sqrt{1+\tan^2\frac{\pi}{2^{k+1}}}}{\tan\frac{\pi}{2^{k+1}}}=\frac{-1+\frac{1}{\cos\frac{\pi}{2^{k+1}}}}{\frac{\sin\frac{\pi}{2^{k+1}}}{\cos\frac{\pi}{2^{k+1}}}}=\frac{1-\cos\frac{\pi}{2^{k+1}}}{\sin\frac{\pi}{2^{k+1}}}=\tan\frac{\pi}{2^{k+2}}$$

得$n=k+1$时也成立.

所以欲证结论成立.

17. (2012年高考湖北卷文科第17题)传说古希腊毕达哥拉斯学派的数学家经常在沙滩上画点或用小石子表示数. 他们研究过如图1所示的三角形数:

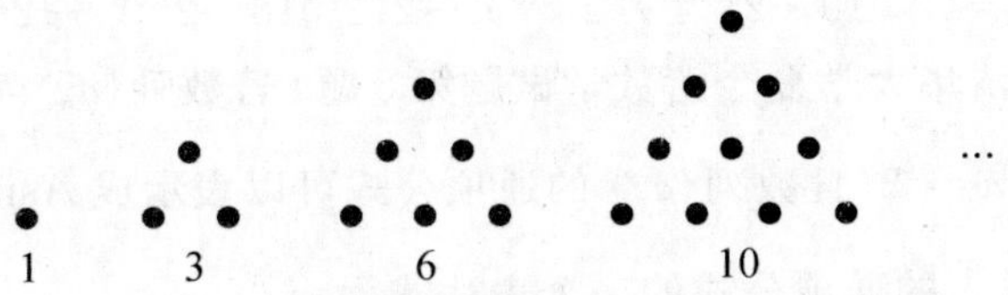

图 1

将三角形数 1,3,6,10,… 记为数列$\{a_n\}$,将可被 5 整除的三角形数按从小到大的顺序组成一个新数列$\{b_n\}$. 可以推测:

(1)$b_{2\,012}$ 是数列$\{a_n\}$中的第________项;

(2)$b_{2k-1}=$________.(2012 年高考用 k 表示.)

解　5 030,$\frac{5k(5k-1)}{2}$. 易知 $a_n=1+2+3+\cdots+n=\frac{1}{2}n(n+1)$,所以 a_n 可被 5 整除 $\Leftrightarrow n=4,5;9,10;14,15;19,20;\cdots$,得

(1)$b_{2\,012}=b_{2\times 1\,006}=a_{5\times 1\,006}=a_{5\,030}$;

(2)$b_{2k-1}=a_{5k-1}=\frac{5k(5k-1)}{2}$.

18.(2009 年高考重庆卷理科第 14 题) 设 $a_1=2,a_{n+1}=\frac{2}{a_n+1},b_n=\left|\frac{a_n+2}{a_n-1}\right|,n\in\mathbf{N}^*$,则数列$\{b_n\}$的通项 $b_n=$________.

解　2^{n+1}. 可得 $b_{n+1}=\left|\frac{a_{n+1}+2}{a_{n+1}-1}\right|=\left|\frac{2(a_n+2)}{a_n-1}\right|=2b_n$,所以数列$\{b_n\}$是以 4 为首项、2 为公比的等比数列,得 $b_n=2^{n+1}$.

19.(2019 年浙江大学自主招生数学试题) 若数列$\{a_n\}$的前 n 项和 S_n 满足 $a_1=1,S_{n+1}=4a_n+3(n\in\mathbf{N}^*)$,则 $a_{2\,019}-2a_{2\,018}=$________.

解　$2^{2\,019}$. 由题设,可得

$$S_{n+2}=4a_{n+1}+3,S_{n+1}=4a_n+3\quad(n\in\mathbf{N}^*)$$

相减,得

$$a_{n+2}=4a_{n+1}-4a_n,a_{n+2}-2a_{n+1}=2(a_{n+1}-2a_n)\quad(n\in\mathbf{N}^*)$$

还可得 $a_2-2a_1=6-2\cdot 1=4$,所以

$$a_{n+1}-2a_n=4\cdot 2^{n-1}=2^{n+1}\quad(n\in\mathbf{N}^*)$$

$$\frac{a_{n+1}}{2^{n+1}}-\frac{a_n}{2^n}=1\quad(n\in\mathbf{N}^*)$$

由此可得$\left\{\frac{a_n}{2^n}\right\}$是首项为$\frac{a_1}{2}\left(即\frac{1}{2}\right)$、公差为 1 的等差数列,所以

$$\frac{a_n}{2^n}=\frac{1}{2}+(n-1)\cdot 1=n-\frac{1}{2},a_n=n\cdot 2^n-2^{n-1}\quad(n\in\mathbf{N}^*)$$

$$a_{2\,019}-2a_{2\,018}=(2\,019\cdot 2^{2\,019}-2^{2\,018})-2(2\,018\cdot 2^{2\,018}-2^{2\,017})=2^{2\,019}$$

20.(2016 年清华大学夏令营数学试题第 8 题)若数列$\{a_n\}$满足数列$a_{n+1}=1-\frac{1}{a_n}(n\in\mathbf{N}^*)$,$a_1=2$,且数列$\{a_n\}$的通项公式可以表示成$A\sin(\omega n+\varphi)+B$的形式,则数列$\{a_n\}$的通项公式的一个表达式为________.

解 填"$a_n=\sqrt{3}\sin\frac{\pi}{3}(2n-1)+\frac{1}{2}$"或填"$a_n=-\sqrt{3}\sin\frac{2\pi}{3}(n+1)+\frac{1}{2}$".

若数列$\{a_n\}$的某项$a_k=1$,则$a_{k+1}=0$,a_{k+2}不存在,而题设中的数列$\{a_n\}$是无穷数列,所以$a_n\neq 1(n\in\mathbf{N}^*)$,还可得$a_n\neq 0(n\in\mathbf{N}^*)$,所以

$$a_{n+2}=1-\frac{1}{a_{n+1}}=1-\frac{1}{1-\frac{1}{a_n}}=\frac{1}{1-a_n}\quad(n\in\mathbf{N}^*)$$

$$a_{n+3}=1-\frac{1}{a_{n+2}}=1-\frac{1}{\frac{1}{1-a_n}}=a_n\quad(n\in\mathbf{N}^*)$$

还可得$a_1=2,a_2=\frac{1}{2},a_3=-1,a_4=2=a_1$,所以$\{a_n\}$是最小正周期为 3 的周期数列.

由$a_n=A\sin(\omega n+\varphi)+B$(可得$A\omega\neq 0$(否则$\{a_n\}$是常数列),进而可设$A>0,\omega>0,-\pi<\varphi\leqslant\pi$),得$\omega=\frac{2\pi}{3}$.还可得

$$\begin{cases}a_1=-A\sin\left(\varphi-\frac{\pi}{3}\right)+B=2\\a_2=-A\sin\left(\varphi+\frac{\pi}{3}\right)+B=\frac{1}{2}\\a_3=A\sin\varphi+B=-1\end{cases}$$

$$\begin{cases}A\sin\varphi+A\sin\left(\varphi+\frac{\pi}{3}\right)=-\frac{3}{2}\\A\sin\varphi+A\sin\left(\varphi-\frac{\pi}{3}\right)=-3\end{cases}$$

$$\begin{cases}A(\sqrt{3}\sin\varphi+\cos\varphi)=-\sqrt{3}\\A(\sqrt{3}\sin\varphi-\cos\varphi)=-2\sqrt{3}\end{cases}$$

$$\frac{\sqrt{3}\sin\varphi+\cos\varphi}{\sqrt{3}\sin\varphi-\cos\varphi}=\frac{1}{2}$$

$$\varphi=-\frac{\pi}{3}\text{ 或 }\frac{2\pi}{3}$$

(1)$\varphi=-\frac{\pi}{3}$,可得

$$\begin{cases} a_1=\dfrac{\sqrt{3}}{2}A+B=2 \\ a_2=B=\dfrac{1}{2} \\ a_3=-\dfrac{\sqrt{3}}{2}A+B=-1 \end{cases},\begin{cases} A=\sqrt{3} \\ B=\dfrac{1}{2} \end{cases}$$

所以 $a_n=\sqrt{3}\sin\dfrac{\pi}{3}(2n-1)+\dfrac{1}{2}(n\in\mathbf{N}^*)$.

(2)$\varphi=\dfrac{2\pi}{3}$,可得

$$\begin{cases} a_1=-\dfrac{\sqrt{3}}{2}A+B=2 \\ a_2=B=\dfrac{1}{2} \\ a_3=\dfrac{\sqrt{3}}{2}A+B=-1 \end{cases},\begin{cases} A=-\sqrt{3} \\ B=\dfrac{1}{2} \end{cases}$$

所以 $a_n=-\sqrt{3}\sin\dfrac{2\pi}{3}(n+1)+\dfrac{1}{2}(n\in\mathbf{N}^*)$.

综上所述,可得数列$\{a_n\}$的通项公式为 $a_n=\sqrt{3}\sin\dfrac{\pi}{3}(2n-1)+\dfrac{1}{2}$ 或 $a_n=-\sqrt{3}\sin\dfrac{2\pi}{3}(n+1)+\dfrac{1}{2}$.

21.(2016 年中国科学技术大学自主招生数学试题第 7 题)在梯形 $ABCD$ 中 $AB//CD$,对角线 AC,BD 交于 P_1,过 P_1 作 AB 的平行线交 BC 于点 Q_1. AQ_1 交 BD 于 P_2,过 P_2 作 AB 的平行线交 BC 于点 Q_2,……. 若 $AB=a$,$CD=b$,则 $P_nQ_n=$________(用 a,b,n 表示).

解　$\dfrac{ab}{a+bn}$. 如图 2 所示,设 $P_nQ_n=x_n(n\in\mathbf{N})$,其中 $P_0Q_0=x_0=CD=b$.

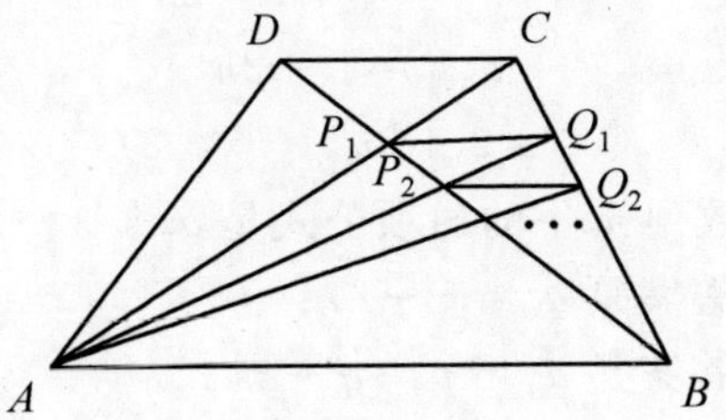

图 2

由平行线分线段成比例定理，可证得

$$\frac{1}{x_{n+1}}=\frac{1}{x_n}+\frac{1}{a}$$

所以

$$\frac{1}{x_n}=\frac{1}{x_0}+\frac{n}{a}$$

$$P_nQ_n=x_n=\frac{ab}{a+bn}$$

22.（2004年上海交通大学自主招生暨冬令营数学试题第一题第8题）已知数列$\{a_n\}$满足$a_1=1,a_2=2$，且$a_{n+2}=3a_{n+1}-2a_n$，则$a_{2\,004}=$________.

解 $2^{2\,003}$. 可得$a_{n+2}-2a_{n+1}=a_{n+1}-2a_n$，所以$\{a_{n+1}-2a_n\}$是常数列，进而可得$a_{n+1}=2a_n,a_n=2^{n-1},a_{2\,004}=2^{2\,003}$.

23. 已知数列$\{a_n\}$满足$a_1=1,a_n^2-(n+2)a_{n-1}a_n+2na_{n-1}^2=0(n\geqslant 2)$，请写出数列$\{a_n\}$的一个通项公式.

解 可得$(a_n-2a_{n-1})(a_n-na_{n-1})=0(n\geqslant 2)$，所以

$$a_n=2a_{n-1}(n\geqslant 2)\text{ 或 }a_n=na_{n-1}\quad(n\geqslant 2)$$

若$a_n=2a_{n-1}(n\geqslant 2)$恒成立，可得$a_n=2^{n-1}(n\in\mathbf{N}^*)$；若$a_n=na_{n-1}(n\geqslant 2)$恒成立，可得$a_n=n!\ (n\in\mathbf{N}^*)$.

注 满足题意的数列$\{a_n\}$有无数多个.

24.（1）已知数列$\{a_n\}$的前n项和S_n满足$\forall m,n\in\mathbf{N}^*,S_m+S_n=S_{m+n}+2mn$，且$a_1=1$，求数列$\{a_n\}$的通项公式；

（2）已知数列$\{a_n\}$的前n项和S_n满足$\forall m,n\in\mathbf{N}^*,S_m+S_n=S_{m+n}+4mn$，且$a_1=1$，求数列$\{a_n\}$的通项公式；

（3）已知数列$\{a_n\}$的前n项和S_n满足$\forall m,n\in\mathbf{N}^*,S_m+S_n=S_{m+n}+pmn$，且$a_1=q(p,q$为常数$)$，求数列$\{a_n\}$的通项公式.

解 （1）可得

$$S_1+S_n=S_{1+n}+2n$$

$$S_{n+1}-S_n=1-2n$$

$$a_{n+1}=1-2n$$

$$a_n=3-2n\quad(n\geqslant 2)$$

再由$a_1=1$，可得数列$\{a_n\}$的通项公式是$a_n=3-2n$.

（2）同（1）可求得答案是$a_n=5-4n$.

（3）同（1）可求得答案是$a_n=p+q-pn$.

25. 已知数列$\{a_n\}$满足$a_1=2,a_{n+1}=2a_n+2^{n+1}$，求数列$\{a_n\}$的通项公式.

解 得$\frac{a_{n+1}}{2^{n+1}}=\frac{a_n}{2^n}+1$，所以$\left\{\frac{a_n}{2^n}\right\}$是首项、公差均为1的等差数列，所以$\frac{a_n}{2^n}=$

$n, a_n = n \cdot 2^n$.

注　求满足 $a_{n+1} = pa_n + f(n)$（p 是非零常数）的数列 $\{a_n\}$ 的通项公式，可先在两边同除以 p^{n+1} 后再用累加法求得.

26. 已知数列 $\{a_n\}$ 满足 $a_1 = 5, a_2 = 2, a_{n+2} = 2a_{n+1} + 3a_n$，求数列 $\{a_n\}$ 的通项公式.

解　得 $a_{n+2} + xa_{n+1} = (2 + x)a_{n+1} + 3a_n$（$x \neq -2$，$x$ 是待定系数），即

$$a_{n+2} + xa_{n+1} = (2 + x)\left(a_{n+1} + \frac{3}{2 + x}a_n\right)$$

令 $x = \dfrac{3}{2 + x}$，解得 $x = -3$ 或 1.

当 $x = -3$ 时，得 $a_{n+2} - 3a_{n+1} = -(a_{n+1} - 3a_n)$ 所以 $\{a_{n+1} - 3a_n\}$ 是首项为 -13、公比为 -1 的等比数列，得 $a_{n+1} - 3a_n = -13 \cdot (-1)^{n-1}$.

当 $x = 1$ 时，同理可得 $a_{n+1} + a_n = 7 \cdot 3^{n-1}$.

解关于 a_{n+1}, a_n 的方程组 $\begin{cases} a_{n+1} - 3a_n = -13 \cdot (-1)^{n-1} \\ a_{n+1} + a_n = 7 \cdot 3^{n-1} \end{cases}$，可得 $a_n = \dfrac{7 \cdot 3^{n-1} + 13(-1)^{n-1}}{4}$.

27. 已知数列 $\{a_n\}$ 满足 $a_1 = 5, a = 2, a_{n+2} = 4a_{n+1} - 4a_n$，求数列 $\{a_n\}$ 的通项公式.

解　可得 $\{a_{n+1} - 2a_n\}$ 是首项为 -8、公比为 2 的等比数列，得 $a_{n+1} - 2a_n = -2^{n+2}$.

所以 $\dfrac{a_{n+1}}{2^{n+1}} - \dfrac{a_n}{2^n} = -2$，即 $\left\{\dfrac{a_n}{2^n}\right\}$ 是首项为 $\dfrac{5}{2}$、公差为 -2 的等比数列，得 $\dfrac{a_n}{2^n} = \dfrac{9 - 4n}{2}$，$a_n = (9 - 4n) \cdot 2^{n-1}$.

注　满足 $a_{n+2} = pa_{n+1} + qa_n$（$p, q$ 是已知数）的数列 $\{a_n\}$ 的通项公式：当 $p^2 + 4q \neq 0$ 时可构造等比数列后解方程组求得；当 $p^2 + 4q = 0$ 时可构造等比数列后再构造等差数列求得.

28. 已知数列 $\{a_n\}$ 满足 $a_1 = 1, a_{n+1} = 2a_n^2$，求数列 $\{a_n\}$ 的通项公式.

解　可用数学归纳法证得 $a_n > 0 (n \in \mathbf{N}^*)$，所以 $\lg a_{n+1} = 2\lg a_n + \lg 2$.

可得 $\lg a_{n+1} + \lg 2 = 2(\lg a_n + \lg 2)$，所以 $\lg a_n + \lg 2 = 2^{n-1}\lg 2$，$a_n = 2^{2^{n-1}-1}$.

29. 已知数列 $\{a_n\}$ 满足 $a_1 = 1, a_{n+1} = \dfrac{a_n}{3a_n + 1}$，求数列 $\{a_n\}$ 的通项公式.

解　可用数学归纳法证得 $a_n > 0 (n \in \mathbf{N}^*)$，所以可以对 $a_{n+1} = \dfrac{a_n}{3a_n + 1}$ 两边取倒数，得

$$\frac{1}{a_{n+1}}=\frac{1}{a_n}+3$$

得数列$\left\{\frac{1}{a_n}\right\}$是等差数列，所以$\frac{1}{a_n}=3n-2$，$a_n=\frac{1}{3n-2}$.

30. 已知数列$\{a_n\}$满足$a_1=5$，$a_{n+1}=\frac{3a_n-4}{a_n-1}$，求数列$\{a_n\}$的通项公式.

解 令$a_n=b_n+p$，可得

$$b_{n+1}+p=\frac{3b_n+3p-4}{b_n+p-1}$$

$$b_{n+1}=\frac{3b_n+3p-4}{b_n+p-1}-p=\frac{(3-p)b_n+4p-4-p^2}{b_n+p-1}$$

令$4p-4-p^2=0$，得$p=2$，所以$b_1=3$，$b_{n+1}=\frac{b_n}{b_n+1}$.

可求得$b_n=\frac{3}{3n-2}$，所以$a_n=\frac{6n-1}{3n-2}$.

31. 已知数列$\{a_n\}$满足$a_1=\sqrt{2}$，$a_{n+1}=\sqrt{2+a_n}$，求数列$\{a_n\}$的通项公式.

解 可用数学归纳法证得$0<a_n<2(n\in\mathbf{N}^*)$，所以可设$a_n=2\cos\theta_n\left(0<\theta_n<\frac{\pi}{2}\right)$.

由$a_{n+1}=\sqrt{2+a_n}$，可得

$$2\cos\theta_{n+1}=\sqrt{2+2\cos\theta_n}=2\cos\frac{\theta_n}{2}$$

$$\theta_{n+1}=\frac{\theta_n}{2}$$

又因为$\theta_1=\frac{\pi}{4}$，所以$\theta_n=\frac{\pi}{4}\cdot\frac{1}{2^{n-1}}=\frac{\pi}{2^{n+1}}$，得$a_n=2\cos\frac{\pi}{2^{n+1}}$.

32. 已知数列$\{a_n\}$，$\{b_n\}$满足$a_1=2$，$b_1=1$，且$\begin{cases}a_n=\frac{3}{4}a_{n-1}+\frac{1}{4}b_{n-1}\\ b_n=\frac{1}{4}a_{n-1}+\frac{3}{4}b_{n-1}\end{cases}(n\geqslant 2)$，求数列$\{a_n\}$，$\{b_n\}$的通项公式.

解 当$\lambda\neq-3$时，得$a_n+\lambda b_n=\left(\frac{3}{4}+\frac{1}{4}\lambda\right)\left(a_{n-1}+\frac{\frac{1}{4}+\frac{3}{4}\lambda}{\frac{3}{4}+\frac{1}{4}\lambda}b_{n-1}\right)$.

令$\lambda=\frac{\frac{1}{4}+\frac{3}{4}\lambda}{\frac{3}{4}+\frac{1}{4}\lambda}$，得$\lambda=\pm1$.

当 $\lambda=1$ 时,可得 $a_n+b_n=a_{n-1}+b_{n-1}$,所以 $a_n+b_n=a_1+b_1=3$.

当 $\lambda=-1$ 时,可得 $a_n-b_n=\frac{1}{2}(a_{n-1}+b_{n-1})$,所以 $a_n-b_n=\frac{1}{2^{n-1}}$.

解方程组 $\begin{cases}a_n+b_n=3\\a_n-b_n=\frac{1}{2^{n-1}}\end{cases}$,得 $a_n=\frac{3}{2}+\frac{1}{2^n}$,$b_n=\frac{3}{2}-\frac{1}{2^n}$.

33.(九连环中的数列问题)已知 $K(1)=1$,$K(2)=2$,$K(n+2)=K(n)+2^{n+1}$,求数列 $\{K(n)\}$ 的通项公式.

解 得 $K(n+2)+x\cdot 2^{n+2}=K(n)+x\cdot 2^n$,即 $K(n+2)=K(n)-3x\cdot 2^n$,所以可选 $-3x=2$ 即 $x=-\frac{2}{3}$,由题设得

$$K(n+2)-\frac{2}{3}\cdot 2^{n+2}=K(n)-\frac{2}{3}\cdot 2^n$$

再得数列 $\left\{K(n)-\frac{2}{3}\cdot 2^n\right\}$ 是以 2 为周期的周期数列

$$-\frac{1}{3},-\frac{2}{3},-\frac{1}{3},-\frac{2}{3},-\frac{1}{3},-\frac{2}{3},\cdots$$

所以数列 $\{K(n)\}$ 的通项公式为

$$K(n)=\begin{cases}\frac{1}{3}(2^{n+1}-1),n\text{ 为奇数}\\\frac{1}{3}(2^{n+1}-2),n\text{ 为偶数}\end{cases}$$

34.已知正项数列 $\{a_n\}$ 的前 n 项和为 S_n,且 $2S_n=a_n+\frac{1}{a_n}(n\in\mathbf{N}^*)$,求数列 $\{a_n\}$ 的通项公式.

解 可得

$$S_n=\frac{1}{2}\left(S_n-S_{n-1}+\frac{1}{S_n-S_{n-1}}\right)\quad(n\geqslant 2)$$

$$S_n^2-S_{n-1}^2=1\quad(n\geqslant 2)$$

所以 $\{S_n^2\}$ 是首项、公差均为 1 的等差数列,可得 $S_n^2=n$,$S_n=\sqrt{n}$,$a_n=\sqrt{n}-\sqrt{n-1}$.

所以数列 $\{a_n\}$ 的通项公式是 $a_n=\sqrt{n}-\sqrt{n-1}$.

注 本题是先求 S_n,再求 a_n.若直接求 a_n,将不易解决.

35.已知正项数列 $\{a_n\}$ 的前 n 项和 S_n 满足 $S_n=\frac{a_n}{2}+\frac{1}{a_n}-1(n\in\mathbf{N}^*)$,求数列 $\{a_n\}$ 的通项公式.

解 解法1 可求得 $a_1=\sqrt{3}-1$,$a_2=\sqrt{5}-\sqrt{3}$,$a_3=\sqrt{7}-\sqrt{5}$,可猜想数列

$\{a_n\}$ 的通项公式是 $a_n=\sqrt{2n+1}-\sqrt{2n-1}$.

下面用数学归纳法证明:$a_n=\sqrt{2n+1}-\sqrt{2n-1}$.

当 $n=1$ 时成立:$a_1=\sqrt{3}-1$.

假设 $n=k$ 时成立 $a_k=\sqrt{2k+1}-\sqrt{2k-1}$.

由题设,可得

$$a_{k+1}=S_{k+1}-S_k=\frac{a_{k+1}}{2}+\frac{1}{a_{k+1}}-\frac{a_k}{2}-\frac{1}{a_k}$$

进而可得

$$a_{k+1}^2+2\sqrt{2k+1}\,a_{k+1}-2=0\ (a_{k+1}>0)$$

$$a_{k+1}=\sqrt{2k+3}-\sqrt{2k+1}$$

得 $n=k+1$ 时成立,所以欲证结论成立.

得数列 $\{a_n\}$ 的通项公式是 $a_n=\sqrt{2n+1}-\sqrt{2n-1}$.

解法 2　可得 $S_{n+1}=\frac{S_{n+1}-S_n}{2}+\frac{1}{S_{n+1}-S_n}-1\ (n\in\mathbf{N}^*)$,去分母得

$$(S_{n+1}+1)^2-(S_n+1)^2=2\quad(n\in\mathbf{N}^*)$$

$$(S_n+1)^2=2n+1\quad(n\in\mathbf{N}^*)$$

$$S_n+1=\sqrt{2n+1}\quad(n\in\mathbf{N}^*)$$

$$a_n=\sqrt{2n+1}-\sqrt{2n-1}\quad(n\in\mathbf{N}^*)$$

解法 3　可得 $\frac{a_{n+1}}{2}-\frac{1}{a_{n+1}}=-\left(\frac{a_n}{2}+\frac{1}{a_n}\right)(n\in\mathbf{N}^*)$,平方,得

$$\frac{a_{n+1}^2}{4}+\frac{1}{a_{n+1}^2}=\frac{a_n^2}{4}+\frac{1}{a_n^2}+2\quad(n\in\mathbf{N}^*)$$

$$\frac{a_n^2}{4}+\frac{1}{a_n^2}=2n\quad(n\in\mathbf{N}^*)$$

$$a_n=\sqrt{2n+1}\pm\sqrt{2n-1}\quad(n\in\mathbf{N}^*)$$

由 $\frac{a_{n+1}}{2}-\frac{1}{a_{n+1}}=-\left(\frac{a_n}{2}+\frac{1}{a_n}\right)$,$a_n>0(n\in\mathbf{N}^*)$,得 $\frac{a_{n+1}}{2}-\frac{1}{a_{n+1}}<0(n\in\mathbf{N}^*)$,再得 $a_n<\sqrt{2}(n\in\mathbf{N}^*)$,所以 $a_n=\sqrt{2n+1}-\sqrt{2n-1}(n\in\mathbf{N}^*)$.

36. 在数列 $\{a_n\}$ 中,$a_n+a_{n+1}=5$,$a_1=2$,求 $\{a_n\}$ 的通项公式.

解　设 $a_n=b_n+\lambda$,得 $b_{n+1}=-b_n+5-2\lambda$.

选 $\lambda=\frac{5}{2}$,得 $b_{n+1}=-b_n$,进而可求得 $a_n=\frac{(-1)^n+5}{2}$.

37. (1) 已知 $a_1=1$,$a_{n+1}=\begin{cases}\frac{1}{2}a_n+n-1, & n\text{ 为正奇数}\\ a_n-2n, & n\text{ 为正偶数}\end{cases}$,求数列 $\{a_n\}$ 的通项公

式；

(2) 已知数列 $\{a_n\}$ 满足 $a_1=1, a_{n+1}+(-1)^n a_n=2n-1(n\in\mathbf{N}^*)$，求数列 $\{a_n\}$ 的通项公式；

(3) 已知数列 $\{a_n\}$ 满足 $a_1=\frac{1}{2}, a_{n+1}=\begin{cases}a_n-\frac{1}{2}, n\text{ 为正偶数}\\ a_n+\frac{1}{4}, n\text{ 为正奇数}\end{cases}$，若 $b_n=a_{2n-1}-\frac{1}{4}(n\in\mathbf{N}^*)$，求数列 $\{a_n\}$，$\{b_n\}$ 的通项公式.

解　(1) 由题设，可得

$$a_{2n+2}=\frac{1}{2}a_{2n+1}+(2n+1)-1=\frac{1}{2}(a_{2n}-2\cdot 2n)+2n=\frac{1}{2}a_{2n}\quad(n\in\mathbf{N}^*)$$

再由 $a_2=\frac{1}{2}a_1=\frac{1}{2}$，可得

$$a_{2n}=\frac{1}{2}\left(\frac{1}{2}\right)^{n-1}=\frac{1}{2^n}\quad(n\in\mathbf{N}^*)$$

所以

$$a_{2n+1}=a_{2n}-2\cdot 2n=\frac{1}{2^n}-4n\quad(n\in\mathbf{N}^*)$$

进而可得所求数列 $\{a_n\}$ 的通项公式为

$$a_n=\begin{cases}2^{\frac{1-n}{2}}-2n+2, n\text{ 为正奇数}\\ 2^{-\frac{n}{2}}, n\text{ 为正偶数}\end{cases}$$

(2) 由题设，可得

$$a_{2n}-a_{2n-1}=4n-3\quad(n\in\mathbf{N}^*)\qquad ①$$

$$a_{2n+1}+a_{2n}=4n-1\quad(n\in\mathbf{N}^*)$$

所以

$$a_{2n+1}+a_{2n-1}=2\quad(n\in\mathbf{N}^*)\qquad ②$$

再得

$$a_{2n+3}+a_{2n+1}=2\quad(n\in\mathbf{N}^*)$$

所以 $a_{2n+3}=a_{2n-1}(n\in\mathbf{N}^*)$，因而 $a_1=a_5=a_9=\cdots=a_{4n-3}=1(n\in\mathbf{N}^*)$.

再由 ②，可得 $a_{4n-1}+a_{4n-3}=2(n\in\mathbf{N}^*)$，所以 $a_{4n-1}=1(n\in\mathbf{N}^*)$，因而 $a_{2n-1}=1(n\in\mathbf{N}^*)$.

又由 ①，可得 $a_{2n}=4n-2(n\in\mathbf{N}^*)$，所以所求数列 $\{a_n\}$ 的通项公式为

$$a_n=\begin{cases}1, n\text{ 为正奇数}\\ 2n-2, n\text{ 为正偶数}\end{cases}$$

(3) 由题设，可得

$$b_{n+1}=a_{2n+1}-\frac{1}{4}=\left(a_{2n}-\frac{1}{2}\right)-\frac{1}{4}=a_{2n}-\frac{3}{4}=\left(a_{2n-1}+\frac{1}{4}\right)-\frac{3}{4}$$
$$=a_{2n-1}-\frac{1}{2}=b_n-\frac{1}{4}\quad(n\in\mathbf{N}^*)$$

所以$\{b_n\}$是首项$b_1=a_1-\frac{1}{4}=\frac{1}{4}$、公差为$-\frac{1}{4}$的等差数列，因此

$$b_n=\frac{1}{4}-\frac{1}{4}(n-1)=\frac{1}{2}-\frac{1}{4}n\quad(n\in\mathbf{N}^*)$$

$$b_n=a_{2n-1}-\frac{1}{4}=\frac{1}{2}-\frac{1}{4}n\quad(n\in\mathbf{N}^*)$$

得数列$\{b_n\}$的通项公式是$b_n=\frac{1}{2}-\frac{1}{4}n$.

进而还可得

$$a_{2n-1}=b_n+\frac{1}{4}=\frac{3}{4}-\frac{1}{4}n=\frac{5}{8}-\frac{2n-1}{8}\quad(n\in\mathbf{N}^*)$$

$$a_{2n}=a_{2n-1}+\frac{1}{4}=\left(\frac{3}{4}-\frac{1}{4}n\right)+\frac{1}{4}=1-\frac{2n}{8}\quad(n\in\mathbf{N}^*)$$

可得数列$\{a_n\}$的通项公式为

$$a_n=\begin{cases}\dfrac{5-n}{8},n\text{ 为正奇数}\\ 1-\dfrac{n}{8},n\text{ 为正偶数}\end{cases}$$

38.(1) 在数列$\{a_n\}$中，$a_1=2$，$na_{n+1}=(n+1)a_n+2(n\in\mathbf{N}^*)$，求数列$\{a_n\}$的通项公式；

(2) 在数列$\{a_n\}$中，$a_1=3$，$a_2=5$，前n项和S_n满足$S_{n+2}+S_n=2S_{n+1}+2^{n+1}(n\in\mathbf{N}^*)$，求数列$\{a_n\}$的通项公式.

解 (1) 可得

$$\frac{a_{n+1}}{n+1}=\frac{a_n}{n}+\frac{2}{n(n+1)}=\frac{a_n}{n}+\frac{2}{n}-\frac{2}{n+1},\frac{a_{n+1}+2}{n+1}=\frac{a_n+2}{n}$$

所以数列$\left\{\frac{a_n+2}{n}\right\}$是常数列，得$\frac{a_n+2}{n}=\frac{a_1+2}{1}=4$，$a_n=4n-2$.

(2) 可得

$$S_{n+2}-S_{n+1}-2^{n+2}=S_{n+1}-S_n-2^{n+1},a_{n+2}-2^{n+2}=a_{n+1}-2^{n+1}$$

所以数列$\{a_{n+1}-2^{n+1}\}$是常数列，得$a_{n+1}-2^{n+1}=a_2-4=1$，$a_{n+1}=2^{n+1}+1$ $(n\geqslant 2)$.

又因为$a_1=3$，所以$a_n=2^n+1(n\in\mathbf{N}^*)$.

39.已知数列$\{a_n\}$及其前n项和$a_n+S_n=An^2+Bn+C(A,B,C$是与n无关的常数).

(1) 当 $A=B=0, C=1$ 时，求数列 $\{a_n\}$ 的通项公式；

(2) 若数列 $\{a_n\}$ 为等差数列，且 $A=1, C=-1$，求数列 $\{a_n\}$ 的通项公式；

(3) 求证：数列 $\{a_n\}$ 为等差数列的充要条件是 $C=B-3A$，数列 $\{a_n\}$ 为等比数列的充要条件是 $A=B=0, C\neq 0$（且数列 $\{a_n\}$ 为等比数列时，其通项公式是 $a_n=\dfrac{C}{2^n}$）.

解　(1) $a_n=\dfrac{1}{2^n}$. (2) $a_n=2n-1$. (3) 略.

其详细解答可见以下一般情形的解答.

一般情形　已知数列 $\{a_n\}$ 及其前 n 项和 S_n 满足 $a_n+S_n=An^2+Bn+C$（A,B,C 是与 n 无关的常数），求数列 $\{a_n\}$ 的通项公式.

解　可得 $a_n+S_n=An^2+Bn+C, a_{n+1}+S_{n+1}=A(n+1)^2+B(n+1)+C(n\in\mathbf{N}^*)$.

把这两式相减，可得

$$2a_{n+1}=a_n+2An+A+B(n\in\mathbf{N}^*)$$

$$a_{n+1}-2A(n+1)+3A-B=\frac{1}{2}(a_n-2An+3A-B)(n\in\mathbf{N}^*)$$

由题设可得 $a_1=\dfrac{A+B+C}{2}$，所以 $a_1-2A\cdot 1+3A-B=\dfrac{3A-B+C}{2}$. 所以

$$a_n-2An+3A-B=\frac{3A-B+C}{2^n}\quad(n\in\mathbf{N}^*)$$

$$a_n=2An+\frac{3A-B+C}{2^n}+B-3A\quad(n\in\mathbf{N}^*)$$

40. 若数列 $\{a_n\}$ 满足 $a_1=8, a_{n+1}=\dfrac{1}{2}a_n{}^2-4(n\in\mathbf{N}^*)$，求数列 $\{a_n\}$ 的通项公式.

解　可用数学归纳法证得 $a_n\geqslant 4(n\in\mathbf{N}^*)$，因而可设 $a_n=2\left(b_n+\dfrac{1}{b_n}\right)(b_n>1, n\in\mathbf{N}^*)$，其中 $b_1=2+\sqrt{3}$（由 $a_1=8$ 得）.

再由题设 $a_{n+1}=\dfrac{1}{2}a_n{}^2-4(n\in\mathbf{N}^*)$，可得

$$2\left(b_{n+1}+\frac{1}{b_{n+1}}\right)=\frac{1}{2}\left(b_n+\frac{1}{b_n}\right)^2-4\quad(n\in\mathbf{N}^*)$$

$$b_{n+1}+\frac{1}{b_{n+1}}=b_n^2+\frac{1}{b_n^2}\quad(n\in\mathbf{N}^*)$$

又由 $y=x+\dfrac{1}{x}(x>1)$ 是增函数，可得 $b_{n+1}=b_n^2(n\in\mathbf{N}^*)$，所以 $\ln b_{n+1}=$

$2\ln b_n,\ln b_n=2^{n-1}\ln b_1,b_n=b_1^{2^{n-1}}=(2+\sqrt{3})^{2^{n-1}}\ (n\in\mathbf{N}^*)$，因而数列$\{a_n\}$的通项公式是

$$a_n=2(2+\sqrt{3})^{2^{n-1}}+2(2-\sqrt{3})^{2^{n-1}}$$

41. 设数列$\{a_n\}$的前n项和为S_n，已知$a_1=0,a_{n+1}+S_n=n^2+2n(n\in\mathbf{N}^*)$，求数列$\{a_n\}$的通项公式.

解 可得

$$S_{n+1}=(n+1)^2-1\quad(n\in\mathbf{N}^*) \qquad ①$$

所以，当$n\geqslant 3$时，$a_n=S_n-S_{n-1}=(n^2-1)-[(n-1)^2-1]=2n-1$.

由题设及①，还可得

$$a_1=0,a_2=S_2-S_1=3-0=3$$

进而可得，$a_n=\begin{cases}0(n=1)\\2n-1(n\geqslant 2)\end{cases}$.

42. 设数列$\{a_n\}$的前n项和为S_n，已知$S_n=a_n+2^n-2(n\in\mathbf{N}^*)$.

(1) 求a_1；

(2) 求数列$\{a_n\}$的通项公式.

解 (1) 在所给递推公式中，令$n=2$后可求得$a_1=2$.

(2) 可得

$$S_{n+1}=a_{n+1}+2^{n+1}-2(n\in\mathbf{N}^*)$$

$$S_n=a_n+2^n-2(n\in\mathbf{N}^*)$$

把它们相减，得

$$a_{n+1}=a_{n+1}-a_n+2^n(n\in\mathbf{N}^*)$$

$$a_n=2^n(n\in\mathbf{N}^*)$$

43. 若正数列$\{x_n\},\{y_n\}$满足$x_1=1,y_1=\sqrt{3}$，且$\begin{cases}x_{n+1}y_{n+1}=x_n\\x_{n+1}^2+y_n=2\end{cases}$，求数列$\{x_n\},\{y_n\}$的通项公式.

解 可用数学归纳法证明$x_n=2\sin\dfrac{\pi}{3\cdot 2^n},y_n=2\cos\dfrac{\pi}{3\cdot 2^n}$.

44. 已知数列$\{a_n\}$满足$a_1=1,a_{n+1}=2a_n+\dfrac{n^3-2n-2}{n^2+n}$，求通项$a_n$.

解(用待定系数法) 设$a_{n+1}+\dfrac{a(n+1)^2+b(n+1)+c}{n+1}=2(a_n+\dfrac{an^2+bn+c}{n})$，由已知的递推式，得

$$2\times\frac{an^2+bn+c}{n}-\frac{a(n+1)^2+b(n+1)+c}{n+1}=\frac{n^3-2n-2}{n^2+n}$$

可求得$a=1,b=0,c=-1$，所以$a_{n+1}+\dfrac{(n+1)^2-1}{n+1}=2(a_n+\dfrac{n^2-1}{n})$，可

得 $a_n=2^{n-1}+\frac{1-n^2}{n}$.

45. 已知数列$\{a_n\}$满足 $a_1=1, a_{n+1}=2a_n+3\cdot 5^n(n\in \mathbf{N}^*)$,求 a_n.

解 解法1(待定系数法) 可得 $a_{n+1}+x\cdot 5^{n+1}=2a_n+3\cdot 5^n+x\cdot 5^{n+1}=2\left(a_n+\frac{5x+3}{2}\cdot 5^n\right)$.

令 $x=\frac{5x+3}{2}$,得 $x=-1$,所以

$$a_{n+1}-5^{n+1}=2(a_n-5^n)$$
$$a_n-5^n=(a_1-5)\cdot 2^{n-1}=-2^{n+1}$$
$$a_n=5^n-2^{n+1}$$

解法2(累加法) 可得$\frac{a_{n+1}}{2^{n+1}}=\frac{a_n}{2^n}+\frac{3}{2}\left(\frac{5}{2}\right)^n(n\in \mathbf{N}^*)$,设$\frac{a_n}{2^n}=b_n$,得 $b_{n+1}-b_n=\frac{3}{2}\left(\frac{5}{2}\right)^n$,所以

$$b_n=(b_n-b_{n-1})+(b_{n-1}-b_{n-2})+\cdots+(b_2-b_1)+b_1$$
$$=\frac{3}{2}\cdot\frac{\frac{5}{2}-\left(\frac{5}{2}\right)^n}{1-\frac{5}{2}}+\frac{1}{2}=\left(\frac{5}{2}\right)^n-2=\frac{a_n}{2^n}$$
$$a_n=5^n-2^{n+1}$$

解法3(解方程组法) 由 $a_{n+1}=2a_n+3\cdot 5^n$ 得 $5a_n=10a_{n-1}+3\cdot 5^n(n\geqslant 2)$,相减得

$$a_{n+1}-5a_n=2(a_n-5a_{n-1})$$
$$a_{n+1}-5a_n=(a_2-5a_1)\cdot 2^{n-1}=3\cdot 2^{n+1}$$
$$\begin{cases}a_{n+1}-2a_n=3\cdot 5^n\\ a_{n+1}-5a_n=3\cdot 2^{n+1}\end{cases}$$

解此关于 a_{n+1}, a_n 的方程组,得

$$a_n=5^n-2^{n+1}$$

注 由递推式 $a_{n+1}=pa_n+r\cdot q^n(p\neq q;p,q,r$ 是已知数)求通项 a_n 的问题都可用这种解方程组法简洁求解.

46. 已知数列$\{a_n\}$满足 $a_1=1, a_2=9, na_{n+2}-6(n+1)a_{n+1}+9(n+2)a_n=0(n\in \mathbf{N}^*)$,求数列$\{a_n\}$的通项公式.

解 可得

$$n(a_{n+2}-3a_{n+1})=3(n+2)(a_{n+1}-3a_n)$$
$$\frac{a_{n+2}-3a_{n+1}}{3(n+2)}=\frac{a_{n+1}-3a_n}{n}$$

$$\frac{a_{n+2}-3a_{n+1}}{3^{n+1}(n+1)(n+2)}=\frac{a_{n+1}-3a_n}{3^n n(n+1)}\quad (n\in \mathbf{N}^*)$$

所以$\left\{\frac{a_{n+1}-3a_n}{3^n n(n+1)}\right\}$是常数列,再得

$$\frac{a_{n+1}-3a_n}{3^n n(n+1)}=1$$

$$a_{n+1}-3a_n=3^n n(n+1)$$

$$\frac{a_{n+1}}{3^{n+1}}=\frac{a_n}{3^n}+\frac{1}{3}n(n+1)\quad (n\in \mathbf{N}^*)$$

可设

$$\frac{a_{n+1}}{3^{n+1}}+x(n+1)^3+y(n+1)^2+z(n+1)$$

$$=\frac{a_n}{3^n}+xn^3+yn^2+zn(n\in \mathbf{N}^*)\quad (x,y,z\text{ 是常数})$$

进而可得

$$\frac{a_{n+1}}{3^{n+1}}-\frac{1}{9}(n+1)^3+\frac{1}{9}(n+1)=\frac{a_n}{3^n}-\frac{1}{9}n^3+\frac{1}{9}n\quad (n\in \mathbf{N}^*)$$

所以$\left\{\frac{a_n}{3^n}-\frac{1}{9}n^3+\frac{1}{9}n\right\}$是常数列,进而可得

$$\frac{a_n}{3^n}-\frac{1}{9}n^3+\frac{1}{9}n=\frac{1}{3}$$

$$a_n=3^{n-2}(n^3-n+3)\quad (n\in \mathbf{N}^*)$$

即所求数列$\{a_n\}$的通项公式是$a_n=3^{n-2}(n^3-n+3)$.

47.已知数列$\{a_n\}$满足$a_1=1,a_{n+1}=\frac{\sqrt{3}a_n+1}{\sqrt{3}-a_n}$,求数列$\{a_n\}$的通项公式.

解 可用数学归纳法证得$a_n=\tan\left(\frac{n\pi}{6}+\frac{\pi}{12}\right)$.

48.在数列$\{a_n\}$中,$a_1=1,a_2=4$,当$n\geqslant 3$时,总有$a_n=7a_{n-1}-a_{n-2}-2$,求证:当$n\in \mathbf{N}^*$时,a_n均为完全平方数.

证明 该题与著名的 Fibonacci 数列$\{F_n\}$有关($\{F_n\}$由$F_1=F_2=1$,$F_{n+2}=F_{n+1}+F_n$确定,其通项公式是$F_n=\frac{1}{\sqrt{5}}\left[\left(\frac{1+\sqrt{5}}{2}\right)^n-\left(\frac{1-\sqrt{5}}{2}\right)^n\right]$),可以证明$a_n=F_{2n-1}^2$,这只需证明

$$F_{2n+3}^2-7F_{2n+1}^2+F_{2n-1}^2+2=0$$

由数列$\{F_n\}$的通项公式代入验证便可知上式成立,所以欲证成立.

49.(1) 已知数列$\{a_n\}$满足$a_1=1,a_{n+1}=\frac{\sqrt{1+a_n^2}-1}{a_n}(n\in \mathbf{N}^*)$,求$\{a_n\}$的

通项公式；

(2) 已知数列$\{a_n\}$满足$a_1=\frac{\sqrt{2}}{2}, a_{n+1}=\sqrt{\frac{1+a_n}{2}}(n\in\mathbf{N}^*)$，求$\{a_n\}$的通项公式；

(3) 已知数列$\{a_n\}$满足$a_1=\frac{1}{2}, a_{n+1}=\frac{1+a_n}{1-a_n}(n\in\mathbf{N}^*)$，求$a_{2\,015}$的值.

解　(1) 用数学归纳法可证$a_n>0(n\in\mathbf{N}^*)$，所以可设$a_n=\tan\alpha_n(n\in\mathbf{N}^*, 0<\alpha_n<\frac{\pi}{2})$，得

$$a_{n+1}=\frac{\sqrt{1+\tan^2\alpha_n}-1}{\tan\alpha_n}=\frac{1-\cos\alpha_n}{\sin\alpha_n}=\tan\frac{\alpha_n}{2}\quad(n\in\mathbf{N}^*)$$

$$\tan\alpha_{n+1}=\tan\frac{\alpha_n}{2}\quad(n\in\mathbf{N}^*)$$

可得$\alpha_{n+1}=\frac{\alpha_n}{2}(n\in\mathbf{N}^*)$，所以

$$\alpha_n=\frac{\pi}{4}\left(\frac{1}{2}\right)^{n-1}=\frac{\pi}{2^{n+1}}\quad(n\in\mathbf{N}^*)$$

$$a_n=\tan\frac{\pi}{2^{n+1}}\quad(n\in\mathbf{N}^*)$$

(2) 用数学归纳法可证$0<a_n<1(n\in\mathbf{N}^*)$，所以可设$a_n=\cos\alpha_n(n\in\mathbf{N}^*, 0<\alpha_n<\frac{\pi}{2})$，得

$$a_{n+1}=\sqrt{\frac{1+\cos\alpha_n}{2}}=\cos\frac{\alpha_n}{2}\quad(n\in\mathbf{N}^*)$$

$$\cos\alpha_{n+1}=\cos\frac{\alpha_n}{2}\quad(n\in\mathbf{N}^*)$$

可得$\alpha_{n+1}=\frac{\alpha_n}{2}(n\in\mathbf{N}^*)$，所以

$$\alpha_n=\frac{\pi}{4}\left(\frac{1}{2}\right)^{n-1}=\frac{\pi}{2^{n+1}}\quad(n\in\mathbf{N}^*)$$

$$a_n=\cos\frac{\pi}{2^{n+1}}\quad(n\in\mathbf{N}^*)$$

(3) 可设$a_n=\tan\alpha_n(n\in\mathbf{N}^*, -\frac{\pi}{2}<\alpha_n<\frac{\pi}{2})$，得

$$\tan\alpha_{n+1}=\tan\left(\frac{\pi}{4}+\alpha_n\right)(n\in\mathbf{N}^*)$$

由此可得

$$\tan\alpha_{n+4}=\tan\alpha_n\quad(n\in\mathbf{N}^*)$$

$$a_{n+4}=a_n \quad (n\in \mathbf{N}^*)$$

即周期数列$\{a_n\}$有一个周期为4，可得$a_{2\,015}=a_3=-2$(因为$a_1=\frac{1}{2}$，$a_2=3$，$a_3=-2$).

50. 若数列$\{a_n\}$满足$a_1=2$，$a_2=3$，$\frac{a_{n+1}^2}{a_na_{n+2}}=\frac{(n+1)^2}{n(n+2)}(n\in \mathbf{N}^*)$，求数列$\{a_n\}$的通项公式.

解 由题设可得$a_n\neq 0(n\in \mathbf{N}^*)$，因而可设$b_n=\frac{a_{n+1}}{a_n}(n\in \mathbf{N}^*)$，进而可得

$$b_1=\frac{a_2}{a_1}=\frac{3}{2},\frac{(n+1)b_{n+1}}{n+2}=\frac{nb_n}{n+1} \quad (n\in \mathbf{N}^*)$$

所以$\left\{\frac{nb_n}{n+1}\right\}$是常数列，得$\frac{nb_n}{n+1}=\frac{b_1}{2}=\frac{3}{4}$，$b_n=\frac{3(n+1)}{4n}=\frac{a_{n+1}}{a_n}(n\in \mathbf{N}^*)$，再得

$$\frac{a_1}{1}=2,\frac{a_{n+1}}{n+1}=\frac{3}{4}\cdot\frac{a_n}{n} \quad (n\in \mathbf{N}^*)$$

$$\frac{a_n}{n}=2\left(\frac{3}{4}\right)^{n-1} \quad (n\in \mathbf{N}^*)$$

所以数列$\{a_n\}$的通项公式是$a_n=2n\left(\frac{3}{4}\right)^{n-1}$.

51. 若数列$\{a_n\}$满足$a_1=1$，$a_{n+1}=\frac{1+4a_n+\sqrt{1+24a_n}}{16}(n\in \mathbf{N}^*)$，求数列$\{a_n\}$的通项公式.

解 设$b_n=\sqrt{1+24a_n}(n\in \mathbf{N}^*)$，可得$b_1-3=2$，$b_n>0$，$a_n=\frac{b_n^2-1}{24}(n\in \mathbf{N}^*)$，所以题设中的等式即

$$\frac{b_{n+1}^2-1}{24}=\frac{1+4\cdot\frac{b_n^2-1}{24}+b_n}{16},(2b_{n+1})^2=(b_n+3)^2,2b_{n+1}=b_n+3$$

$$b_{n+1}-3=\frac{1}{2}(b_n-3),b_n-3=(b_1-3)\left(\frac{1}{2}\right)^{n-1}=2^{2-n},b_n=2^{2-n}+3 \quad (n\in \mathbf{N}^*)$$

再由$a_n=\frac{b_n^2-1}{24}(n\in \mathbf{N}^*)$，可求得数列$\{a_n\}$的通项公式是

$$a_n=\frac{4^n+3\cdot 2^n+2}{3\cdot 4^n}$$

52. (2019年高考全国卷II理科第19题)已知数列$\{a_n\}$和$\{b_n\}$满足$a_1=1$，$b_1=0$，$4a_{n+1}=3a_n-b_n+4$，$4b_{n+1}=3b_n-a_n-4$.

(1) 证明：$\{a_n+b_n\}$是等比数列，$\{a_n-b_n\}$是等差数列；

(2) 求$\{a_n\}$和$\{b_n\}$的通项公式.

解 (1) 由题设,可得 $4(a_{n+1}+b_{n+1})=2(a_n+b_n)$,即 $a_{n+1}+b_{n+1}=\frac{1}{2}(a_n+b_n)$.

又因为 $a_1+b_1=1$,所以 $\{a_n+b_n\}$ 是首项为1、公比为 $\frac{1}{2}$ 的等比数列.

由题设,还可得 $4(a_{n+1}-b_{n+1})=4(a_n-b_n)+8$,即 $a_{n+1}-b_{n+1}=a_n-b_n+2$.

又因为 $a_1-b_1=1$,所以 $\{a_n-b_n\}$ 是首项为1、公差为2的等差数列.

(2) 由(1)的结论,可得 $a_n+b_n=\frac{1}{2^{n-1}}$, $a_n-b_n=2n-1$. 所以

$$a_n=\frac{1}{2}[(a_n+b_n)+(a_n-b_n)]=\frac{1}{2^n}+n-\frac{1}{2}$$

$$b_n=\frac{1}{2}[(a_n+b_n)-(a_n-b_n)]=\frac{1}{2^n}-n+\frac{1}{2}$$

53. (2018年高考浙江卷第20题) 已知等比数列 $\{a_n\}$ 的公比 $q>1$,且 $a_3+a_4+a_5=28$, a_4+2 是 a_3, a_5 的等差中项. 数列 $\{b_n\}$ 满足 $b_1=1$,数列 $\{(b_{n+1}-b_n)a_n\}$ 的前 n 项和为 $2n^2+n$.

(1) 求 q 的值;

(2) 求数列 $\{b_n\}$ 的通项公式.

解 (1) 由 a_4+2 是 a_3, a_5 的等差中项,可得 $a_3+a_5=2a_4+4$,所以 $a_3+a_4+a_5=3a_4+4=28$, $a_4=8$.

由 $a_3+a_5=20$ 可得 $8(q+\frac{1}{q})=20$,化简得 $2q^2-5q+2=0$,解得 $q=\frac{1}{2}$ 或 $q=2$.

因为 $q>1$,所以 $q=2$.

(2) 解法1 设 $c_n=(b_{n+1}-b_n)a_n$,数列 $\{c_n\}$ 前 n 项和为 S_n.

由 $c_n=\begin{cases}S_1, n=1\\ S_n-S_{n-1}, n\geqslant 2\end{cases}$,可求得 $c_n=4n-1(n\in\mathbf{N}^*)$.

由(1)的答案可得 $a_n=2^{n-1}$,所以 $b_{n+1}-b_n=(4n-1)\cdot\left(\frac{1}{2}\right)^{n-1}$,因而当 $n\geqslant 2$ 时,可得

$$\begin{aligned}b_n-b_1&=(b_n-b_{n-1})+(b_{n-1}-b_{n-2})+\cdots+(b_3-b_2)+(b_2-b_1)\\&=(4n-5)\cdot\left(\frac{1}{2}\right)^{n-2}+(4n-9)\cdot\left(\frac{1}{2}\right)^{n-3}+\cdots+7\cdot\frac{1}{2}+3\end{aligned}$$

设 $T_n=3+7\cdot\frac{1}{2}+11\cdot\left(\frac{1}{2}\right)^2+\cdots+(4n-5)\cdot\left(\frac{1}{2}\right)^{n-2}$, $n\geqslant 2$,可得

$$\frac{1}{2}T_n=3\cdot\frac{1}{2}+7\cdot\left(\frac{1}{2}\right)^2+\cdots+(4n-9)\cdot\left(\frac{1}{2}\right)^{n-2}+(4n-5)\cdot\left(\frac{1}{2}\right)^{n-1}$$

所以

$$\frac{1}{2}T_n=3+4\cdot\frac{1}{2}+4\cdot\left(\frac{1}{2}\right)^2+\cdots+4\cdot\left(\frac{1}{2}\right)^{n-2}-(4n-5)\cdot\left(\frac{1}{2}\right)^{n-1}$$

$$T_n=14-\frac{4n+3}{2^{n-2}}\quad(n\geqslant 2)$$

又因为 $b_1=1$，所以 $b_n=15-\frac{4n+3}{2^{n-2}}(n\in\mathbf{N}^*)$.

解法 2　在以上解答中已得 $b_{n+1}-b_n=(4n-1)\cdot\left(\frac{1}{2}\right)^{n-1}$，所以 $2^{n+1}b_{n+1}-2\cdot 2^n b_n=16n-4$.

设 $d_n=2^n b_n(n\in\mathbf{N}^*)$，可得

$$d_{n+1}-2d_n=16n-4$$
$$d_{n+1}+16(n+1)+12=2(d_n+16n+12)$$

再由 $d_1+16\cdot 1+12=2b_1+16\cdot 1+12=30$，可得

$$d_n+16n+12=30\cdot 2^{n-1}=15\cdot 2^n$$
$$d_n=2^n b_n=15\cdot 2^n-16n-12$$
$$b_n=15-\frac{4n+3}{2^{n-2}}\quad(n\in\mathbf{N}^*)$$

54.(2014 年高考全国课标卷 II 理科第 17(1) 题(部分))已知数列 $\{a_n\}$ 满足 $a_1=1,a_{n+1}=3a_n+1$，求数列 $\{a_n\}$ 的通项公式.

解　得 $a_{n+1}+x=3a_n+1+x$(x 是待定的系数)，即

$$a_{n+1}+x=3\left(a_n+\frac{1+x}{3}\right)$$

令 $x=\frac{1+x}{3}$，得 $x=\frac{1}{2}$.

所以 $a_{n+1}+\frac{1}{2}=3\left(a_n+\frac{1}{2}\right)$. 又因为 $a_1+\frac{1}{2}=\frac{3}{2}$，所以可得 $\left\{a_n+\frac{1}{2}\right\}$ 是首项为 $\frac{3}{2}$、公比为 3 的等比数列，所以 $a_n+\frac{1}{2}=\frac{3}{2}\cdot 3^{n-1}$，得数列 $\{a_n\}$ 的通项公式是 $a_n=\frac{3^n-1}{2}$.

注　满足 $a_{n+1}=pa_n+q$(p,q 是常数；$p\neq 0,1$) 的数列 $\{a_n\}$ 的通项公式均可用本题的方法(构造等比数列) 求得.

55.(2014 年高考全国大纲卷理科第 18(1) 题) 等差数列 $\{a_n\}$ 的前 n 项和为 S_n. 已知 $a_1=10$，a_2 为整数，且 $S_n\leqslant S_4$，求 $\{a_n\}$ 的通项公式.

解　由 $a_1=10$，a_2 为整数知，等差数列 $\{a_n\}$ 的公差 d 为整数.

又因为 $S_n\leqslant S_4$，所以 $a_4\geqslant 0,a_5\leqslant 0$，于是 $10+3d\geqslant 0,10+4d\leqslant 0$，得 $-\frac{10}{3}\leqslant d\leqslant-\frac{5}{2}$，所以 $d=-3$.

得数列$\{a_n\}$的通项公式为$a_n=13-3n$.

56.(2014年高考广东卷理科第19题)设数列$\{a_n\}$的前n项和为S_n,满足$S_n=2na_{n+1}-3n^2-4n,n\in\mathbf{N}^*$,且$S_3=15$.

(1) 求a_1,a_2,a_3的值;

(2) 求数列$\{a_n\}$的通项公式.

解 (1)$a_1=3,a_2=5,a_3=7$.

(2) 由(1)可猜想$a_n=2n+1$,接下来可用数学归纳法证明此结论成立.

也可这样获得简证:先得$a_{n+1}=\dfrac{(2n-1)a_n+6n+1}{2n}$,$a_1=3$,所以数列$\{a_n\}$是唯一确定的,而可以验证$a_n=2n+1$满足“$a_{n+1}=\dfrac{(2n-1)a_n+6n+1}{2n}$,$a_1=3$”,所以数列$\{a_n\}$就是数列$\{2n+1\}$,即数列$\{a_n\}$的通项公式是$a_n=2n+1$.

注 对于所给数列的递推公式,通过变形后若难以求出数列的通项公式,可以尝试先猜后证.这种解法能够成功的关键是猜测正确.

57.(2013年高考山东卷理科第20题)设等差数列$\{a_n\}$的前n项和为S_n,且$S_4=4S_2,a_{2n}=2a_n+1$.

(1) 求数列$\{a_n\}$的通项公式;

(2) 设数列$\{b_n\}$的前n项和为T_n,且$T_n+\dfrac{a_n+1}{2^n}=\lambda$($\lambda$为常数),令$c_n=b_{2n}(n\in\mathbf{N}^*)$,求$\{c_n\}$的前$n$项和$R_n$.

解 (1)$a_n=2n-1$.

(2) 可得$b_n=\dfrac{n-2}{2^{n-1}}(n\geqslant 2)$,所以$c_n=\dfrac{n-1}{4^{n-1}}(n\in\mathbf{N}^*)$.

由待定系数法,可得

$$R_{n+1}+\left(\frac{1}{3}n+\frac{1}{9}\right)\left(\frac{1}{4}\right)^n=R_n+\left[\frac{1}{3}(n-1)+\frac{1}{9}\right]\left(\frac{1}{4}\right)^{n-1}$$

即数列$\left\{R_n+\left[\dfrac{1}{3}(n-1)+\dfrac{1}{9}\right]\left(\dfrac{1}{4}\right)^{n-1}\right\}$是常数列,可得$R_n=\dfrac{1}{9}\left(4-\dfrac{3n+1}{4^{n-1}}\right)$.

58.(2013年高考江西卷理科第17题)正项数列$\{a_n\}$的前n项和S_n满足$S_n^2-(n^2+n-1)S_n-(n^2+n)=0$.

(1) 求数列$\{a_n\}$的通项公式a_n;

(2) 令$b_n=\dfrac{n+1}{(n+2)^2a_n}$,数列$\{b_n\}$的前$n$项和为$T_n$,证明:对任意的$n\in\mathbf{N}^*$,都有$T_n<\dfrac{5}{64}$.

解　(1) $a_n=2n$.

(2) 得 $b_n=\frac{1}{16}\left[\frac{1}{n^2}-\frac{1}{(n+2)^2}\right]$，所以

$$T_{n+1}-T_n=\frac{1}{16}\left[\frac{1}{(n+1)^2}-\frac{1}{(n+2)^2}+\frac{1}{(n+2)^2}-\frac{1}{(n+3)^2}\right]$$

$$T_{n+1}+\frac{1}{16}\left[\frac{1}{(n+2)^2}+\frac{1}{(n+3)^2}\right]=T_n+\frac{1}{16}\left[\frac{1}{(n+1)^2}+\frac{1}{(n+2)^2}\right]$$

即数列 $\left\{T_n+\frac{1}{16}\left[\frac{1}{(n+1)^2}+\frac{1}{(n+2)^2}\right]\right\}$ 是常数列，可得 $T_n=\frac{5}{64}-\frac{1}{16}\left[\frac{1}{(n+1)^2}+\frac{1}{(n+2)^2}\right]<\frac{5}{64}$.

59.(2012年高考天津卷理科第18题)已知 $\{a_n\}$ 是等差数列，其前 n 项和为 S_n，$\{b_n\}$ 是等比数列，且 $a_1=b_1=2$，$a_4+b_4=27$，$S_4-b_4=10$.

(1) 求数列 $\{a_n\}$ 与 $\{b_n\}$ 的通项公式；

(2) 记 $T_n=a_nb_1+a_{n-1}b_2+\cdots+a_1b_n$，$n\in\mathbf{N}^*$，证明：$T_n+12=-2a_n+10b_n(n\in\mathbf{N}^*)$.

解　(1) $a_n=3n-1$，$b_n=2^n$.

(2)(过程略)用错位相减法求出 T_n 后可证，也可用数学归纳法来证.

60.(2009年高考全国卷II理科第19题)设数列 $\{a_n\}$ 的前 n 项和为 S_n. 已知 $a_1=1$，$S_{n+1}=4a_n+2$，求证 $\{a_{n+1}-2a_n\}$ 是等比数列，并求数列 $\{a_n\}$ 的通项公式；

(2) 设 $b_1=1$，$b_2=2$，$b_{n+2}=4b_{n+1}-3b_n$，求数列 $\{b_n\}$ 的通项公式.

解　(1) 可得 $a_{n+2}=4a_{n+1}-4a_n$，所以 $\{a_{n+1}-2a_n\}$ 是首项为3、公比为2的等比数列，$a_{n+1}-2a_n=3\cdot 2^{n-1}$，所以 $\frac{a_{n+1}}{2^{n+1}}-\frac{a_n}{2^n}=\frac{3}{4}$，$\left\{\frac{a_n}{2^n}\right\}$ 是首项为 $\frac{1}{2}$、公差为 $\frac{3}{4}$ 的等差数列，可求得 $a_n=(3n-1)\cdot 2^{n-2}$.

(2) 得 $b_{n+2}+xb_{n+1}=(4+x)b_{n+1}-3b_n=(4+x)\left(b_{n+1}-\frac{3}{4+x}3b_n\right)$，令 $x=-\frac{3}{4+x}$，得 $x=-1,-3$，所以 $b_{n+2}-b_{n+1}=3(b_{n+1}-b_n)$，$b_{n+2}-3b_{n+1}=b_{n+1}-3b_n$，进而得

$$\begin{cases}b_{n+1}-b_n=3^{n-1}\\ b_{n+1}-3b_n=-1\end{cases}$$

解此方程组，可得 $b_n=\frac{3^{n-1}+1}{2}$.

注　本题给出了满足递推关系“$c_{n+2}=pc_{n+1}+qc_n$”的二阶递归数列 $\{c_n\}$ 的通项公式的简洁求法.

61.(2008 年高考天津卷理科第 22 题)在数列$\{a_n\}$中,$a_1=1$,其前 n 项和S_n满足 $nS_{n+1}-(n+3)S_n=0$,求数列$\{a_n\}$的通项公式.

解　把 $nS_{n+1}=(n+3)S_n$,$(n+1)S_{n+2}=(n+4)S_{n+1}$ 相减,得

$$\frac{a_{n+2}}{n+3}=\frac{a_{n+1}}{n+1}$$

$$\frac{a_{n+2}}{(n+2)(n+3)}=\frac{a_{n+1}}{(n+1)(n+2)}$$

所以数列$\left\{\frac{a_{n+1}}{(n+1)(n+2)}\right\}$是常数列,再由 $a_1=1$,$a_2=3$ 得数列$\left\{\frac{a_n}{n(n+1)}\right\}$也是常数列,所以

$$\frac{a_n}{n(n+1)}=\frac{a_1}{2}=\frac{1}{2}$$

$$a_n=\frac{1}{2}n(n+1)$$

62.(2008 年高考重庆理科第 22 题)设各项均为正数的数列$\{a_n\}$满足 $a_1=2$,$a_n=a_{n+1}^{\frac{3}{2}}a_{n+2}(n\in\mathbf{N}^*)$.

(1) 若 $a_2=\frac{1}{4}$,求 a_3,a_4,并猜想 $a_{2\,008}$ 的值(不需证明);

(2) 记 $b_n=a_1a_2\cdots a_n(n\in\mathbf{N}^*)$,若 $b_n\geqslant 2\sqrt{2}$ 对 $n\geqslant 2$ 恒成立,求 a_2 的值及数列$\{b_n\}$的通项公式.

解　(1)$a_3=16$,$a_4=\frac{1}{256}$. 猜测 $a_{2\,008}=2^{(-2)^{2007}}$.

下面给出完整解答:

可得 $\log_2 a_n=\frac{3}{2}\log_2 a_{n+1}+\log_2 a_{n+2}$,设 $\log_2 a_n=b_n(n\in\mathbf{N}^*)$,得

$$b_{n+2}+2b_{n+1}=\frac{1}{2}(b_{n+1}+2b_n),b_{n+1}+2b_n=\frac{b_2+2b_1}{2^{n-1}}=0$$

$$b_{n+2}-\frac{1}{2}b_{n+1}=-2(b_{n+1}-\frac{1}{2}b_n),b_{n+1}-\frac{1}{2}b_n=(b_2-\frac{1}{2}b_1)(-2)^{n-1}=\frac{5}{4}(-2)^n$$

所以
$$b_n=(-2)^{n-1}=\log_2 a_n,a_n=2^{(-2)^{n-1}}$$

(2) 令 $x_n=\log_2 a_n$,S_n 表示数列$\{x_n\}$的前 n 项和,则 $b_n=2^{S_n}$.

得
$$x_1=1,x_n=\frac{3}{2}x_{n+1}+x_{n+2}\quad(n\in\mathbf{N}^*)\qquad ①$$

$$S_n=x_1+x_2+\cdots+x_n\geqslant\frac{3}{2}\quad(n\geqslant 2)$$

所以 $x_1+x_2\geqslant\frac{3}{2}$,又 $x_1=1$,所以

$$x_2\geqslant\frac{1}{2}\qquad ②$$

下面用反证法证明 $x_2 \leqslant \frac{1}{2}$. 假设 $x_2 > \frac{1}{2}$,由 ①,得

$$x_{n+2} + 2x_{n+1} = \frac{1}{2}(x_{n+1} + 2x_n), x_{n+2} - \frac{1}{2}x_{n+1} = -2\left(x_{n+1} - \frac{1}{2}x_n\right)$$

所以 $x_{n+1} + 2x_n = \frac{x_2 + 2}{2^{n-1}}, x_{n+1} - \frac{1}{2}x_n = \left(x_2 - \frac{1}{2}\right)(-2)^{n-1} \quad (n \in \mathbf{N}^*)$

$$\frac{5}{2}x_n = \frac{x_2 + 2}{2^{n-1}} - \left(x_2 - \frac{1}{2}\right)(-2)^{n-1} \quad (n \in \mathbf{N}^*)$$

$$\frac{5}{2}S_n = (x_2 + 2)\left(2 - \frac{1}{2^{n-1}}\right) - \left(x_2 - \frac{1}{2}\right)\frac{1 - (-2)^n}{3} \quad (n \in \mathbf{N}^*)$$

由题设知 $S_{2k+1} \geqslant \frac{3}{2}$,又由假设 $x_2 > \frac{1}{2}$,得

$$(x_2 + 2)\left(2 - \frac{1}{2^{2k}}\right) - \left(x_2 - \frac{1}{2}\right)\frac{2^{2k+1} + 1}{3} \geqslant \frac{15}{4} \quad (k \in \mathbf{N}^*)$$

$$\left(x_2 - \frac{1}{2}\right)\frac{2^{2k+1} + 1}{3} \leqslant (x_2 + 2)\left(2 - \frac{1}{2^{2k}}\right) - \frac{15}{4} < 2x_2 + \frac{1}{4} \quad (k \in \mathbf{N}^*)$$

即不等式 $2^{2k+1} < \dfrac{6x_2 + \frac{3}{4}}{x_2 - \frac{1}{2}} - 1$ 对$(k \in \mathbf{N}^*)$恒成立,但这是不可能的! 所以 $x_2 \leqslant \frac{1}{2}$,再由 ② 得 $x_2 = \frac{1}{2}, a_2 = \sqrt{2}, S_n = 2 - 2^{1-n}, b_n = 2^{2-2^{1-n}}$.

63.(1)(2007 年高考陕西卷理科第 22(1) 题) 已知各项全部为零的数列 $\{a_k\}$ 的前 k 项和为 S_k,且 $S_k = \frac{1}{2}a_k a_{k+1} (k \in \mathbf{N}^*)$,其中 $a_1 = 1$,求数列 $\{a_k\}$ 的通项公式;

(2)(2005 年高考江苏卷理科第 23(1)(2) 题) 设数列 $\{a_n\}$ 的前 n 项和为 S_n,已知 $a_1 = 1, a_2 = 6, a_3 = 11$,且 $(5n - 8)S_{n+1} - (5n + 2)S_n = An + B (n \in \mathbf{N}^*)$,其中 A, B 为常数.

(i) 求 A 与 B 的值;

(ii) 证明数列 $\{a_n\}$ 为等差数列;

解 (1) 解法 1 由题设得 $a_{k+1} = \frac{2S_k}{a_k} = \frac{2(a_1 + a_2 + \cdots + a_k)}{a_k}$,所以当 a_1, $a_2, \cdots, a_k$ 确定时,a_{k+1} 也唯一确定. 所以由 $a_1 = 1$ 知,数列 $\{a_k\}$ 是唯一确定的.

可以观察出 $a_k = k$ 满足题设的所有条件,所以数列 $\{k\}$ 是满足题设的唯一数列,得 $a_k = k$.

解法 2 $2S_k = a_k a_{k+1} = (S_k - S_{k-1})(S_{k+1} - S_k) (k \geqslant 2), S_{k+1} = \frac{2S_k}{S_k - S_{k-1}} + S_k$(因为 $S_k - S_{k-1} = a_k \neq 0$)$(k \geqslant 2)$ ①

由题设得 $S_1=1,S_2=3$，再由 ① 知 $\{S_k\}$ 是唯一确定的数列 $\left\{a_k=\begin{cases}S_1,k=1\\S_k-S_{k-1},k\geqslant 2\end{cases}\right\}$. 再同上得 $a_k=k$.

(2)(i) $A=-20,B=-8$.

(ii) $$S_{n+1}=\frac{5n+2}{5n-8}S_n-\frac{20n+8}{5n-8}(n\in\mathbf{N}^*),S_1=1 \qquad ②$$

所以 $\{S_n\}$ 是唯一确定的数列，$\{a_n\}$ 也是唯一确定的数列.

又由 $a_1=1,a_2=6,a_3=11$ 知，若 $\{a_n\}$ 为等差数列，则 $a_n=5n-4$，于是 $S_n=\frac{1}{2}n(5n-3)$.

容易验证 $S_n=\frac{1}{2}n(5n-3)$ 满足 ②，所以题中的 $S_n=\frac{1}{2}n(5n-3)$，$a_n=5n-4$，$\{a_n\}$ 为等差数.

注　因为绝大部分求数列通项公式的题目答案都是唯一的，所以只要能观察或求出满足所有题设的一个通项公式，则该通项公式就是所求的唯一答案.

64.(2006 年高考全国卷 II 理科第 22 题) 设数列 $\{a_n\}$ 的前 n 项和为 S_n，当 $n\in\mathbf{N}^*$ 时方程 $x^2-a_nx-a_n=0$ 恒有根为 S_n-1.

(1) 求 a_1,a_2；

(2) 求数列 $\{a_n\}$ 的通项公式.

解　(1) $a_1=\frac{1}{2},a_2=\frac{1}{6}$.

(2) 有 $(S_n-1)^2-a_n(S_n-1)-a_n=0$，即

$$(S_n-1)^2-(S_n-S_{n-1})(S_n-1)-a_n=0 \quad (n\geqslant 2)$$

$$S_nS_{n-1}-2S_n+1=0 \quad (n\geqslant 2)$$

从而可得 $S_1=a_1=\frac{1}{2},S_2=a_1+a_2=\frac{2}{3},S_3=\frac{3}{4}$，所以我们猜测 $S_n=\frac{n}{n+1}$，再用数学归纳法容易此结论成立，进而可求得 $a_n=\frac{1}{n(n+1)}(n\in\mathbf{N}^*)$.

65.(2005 年高考江西卷理科第 21 题) 已知数列 $\{a_n\}$ 的各项都是正数，且满足：$a_0=1,a_{n+1}=\frac{1}{2}a_n(4-a_n),n\in\mathbf{N}$.

(1) 证明 $a_n<a_{n+1}<2,n\in\mathbf{N}$；

(2) 求数列 $\{a_n\}$ 的通项公式 a_n.

解　(1) 当 $n=1$ 时，可得 $a_0=1,a_1=\frac{1}{2}a_0(4-a_0)=\frac{3}{2},a_0<a_1<2$，此时欲证结论成立.

假设当 $n=k(k\in \mathbf{N})$ 时，$a_{k-1}<a_k<2$.

又因为函数 $f(x)=\frac{1}{2}x(4-x)(0\leqslant x\leqslant 2)$ 是增函数，所以 $f(a_{k-1})<f(a_k)<f(2)$，即当 $n=k+1$ 时欲证结论也成立.

所以欲证结论成立.

(2) 由题设，可得

$$a_{n+1}=\frac{1}{2}a_n(4-a_n)=\frac{1}{2}[-(a_n-2)^2+4]$$
$$2(a_{n+1}-2)=-(a_n-2)^2$$

令 $b_n=a_n-2$，可得

$$b_n=-\frac{1}{2}b_{n-1}^2=-\frac{1}{2}\left(-\frac{1}{2}b_{n-2}^2\right)^2=-\frac{1}{2}\cdot\left(\frac{1}{2}\right)^2 b_{n-1}^{2^2}=\cdots=-\left(\frac{1}{2}\right)^{1+2+\cdots+2^{n-1}}b_1^{2^n}$$
$$=-2^{1-2^n}(-1)^{2^n}=-2^{1-2^n}$$

所以数列 $\{a_n\}$ 的通项公式是 $a_n=2-2^{1-2^n}$.

66.(2002 年春季高考北京卷理科第 21 题) 已知点的序列 $A_n(x_n,0)$，$n\in\mathbf{N}^*$，其中 $x_1=0$，$x_2=a(a>0)$，A_3 是线段 A_1A_2 的中点，A_4 是线段 A_2A_3 的中点，……，A_n 是线段 $A_{n-2}A_{n-1}(n\geqslant 3)$ 的中点.

(1) 写出 x_n 与 x_{n-1}，x_{n-2} 之间的关系式 $n\geqslant 3$；

(2) 设 $a_n=x_{n+1}-x_n$，求数列 $\{a_n\}$ 的通项公式；

(3) 求 $\lim\limits_{n\to\infty}x_n$.

解 (1) 由中点坐标公式，可得 $x_n=\frac{x_{n-1}+x_{n-2}}{2}(n\geqslant 3)$.

(2) 由(1) 的结论，可得

$$x_{n+1}-x_n=\frac{x_n+x_{n-1}}{2}-x_n=-\frac{1}{2}(x_n-x_{n-1})\quad(n\geqslant 2)$$

即

$$a_n=-\frac{1}{2}a_{n-1}(n\geqslant 2)$$

又因为 $a_1=x_2-x_1=a$，所以所求数列 $\{a_n\}$ 的通项公式是

$$a_n=a\left(-\frac{1}{2}\right)^{n-1}\quad(n\in\mathbf{N}^*)$$

(3) 由(2) 的结论，可得

$$x_n=x_1+(x_2-x_1)+(x_3-x_2)+\cdots+(x_n-x_{n-1})$$
$$=a_1+a_2+\cdots+a_{n-1}\quad(n\geqslant 2)$$
$$\lim_{n\to\infty}x_n=\frac{a}{1-\left(-\frac{1}{2}\right)}=\frac{2}{3}a$$

67.(2019 年上海交通大学自主招生数学试题)已知数列$\{x_n\}$满足$x_1=\sqrt[3]{3}$,$x_{n+1}=x_n^{\sqrt[3]{3}}(n\in\mathbf{N}^*)$.若$x_n\in\mathbf{Z}$,求$n$的最小值.

解　解法 1　由题设及数学归纳法,可证得$x_n>0(n\in\mathbf{N}^*)$,所以

$$\ln x_1=\ln\sqrt[3]{3},\ln x_{n+1}=\sqrt[3]{3}\ln x_n\quad(n\in\mathbf{N}^*)$$

进而可得$\{\ln x_n\}$是首项为$\ln\sqrt[3]{3}$、公比为$\sqrt[3]{3}$的等比数列,因而

$$\ln x_n=\ln\sqrt[3]{3}\cdot(\sqrt[3]{3})^{n-1}=3^{\frac{n-4}{3}}\ln 3,x_n=3^{3^{\frac{n-4}{3}}}\quad(n\in\mathbf{N}^*)$$

若$x_n\in\mathbf{Z}$,可得$3^{\frac{n-4}{3}}\in\mathbf{N}^*$,进而可得所求$n$的最小值是 4.

解法 2　由题设,可得

$$x_1=\sqrt[3]{3}=3^{\frac{1}{3}},x_1\notin\mathbf{Z};x_2=(3^{\frac{1}{3}})^{3^{\frac{1}{3}}}=3^{3^{-\frac{2}{3}}},x_2\notin\mathbf{Z};$$

$$x_3=(3^{3^{-\frac{2}{3}}})^{3^{\frac{1}{3}}}=3^{3^{-\frac{1}{3}}},x_3\notin\mathbf{Z};x_4=(3^{3^{-\frac{1}{3}}})^{3^{\frac{1}{3}}}=1,x_4\in\mathbf{Z}$$

因而所求n的最小值是 4.

68.(2018 年浙江大学自主招生数学试题第 11 题)已知数列$\{a_n\}$是等差数列,且$a_2=-1$;数列$\{b_n\}$满足$b_n-b_{n-1}=a_n(n=2,3,4,\cdots)$,且$b_1=b_3=1$.

(1) 求a_1的值;

(2) 求数列$\{b_n\}$的通项公式.

解　(1) 设等差数列$\{a_n\}$的公差为d,再由题设,可得

$$0=b_3-b_1=(b_3-b_2)+(b_2-b_1)=a_3+a_2=2a_2+d=2\cdot(-1)+d$$

$$d=2$$

$$a_1=a_2-d=-1-2=-3$$

(2) 由(1)的解答,可得等差数列$\{a_n\}$的通项公式是

$$a_n=a_1+(n-1)d=-3+(n-1)\cdot 2=2n-5$$

再由题设$b_n-b_{n-1}=a_n(n=2,3,4,\cdots)$,可得

$$\begin{aligned}b_n&=b_1+(b_2-b_1)+(b_3-b_2)+\cdots+(b_n-b_{n-1})\\&=b_1+a_2+a_3+\cdots+a_n\\&=(a_1+4)+a_2+a_3+\cdots+a_n=\frac{n}{2}(a_1+a_n)+4\\&=\frac{n}{2}[-3+(2n-5)]+4=n^2-4n+4(n=2,3,4,\cdots)\end{aligned}$$

再由$b_1=1$,可得数列$\{b_n\}$的通项公式是$b_n=n^2-4n+4(n\in\mathbf{N}^*)$.

69.(2013 年华东师范大学自主招生数学试题第 5 题)在数列$\{a_n\}$中,$a_1=1$,$a_{n+1}=-a_n+n^2$,求$\{a_n\}$的通项及$a_{2\,000}$.

解　解法 1　用分组求和法及分类讨论,可求得

$$1^2-2^2+3^2-4^2+\cdots+(-1)^{n-1}n^2=(-1)^{n-1}\cdot\frac{n(n+1)}{2}$$

由题设，得$\frac{a_{n+1}}{(-1)^{n+1}}-\frac{a_n}{(-1)^n}=\frac{n^2}{(-1)^{n+1}}$，再用累加法，可求得

$$a_n=\frac{1}{2}n(n-1)-(-1)^n,a_{2\,000}=1\,998\,999$$

解法2 可设$a_{n+1}+A(n+1)^2+B(n+1)+C=-(a_n+An^2+Bn+C)$，由待定系数法可求得$A=-\frac{1}{2},B=\frac{1}{2},C=0$，即$a_{n+1}-\frac{1}{2}(n+1)^2+\frac{1}{2}(n+1)=-\left(a_n-\frac{1}{2}n^2+\frac{1}{2}n\right)$，所以

$$a_n-\frac{1}{2}n^2+\frac{1}{2}n=-(-1)^n$$

$$a_n=\frac{1}{2}n(n-1)-(-1)^n,a_{2\,000}=1\,998\,999$$

70.（2012年华中科技大学自主招生数学试题）已知数列$\{a_n\}$满足$a_1=2$，$a_n=2(n+a_{n-1})(n=2,3,4,\cdots)$，求$\{a_n\}$的通项公式.

解 解法1 可得

$$a_{n+1}=2a_n+2(n+1)\quad(n\in\mathbf{N}^*)$$

$$a_{n+1}+2(n+1)+4=2(a_n+2n+4)\quad(n\in\mathbf{N}^*)$$

$$a_n+2n+4=(2+2\times2+4)\cdot2^{n-1}\quad(n\in\mathbf{N}^*)$$

$$a_n=2^{n+2}-2n-4\quad(n\in\mathbf{N}^*)$$

解法2 可得

$$a_{n+1}=2a_n+2(n+1)\quad(n\in\mathbf{N}^*)$$

$$\frac{a_{n+1}}{2^{n+1}}-\frac{a_n}{2^n}=\frac{n+1}{2^n}\quad(n\in\mathbf{N}^*)$$

再由累加法，可求得

$$\frac{a_n}{2^n}=4-\frac{n+2}{2^{n-1}}\quad(n\in\mathbf{N}^*)$$

$$a_n=2^{n+2}-2n-4\quad(n\in\mathbf{N}^*)$$

2.6 数列综合问题

1.（2018年北京市延庆高三一模）若a,b是函数$f(x)=x^2-px+q(p>0,q>0)$的两个不同的零点，且$a,b,-2$这三个数适当排序后可成等差数列，再适当排序后也可成等比数列，则$a+b$( ).

A. 4　　B. 5　　C. 6　　D. 7

解 B. 由韦达定理，可得$\begin{cases}a+b=p>0\\ab=q>0\end{cases}$，所以$a>0,b>0$. 可不妨设$a\geqslant$

$b>0$.

再由"$a,b,-2$这三个数适当排序后可成等差数列"，可得$a,b,-2$成等差数列，所以$a-2=2b,a=2b+2$.

再由"$a,b,-2$这三个数适当排序后可成等比数列"，可得$a,-2,b$成等差数列，所以$ab=(-2)^2=4$.

进而可得$(2b+2)b=4(b>0)$，$b=1$，从而$a=4,a+b=5$.

2.(2014年北京市朝阳高三期末考试试题)已知数列$\{a_n\}$满足$a_n=n\cdot k^n$($n\in\mathbf{N}^*,0<k<1$)下面说法正确的是(   ).

① 当$k=\dfrac{1}{2}$时，数列$\{a_n\}$为递减数列；

② 当$\dfrac{1}{2}<k<1$时，数列$\{a_n\}$不一定有最大项；

③ 当$0<k<\dfrac{1}{2}$时，数列$\{a_n\}$为递减数列；

④ 当$\dfrac{k}{1-k}$为正整数时，数列$\{a_n\}$必有两项相等的最大项.

A. ①②　　　B. ②④　　　C. ③④　　　D. ②③

解　① 不对：因为$a_1=a_2=\dfrac{1}{2}$.

② 不对：可得$\dfrac{a_{n+1}}{a_n}=\dfrac{n+1}{n}k$，所以$a_n<(=,>)a_{n+1}\Leftrightarrow n<(=,>)\dfrac{k}{1-k}$. 再由$\dfrac{1}{2}<k<1$，可得数列$\{a_n\}$中一定有最大项.

③ 正确：因为由题设可证$a_n>a_{n+1}$恒成立.

④ 正确：由②的理由可得.

3.已知数列$\{a_n\}$满足$a_1=a,a_{n+1}=2a_n+\dfrac{2}{a_n}-3(n\in\mathbf{N}^*)$，若数列$\{a_n\}$是单调递增数列，则实数$a$的取值范围是(   ).

A. $(-\infty,1)\cup(2,+\infty)$　　　B. $(0,1)\cup(2,+\infty)$

C. $(2,+\infty)$　　　D. $\left(0,\dfrac{1}{2}\right)\cup(2,+\infty)$

解　D. 可得

$$\begin{aligned}\{a_n\}\text{是递增数列}&\Leftrightarrow a_n<a_{n+1}\\&\Leftrightarrow a_n+\frac{2}{a_n}>3\\&\Leftrightarrow a_n\in(0,1)\cup(2,+\infty)\quad(n\in\mathbf{N}^*)\qquad①\end{aligned}$$

$$a_1<a_2<a_3\Leftrightarrow a,2\left(a+\frac{1}{a}\right)-3\in(0,1)\cup(2,+\infty)$$

$$\Leftrightarrow a \in \left(0,\frac{1}{2}\right) \cup (2,+\infty) \qquad ②$$

当 $a \in \left(0,\frac{1}{2}\right) \cup (2,+\infty)$ 时,下面用数学归纳法证明 $a_{n+1} > 2(n \in \mathbf{N}^*)$:

当 $n=1$ 时成立:由 $a \in \left(0,\frac{1}{2}\right) \cup (2,+\infty)$,$a_2 = 2\left(a+\frac{1}{a}\right)-3$,可得 $a_2 > 2$.

假设当 $n=k$ 时成立:$a_{k+1} > 2$. 由 $a_{k+2} = 2\left(a_{k+1}+\frac{1}{a_{k+1}}\right)-3$,可得 $a_{k+2} > 2$.

所以欲证结论成立.

当 $a \in \left(0,\frac{1}{2}\right) \cup (2,+\infty)$ 时:再由结论①可得 $a_n < a_{n+1}(n \geqslant 2, n \in \mathbf{N}^*)$;再由结论②可得 $a_1 < a_2$,得 $\{a_n\}$ 是递增数列.

综上所述,可得所求实数 a 的取值范围是 $\left(0,\frac{1}{2}\right) \cup (2,+\infty)$.

4. 若数列 $\{a_n\}$ 满足 $a_1 = 1$,$a_{n+1} = a_n + \frac{1}{\sqrt[2n]{a_n}}(n \in \mathbf{N}^*)$,则数列 $\{a_n\}$(　　).

A. 单调递增且有界　　　　B. 单调递减且无界

C. 没有单调性　　　　　　D. 以上答案都不对

解　D. 由题设中的递推式,可先得 $a_n > 0(n \in \mathbf{N}^*)$,再得 $\{a_n\}$ 是单调递增数列.

假设数列 $\{a_n\}$ 有界,由"单调有界数列必有极限"知,可设 $\lim\limits_{n\to\infty} a_n = x(x \geqslant 0)$.

把题设中的递推式两边取极限,可得

$$x = x + \lim_{n\to\infty} \mathrm{e}^{-\frac{\ln a_n}{2n}}$$

$$0 = \lim_{n\to\infty} \mathrm{e}^{-\frac{\ln a_n}{2n}} = \left(\frac{1}{\sqrt{\mathrm{e}}}\right)^{\lim\limits_{n\to\infty}\left(\frac{1}{n}\ln a_n\right)}$$

由 $\lim\limits_{n\to\infty} a_n = x(x \geqslant 0)$,可知 $\ln a_n$ 是有界量,而 $\frac{1}{n}$ 是无穷小量,所以 $\frac{1}{n}\ln a_n$ 也是无穷小量,即 $\lim\limits_{n\to\infty}\left(\frac{1}{n}\ln a_n\right) = 0$,因而上面的等式即

$$0 = \left(\frac{1}{\sqrt{\mathrm{e}}}\right)^0 = 1$$

这不可能! 所以数列 $\{a_n\}$ 单调递增且无界.

5. (2017年北京市东城高三二模) 已知甲、乙两个容器,甲容器容量为 x,装满纯酒精,乙容器容量为 z,其中装有体积为 y 的水($x, y < z$,单位:L). 现将甲容器中的液体倒入乙容器中,直至甲容器中液体倒完或乙容器盛满,搅拌使乙

容器中两种液体充分混合，再将乙容器中的液体倒入甲容器中直至倒满，搅拌使甲容器中液体充分混合，如此称为一次操作，假设操作过程中溶液体积变化忽略不计. 设经过 $n(n \in \mathbf{N}^*)$ 次操作之后，乙容器中含有纯酒精 a_n(单位：L)，下列关于数列$\{a_n\}$的说法正确的是(　　).

A. 当 $x=y=a$ 时，数列$\{a_n\}$有最大值$\frac{a}{2}$

B. 设 $b_n=a_{n+1}-a_n(n \in \mathbf{N}^*)$，则数列$\{b_n\}$为递减数列

C. 对任意的 $n \in \mathbf{N}^*$，始终有 $a_n \leqslant \frac{xy}{2}$

D. 对任意的 $n \in \mathbf{N}^*$，都有 $a_n \leqslant \frac{xy}{x+y}$

解　D. 对于选项 A，若 $x+y>z$，每次倾倒后甲容器都有剩余，因而 $a_n<\frac{a}{2}(n \in \mathbf{N}^*)$ 恒成立，得选项 A 错误.

对于选项 B，若 $x+y=z$，可得 $a_n=\frac{x}{2}(n \in \mathbf{N}^*)$ 恒成立，得选项 B 错误.

对于选项 C，若 $x=y=1, z=3$，可得 $a_1=\frac{1}{2}, \frac{xy}{z}=\frac{1}{3}$，得 $a_1>\frac{xy}{z}$，所以选项 C 错误.

选项 D 正确. 事实上，可证得：当 $x+y \leqslant z$ 时，$a_n=\frac{xy}{x+y}$；当 $x+y>z$ 时，$a_n<\frac{xy}{x+y}$.

6.(台湾高考试题，不定项选择题) 设数列$\{a_n\}$是公比为 -0.8 的等比数列，数列$\{b_n\}$是首项为 10 的等差数列. 已知 $a_9>b_9$ 且 $a_{10}>b_{10}$. 请选出正确的选项.

(1)$a_9 \times a_{10}<0$　(2)$b_{10}>0$　(3)$b_9>b_{10}$　(4)$a_9>a_{10}$　(5)$a_8>b_8$

解　(1)(3). 由$\{a_n\}$是公比为 -0.8 的数列，可得数列$\{a_n\}$中的相邻两项的符号相反，即一正一负. 而数列$\{b_n\}$是首项为 10 的等差数列，且 $a_9>b_9$，$a_{10}>b_{10}$，则 b_9, b_{10} 中必定有一个为负，所以数列$\{b_n\}$是公差 $d<0$；但从题中不能够断定 a_9, a_{10} 中到底谁大！

对于选项(1)，根据以上分析，可知 $a_9a_{10}<0$，所以选项(1) 正确.

对于选项(2)，根据题意，b_{10} 不一定大于 0，也可以小于 0，所以选项(2) 错误.

对于选项(3)，因为数列$\{b_n\}$是公差 $d<0$ 的等差数列，所以 $b_9>b_{10}$，所以选项(3) 正确.

对于选项(4)，因为数列$\{a_n\}$中相邻两项的乘积为负，所以 $a_9a_{10}<0$，不能

推出 $a_9 > 0 > a_{10}$，也可能是 $a_9 < 0 < a_{10}$，所以选项(4) 错误.

对于选项(5)，当 $a_9 > b_9$ 且 $a_{10} > b_{10}$，可能有 $a_8 < 0, b_8 > 0$，不能推出 $a_8 > b_8$，所以选项(5) 错误.

7.(中国台湾高考试题，不定项选择题) 在实数线上，动点 A 从原点开始往正向移动，动点 B 从 8 的位置开始往负向移动. 两个动点每一秒移动一次，已知第一秒 A,B 移动的距离分别为 1,4，且 A,B 每次移动的距离分别为前一次移动距离的 $\frac{1}{2}$ 倍、$\frac{1}{3}$ 倍. 令 c_n 为第 n 秒时 A,B 的中点位置. 请选出正确选项.

(1) $c_1 = \frac{5}{2}$　　(2) $c_2 > c_1$　　(3) 数列 $\{c_{n+1} - c_n\}$ 是一个等比数列

(4) $\lim\limits_{n\to\infty} c_n = 2$　　(5) $c_{1\,000} > 2$

解　(1)(4). 对于选项(1)，因为经过 1 秒后，动点 A,B 移动的距离分别为 1,4，所以 $c_1 = 1 + \frac{8-1-4}{2} = \frac{5}{2}$，得选项(1) 正确；

对于选项(2)，根据题意可知 $c_n = c_{n-1} + \frac{a_n - b_n}{2} (n \geqslant 1, n \in \mathbf{N})$，其中 $c_0 = 4$，其中 $a_n = \left(\frac{1}{2}\right)^{n-1}, b_n = 4\left(\frac{1}{3}\right)^{n-1}$ 分别表示第 n 次移动的距离$(n \geqslant 1, n \in \mathbf{N})$，显然有 $c_2 < c_1$，得选项(2) 错误；

对于选项(3)，从 $c_n = c_{n-1} + \frac{a_n - b_n}{2} (n \geqslant 1, n \in \mathbf{N})$ 可以看出，数列 $\{c_{n+1} - c_n\}$ 是两个等比数列 $\{a_n\}$，$\{b_n\}$ 的差的形式，其公比不同，所以 $\{c_{n+1} - c_n\}$ 不是等比数列，得选项(3) 错误.

对于选项(4)，根据 $c_n = c_{n-1} + \frac{a_n - b_n}{2} (n \geqslant 1, n \in \mathbf{N})$ 递推式，将 n 个等式累加，得 $c_n = c_0 + \frac{1}{2}\left(\sum a_n - \sum b_n\right)$. 因为 $\lim\limits_{n\to\infty} \sum a_n = \frac{1}{1-\frac{1}{2}} = 2$，$\lim\limits_{n\to\infty} \sum b_n = \frac{4}{1-\frac{1}{3}} = 6$，所以 $\lim\limits_{n\to\infty} c_n = c_0 + \frac{1}{2}\left(\lim\limits_{n\to\infty} \sum a_n + \lim\limits_{n\to\infty} \sum b_n\right) = 4 + \frac{1}{2} \times (2-6) = 2$，得选项(4) 正确.

对于选项(5)，由 $c_n = c_0 + \frac{1}{2}\left(\sum a_n - \sum b_n\right)$，可得 $c_n = 2 - \left(\frac{1}{2}\right)^n + 3\left(\frac{1}{3}\right)^n$. 当 $n \geqslant 3$ 时，有 $\left(\frac{1}{2}\right)^n > 3\left(\frac{1}{3}\right)^n$，所以 $\left(\frac{1}{2}\right)^{1\,000} > 3\left(\frac{1}{3}\right)^{1\,000}$，即 $c_{1\,000} < 2$，得选项(5) 错误.

8.(2019 年高考浙江卷第 10 题) 设 $a, b \in \mathbf{R}$，数列 $\{a_n\}$ 中 $a_1 = a, a_{n+1} =$

$a_n^2+b,n\in\mathbf{N}^*$,则( )

A. 当 $b=\frac{1}{2}$ 时,$a_{10}>10$ B. 当 $b=\frac{1}{4}$ 时,$a_{10}>10$

C. 当 $b=-2$ 时,$a_{10}>10$ D. 当 $b=-4$ 时,$a_{10}>10$

解 A. 对于选项 B,当 $a_1=a=\frac{1}{2}$ 时,可得 $a_n=\frac{1}{2}<10(n\in\mathbf{N}^*)$.

对于选项 C,当 $a_1=a=2$ 时,可得 $a_n=2<10(n\in\mathbf{N}^*)$.

对于选项 D,当 $a_1=a=\frac{1+\sqrt{17}}{2}$ 时,可得 $a_n=\frac{1+\sqrt{17}}{2}<10(n\in\mathbf{N}^*)$.

因而选项 B,C,D 均错误. 下面证明选项 A 正确:

可得 $a_2=a^2+\frac{1}{2}\geqslant\frac{1}{2},a_3=a_2^2+\frac{1}{2}\geqslant\left(\frac{1}{2}\right)^2+\frac{1}{2}=\frac{3}{4},a_4=a_3^2+\frac{1}{2}\geqslant\left(\frac{3}{4}\right)^2+\frac{1}{2}=\frac{17}{16}>1$.

进而可得 $a_5>\frac{3}{2},a_6>2,a_7>4,a_8>16>10,a_9>10,a_{10}>10$.

也可这样证明选项 A 正确:

还可得 $a_{n+1}-a_n=a_n^2+\frac{1}{2}-a_n=\left(a_n-\frac{1}{2}\right)^2+\frac{1}{4}>0$,因而 $\{a_n\}$ 是递增数列.

当 $n\geqslant4$ 时,可得 $\frac{a_{n+1}}{a_n}=a_n+\frac{\frac{1}{2}}{a_n}>1+\frac{1}{2}=\frac{3}{2}$(因为 $y=x+\frac{\frac{1}{2}}{x}(x>1)$ 是增函数),所以 $\frac{a_5}{a_4}>\frac{3}{2},\frac{a_6}{a_5}>\frac{3}{2},\cdots,\frac{a_{10}}{a_9}>\frac{3}{2}$,把它们相乘后,可得 $\frac{a_{10}}{a_4}>\left(\frac{3}{2}\right)^6=\frac{729}{64}>10,a_{10}>10a_4>10$.

还可这样证明选项 A 正确:

当 $b=\frac{1}{2}$ 时,$a_{n+1}=a_n^2+\frac{1}{2}$,所以 $a_2\geqslant\frac{1}{2},a_3\geqslant\frac{3}{4},a_4\geqslant\frac{17}{16},a_5\geqslant\frac{417}{256}>\frac{3}{2},a_6>2,a_7>4,a_8>10$,所以 $a_9>10,a_{10}>10$.

9.(2017年高考全国卷Ⅰ理科第12题)几位大学生响应国家的创业号召,开发了一款应用软件.为激发大家学习数学的兴趣,他们推出了“解数学题获取软件激活码”的活动.这款软件的激活码为下面数学问题的答案:已知数列 1,1,2,1,2,4,1,2,4,8,1,2,4,8,16,…,其中第一项是 2^0,接下来的两项是 2^0,2^1,再接下来的三项是 $2^0,2^1,2^2$,依此类推.求满足如下条件的最小整数 N:$N>100$ 且该数列的前 N 项和为 2 的整数幂.那么该款软件的激活码是

(　　).

A. 440　　　　B. 330　　　　C. 220　　　　D. 110

解　A. 把已知的数列分组:第一组 1 项,第二组 2 项,第三组 3 项,依此类推,……,得前 n 组的项数之和为$\frac{n(n+1)}{2}$.

设第 N 项是该数列第 $k+1$ 组中的第 $s(s=1,2,\cdots,k+1)$ 项.

可得 $100<N=(1+2+\cdots+k)+s\leqslant 1+2+\cdots+k+(k+1)=\frac{(k+1)(k+2)}{2}$,$k\geqslant 13$.

可得该数列的前 N 项和为

$$[1+(1+2)+\cdots+(1+2+2^2+\cdots+2^{k-1})]+(1+2+2^2+\cdots+2^{s-1})$$
$$=(2^{k+1}-k-2)+(2^s-1)=2^{k+1}-k-3+2^s$$

由 $s=1,2,\cdots,k+1(k\geqslant 13)$,可得

$$2^k<2^{k+1}-k-1\leqslant 2^{k+1}-k-3+2^s\leqslant 2^{k+2}-k-3<2^{k+2}$$
$$2^k<2^{k+1}-k-3+2^s<2^{k+1}$$

所以若该数列的前 N 项和 $2^{k+1}-k-3+2^s$ 为 2 的整数幂,则

$$2^{k+1}-k-3+2^s=2^{k+1}$$
$$2^s=k+3\geqslant 16$$
$$s\geqslant 4$$

若 $s=4$,得 $k=13$,但此时 $N=(1+2+\cdots+13)+4=95$,不满足 $N>100$,所以 $s\geqslant 5$.

当且仅当 $s=5$(由 $2^s=k+3$,得 $k=29$)时,$N_{\min}=(1+2+\cdots+29)+5=440$.

10.(2013 年高考课标卷 I 理科第 12 题)设 $\triangle A_nB_nC_n$ 的三边长分别为 a_n,b_n,c_n,$\triangle A_nB_nC_n$ 的面积为 S_n,$n=1,2,3,\cdots$.若 $b_1>c_1$,$b_1+c_1=2a_1$,$a_{n+1}=a_n$,$b_{n+1}=\frac{c_n+a_n}{2}$,$c_{n+1}=\frac{b_n+a_n}{2}$,则(　　).

A. $\{S_n\}$ 为递减数列

B. $\{S_n\}$ 为递增数列

C. $\{S_{2n-1}\}$ 为递增数列,$\{S_{2n}\}$ 为递减数列

D. $\{S_{2n-1}\}$ 为递减数列,$\{S_{2n}\}$ 为递增数列

解　解法 1　B. 易知 $a_n=a_1(n\in\mathbf{N}^*)$,$b_{n+1}+c_{n+1}=\frac{1}{2}(b_n+c_n)+a_1$,所以 $b_{n+1}+c_{n+1}-2a_1=\frac{1}{2}(b_n+c_n-2a_1)$.

因为 $b_1+c_1-2a_1=0$,所以数列 $\{b_n+c_n-2a_1\}$ 是各项均为 0 的常数列,得

$b_n+c_n-2a_1=0(n\in\mathbf{N}^*)$，得 $b_n+c_n=2a_1=2a_n(n\in\mathbf{N}^*)$.

又因为 $b_{n+1}-c_{n+1}=\dfrac{c_n+a_n}{2}-\dfrac{b_n+a_n}{2}=-\dfrac{1}{2}(b_n-c_n)$，且 $b_1>c_1$，所以数列 $\{b_n-c_n\}$ 是以 b_1-c_1 为首项、$-\dfrac{1}{2}$ 为公比的等比数列，得 $b_n-c_n=(b_1-c_1)\left(-\dfrac{1}{2}\right)^{n-1}(n\in\mathbf{N}^*)$.

再由 $b_n+c_n=2a_1$，得 $\begin{cases}b_n=a_1+\dfrac{b_1-c_1}{2}\left(-\dfrac{1}{2}\right)^{n-1}\\ c_n=a_1-\dfrac{b_1-c_1}{2}\left(-\dfrac{1}{2}\right)^{n-1}\end{cases}$，再由海伦公式，可得

$$S_n^2=\frac{3}{16}a_1^2\left[a_1^2-(b_1^2-c_1^2)\left(\frac{1}{4}\right)^{n-1}\right]$$

所以 $\{S_n\}$ 为递增数列.

解法2　因为 $a_{n+1}=a_n$，所以 $a_n=a_1$，而 $b_{n+1}=\dfrac{c_n+a_n}{2}$，$c_{n+1}=\dfrac{b_n+a_n}{2}$，从而

$$b_2+c_2=\frac{c_1+a_1}{2}+\frac{b_1+c_1}{2}=\frac{c_1+b_1}{2}+a_1=2a_1$$

$$b_3+c_3=\frac{c_2+a_2}{2}+\frac{b_2+c_2}{2}=\frac{c_2+b_2}{2}+a_2=2a_1$$

$$\cdots$$

$$b_{n+1}+c_{n+1}=2a_1$$

即 $b_n+c_n=2a_1(n\in\mathbf{N}^*)$.

也就是 $A_nC_n+A_nB_n=2a_1$，为定值，所以点 A_n 的轨迹是以 B_n，C_n 为焦点的椭圆.

如图1所示，以 B_n，C_n 中点为坐标原点建立坐标系，得 A_n 的轨迹为 $\dfrac{x^2}{a_1^2}+\dfrac{y^2}{\frac{3}{4}a_1^2}=1$.

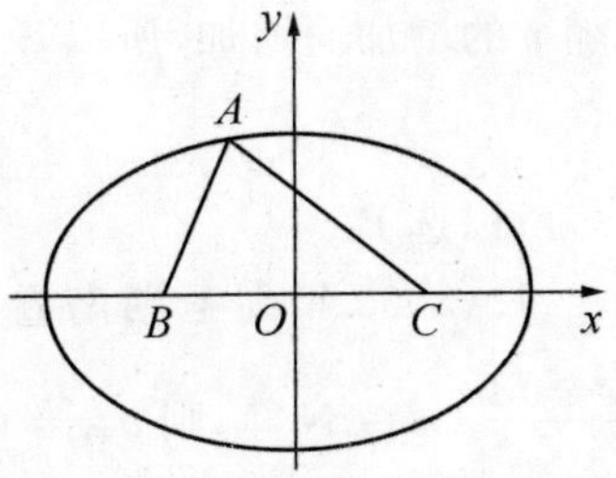

图1

又因为

$$|b_{n+1}-c_{n+1}|=\left|\frac{c_n+a_n}{2}-\frac{b_n+a_n}{2}\right|$$

$$=\frac{1}{2}|b_n-c_n|<|b_n-c_n|$$

所以两边差越来越小，A_n 越来越接近于椭圆短轴端点，因而点 A_n 到直线 B_nC_n 的距离越来越大，面积 S_n 也越来越大，$\{S_n\}$ 为递增数列.

解法3　B. 易知 $a_n=a_1(n\in\mathbf{N}^*)$，$b_{n+1}+c_{n+1}=\dfrac{1}{2}(b_n+c_n)+a_1$，所以

$b_{n+1}+c_{n+1}-2a_1=\frac{1}{2}(b_n+c_n-2a_1)$.

因为 $b_1+c_1-2a_1=0$,所以数列 $\{b_n+c_n-2a_1\}$ 是各项均为 0 的常数列,得 $b_n+c_n-2a_1=0(n\in\mathbf{N}^*)$,得 $b_n+c_n=2a_1=2a_n(n\in\mathbf{N}^*)$,也就是 $A_nC_n+A_nB_n=2a_1$,为定值,所以点 A_n 的轨迹是以 B_n,C_n 为焦点的椭圆(如图 1 所示).

又因为 $b_{n+1}-c_{n+1}=\frac{c_n+a_n}{2}-\frac{b_n+a_n}{2}=-\frac{1}{2}(b_n-c_n)$,且 $b_1>c_1$,所以数列 $\{b_n-c_n\}$ 是以 b_1-c_1 为首项、$-\frac{1}{2}$ 为公比的等比数列,得

$$b_n-c_n=(b_1-c_1)\left(-\frac{1}{2}\right)^{n-1}\ (n\in\mathbf{N}^*) \quad ①$$

再由 $b_n+c_n=2a_1$,可得

$$b_n=a_1+\frac{b_1-c_1}{2}\left(-\frac{1}{2}\right)^{n-1}\ (n\in\mathbf{N}^*) \quad ②$$

当 n 是奇数时,由 ① 得 $b_n>c_n(n\in\mathbf{N}^*)$. 由图 1 可知,点 A_n 在 y 轴的左侧;由 ② 得 $b_n=a_1+\frac{b_1-c_1}{2^n}>0(b_1>c_1)$,$b_n$ 的值随 n 的增加而减少,得 $|y_{A_n}|$ 的值随 n 的增加而增加,所以 $S_n=\frac{1}{2}a_1|y_{A_n}|$ 随 n 的增加而增加. 由此可排除 A,D.

当 n 是偶数时,由 ① 得 $b_n<c_n(n\in\mathbf{N}^*)$. 由图 1 知,点 A_n 在 y 轴的右侧;由 ② 得 $b_n=a_1-\frac{b_1-c_1}{2^n}>0(b_1>c_1)$,$b_n$ 的值随 n 的增加而增加,得 $|y_{A_n}|$ 的值随 n 的增加而增加,所以 $S_n=\frac{1}{2}a_1|y_{A_n}|$ 随 n 的增加而增加. 由此可排除 A,C.

所以选 B.

11.(2005 年高考湖南卷文科第 5 题)已知数列 $\{a_n\}$ 满足 $a_1=0$,$a_{n+1}=\frac{a_n-\sqrt{3}}{\sqrt{3}a_n+1}(n\in\mathbf{N}^*)$,则 $a_{20}=(\quad)$.

A. 0　　B. $-\sqrt{3}$　　C. $\sqrt{3}$　　D. $\frac{\sqrt{3}}{3}$

解　B. 先得 $\{a_n\}$ 是最小正周期为 3 的周期数列.

12.(2019 年清华大学自主招生数学试题,不定项选择题)若数列 $\{a_n\}$ 满足 $a_1=3$,$a_{n+1}=a_n^2-3a_n+4(n\in\mathbf{N}^*)$,则(　　).

A. $\{a_n\}$ 单调递增B. $\{a_n\}$ 无上界

C. $\{a_n\}$ 无下界D. $\lim\limits_{n\to\infty}\sum\limits_{i=1}^{n}\frac{1}{a_i-1}=1$

解　ABD. 由题设,可得 $a_1=3$,$a_{n+1}-a_n=(a_n-2)^2\geqslant 0$,$a_{n+1}\geqslant a_n(n\in\mathbf{N}^*)$,再由数学归纳法可证得 $a_n\geqslant 3(n\in\mathbf{N}^*)$.

进而可得 $a_{n+1}-a_n=(a_n-2)^2\geqslant(3-2)^2=1$,$a_{n+1}\geqslant a_n+1(n\in\mathbf{N}^*)$,所以选项 A,B 均正确,C 错误.

由题设,可得 $\dfrac{1}{a_i-1}=\dfrac{1}{a_i-2}-\dfrac{1}{a_{i+1}-2}(i\in\mathbf{N}^*)$,所以

$$\lim_{n\to\infty}\sum_{i=1}^{n}\frac{1}{a_i-1}=\lim_{n\to\infty}\left(\frac{1}{a_1-2}-\frac{1}{a_{n+1}-2}\right)=\frac{1}{a_1-2}-\lim_{n\to\infty}\frac{1}{a_{n+1}-2}=\frac{1}{a_1-2}=1$$

得选项 D 正确.

13.(2017 年北京大学 514 优特数学测试第 8 题)数列 $\{a_n\}$ 满足 $a_1=1$,$a_{n+1}=a_n+\dfrac{1}{a_n}$,若 $a_{2\,017}\in(k,k+1)$,其中 $k\in\mathbf{N}^*$,则 k 的值是(　　).

A. 63　　　B. 64　　　C. 65　　　D. 66

解　A. 由题设可得 $a_{i+1}^2-a_i^2=2+\dfrac{1}{a_i^2}$,所以

$$\sum_{i=1}^{n-1}(a_{i+1}^2-a_i^2)=2(n-1)+\sum_{i=1}^{n-1}\frac{1}{a_i^2}\quad(n\geqslant 2)$$

$$a_n^2-1=2(n-1)+\sum_{i=1}^{n-1}\frac{1}{a_i^2}\quad(n\geqslant 2)$$

$$a_n^2+1=2n+\sum_{i=1}^{n-1}\frac{1}{a_i^2}\quad(n\geqslant 2)\qquad ①$$

再由 $a_1=1$,可得 $a_i^2+1\geqslant 2i+1$,$a_i^2\geqslant 2i$,$\dfrac{1}{a_i^2}\leqslant\dfrac{1}{2i}(i\geqslant 2)$,所以

$$\frac{1}{a_i^2}\leqslant\frac{1}{2\sqrt{i}}<\frac{1}{\sqrt{i}+\sqrt{i-1}}=\sqrt{i}-\sqrt{i-1}\,(i\geqslant 2)$$

所以

$$\sum_{i=2}^{2\,016}\frac{1}{a_i^2}\leqslant\sqrt{2\,016}-1<\sqrt{2\,025}-1=44$$

在式 ① 中令 $n=2\,017$,可得

$$a_{2\,017}^2=4\,034+\sum_{i=2}^{2\,016}\frac{1}{a_i^2}$$

所以

$$63^2=3\,969<a_{2\,017}^2<4\,096=64^2$$

$$a_{2\,017}\in(63,63+1)$$

得 $k=63$.

14.(2017 年清华大学领军计划数学试题第 21 题,不定项选择题)若数列

$\{x_n\},\{y_n\},\{z_n\}$ 满足 $\begin{cases} x_{n+1}=\frac{1}{2}(y_n+z_n-x_n) \\ y_{n+1}=\frac{1}{2}(x_n+z_n-y_n) \\ z_{n+1}=\frac{1}{2}(x_n+y_n-z_n) \end{cases}$,则(　　).

A. $\{x_n+y_n+z_n\}$ 为等比数列

B. 若 $\exists m>1, x_m=y_m=z_m$,则 $x_1=y_1=z_1$

C. 若 $x_1=-\frac{1}{2}, x_2=\frac{5}{4}$,则 $x_n=(-1)^n+\frac{1}{2^n}$

D. 当$\{x_n\}$的各项均为正数时,$x_1=y_1=z_1$

解　BC. 对于选项 A:因为 $x_n=y_n=z_n=0(n\in\mathbf{N}^*)$ 满足题设,所以选项 A 错误.

对于选项 B:若 $\exists m>1, x_m=y_m=z_m$(可设 $x_m=y_m=z_m=a$),则由题设可得 $\begin{cases} y_{m-1}+z_{m-1}-x_{m-1}=2a \\ x_{m-1}+z_{m-1}-y_{m-1}=2a \\ x_{m-1}+y_{m-1}-z_{m-1}=2a \end{cases}$,从而可解得 $x_{m-1}=y_{m-1}=z_{m-1}=2a$,进而可用数学归纳法证得 $x_{m-k}=y_{m-k}=z_{m-k}=2^k a(k=0,1,2,\cdots,m-1)$,所以 $x_1=y_1=z_1=2^{m-1}a$,得选项 B 正确.

对于选项 C:由题设中的第一个等式,可得

$$y_n+z_n=x_n+2x_{n+1} \quad ①$$

$$y_1+z_1=x_1+2x_2=-\frac{1}{2}+2\cdot\frac{5}{4}=2$$

$$x_1+y_1+z_1=-\frac{1}{2}+2=\frac{3}{2}$$

再由题设,可得

$$x_{n+1}+y_{n+1}+z_{n+1}=\frac{1}{2}(y_n+z_n-x_n)+\frac{1}{2}(x_n+z_n-y_n)+\frac{1}{2}(x_n+y_n-z_n)$$

$$=\frac{1}{2}(x_n+y_n+z_n)$$

$$x_n+y_n+z_n=(x_1+y_1+z_1)\left(\frac{1}{2}\right)^{n-1}=\frac{3}{2^n}$$

再由 ①,可得

$$x_n+x_{n+1}=\frac{3}{2^{n+1}}$$

$$x_{n+1}-\frac{1}{2^{n+1}}=-\left(x_n-\frac{1}{2^n}\right)$$

$$x_n-\frac{1}{2^n}=\left(x_1-\frac{1}{2}\right)(-1)^{n-1}=(-1)^n$$

$$x_n=(-1)^n+\frac{1}{2^n}$$

得选项 C 正确.

对于选项 D:把题设中的后两个等式相加,可得 $y_n+z_n=x_{n-1}(n\geqslant 2)$.

再由题设中的第一个等式,可得 $x_{n+1}=\frac{1}{2}(x_{n-1}-x_n)(n\geqslant 2)$.

由求数列通项公式的特征根法,可得

$$x_n=a(-1)^n+\frac{b}{2^n}(a,b\text{ 是常数},n\in\mathbf{N}^*)$$

因为$\{x_n\}$的各项均为正数,所以可选 $a=0,b>0$,得 $x_n=\frac{b}{2^n}(b>0,n\in\mathbf{N}^*)$.

再由题设中的第一个等式,可得 $y_n+z_n=\frac{b}{2^{n-1}}=2x_n(n\in\mathbf{N}^*)$.

又由题设中的第一个等式,可得 $x_{n+1}=\frac{1}{2}x_n(n\in\mathbf{N}^*)$,再选$(x_1,y_1,z_1)=(2,3,1)$,可得 $x_n=2^{2-n},y_n=2^{2-n}-(-1)^n,z_n=2^{2-n}+(-1)^n(n\in\mathbf{N}^*)$,还可验证它们均满足题设,但并不满足 $x_1=y_1=z_1$,所以选项 D 错误.

15.(2017 年清华大学标准学术能力数学测试题第 7 题,不定项选择题)已知数列$\{x_n\}$满足 $x_1=a,x_2=b,x_{n+1}=x_n+x_{n-1}(n\geqslant 2;n,a,b\in\mathbf{N}^*)$. 若 2 008 为数列$\{x_n\}$的项,则 $a+b$ 的值可能为(　　)

A. 8　　B. 9　　C. 10　　D. 11

解　AB. 我们知道,Fibonacci 数列$\{F_n\}$由"$F_1=F_2=1,F_{n+2}=F_n+F_{n+1}(n\in\mathbf{N}^*)$"确定. 还可得数列$\{F_n\}$的前 14 项依次如表 1 所示:

表 1

n	1	2	3	4	5	6	7	8	9	10	11	12	13	14
F_n	1	1	2	3	5	8	13	21	34	55	89	144	233	377

用数学归纳法可证得 $x_n=F_{n-2}a+F_{n-1}b(n\geqslant 2;n\in\mathbf{N}^*)$.

若 $a+b=8$,再由 $F_{n-2}a+F_{n-1}b=2\,008$,可得$\frac{F_{n-1}-251}{251-F_{n-2}}=\frac{a}{b}>0,F_{n-2}<251<F_{n-1}$,再由表 1,可得 $F_{n-2}=F_{13}=233,F_{n-1}=F_{14}=377$,进而还可求得 $a=7,b=1$,所以当 $a=7,b=1$ 时,$2\,008=x_{15}=F_{13}a+F_{14}b=233\cdot 7+377\cdot$

1. 因而选项 A 正确.

若 $a+b=9$,再由 $F_{n-2}a+F_{n-1}b=2\ 008$,可得 $\dfrac{F_{n-1}-223\dfrac{1}{9}}{223\dfrac{1}{9}-F_{n-2}}=\dfrac{a}{b}>0$,$F_{n-2}<223\dfrac{1}{9}<F_{n-1}$,再由表 1,可得 $F_{n-2}=F_{12}=144$,$F_{n-1}=F_{13}=233$,进而还可求得 $a=1$,$b=8$,所以当 $a=1$,$b=8$ 时,$2\ 008=x_{14}=F_{12}a+F_{13}b=144\cdot 1+233\cdot 8$. 因而选项 B 正确.

若 $a+b=10$,再由 $F_{n-2}a+F_{n-1}b=2\ 008$,可得 $\dfrac{F_{n-1}-200\dfrac{4}{5}}{200\dfrac{4}{5}-F_{n-2}}=\dfrac{a}{b}>0$,$F_{n-2}<200\dfrac{4}{5}<F_{n-1}$,再由表 1,可得 $F_{n-2}=F_{12}=144$,$F_{n-1}=F_{13}=233$,进而还可求得 $a=3\dfrac{55}{89}$,$b=6\dfrac{34}{89}$,这与 $a,b\in\mathbf{N}^*$ 矛盾! 因而选项 C 不正确.

若 $a+b=11$,再由 $F_{n-2}a+F_{n-1}b=2\ 008$,可得 $\dfrac{F_{n-1}-182\dfrac{6}{11}}{182\dfrac{6}{11}-F_{n-2}}=\dfrac{a}{b}>0$,$F_{n-2}<182\dfrac{6}{11}<F_{n-1}$,再由表 1,可得 $F_{n-2}=F_{12}=144$,$F_{n-1}=F_{13}=233$,进而还可求得 $a=6\dfrac{21}{89}$,$b=4\dfrac{68}{89}$,这与 $a,b\in\mathbf{N}^*$ 矛盾! 因而选项 D 不正确.

16.(2017年清华大学标准学术能力数学测试题第20题,不定项选择题)已知数列$\{a_n\}$,其中 $a_1=a$,$a_2=b$,$a_{n+2}=a_n-\dfrac{7}{a_{n+1}}$,则(　　).

A. $\{a_n\}$ 可能递增　　　　B. $\{a_n\}$ 可能递减

C. $\{a_n\}$ 可能为有限项　　D. $\{a_n\}$ 可能为无限项

解　ABCD. 当 $a_1=-7$,$a_2=-1$ 时,可得 $a_3=0$,所以$\{a_n\}$是项数为 3 的递增数列.

当 $a_1=7$,$a_2=1$ 时,可得 $a_3=0$,所以$\{a_n\}$是项数为 3 的递减数列.

从而可得选项 A,B,C 均正确.

当 $a_1=7$,$a_2=\pi-1$ 时,由 $a_{n+2}=a_n-\dfrac{7}{a_{n+1}}$,可得

$$a_{n+1}a_{n+2}-a_na_{n+1}=-7\quad(n\in\mathbf{N}^*)$$

$$a_na_{n+1}=a_1a_2-7(n-1)=7(\pi-n)\neq 0\quad(n\in\mathbf{N}^*)$$

$$a_n\neq 0\quad(n\in\mathbf{N}^*)$$

所以此时$\{a_n\}$是无穷数列，得选项D正确.

注　若无穷数列$\{a_n\}$是递增数列，可得

$$a_{n+2}=a_n-\frac{7}{a_{n+1}}>a_{n+1}>a_n$$

$$-\frac{7}{a_{n+1}}>0$$

$$a_{n+1}<0$$

$$0>a_{n+1}>a_n$$

可得无穷数列$\{a_n\}$是递增数列且有上界.

若无穷数列$\{a_n\}$是递减数列，可得

$$a_{n+2}=a_n-\frac{7}{a_{n+1}}<a_{n+1}<a_n$$

$$-\frac{7}{a_{n+1}}<0$$

$$a_{n+1}>0$$

$$0<a_{n+1}<a_n$$

得无穷数列$\{a_n\}$是递减数列且有下界.

综上所述，可得$\lim\limits_{n\to\infty}a_n$存在. 设$\lim\limits_{n\to\infty}a_n=A$，在所给的递推式两边取极限后，可得

$$A=A-\frac{7}{A}$$

$$\frac{7}{A}=0$$

而这不可能！所以无穷数列$\{a_n\}$不单调.

17.（2017年清华大学能力测试（数学部分试题），不定项选择题）已知$a>0,b>0,\{x_n\}$是正项递减数列，且$x_n=ax_{n+1}+bx_{n+2}$，则(　　).

A. $a>1$　　B. $b>1$　　C. $a+b>1$　　D. $a+b<1$

解　C. 由题设可得$x_n=ax_{n+1}+bx_{n+2}<ax_n+bx_n$，$a+b>1$，所以C正确，D错误.

当$a=b=1$，$x_n>0(n\in\mathbf{N}^*)$时，可得$x_n=x_{n+1}+x_{n+2}>x_{n+1}$，得$\{x_n\}$是正项递减数列，所以选项A，B均错误.

18.（2016年北京大学自主招生数学试题第16题）令a_n表示距离$\sqrt{n}$最近的正整数，其中$n\in\mathbf{N}^*$，若$\frac{1}{a_1}+\frac{1}{a_2}+\cdots+\frac{1}{a_n}=2016$，则正整数$n$的值为(　　).

A. 1 015 056　　B. 1 017 072　　C. 1 019 090　　D. 前三个答案都不对

解　解法1　B. 可先求出数列$\{a_n\}$的前12项分别为

$$1,1,2,2,2,2,3,3,3,3,3,3$$

所以可猜测：

当 $2[1+2+3+\cdots+(k-1)]+1\leqslant n\leqslant 2(1+2+3+\cdots+k)(k\in\mathbf{N}^{*})$ 即 $k^{2}-k+1\leqslant n\leqslant k^{2}+k(k\in\mathbf{N}^{*})$ 时，$a_{n}=k$.

证明如下：

因为可证"当 x 的小数部分 $\{x\}\neq\frac{1}{2}$ 时，与 x 最接近的整数是 $\left[x+\frac{1}{2}\right]$"（当 $0\leqslant\{x\}<\frac{1}{2}$ 时，$\left[x+\frac{1}{2}\right]=\left[[x]+\{x\}+\frac{1}{2}\right]=\left[[x]+\left(\{x\}+\frac{1}{2}\right)\right]=[x]$；当 $\frac{1}{2}<\{x\}<1$ 时，$\left[x+\frac{1}{2}\right]=\left[[x]+\{x\}+\frac{1}{2}\right]=\left[[x]+1+\left(\{x\}-\frac{1}{2}\right)\right]=[x]+1$），所以即证 $k=\left[\sqrt{n}+\frac{1}{2}\right]$，也即证

$$k\leqslant\sqrt{n}+\frac{1}{2}<k+1$$

$$k^{2}-k+\frac{1}{4}\leqslant n<k^{2}+k+\frac{1}{4}$$

而这由 $k^{2}-k+1\leqslant n\leqslant k^{2}+k(k\in\mathbf{N}^{*})$ 可得其成立.

因而，在和式 $\sum\limits_{k=1}^{n}\frac{1}{a_{k}}$ 中，值为 $\frac{1}{k}(k\in\mathbf{N}^{*})$ 的项共有 $2k$ 项，这 $2k$ 项的和为 $\frac{1}{k}\cdot 2k=2$.

进而可得满足 $\sum\limits_{k=1}^{n}\frac{1}{a_{k}}=2\,016$ 的数列 $\{a_{n}\}$ 的各项依次是

$$\underbrace{1,1}_{2\text{个}},\underbrace{2,2,2,2}_{4\text{个}},\underbrace{3,3,\cdots,3}_{6\text{个}},\cdots,\underbrace{1\,008,1\,008,\cdots,1\,008}_{2\,016\text{个}}$$

所以 $n=2(1+2+3+\cdots+1\,008)=1\,008\cdot 1\,009=1\,017\,072$.

解法 2　B. 设 $a_{n}=k(k\in\mathbf{N}^{*})$，得 $|\sqrt{n}-k|<\frac{1}{2}$，$k^{2}-k+1\leqslant n\leqslant k^{2}+k$.

所以当且仅当 $k^{2}-k+1\leqslant n\leqslant k^{2}+k(k\in\mathbf{N}^{*})$ 时，$a_{n}=k$.

因而，在和式 $\sum\limits_{k=1}^{n}\frac{1}{a_{k}}$ 中，值为 $\frac{1}{k}(k\in\mathbf{N}^{*})$ 的项共有 $2k$ 项，这 $2k$ 项的和为 $\frac{1}{k}\cdot 2k=2$.

进而可得满足 $\sum\limits_{k=1}^{n}\frac{1}{a_{k}}=2\,016$ 的数列 $\{a_{n}\}$ 的各项依次是

$$\underbrace{1,1}_{2个},\underbrace{2,2,2,2}_{4个},\underbrace{3,3,\cdots,3}_{6个},\cdots,\underbrace{1\ 008,1\ 008,\cdots,1\ 008}_{2\ 016个}$$

所以 $n=2(1+2+3+\cdots+1\ 008)=1\ 008\cdot 1\ 009=1\ 017\ 072$.

19.(2016 年清华大学领军计划数学试题第 14 题,不定项选择)若数列$\{a_n\}$满足 $a_1=1,a_2=2,a_{n+2}=6a_{n+1}-a_n(n\in\mathbf{N}^*)$,则下列说法正确的是(　　).

A. $a_{n+1}^2-a_{n+2}a_n$ 为定值　　B. $a_n\equiv 1(\bmod 9)$ 或 $a_n\equiv 2(\bmod 9)$

C. $4a_{n+1}a_n-7$ 为完全平方数　　D. $8a_{n+1}a_n-7$ 为完全平方数

解　ACD. 选项 A 正确,即

$$\begin{aligned}a_{n+1}^2-a_{n+2}a_n&=a_{n+1}^2-(6a_{n+1}-a_n)a_n=a_{n+1}^2-6a_{n+1}a_n+a_n^2\\&=a_{n+1}(a_{n+1}-6a_n)+a_n^2=a_n^2-a_{n+1}a_{n-1}\quad(n-1\in\mathbf{N}^*)\end{aligned}$$

所以$\{a_{n+1}^2-a_{n+2}a_n\}$为常数列,因而 $a_{n+1}^2-a_{n+2}a_n=a_2^2-a_3a_1=2^2-11\cdot 1=-7(n\in\mathbf{N}^*)$.

选项 B 错误:由题设可求得 $a_1=1,a_2=2,a_3=11,a_4=64,a_5=373,a_5\equiv 4(\bmod 9)$.

由选项 A 的结论,可得

$$\begin{aligned}4a_na_{n+1}-7&=4a_na_{n+1}+a_{n+1}^2-a_{n+2}a_n\\&=4a_na_{n+1}+a_{n+1}^2-(6a_{n+1}-a_n)a_n\\&=a_{n+1}^2-2a_{n+1}a_n+a_n^2=(a_{n+1}-a_n)^2\end{aligned}$$

$$8a_na_{n+1}-7=4a_na_{n+1}+(4a_na_{n+1}-7)=4a_na_{n+1}+(a_{n+1}-a_n)^2=(a_{n+1}+a_n)^2$$

由题设及数学归纳法可证得 $a_n\in\mathbf{Z}$,因而选项 C,D 均正确.

注　若数列$\{a_n\}$满足 $a_{n+2}=pa_{n+1}-a_n(n\in\mathbf{N}^*,p$ 是常数$)$,则$\{a_{n+1}^2-a_{n+2}a_n\}$为常数列.

20.(2016 年清华大学领军计划数学试题第 40 题,不定项选择题)若数列$\{a_n\}$满足 $a_1=5,a_2=13,a_{n+2}=\dfrac{a_{n+1}^2+6^n}{a_n}(n\in\mathbf{N}^*)$,则(　　).

A. $a_{n+2}=5a_{n+1}-6a_n(n\in\mathbf{N}^*)$　B. $a_n\in\mathbf{Z}(n\in\mathbf{N}^*)$

C. $a_n>4^n(n\in\mathbf{N}^*)$　　D. 在数列$\{a_n\}$中与 2 015 最接近的项是 a_7

解　ABD. 可用数学归纳法证得 $a_n>0(n\in\mathbf{N}^*)$,所以

$$a_{n+3}a_{n+1}-a_{n+2}^2=6^{n+1}=6(a_{n+2}a_n-a_{n+1}^2)\quad(n\in\mathbf{N}^*)$$

$$a_{n+3}a_{n+1}+6a_{n+1}^2=a_{n+2}^2+6a_{n+2}a_n\quad(n\in\mathbf{N}^*)$$

$$a_{n+1}(a_{n+3}+6a_{n+1})=a_{n+2}(a_{n+2}+6a_n)\quad(n\in\mathbf{N}^*)$$

$$\frac{a_{n+3}+6a_{n+1}}{a_{n+2}}=\frac{a_{n+2}+6a_n}{a_{n+1}}\quad(n\in\mathbf{N}^*)$$

得$\left\{\dfrac{a_{n+2}+6a_n}{a_{n+1}}\right\}$是常数列,所以

$$\frac{a_{n+2}+6a_n}{a_{n+1}}=\frac{a_3+6a_1}{a_2}=\frac{35+6\cdot 5}{13}=5\quad (n\in \mathbf{N}^*)$$

$$a_{n+2}=5a_{n+1}-6a_n\quad (n\in \mathbf{N}^*)$$

所以选项 A,B 均正确.

由 $a_2=13<16=4^2$,可知选项 C 错误.

还可求得 $a_n=2^n+3^n(n\in \mathbf{N}^*)$,所以 $a_6=793,a_7=2\ 315,\{a_n\}$ 是递增数列,因而选项 D 正确.

注 下面证明 $a_n<4^n(n\geqslant 2,n\in \mathbf{N}^*)$,即证

$$4^n>2^n+3^n\quad (n\geqslant 2,n\in \mathbf{N}^*)$$

$$\left(\frac{3}{2}+\frac{1}{2}\right)^n>\left(\frac{3}{2}\right)^n+1\quad (n\geqslant 2,n\in \mathbf{N}^*)$$

由二项式定理知,只需证明

$$\left(\frac{3}{2}\right)^n+\mathrm{C}_n^1\left(\frac{3}{2}\right)^{n-1}\cdot\frac{1}{2}>\left(\frac{3}{2}\right)^n+1\quad (n\geqslant 2,n\in \mathbf{N}^*)$$

$$\frac{3}{4}n\left(\frac{3}{2}\right)^n>1\quad (n\geqslant 2,n\in \mathbf{N}^*)$$

由 $\left\{\frac{3}{4}n\left(\frac{3}{2}\right)^n\right\}(n\geqslant 2,n\in \mathbf{N}^*)$ 是递增数列,可得

$$\frac{3}{4}n\left(\frac{3}{2}\right)^n\geqslant\frac{3}{4}\cdot 2\left(\frac{3}{2}\right)^2=\left(\frac{3}{2}\right)^3>1\quad (n\geqslant 2,n\in \mathbf{N}^*)$$

所以欲证结论成立.

21.(2015年清华大学领军计划数学测试题第21题,不定项选择题)若数列 $\{a_n\}$ 满足 $a_1=6,a_{n+1}=\frac{n+3}{n}a_n$,则(　　).

A. $\forall n\in \mathbf{N}^*,a_n<(n+1)^3$　　B. $\forall n\in \mathbf{N}^*,a_n\neq 2\ 015$

C. $\exists n\in \mathbf{N}^*,a_n$ 为完全平方数　　D. $\exists n\in \mathbf{N}^*,a_n$ 为完全立方数

解 AB. 由题设,可得 $\frac{a_{n+1}}{(n+1)(n+2)(n+3)}=\frac{a_n}{n(n+1)(n+2)}$,所以 $\left\{\frac{a_n}{n(n+1)(n+2)}\right\}$ 是常数列,得 $\frac{a_n}{n(n+1)(n+2)}=\frac{a_1}{1\cdot 2\cdot 3}=1,a_n=n(n+1)(n+2)(n\in \mathbf{N}^*)$.

再由 $n(n+2)<(n+1)^2$,可得 $a_n<(n+1)^3(n\in \mathbf{N}^*)$,即选项 A 正确.

再由 $a_n=n(n+1)(n+2)=6\mathrm{C}_{n+2}^3,2\mid a_n(n\in \mathbf{N}^*)$,可得选项 B 正确.

由 $(n+1,n)=(n+1,n+2)=1$,可得 $(n+1,n(n+2))=1$. 若 $a_n=(n+1)\cdot n(n+2)$ 为完全平方数,则 $(n+1),n(n+2)$ 均为完全平方数. 但 $n^2<n(n+2)<(n+1)^2$,所以 $n(n+2)$ 不为完全平方数. 前后矛盾! 说明选项 C 错误.

由 $n^3 < n(n+1)(n+2) < (n+1)^3$,可知 $a_n = n(n+1)(n+2)(n \in \mathbf{N}^*)$ 不为完全立方数,即选项 D 错误.

22.(2015年清华大学领军计划数学测试题第10题,不定项选择题)设数列 $\{a_n\}$ 的前 n 项和为 S_n. 若 $\forall n \in \mathbf{N}^*$,$\exists m \in \mathbf{N}^*$,使得 $S_n = a_m$,则( ).

A. $\{a_n\}$ 可能为等差数列

B. $\{a_n\}$ 可能为等比数列

C. $\{a_n\}$ 除首项外的任意一项均可写成 $\{a_n\}$ 的两项之差

D. $\forall n \in \mathbf{N}^*$,$\exists m \in \mathbf{N}^*$,使得 $a_n = S_m$

解 AC. 因为数列 $\{0\}$,$\{n\}$ 均满足题设,所以选项 A 正确.

对于选项 B,可设等比数列 $\{a_n\}$ 的公比为 $q(q \neq 0)$.

当 $q = 1$ 时,由 $S_2 = 2a_1 \neq a_1 = a_m$ 知,此时选项 B 的结论不正确;当 $q = -1$ 时,由 $S_2 = 0 \neq a_m(m \in \mathbf{N}^*)$ 知,此时选项 B 的结论也不正确.

可得

$$S_n = a_m \Leftrightarrow 1 + q + q^2 + \cdots + q^{n-1} = q^{m-1}$$

由题设"$\forall n \in \mathbf{N}^*$,$\exists m \in \mathbf{N}^*$,使得 $S_n = a_m$"知,可设

$$1 + q + q^2 + \cdots + q^n = q^{m_1} \quad (n, m_1 \in \mathbf{N}^*)$$

$$(1 + q + q^2 + \cdots + q^n)(1 + q^{n+1}) = 1 + q + q^2 + \cdots + q^n + q^{n+1} + \cdots + q^{2n+1} = q^{m_2} \quad (n, m_2 \in \mathbf{N}^*)$$

把这两个等式相除后,设 $m_2 - m_1 = m(m \in \mathbf{Z})$,可得

$$1 + q^{n+1} = q^m \quad (n, |m| \in \mathbf{N}^*)$$

$$|1 + q^{n+1}| = |q|^m \quad (n, |m| \in \mathbf{N}^*)$$

所以对于任意的正奇数 n,$\exists\ |m| \in \mathbf{N}^*$,使得

$$1 + |q|^{n+1} = |q|^m \qquad ①$$

当 $|q| > 1$ 时,可得对于任意的正奇数 n,有

$$|q|^{n+1} < 1 + |q|^{n+1} = |q|^m$$

得 $m > n+1$ 即 $m \geqslant n+2$,所以

$$1 + |q|^{n+1} = |q|^m \geqslant |q|^{n+2}$$

$$|q|^{n+1}(|q| - 1) \leqslant 1$$

$$n \leqslant \log_{|q|} \frac{1}{|q| - 1} - 1$$

这显然是不可能的!

当 $0 < |q| < 1$ 时,可设 $|q| = \dfrac{1}{p}(p > 1)$,由 ① 可得

对于任意的正奇数 n,$\exists\ |m| \in \mathbf{N}^*$,使得

$$1 + \left(\frac{1}{p}\right)^{n+1} = \left(\frac{1}{p}\right)^m$$

$$p^{n+1}+1=p^{n+1-m}$$

进而可得

$$p^{n+1}+1\geqslant p^{n+2}$$

同理,可得这也是不可能的!

所以选项 B 错误.

若把选项 B 改为“$\{a_n\}_{n\geqslant 2}$ 可能为等比数列”,这是正确的,比如由 $a_n=\begin{cases}2,n=1\\2^{n-1},n\geqslant 2\end{cases}$ 及 $a_n=\begin{cases}0,n=1\\(-1)^n,n\geqslant 2\end{cases}$ 确定的数列 $\{a_n\}$.

选项 C 正确:因为 $S_2=a_1+a_2=a_n$,所以 $a_1=a_m-a_2$;还可得 $a_{n+1}=S_{n+1}-S_n=a_k-a_l(n\in\mathbf{N}^*)$.

选项 D 错误,一个反例是:数列 $\{n\}$ 满足题设,但不存在正整数 m,使得 $1+2+3+\cdots+m=a_2=2$.

23.(2019 年美国数学竞赛(AMC10B) 第 24 题) 已知数列 $\{x_n\}_{n\in\mathbf{N}}$ 满足 $x_0=5,x_{n+1}=\dfrac{x_n^2+5x_n+4}{x_n+6}(n\in\mathbf{N})$. 若 m 是使得 $x_m\leqslant 4+\dfrac{1}{2^{20}}$ 成立的最小正整数,则 m 在以下哪个区间? ( )

A. $[9,26]$ B. $[27,80]$ C. $[81,242]$ D. $[243,728]$ E. $[729,+\infty]$

(笔者注:解答本题时可使用计算器.)

解 C. 由题设,可得

$$x_0=5,x_{n+1}-4=\frac{x_n+5}{x_n+6}(x_n-4)\quad (n\in\mathbf{N}) \qquad ①$$

所以

$$x_m-4=\frac{x_{m-1}+5}{x_{m-1}+6}(x_{m-1}-4)=\frac{x_{m-1}+5}{x_{m-1}+6}\cdot\frac{x_{m-2}+5}{x_{m-2}+6}(x_{m-2}-4)=\cdots$$

进而可得

$$x_m-4=\frac{x_{m-1}+5}{x_{m-1}+6}\cdot\frac{x_{m-2}+5}{x_{m-2}+6}\cdot\cdots\cdot\frac{x_0+5}{x_0+6}(x_0-4)$$

即

$$x_m-4=\frac{x_{m-1}+5}{x_{m-1}+6}\cdot\frac{x_{m-2}+5}{x_{m-2}+6}\cdot\cdots\cdot\frac{x_0+5}{x_0+6}\quad (m\in\mathbf{N}) \qquad ②$$

由 ① 及数学归纳法,可证得 $x_n>4(n\in\mathbf{N})$,所以可得

$$x_{n+1}-x_n=\frac{4-x_n}{x_n+6}<0,x_n>x_{n+1}\quad (n\in\mathbf{N})$$

得 $\{x_n\}_{n\in\mathbf{N}}$ 是单调递减数列,因而 $4<x_n\leqslant 5(n\in\mathbf{N})$.

再由 $\dfrac{x_n+5}{x_n+6}=1-\dfrac{1}{x_n+6}(n\in\mathbf{N})$,可得 $\dfrac{9}{10}<\dfrac{x_n+5}{x_n+6}<\dfrac{10}{11}(n\in\mathbf{N})$. 再由 ②,可得

$$\left(\frac{9}{10}\right)^m < x_m - 4 \leqslant \left(\frac{10}{11}\right)^m \quad (m \in \mathbf{N})$$

可得题设"m 是使得 $x_m \leqslant 4 + \frac{1}{2^{20}}$ 成立的最小正整数"即"m 是 $\begin{cases} x_{m-1} - 4 > \frac{1}{2^{20}} \\ x_m - 4 \leqslant \frac{1}{2^{20}} \end{cases}$ 成立的正整数",所以所求的正整数 m 满足 $\begin{cases} \left(\frac{10}{11}\right)^{m-1} > \frac{1}{2^{20}} \\ \left(\frac{9}{10}\right)^m < \frac{1}{2^{20}} \end{cases}$ 即 $20\log_{\frac{10}{9}} 2 < m < 1 + 20\log_{\frac{11}{10}} 2$,使用计算器后可得正整数 $m \in [132,146]$,所以选 C.

24.(2019 年美国数学竞赛(AMC12A) 试题第 23 题) 定义二元运算 ◇ 和 △ 如下:$a \diamondsuit b = a^{\log_7 b}$,$a \triangle b = a^{\frac{1}{\log_7 b}}$. 定义递推数列 $\{a_n\}$ 由 $a_3 = 3 \triangle 2$,$a_n = (n \triangle (n-1)) \diamondsuit a_{n-1}$ $(n \geqslant 4)$ 确定,则与 $\log_7 a_{2\,019}$ 最接近的整数是多少?　(　　)

A. 8　　B. 9　　C. 10　　D. 11　　E. 12

解　D. 可得

$$a_3 = 3 \triangle 2 = 3^{\frac{1}{\log_7 2}}$$

$$a_4 = (4 \triangle 3) \diamondsuit a_3 = (4^{\frac{1}{\log_7 3}})^{\log_7 a_3} = 4^{\log_3 a_3} = 4^{\frac{1}{\log_7 2}}$$

$$a_5 = (5 \triangle 4) \diamondsuit a_4 = (5^{\frac{1}{\log_7 4}})^{\log_7 a_4} = 5^{\log_4 a_4} = 5^{\frac{1}{\log_7 2}}$$

$$\vdots$$

进而可得 $a_n = n^{\frac{1}{\log_7 2}} (n \in \mathbf{N}^*)$.

因而 $\log_7 a_{2\,019} = \log_7 2\,019^{\frac{1}{\log_7 2}} = \frac{1}{\log_7 2} \cdot \log_7 2\,019 = \log_2 2\,019$. 再由 $2^{10} = 1\,024$,$2^{11} = 2\,048$,可得与 $\log_7 a_{2\,019}$ 最接近的整数是 11.

25. 若 $a_1, a_2, b_1, b_2, b_3 \in \mathbf{R}$,且 $1, a_1, a_2, 9$ 是等差数列,$1, b_1, b_2, b_3, 9$ 是等比数列,则 $\frac{b_2}{a_1 + a_2}$ 的值为________.

解　$\frac{3}{10}$. 由 $1, b_1, b_2, b_3, 9$ 是等比数列,可得 $1, b_2$ 是同号两数.

26. 某纺织厂的一个车间有 $n(n > 7, n \in \mathbf{N}^*)$ 台织布机,编号分别为 1,2,3,…,n. 该车间有技术工人 n 名,编号分别为 1,2,3,…,n. 定义记号 a_{ij},若第 i 名工人操作了第 j 号织布机,就规定 $a_{ij} = 1$,否则 $a_{ij} = 0$. 若第 7 号织布机有且仅有一人操作,则 $a_{17} + a_{27} + a_{37} + \cdots + a_{n7} =$________;若 $a_{31} + a_{32} + a_{33} + \cdots + a_{3n} = 2$,则说明________.

解　1;第 3 号工人操作了 2 台织布机.

27.(1) 满足 $a_i \in \{-1,0,1\}$ $(i = 1,2,3,4,5)$ 且 $a_1 + a_2 + a_3 + a_4 + a_5 = 3$ 的数列 a_1, a_2, a_3, a_4, a_5 个数是________;

(2) 已知 $a_1,a_2,\cdots,a_{50}\in\{-1,0,1\}$，$a_1+a_2+\cdots+a_{50}=9$，$(a_1+1)^2+(a_2+1)^2+\cdots+(a_{50}+1)^2=107$. 若 $a_1,a_2,\cdots,a_{50}$ 中 $-1,0,1$ 的个数分别是 m，n，p，则 $m-n-p=$________；

(3) 若项数是 50 的数列 $\{a_n\}$ 同时满足 ①$a_i\in\{-1,0,1\}$ $(i=1,2,\cdots,50)$；②$a_1+a_2+\cdots+a_{50}=9$；③$101\leqslant(a_1+1)^2+(a_2+1)^2+\cdots+(a_{50}+1)^2\leqslant 111$，则该数列各项平方和的取值范围是________.

解 (1)15. 设数列 a_1,a_2,a_3,a_4,a_5 中有 x 项是 1，y 项是 0，z 项是 -1，进而可得

$$\begin{cases}x+y+z=5\\1x+0y-1z=3\end{cases}(x,y,z\in\mathbf{N})$$

即

$$\begin{cases}x+y+z=5\\x=z+3\end{cases}(x,y,z\in\mathbf{N})$$

得 $y+2z=2(y,z\in\mathbf{N})$，所以 $(y,z)=(0,1)$，或 $(2,0)$，进而可得 $(x,y,z)=(4,0,1)$，或 $(3,2,0)$.

当 $(x,y,z)=(4,0,1)$ 即数列 A 中有 4 项是 1，1 项是 -1 时，可得数列 a_1，a_2,a_3,a_4,a_5 的个数是 $C_5^1=5$.

当 $(x,y,z)=(3,2,0)$ 即数列 A 中有 3 项是 1，2 项是 0 时，可得数列 a_1,a_2，a_3,a_4,a_5 的个数是 $C_5^2=10$.

因而所求答案是 $10+5=15$.

(2) -20. 把题设中的第二个等式展开后可得 $a_1^2+a_2^2+\cdots+a_{50}^2=39$，所以 $a_1,a_2,\cdots,a_{50}$ 中 $-1,1$ 的个数一共是 39，0 的个数是 $n=50-39=11$. 还可得 $m+11+p=50$，$-m+p=9$，所以 $m=15$，$p=24$，得 $m-n-p=15-11-24=-20$.

(3) $\{33,35,37,39,41,43\}$. 设 $a_1,a_2,\cdots,a_{50}$ 中 $0,1,-1$ 的个数分别是 k,l，$50-k-l$，由 ② 可得 $0\cdot k+1\cdot l+(-1)\cdot(50-k-l)=9$，解得 $l=\dfrac{59-k}{2}$，$50-k-l=\dfrac{41-k}{2}$，所以 $a_1,a_2,\cdots,a_{50}$ 中 $0,1,-1$ 的个数分别是 $k,\dfrac{59-k}{2}$，$\dfrac{41-k}{2}(k\in\{1,3,5,\cdots,41\})$.

由 ① 及 $a_1,a_2,\cdots,a_{50}$ 中 0 的个数是 k，可得 $a_1^2+a_2^2+\cdots+a_{50}^2=50-k$，所以由 ② 可得

$$\begin{aligned}&(a_1+1)^2+(a_2+1)^2+\cdots+(a_{50}+1)^2\\&=a_1^2+a_2^2+\cdots+a_{50}^2+2(a_1+a_2+\cdots+a_{50})+50\\&=(50-k)+2\cdot 9+50=118-k\end{aligned}$$

再由 ③,可得 $k \in \{7,8,9,\cdots,17\}$.

因而 $k \in \{1,3,5,\cdots,41\} \cap \{7,8,9,\cdots,17\}$,即 $k \in \{7,9,11,13,15,17\}$.

还可检验当 $k \in \{7,9,11,13,15,17\}$ 时满足题设:$a_1,a_2,\cdots,a_{50}$ 中 0,1,−1 的个数分别是 k, $\frac{59-k}{2}$, $\frac{41-k}{2}$(它们均是自然数); $(a_1+1)^2+(a_2+1)^2+\cdots+(a_{50}+1)^2=118-k(101 \leqslant 118-k \leqslant 111)$.

综上所述,可得 k 的取值范围是$\{7,9,11,13,15,17\}$. 再由 $a_1^2+a_2^2+\cdots+a_{50}^2=50-k$,可得 $a_1^2+a_2^2+\cdots+a_{50}^2$ 的取值范围是$\{33,35,37,39,41,43\}$.

28. 数列$\{a_n\}$ 的各项排成如图 1 所示的三角形形状,其中每一行比上一行增加两项,若 $a_n=a^n(a\neq 0)$,则位于第 10 行的第 8 列的项等于________, $a_{2\,013}$ 在图 2 中位于第________行的第________列.

解　a^{89},45,77. 由 $1+3+5+7+9+11+13+15+17=81$,可知第 10 行的第 1 列是 a^{82},进而可得第一空的答案.

由 $1+3+5+\cdots+(2k-1)=k^2(k\in \mathbf{N}^*)$, $2013=44^2+77<2025=45^2$,进而可得第二空的答案.

a_1

a_2　a_3　a_4

a_5　a_6　a_7　a_8　a_9

…

图 2

29.(2018 年北京市石景山高三一模)如图 3 所示:正方形上联结着等腰直角三角形,等腰直角三角形腰上再联结正方形,……,如此继续下去得到一个树形图形,称为"勾股树".若某勾股树含有 1 023 个正方形,且其最大的正方形的边长为$\frac{\sqrt{2}}{2}$,则其最小正方形的边长为________.

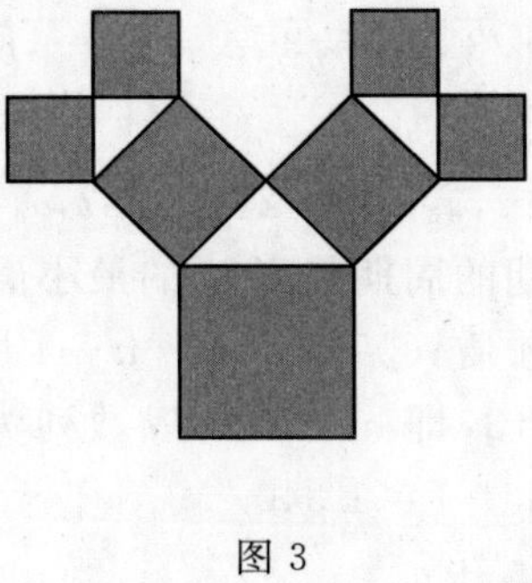

图 3

解　$\frac{1}{32}$. 图 3 中正方形的边长逐渐减小,且后者是前者的$\frac{1}{\sqrt{2}}$;但后者正方形的个数是前者的 2 倍.

由 $1+2+2^2+2^3+\cdots+2^9=2^{10}-1=1\,023$ 及题设可知图 3 中有边长为

$\frac{1}{\sqrt{2}},\left(\frac{1}{\sqrt{2}}\right)^2,\left(\frac{1}{\sqrt{2}}\right)^3,\cdots,\left(\frac{1}{\sqrt{2}}\right)^{10}$ 的正方形个数分别是 $1,2,2^2,2^3,\cdots,2^9$(且不会再有别的正方形),因而所求答案是 $\left(\frac{1}{\sqrt{2}}\right)^{10}=\frac{1}{32}$.

30. 在数列 $\{a_n\}$ 中,如果存在非零常数 T,使得 $a_{m+T}=a_m$ 对于任意的非零自然数 m 均成立,那么就称数列 $\{a_n\}$ 为周期数列,其中 T 为数列 $\{a_n\}$ 的周期. 解答下列问题:

(1) 数列 $\{a_n\}$ 满足 $a_n+a_{n+1}=\frac{1}{2}$,$a_1=1$,S_n 是 $\{a_n\}$ 的前 n 项和,则 $S_{21}=$________;

(2) 已知数列 $\{a_n\}$ 满足 $a_1=0$,$a_{n+1}=\frac{a_n-\sqrt{3}}{\sqrt{3}a_n+1}(n\in\mathbf{N}^*)$,则 $a_{2\,009}$ 等于________;

(3) 已知数列 $\{a_n\}$ 满足 $a_{n+1}=\begin{cases}a_n-t, a_n\geqslant t\\ t+2-a_n, a_n<t\end{cases}$ 且 $t<a_1<t+1$,其中 $t>2$,若 $a_{n+k}=a_n(k\in\mathbf{N}^*)$,则实数 k 的最小值为________.

(4) 已知数列 $\{x_n\}$ 满足 $x_{n+1}=|x_n-x_{n-1}|(n\geqslant 2)$,如果 $x_1=1$,$x_2=a$ $(a\neq 0)$,且 $\{x_n\}$ 为周期数列,当数列 $\{x_n\}$ 的周期最小时,该数列前 2 009 项的和是________.

解 (1)6;(2)$-\sqrt{3}$;(3)4;(4)1 430.

(1) 由 $a_n+a_{n+1}=\frac{1}{2}$ 得,$a_{n+1}+a_{n+2}=\frac{1}{2}$,两式相减得,$a_{n+2}=a_n$,因此该数列是以 2 为周期的周期数列,$a_1=1$,$a_2=-\frac{1}{2}$,所以 $S_{21}=6$.

(2) 因为 $a_1=0$,$a_2=-\sqrt{3}$,$a_3=\sqrt{3}$,$a_4=0$,$\cdots$,所以该数列是周期为 3 的周期数列,得 $a_{2\,009}=a_2=-\sqrt{3}$.

(3)$a_1>t$,$a_2=a_1-t<t$,$a_3=2t+2-a_1>t$,$a_4=t+2-a_1<t$,$a_5=a_1$,$\cdots$,所以数列 $\{a_n\}$ 是以 4 为周期的周期数列,k 的最小值为 4.

(4)①$T=1$,即 $a=1$,矛盾;②$T=2$,即 $|a-1|=1$ 所以 $a=2$,所以数列为 $1,2,1,1,0,\cdots$,矛盾;③$T=3$,即 $a=1$,所以数列为 $1,1,0,1,1,0,\cdots$,所以前 2 009 项的和是 $669\times 2+1+1=1\,340$.

31. 若数列 $\{a_n\}$ 满足 $\frac{a_{n+2}+a_n}{2}\leqslant a_{n+1}(n\in\mathbf{N}^*)$ 恒成立,且 $a_1=1$,$a_{20}=58$,则 a_{10} 的最小值为________.

解 28. 有 $a_{n+2}-a_{n+1}\leqslant a_{n+1}-a_n(n\in\mathbf{N}^*)$,设 $a_2-a_1=d_1$,$a_3-a_2=d_2$,$\cdots$,$a_{20}-a_{19}=d_{19}$,得 $d_1\geqslant d_2\geqslant\cdots\geqslant d_{19}$,且

$$a_{20}-a_1=57=d_1+d_2+\cdots+d_{19}$$
$$a_{10}-a_1=a_{10}-1=d_1+d_2+\cdots+d_9$$

下证

$$d_1+d_2+\cdots+d_9\geqslant\frac{9}{19}(d_1+d_2+\cdots+d_{19})$$

即证

$$19(d_1+d_2+\cdots+d_9)\geqslant 9(d_1+d_2+\cdots+d_{19})$$
$$10(d_1+d_2+\cdots+d_9)\geqslant 9(d_{10}+d_{11}+\cdots+d_{19})$$

它是成立的：因为 $d_1\geqslant d_2\geqslant\cdots\geqslant d_{19}$，所以

$$10(d_1+d_2+\cdots+d_9)\geqslant 90d_9\geqslant 90d_{10}\geqslant 9(d_{10}+d_{11}+\cdots+d_{19})$$

得

$$a_{10}-1=d_1+d_2+\cdots+d_9\geqslant\frac{9}{19}(d_1+d_2+\cdots+d_{19})=\frac{9}{19}\cdot 57=27$$
$$a_{10}\geqslant 28$$

（当且仅当 $d_1=d_2=\cdots=d_{19}$，即 $a_1,a_2,\cdots,a_{20}$ 成等差数列时 $a_{10}=28$）所以 a_{10} 的最小值为 28.

32. 若数列$\{a_n\}$满足 $2(a_1+a_2+a_3+\cdots+a_n)=(a_1+a_n)n$，则数列$\{a_n\}$是等差数列. 类比上述结论，可以猜想：若数列$\{b_n\}$满足____________________，则数列$\{b_n\}$是等比数列.

解　$(b_1b_2b_3\cdots b_n)^2=(b_1b_n)^n$ 且 $b_1,b_2,b_3,\cdots,b_n\in\mathbf{R}_+$.

注　事实上，有下面的结论成立：若 $a(a>0$ 且 $a\neq 1)$ 是常数，则$\{a_n\}$是等差数列 $\Leftrightarrow\{a^{a_n}\}$是等比数列.

所以，各项都是实数的等差数列到各项都是正数的等比数列的类比方法是运算升一级，即前者的加减法（一级运算）、乘除法（二级运算）分别对应着后者的乘除法（二级运算）、乘方开方（三级运算）. 但类比时，要注意后者是各项都是正数的等比数列，不是各项都是实数的等比数列，这就是以上参考答案错误的原因.

33.（2016 年北京市东城高三期末考试试题）数列$\{a_n\}$满足：$a_{n-1}+a_{n+1}>2a_n(n>1,n\in\mathbf{N}^*)$，给出下述命题：

① 若数列$\{a_n\}$满足：$a_2>a_1$，则 $a_n>a_{n-1}(n>1,n\in\mathbf{N}^*)$ 成立；

② 存在常数 c，使得 $a_n>c(n\in\mathbf{N}^*)$ 成立；

③ 若 $p+q>m+n$（其中 $p,q,m,n\in\mathbf{N}^*$），则 $a_p+a_q>a_m+a_n$；

④ 存在常数 d，使得 $a_n>a_1+(n-1)d(n>1,n\in\mathbf{N}^*)$ 都成立.

上述命题正确的是________.（写出所有正确结论的序号.）

解　①④. 由题设可得 $a_{n+1}-a_n>a_n-a_{n-1}(n>1,n\in\mathbf{N}^*)$，再由数学归纳法可证得 ① 正确.

当 $d < a_2 - a_1$ 时,可得 $a_{n+1} - a_n > d(n \in \mathbf{N}^*)$,再由累加法可得④正确.

可以验证 $a_n = -\sqrt{n}(n \in \mathbf{N}^*)$ 满足题设,进而可得②错误,③也错误:反例是 $p = m = n = 1, q = 2$.

34.观察下面的数表:

1		2		3		4		5		6		7		…		n
	3		5		7		9		11		13		…		$2n-1$	
		8		12		16		20		24		…		$4n-4$		
								…								

其规律是:从第二行起,每一个数都是它肩上两个数的和.

(1) 当 $n = 5$ 时,该数表中末行的数是________;

(2) 该数表中末行的数是(用 n 表示)________.

解 (1)48.(2)$2^{n-2}(n+1)$.观察题中的数表可知:除末行外,各行成等差数列,自上而下的公差依次为 $2^0, 2^1, 2^2, \cdots, 2^{n-2}$(请注意,倒数第二行只有两个数,不是等差数列,但第二个数比第一个数大 2^{n-2}).

设该数表第 i 行第 j 个数为 $f(i,j)$,可得

$$f(n,1) = f(n-1,1) + f(n-1,2) = f(n-1,1) + f(n-1,1) + 2^{n-2}$$
$$= 2f(n-1,1) + 2^{n-2}$$

$$\frac{f(n,1)}{2^n} = \frac{f(n-1,1)}{2^{n-1}} + \frac{1}{4}$$

所以 $\left\{\frac{f(n,1)}{2^n}\right\}$ 是首项为 $\frac{1}{2}$、公差为 $\frac{1}{4}$ 的等差数列,因而

$$\frac{f(n,1)}{2^n} = \frac{1}{2} + \frac{1}{4}(n-1) = \frac{n+1}{4}$$

$$f(n,1) = 2^{n-2}(n+1)$$

即该数表中末行的数是 $2^{n-2}(n+1)$.

35.平面上的 n 个圆最多把该平面分成________个区域.

解 $n^2 - n + 2$.设平面上的 n 个圆最多把该平面分成 a_n 个区域.

因为每个圆与其他 $n-1$ 个圆中的任意一个最多有 2 个交点,所以 $a_n = a_{n-1} + 2(n-1)(n \geqslant 2)$.

又因为 $a_1 = 2$,所以由累加法可求得答案.

36.已知数列 $a_1, a_2, a_3, \cdots, a_n(n \geqslant 2)$ 的各项两两不等,若将该数列的各项从小到大重新排序后得到的数列是 $a_{i_1}, a_{i_2}, \cdots, a_{i_n}$,其中 $i_1, i_2, \cdots, i_n$ 是 $1, 2, \cdots, n$ 的一个排列,则把数列 $i_1, i_2, \cdots, i_n$ 叫作数列 $a_1, a_2, a_3, \cdots, a_n$ 的排序数列.例如:若数列 a_1, a_2, a_3 满足 $a_2 < a_3 < a_1$,则数列 a_1, a_2, a_3 的排序数列为 2,3,1.

(1) 数列 4,2,3,1 和 3,4,1,2 的排序数列分别是________;

(2) 若数列 a_1,a_2,a_3 的排序数列是自身,则该数列的个数是________;

(3) 请给出两个不同的数列,前者的排序数列是后者,同时后者的排序数列是前者:________;

(4)"数列 $a_1,a_2,a_3,\cdots,a_n(n\geqslant 2)$ 的排序数列为等差数列"是"该数列单调"的________条件(填"充分不必要""必要不充分""充要""既不充分也不必要").

解　(1) 4,2,3,1 和 3,4,1,2.

(2)4. 因为数列 a_1,a_2,a_3 的排序数列是 1,2,3 的一个排列,所以数列 a_1,a_2,a_3 只可能是 1,2,3;1,3,2;2,1,3;2,3,1;3,1,2;3,2,1 之一.

可得 1,2,3;1,3,2;2,1,3;3,2,1 的排序数列均是自身,2,3,1;3,1,2 的排序数列分别是 3,1,2;2,3,1(均不是自身),因而所求答案是 4.

(3)2,3,1;3,1,2.

(4) 充要.

充分性　当数列 $a_1,a_2,a_3,\cdots,a_n(n\geqslant 2)$ 单调递增时,可得 $a_1<a_2<\cdots<a_n$,所以其排序数列为 $1,2,3,\cdots,n$,它为等差数列.

当数列 $a_1,a_2,a_3,\cdots,a_n(n\geqslant 2)$ 单调递减时,可得 $a_n<a_{n-1}<\cdots<a_1$,所以其排序数列为 $n,n-1,n-2,\cdots,1$,它也为等差数列.

必要性　由数列 $a_1,a_2,a_3,\cdots,a_n(n\geqslant 2)$ 的排序数列是 $1,2,\cdots,n$ 的一个排列且是等差数列,可得数列 $a_1,a_2,a_3,\cdots,a_n(n\geqslant 2)$ 的排序数列是 $1,2,3,\cdots,n$ 或 $n,n-1,n-2,\cdots,1$.

所以 $a_1<a_2<\cdots<a_n$ 或 $a_n<a_{n-1}<\cdots<a_1$,得数列 $\{a_n\}$ 为单调数列.

37.(2018 年高考江苏卷第 14 题)已知集合 $A=\{x\mid x=2n-1,n\in\mathbf{N}^*\}$,$B=\{x\mid x=2^n,n\in\mathbf{N}^*\}$. 将 $A\cup B$ 的所有元素从小到大依次排列构成一个数列 $\{a_n\}$. 记 S_n 为数列 $\{a_n\}$ 的前 n 项和,则使得 $S_n>12a_{n+1}$ 成立的 n 的最小值为________.

解　27. 设 $S_n=S_{k+l}=[1+3+5+\cdots+(2k-1)]+(2+2^2+2^3+\cdots+2^l)=k^2+2^{l+1}-2$.

因为 A 中的元素都是正奇数,B 中的元素都是正偶数,所以 $A\cap B=\varnothing$. 因而可分下面的两种情况讨论.

(1) 数列 $\{a_n\}$ 的末项是 2^l.

可得 $2k-1<2^l<2k+1$,所以 $2^l=2k,k=2^{l-1}$.

再由 $S_n>12a_{n+1}=12(2k+1)$,可得

$$k^2+2^{l+1}-2=k^2+4k-2>12(2k+1)$$

$$k^2-20k-14>0$$

$$(k-10)^2>114\quad(k\in\mathbf{N}^*)$$

$$2^{l-1}=k\geqslant 21\quad (l\in\mathbf{N}^*)$$

$$l\geqslant 6$$

$$n=k+l=2^{l-1}+l\geqslant 2^5+6=38$$

(1) 数列$\{a_n\}$的末项是$2k-1$.

可得$2^l<2k-1<2^{l+1}$.

(i)$a_{n+1}=2^{l+1}$.

再由$2k-1=a_n<a_{n+1}=2^{l+1}<2k+1$,可得$2^{l+1}=2k,k=2^l$.

又由$S_n>12a_{n+1}$,可得

$$k^2+2^{l+1}-2=k^2+2k-2>12\cdot 2k$$

$$k^2-22k-2>0$$

$$(k-11)^2>123\quad (k\in\mathbf{N}^*)$$

$$2^l=k\geqslant 23\quad (l\in\mathbf{N}^*)$$

$$l\geqslant 5$$

$$n=k+l=2^l+l\geqslant 2^5+5=37$$

(ii)$a_{n+1}=2k+1$.

即$2^l<2k-1<2k+1<2^{l+1}$时.

再由$S_n>12a_{n+1}$,可得$k^2+2^{l+1}-2>12(2k+1)$.

由$2^l<2k-1$,可得$4k-2>2^{l+1}$,所以

$$k^2+(4k-2)-2>12(2k+1)$$

$$k^2-20k-16>0$$

$$(k-10)^2>116\quad (k\in\mathbf{N}^*)$$

$$k\geqslant 21$$

若$k=21$,由$2^l<2k-1<2k+1<2^{l+1}$,可得$l=5$.但当$k=21,l=5$时,不满足$k^2+2^{l+1}-2>12(2k+1)$,所以$k\geqslant 22$.

若$k=22$,由$2^l<2k-1<2k+1<2^{l+1}$,可得$l=5$.当$k=22,l=5$时,满足$k^2+2^{l+1}-2>12(2k+1)$,所以此时$(k+l)_{\min}=22+5=27$.

再由$38>37>27$,可得所求答案是27.

注 建议把题中的"$\{x\mid x=2n-1,n\in\mathbf{N}^*\}$"改为"$\{2n-1\mid n\in\mathbf{N}^*\}$","$\{x\mid x=2^n,n\in\mathbf{N}^*\}$"改为"$\{2^n\mid n\in\mathbf{N}^*\}$","记$S_n$为数列$\{a_n\}$的前$n$项和"改为"记$S_m$为数列$\{a_n\}$的前$m$项和".

前两处改动的目的是简洁(数学的表述应当尽可能简洁),对第三处改动的原因说明如下:

题中的叙述"记S_n为数列$\{a_n\}$的前n项和"很流行(教材也是这样叙述的),但这里三个"n"含义不同:

第一个"n"和第三个"n"的含义相同(表示同一个数或同一个变量),但它

们与第二个"n"的含义不同:"$\{a_n\}$"中的"n"指数列$\{a_n\}$的第n项(即通项)a_n中的变量;即使第一个"n"和第三个"n"均表示同一个变量,与"$\{a_n\}$"中的变量"n"含义也不同(可取不同的值).

因而,第三处的改动是必须的(同一句话中的三个"n"表示的含义不全相同,是多么地匪夷所思).也建议这种流行的错误叙述(包括教材)尽早更改过来.

38.(1)(2009年高考福建卷理科第15题)5位同学围成一圈报数,规定:① 第1位同学首次报出的数为1,第2位同学首次报出的数也为1,之后每位同学所报出的数都是前2位同学所报出的数之和;② 若报出的数为3的倍数,则报该数的同学需拍手1次.已知甲同学第1个报数,当5位同学依序循环报到第100个数时,甲同学拍手的次数为________;

(2)(2000年上海交通大学保送生数学试题第二大题第6题)两个等差数列200,203,206,…和50,54,58,…都有100项,它们的共同项的个数是________.

解　(1)5.设所有人第n次报的数为F_n,则数列$\{F_n\}$为

$$1,1,2,3,5,8,13,21,34,55,89,144,\cdots,F_n,\cdots,F_{100}$$

由条件②知,只有所报的数是$F_{4k}(k\in\mathbf{N}^*)$时才拍手.

又因为甲报的数是$F_{5l+1}(l\in\mathbf{N})$,所以当且仅当两者均满足即甲报的数是$F_{16},F_{36},F_{56},F_{76},F_{96}$时(用最小公倍数),甲才拍手,所以甲拍手的次数为5.

(2)21.用最小公倍数可求得答案为21,且它们的共同项从小到大依次为206,218,230,…,446.

39.(2018年上海交通大学自主招生数学试题第10题)若数列$\{a_n\}$由$a_1=33,a_{n+1}-a_n=2n(n\in\mathbf{N}^*)$确定,则当$n=$________时,$\frac{a_n}{n}$取到最小值.

解　6.由累加法,可求得$a_n=n^2-n+33(n\in\mathbf{N}^*)$,所以$\frac{a_n}{n}=n+\frac{33}{n}-1$.

可得函数$f(x)=x+\frac{33}{x}-1(x>0)$在$(0,\sqrt{33})$,$(\sqrt{33},+\infty)$上分别是减函数、增函数,$5<\sqrt{33}<6$,$f(5)=10\frac{3}{5}>10\frac{1}{2}=f(6)$,所以当且仅当$n=6$时,$\frac{a_n}{n}$取到最小值.

40.(2012年卓越联盟自主招生第5题)设$\{a_n\}$是等差数列,$\{b_n\}$是等比数列,记$\{a_n\}$,$\{b_n\}$的前n项和分别为S_n,T_n.若$a_3=b_3$,$a_4=b_4$,且$\frac{S_5-S_3}{T_4-T_2}=5$,则$\frac{a_5+a_3}{b_5+b_3}=$________.

解 $-\frac{3}{5}$. 令 $a_3=b_3=\alpha,a_4=b_4=\beta$,得 $a_5=2\beta-\alpha,b_5=\frac{\beta^2}{\alpha}$. 所以

$$\frac{S_5-S_3}{T_4-T_2}=\frac{a_5+a_4}{b_4+b_3}=\frac{3\beta-\alpha}{\beta+\alpha}=5$$

$$\beta=-3\alpha$$

所以 $$\frac{a_5+a_3}{b_5+b_3}=\frac{2\beta}{\frac{\beta^2}{\alpha}+\alpha}=\frac{2}{\frac{\beta}{\alpha}+\frac{\alpha}{\beta}}=\frac{2}{-3-\frac{1}{3}}=-\frac{3}{5}$$

41.(2017 年全国高中数学联合竞赛一试(A 卷)第 8 题)设两个严格递增的正整数数列 $\{a_n\}$,$\{b_n\}$ 满足:$a_{10}=b_{10}<2\ 017$,对任意正整数 n,有 $a_{n+2}=a_{n+1}+a_n,b_{n+1}=2b_n$,则 a_1+b_1 的所有可能值为________.

解 13,20. 由题设可得 $a_1,a_2,b_1\in\mathbf{N}^*,a_1<a_2$.

由 $2\ 017>b_{10}=2^9b_1=512b_1$,可得 $b_1\in\{1,2,3\}$.

反复运用数列 $\{a_n\}$ 的递推关系,可得

$$a_{10}=a_9+a_8=2a_8+a_7=3a_7+2a_6=5a_6+3a_5=\cdots=34a_2+21a_1$$

因此

$$21a_1\equiv a_{10}=b_{10}=512b_1\equiv 2b_1\pmod{34}$$

而 $13\cdot 21=34\cdot 8+1$,所以

$$a_1\equiv 13\cdot 21a_1\equiv 13\cdot 2b_1=26b_1\pmod{34}\quad ①$$

另一方面,由 $a_1<a_2$,可得 $55a_1<34a_2+21a_1=512b_1$,所以

$$a_1<\frac{512}{55}b_1\quad ②$$

当 $b_1=1$ 时,可得 ①② 不可能同时成立.

当 $b_1=2$ 时,由 ①② 可得 $a_1=18$,所以 $a_1+b_1=20$.

当 $b_1=3$ 时,由 ①② 可得 $a_1=10$,所以 $a_1+b_1=13$.

综上所述,可得 a_1+b_1 的所有可能值为 13,20.

42.(2015 年湖南省高中数学竞赛试卷(A 卷)第 8 题)对任一实数序列 $A=(a_1,a_2,a_3,\cdots)$,定义 ΔA 为序列 $A=(a_2-a_1,a_3-a_2,a_4-a_3,\cdots)$,它的第 n 项是 $a_{n+1}-a_n$. 假定序列 $\Delta(\Delta A)$ 的所有项都是 1,且 $a_{19}=a_{92}=0$,则 a_1 的值为________.

解 819. 设序列 ΔA 的首项为 d,可得 $\Delta A=(d,d+1,d+2,\cdots)$,其第 n 项是 $d+(n-1)$. 因此序列 A 可以写成

$$A=(a_1,a_1+d,a_1+d+(d+1),a_1+d+(d+1)+(d+2),\cdots)$$

其第 n 项是 $a_n=a_1+(n-1)d+\frac{1}{2}(n-1)(n-2)$.

由 $a_{19}=a_{92}=0$,可得

$$a_1+18d+9\cdot 17=a_1+91d+45\cdot 91=0$$

解得 $a_1=819$.

43.(老汉送马问题)一老汉为感激梁山好汉除暴安良,带了些千里马要送给梁山好汉.见过宋江后,他把带来的马匹的一半送给了宋江,宋江收下这些马后,再把一匹马作为回礼送还给老汉;老汉又去见卢俊义,卢俊义也是收下这些马后,再把一匹马作为回礼送还给老汉;…… 一直送到 108 名好汉的最后一位段景住都是这样的.老汉下山回家时还剩 2 匹马.你知道老汉上山时一共带了多少匹千里马吗?

解　设老汉上山时一共带了 a_0 匹千里马,则第 1 次送马并接受回礼后剩下 $a_1=\frac{a_0}{2}+1$ 匹马;第 2 次送马并接受回礼后剩下 $a_2=\frac{a_1}{2}+1$ 匹马;……;第 108 次送马并接受回礼后剩下 $a_{108}=\frac{a_{107}}{2}+1$ 匹马.由题设知 $a_{108}=2$.

我们先求递推数列 $\{a_n\}$ $\left(a_n=\frac{a_{n-1}}{2}+1, n\in\mathbf{N}^*\right)$ 的递推公式.

可得

$$a_n-2=\frac{1}{2}(a_{n-1}-2)\quad(n\in\mathbf{N}^*)$$

$$a_n-2=(a_0-2)\left(\frac{1}{2}\right)^{n-1}\quad(n\in\mathbf{N}^*)$$

$$a_n=\frac{a_0-2}{2^{n-1}}+2\quad(n\in\mathbf{N}^*)$$

再由 $a_{108}=2$,可得 $a_0=2$,即老汉上山时一共带了 2 匹千里马.说明梁山好汉廉洁之至,每次都把接受老汉送的马全部归还了.

注　也可用倒推法来解答本题:由 $a_{108}=\frac{a_{107}}{2}+1=2$ 可得 $a_{107}=2$,进而可得 $a_{106}=2, a_{105}=2, \cdots, a_0=2$,即老汉上山时一共带了 2 匹千里马.

44.已知正项数列 $\{a_n\}$ 满足 $\forall p, q\in\mathbf{N}^*, a_pa_q=2^{p+q}$.

(1) 求数列 $\{a_n\}$ 的通项公式;

(2) 若 $b_n=na_n$,求数列 $\{b_n\}$ 的前 n 项和 S_n.

解　(1) 解法 1　令 $p=q=n$,可得 $(a_n)^2=(2^n)^2(a_n>0)$,所以 $a_n=2^n$.

还可验证 $a_n=2^n$ 满足题设,所以数列 $\{a_n\}$ 的通项公式是 $a_n=2^n$.

解法 2　令 $p=q=1$ 后,可得 $a_1=2$.

再令 $p=n, q=1$,可得 $a_n=2^n$.

还可验证 $a_n=2^n$ 满足题设,所以数列 $\{a_n\}$ 的通项公式是 $a_n=2^n$.

(2) 可得 $b_n=n\cdot 2^n$,再用错位相减法可求得 $S_n=(n-1)\cdot 2^{n+1}+2$.

45.已知等差数列 $\{a_n\}$,等比数列 $\{b_n\}$,且 $a_1=b_1, a_2=b_2(a_1\neq a_2), a_n>0(n\in\mathbf{N}^*)$,请比较 a_n 与 $b_n(n\geqslant 3)$ 的大小.

解 设等差数列$\{a_n\}$的公差为d，等比数列$\{b_n\}$的公比为q，得$a_2=a_1+d=b_2=b_1q=a_1q$，所以$d=a_1(q-1)$.

再由$a_n>0(n\in\mathbf{N}^*)$，可得$d>0,a_1>0,q>1$.

当$n\geqslant 3$时，有

$$\begin{aligned}b_n-a_n&=a_1q^{n-1}-a_1-(n-1)d=a_1(q^{n-1}-1)-a_1(q-1)(n-1)\\&=a_1(q-1)[1+q+q^2+\cdots+q^{n-2}-(n-1)]>0\end{aligned}$$

所以$a_n<b_n(n\geqslant 3)$.

46.已知数列$\{a_n\}$满足$a_1=5,a_n=S_{n-1}(n\geqslant 2)$；数列$\{b_n\}$满足$a_nb_n=(-1)^n(n\in\mathbf{N}^*)$.

(1) 求数列$\{a_n\}$的通项公式；

(2) 求数列$\{b_n\}$的前n项和T_n.

解 (1)$a_n=\begin{cases}5,n=1\\5\cdot 2^{n-2},n\geqslant 2\end{cases}$.

(2) 可得$b_n=\dfrac{(-1)^n}{a_n}=\begin{cases}-\dfrac{1}{5},n=1\\\dfrac{1}{5}\left(-\dfrac{1}{2}\right)^{n-2},n\geqslant 2\end{cases}$，所以：

当$n=1$时，$T_n=b_1=-\dfrac{1}{5}$.

当$n\geqslant 2$时，有

$$\begin{aligned}T_n&=-\frac{1}{5}+\frac{1}{5}+\frac{1}{5}\left(-\frac{1}{2}\right)+\frac{1}{5}\left(-\frac{1}{2}\right)^2+\cdots+\frac{1}{5}\left(-\frac{1}{2}\right)^{n-2}\\&=-\frac{2}{5}+\frac{1}{5}+\frac{1}{5}\left(-\frac{1}{2}\right)+\frac{1}{5}\left(-\frac{1}{2}\right)^2+\cdots+\frac{1}{5}\left(-\frac{1}{2}\right)^{n-2}+\frac{1}{5}\\&=\frac{-\frac{2}{5}\left[1-\left(-\frac{1}{2}\right)^n\right]}{1-\left(-\frac{1}{2}\right)}+\frac{1}{5}=\frac{1}{15}\left[\left(-\frac{1}{2}\right)^{n-2}-1\right]\end{aligned}$$

进而可得，$T_n=\dfrac{1}{15}\left[\left(-\dfrac{1}{2}\right)^{n-2}-1\right](n\in\mathbf{N}^*)$.

47.已知数列$\{a_n\}$的通项为$a_n=C_{12}^n\left(\dfrac{1}{4}\right)^n\left(\dfrac{3}{4}\right)^{12-n},n\in\mathbf{N}^*,n\leqslant 12$，当$n$为何值时，$a_n$取最大值？

解 若当$n=m$时a_n取到最大值，则

$$\begin{cases}a_{m-1}\leqslant a_m,m\in\mathbf{N}^*,2\leqslant m\leqslant 12 & ①\\a_m\geqslant a_{m+1},m\in\mathbf{N}^*,m\leqslant 11 & ②\end{cases}$$

由此可得，当且仅当$m=2,3$时式①成立，且$a_{m-1}=a_m$不会成立. 所以

$a_1 < a_2 < a_3$.

当且仅当 $m=3,4,5,\cdots,11$ 时式②成立，且 $a_m = a_{m+1}$ 不会成立. 所以 $a_3 > a_4 > a_5 > \cdots > a_{12}$.

所以，当且仅当 $n=3$ 时，a_n 取到最大值.

48. 已知数列 $\{a_n\}$ 的通项为 $a_n = \frac{1}{3}n^3 - 4n^2 + 15n, n \in \mathbf{N}^*, n \leqslant 12$，求 a_n 的最大值和最小值.

解　若 $n=m$ 时 a_n 取到最大值，则

$$\begin{cases} a_{m-1} \leqslant a_m, m \in \mathbf{N}^*, 2 \leqslant m \leqslant 12 & ① \\ a_m \geqslant a_{m+1}, m \in \mathbf{N}^*, m \leqslant 11 & ② \end{cases}$$

由此可得，当且仅当 $m=2,3,6,7,8,9,10,11,12$ 时式①成立，且 $a_{m-1} = a_m$ 不会成立. 所以 $a_1 < a_2 < a_3$；$a_5 < a_6 < a_7 < \cdots < a_{12}$.

当且仅当 $m=3,4$ 时式②成立，且 $a_m = a_{m+1}$ 不会成立. 所以 $a_3 > a_4 > a_5$.

可得 $a_1 < a_2 < a_3, a_3 > a_4 > a_5, a_5 < a_6 < a_7 < \cdots < a_{12}$.

又因为 $a_1 = \frac{34}{3}, a_5 = \frac{50}{3}$，所以 $a_1 < a_5$；又因为 $a_3 = 18, a_{12} = 180$，所以 $a_{12} > a_3$.

所以，当且仅当 $n=12$ 时，a_n 取到最大值；当且仅当 $n=1$ 时，a_n 取到最小值.

49. 已知 $\{a_n\}$ 是递增的等差数列，$a_1=3$，前 n 项和是 S_n，$\{b_n\}$ 是等比数列，$b_1=1$，且 $a_2b_2=12, S_3+b_2=20$.

(1) 求数列 $\{a_n\}$，$\{b_n\}$ 的通项公式；

(2) 求数列 $\{S_n\cos(a_n\pi)\}$ 的前 n 项和 T_n.

解　(1) 设等差数列 $\{a_n\}$ 的公差为 $d(d>0)$，等比数列 $\{b_n\}$ 的公比为 q，可得

$$\begin{cases} (3+d)q=12, d>0 \\ 9+3d+q=20 \end{cases}, \begin{cases} d=3 \\ q=2 \end{cases}$$

所以 $a_n = 3n, b_n = 2^{n-1}$.

(2) 设 $c_n = S_n\cos(a_n\pi)(n \in \mathbf{N}^*)$，得 $c_n = (-1)^n S_n$.

当 n 为正偶数时，可得

$$\begin{aligned} T_n &= (-S_1+S_2)+(-S_3+S_4)+\cdots+(-S_{n-1}+S_n) \\ &= a_2+a_4+a_6+\cdots+a_n \\ &= 3(2+4+6+\cdots+n) = \frac{3}{4}n(n+2) \end{aligned}$$

当 n 为奇数且 $n \geqslant 3$ 时，可得

$$T_n = T_{n-1} - S_n = \frac{3}{4}(n-1)(n+1) - \frac{3}{2}n(n+1) = -\frac{3}{4}(n+1)^2$$

又因为 $T_1=c_1=-S_1=-a_1=-3$,所以可得

$$T_n=\begin{cases}-\frac{3}{4}(n+1)^2, n\text{为正奇数}\\ \frac{3}{4}(n^2+2n), n\text{为正偶数}\end{cases}$$

50. 已知正项数列 $\{a_n\}$ 的前 n 项和 $S_n=\frac{1}{2}a_n(a_n+1)(n\in\mathbf{N}^*)$,数列 $\{n\ln a_n\}$ 的前 n 项和是 T_n,求证:$T_n>(n-1)^2(n\in\mathbf{N}^*, n\geqslant 2)$.

解 可得 $a_1=S_1=\frac{1}{2}a_1(a_1+1)(a_1>0)$,解得 $a_1=1$.

还可得

$$2S_n=a_n^2+a_n, 2S_{n+1}=a_{n+1}^2+a_{n+1}\quad(n\in\mathbf{N}^*)$$

把它们相减后,可得

$$2a_{n+1}=a_{n+1}^2-a_n^2+a_{n+1}-a_n$$

$$a_{n+1}+a_n=(a_{n+1}+a_n)(a_{n+1}-a_n)$$

再由 $a_n>0(n\in\mathbf{N}^*)$,可得 $a_{n+1}-a_n=1(n\in\mathbf{N}^*)$,所以 $\{a_n\}$ 是首项、公差均为 1 的等差数列,进而可得 $a_n=n(n\in\mathbf{N}^*)$,所以本题即证

$$1\ln 1+2\ln 2+3\ln 3+\cdots+n\ln n>(n-1)^2\quad(n\in\mathbf{N}^*, n\geqslant 2)$$

$$1\ln 1+2\ln 2+3\ln 3+\cdots+N\ln N>1+3+5+\cdots+(2n-3)$$

$$(n\in\mathbf{N}^*, n\geqslant 2)$$

因而,只需证明

$$n\ln n>2n-3\quad(n\in\mathbf{N}^*, n\geqslant 2)$$

当 $n\geqslant 8$ 时,可得 $\ln n\geqslant\ln 8>2$,可得欲证结论成立;当 $n=2,3,4,5,6,7$ 时,也可验证欲证结论成立. 所以欲证结论成立.

也可这样证明:只需证明 $x\ln x-2x+3>0(x\geqslant 3)$.

设 $f(x)=x\ln x-2x+3(x\geqslant 3)$,可得 $f'(x)=\ln x-1>0(x\geqslant 3)$,$f(x)$ 是增函数,因而 $f(x)\geqslant f(3)=3(\ln 3-1)>0(x\geqslant 3)$,所以欲证结论成立.

51.(2018 年北京市通州高三二模)若数列 $\{b_n\}$ 满足:对于 $n\in\mathbf{N}^*$,都有 $b_{n+2}-b_n=d$(d 为常数),则称数列 $\{b_n\}$ 是准公差为 d 的准等差数列.

(1) 若 $c_n=\begin{cases}4n-1, \text{当 } n \text{ 为奇数时;}\\ 4n+9, \text{当 } n \text{ 为偶数时.}\end{cases}$ 判断 $\{c_n\}$ 是否为准等差数列,并求出 $\{c_n\}$ 的第 8 项、第 9 项以及前 9 项的和 T_9;

(2) 设数列 $\{a_n\}$ 满足:$a_1=a$,且对于 $n\in\mathbf{N}^*$,都有 $a_n+a_{n+1}=2n$ 成立,$\{a_n\}$ 的前 n 项和为 S_n.

(i) 求证:$\{a_n\}$ 为准等差数列,并求其通项公式;

(ii) 求证:$\{a_n\}$ 为等差数列的充分必要条件是 $S_n=\frac{n^2}{2}$.

解 (1) 当 n 为奇数时，$c_{n+2}-c_n=8$；当 n 为偶数时，$c_{n+2}-c_n=8$. 所以 $\{c_n\}$ 为准等差数列.

还可得 $c_8=41$，$c_9=35$，$T_9=\dfrac{(3+35)\times 5}{2}+\dfrac{(17+41)\times 4}{2}=211$.

(2)(i) 解法 1 可得 $a_n+a_{n+1}=2n$，$a_{n+1}+a_{n+2}=2(n+1)$，所以 $a_{n+2}-a_n=2$，即 $\{a_n\}$ 为公差为 2 的准等差数列.

当 n 为奇数时，可得 $a_n=a+\left(\dfrac{n+1}{2}-1\right)\times 2=n+a-1$；当 n 为偶数时，$a_n=2-a+\left(\dfrac{n}{2}-1\right)\times 2=n-a$，所以

$$a_n=\begin{cases}n+a-1, n\text{ 为正奇数}\\ n-a, n\text{ 为正偶数}\end{cases} \quad ①$$

还可验证 ① 满足题设"$a_n+a_{n+1}=2n(n\in\mathbf{N}^*)$"，所以式 ① 就是所求通项公式.

解法 2 由 $a_n+a_{n+1}=2n$，可得

$$a_{n+1}-(n+1)+\frac{1}{2}=-\left(a_n-n+\frac{1}{2}\right)$$

$$a_n-n+\frac{1}{2}=\left(a_1-1+\frac{1}{2}\right)(-1)^{n-1}=\left(a-\frac{1}{2}\right)(-1)^{n-1}$$

$$a_n=\left(a-\frac{1}{2}\right)(-1)^{n-1}+n-\frac{1}{2} \quad ②$$

由 ② 可得 $a_{n+2}-a_n=2$，即 $\{a_n\}$ 为公差为 2 的准等差数列.

由 ② 还可得数列 $\{a_n\}$ 的其通项公式是 ①.

(ii) 若 $\{a_n\}$ 为等差数列，设其公差为 d，则由 $a_{n+2}-a_n=2$，可得 $d=1$.

又由 $a_1+a_2=2$，可求得 $a=\dfrac{1}{2}$，所以 $a_n=n-\dfrac{1}{2}$，进而可求得 $S_n=\dfrac{a_1+a_n}{2}\cdot n=\dfrac{n^2}{2}$.

若 $S_n=\dfrac{n^2}{2}$，可得 $a_n=S_n-S_{n-1}=n-\dfrac{1}{2}(n\geqslant 2)$.

又由 $a_1=S_1=\dfrac{1}{2}$，可得 $a_n-a_{n-1}=1(n\geqslant 2, n\in\mathbf{N}^*)$，所以 $\{a_n\}$ 为等差数列.

综上所述，可得欲证结论成立.

52. 已知等比数列 $\{a_n\}$ 的公比 $q\neq 1$，$a_1=\dfrac{1}{2}$，前 n 项和为 S_n，且 a_4+S_4，a_5+S_5，a_6+S_6 成等差数列.

(1) 求数列 $\{a_n\}$ 的通项公式；

(2) 在 a_n, a_{n+1} 之间插入 n 个数，使这 $n+2$ 个数成等差数列，记插入的 n 个数的和为 b_n，求数列 $\{b_n\}$ 的前 n 项和 T_n.

解 (1) 可得

$$2a_5 + 2S_5 = a_4 + a_6 + S_4 + S_6$$

$$2a_5 + (S_5 - S_4) = a_4 + a_6 + (S_6 - S_5)$$

$$3a_5 = a_4 + 2a_6$$

$$3q = 1 + 2q^2 \quad (q \neq 1)$$

$$q = \frac{1}{2}$$

再由 $a_1 = \frac{1}{2}$，可得数列 $\{a_n\}$ 的通项公式是 $a_n = \frac{1}{2^n}$.

(2) 设插入的 n 个数分别为 $x_1, x_2, \cdots, x_n$，由题设可得

$$x_1 + x_n = a_n + a_{n+1}$$

$$b_n = x_1 + x_2 + \cdots + x_n = \frac{n}{2}(x_1 + x_n) = \frac{n}{2}(a_n + a_{n+1}) = \frac{3}{4} \cdot \frac{n}{2^n}$$

再由错位相减法可求得 $T_n = \frac{3}{2} - \frac{3n+6}{2^{n+2}}$.

53. 已知正项数列 $\{a_n\}$ 的前 n 项积为 T_n，$b_n = T_n^{\frac{1}{n}}$ $(n \in \mathbf{N}^*)$.

(1) 若 $\{b_n\}$ 是等差数列，$\{a_n\}$ 是公比为 q 的等比数列，求 q 的值；

(2) 设 $a_1 = 1, a_2 = 2, na_{n-1} - (n-1)a_n = a_n a_{n-1}$ $(n \geqslant 3)$，若存在唯一的正整数 n 使得 $(-1)^{n+1} b_n > \lambda$ 成立，求 λ 的取值范围；

(3) 对于(2)中的数列 $\{b_n\}$，记 $c_n = \ln b_n$ $(n \in \mathbf{N}^*)$，问 $\{c_n\}$ 中是否存在不等的两项 c_s, c_t ($s < t$, s, t 均为正偶数)，使得 c_s, c_8, c_t 成等差数列？若存在，请求出所有的 s, t；若不存在，请说明理由.

解 (1) 由题设，可得

$$b_1 + b_3 = 2b_2, b_1 = a_1, b_2 = \sqrt{a_1 a_2}, b_3 = \sqrt[3]{a_1 a_2 a_3}$$

所以

$$a_1 + \sqrt[3]{a_1 a_2 a_3} = 2\sqrt{a_1 a_2}$$

又因为 $a_1 a_3 = a_2^2$，所以

$$a_1 + a_2 = 2\sqrt{a_1 a_2}$$

$$(\sqrt{a_1} - \sqrt{a_2})^2 = 0$$

$$a_1 = a_2$$

又因为 $a_2 = a_1 q$，所以 $q = 1$.

当 $q = 1$ 时，可得 $a_n = b_n = a_1$ $(n \in \mathbf{N}^*)$，满足题设.

综上所述，可得所求 q 的值是 1.

(2) 由题设,可得

$$\frac{n}{a_n}-\frac{n-1}{a_{n-1}}=1\quad(n\geqslant 3)$$

$$\frac{n}{a_n}=\frac{2}{a_2}+(n-2)\cdot 1=n-1\quad(n\geqslant 2)$$

所以 $a_n=\begin{cases}1,n=1\\ \dfrac{n}{n-1},n\geqslant 2\end{cases}$.

进而可求得 $b_n=\sqrt[n]{n}$,$\ln b_n=\dfrac{\ln n}{n}(n\in\mathbf{N}^*)$.

用导数可求得 $f(x)=\dfrac{\ln x}{x}$ 在 $[1,\mathrm{e}]$,$[\mathrm{e},+\infty]$ 上分别是增函数、减函数. 又由 $\dfrac{\ln 2}{2}<\dfrac{\ln 3}{3}$,可得 $(\ln b_n)_{\max}=\dfrac{\ln 3}{3}$,$(b_n)_{\max}=\sqrt[3]{3}(n\in\mathbf{N}^*)$.

因为当 n 为偶数时,$(-1)^{n+1}b_n<0$,所以若存在唯一的正整数 n 使得 $(-1)^{n+1}b_n>\lambda$ 成立,则这个正整数 $n=3$,得 $\lambda<b_3=\sqrt[3]{3}$,且还需满足

$$\lambda\geqslant\max\{b_1,b_5\}=\max\{1,\sqrt[5]{5}\}=\sqrt[5]{5}$$

综上所述,可得所求 λ 的取值范围是 $[\sqrt[5]{5},\sqrt[3]{3}]$.

(3) 由(2) 的解答可知 $c_n=\dfrac{\ln n}{n}(n\in\mathbf{N}^*)$. 假设存在 s,t 满足题设.

若 $s\geqslant 8$,可得 $c_s\leqslant c_8$,$c_t<c_8$,所以 $c_s+c_t<2c_8$,不满足题意. 所以 $s\in\{2,4,6\}$,$t>8$.

① 若 $s=2$,由 $c_s+c_t=2c_8$,可得 $\dfrac{\ln 2}{2}+\dfrac{\ln t}{t}=2\cdot\dfrac{\ln 8}{8}$,$\dfrac{\ln t}{t}=\dfrac{\ln 2}{4}=\dfrac{\ln 16}{16}$,再由 $\{c_n\}$ 的单调性,可得 $t=16$.

② 若 $s=4$,由 $c_s+c_t=2c_8$,可得 $\dfrac{\ln 4}{4}+\dfrac{\ln t}{t}=2\cdot\dfrac{\ln 8}{8}$,$\dfrac{\ln t}{t}=\dfrac{\ln 2}{4}$,$t=16$.

③ 若 $s=6$,由 $c_s+c_t=2c_8$,可得 $\dfrac{\ln 6}{6}+\dfrac{\ln t}{t}=2\cdot\dfrac{\ln 8}{8}$,$\dfrac{\ln t}{t}=\dfrac{1}{12}\ln\dfrac{128}{9}>\dfrac{\ln 12}{12}$,再由 $\{c_n\}$ 的单调性,可得 $8<t<12$.

又因为 t 为偶数,所以 $t=10$. 但是 $t=10$ 并不满足 $\dfrac{\ln t}{t}=\dfrac{1}{12}\ln\dfrac{128}{9}$,所以此时不满足题意.

综上所述,可得存在 s,t 满足题意,且 $(s,t)=(2,16)$ 或 $(4,16)$.

54. 已知数列 $\{a_n\}$ 的前 n 项和为 S_n,且对任意的正整数 n 都有 $2S_n=(n+2)a_n-1$.

(1) 求数列 $\{a_n\}$ 的通项公式;

(2) 求$\lim\limits_{n\to\infty}\left(\dfrac{1}{a_1a_3}+\dfrac{1}{a_2a_4}+\cdots+\dfrac{1}{a_na_{n+2}}\right)$.

解 (1) 在 $2S_n=(n+2)a_n-1$ 中令 $n=1$,可得 $a_1=1$.

由$\begin{cases}2S_n=(n+2)a_n-1\\2S_{n+1}=(n+3)a_{n+1}-1\end{cases}$相减,可得$\dfrac{a_n}{n+1}=\dfrac{a_{n+1}}{n+2}$,所以

$$\frac{a_n}{n+1}=\frac{a_1}{2}=\frac{1}{2},a_n=\frac{n+1}{2}$$

(2) 可得$\dfrac{1}{a_na_{n+2}}=\dfrac{4}{(n+1)(n+3)}=2\left(\dfrac{1}{n+1}-\dfrac{1}{n+3}\right)$,所以当 $n\geqslant 2$ 时,有

$$\begin{aligned}&\frac{1}{a_1a_3}+\frac{1}{a_2a_4}+\cdots+\frac{1}{a_na_{n+2}}\\&=2\left[\left(\frac{1}{2}-\frac{1}{4}\right)+\left(\frac{1}{3}-\frac{1}{5}\right)+\left(\frac{1}{4}-\frac{1}{6}\right)+\cdots\right.\\&\left.\left(\frac{1}{n}-\frac{1}{n+2}\right)+\left(\frac{1}{n+1}-\frac{1}{n+3}\right)\right]\\&=2\left(\frac{1}{2}+\frac{1}{3}-\frac{1}{n+2}-\frac{1}{n+3}\right)\end{aligned}$$

还可以验证上式的最后结果在 $n=1$ 时也成立.

所以$\lim\limits_{n\to\infty}\left(\dfrac{1}{a_1a_3}+\dfrac{1}{a_2a_4}+\cdots+\dfrac{1}{a_na_{n+2}}\right)=2\lim\limits_{n\to\infty}\left(\dfrac{1}{2}+\dfrac{1}{3}-\dfrac{1}{n+2}-\dfrac{1}{n+3}\right)=\dfrac{5}{3}$.

55. 把所有正整数按上小下大、左小右大的原则排成如图 4 所示的数表,其中第 i 行共有 2^{i-1} 个正整数. 设 $a_{ij}(i,j\in\mathbf{N}^*)$ 表示位于这个数表中从上往下数第 i 行,从左往右数第 j 个数.

$$\begin{array}{c}1\\2\quad 3\\4\quad 5\quad 6\quad 7\\8\quad 9\quad 10\quad 11\quad 12\quad 13\quad 14\quad 15\\\cdots\end{array}$$

图 4

(1) 若 $a_{ij}=2\,010$,求 i 和 j;

(2) 记 $A_n=a_{11}+a_{22}+a_{33}+\cdots+a_{nn}(n\in\mathbf{N}^*)$,试比较 A_n 与 n^2+n 的大小,并说明理由.

解 (1)$a_{ij}=1+2+2^2+\cdots+2^{i-2}+j=2^{i-1}-1+j(1\leqslant j\leqslant 2^{i-1})$,又

$$2\,010=2^{10}-1+987=1+2+2^2+\cdots+2^9+987$$

所有 2 010 是第 11 行第 987 个数,即 $i=11,j=987$.

(2)$a_{nn}=a_{n1}+(n-1)=2^{n-1}+(n-1)$,所以

$$A_n=(2^0+2^1+\cdots+2^{n-1})+[0+1+2+\cdots+(n-1)]=2^n-1+\frac{1}{2}n(n-1)$$

可得 A_n 与 n^2+n 的大小情况是：

当 $n=1,2,3$ 时，$A_n<n^2+n$；当 $n\geqslant 4$ 时，$A_n>n^2+n$.

读者容易验证前者成立，下面证明后者成立：

即证 $2^n>\frac{1}{2}(n^2+3n+2)$：

因为 $n\geqslant 4$，所以

$$\begin{aligned}2^n=(1+1)^n&\geqslant C_n^0+C_n^1+C_n^2+C_n^{n-1}+\cdots+C_n^n\\&=\frac{1}{2}(n^2+3n+4)>\frac{1}{2}(n^2+3n+2)\end{aligned}$$

得欲证成立.

56. 已知数列 $\{a_n\}$ 的前 n 项和为 S_n，对一切正整数 n 都有 $2S_n=n^2+a_n$.

(1) 求数列 $\{a_n\}$ 的通项公式；

(2) 若 $b_n=\frac{2n-1}{3^{a_n}}(n\in\mathbf{N}^*)$，求证 $\frac{1}{3}\leqslant b_1+b_2+\cdots+b_n<1$；

(3) 求证 $\frac{1}{2^{a_n}+1}+\frac{1}{2^{a_n}+2}+\cdots+\frac{1}{2^{a_n+1}}\geqslant\frac{7}{12}(n\in\mathbf{N}^*)$.

解　解法 1　(1) 可得 $a_1=1$；$2S_n=n^2+a_n$，$2S_{n+1}=(n+1)^2+a_{n+1}$.

把后两式相减后可得 $a_{n+1}+a_n=2n+1$.

由 $a_1=1$ 及 $a_{n+1}+a_n=2n+1$ 知数列 $\{a_n\}$ 是唯一确定的，而数列 $\{n\}$ 满这两个条件，所以数列 $\{a_n\}$ 的通项公式是 $a_n=n$.

解法 2　同解法 1 得 $a_1=1$；$a_{n+1}+a_n=2n+1$.

所以 $[a_{n+1}-(n+1)]+(a_n-n)=0$，设 $a_n-n=c_n$，得 $c_{n+1}+c_n=0$.

由 $c_{n+1}+c_n=0$，得 $c_{n+2}+c_{n+1}=0$，得 $c_{n+2}=c_n$，所以数列 $\{c_n\}$ 是以 2 为一个周期的周期数列，进而可得 $c_n=0$，$a_n=n$，所以数列 $\{a_n\}$ 的通项公式是 $a_n=n$.

(2) 用错位相减法可求得 $b_1+b_2+\cdots+b_n=1-\frac{n+1}{3^n}$.

可证数列 $\left\{\frac{n+1}{3^n}\right\}$ 是递减数列，所以 $0<\frac{n+1}{3^n}\leqslant\frac{2}{3}(n\in\mathbf{N}^*)$，所以 $\frac{1}{3}\leqslant b_1+b_2+\cdots+b_n<1$.

(3) 设 $d_n=\frac{1}{2^n+1}+\frac{1}{2^n+2}+\cdots+\frac{1}{2^{n+1}}$，得

$$\begin{aligned}d_{n+1}-d_n=&\left[\left(\frac{1}{2^{n+1}+1}+\frac{1}{2^{n+2}+2}\right)+\left(\frac{1}{2^{n+1}+3}+\frac{1}{2^{n+2}+4}\right)+\cdots+\right.\\&\left.\left(\frac{1}{2^{n+2}-1}+\frac{1}{2^{n+2}}\right)\right]-\left(\frac{1}{2^n+1}+\frac{1}{2^n+2}+\cdots+\frac{1}{2^{n+1}}\right)\\>&0\end{aligned}$$

所以$\{d_n\}$是递增数列，得 $d_n \geqslant d_1 = \frac{7}{12}$，即欲证成立.

57. 已知数列$\{a_n\}$满足 $a_{n+1} - \frac{2}{a_n} = a_n - \frac{2}{a_{n-1}}(n \geqslant 2)$，$a_1 = 1$，$a_2 = 3$.

(1) 若 $b_n = \frac{1}{1+a_n}$，求数列$\{b_n\}$的通项公式；

(2) 求证$\frac{1}{1+a_1} + \frac{1}{1+a_2} + \cdots + \frac{1}{1+a_n} \geqslant \frac{n}{3} + \frac{1}{12}$；

(3) 求证 $|a_1 - 2| + |a_2 - 2| + \cdots + |a_n - 2| < 3$.

解 (1) 由$\left\{a_{n+1} - \frac{2}{a_n}\right\}$是常数列，可得 $a_{n+1} - \frac{2}{a_n}$，所以

$$b_{n+1} = \frac{1}{1+a_{n+1}} = \frac{1}{2+\frac{2}{a_n}} = \frac{1}{2}\left(1 - \frac{1}{1+a_n}\right) = \frac{1}{2}(1 - b_n)$$

$$b_{n+1} - \frac{1}{3} = -\frac{1}{2}\left(b_n - \frac{1}{3}\right)$$

$$b_n = \frac{1}{3} + \frac{1}{6}\left(-\frac{1}{2}\right)^{n-1}$$

(2)
$$\frac{1}{1+a_1} + \frac{1}{1+a_2} + \cdots + \frac{1}{1+a_n}$$
$$= \frac{n}{3} + \frac{1}{6}\left[1 + \left(-\frac{1}{2}\right) + \left(-\frac{1}{2}\right)^2 + \cdots + \left(-\frac{1}{2}\right)^{n-1}\right]$$
$$= \frac{n}{3} + \frac{1}{9}\left[1 - \left(-\frac{1}{2}\right)^n\right]$$

又因为当且仅当 $n=2$ 时$\left(-\frac{1}{2}\right)^n$取最大值，且最大值是$\frac{1}{4}$，所以由此可得欲证.

(3) $|a_n - 2| = \left|\frac{3}{(-2)^n - 1}\right| = \frac{3}{2^n - (-1)^n} \leqslant \frac{3}{\frac{3}{4} \cdot 2^n} = 4\left(\frac{1}{2}\right)^n$

当 $n = 1, 2$ 时，容易验证欲证成立，下证 $n \geqslant 3$ 时成立：

$$|a_1 - 2| + |a_2 - 2| + \cdots + |a_n - 2|$$
$$< 1 + 1 + 4\left[\left(\frac{1}{2}\right)^3 + \left(\frac{1}{2}\right)^4 + \left(\frac{1}{2}\right)^5 + \cdots\right] = 3$$

58. 已知公差为 $d(d > 1)$ 的等差数列$\{a_n\}$和公比为 $q(q > 1)$ 的等比数列$\{b_n\}$满足集合$\{a_3, a_4, a_5\} \cup \{b_3, b_4, b_5\} = \{1, 2, 3, 4, 5\}$.

(1) 求通项 a_n，b_n；

(2) 求数列$\{a_n b_n\}$的前 n 项和 S_n；

(3) 若恰有 4 个正整数 n 使不等式$\frac{2a_{n+p}}{a_n} \leqslant \frac{b_{n+1} + p + 8}{b_n}$成立，求正整数 p 的

值.

解　(1) 易得 $a_3=1, a_4=3, a_5=5, b_3=1, b_4=2, b_5=4$，所以通项 $a_n=2n-5, b_n=2^{n-3}$.

(2) 用错位相减法，可得 $S_n=(2n-7)\cdot 2^{n-2}+\frac{7}{4}$.

(3) 得 $\frac{2[2(n+p)-5]}{2n-5}\leqslant\frac{2^{n-2}+p+8}{2^{n-3}}$，$\frac{4p}{2n-5}\leqslant\frac{p+8}{2^{n-3}}$，当 $n=1,2$ 时，该式满足.

当 $n\geqslant 3$ 时，得 $p\leqslant\frac{8(2n-5)}{2^{n-1}-(2n-5)}$，令 $c_n=\frac{8(2n-5)}{2^{n-1}-(2n-5)}$，得 $c_n=\frac{8}{\frac{2^{n-1}}{2n-5}-1}$，且有 $c_4>c_5>c_3>c_6>c_7>c_8>\cdots$，进而得 $c_3<p\leqslant c_5$，即 $\frac{8}{3}<p\leqslant\frac{40}{11}$，所以 $p=3$.

59. 已知等差数列 $\{a_n\}$ 的各项均是正整数，$a_1=3$，前 n 项和为 S_n；在等比数列 $\{b_n\}$ 中，$b_1=1$. 且 $b_2S_2=64$，$\{b_{a_n}\}$ 是公比为 64 的等比数列.

(1) 求数列 $\{a_n\}$，$\{b_n\}$ 的通项公式；

(2) 求证：$\frac{1}{S_1}+\frac{1}{S_2}+\cdots+\frac{1}{S_n}<\frac{3}{4}$.

解　(1) 可设等差数列 $\{a_n\}$ 的公差是 $d(d\in\mathbf{N})$，得 $a_n=3+d(n-1)$，$S_n=3n+\frac{n(n-1)}{2}d$，$S_2=6+d$.

设等比数列 $\{a_n\}$ 的公比是 q，可得 $b_n=q^{n-1}$.

由 $b_2S_2=64$，可得 $q(6+d)=64$，$q=\frac{64}{6+d}$.

由 $\{b_{a_n}\}$ 是公比为 64 的等比数列，可得 $\frac{b_{a_{n+1}}}{b_{a_n}}=\frac{q^{a_{n+1}-1}}{q^{a_n-1}}=q^{a_{n+1}-a_n}=q^d=64$.

从而

$$\left(\frac{64}{6+d}\right)^d=64$$

$$64^{d-1}=(6+d)^d \qquad ①$$

易知 $d\neq 0,1$，所以 $d-1\in\mathbf{N}^*$，进而可得

$$2^{6(d-1)}=(6+d)^d \qquad ②$$

所以正整数 $6+d$ 只有质因数 2，可设 $6+d=2^\alpha(\alpha\in\mathbf{N}^*)$.

由 ① 及 $d-1<d$，还可得 $64>6+d$，所以 $8\leqslant 2^\alpha<64$，$\alpha=3,4$ 或 5.

若 $\alpha=3$，由 $6+d=2^\alpha$，可得 $d=2$（它满足 ②），$q=\frac{64}{6+d}=8$. 所以数列 $\{a_n\}$，

$\{b_n\}$ 的通项公式分别是 $a_n=2n+1, b_n=8^{n-1}$.

若 $\alpha=4$,由 $6+d=2^\alpha$,可得 $d=10$,但它不满足 ②,所以舍去.

若 $\alpha=5$,由 $6+d=2^\alpha$,可得 $d=26$,但它不满足 ②,所以舍去.

综上所述,可得数列 $\{a_n\},\{b_n\}$ 的通项公式分别是 $a_n=2n+1, b_n=8^{n-1}$.

(2) 可求得 $S_n=n(n+2), \frac{1}{S_n}=\frac{1}{2}\left(\frac{1}{n}-\frac{1}{n+2}\right)$.

当 $n\geqslant 2$ 时,可得

$$\begin{aligned}&\frac{1}{S_1}+\frac{1}{S_2}+\cdots+\frac{1}{S_n}\\&=\frac{1}{2}\left(\frac{1}{1}-\frac{1}{3}+\frac{1}{2}-\frac{1}{4}+\frac{1}{3}-\frac{1}{5}+\cdots+\right.\\&\quad\left.\frac{1}{n-2}-\frac{1}{n}+\frac{1}{n-1}-\frac{1}{n+1}+\frac{1}{n}-\frac{1}{n+2}\right)\\&=\frac{1}{2}\left(\frac{1}{1}+\frac{1}{2}-\frac{1}{n+1}-\frac{1}{n+2}\right)=\frac{1}{2}\left(\frac{3}{2}-\frac{1}{n+1}-\frac{1}{n+2}\right)\end{aligned}$$

进而可得

$$\frac{1}{S_1}+\frac{1}{S_2}+\cdots+\frac{1}{S_n}=\frac{1}{2}\left(\frac{3}{2}-\frac{1}{n+1}-\frac{1}{n+2}\right)<\frac{3}{4}\quad(n\in\mathbf{N}^*)$$

60. 已知 $a_1C_n^0+a_2C_n^1+a_3C_n^2+\cdots+a_{n+1}C_n^n=n\cdot 2^n$ 对任意的正整数 n 恒成立.

(1) 若 $a_1,a_2,a_3,\cdots,a_{n+1}$ 成等差数列,求出该数列的通项公式;

(2) 若 a_1 是已知数,求数列 $a_1,a_2,a_3,\cdots,a_{n+1}$ 的通项公式.

解 (1) 由题设,可得

$$a_{n+1}C_n^0+a_nC_n^1+a_{n-1}C_n^2+\cdots+a_1C_n^n=n\cdot 2^n$$

把它与题设中已知的等式相加,得

$$(a_1+a_{n+1})(C_n^0+C_n^1+C_n^2+\cdots+C_n^n)=2n\cdot 2^n$$

$$a_1+a_{n+1}=2n$$

因为该式对任意的正整数 n 恒成立,再由 $a_1,a_2,a_3,\cdots,a_{n+1}$ 成等差数列可求得该数列的通项公式是 $a_k=2k-2(k=1,2,\cdots,n+1)$.

(2) 由已知的等式可得(约定 $C_0^0=1$)

$$(a_1+a_2)C_{n-1}^0+(a_2+a_3)C_{n-1}^1+(a_3+a_4)C_{n-1}^2+\cdots+(a_n+a_{n+1})C_{n-1}^{n-1}=n\cdot 2^n$$

设 $a_k+a_{k+1}=b_k(k=1,2,\cdots,n)$,得

$$b_1C_{n-1}^0+b_2C_{n-1}^1+b_3C_{n-1}^2+\cdots+b_nC_{n-1}^{n-1}=n\cdot 2^n \quad ①$$

令 $n=1$,得 $b_1=2$;

令 $n=2$,得 $b_1+b_2=8$,所以 $b_2=6$;

……

进而可得 $b_1, b_2, \cdots, b_n$ 是唯一确定的数列.

又因为可以证明当 $b_k = 4k - 2(k = 1, 2, \cdots, n)$ 时式 ① 成立(用倒序相加法),所以数列 $b_1, b_2, \cdots, b_n$ 的通项公式就是 $b_k = 4k - 2(k = 1, 2, \cdots, n)$,所以

$$a_k + a_{k+1} = 4k - 2 \quad (k = 1, 2, \cdots, n)$$

$$a_{k+1} - 2(k+1) + 2 = -(a_k - 2k + 2)$$

$$a_k - 2k + 2 = (-1)^{k-1} a_1$$

$$a_k = 2k - 2 + (-1)^{k-1} a_1 \quad (k = 1, 2, \cdots, n)$$

这就是所求数列的通项公式.

61. 若一个数列各项取倒数后按原来的顺序构成等差数列,则称这个数列为调和数列. 已知数列 $\{a_n\}$ 为调和数列,对于各项都是正数的数列 $\{x_n\}$ 满足数列 $\{x_n^{a_n}\}$ 是常数列.

(1) 证明数列 $\{x_n\}$ 是等比数列;

(2) 把数列 $\{x_n\}$ 中所有项按图 5 所示的规律排成一个三角形数表,当 $x_3 = 8, x_7 = 128$ 时,求该数表第 m 行各数的和;

$$\begin{array}{c} x_1 \\ x_2 \quad x_3 \\ x_4 \quad x_5 \quad x_6 \\ x_7 \quad x_8 \quad x_9 \quad x_{10} \\ \cdots \end{array}$$

图 5

(3) 对于 (2) 中的数列 $\{x_n\}$,证明 $\dfrac{n}{2} - \dfrac{1}{3} < \dfrac{x_1 - 1}{x_2 - 1} + \dfrac{x_2 - 1}{x_3 - 1} + \cdots + \dfrac{x_n - 1}{x_{n+1} - 1} < \dfrac{n}{2}$.

解　(1) 解法 1　由 $\{x_n^{a_n}\}$ 是常数列可设 $a_n \lg x_n = a_{n+1} \lg x_{n+1} = a_{n+2} \lg x_{n+2} = p$,得 $\dfrac{p}{a_n} = \lg x_n, \dfrac{p}{a_{n+1}} = \lg x_{n+1}, \dfrac{p}{a_{n+2}} = \lg x_{n+2}$.

因为数列 $\{a_n\}$ 为调和数列,所以 $a_n \neq 0, \dfrac{2}{a_{n+1}} = \dfrac{1}{a_n} + \dfrac{1}{a_{n+2}}$,所以 $\dfrac{2p}{a_{n+1}} = \dfrac{p}{a_n} + \dfrac{p}{a_{n+2}}$.

所以 $2\lg x_{n+1} = \lg x_n + \lg x_{n+2}, x_{n+1}^2 = x_n x_{n+2}$, $\{x_n\}$ 是等比数列.

解法 2　可得 $\dfrac{1}{a_n} = b_1 + (n-1)d(n \in \mathbf{N}^*, b_1, d$ 是常数),所以

$$a_n = \frac{1}{b_1 + (n-1)d} \quad (n \in \mathbf{N}^*)$$

$$x_n^{a_n} = x_n^{\frac{1}{b_1 + (n-1)d}} = k \quad (n \in \mathbf{N}^*, k \text{ 是常数})$$

$$x_n = k^{b_1+(n-1)d} = k \quad (n \in \mathbf{N}^*)$$

可得$\{x_n\}$是等比数列.

(2) 设数列$\{x_n\}$的公比为q，得$x_3q^4 = x_7, 8q^4 = 128, q = 2$. 所以$x_n = x_3q^{n-3} = 2^n$.

图5中第m行第一个数是数列$\{x_n\}$中的第$1+2+3+\cdots+(m-1)+1 = \frac{m^2-m+2}{2}$项即$2^{\frac{m^2-m+2}{2}}$，所以图5中第$m$行各数的和为

$$\frac{2^{\frac{m^2-m+2}{2}}(1-2^m)}{1-2} = 2^{\frac{m^2-m+2}{2}}(2^m-1)$$

(3) 由$x_n = 2^n$，得$\frac{x_k-1}{x_{k+1}-1} = \frac{2^k-1}{2^{k+1}-1} < \frac{1}{2}(k=1,2,\cdots,n)$，所以可得欲证右边成立.

还可得$\frac{x_k-1}{x_{k+1}-1} = \frac{2^k-1}{2^{k+1}-1} \geqslant \frac{1}{2} - \frac{1}{3\cdot 2^k}(k=1,2,\cdots,n)$，所以

$$\frac{x_1-1}{x_2-1} + \frac{x_2-1}{x_3-1} + \cdots + \frac{x_n-1}{x_{n+1}-1} > \frac{n}{2} - \frac{1}{3}\left(\frac{1}{2} + \frac{1}{2^2} + \frac{1}{2^3} + \cdots + \frac{1}{2^n}\right)$$
$$= \frac{n}{2} - \frac{1}{3}$$

即欲证左边成立，所以欲证成立.

62.(2018年北京市丰台高三期末考试试题) 各项都是整数的数列$\{a_n\}$满足$a_n = \begin{cases} 5a_{n-1} - 3a_{n-2}, a_{n-1}a_{n-2} \text{为偶数} \\ a_{n-1} - a_{n-2}, a_{n-1}a_{n-2} \text{为奇数} \end{cases} (n \in \mathbf{N}^*, n \geqslant 3)$.

(1) 若$a_1 = 1, a_2 = 2$，请直接写出a_3, a_4, a_5的值；

(2) 求数列$\{a_n\}$的前2 018项中是奇数项的项数取值的集合；

(3) 若$a_2 = 3a_1$(a_1是奇数)，求证：数列$\{a_n\}$的各项均不是4的倍数.

解 (1)$a_3 = 7, a_4 = 29, a_5 = 22$.

(2) 解法1 由数列$\{a_n\}$的递推式可知：当$n \geqslant 3$时，a_n与$a_{n-1} + a_{n-2}$的奇偶性相同.

因而可分下面的四种情形来讨论.

① 当a_1, a_2均是偶数时，可用数学归纳法证得数列$\{a_n\}$的各项均是偶数. 因而，数列$\{a_n\}$的前2 018项中是奇数项的项数取值是0.

② 当a_1, a_2均是奇数时，可用数学归纳法证得下面的三个结论同时成立：a_{3k+1}是奇数，a_{3k+2}是奇数，a_{3k+3}是偶数，其中$k \in \mathbf{N}$.

(i) 容易验证$k=0$时成立：由a_1, a_2均是奇数及a_3与$a_1 + a_2$的奇偶性相同，可得a_3是偶数.

(ii) 假设$k=l$时成立：a_{3l+1}是奇数，a_{3l+2}是奇数，a_{3l+3}是偶数，其中k是某个

已知的自然数.

由 a_{3l+4} 与 $a_{3l+3}+a_{3l+2}$ 的奇偶性相同,可得 a_{3l+4} 是奇数;再由 a_{3l+5} 与 $a_{3l+4}+a_{3l+3}$ 的奇偶性相同,可得 a_{3l+5} 是奇数;又由 a_{3l+6} 与 $a_{3l+5}+a_{3l+4}$ 的奇偶性相同,可得 a_{3l+6} 是偶数.

得 $k=l+1$ 时也成立.

所以欲证结论成立.

因而数列 $\{a_n\}$ 的任意连续 3 项依次是奇数、奇数、偶数.又因为 $2\ 019=3\times 673$,所以数列 $\{a_n\}$ 的前 2 019 项中是奇数项的项数取值是 $2\times 673=1\ 346$.又因为 $a_{2\ 019}$ 与 a_3 的奇偶性相同,得 $a_{2\ 019}$ 是偶数,所以数列 $\{a_n\}$ 的前 2 018 项中是奇数项的项数取值是 1 346.

③ 当 a_1 是奇数且 a_2 是偶数时,同理可用数学归纳法证得下面的三个结论同时成立:a_{3k+1} 是奇数,a_{3k+2} 是偶数,a_{3k+3} 是奇数,其中 $k\in \mathbf{N}$.

同理可求得数列 $\{a_n\}$ 的前 2 018 项中是奇数项的项数取值是 1 345.

④ 当 a_1 是偶数且 a_2 是奇数时,同理可用数学归纳法证得下面的三个结论同时成立:a_{3k+1} 是偶数,a_{3k+2} 是奇数,a_{3k+3} 是奇数,其中 $k\in \mathbf{N}$.

同理可求得数列 $\{a_n\}$ 的前 2 018 项中是奇数项的项数取值是 1 345.

综上所述,可得数列 $\{a_n\}$ 的前 2 018 项中是奇数项的项数取值的集合是 $\{0,1\ 345,1\ 346\}$.

解法 2　由数列 $\{a_n\}$ 的递推式可知:当 $n\geqslant 3$ 时,a_n 与 $a_{n-1}+a_{n-2}$ 的奇偶性相同,所以 $a_n+a_{n-1}+a_{n-2}(n\geqslant 3)$ 是偶数,也即数列 $\{a_n\}$ 的连续三项之和均是偶数,得连续三项中的奇数个数是 0 或 2.

因而可分下面的四种情形来讨论.

① 当 a_1,a_2 均是偶数时,由 a_3 与 a_1+a_2 的奇偶性相同,可得 a_1,a_2,a_3 均是偶数.再由“数列 $\{a_n\}$ 的连续三项中的奇数个数是 0 或 2”,可得数列 $\{a_n\}$ 的各项均是偶数.因而,数列 $\{a_n\}$ 的前 2 018 项中是奇数项的项数是 0.

② 当 a_1,a_2 均是奇数时,由 a_3 与 a_1+a_2 的奇偶性相同,可得 a_3 是偶数.再由“数列 $\{a_n\}$ 的连续三项中的奇数个数是 0 或 2”,可得数列 $\{a_n\}$ 各项的奇偶性依次是:

奇数,奇数,偶数,奇数,奇数,偶数,奇数,奇数,偶数,……

因而,数列 $\{a_n\}$ 的前 2 019$(2\ 019=3\times 673)$ 项中是奇数项的项数是 $2\times 673=1\ 346$.又因为 $a_{2\ 019}$ 是偶数,所以数列 $\{a_n\}$ 的前 2 018 项中是奇数项的项数是 1 346.

③ 当 a_1 是奇数且 a_2 是偶数时,由 a_3 与 a_1+a_2 的奇偶性相同,可得 a_3 是奇数.再由“数列 $\{a_n\}$ 的连续三项中的奇数个数是 0 或 2”,可得数列 $\{a_n\}$ 各项的奇偶性依次是:

奇数，偶数，奇数，奇数，偶数，奇数，奇数，偶数，奇数，……

因而，数列$\{a_n\}$的前 2 019(2 019＝3×673) 项中是奇数项的项数是 2×673＝1 346. 又因为$a_{2\,019}$是奇数，所以数列$\{a_n\}$的前 2 018 项中是奇数项的项数是 1 345.

④ 当a_1是偶数且a_2是奇数时，由a_3与a_1+a_2的奇偶性相同，可得a_3是奇数. 再由"数列$\{a_n\}$的连续三项中的奇数个数是 0 或 2"，可得数列$\{a_n\}$各项的奇偶性依次是：

偶数，奇数，奇数，偶数，奇数，奇数，偶数，奇数，奇数，……

因而，数列$\{a_n\}$的前 2 019(2 019＝3×673) 项中是奇数项的项数是 2×673＝1 346. 又因为$a_{2\,019}$是奇数，所以数列$\{a_n\}$的前 2 018 项中是奇数项的项数是 1 345.

综上所述，可得数列$\{a_n\}$的前 2 018 项中是奇数项的项数取值的集合是$\{0,1\,345,1\,346\}$.

(3) 由数列$\{a_n\}$的递推式可知：当$n\geqslant 3$时，若a_{n-1}，a_{n-2}均为奇数，则a_n与$a_{n-1}-a_{n-2}$被 4 除所得的余数相同；若a_{n-1}，a_{n-2}不均为奇数，则a_n与$a_{n-1}+a_{n-2}$被 4 除所得的余数相同.

由a_1是奇数知，可分下面的两种情形来讨论.

① 当a_1被 4 除余 1 时，可得a_2即$3a_1$被 4 除余 3，同理可用数学归纳法证得下面的三个结论同时成立：a_{3k+1}被 4 除余 1，a_{3k+2}被 4 除余 3，a_{3k+3}被 4 除余 2，其中$k\in\mathbf{N}$.

② 当a_1被 4 除余 3 时，可得a_2即$3a_1$被 4 除余 1，同理可用数学归纳法证得下面的三个结论同时成立：a_{3k+1}被 4 除余 3，a_{3k+2}被 4 除余 1，a_{3k+3}被 4 除余 2，其中$k\in\mathbf{N}$.

综上所述，可得数列$\{a_n\}$的各项均不是 4 的倍数.

注　解答本题不能仅仅由观察得出一般性的结论，这样不严密！严密的解答只能是数学归纳法，且是数学归纳法证明三个结论同时成立.

当然，对于学过数论知识的学生，也可用整除符号或同余符号来简洁规范的表述.

本题源于 1988 年全国高中数学联赛二试第一题.

63.(2018 年北京市石景山高三期末考试试题) 若n项有穷数列$\{a_n\}$满足$a_1=a_n$，$a_2=a_{n-1}$，…，$a_n=a_1$，即$a_i=a_{n-i+1}(i=1,2,\cdots,n)$，则称有穷数列$\{a_n\}$为"对称数列". 例如，数列$C_n^0$，$C_n^1$，…，$C_n^{n-1}$，$C_n^n$就是"对称数列".

(1) 设数列$\{b_n\}$是项数为 7 的"对称数列"，其中b_1，b_2，b_3，b_4成等比数列，且$b_2=3$，$b_5=1$. 依次写出数列$\{b_n\}$的每一项；

(2) 设数列$\{c_n\}$是项数为$2k-1(k\in\mathbf{N}^*,k\geqslant 2)$的"对称数列"，且满足

$|c_{n+1}-c_n|=2$，记 S_n 为数列 $\{c_n\}$ 的前 n 项和；

(i) 若 $c_1,c_2,\cdots,c_k$ 是单调递增数列，且 $c_k=2\ 017$. 当 k 为何值时，S_{2k-1} 取得最大值？

(ii) 若 $c_1=2\ 018$，且 $S_{2k-1}=2\ 018$，求 k 的最小值.

解　(1) 因为数列 $\{b_n\}$ 是项数为 7 的"对称数列"，所以 $b_5=b_3=1$.

又由 b_1,b_2,b_3,b_4 成等比数列，可得其公比 $q=\dfrac{b_3}{b_2}=\dfrac{1}{3}$，所以数列 $\{b_n\}$ 的 7 项依次为：$9,3,1,\dfrac{1}{3},1,3,9$.

(2)(i) 由数列 $\{c_n\}$ 满足 $|c_{n+1}-c_n|=2$ 可得数列 $c_1,c_2,\cdots,c_k$ 的后一项均比前一项多 2 或少 2，又由 $c_1,c_2,\cdots,c_k$ 是单调递增数列，可得数列 $c_1,c_2,\cdots,c_k$ 的后一项均比前一项多 2.

再由题设"数列 $\{c_n\}$ 是项数为 $2k-1(k\in\mathbf{N}^*,k\geqslant 2)$ 的'对称数列'且 $c_k=2\ 017$"，可得 $c_k,c_{k+1},c_{k+2},\cdots,c_{2k-1}$ 是首项为 2 017、公差为 -2、项数为 k 的等差数列. 可得

$$T=c_k+c_{k+1}+c_{k+2}+\cdots+c_{2k-1}=k\cdot 2\ 017+\frac{k(k-1)}{2}\cdot(-2)=2\ 018k-k^2$$

$$S_{2k-1}=2T-2\ 017$$

所以当且仅当 T 取最大值即 $n=1\ 009$ 时 S_{2k-1} 取得最大值.

(ii) 因为 $|c_{n+1}-c_n|=2$ 即 $c_{n+1}-c_n=\pm 2$，所以 $c_{n+1}-c_n\geqslant -2$ 即 $c_{n+1}\geqslant c_n-2$.

于是 $c_k\geqslant c_{k-1}-2\geqslant c_{k-2}-4\geqslant\cdots\geqslant c_1-2(k-1)$.

因为数列 $\{c_n\}$ 是"对称数列"，所以

$$\begin{aligned}S_{2k-1}&=c_1+c_2+\cdots+c_{2k-1}=2(c_1+c_2+\cdots+c_{k-1})+c_k\\&\geqslant(2k-1)c_1-2(k-2)(k-1)-2(k-1)\\&=-2k^2+4\ 040k-2\ 020\end{aligned}$$

因为 $S_{2k-1}=2\ 018$ 即 $-2k^2+4\ 040k-2\ 020\leqslant 2\ 018(k\geqslant 2)$ 也即 $k\geqslant 2\ 019$.

当且仅当 $c_1,c_2,\cdots,c_k$ 是公差为 -2 的等差数列时满足 $c_1=2\ 018$，且 $S_{2k-1}=2\ 018$，此时 $k=2\ 019$，所以 k 的最小值为 2 019.

64. 对于数列 $\{a_n\}$：

(1) 已知 $\{a_n\}$ 是一个公差不为 0 的等差数列，$a_5=6$.

① 当 $a_3=2$ 时，若正整数 $n_1,n_2,\cdots,n_t,\cdots$ 满足 $5<n_1<n_2<\cdots<n_t<\cdots$，$a_3,a_5,a_{n_1},a_{n_2},\cdots,a_{n_t}$ 是等比数列，试用 t 表示 n_t；

② 若存在正整数 $n_1,n_2,\cdots,n_t,\cdots$ 满足 $5<n_1<n_2<\cdots<n_t<\cdots$，且 $a_3,a_5,a_{n_1},a_{n_2},\cdots,a_{n_t}$ 是等比数列，求证：当 $a_3\in\mathbf{Z}$ 时，a_3 必为 12 的正约数.

(2) 若数列$\{a_n\}$满足数列$a_{n+1}a_n+3a_{n+1}+a_n+4=0$,且$a_1=1$,求数列$\{a_n\}$的通项公式.

解 (1)① 可得$a_n=2n-4$,再得$a_{n_t}=2\cdot 3^{t+1}=2n_t-4$,$n_t=3^{t+1}+2(t+1\in \mathbf{N})$.

(2) 由a_3,a_5,$a_{n_1}(5<n_1)$成等比数列,得$a_{n_1}=\dfrac{a_5^2}{a_3}=\dfrac{36}{a_3}$.

又因为$\{a_n\}$是等差数列,所以

$$a_{n_1}=a_3+(n_1-3)\cdot\frac{a_5-a_3}{2}=a_3+\frac{6-a_3}{2}(n_1-3)$$

$$\frac{36}{a_3}-a_3=\frac{6-a_3}{2}(n_1-3)$$

$$\frac{36-a_3^2}{a_3}=\frac{6-a_3}{2}(n_1-3)$$

因为$6-a_3\neq 0$,所以$\dfrac{6+a_3}{a_3}=\dfrac{n_1-3}{2}$,$n_1=5+\dfrac{12}{a_3}$.因为$n_1\in \mathbf{Z}$且$n_1>5$,所以$a_3$必为12的正约数.

(2) 可得$(a_{n+1}+2)(a_n+2)=(a_n+2)-(a_{n+1}+2)$.

若存在$a_k=-2$,得$a_{k+1}=-2$;若存在$a_{k+1}=-2$,也得$a_k=-2$.所以$\{a_n\}$是常数列$\{-2\}$,但这与"$a_1=1$"矛盾!所以$(a_{n+1}+2)(a_n+2)\neq 0$,得$\dfrac{1}{a_{n+1}+2}-\dfrac{1}{a_n+2}=1$,所以$\dfrac{1}{a_n+2}=\dfrac{1}{a_1+2}+n-1=\dfrac{3n-2}{3}$,$a_n=\dfrac{7-6n}{3n-2}$.

65. 若$\forall n\in \mathbf{N}^*$,数列$\{x_n\}$满足$x_{n+1}-x_n>1$,则称这个数列为"$K$数列".

(1) 是否存在首项为-1的等差数列$\{a_n\}$为"K数列",且其前n项和S_n满足$S_n<\dfrac{1}{2}n^2-n$?若存在,求出$\{a_n\}$的通项公式;若不存在,请说明理由;

(2) 已知各项均为正整数的等比数列$\{a_n\}$是"K数列",数列$\left\{\dfrac{1}{2}a_n\right\}$不是"$K$数列",若$b_n=\dfrac{a_{n+1}}{n+1}$,试判断数列$\{b_n\}$是否为"$K$数列",并说明理由.

解 (1) 假设满足题设的等差数列$\{a_n\}$存在,得其公差$d>1$,还可得$S_n=-n+\dfrac{n(n-1)}{2}d<\dfrac{1}{2}n^2-n$,$(n-1)d<n$,$n(d-1)<d$,$n<1+\dfrac{1}{d-1}$,这与"$\forall n\in \mathbf{N}^*$"矛盾!所以满足题设的数列$\{a_n\}$不存在.

(2) 假设满足题设的等比数列$\{a_n\}$存在,设其公比为q.

由$\{a_n\}$是"K数列"可得$a_{n+1}-a_n=a_n(q-1)>1>0$及$a_n\in \mathbf{N}^*$,可得$q>1$.

还可得$a_{n+2}-a_{n+1}=q(a_{n+1}-a_n)>a_{n+1}-a_n$,所以$\{a_{n+1}-a_n\}$是递增数列,

得$\{a_n\}$是"K数列"即$a_{n+1}-a_n>1(n\in\mathbf{N}^*)$恒成立,也即$a_2-a_1>1$.

由$\{a_{n+1}-a_n\}$是递增数列,可得$\left\{\frac{1}{2}a_{n+1}-\frac{1}{2}a_n\right\}$也是递增数列,所以$\left\{\frac{1}{2}a_n\right\}$不是"$K$数列"即$\frac{1}{2}a_{n+1}-\frac{1}{2}a_n>1(n\in\mathbf{N}^*)$不恒成立,也即$\frac{1}{2}a_2-\frac{1}{2}a_1\leqslant 1$,$a_2-a_1\leqslant 2$.

得$1<a_2-a_1\leqslant 2$,所以$a_2-a_1=a_1(q-1)=2$,进而可得$\begin{cases}a_1=1\\q-1=2\end{cases}$或$\begin{cases}a_1=1\\q-1=2\end{cases}$,即$a_1=q=2$或$\begin{cases}a_1=1\\q=3\end{cases}$.

(i) 若$a_1=q=2$,可得$a_n=2^n$,$b_n=\frac{a_{n+1}}{n+1}=\frac{2^{n+1}}{n+1}$,所以$b_2-b_1=\frac{8}{3}-2=\frac{2}{3}<1$,得此时$\{b_n\}$不是"$K$数列".

(ii) 若$\begin{cases}a_1=1\\q=3\end{cases}$,可得$a_n=3^{n-1}$,$b_n=\frac{a_{n+1}}{n+1}=\frac{3^n}{n+1}$,得此时$\{b_n\}$是"$K$数列"$\Leftrightarrow b_{n+1}-b_n=\frac{3^{n+1}}{n+2}-\frac{3^n}{n+1}>1\Leftrightarrow 3^n(2n+1)>(n+1)(n+2)(n\in\mathbf{N}^*)$.

因为$2n+1\geqslant n+2(n\in\mathbf{N}^*)$,所以此时$\{b_n\}$是"$K$数列"$\Leftrightarrow 3^n>n+1$ $(n\in\mathbf{N}^*)$.

用数学归纳法易证$3^n>n+1(n\in\mathbf{N}^*)$;或者用二项式定理可得$3^n>2^n=(1+1)^n=1+C_n^1+\cdots+C_n^n\geqslant 1+n(n\in\mathbf{N}^*)$,所以此时$\{b_n\}$是"$K$数列".

综上所述可得,满足题设的数列$\{a_n\}$是$\{2^n\}$或$\{3^{n-1}\}$,当$a_n=2^n$时$\{b_n\}$不是"K数列";当$a_n=3^{n-1}$时$\{b_n\}$是"K数列".

66. (1) 设$a_1,a_2,\cdots,a_n(n\geqslant 4)$是各项均不为0的等差数列,且公差$d\neq 0$,已知将此数列删去某一项后(按原来的顺序)得到的数列是等比数列.

(i) 当$n=4$时,求$\frac{a_1}{d}$的值;

(ii) 求n可能取到的所有值.

(2) 求证:对于一个给定的正整数$n(n\geqslant 3)$,存在一个各项及公差都不为0的等差数列$b_1,b_2,\cdots,b_n$,其中的任意三项按任意顺序都不能组成等比数列.

解 (1)(i) 当$n=4$时,在a_1,a_2,a_3,a_4中,删去的一项不可能是首项也不可能是末项,否则得到的数列既是等差数列又是等比数列,即是常数列,得公差$d=0$,与题设$d\neq 0$矛盾! 所以删去的一项是a_2或a_3.

若删去的一项是a_2,可得$a_3^2=a_1a_4$,$(a_1+2d)^2=a_1(a_1+3d)$,$d(a_1+$

$4d)=0(d\neq 0)$，所以$\frac{a_1}{d}=-4$.

若删去的一项是 a_3，可得 $a_2^2=a_1a_4$，$(a_1+d)^2=a_1(a_1+3d)$，$d(a_1-d)=0(d\neq 0)$，所以$\frac{a_1}{d}=1$.

综上所述，可得$\frac{a_1}{d}=-4$ 或 1.

(ii) 当 $n=5$ 时，在 a_1,a_2,a_3,a_4,a_5 中，删去的一项只可能是 a_2,a_3 或 a_4.

若删去的一项是 a_2，可得等差数列 a_3,a_4,a_5 是等比数列，所以是常数列，得公差 $d=0$，与题设 $d\neq 0$ 矛盾！

若删去的一项是 a_3，可得 $a_1a_5=a_2a_4$，$a_1(a_1+4d)=(a_1+d)(a_1+3d)$，$3d^2=0(d\neq 0)$，这不可能！

若删去的一项是 a_4，可得等差数列 a_1,a_2,a_3 是等比数列，所以是常数列，得公差 $d=0$，与题设 $d\neq 0$ 矛盾！

得 $n\neq 5$.

若 $n\geqslant 6$，可得从 $a_1,a_2,\cdots,a_n$ 中删去某一项后一定还会剩下连续的三项，从而可得公差 $d=0$，与题设 $d\neq 0$ 矛盾！

所以 $n=4$.

(2) 证法 1　设原等差数列的公差是 $d(d\neq 0)$. 假设 $b_p,b_q,b_r(p,q,r$ 是两两不等的正整数) 成等比数列即 $b_q^2=b_pb_r$，可得

$$[b_1+(q-1)d]^2=[b_1+(p-1)d][b_1+(r-1)d]$$

$$(p+r-2q)b_1=(q^2-pr+p+r-2q)d$$

若 $p+r-2q=0$，可得 $q^2-pr+p+r-2q=0$，所以$\begin{cases}p+r=2q\\q^2=pr\end{cases}$，可得 $p=q=r$，与 p,q,r 是两两不等的正整数矛盾！

所以 $p+r-2q\neq 0$，得$\frac{b_1}{d}=\frac{q^2-pr}{p+r-2q}+1$. 此时，选 $b_1=1+\sqrt{2}$，$d=1$，可得等式$\frac{b_1}{d}=\frac{q^2-pr}{p+r-2q}+1$ 的左右两边分别是无理数和有理数，即此时该不等式不成立，所以选数列 $b_n=n+\sqrt{2}(n\in \mathbf{N}^*)$ 可满足题意.

证法 2　下证数列$\{n+\sqrt{2}\}$ 满足题意. 假设该数列中的三项 $p+\sqrt{2}$，$q+\sqrt{2}$，$r+\sqrt{2}(p,q,r$ 是两两不等的正整数) 成等比数列，可得

$$(q+\sqrt{2})^2=(p+\sqrt{2})(r+\sqrt{2})$$

$$(p+r-2q)\sqrt{2}=q^2-pr$$

若 $p+r-2q=0$，可得 $q^2-pr+p+r-2q=0$，所以$\begin{cases}p+r=2q\\q^2=pr\end{cases}$，可得

$p=q=r$，与 p,q,r 是两两不等的正整数矛盾！

所以 $p+r-2q\neq 0$，得 $\sqrt{2}=\dfrac{q^2-pr}{p+r-2q}$，但该等式左右两边分别是无理数和有理数，所以欲证结论成立.

67. 已知函数 $f(x)=\dfrac{\sqrt{5}}{5^x+\sqrt{5}}$，$m\in\mathbf{N}^*$.

(1) 直接写出 $f(x)+f(1-x)$ 的值；

(2) 设 $a_n=f\left(\dfrac{n}{m}\right)(n=1,2,\cdots,m)$，求数列 $\{a_n\}$ 的前 m 项和 S_m；

(3) 已知数列 $\{b_n\}$ 满足 $b_1=\dfrac{1}{2}$，$b_{n+1}=b_n^2+b_n$，$T_n=\dfrac{1}{b_1+1}+\dfrac{1}{b_2+1}+\cdots+\dfrac{1}{b_n+1}$，若(2) 中的 S_m 满足对于任意不小于 3 的正整数 n，都有 $4S_m<777T_n+\sqrt{5}$，求 m 的最大值.

解　(1) $f(x)+f(1-x)=1$.

(2) 由(1) 的结论，可得

$$f\left(\frac{k}{m}\right)+f\left(\frac{m-k}{m}\right)=1\quad(k=1,2,\cdots,m-1)$$

$$a_k+a_{m-k}=1\quad(k=1,2,\cdots,m-1)$$

由

$$S_m=a_1+a_2+a_3+\cdots+a_{m-1}+a_m$$

$$S_m=a_{m-1}+a_{m-2}+a_{m-3}+\cdots+a_1+a_m$$

把它们相加后，得

$$2S_m=(m-1)\cdot 1+2f(1)$$

$$S_m=\frac{m}{2}+\frac{\sqrt{5}-3}{4}$$

(3) 可得 $b_{n+1}=b_n(b_n+1)$，$\dfrac{1}{b_{n+1}}=\dfrac{1}{b_n}-\dfrac{1}{b_n+1}$，$\dfrac{1}{b_n+1}=\dfrac{1}{b_n}-\dfrac{1}{b_{n+1}}$，所以

$$T_n=\left(\frac{1}{b_1}-\frac{1}{b_2}\right)+\left(\frac{1}{b_2}-\frac{1}{b_3}\right)+\cdots+\left(\frac{1}{b_n}-\frac{1}{b_{n+1}}\right)=\frac{1}{b_1}-\frac{1}{b_{n+1}}=2-\frac{1}{b_{n+1}}$$

由 $b_1=\dfrac{1}{2}$，$b_{n+1}=b_n^2+b_n$ 及数学归纳法可证得 $b_n>0(n\in\mathbf{N}^*)$，进而还可得数列 $\{b_n\}$ 是递增数列，所以数列 $\{T_n\}$ 也是递增数列.

由此可得题设即 $4S_m<777T_3+\sqrt{5}$.

可得 $b_1=\dfrac{1}{2}$，$b_2=\dfrac{3}{4}$，$b_3=\dfrac{21}{16}$，$b_4=\dfrac{777}{256}$，所以 $T_3=2-\dfrac{1}{b_4}=\dfrac{1\ 298}{777}$.

可得题设即

$$4\left(\frac{m}{2}+\frac{\sqrt{5}-3}{4}\right)<1\,298+\sqrt{5}$$

$$m<650.5\quad(m\in\mathbf{N}^*)$$

所以 m 的最大值是 650.

68. 求证：(1) 若常数 $a>-\frac{1}{2}$，则 $\sum\limits_{n=1}^{\infty}\frac{1}{(n+a)^2}<\frac{2}{2a+1}$；

(2) $\sum\limits_{n=1}^{\infty}\frac{1}{(3n+2)^2}<\frac{2}{21}$；

(3) $\sum\limits_{n=1}^{\infty}\frac{1}{(3n-2)^2}<\frac{17}{15}$.

证明 (1) 可得 $(i+a)^2>(i+a)^2-\frac{1}{4}>0(i\in\mathbf{N}^*)$，所以

$$\frac{1}{(i+a)^2}<\frac{1}{(i+a)^2-\frac{1}{4}}=\frac{1}{i+a-\frac{1}{2}}-\frac{1}{i+1+a-\frac{1}{2}}\quad(i\in\mathbf{N}^*)$$

令 $i=1,2,\cdots,n,\cdots$ 后，用累加法可得欲证结论成立.

(2) 在结论(1) 中，令 $a=\frac{2}{3}$ 后可证.

(3) 由结论(1) 中 $a=\frac{1}{3}$ 的结论，可得

$$\begin{aligned}\sum_{n=1}^{\infty}\frac{1}{(3n-2)^2}&=1+\sum_{n=1}^{\infty}\frac{1}{(3n+1)^2}\\&=1+\frac{1}{9}\sum_{n=1}^{\infty}\frac{1}{\left(n+\frac{1}{3}\right)^2}<1+\frac{1}{9}\cdot\frac{6}{5}=\frac{17}{15}\end{aligned}$$

69. 在数列 $\{a_n\}$ 中，$a_1=a_2=1$，$a_{n+2}=\frac{a_{n+1}^2+2}{a_n}(n\in\mathbf{N}^*)$，求证：$a_n\in\mathbf{N}^*$ $(n\in\mathbf{N}^*)$.

证明 用数学归纳法易证 $a_n>0(n\in\mathbf{N}^*)$，所以只需证明 $a_n\in\mathbf{Z}(n\in\mathbf{N}^*)$，这只需用步长为 2 的数学归纳法证明 $a_{n+2}=4a_{n+1}-a_n(n\in\mathbf{N}^*)$，再由 $a_1=a_2=1$，便得欲证结论成立.

(1) 由题设可得 $a_1=a_2=1$，$a_3=3$，$a_4=11$，进而可得 $n=1,2$ 时均成立 $a_3=4a_2-a_1$，$a_4=4a_3-a_2$.

(2) 假设 $n=k,k+1$ 时均成立：$a_{k+2}=4a_{k+1}-a_k$，$a_{k+3}=4a_{k+2}-a_{k+1}$.

由此及题设，可得

$$\begin{aligned}a_{k+4}&=\frac{a_{k+3}^2+2}{a_{k+2}}=\frac{(4a_{k+2}-a_{k+1})^2+2}{a_{k+2}}=16a_{k+2}-8a_{k+1}+\frac{a_{k+1}^2+2}{a_{k+2}}\\&=16a_{k+2}-8a_{k+1}+a_k=4(4a_{k+2}-a_{k+1})-(4a_{k+1}-a_k)\end{aligned}$$

$=4a_{k+3}-a_{k+2}$

得 $n=k+2$ 时也成立.

所以欲证结论成立. 证毕!

70. 已知数列 $\{a_n\}$ 是首项为 2、公比为 2 的等比数列, 又数列 $\{b_n\}$ 满足 $b_n=2\log_2 a_n$, S_n 是数列 $\{b_n\}$ 的前 n 项和.

(1) 求 S_n;

(2) 若对任意的 $n\in\mathbf{N}^*$, 都有 $\frac{S_n}{a_n}\leqslant\frac{S_k}{a_k}$ 成立, 求正整数 k 的值.

解　(1) 因为数列 $\{a_n\}$ 是首项为 2、公比为 2 的等比数列, 所以 $a_n=2\times 2^{n-1}=2^n$.

所以 $b_n=2\log_2 a_n=2\log_2 2^n=2n$.

所以 $S_n=2+4+\cdots+2n=\frac{n(2+2n)}{2}=n^2+n$.

(2) 令 $c_n=\frac{S_n}{a_n}=\frac{n^2+n}{2^n}=\frac{n(n+1)}{2^n}$, 得 $\frac{c_{n+1}}{c_n}=\frac{n+2}{2n}$, 所以

$$c_n<(=,>)c_{n+1}\Leftrightarrow n<(=,>)2$$
$$c_1<c_2=c_3,\ c_3>c_4>c_5>\cdots$$

可得数列 $\{c_n\}$ 中最大项为 c_2 和 c_3.

所以存在 $k=2$ 或 3, 使得对任意的正整数 n, 都有 $\frac{S_k}{a_k}\geqslant\frac{S_n}{a_n}$.

71. 已知数列 $\{d_n\}$ 满足 $d_n=\frac{3+(-1)^n}{2}$, 数列 $\{a_n\}$ 满足 $a_n=d_n+d_2+d_3+\cdots+d_{2n}$; 数列 $\{b_n\}$ 为公比大于 1 的等比数列, 且 b_2, b_4 为方程 $x^2-20x+64=0$ 的两个不相等的实数根.

(1) 求数列 $\{a_n\}$, $\{b_n\}$ 的通项公式;

(2) 将数列 $\{b_n\}$ 中的第 $a_1, a_2, a_3, \cdots, a_n, \cdots$ 项删去后剩余的项按从小到大的顺序排成新数列 $\{c_n\}$, 求数列 $\{c_n\}$ 的前 2 015 项和.

解　(1) 可得 $d_{2n-1}+d_{2n}=3$, 所以 $a_n=3n$; 易得 $b_n=2^n$.

(2) 数列 $\{c_n\}$ 的第奇数项、第偶数项均成等比数列, 且首项分别为 2, 4, 公比均为 8, 所以所求和为

$$(c_1+c_3+c_5+\cdots+c_{2\,015})+(c_2+c_4+c_6+\cdots+c_{2\,014})$$
$$=\frac{2(1-8^{1\,008})}{1-8}+\frac{4(1-8^{1\,007})}{1-8}=\frac{20\times 8^{1\,007}-6}{7}$$

72. (1) 已知数列 $\{a_n\}$ 满足 $a_{n+1}=\frac{1}{4}(a_n^2+a_n+2)(n\in\mathbf{N}^*)$, $a_1>0$, 若 $a_n<a_{n+1}(n\in\mathbf{N}^*)$ 恒成立, 求 a_1 的取值范围;

(2) 已知数列$\{a_n\}$满足$a_{n+1}=\frac{1}{7}(a_n^3+6)(n\in\mathbf{N}^*)$，$a_1=\alpha$（$\alpha$是已知的实数），请讨论该数列的单调性.

解 (1) 解法1　我们可以证得：

① 当$0<a_1<1$时，$0<a_n<a_{n+1}<1(n\in\mathbf{N}^*)$；

② 当$a_1=1$时，$a_n=1(n\in\mathbf{N}^*)$；

③ 当$1<a_1<2$时，$1<a_{n+1}<a_n<2(n\in\mathbf{N}^*)$；

④ 当$a_1=2$时，$a_n=2(n\in\mathbf{N}^*)$；

⑤ 当$a_1>2$时，$a_{n+1}>a_n>2(n\in\mathbf{N}^*)$.

所以所求a_1的取值范围是$(0,1)\cup(2,+\infty)$.

下面分别证明这五个结论成立：

① 当$0<a_1<1$时，可用数学归纳法证得$0<a_n<1(n\in\mathbf{N}^*)$：

当$n=1$时成立. 假设$n=k$时成立：$0<a_k<1$. 由递推式及题设可得$0<a_{k+1}=\frac{1}{4}(a_k^2+a_k+2)<\frac{1}{4}(1^2+1+2)=1$，所以$0<a_{k+1}<1$.

由$\frac{1}{4}(x^2+x+2)<x\Leftrightarrow 1<x<2$可得：

当$0<a_1<1$时，得$0<a_n<1(n\in\mathbf{N}^*)$，所以$a_{n+1}=\frac{1}{4}(a_n^2+a_n+2)>a_n(n\in\mathbf{N}^*)$. 得$0<a_n<a_{n+1}<1(n\in\mathbf{N}^*)$.

② 易用数学归纳法证得.

③ 当$1<a_1<3$时，可用数学归纳法证得$1<a_n<3(n\in\mathbf{N}^*)$.

当$1<a_1<3$时，得$1<a_n<3(n\in\mathbf{N}^*)$，所以$a_{n+1}=\frac{1}{4}(a_n^2+3)<a_n(n\in\mathbf{N}^*)$. 得$1<a_{n+1}<a_n<3(n\in\mathbf{N}^*)$.

④ 同(2)可证.

⑤ 同(1)可证.

解法2　$a_2=\frac{1}{4}(a_1^2+a_1+2)>a_1\Leftrightarrow 0<a_1<1$或$a_1>2$.

由题设可用数学归纳法证得$a_n>0(n\in\mathbf{N}^*)$，又

$$\begin{aligned}a_{n+1}-a_n&=\frac{1}{4}(a_n^2+a_n+2)-\frac{1}{4}(a_{n-1}^2+a_{n-1}+2)\\&=\frac{1}{4}(a_n+a_{n-1}+1)(a_n-a_{n-1})(n\geqslant 2)\end{aligned}$$

所以当$n\geqslant 2$时，$a_{n+1}-a_n$与a_n-a_{n-1}同号或都为0. 再由数学归纳法知，$a_{n+1}-a_n$与a_2-a_1同号或都为0.

所以所求a_1的取值范围是$(0,1)\cup(2,+\infty)$.

解法 3　由题设可用数学归纳法证得 $a_n > 0(n \in \mathbf{N}^*)$，又由函数 $f(x) = \frac{1}{4}(x^2 + x + 2)$ 在 $(0, +\infty)$ 上是增函数，得

$$a_{n+1} > a_n = \frac{1}{4}(a_n^2 + a_n + 2) > \frac{1}{4}(a_{n-1}^2 + a_{n-1} + 2)$$
$$\Leftrightarrow a_n > a_{n-1} \quad (n \geqslant 2)$$

再由数学归纳法知，$a_{n+1} > a_n \Leftrightarrow a_2 > a_1$. 进而可得所求 a_1 的取值范围是 $(0,1) \cup (2, +\infty)$.

解法 4　由题设可用数学归纳法证得 $a_n > 0(n \in \mathbf{N}^*)$，又 $\frac{a_{n+1}}{a_n} = \frac{a_n^2 + a_n + 2}{a_{n-1}^2 + a_{n-1} + 2}(n \geqslant 2)$，所以当 $n \geqslant 2$ 时，$a_{n+1} > a_n \Leftrightarrow a_n^2 + a_n + 2 > a_{n-1}^2 + a_{n-1} + 2 \Leftrightarrow a_n > a_{n-1}$（最后一步的理由是函数 $f(x) = x^2 + x + 2$ 在 $(0, +\infty)$ 上是增函数）. 再由数学归纳法知，$a_{n+1} > a_n \Leftrightarrow a_2 > a_1$. 进而可得所求 a_1 的取值范围是 $(0,1) \cup (2, +\infty)$.

(2) 用第(1)问的前 3 种解法均可证得：

① 当 $a_1 < -3$ 时，$a_{n+1} < a_n < -3(n \in \mathbf{N}^*)$；

② 当 $a_1 = -3$ 时，$a_n = -3(n \in \mathbf{N}^*)$；

③ 当 $-3 < a_1 < 1$ 时，$-3 < a_n < a_{n+1} < 1(n \in \mathbf{N}^*)$；

④ 当 $a_1 = 1$ 时，$a_n = 1(n \in \mathbf{N}^*)$；

⑤ 当 $1 < a_1 < 2$ 时，$1 < a_{n+1} < a_n < 2(n \in \mathbf{N}^*)$；

⑥ 当 $a_1 = 2$ 时，$a_n = 2(n \in \mathbf{N}^*)$；

⑦ 当 $a_1 > 2$ 时，$a_{n+1} > a_n > 2(n \in \mathbf{N}^*)$.

73. 已知数列 $\{a_n\}$ 中，$a_1 = 1, a_2 = 4$.

(1) 若 $\{a_n + a_{n+1}\}$ 是公比为 3 的等比数列，求此数列的通项公式 a_n；

(2) 若 $\left\{\frac{a_{n+1}}{a_n}\right\}$ 是公比为 3 的等比数列，求此数列的通项公式 a_n；

(3) 若 $\{a_n \cdot a_{n+1}\}$ 是公比为 3 的等比数列，求此数列的通项公式 a_n；

(4) 若 $\{a_{n+1} - a_n\}$ 是公差为 5 的等差数列，求此数列的通项公式 a_n；

(5) 若 $\{a_n + a_{n+1}\}$ 是公差为 3 的等差数列，求此数列的通项公式 a_n.

解　(1) 由 $a_1 = 1, a_2 = 4$，得 $a_1 + a_2 = 5$.

所以数列 $\{a_n + a_{n+1}\}$ 是以 5 为首项、3 为公比的等比数列，得 $a_n + a_{n+1} = 5 \cdot 3^{n-1}$.

可得 $\left\{a_n - \frac{5}{4} \cdot 3^{-1}\right\}$ 是首项为 $a_1 - \frac{5}{4} = -\frac{1}{4}$、公比为 -1 的等比数列.

所以 $a_n - \frac{5}{4} \cdot 3^{n-1} = \frac{(-1)^n}{4}$，即 $a_n = \frac{5 \cdot 3^{n-1} + (-1)^n}{4}$.

(2) 得数列$\left\{\frac{a_{n+1}}{a_n}\right\}$是以$\frac{a_2}{a_1}=4$为首项、3为公比的等比数列.

所以$\frac{a_{n+1}}{a_n}=4\cdot 3^{n-1}$,得

$$a_n=\frac{a_n}{a_{n-1}}\cdot\frac{a_{n-1}}{a_{n-2}}\cdot\cdots\cdot\frac{a_2}{a_1}\cdot a_1=4^{n-1}\cdot 3^{(n-2)+(n-3)+\cdots+1+0}=4^{n-1}\cdot 3^{\frac{(n-2)(n-1)}{2}}$$

(3) 因为数列$\{a_n\cdot a_{n+1}\}$是首项为$a_1\cdot a_2=4$、公比为3的等比数列,$\frac{a_{n+2}}{a_n}=3$.

所以数列$\{a_n\}$的奇数项是首项为1、公比为3的等比数列,它的偶数项是首项为4、公比为3的等比数列,所以

$$a_n=\begin{cases}3^{\frac{n-1}{2}}, n\text{ 为正奇数}\\ 4\cdot 3^{\frac{n}{2}-1}, n\text{ 为正偶数}\end{cases}$$

(4) 因为数列$\{a_{n+1}-a_n\}$是首项为$a_n-a_1=3$、公差为5的等差数列,所以

$$a_{n+1}-a_n=3+5(n-1)=5n-2$$

用累加法,可得

$$a_n=a_1+\frac{[5(n-1)+1](n-1)}{2}=\frac{5n^2-9n+6}{2}$$

(5) 因为数列$\{a_n+a_{n+1}\}$是首项为5、公差为3的等差数列,所以

$$a_n+a_{n+1}=5+(n-1)\cdot 3=3n+2$$

可得数列$\left\{a_n-\frac{3}{2}n-\frac{1}{4}\right\}$是首项为$-\frac{3}{4}$、公比为$-1$的等比数列.

所以$a_n-\frac{3}{2}n-\frac{1}{4}=-\frac{3}{4}\cdot(-1)^{n-1}$,即$a_n=\frac{3\cdot(-1)^n+6n+1}{4}$.

74. 已知$a_1>0, a_1\neq 1, a_{n+1}=\frac{a_n(a_n^2+3)}{3a_n^2+1}(n\in\mathbf{N}^*)$).

(1) 证明$\{a_n\}$是单调数列;

(2) 请问$\{a_n\}$何时单调增? 何时单调减?

解 由$a_1>0$及递推式可得$a_n>0(n\in\mathbf{N}^*)$.

$$a_{n+1}-a_n=\frac{a_n(a_n^2+3)}{3a_n^2+1}-a_n=\frac{2a_n(1-a_n^2)}{3a_n^2+1}$$

所以$a_{n+1}-a_n$与$1-a_n^2$同号. 下面证明:

① 当$0<a_1<1$时,$\{a_n\}$是单调递增数列;

② 当$a_1>1$时,$\{a_n\}$是单调递减数列.

要证明①,只需用数学归纳法证明当$0<a_1<1$时,$1-a_n^2>0(n\in\mathbf{N}^*)$.

当$n=1$时成立:$1-a_1^2>0$.

假设$n=k(k\in\mathbf{N}^*)$时成立:$1-a_k^2>0$,下证$n=k+1$时也成立.

$$1-a_{k+1}^2=1-\left[\frac{a_k(a_k^2+3)}{3a_k^2+1}\right]^2=\frac{(3a_k^2+1)^2-[a_k(a_k^2+3)]^2}{(3a_k^2+1)^2}$$
$$=\frac{(3a_k^2+1+a_k^2+3a_k)(3a_k^2+1-a_k^3-3a_k)}{(3a_k^2+1)^2}$$
$$=\frac{(1+a_k)^3(1-a_k)^3}{(3a_k^2+1)^2}=\frac{(1-a_k^2)^3}{(3a_k^2+1)^2}>0$$

同理,可证得 ② 成立.

75.(1) 设数列 $\{a_n\}$ 由 $a_1=5, a_2=23, a_{n+2}=5a_{n+1}-a_n(n\in\mathbf{N}^*)$ 确定.

① 求证 $\left\{a_{n+1}-\frac{5-\sqrt{21}}{2}a_n\right\}$ 是等比数列;

② 求数列 $\{a_n\}$ 的通项公式.

(2) 若把无理数 $\left(\frac{5+\sqrt{21}}{2}\right)^{2\,015}$ 写成小数,求其个位数字及十分位、百分位、千分位上的数字.

解 (1)① 对于任意的实数 $x(x\neq 5)$,有

$$a_{n+2}-xa_{n+1}=(5-x)\left(a_{n+1}-\frac{1}{5-x}a_n\right)$$

令 $x=\frac{1}{5-x}$,得 $x=\frac{5\pm\sqrt{21}}{2}$. 所以当 $x=\frac{5\pm\sqrt{21}}{2}$ 时,有

$$a_{n+2}-xa_{n+1}=(5-x)(a_{n+1}-xa_n)$$

进而可得 $\{a_{n+1}-xa_n\}$ 是首项为 $23-5x$、公比为 $5-x$ 的等比数列,得欲证成立.

② 由以上解答,得

$$\begin{cases}a_{n+1}-\frac{5-\sqrt{21}}{2}a_n=\frac{21+5\sqrt{21}}{2}\left(\frac{5+\sqrt{21}}{2}\right)^{n-1}=\sqrt{21}\left(\frac{5+\sqrt{21}}{2}\right)^n\\ a_{n+1}-\frac{5+\sqrt{21}}{2}a_n=\frac{21-5\sqrt{21}}{2}\left(\frac{5-\sqrt{21}}{2}\right)^{n-1}=-\sqrt{21}\left(\frac{5-\sqrt{21}}{2}\right)^n\end{cases}$$

解这个关于 a_{n+1}, a_n 的方程组,得

$$a_n=\left(\frac{5+\sqrt{21}}{2}\right)^n+\left(\frac{5-\sqrt{21}}{2}\right)^n$$

(2) 因为数列 $\{a_n\}$ 由 $a_1=5, a_2=23, a_{n+2}=5a_{n+1}-a_n(n\in\mathbf{N}^*)$ 确定,所以由数学归纳法可证数列 $\{a_n\}$ 是递增数列且各项均是正整数.

又因为 $0<\frac{5-\sqrt{21}}{2}<1$,所以 $a_{2\,015}$ 是大于 $\left(\frac{5+\sqrt{21}}{2}\right)^{2\,015}$ 的最小整数,即

$$a_{2\,015}=\left[\left(\frac{5+\sqrt{21}}{2}\right)^{2\,015}\right]\quad(\text{这里}[a]\text{表示实数 }a\text{ 的整数部分})$$

$\left(\frac{5+\sqrt{21}}{2}\right)^{2\,015}$ 的个位数字即 $\left[\left(\frac{5+\sqrt{21}}{2}\right)^{2\,015}\right]$ 也即 $a_{2\,015}-1$ 被 10 除所得

的余数.由数列$\{a_n\}$由$a_1=5,a_2=23,a_{n+2}=5a_{n+1}-a_n(n\in\mathbf{N}^*)$确定,得$\{a_n\}$的各项被10除所得的余数依次是

$$5,3,0,7,5,8,5,7,0,3,5,2,5,3,\cdots$$

所以该数列是以12为周期的周期数列,又2 015被12除所得的余数是11(因为2 016是12的倍数),所以即$a_{2\,015}$被10除所得的余数即a_{11}被10除所得的余数5,得$\left(\frac{5+\sqrt{21}}{2}\right)^{2\,015}$的个位数字是$5-1=4$.

因为$0<\frac{5-\sqrt{21}}{2}<\frac{1}{4}$,所以$0<\left(\frac{5-\sqrt{21}}{2}\right)^{2\,015}<\left(\frac{1}{4}\right)^{2\,015}<\frac{1}{1\,000}$,

$0.999<1-\left(\frac{5-\sqrt{21}}{2}\right)^{2\,015}<1$,即$1-\left(\frac{5-\sqrt{21}}{2}\right)^{2\,015}=0.999\cdots$.

又因为$a_{2\,015}=\left(\frac{5+\sqrt{21}}{2}\right)^{2\,015}+\left(\frac{5-\sqrt{21}}{2}\right)^{2\,015}$是正整数,所以$\left(\frac{5+\sqrt{21}}{2}\right)^{2\,015}=(a_{2\,015}-1)+\left(1-\left(\frac{5-\sqrt{21}}{2}\right)^{2\,015}\right)=(a_{2\,015}-1)+0.999\cdots$,

即$\left(\frac{5+\sqrt{21}}{2}\right)^{2\,015}$的个位数字是4,十分位、百分位、千分位上的数字均是9.

76.已知数列$\{a_n\}$满足$2a_{n+1}=-a_n^3+3a_n(n\in\mathbf{N}^*)$,$0<a_1<1$.

(1) 求证:$0<a_n<1(n\in\mathbf{N}^*)$;

(2) 试比较a_n与a_{n+1}的大小;

(3) 是否存在正数c,使得$0<\frac{a_n+c}{a_n-c}<2(n\in\mathbf{N}^*)$恒成立?若存在,请求出$c$的取值范围;若不存在,请说明理由.

解 (1) 可得$a_{n+1}=-\frac{1}{2}a_n^3+\frac{3}{2}a_n(n\in\mathbf{N}^*)$.

令$f(x)=-\frac{1}{2}x^3+\frac{3}{2}x(0<x<1)$,得$f'(x)=\frac{3}{2}(1-x^2)>0(0<x<1)$,所以$f(x)$是增函数.

当$n=1$时,欲证结论成立.

假设当$n=k(k\in\mathbf{N}^*)$时,$0<a_k<1$.

由$a_{k+1}=f(a_k)$,可得$f(0)<f(a_k)<f(1)$,即$0<a_{k+1}<1$,得当$n=k+1$时欲证也结论成立.

所以欲证结论成立.

(2) 由(1)的结论可得

$$a_{n+1}-a_n=\frac{1}{2}a_n(1-a_n^2)>0,a_n<a_{n+1}\quad(n\in\mathbf{N}^*)$$

(3) 由 $c>0, 0<a_n<1(n\in\mathbf{N}^*)$ 及(2) 的结论，可得 $0<\dfrac{a_n+c}{a_n-c}<2(n\in\mathbf{N}^*)\Leftrightarrow c<\dfrac{a_n}{3}(n\in\mathbf{N}^*)\Leftrightarrow c<\dfrac{a_1}{3}$.

所以所求 c 的取值范围是 $\left(0,\dfrac{a_1}{3}\right)$.

77.(2018 年北京市东城高三二模) 设 $a,\lambda\in\mathbf{N}^*$，数列 $\{a_n\}$ 满足：$a_1=a$，

$$a_{n+1}=\begin{cases}\dfrac{a_n}{2}, a_n \text{ 是偶数}\\ a_n+\lambda, a_n \text{ 是奇数}\end{cases}.$$

(1) 若 $a_3=3, \lambda=5$，写出 a_1 的值；

(2) 若 $a=1$，λ 为给定的正奇数，求证：若 a_n 为奇数，则 $a_n\leqslant\lambda$；若 a_n 为偶数，则 $a_n\leqslant 2\lambda$；

(3) 在(2) 的条件下，求证：存在正整数 $n(n\geqslant 2)$，使得 $a_n=1$.

解　(1) 由 $a_3=3$，可得：当 a_2 是偶数时，可得 $a_3=\dfrac{a_2}{2}$，$a_2=6$；当 a_2 是奇数时，可得 $a_3=a_2+5$，$a_2=-2$(舍去). 所以 $a_2=6$.

…… 还可求得 $a_1=1$ 或 12.

(2)① 当 $n=1,2$ 时均成立：$a_1=1$ 为奇数，$a_1\leqslant\lambda$ 成立；$a_2=1+\lambda$ 为偶数，$a_2\leqslant 2\lambda$.

② 假设当 $n=k$ 时成立：若 a_k 为奇数，则 $a_k\leqslant\lambda$，若 a_k 为偶数，则 $a_k\leqslant 2\lambda$.

若 a_k 是奇数，则 $a_{k+1}=a_k+\lambda$ 是偶数，$a_{k+1}\leqslant 2\lambda$；若 a_k 是偶数，$a_{k+1}=\dfrac{a_k}{2}\leqslant\lambda$.

所以：若 a_{k+1} 是奇数，则满足 $a_{k+1}\leqslant\lambda$，若 a_{k+1} 是偶数，满足 $a_{k+1}\leqslant\lambda\leqslant 2\lambda$.

得 $n=k+1$ 时结论也成立.

由数学归纳法知，欲证结论成立.

(3) 由(2) 知，$\{a_n\}$ 中总存在相等的两项. 不妨设 $a_r=a_s(r<s)$ 是相等两项中角标最小的两项，下证 $r=1$.

假设 $r\geqslant 2$.

① 若 $a_r=a_s\leqslant\lambda$，由 $a_{r-1}>0$，$a_{s-1}>0$ 知 a_r 和 a_s 均是由 a_{r-1} 和 a_{s-1} 除以 2 得到，即有 $a_{r-1}=a_{s-1}$，与 r 的最小性矛盾！

② 若 $a_r=a_s>\lambda$，由 $a_{r-1}\leqslant 2\lambda$，$a_{s-1}\leqslant 2\lambda$ 知 a_r 和 a_s 均是由 a_{r-1} 和 a_{s-1} 加上 λ 得到，即有 $a_{r-1}=a_{s-1}$，与 r 的最小性矛盾！

综上所述，可得 $r=1$. 所以 $a_s=a_1=1$.

即若 $a=1$，λ 是正奇数，则存在正整数 $n(n\geqslant 2)$，使得 $a_n=1$.

78.(2018 年北京市西城高三二模) 数列 $A_n: a_1, a_2, \cdots, a_n(n\geqslant 2)$ 的各项均

为整数,满足:$a_i \geqslant -1(i=1,2,\cdots,n)$,且 $a_1 \cdot 2^{n-1}+a_2 \cdot 2^{n-2}+a_3 \cdot 2^{n-3}+\cdots+a_{n-1} \cdot 2+a_n=0$,其中 $a_1 \neq 0$.

(1) 若 $n=3$,写出所有满足条件的数列 A_3;

(2) 求 a_1 的值;

(3) 证明:$a_1+a_2+\cdots+a_n>0$.

解 (1) 当 $n=3$ 时,可得 $4a_1+2a_2+a_3=0$.

若 $a_1 \geqslant 1$,可得 $-4a_1=2a_2+a_3 \geqslant -3$,$a_1 \leqslant \frac{3}{4}$.

再由 $a_1 \in \mathbf{Z}$ 且 $a_1 \neq 0$,$a_1 \geqslant -1$,可得 $a_1=-1$,所以 $2a_2+a_3=4$.

得 $-1 \leqslant a_3=4-2a_2$,$a_2 \leqslant \frac{5}{2}$. 再由 $a_2 \in \mathbf{Z}$ 且 $a_2 \geqslant -1$,可得 $a_2=-1,0$,1 或 2.

进而可得满足条件的数列 A_3 为:$-1,-1,6$;$-1,0,4$;$-1,1,2$;$-1,2,0$.

(2) 若 $a_1 \neq 1$,由 $a_1 \neq 0$,可得 $a_1 \geqslant 1$. 又由 $a_i \geqslant -1(i=2,3,\cdots,n)$,可得

$$\begin{aligned}0&=a_1 \cdot 2^{n-1}+a_2 \cdot 2^{n-2}+a_3 \cdot 2^{n-3}+\cdots+a_{n-1} \cdot 2+a_n\\&\geqslant 2^{n-1}-2^{n-2}-2^{n-3}-\cdots-2-1=1\end{aligned}$$

这不可能! 所以 $a_1=-1$.

(3) 先证明如下结论:$\forall k \in \{1,2,\cdots,n-1\}$,$a_1 \cdot 2^{n-1}+a_2 \cdot 2^{n-2}+\cdots+a_k \cdot 2^{n-k} \leqslant 0$.

否则,令 $a_1 \cdot 2^{n-1}+a_2 \cdot 2^{n-2}+\cdots+a_k \cdot 2^{n-k}>0$.

注意到该式左边是 2^{n-k} 的整数倍,因此 $a_1 \cdot 2^{n-1}+a_2 \cdot 2^{n-2}+\cdots+a_k \cdot 2^{n-k} \geqslant 2^{n-k}$,所以

$$\begin{aligned}0&=a_1 \cdot 2^{n-1}+a_2 \cdot 2^{n-2}+a_3 \cdot 2^{n-3}+\cdots+a_{n-1} \cdot 2+a_n\\&\geqslant 2^{n-k}-2^{n-k-1}-2^{n-k-2}-\cdots-2-1=1\end{aligned}$$

这不可能! 所以 $a_1 \cdot 2^{n-1}+a_2 \cdot 2^{n-2}+\cdots+a_k \cdot 2^{n-k} \leqslant 0$.

因此

$$\begin{aligned}&a_1<0\\&a_1 \cdot 2+a_2 \leqslant 0\\&a_1 \cdot 4+a_2 \cdot 2+a_3 \leqslant 0\\&\cdots\\&a_1 \cdot 2^{k-1}+a_2 \cdot 2^{k-2}+\cdots+a_{k-1} \cdot 2+a_k \leqslant 0\\&\cdots\\&a_1 \cdot 2^{n-2}+a_2 \cdot 2^{n-3}+\cdots+a_{n-2} \cdot 2+a_{n-1} \leqslant 0\end{aligned}$$

把它们相加后,可得

$$a_1 \cdot (2^{n-1}-1)+a_2 \cdot (2^{n-2}-1)+\cdots+a_{n-1} \cdot (2-1)<0$$

又因为

$$a_1\cdot 2^{n-1}+a_2\cdot 2^{n-2}+a_3\cdot 2^{n-3}+\cdots+a_{n-1}\cdot 2+a_n=0$$

从而可得 $a_1+a_2+\cdots+a_n>0$.

79. 设 $f:\mathbf{N}\to\mathbf{N}$,并且 $\forall n\in\mathbf{N}$,恒有 $f(n+1)>f(n)$,$f(f(n))=3n$,求函数 $f(n)(n\in\mathbf{N})$ 的解析式.

解　可得 $f(1)>f(0)\geqslant 0$,所以 $f(1)\geqslant 1$.

若 $f(1)=1$,在题设

$$f(f(n))=3n\quad(n\in\mathbf{N})\qquad ①$$

中令 $n=1$,可得 $f(1)=3$,前后矛盾!所以 $f(1)\geqslant 2$.

又在 ① 中令 $n=1$,可得 $3=f(f(1))\geqslant f(2)>f(1)\geqslant 2$,所以 $f(1)=2$,$f(2)=3$.

由 ①,还可得 $f(3n)=f(f(f(n)))=3f(n)$,所以

$$f(3n)=3f(n)\quad(n\in\mathbf{N})\qquad ②$$

进而对 k 用数学归纳法,可证得

$$f(3^kn)=3^kf(n)\quad(k,n\in\mathbf{N})\qquad ③$$

由 ③,可得

$$f(3^n)=3^nf(1)=2\cdot 3^n$$

$$f(2\cdot 3^n)=3^nf(2)=3\cdot 3^n$$

因为在两个区间 $[3^n,2\cdot 3^n]$ 与 $[f(3^n),f(2\cdot 3^n)]$ 上的整数个数均为 3^n+1,$f(n)(n\in\mathbf{N})$ 是严格递增函数,所以

$$f(3^n+m)=2\cdot 3^n+m(m,n\in\mathbf{N},m\leqslant 3^n)\qquad ④$$

再由 ①,可得

$$f(2\cdot 3^n+m)=f(f(3^n+m))=3(3^n+m)(m,n\in\mathbf{N},m\leqslant 3^n)\qquad ⑤$$

在 ② 中,令 $n=0$,可得 $f(0)=0$.

再由 ④⑤,可得函数 $f(n)(n\in\mathbf{N})$ 的解析式为

$$f(n)=\begin{cases}0,n=0\\ n+3^k,3^k\leqslant n<2\cdot 3^k(k\in\mathbf{N},n\in\mathbf{N}^*)\\ 3(n-3^k),2\cdot 3^k\leqslant n<3^{k+1}(k\in\mathbf{N},n\in\mathbf{N}^*)\end{cases}$$

80. 已知数列 $\{x_n\}$ 满足 $x_1=5$,$x_{n+1}=\dfrac{x_n^2+5x_n+4}{x_n+6}(n\in\mathbf{N}^*)$,求证:

(1) $4<x_n\leqslant 5$,并判断结论"$\forall\varepsilon>0,\exists t\in\mathbf{N}^*$,当 $n\geqslant t$ 时 $x_n\leqslant 4+\varepsilon$"是否正确;

(2) $\dfrac{9}{10}<\sqrt[n]{x_n-4}\leqslant\dfrac{10}{11}(n\in\mathbf{N}^*)$;

(3) 若 m 是使得 $x_n\geqslant 4+\dfrac{1}{2^{20}}$ 成立的最大正整数,则 $m\in[131,145]$.

(参考数据:$\log_{\frac{10}{9}}2=6.5788\cdots$,$\log_{\frac{11}{10}}2=7.2725\cdots$.)

证明　(1) 由题设,可得

$$x_1=5,x_{n+1}-4=\frac{x_n+5}{x_n+6}(x_n-4)\quad(n\in\mathbf{N}^*)$$

再由数学归纳法,可证得 $x_n>4(n\in\mathbf{N}^*)$. 又因为可得

$$x_{n+1}-x_n=\frac{4-x_n}{x_n+6}<0,x_n>x_{n+1}\quad(n\in\mathbf{N}^*)$$

所以 $\{x_n\}$ 是单调递减数列,因而 $4<x_n\leqslant 5(n\in\mathbf{N}^*)$.

由"单调有界数列必有极限"可得 $\lim\limits_{n\to\infty}x_n$ 存在,再由 $\lim\limits_{n\to\infty}x_{n+1}=\lim\limits_{n\to\infty}\frac{x_n^2+5x_n+4}{x_n+6}$ 可求得 $\lim\limits_{n\to\infty}x_n=4$,因而结论"$\forall\varepsilon>0,\exists t\in\mathbf{N}^*$,当 $n\geqslant t$ 时 $x_n\leqslant 4+\varepsilon$"正确.

(2) 由 $4<x_n\leqslant 5(n\in\mathbf{N}^*)$ 及 $\frac{x_n+5}{x_n+6}=1-\frac{1}{x_n+6}(n\in\mathbf{N}^*)$,可得 $\frac{9}{10}<\frac{x_n+5}{x_n+6}\leqslant\frac{10}{11}(n\in\mathbf{N}^*)$.

还可得

$$x_m-4=\frac{x_{m-1}+5}{x_{m-1}+6}(x_{m-1}-4)=\frac{x_{m-1}+5}{x_{m-1}+6}\cdot\frac{x_{m-2}+5}{x_{m-2}+6}(x_{m-2}-4)=\cdots$$

进而可得

$$x_m-4=\frac{x_{m-1}+5}{x_{m-1}+6}\cdot\frac{x_{m-2}+5}{x_{m-2}+6}\cdot\cdots\cdot\frac{x_0+5}{x_0+6}(x_0-4)$$

即

$$x_m-4=\frac{x_{m-1}+5}{x_{m-1}+6}\cdot\frac{x_{m-2}+5}{x_{m-2}+6}\cdot\cdots\cdot\frac{x_0+5}{x_0+6}\quad(m\in\mathbf{N}^*)$$

所以

$$\left(\frac{9}{10}\right)^n<x_n-4\leqslant\left(\frac{10}{11}\right)^n\quad(n\in\mathbf{N}^*)\qquad①$$

$$\frac{9}{10}<\sqrt[n]{x_n-4}\leqslant\frac{10}{11}\quad(n\in\mathbf{N}^*)$$

(3) 可得题设"m 是使得 $x_m\geqslant 4+\frac{1}{2^{20}}$ 成立的最大正整数"即"m 是 $x_{m+1}-4<\frac{1}{2^{20}}\leqslant x_m-4$ 成立的正整数".

再由结论 ① 可得正整数 m 满足 $\left(\frac{9}{10}\right)^{m+1}<\frac{1}{2^{20}}\leqslant\left(\frac{10}{11}\right)^m$ 即 $20\log_{\frac{10}{9}}2-1<m\leqslant 20\log_{\frac{11}{10}}2$,又由参考数据"$\log_{\frac{10}{9}}2=6.578\ 8\cdots,\log_{\frac{11}{10}}2=7.272\ 5\cdots$"可得正整数 $m\in[131,145]$.

81. 已知存在无穷数列 $\{a_n\},\{b_n\}$ 满足:$\forall n\in\mathbf{N}^*,a_{n+1},b_{n+1}$ 是关于 x 的一

元二次方程 $x^2-\frac{1}{2}(a_n+b_n)x+\sqrt{a_nb_n}=0$ 的两个实数根,且 $a_{10}=1,b_1>0$,求 b_1 的值.

解　由题设及韦达定理,可得 $a_{n+1}+b_{n+1}=\frac{1}{2}(a_n+b_n),a_{n+1}b_{n+1}=\sqrt{a_nb_n}$,所以

$$a_n+b_n=(a_1+b_1)\left(\frac{1}{2}\right)^{n-1},a_nb_n=(a_1b_1)^{\left(\frac{1}{2}\right)^{n-1}}\quad(n\in\mathbf{N}^*)$$

由 $\lim\limits_{n\to\infty}\left(\frac{1}{2}\right)^{n-1}=0$ 可知:

若 $a_1b_1\neq0$,则 $\lim\limits_{n\to\infty}(a_n+b_n)=0,\lim\limits_{n\to\infty}a_nb_n=1$,所以 $\exists N\in\mathbf{N}^*$,当 $n>N$ 时,$\left[\frac{1}{2}(a_n+b_n)\right]^2-4\sqrt{a_nb_n}<0$,此时关于 x 的一元二次方程 $x^2-\frac{1}{2}(a_n+b_n)x+\sqrt{a_nb_n}=0$ 无实根,与题设矛盾!所以 $a_1b_1=0$,再得 $a_nb_n=0(n\in\mathbf{N}^*)$.由 $a_{10}>0,b_1>0$,还可得 $a_1=0,b_{10}=0$.

所以 $1=a_{10}=a_{10}+b_{10}=(a_1+b_1)\left(\frac{1}{2}\right)^9=\frac{b_1}{2^9},b_1=512$.

82. 已知公差不为 0 的等差数列 $\{a_n\}$ 满足 $a_6+a_7=a_{13},a_4+a_9^2=a_6^2+a_7^2$,正项数列 $\{b_n\}$ 的前 n 项和 S_n 满足 $4S_n+2b_n=3$.

(1) 分别求数列 $\{a_n\},\{b_n\}$ 的通项公式;

(2) 在 b_1 和 b_2 之间插入 1 个数 x_{11} 使 b_1,x_{11},b_2 成等差数列,在 b_2 和 b_3 之间插入 2 个数 x_{21},x_{22} 使 b_2,x_{21},x_{22},b_3 成等差数列,……,在 b_n 和 b_{n+1} 之间插入 n 个数 $x_{n1},x_{n2},\cdots,x_{nn}$ 使 $b_n,x_{n1},x_{n2},\cdots,x_{nn},b_{n+1}$ 成等差数列.设 $T_n=x_{11}+(x_{21}+x_{22})+\cdots+(x_{n1}+x_{n2}+\cdots+x_{nn})$.

(i) 求 T_n;

(ii) 是否存在正整数 m,n 使得 $T_n=\frac{a_m+1}{2a_m}$?若存在,请求出所有的正整数对 (m,n);若不存在,请说明理由.

解　(1)(过程略)$a_n=n,b_n=\frac{1}{2\cdot3^{n-1}}$.

(2)(i) 由题设可得

$$\begin{aligned}T_n&=\frac{1}{2}(b_1+b_2)+\frac{2}{2}(b_2+b_3)+\frac{3}{2}(b_3+b_4)+\cdots+\frac{n}{2}(b_n+b_{n+1})\\&=\frac{1}{2}[b_1+3b_2+5b_3+\cdots+(2n-1)b_n+nb_{n+1}]\\&=\frac{1}{4}\left(1+\frac{3}{3}+\frac{5}{3^2}+\cdots+\frac{2n-1}{3^{n-1}}+\frac{n}{3^n}\right)\end{aligned}$$

$=\frac{1}{4}\left(3-\frac{2n+3}{3^n}\right)$ （用错位相减法）

(ii) 若存在正整数 m,n 使得 $T_n=\frac{a_m+1}{2a_m}$，可得

$$\frac{1}{4}\left(3-\frac{2n+3}{3^n}\right)=\frac{m+1}{2m}$$

$$m=2+\frac{2(2n+3)}{3^n-(2n+3)} \quad (m,n\in \mathbf{N}^*) \qquad ①$$

可用数学归纳法证得 $3^{n-1}>2n+3(n\geqslant 4,n\in \mathbf{N}^*)$，所以 $0<\frac{2(2n+3)}{3^n-(2n+3)}<1(n\geqslant 4,n\in \mathbf{N}^*)$，因而若 ① 成立，则 $n=1,2$ 或 3.

进而可求得 $(m,n)=(3,3),(9,2)$.

83. 已知 $a_n=\left(\frac{\sqrt{5}+1}{2}\right)^n-\left(\frac{\sqrt{5}-1}{2}\right)^n(n\in \mathbf{N}^*)$.

(1) 是否存在常数 m,t，使得 $a_{n+2}=ma_{n+1}+ta_n(n\in \mathbf{N}^*)$ 恒成立？若存在，请求出 m,t 的值；若不存在，请什么理由；

(2) 证明：$a_{2n-1}\in \mathbf{Z}(n\in \mathbf{N}^*)$.

解 (1) 可求得 $a_1=1,a_2=\sqrt{5},a_3=4,a_4=3\sqrt{5}$.

若存在常数 m,t，使得 $a_{n+2}=ma_{n+1}+ta_n(n\in \mathbf{N}^*)$ 恒成立，则当 $n=1,2$ 时均成立，可得 $\begin{cases}4=\sqrt{5}m+t\\3\sqrt{5}=4m+\sqrt{5}t\end{cases}$，解得 $\begin{cases}m=\sqrt{5}\\t=-1\end{cases}$.

下面证明 $a_{n+2}=\sqrt{5}a_{n+1}-a_n(n\in \mathbf{N}^*)$：

$$\begin{aligned}\sqrt{5}a_{n+1}-a_n&=\sqrt{5}\left[\left(\frac{\sqrt{5}+1}{2}\right)^{n+1}-\left(\frac{\sqrt{5}-1}{2}\right)^{n+1}\right]-\\&\quad\left[\left(\frac{\sqrt{5}+1}{2}\right)^{n}-\left(\frac{\sqrt{5}-1}{2}\right)^{n}\right]\\&=\left[\frac{\sqrt{5}(\sqrt{5}+1)}{2}-1\right]\left(\frac{\sqrt{5}+1}{2}\right)^n-\\&\quad\left[\frac{\sqrt{5}(\sqrt{5}-1)}{2}-1\right]\left(\frac{\sqrt{5}-1}{2}\right)^n\\&=\frac{3+\sqrt{5}}{2}\left(\frac{\sqrt{5}+1}{2}\right)^n-\frac{3-\sqrt{5}}{2}\left(\frac{\sqrt{5}-1}{2}\right)^n\\&=\left(\frac{\sqrt{5}+1}{2}\right)^{n+2}-\left(\frac{\sqrt{5}-1}{2}\right)^{n+2}=a_{n+2}\end{aligned}$$

所以存在常数 m,t，使得 $a_{n+2}=ma_{n+1}+ta_n(n\in \mathbf{N}^*)$ 恒成立，且 $m=\sqrt{5}$，$t=1$.

(2) 我们用数学归纳法证明：$a_{2n-1},\sqrt{5}a_{2n}\in\mathbf{Z}(n\in\mathbf{N}^*)$.

① 可求得 $a_1=1,\sqrt{5}a_2=5$，所以 $n=1$ 时欲证结论成立.

② 假设 $n=k$ 时欲证结论成立：$a_{2k-1},\sqrt{5}a_{2k}\in\mathbf{Z}$.

由(1) 的结论可得 $a_{2k+1}=\sqrt{5}a_{2k}-a_{2k-1}$，所以 $a_{2k+1}\in\mathbf{Z}$，且$\sqrt{5}a_{2k}=a_{2k+1}+a_{2k-1}$.

还可得

$$a_{2k+2}=\sqrt{5}a_{2k+1}-a_{2k}$$

$$\sqrt{5}a_{2k+2}=5a_{2k+1}-\sqrt{5}a_{2k}=5a_{2k+1}-(a_{2k+1}+a_{2k-1})=4a_{2k+1}-a_{2k-1}$$

$$\sqrt{5}a_{2k+2}\in\mathbf{Z}$$

所以 $n=k+1$ 时欲证结论成立.

由数学归纳法知，欲证结论成立.

84. 在数列$\{a_n\}$ 中，$a_1=1,a_2=3,a_{n+2}=3a_{n+1}-ka_n(k\neq 0)$ 对任意的 $n\in\mathbf{N}^*$ 恒成立. 令 $b_n=a_{n+1}-a_n$，有$\{b_n\}$ 是等比数列.

(1) 求 k 的值；

(2) 求数列$\{a_n\}$ 的通项公式；

(3) 求证：$\frac{1}{a_1}+\frac{1}{a_2}+\frac{1}{a_3}+\cdots+\frac{1}{a_n}<\frac{34}{21}$.

解　(1) 可得

$b_1=a_2-a_1=3-1=2,b_2=a_3-a_2=6-k,b_3=a_4-a_3=18-5k$

再由 $b_2^2=b_1b_3$，可得$(6-k)^2=2(18-5k)(k\neq 0),k=2$.

当 $k=2$ 时，可得 $b_n=2^n$，$\{b_n\}$ 是等比数列.

综上所述，可得所求 k 的值是 2.

(2) 由(1) 的解答，可得 $b_n=a_{n+1}-a_n=2^n,a_1=1$.

再由累加法，可得数列$\{a_n\}$ 的通项公式是 $a_n=2^n-1$.

(3) 可得当 $n=1,2,3$ 时欲证结论均成立.

当 $n\geqslant 4$ 时，由(2) 的答案，可得

$$\frac{1}{a_n}=\frac{1}{2^n-1}<\frac{1}{2^n-2}=\frac{1}{2(2^{n-1}-1)}=\frac{1}{2}\cdot\frac{1}{a_{n-1}}$$

所以

$$\begin{aligned}\frac{1}{a_1}+\frac{1}{a_2}+\frac{1}{a_3}+\cdots+\frac{1}{a_n}&<\frac{1}{1}+\frac{1}{3}+\frac{1}{7}\left(1+\frac{1}{2}+\frac{1}{2^2}+\cdots+\frac{1}{2^{n-3}}\right)\\&=\frac{4}{3}+\frac{2}{7}\left(1-\frac{1}{2^{n-2}}\right)<\frac{4}{3}+\frac{2}{7}=\frac{34}{21}\end{aligned}$$

综上所述，可得欲证结论成立.

85. (2017 年北京市丰台高三期末考试试题) 已知无穷数列$\{c_n\}$ 满足 $c_{n+1}=$

$|1-|1-2c_n||$.

(1) 若 $c_1=\frac{1}{7}$,写出数列$\{c_n\}$的前4项;

(2) 对于任意$0\leqslant c_1\leqslant 1$,是否存在实数$M$,使数列$\{c_n\}$中的所有项均不大于$M$?若存在,求$M$的最小值;若不存在,请说明理由;

(3) 当c_1为有理数且$c_1\geqslant 0$时,若数列$\{c_n\}$自某项后是周期数列,写出c_1的最大值.(直接写出结果,无需证明.)

解 (1) 数列$\{c_n\}$的前4项依次是$\frac{1}{7},\frac{2}{7},\frac{4}{7},\frac{6}{7}$.

(2) 解法1 我们先用数学归纳法进行证明$0\leqslant c_n\leqslant 1(n\in\mathbf{N}^*)$.

由题设$0\leqslant c_1\leqslant 1$,可得当$n=1$时成立.

假设当$n=k$时欲证结论成立:$0\leqslant c_k\leqslant 1$.

可得

$$0\leqslant 2c_k\leqslant 2,-1\leqslant 1-2c_k\leqslant 1,0\leqslant |1-2c_k|\leqslant 1,0\leqslant 1-|1-2c_k|\leqslant 1$$
$$0\leqslant |1-|1-2c_k||\leqslant 1$$

即$0\leqslant c_{k+1}\leqslant 1$,得$n=k+1$时欲证结论也成立.

所以$0\leqslant c_n\leqslant 1(n\in\mathbf{N}^*)$.因而若存在实数$M$满足题设,则$M\geqslant 1$.

当$c_1=\frac{1}{2}$时,可得当$n\geqslant 2$时,$c_n=1$.

综上所述,可得存在实数M满足题设,且M的最小值为1.

解法2 当$n\geqslant 2$时,若存在$k=2,3,4,\cdots$满足$c_{k-1}<1$,且$c_k>1$.

显然$c_{k-1}\neq 0,\frac{1}{2},1$,则:

当$\frac{1}{2}<c_{k-1}<1$时,$c_k=2-2c_{k-1}<1$与$c_k>1$矛盾!当$0<c_{k-1}<\frac{1}{2}$时,$c_k=2c_{k-1}<1$与$c_k>1$矛盾!

所以$0\leqslant c_n\leqslant 1(n\geqslant 2)$.因而若存在实数$M$满足题设,则$M\geqslant 1$.

当$c_1=\frac{1}{2}$时,可得当$n\geqslant 2$时,$c_n=1$.

综上所述,可得存在实数M满足题设,且M的最小值为1.

(3) 答案是2.

86.已知数列$\{a_n\}$满足$a_1=1,a_{n+1}=\left(1+\frac{1}{2^n}\right)a_n+\frac{1}{n^2}(n\in\mathbf{N}^*)$,求证$a_n<\mathrm{e}^{\frac{11}{4}}(n\in\mathbf{N}^*)$.

解 可得$a_1=1,a_2=\frac{5}{2},a_3=\frac{17}{8}$,从而可得当$n=1,2,3$时欲证结论均成立.

下证当 $n \geqslant 4$ 时欲证结论成立.

由题设及数学归纳法,可证得 $a_{n+1} > a_n \geqslant 1(n \in \mathbf{N}^*)$,所以

$$a_{n+1} = \left(1 + \frac{1}{2^n}\right)a_n + \frac{1}{n^2} \leqslant \left(1 + \frac{1}{2^n} + \frac{1}{n^2}\right)a_n \quad (n \in \mathbf{N}^*)$$

$$\ln a_{n+1} \leqslant \ln a_n + \ln\left(1 + \frac{1}{2^n} + \frac{1}{n^2}\right) \quad (n \in \mathbf{N}^*)$$

再由不等式 $\ln x \leqslant x - 1$,可得

$$\ln a_{k+1} - \ln a_k \leqslant \frac{1}{2^k} + \frac{1}{k^2} \quad (k \in \mathbf{N}^*)$$

累加后,可得

$$\ln a_n - \ln a_1 = \ln a_n \leqslant 1 - \frac{1}{2^{n-1}} + \sum_{k=1}^{n-1}\frac{1}{k^2} < 1 + \sum_{k=1}^{n-1}\frac{1}{k^2} < 1 + 1 + \frac{1}{4} + \sum_{k=3}^{n-1}\frac{1}{k^2}$$

$$< \frac{9}{4} + \sum_{k=3}^{n-1}\frac{1}{\left(k - \frac{1}{2}\right)\left(k + \frac{1}{2}\right)} = \frac{9}{4} + \sum_{k=3}^{n-1}\left[\frac{1}{k - \frac{1}{2}} - \frac{1}{k + \frac{1}{2}}\right]$$

$$= \frac{9}{4} + \frac{2}{5} - \frac{1}{n - \frac{1}{2}} < \frac{9}{4} + \frac{1}{2} = \frac{11}{4} \quad (n \geqslant 4, n \in \mathbf{N}^*)$$

所以

$$a_n < \mathrm{e}^{\frac{11}{4}} \quad (n \geqslant 4, n \in \mathbf{N}^*)$$

综上所述,可得欲证结论成立.

87.(2018 年北京市房山高三期末考试试题)对于各项均为整数的数列 $\{a_n\}$,若 $a_i + m = m^2(m = 1,2,3,\cdots)$ 为完全平方数,则称数列 $\{a_n\}$ 具有“M 性质”;不论数列 $\{a_n\}$ 是否具有“M 性质”,若存在与 $\{a_n\}$ 不是同一数列的 $\{b_n\}$,且 $\{b_n\}$ 同时满足下面两个条件:① $b_1, b_2, b_3, \cdots, b_n$ 是 $a_1, a_2, a_3, \cdots, a_n$ 的一个排列;② 数列 $\{b_n\}$ 具有“M 性质”,则称数列 $\{a_n\}$ 具有“变换 M 性质”.

(1) 设数列 $\{a_n\}$ 的前 n 项和 $S_n = \frac{n}{3}(n^2 - 1)$,证明数列 $\{a_n\}$ 具有“M 性质”;

(2) 试判断数列 1,2,3,4,5 和数列 $1,2,3,\cdots,11$ 是否具有“变换 M 性质”,具有此性质的数列请写出相应的数列 $\{b_n\}$,不具有此性质的说明理由;

(3) 对于有限项数列 A:$1,2,3,\cdots,n$,某人已经验证当 $n \in [12, m^2](m \geqslant 5)$ 时,数列 A 具有“变换 M 性质”,试证明:当 $n \in [m^2 + 1, (m+1)^2]$ 时,数列 A 也具有“变换 M 性质”.

解　(1) 当 $n \geqslant 2$ 时,$a_n = S_n - S_{n-1} = \frac{n}{3}(n^2 - 1) - \frac{n-1}{3}[(n-1)^2 - 1] = n^2 - n$;又因为 $a_1 = 0$,因而 $a_n = n^2 - n(n \in \mathbf{N}^*)$.

所以 $a_i + m = m^2(m = 1,2,3,\cdots)$ 是完全平方数,数列 $\{a_n\}$ 具有“M 性质”.

(2) 数列 $1,2,3,4,5$ 具有"变换 M 性质"，数列 $\{b_n\}$ 为 $3,2,1,5,4$.

数列 $1,2,3,\cdots,11$ 不具有"变换 M 性质". 因为 $11,4$ 都只有与 5 的和才能构成完全平方数，所以数列 $1,2,3,\cdots,11$ 不具有"变换 M 性质".

(3) 设 $n=m^2+j, 1\leqslant j\leqslant 2m+1$.

注意到 $(m+2)^2-(m^2+j)=4m+4-j$，令 $h=4m+4-j-1$.

由于 $1\leqslant j\leqslant 2m+1, m\geqslant 5$，所以 $h=4m+4-j-1\geqslant 2m+2\geqslant 12$.

又因为 $m^2-h=m^2-4m-4+j+1\geqslant m^2-4m-2, m^2-4m-2=(m-2)^2-6>0$，所以 $h<m^2$，即 $h\in[12,m^2]$.

因为当 $n\in[12,m^2](m\geqslant 5)$ 时，数列 $\{a_n\}$ 具有"变换 M 性质"，所以 $1,2,\cdots,4m+4-j-1$ 可以排列成 $a_1,a_2,a_3,\cdots,a_h$，使得 $a_i+i(i=1,2,\cdots,h)$ 都是平方数.

另外，$4m+4-j,4m+4-j+1,\cdots,m^2+j$ 可以按相反顺序排列，即排列为 $m^2+j,\cdots,4m+4-j+1,4m+4-j$，使得 $(4m+4-j)+(m^2+j)=(m+2)^2$，$(4m+4-j+1)+(m^2+j-1)=(m+2)^2,\cdots$

所以 $1,2,\cdots,4m+4-j-1,4m+4-j,\cdots,m^2-1+j,m^2+j$ 可以排成 $a_1,a_2,a_3,\cdots,a_h,m^2+j,\cdots,4m+4-j$ 满足 $a_i+i(i=1,2,\cdots,m^2+j)$ 都是平方数.

88.(2018 年北京市东城高三期末考试试题) 已知数列 $A:a_1,a_2,\cdots,a_n(n\geqslant 2)$ 满足 $a_i\in\mathbf{N}^*$ 且 $a_i\leqslant i(i=1,2,\cdots,n)$，数列 $B:b_1,b_2,\cdots,b_n(n\geqslant 2)$ 满足 $b_i=\tau(a_i)+1(i=1,2,\cdots,n)$，其中 $\tau(a_1)=0$，$\tau(a_i)(i=2,3,\cdots,n)$ 表示 $a_1,a_2,\cdots,a_{i-1}$ 中与 a_i 不等的项的个数.

(1) 数列 $A:1,1,2,3,4$，请直接写出相应的数列 B；

(2) 证明：$b_i\geqslant a_i(i=1,2,\cdots,n)$；

(3) 若数列 A 相邻两项均不等，B 与 A 为同一个数列，证明：$a_i=i(i=1,2,\cdots,n)$.

解 (1)$1,1,3,4,5$.

(2) 当 $i=1$ 时，由 $1\leqslant a_1\leqslant 1$ 知 $a_1=1$，由题意知 $b_1=1\geqslant a_1$，结论成立；

当 $i\geqslant 2$ 时，设 $a_i=k(1\leqslant k\leqslant i)$，若 $k=1$，则 $b_i\geqslant a_i$；

若 $2\leqslant k\leqslant i$，则由 $a_1\leqslant 1,a_2\leqslant 2,\cdots,a_{k-1}\leqslant k-1$ 知 $a_1,a_2,\cdots,a_{k-1}$ 均不与 a_i 相等.

于是 $\tau(a_i)\geqslant k-1, b_i=\tau(a_i)+1\geqslant k=a_i$.

综上所述，可得 $b_i\geqslant a_i(i=1,2,\cdots,n)$.

(3) 当 $i=1$ 时，由 $1\leqslant a_1\leqslant 1$ 知 $a_1=1$，结论成立；

当 $i\geqslant 2$ 时，假设 $a_1,a_2,\cdots,a_{i-1}$ 中存在一项和 a_i 相等，设为 a_k.

在数列 $a_1,a_2,\cdots,a_k,\cdots,a_{i-1},a_i$ 中，由 $a_i\neq a_{i-1}, a_i=a_k$ 可知，第 i 项之前与

a_i 不相等的项比第 k 项之前与 a_k 不相等的项至少多了一项 a_{i-1}，则 $\tau(a_i) > \tau(a_k)$.

于是 $b_i = \tau(a_i)+1 > \tau(a_k)+1 = b_k$，可得 $a_i = b_i > b_k = a_k$，与 $a_i = a_k$ 矛盾！

于是 $a_1, a_2, \cdots, a_{i-1}$ 均不与 a_i 相等，则 $a_i = b_i = \tau(a_i)+1 = i$.

综上所述可得，若数列 A 相邻两项均不相等，且 B 与 A 为同一个数列，则 $a_i = i(i=1,2,\cdots,n)$.

89.（2018年北京市朝阳高三期末考试试题）已知集合 $P=\{a_1, a_2, \cdots, a_n\}$，其中 $a_i \in \mathbf{R}(1 \leqslant i \leqslant n, n>2)$. $M(P)$ 表示 $a_i + a_j(1 \leqslant i < j \leqslant n)$ 中所有不同值的个数.

(1) 若集合 $P=\{1,3,5,7,9\}$，求 $M(P)$；

(2) 若集合 $P=\{1,4,16,\cdots,4^{n-1}\}$，求证：$a_i + a_j$ 的值两两不同，并求 $M(P)$；

(3) 求 $M(P)$ 的最小值.（用含 n 的代数式表示.）

解 (1) 可得 $a_i + a_j(1 \leqslant i < j \leqslant n)$ 中所有不同的值分别是 4,6,8,10,12,14,16，因而 $M(P)=7$.

(2) 形如和式 $a_i + a_j(1 \leqslant i < j \leqslant n)$ 共有 $C_n^2 = \dfrac{n(n-1)}{2}$ 项，所以 $M(P) \leqslant \dfrac{n(n-1)}{2}$.

对于集合 $\{1,4,16,\cdots,4^{n-1}\}$ 中的和式 $a_i + a_j, a_p + a_q(1 \leqslant i < j \leqslant n, 1 \leqslant p < q \leqslant n)$：

当 $j=q$ 时，$i \neq p$ 时，$a_i + a_j \neq a_p + a_q$；

当 $j \neq q$ 时，可不妨设 $j<q$，可得 $a_i + a_j < 2a_j = 4^{j-\frac{1}{2}} < a_{j+1} \leqslant a_q < a_p + a_q$，所以 $a_i + a_j(1 \leqslant i < j \leqslant n)$ 的值两两不同.

所以 $M(P)=\dfrac{n(n-1)}{2}$.

(3) 可不妨设 $a_1 < a_2 < a_3 < \cdots < a_n$，可得

$$a_1 + a_2 < a_1 + a_3 < \cdots < a_1 + a_n < a_2 + a_n < \cdots < a_{n-1} + a_n$$

得 $a_i + a_j(1 \leqslant i < j \leqslant n)$ 中至少有 $2n-3$ 个不同的数，即 $M(P) \geqslant 2n-3$.

设 $a_1, a_2, \cdots, a_n$ 成等差数列，得 $a_i + a_j = \begin{cases} a_{i+j-n} + a_n, i+j>n \\ a_1 + a_{i+j-1}, i+j \leqslant n \end{cases}$，则对于每个和式 $a_i + a_j(1 \leqslant i < j \leqslant n)$，其值等于 $a_1 + a_p(2 \leqslant p \leqslant n)$ 或 $a_q + a_n$ $(1 \leqslant q \leqslant n-1)$ 中的一个. 去掉重复的一个 $a_1 + a_n$，所以对于这样的集合 P，$M(P)=2n-3$.

得 $M(P)$ 的最小值为 $2n-3$.

90.(2017年北京市西城高三一模)将数字$1,2,3,\cdots,2n(n\geqslant 3)$全部填入一个2行$n$列的表格中(如图6所示),每格填一个数字.第一行填入的数字依次为$a_1,a_2,\cdots,a_n$,第二行填入的数字依次为$b_1,b_2,\cdots,b_n$.记$S_n=\sum\limits_{i=1}^{n}|a_i-b_i|$.

a_1	a_2	$\cdots$	a_n
b_1	b_2	$\cdots$	b_n

图6

(1) 当$n=3$时,若$a_1=1,a_2=3,a_3=5$,写出S_3的所有可能的取值;

(2) 给定正整数n.试给出$a_1,a_2,\cdots,a_n$的一组取值,使得无论$b_1,b_2,\cdots,b_n$填写的顺序如何,S_n都只有一个取值,并求出此时S_n的值;

(3) 求证:对于给定的n以及满足条件的所有填法,S_n的所有取值的奇偶性相同.

解 (1) 可得$\{b_1,b_2,b_3\}=\{2,4,6\}$,对$b_1,b_2,b_3$的6种排列分别求解,可得答案是3,5,7,9.

(2) 令$a_i=i\ (i=1,2,\cdots,n)$,则无论$b_1,b_2,\cdots,b_n$填写的顺序如何,都有$S_n=n^2$.证明如下:

因为$a_i=i$,所以$b_i\in\{n+1,n+2,\cdots,2n\},i=1,2,\cdots,n$.

因为$a_i<b_i(i=1,2,\cdots,n)$,所以

$$S_n=\sum_{i=1}^{n}|a_i-b_i|=\sum_{i=1}^{n}(b_i-a_i)=\sum_{i=1}^{n}b_i-\sum_{i=1}^{n}a_i=\sum_{i=n+1}^{2n}i-\sum_{i=1}^{n}i=n^2$$

注 当$\{a_1,a_2,\cdots,a_n\}=\{n+1,n+2,\cdots,2n\}$时,也可得:无论$b_1,b_2,\cdots,b_n$填写的顺序如何,都有$S_n=n^2$.

(3) 当$a\in\mathbf{Z}$时,$|a|-a=-2a$或0,所以$|a|$与a的奇偶性相同.因而$|a_i-b_i|$与a_i-b_i的奇偶性相同,还可得a_i-b_i与a_i+b_i的奇偶性相同,所以$|a_i-b_i|$与a_i+b_i的奇偶性相同$(i=1,2,\cdots,n)$.

因而$S_n=\sum\limits_{i=1}^{n}|a_i-b_i|$与$\sum\limits_{i=1}^{n}(a_i+b_i)=\sum\limits_{i=1}^{2n}i=n(2n+1)$的奇偶性相同,即$S_n$与$n$的奇偶性相同.得欲证结论成立.

91.(2017年北京市东城高三一模)已知集合$A=\{a_1,a_2,\cdots,a_n\},a_i\in\mathbf{R}$,$i=1,2,\cdots,n$,并且$n\geqslant 2$.定义$T(A)=\sum\limits_{1\leqslant i<j\leqslant n}|a_j-a_i|$(例如:$\sum\limits_{1\leqslant i<j\leqslant 3}|a_j-a_i|=|a_2-a_1|+|a_3-a_1|+|a_3-a_2|$).

(1) 若$A=\{1,2,3,4,5,6,7,8,9,10\}$,$M=\{1,2,3,4,5\}$,集合$A$的子集$N$满足:$N\neq M$,且$T(M)=T(N)$,求出一个符合条件的$N$;

(2) 对于任意给定的常数C以及给定的集合$A=\{a_1,a_2,\cdots,a_n\}$,求证:存

在集合 $B=\{b_1,b_2,\cdots,b_n\}$，使得 $T(B)=T(A)$，且 $\sum\limits_{i=1}^{n}b_i=C$.

(3) 已知集合 $A=\{a_1,a_2,\cdots,a_{2m}\}$ 满足：$a_i<a_{i+1}$，$i=1,2,\cdots,2m-1$，$m\geqslant 2$，$a_1=a$，$a_{2m}=b$，其中 $a,b\in\mathbf{R}$ 为给定的常数，求 $T(A)$ 的取值范围.

解　(1) 可得 $N=\{2,3,4,5,6\}$，或 $\{3,4,5,6,7\}$，或 $\{4,5,6,7,8\}$，或 $\{5,6,7,8,9\}$，或 $\{6,7,8,9,10\}$.

(2) 若集合 $A=\{a_1,a_2,\cdots,a_n\}$，如果集合 A 中每个元素加上同一个常数 t，形成新的集合 $M=\{a_1+t,a_2+t,\cdots,a_n+t\}$.

根据 $T(A)=\sum\limits_{1\leqslant i<j\leqslant n}|a_j-a_i|$ 定义可以验证 $T(M)=T(A)$ 成立.

取 $t=\dfrac{C-\sum\limits_{i=1}^{n}a_i}{n}$，此时

$$B=\left\{a_1+\frac{C-\sum\limits_{i=1}^{n}a_i}{n},a_2+\frac{C-\sum\limits_{i=1}^{n}a_i}{n},\cdots,a_n+\frac{C-\sum\limits_{i=1}^{n}a_i}{n}\right\}.$$

通过验证，此时 $T(B)=T(A)$，且 $\sum\limits_{i=1}^{n}b_i=C$.

所以欲证结论成立.

(3) 由于 $m\geqslant 2$，所以

$$\begin{aligned}T(A)=&(a_2-a_1)+(a_3-a_1)+(a_4-a_1)+\cdots+(a_{2m}-a_1)\\&+(a_3-a_2)+(a_4-a_2)+\cdots+(a_{2m}-a_2)\\&+(a_4-a_3)+\cdots+(a_{2m}-a_3)+\\&\vdots\\&+(a_{2m}-a_{2m-1})\\=&-(2m-1)a_1-(2m-3)a_2-\cdots-a_m+a_{m+1}+\cdots+\\&(2m-3)a_{2m-1}+(2m-1)a_{2m}\\=&(2m-1)(a_{2m}-a_1)+(2m-3)(a_{2m-1}-a_2)+\cdots+\\&(a_{m+1}-a_m)\\=&(2m-1)(b-a)+(2m-3)(a_{2m-1}-a_2)+\cdots+\\&(a_{m+1}-a_m)\end{aligned}$$

由于

$$\begin{gathered}0<a_{2m-1}-a_2<b-a\\0<a_{2m-2}-a_3<b-a\\0<a_{2m-3}-a_4<b-a\\\vdots\end{gathered}$$

$$0 < a_{m+1} - a_m < b - a$$

所以$(2m-1)(b-a) < T(A) < m^2(b-a)$.

92.(2017年北京市海淀高三一模)已知含有n个元素的正整数集$A=\{a_1,a_2,\cdots,a_n\}(a_1 < a_2 < \cdots < a_n, n \geqslant 3)$具有性质$P$:对任意不大于$S(A)$(其中$S(A)=a_1+a_2+\cdots+a_n$)的正整数$k$,存在数集$A$的一个子集,使得该子集所有元素的和等于$k$.

(1) 写出a_1,a_2的值;

(2) 证明:"$a_1,a_2,\cdots,a_n$成等差数列"的充要条件是"$S(A)=\dfrac{n(n+1)}{2}$";

(3) 若$S(A)=2\ 017$,求当n取最小值时,a_n的最大值.

解 (1)$a_1=1,a_2=2$.

(2) 先证必要性:

因为$a_1=1,a_2=2,a_1,a_2,\cdots,a_n$成等差数列,所以$a_n=n$,得$S(A)=\dfrac{n(n+1)}{2}$.

再证充分性:

因为$a_1 < a_2 < \cdots < a_n$,$a_1,a_2,\cdots,a_n$为正整数数列,所以$a_1=1,a_2=2,a_3 \geqslant 3,a_4 \geqslant 4,\cdots,a_n \geqslant n$,因而

$$S(A)=a_1+a_2+\cdots+a_n \geqslant 1+2+\cdots+n=\frac{n(1+n)}{2}$$

又因为$S(A)=\dfrac{n(n+1)}{2}$,所以$a_m=m(m=1,2,\cdots,n)$,得$a_1,a_2,\cdots,a_n$为等差数列.

(3) 先证明$\forall a_m \leqslant 2^{m-1}(m=1,2,\cdots,n)$.

假设存在$a_p > 2^{p-1}$,且p为最小的正整数.

依题意可得$p \geqslant 3$,所以

$$a_1+a_2+\cdots+a_{p-1} \leqslant 1+2+\cdots+2^{p-2}=2^{p-1}-1$$

又因为$a_1 < a_2 < \cdots < a_n$,所以当$k \in (2^{p-1}-1, a_p)$时,k不能等于集合A的任何一个子集所有元素的和.

得假设不成立,即$\forall a_m \leqslant 2^{m-1}(m=1,2,\cdots,n)$成立.

因此$2\ 017=a_1+a_2+\cdots+a_n \leqslant 1+2+\cdots+2^{n-1}=2^n-1$,即$2^n \geqslant 2\ 018$,所以$n \geqslant 11$.

因为$S=2\ 017$,所以$a_1+a_2+\cdots+a_{n-1}=2\ 017-a_n$.

若$2\ 017-a_n < a_n-1$时,则当$k \in (2\ 017-a_n, a_n)$时,集合A中不可能存在若干不同元素的和为k,所以$2\ 017-a_n \geqslant a_n-1$,即$a_n \leqslant 1\ 009$.

此时可构造集合$A=\{1,2,4,8,16,32,64,128,256,497,1\ 009\}$.

因为当$k\in\{2,2+1\}$时，k可以等于集合$\{1,2\}$中若干个元素的和，所以当$k\in\{2^2,2^2+1,2^2+2,2^2+3\}$时，$k$可以等于集合$\{1,2,2^2\}$中若干不同元素的和.

……

所以当$k\in\{2^8,2^8+1,2^8+2,\cdots,2^8+255\}$时，$k$可以等于集合$\{1,2,\cdots,2^8\}$中若干不同元素的和，当$k\in\{497+3,497+4,\cdots,497+511\}$时，$k$可以等于集合$\{1,2,\cdots,2^8,497\}$中若干不同元素的和，当$k\in\{1\,009,1\,009+1,1\,009+2,\cdots,1\,009+1\,008\}$时，$k$可以等于集合$\{1,2,\cdots,2^8,497,1\,009\}$中若干不同元素的和，得集合$A=\{1,2,4,8,16,32,64,128,256,497,1\,009\}$满足题设，所以当$n$取最小值 11 时，$a_n$的最大值为 1 009.

93.（2017 年北京市丰台高三一模）若数列$\{x_n\}$满足$x_{n+1}-x_n>1(n\in\mathbf{N}^*)$恒成立，则称这个数列为"$K$数列".

(1) 已知数列：$1,m+1,m^2$是"K数列"，求实数m的取值范围；

(2) 是否存在首项为-1的等差数列$\{a_n\}$为"K数列"，且其前n项和S_n满足$S_n<\frac{1}{2}n^2-n$？若存在，求出$\{a_n\}$的通项公式；若不存在，请说明理由；

(3) 已知各项均为正整数的等比数列$\{a_n\}$是"K数列"，数列$\left\{\frac{1}{2}a_n\right\}$不是"$K$数列"，若$b_n=\frac{a_{n+1}}{n+1}$，试判断数列$\{b_n\}$是否为"$K$数列"，并说明理由.

解　(1) 由题设可得$\begin{cases}(m+1)-1>1\\ m^2-(m+1)>1\end{cases}$，进而可求得实数$m$的取值范围是$(2,+\infty)$.

(2) 假设存在等差数列$\{a_n\}$符合要求，设公差为d，得$d>1$.

由$a_1=-1$，可得$S_n=-n+\frac{n(n-1)}{2}d$.

由题意，可得$-n+\frac{n(n-1)}{2}d<\frac{1}{2}n^2-n$即$(n-1)d<n$对$n\in\mathbf{N}^*$恒成立，也即$d<\frac{n}{n-1}$，$d<1+\frac{1}{n-1}(n-1\in\mathbf{N}^*)$恒成立，$d\leqslant 1$. 这与题设$d>1$矛盾！

所以满足题设的等差数列$\{a_n\}$不存在.

(3) 数列等比$\{a_n\}$的公比为q，可得$a_n=a_1q^{n-1}(n\in\mathbf{N}^*)$.

因为$a_n\in\mathbf{N}^*$，且$a_{n+1}-a_n=a_n(q-1)>1>0(n\in\mathbf{N}^*)$. 又因为$a_1\in\mathbf{N}^*$，所以$q-1>0,q>1$.

由$a_{n+1}-a_n>0(n\in\mathbf{N}^*)$及$q>1$，可得$a_{n+2}-a_{n+1}=q(a_{n+1}-a_n)>a_{n+1}-a_n>0(n\in\mathbf{N}^*)$，所以$\{a_{n+1}-a_n\}$是递增数列. 因而$\{a_n\}$是"$K$数列"，即

$a_2-a_1>1$.

由$\{a_{n+1}-a_n\}$是递增数列，可得$\left\{\frac{1}{2}(a_{n+1}-a_n)\right\}$也是递增数列. 因而$\left\{\frac{1}{2}a_n\right\}$不是"$K$数列"，即$\frac{1}{2}a_2-\frac{1}{2}a_1\leqslant 1, a_1(q-1)\leqslant 2$.

再由$a_2-a_1\in\mathbf{Z}$，得$a_2-a_1=a_1(q-1)=2$.

在$a_n=a_1q^{n-1}(n\in\mathbf{N}^*)$中，由$a_n\in\mathbf{N}^*(n\in\mathbf{N}^*)$，可得$q\in\mathbf{Q}$. 若$q\notin\mathbf{N}^*$，则可设$q=\frac{s}{r}$($r,s$是互质的正整数，且$r\geqslant 2$).

可设r的一个质因数是p，还可设$a_1=p^ic(i\in\mathbf{N}$，p不整除c；$r=p^jm$，$j\in\mathbf{N}^*$，p不整除$m)$，可得$a_n=p^ic\left(\frac{s}{p^jm}\right)^{n-1}(n\in\mathbf{N}^*)$，这将与题设$a_n\in\mathbf{N}^*(n\in\mathbf{N}^*)$矛盾！所以$q\in\mathbf{N}^*$.

进而可得$a_1, q-1\in\mathbf{N}^*$，所以$\begin{cases}a_1=2\\q-1=1\end{cases}$(即$a_n=2^n(n\in\mathbf{N}^*)$)或$\begin{cases}a_1=1\\q-1=2\end{cases}$(即$a_n=3^{n-1}(n\in\mathbf{N}^*)$).

① 当$a_n=2^n(n\in\mathbf{N}^*)$时，得$b_n=\frac{2^{n+1}}{n+1}(n\in\mathbf{N}^*)$. 因为$b_2-b_1=\frac{8}{3}-2=\frac{2}{3}\leqslant 1$，所以数列$\{b_n\}$不是"$K$数列".

② 当$a_n=3^{n-1}(n\in\mathbf{N}^*)$时，得$b^n=\frac{3^n}{n+1}(n\in\mathbf{N}^*)$.

设$c_n=b_{n+1}-b_n(n\in\mathbf{N}^*)$，可得$c_n=\frac{3^{n+1}}{n+2}-\frac{3^n}{n+1}=3^n\cdot\frac{2n+1}{(n+1)(n+2)}$ $(n\in\mathbf{N}^*)$.

又因为

$$\begin{aligned}&3^{n+1}\cdot\frac{2n+3}{(n+2)(n+3)}-3^n\cdot\frac{2n+1}{(n+1)(n+2)}\\&=\frac{3^n}{n+2}\cdot\frac{4n^2+8n+6}{(n+1)(n+3)}>0\quad(n\in\mathbf{N}^*)\end{aligned}$$

所以$\{c_n\}$为递增数列，得$c_n>c_{n-1}>c_{n-2}>\cdots>c_1$，所以$b_{n+1}-b_n>b_n-b_{n-1}>b_{n-1}-b_{n-2}>\cdots>b_2-b_1$.

因为$b_2-b_1=3-\frac{3}{2}=\frac{3}{2}>1$，所以$\forall n\in\mathbf{N}^*$，都有$b_{n+1}-b_n>1$，得数列$\{b_n\}$为"$K$数列".

由$3^n=(1+2)^n\geqslant 1+\mathrm{C}_n^1\cdot 2+\cdots=2n+1\geqslant n+2$，$2n+1>n+1(n\in\mathbf{N}^*)$，可得

$$b_{n+1}-b_n=\frac{3^n}{n+2}\cdot\frac{2n+1}{n+1}>1\quad(n\in\mathbf{N}^*)$$

用导数可证得不等式 $e^x\geqslant x+1(x\in\mathbf{R})$,所以 $3^n>e^n\geqslant n+1,2n+1\geqslant n+2(n\in\mathbf{N}^*)$,可得

$$b_{n+1}-b_n=c_n=\frac{3^n}{n+1}\cdot\frac{2n+1}{n+2}>1\quad(n\in\mathbf{N}^*)$$

均可得数列 $\{b_n\}$ 为"K 数列".

综上所述可得:当 $a_n=2^n(n\in\mathbf{N}^*)$ 时,数列 $\{b_n\}$ 不是"K 数列";当 $a_n=3^{n-1}$ 时,数列 $\{b_n\}$ 为"K 数列".

94.(2018年北京市顺义高三一模)对于各项都是实数的数列 $\{a_n\}$,若存在一个各项都是实数的数列 $\{b_n\}$,使得 $a_n\geqslant b_n(n\in\mathbf{N}^*)$ 恒成立,则把 $\{b_n\}$ 叫作 $\{a_n\}$ 的"基础数列".

(1) 设 $a_n=n^2,b_n=2n-1$,求证:$\{b_n\}$ 是数列 $\{a_n\}$ 的"基础数列";

(2) 设 $a_n=-n^2$,$\{b_n\}$ 是数列 $\{a_n\}$ 的"基础数列",请判断 $\{b_n\}$ 是否可能为等差数列?并加以证明;

(3) 设 $a_n=n^3-n^2-2tn+t^3(t\in\mathbf{R}),b_n=n^3-2n^2-n+\frac{5}{4}(n\in\mathbf{N}^*)$,且 $\{b_n\}$ 是 $\{a_n\}$ 的"基础数列",求实数 t 的取值范围.

解　(1) 因为 $a_n-b_n=n^2-2n+1=(n-1)^2\geqslant 0,a_n\geqslant b_n(n\in\mathbf{N}^*)$ 恒成立,所以 $\{b_n\}$ 是数列 $\{a_n\}$ 的"基础数列".

(2) 若 $\{b_n\}$ 是数列 $\{a_n\}$ 的基础数列且是等差数列,则可设 $b_n=kn+b(n\in\mathbf{N}^*,k,b$ 是实常数),且 $n^2+kn+b\leqslant 0(n\in\mathbf{N}^*)$ 恒成立.

当 $n\geqslant\max\{1-k,1-b\}$ 时,可得

$$n^2+kn+b=n(n+k)+b\geqslant n(1-k+k)+b=n+b\geqslant 1-b+b=1>0$$

前后矛盾!所以数列 $\{a_n\}$ 的基础数列 $\{b_n\}$ 不可能是等差数列.

(3) 可得 $a_n\geqslant b_n\Leftrightarrow\left[n-\left(t-\frac{1}{2}\right)\right]^2\geqslant\frac{3}{2}-t(n\in\mathbf{N}^*)$.

设 $f(n)=\left[n-\left(t-\frac{1}{2}\right)\right]^2(n\in\mathbf{N}^*)$,可得 $\{b_n\}$ 是 $\{a_n\}$ 的"基础数列"$\Leftrightarrow f(n)\geqslant\frac{3}{2}-t(n\in\mathbf{N}^*)$ 恒成立.

① 当 $t-\frac{1}{2}<1$ 即 $t<\frac{3}{2}$ 时,可得 $f(n)\geqslant\frac{3}{2}-t(n\in\mathbf{N}^*)$ 恒成立 $\Leftrightarrow\left[1-\left(t-\frac{1}{2}\right)\right]^2\geqslant\frac{3}{2}-t$,进而可得此时 t 的取值范围是 $\left(-\infty,\frac{1}{2}\right]$.

② 当 $t-\frac{1}{2}\geqslant 1$ 即 $t\geqslant\frac{3}{2}$ 时,可设 $t-\frac{1}{2}=m+\varepsilon(0\leqslant\varepsilon<1,m\in\mathbf{N}^*)$.

(i) 当 $0\leqslant\varepsilon\leqslant 0.5$ 时,可得

$$f(n)\geqslant f(n)_{\min}=f(m)=\left[m-\left(t-\frac{1}{2}\right)\right]^2$$

$$=[m-(m+\varepsilon)]^2=\varepsilon^2\geqslant 0\geqslant\frac{3}{2}-t\quad(n\in\mathbf{N}^*)$$

(ii) 当 $0.5<\varepsilon<1$ 时,可得

$$f(n)\geqslant f(n)_{\min}=f(m+1)=\left[m+1-\left(t-\frac{1}{2}\right)\right]^2$$

$$=[m+1-(m+\varepsilon)]^2=(1-\varepsilon)^2>0\geqslant\frac{3}{2}-t\quad(n\in\mathbf{N}^*)$$

进而可得当 $t\geqslant\frac{3}{2}$ 时满足题设.

(事实上,当 $t\geqslant\frac{3}{2}$ 时,显然有 $\left[n-\left(t-\frac{1}{2}\right)\right]^2\geqslant\frac{3}{2}-t(n\in\mathbf{N}^*)$ 恒成立,得此时满足题设.)

综上所述,可得所求 t 的取值范围是 $\left(-\infty,\frac{1}{2}\right]\cup\left[\frac{3}{2},+\infty\right)$.

95.(2017 年北京市丰台高三二模)若无穷数列 $\{a_n\}$ 满足:$\exists k\in\mathbf{N}^*$,对于 $\forall n\geqslant n_0(n_0\in\mathbf{N}^*)$,都有 $a_{n+k}-a_n=d$(其中 d 为常数),则称 $\{a_n\}$ 具有性质"$P(k,n_0,d)$".

(1) 若 $\{a_n\}$ 具有性质"$P(3,2,0)$",且 $a_2=3,a_4=5,a_6+a_7+a_8=18$,求 a_3;

(2) 若无穷数列 $\{b_n\}$ 是等差数列,无穷数列 $\{c_n\}$ 是公比为正数的等比数列,$b_1=c_3=2,b_3=c_1=8,a_n=b_n+c_n$,判断 $\{a_n\}$ 是否具有性质"$P(2,1,0)$",并说明理由;

(3) 设 $\{a_n\}$ 既具有性质"$P(i,2,d_1)$",又具有性质"$P(j,2,d_2)$",其中 $i,j\in\mathbf{N}^*,i<j,i,j$ 互质,求证:$\{a_n\}$ 具有性质"$P\left(j-i,i+2,\frac{j-i}{i}d_1\right)$".

解 (1) 因为 $\{a_n\}$ 具有性质"$P(3,2,0)$",所以 $a_{n+3}-a_n=0,n\geqslant 2$.

由 $a_2=3$,得 $a_5=a_8=3$,由 $a_4=5$,得 $a_7=5$.

因为 $a_6+a_7+a_8=18$,所以 $a_6=10$,即 $a_3=10$.

(2) $\{a_n\}$ 不具有性质"$P(2,1,0)$".

设等差数列 $\{b_n\}$ 的公差为 d,由 $b_1=2,b_3=8$,得 $2d=8-2=6$,所以 $d=3$,因而 $b_n=3n-1$.

设等比数列 $\{c_n\}$ 的公比为 q,由 $c_3=2,c_1=8$,可得 $q^2=\frac{1}{4}$,又因为 $q>0$,所以 $q=\frac{1}{2}$,得 $c_n=2^{4-n}$,所以 $a_n=3n-1+2^{4-n}$.

若 $\{a_n\}$ 具有性质"$P(2,1,0)$",则 $a_{n+2}-a_n=0(n\in\mathbf{N}^*)$.

由 $a_2=9,a_4=12$，可得 $a_2\neq a_4$，所以 $\{a_n\}$ 不具有性质"$P(2,1,0)$".

(3) 由 $\{a_n\}$ 具有性质"$P(j,2,d_1)$"，可得

$$a_{n+i}-a_n=d_1\quad(n\geqslant 2)\qquad ①$$

因为 $\{a_n\}$ 具有性质"$P(j,2,d_2)$"，所以 $a_{n+j}-a_n=d_2,n\geqslant 2$.

由 $\{a_n\}$ 具有性质"$P(j,2,d_2)$"，可得

$$a_{n+j}-a_n=d_2\quad(n\geqslant 2)\qquad ②$$

由 $i,j\in\mathbf{N}^*,i<j,i,j$ 互质，可得

由 ① 可得 $a_{m+ji}=a_m+jd_1$，由 ② 可得 $a_{m+ij}=a_m+id_2$，所以 $a_m+jd_1=a_m+id_2$，即 $d_2=\dfrac{j}{i}d_1$.

② − ①，可得 $a_{n+j}-a_{n+i}=d_2-d_1=\dfrac{j-i}{i}d_1$，所以 $a_{n+j-i}-a_n=\dfrac{j-i}{i}d_1(n\geqslant i+2)$，即 $\{a_n\}$ 具有性质"$P(j-i,i+2,\dfrac{j-i}{i}d_1)$".

96.(2018年北京市延庆高三一模) 设满足以下两个条件的有穷数列 $a_1,a_2,\cdots,a_n$ 为 $n(n=2,3,4,\cdots)$ 阶"Q 数列"：①$a_1+a_2+\cdots+a_n=0$；②$|a_1|+|a_2|+\cdots+|a_n|=1$.

(1) 分别写出一个单调递增的 3 阶和 4 阶"Q 数列"；

(2) 若 2 018 阶"Q 数列"是递增的等差数列，求该数列的通项公式；

(3) 记 n 阶"Q 数列"的前 k 项和为 $S_k(k=1,2,3,\cdots,n)$，试证 $|S_k|\leqslant\dfrac{1}{2}$.

解 (1)(答案不唯一) $-\dfrac{1}{2},0,\dfrac{1}{2}$；$-\dfrac{1}{2},\dfrac{1}{6},\dfrac{1}{3}$ 均为单调递增的 3 阶"Q 数列"；$-\dfrac{3}{8},-\dfrac{1}{8},\dfrac{1}{8},\dfrac{3}{8}$；$-\dfrac{1}{2},0,\dfrac{1}{6},\dfrac{1}{3}$；$-\dfrac{5}{12},-\dfrac{1}{12},\dfrac{1}{12},\dfrac{5}{12}$；$-\dfrac{1}{16},-\dfrac{3}{16},-\dfrac{1}{4},\dfrac{1}{2}$；$-\dfrac{1}{3},-\dfrac{1}{6},\dfrac{1}{6},\dfrac{1}{3}$ 均为单调递增的 4 阶"Q 数列".

(2) 设等差数列 $a_1,a_2,\cdots,a_{2\,018}$ 的公差为 $d(d>0)$.

由条件 ① 可得 $a_1+a_2+\cdots+a_{2\,018}=\dfrac{(a_1+a_{2\,018})2018}{2}=0,a_1+a_{2\,018}=0$.

所以 $a_{1\,009}+a_{1\,010}=0(a_{1\,009}<0<a_{1\,010})$，于是 $a_1<a_2<\cdots<a_{1\,009}<0<a_{1\,010}<\cdots<a_{2\,018}$.

再由条件 ①②，可得 $a_1+a_2+\cdots+a_{1\,009}=-\dfrac{1}{2},a_{1\,010}+a_{1\,011}+\cdots+a_{2\,018}=\dfrac{1}{2}$.

把它们相减后，可得 $1\,009^2d=1,d=\dfrac{1}{1\,009^2}$.

再由 $a_1+a_{2\,018}=0$,可得 $a_1+(a_1+2\,017d)=0$,$a_1=-\frac{2\,017}{2\cdot 1\,009^2}$,所以可求得等差数列 $a_1,a_2,\cdots,a_{2\,018}$ 的通项公式是

$$a_n=\frac{2n-2\,019}{2\times 1\,009^2}(n=1,2,3,\cdots,2\,018)$$

(3) 当 $k=n$ 时,由条件 ① 可得 $S_k=S_n=0$,所以 $|S_n|=0\leqslant\frac{1}{2}$.

当 $k<n$ 时,由条件 ① 可得

$$S_k=a_1+a_2+\cdots+a_k=-(a_{k+1}+a_{k+2}+\cdots+a_n)$$

所以

$$|S_k|=|a_1+a_2+\cdots+a_k|=|a_{k+1}+a_{k+2}+\cdots+a_n|$$

因而

$$\begin{aligned}2|S_k|&=|a_1+a_2+\cdots+a_k|+|a_{k+1}+a_{k+2}+\cdots+a_n|\\&\leqslant|a_1|+|a_2|+\cdots+|a_k|+|a_{k+1}|+|a_{k+2}|+\cdots+|a_n|\\&=1\end{aligned}$$

所以 $|S_k|\leqslant\frac{1}{2}$.

综上所述,可得欲证结论成立.

97.(2018 年北京市东城高三一模)在 $n\times n(n\geqslant 2)$ 个实数组成的 n 行 n 列的数表中,a_{ij} 表示第 i 行第 j 列的数,记 $r_i=a_{i1}+a_{i2}+\cdots+a_{in}(1\leqslant i\leqslant n)$,$c_j=a_{1j}+a_{2j}+\cdots+a_{nj}(1\leqslant j\leqslant n)$.若 $a_{ij}\in\{-1,0,1\}(1\leqslant i,j\leqslant n)$.且 $r_1,r_2,\cdots,r_n,c_1,c_2,\cdots,c_n$ 两两不等,则称此表为"n 阶 H 表".记 $H_n=\{r_1,r_2,\cdots,r_n,c_1,c_2,\cdots,c_n\}$.

(1) 请写出一个"2 阶 H 表";

(2) 对任意一个"n 阶 H 表",若整数 $\lambda\in[-n,n]$,且 $\lambda\notin H_n$,求证:λ 为偶数;

(3) 求证:不存在"5 阶 H 表".

解 (1) 一个答案可以是:

1	1
-1	0

(2) 对任意一个"n 阶 H 表",r_i 表示第 i 行所有数的和,c_j 表示第 j 列所有数的和$(1\leqslant i,j\leqslant n)$.

因为 $\sum\limits_{i=1}^{n}r_i$ 与 $\sum\limits_{j=1}^{n}c_j$ 均表示数表中所有数的和,所以 $\sum\limits_{i=1}^{n}r_i=\sum\limits_{j=1}^{n}c_j$.

因为 $a_{ij}\in\{-1,0,1\}$,所以 $r_1,r_2,\cdots,r_n,c_1,c_2,\cdots,c_n$ 只能取$[-n,n]$内的

整数.

又因为 $r_1,r_2,\cdots,r_n,c_1,c_2,\cdots,c_n$ 互不相等,$\lambda\in[-n,n]$ 且 $\lambda\notin H_n$,所以 $\{\lambda,r_1,r_2,\cdots,r_n,c_1,c_2,\cdots,c_n\}=\{-n,-n+1,\cdots,-1,0,1,\cdots,n-1,n\}$,得

$$\lambda+\sum_{i=1}^{n}r_i+\sum_{j=1}^{n}c_j=-n+(-n+1)+\cdots+(-1)+0+1+\cdots+(n-1)+n=0$$

所以 $\lambda=-2\sum_{i=1}^{n}r_i$ 为偶数.

(3) 假设存在一个"5 阶 H 表",则由(2) 的解答知 $5,-5,3,-3\in H_5$,且 $4\in H_5$ 和 $-4\in H_5$ 至少有一个成立,可不妨设 $-4\in H_5$.

设 $r_1=5,r_2=-5$,则 $a_{1j}=1,a_{2j}=-1(1\leqslant j\leqslant 5)$,于是 $|c_j|\leqslant 3(1\leqslant j\leqslant 5)$,因而可设 $r_3=4,a_{31}=a_{32}=a_{33}=a_{34}=1,a_{35}=0$.

① 若 3 是某列的和,由于 $|c_5|\leqslant 2$,故只能是前四列某列的和,不妨设是第一列,即 $a_{41}=a_{51}=1$. 现考虑 -3,只能是 r_4 或 r_5,不妨设 $r_4=-3$,即 $a_{42}=a_{43}=a_{44}=a_{45}=-1$.

由 c_2,c_3,c_4 两两不等知 a_{52},a_{53},a_{54} 两两不等,可不妨设 $a_{52}=-1,a_{53}=0,a_{54}=1$.

若 $a_{55}=-1$,则 $r_5=0=c_3$;若 $a_{55}=0$ 则 $r_5=1=c_4$;若 $a_{55}=1$ 则 $c_5=0=c_3$,均与已知矛盾!

② 若 3 是某行的和,可不妨设 $r_4=3$,则第 4 行至少有 3 个 1. 若这 3 个 1 是前四个中某三个数,不妨设 $a_{41}=a_{42}=a_{43}=1$,则第五行前三个数只能是 3 个不同的数,可不妨设 $a_{51}=-1,a_{52}=0,a_{53}=1$,得 $c_3=3=r_4$,矛盾! 所以在第四行中只能前四个数有 2 个 1,第五个数为 1,可不妨设 $a_{41}=a_{42}=0,a_{43}=a_{44}=a_{45}=1$,所以 $r_5=-3$,第五行只能是 2 个 0,3 个 -1 或 1 个 1,4 个 -1. 得 a_{51},a_{52},a_{55} 至少有两个数相同,不妨设 $a_{51}=a_{52}$,则 $c_1=c_2$ 与已知矛盾!

综上所述,可得不存在"5 阶 H 表".

98.(2018 年北京市石景山高三一模) 对于项数为 $m(m>1)$ 的有穷正整数数列 $\{a_n\}$,记 $b_k=\max\{a_1,a_2,\cdots,a_k\}(k=1,2,\cdots,m)$,即 b_k 为 $a_1,a_2,\cdots,a_k$ 中的最大值,称数列 $\{b_n\}$ 为数列 $\{a_n\}$ 的"创新数列". 比如 1,3,2,5,5 的"创新数列"为 1,3,3,5,5.

(1) 若数列 $\{a_n\}$ 的"创新数列" $\{b_n\}$ 为 1,2,3,4,4,写出所有可能的数列 $\{a_n\}$;

(2) 设数列 $\{b_n\}$ 为数列 $\{a_n\}$ 的"创新数列",满足 $a_k+b_{m-k+1}=2\,018(k=1,2,\cdots,m)$,求证:$a_k=b_k(k=1,2,\cdots,m)$;

(3) 设数列 $\{b_n\}$ 为数列 $\{a_n\}$ 的"创新数列",数列 $\{b_n\}$ 中的项互不相等且所

有项的和等于所有项的积,求出所有的数列$\{a_n\}$.

解 (1) 所有可能的数列$\{a_n\}$为 1,2,3,4,1;1,2,3,4,2;1,2,3,4,3;1,2,3,4,4.

(2) 由题意知数列$\{b_n\}$中$b_{k+1} \geqslant b_k$.

又因为$a_k + b_{m-k+1} = 2\ 018$,所以$a_{k+1} + b_{m-k} = 2\ 018$,因而

$$a_{k+1} - a_k = (2\ 018 - b_{m-k}) - (2\ 018 - b_{m-k+1}) = b_{m-k+1} - b_{m-k} \geqslant 0$$

所以$a_{k+1} \geqslant a_k$,即$a_k = b_k (k = 1, 2, \cdots, m)$.

(3) 当$m = 2$时,由$b_1 + b_2 = b_1 b_2$,可得$(b_1 - 1)(b_2 - 1) = 1$. 又因为b_1,$b_2 \in \mathbf{N}^*$,所以$b_1 = b_2 = 2$,不满足题意.

当$m = 3$时,由题意知数列$\{b_n\}$中$b_{n+1} > b_n$. 又由$b_1 + b_2 + b_3 = b_1 b_2 b_3$,可得:

当$b_1 \neq 1$时,此时$b_3 > 3$,$b_1 + b_2 + b_3 < 3b_3$,而$b_1 b_2 b_3 > 6b_3$,所以等式成立$b_1 = 1$.

当$b_2 \neq 2$时,此时$b_3 > 3$,$b_1 + b_2 + b_3 < 3b_3$,,而$b_1 b_2 b_3 \geqslant 3b_3$,所以等式成立$b_2 = 2$.

当$b_1 = 1$,$b_2 = 2$时,可得$b_3 = 3$,此时数列$\{a_n\}$为 1,2,3.

当$m \geqslant 4$时,$b_1 + b_2 + \cdots + b_m < m b_m$,而$b_1 b_2 \cdots b_m \geqslant (m-1)!\ b_m > m b_m$,所以不存在满足题意的数列$\{a_n\}$.

综上所述,可得数列$\{a_n\}$为 1,2,3.

99. (2018 年北京市海淀高三一模) 设 $A = (a_{i,j})_{n \times n} = \begin{pmatrix} a_{1,1} & a_{1,2} & \cdots & a_{1,n} \\ a_{2,1} & a_{2,2} & \cdots & a_{2,n} \\ \vdots & \vdots & \ddots & \vdots \\ a_{n,1} & a_{n,2} & \cdots & a_{n,n} \end{pmatrix}$ 是由 $1, 2, 3, \cdots, n^2$ 组成一个n行n列的数表(每个数恰好出现一次),$n \geqslant 2$且$n \in \mathbf{N}^*$.

若存在$1 \leqslant i \leqslant n$,$1 \leqslant j \leqslant n$,使得$a_{i,j}$既是第$i$行中的最大值,也是第$j$列中的最小值,则称数表$A$为一个"$N$-数表",$a_{i,j}$为数表$A$的一个"$N$-值".

对任意给定的n,所有"N-数表"构成的集合记作Ω_n.

(1) 分别判断下列两个数表是否是"N-数表"? 若是,写出它的一个"N-值":

$$①A = \begin{pmatrix} 1 & 2 & 3 \\ 4 & 5 & 6 \\ 7 & 8 & 9 \end{pmatrix};②B = \begin{pmatrix} 1 & 4 & 7 \\ 8 & 2 & 5 \\ 6 & 9 & 3 \end{pmatrix};$$

(2) 求证:若数表A是"N-数表",则A的"N-值"是唯一的;

(3) 在Ω_{19}中随机选取一个数表A,记A的"N-值"为X,求X的数学期

望 $E(X)$.

解　(1)①A 是"$N-$数表",其"$N-$值"为 3.

②B 不是"$N-$数表".

(2) 证法 1　假设 $a_{i,j}$ 和 $a_{i',j'}$ 均是数表 A 的"$N-$值".

① 若 $i=i'$,则 $a_{i,j}=\max\{a_{i,1},a_{i,2},\cdots,a_{i,n}\}=\max\{a_{i',1},a_{i',2},\cdots,a_{i',n}\}=a_{i',j'}$;

② 若 $j=j'$,则 $a_{i,j}=\min\{a_{1,j},a_{2,j},\cdots,a_{n,j}\}=\min\{a_{1,j'},a_{2,j'},\cdots,a_{n,j'}\}=a_{i',j'}$;

③ 若 $i\neq i'$,$j\neq j'$,则一方面,有

$$a_{i,j}=\max\{a_{i,1},a_{i,2},\cdots,a_{i,n}\}>a_{i,j'}>\min\{a_{1,j'},a_{2,j'},\cdots,a_{n,j'}\}=a_{i',j'}$$

另一方面,有

$$a_{i',j'}=\max\{a_{i',1},a_{i',2},\cdots,a_{i',n}\}>a_{i',j}>\min\{a_{1,j},a_{2,j},\cdots,a_{n,j}\}=a_{i,j}$$

均产生矛盾!所以若数表 A 是"$N-$数表",则其"$N-$值"是唯一的.

证法 2　若 $a_{i,j}$ 和 $a_{i',j'}$ 均是数表 A 的"$N-$值",则

$$a_{i,j}=\max\{a_{i,1},a_{i,2},\cdots,a_{i,n}\}>a_{i,j'}>\min\{a_{1,j'},a_{2,j'},\cdots,a_{n,j'}\}=a_{i',j'}$$

$$a_{i',j'}=\max\{a_{i',1},a_{i',2},\cdots,a_{i',n}\}>a_{i',j}>\min\{a_{1,j},a_{2,j},\cdots,a_{n,j}\}=a_{i,j}$$

所以 $a_{i,j}=a_{i',j'}$,产生矛盾!即若数表 A 是"$N-$数表",则其"$N-$值"是唯一的.

(3) 解法 1　X 的所有可能的取值为 19,20,21,…,341,342,343.

记 Ω_{19} 中使得 $X=k$ 的数表 A 的个数记作 n_k,$k=19,20,21,\cdots,341,342,343$,可得

$$n_k=19^2\cdot C_{k-1}^{18}\cdot 18!\ \cdot C_{361-k}^{18}\cdot 18!\ \cdot(18^2)!$$

$$n_{362-k}=19^2\cdot C_{361-k}^{18}\cdot 18!\ \cdot C_{k-1}^{18}\cdot 18!\ \cdot(18^2)!=n_k$$

令 $p_k=\dfrac{n_k}{N}$(其中 $N=n_{19}+n_{20}+n_{21}+\cdots+n_{343}$),$k=19,20,21,\cdots,343$,可得 $p_k=p_{362-k}$,$p_{19}+p_{20}+p_{21}+\cdots+p_{343}=1$.

注意到

$$E(X)=p_{19}\cdot 19+p_{20}\cdot 20+p_{21}\cdot 21+\cdots+p_{343}\cdot 343$$

$$\begin{aligned}E(X)&=p_{343}\cdot 19+p_{342}\cdot 20+p_{341}\cdot 21+\cdots+p_{19}\cdot 343\\&=p_{19}\cdot 343+p_{20}\cdot 342+p_{21}\cdot 341+\cdots+p_{343}\cdot 19\end{aligned}$$

所以

$$2E(X)=p_{19}\cdot 362+p_{20}\cdot 362+p_{21}\cdot 362+\cdots+p_{343}\cdot 362$$

$$E(X)=181$$

解法 2　对任意的由 1,2,3,…,361 组成的 19 行 19 列的数表 $A=(a_{i,j})_{19\times 19}$,定义数表 $B=(b_{j,i})_{19\times 19}$ 如下,将数表 A 的第 i 行,第 j 列的元素写在数表 B 的第 j 行,第 i 列,即

$$b_{j,i}=a_{i,j}\quad(\text{其中 }1\leqslant i\leqslant 19,i\leqslant j\leqslant 19)$$

显然有：

① 数表 B 是由 $1,2,3,\cdots,361$ 组成的 19 行 19 列的数表；

② 数表 B 的第 j 行的元素，即为数表 A 的第 j 列的元素；

③ 数表 B 的第 i 列的元素，即为数表 A 的第 i 行的元素；

④ 若数表 A 中，$a_{i,j}$ 是第 i 行中的最大值，也是第 j 列中的最小值，则数表 B 中，$b_{j,i}$ 是第 i 列中的最大值，也是第 j 行中的最小值.

定义数表 $C=(c_{j,i})_{19\times 19}$ 如下，其与数表 B 对应位置的元素的和为 362，即

$$c_{j,i}=362-b_{j,i}\quad(\text{其中 }1\leqslant i\leqslant 19,1\leqslant j\leqslant 19)$$

显然有：

① 数表 C 是由 $1,2,3,\cdots,361$ 组成的 19 行 19 列的数表；

② 若数表 B 中，$b_{j,i}$ 是第 i 列中的最大值，也是第 j 行中的最小值，则数表 C 中，$c_{j,i}$ 是第 i 列中的最小值，也是第 j 行中的最大值.

特别地，对由 $1,2,3,\cdots,361$ 组成的 19 行 19 列的数表 $A=(a_{i,j})_{19\times 19}$，有：

① 数表 C 是由 $1,2,3,\cdots,361$ 组成的 19 行 19 列的数表；

② 若数表 A 中，$a_{i,j}$ 是第 i 行中的最大值，也是第 j 列中的最小值，则数表 C 中，$c_{j,i}$ 是第 i 列中的最小值，也是第 j 行中的最大值.

即对任意的 $A\in\Omega_{19}$，其"$N-$值"为 $a_{i,j}$(其中 $1\leqslant i\leqslant 19,1\leqslant j\leqslant 19$)，则 $C\in\Omega_{19}$，且其"$N-$值"为 $c_{j,i}=362-b_{j,i}=362-a_{i,j}$.

记 $C=T(A)$，则 $T(C)=A$，即数表 A 与数表 $C=T(A)$ 的"$N-$值"之和为 362，所以可按照上述方式对 Ω_{19} 中的数表可以两两配对.

记 Ω_{19} 中使得 $X=k$ 的数表 A 的个数记作 n_k，$k=19,20,21,\cdots,343$，则

$$n_k=n_{362-k}$$

令 $p_k=\dfrac{n_k}{N}$(其中 $N=n_{19}+n_{20}+n_{21}+\cdots+n_{343}$)，$k=19,20,21,\cdots,343$，则 $p_k=p_{362-k}$，$p_{19}+p_{20}+p_{21}+\cdots+p_{343}=1$.

注意到

$$E(X)=p_{19}\cdot 19+p_{20}\cdot 20+p_{21}\cdot 21+\cdots+p_{343}\cdot 343$$

$$\begin{aligned}E(X)&=p_{343}\cdot 19+p_{342}\cdot 20+p_{341}\cdot 21+\cdots+p_{19}\cdot 343\\&=p_{19}\cdot 343+p_{20}\cdot 342+p_{21}\cdot 341+\cdots+p_{343}\cdot 19\end{aligned}$$

所以

$$2E(X)=p_{19}\cdot 362+p_{20}\cdot 362+p_{21}\cdot 362+\cdots+p_{343}\cdot 362$$

$$E(X)=181$$

100.（2018 年北京市朝阳高三二模）若无穷数列 $\{a_n\}$ 满足：存在 $a_p=a_q$($p,q\in\mathbf{N}^*,p>q$)，并且只要 $a_p=a_q$，就有 $a_{p+i}=ta_{q+i}$($i=1,2,3,\cdots$；t 为常数)，则

称$\{a_n\}$具有性质T.

(1) 若$\{a_n\}$具有性质T,且$t=3$,$a_1=4$,$a_2=5$,$a_4=1$,$a_5=5$,$a_7+a_8+a_9=36$,求a_3;

(2) 若无穷数列$\{a_n\}$的前n项和为S_n,且$S_n=2^n+b(b\in\mathbf{R})$,证明存在无穷多个$b$的不同取值,使得数列$\{a_n\}$具有性质$T$;

(3) 设$\{b_n\}$是一个无穷数列,数列$\{a_n\}$中存在$a_p=a_q(p,q\in\mathbf{N}^*,p>q)$,且$a_{n+1}=b_n\cos a_n(n\in\mathbf{N}^*)$.求证:"$\{b_n\}$为常数列"是"对任意正整数$a_1$,$\{a_n\}$都具有性质$T$"的充分不必要条件.

解　(1) 由题设,可得$a_6=3a_3$,$a_7=3a_4=3$,$a_8=3a_5=15$,$a_9=3a_6=9a_3$.

再由$a_7+a_8+a_9=36$,可得$3+15+9a_3=36$,所以$a_3=2$.

还可检验,经检验$a_3=2$满足题意,所以所求答案是2.

(2) 由题设,可求得$a_n=\begin{cases}2+b,n=1\\2^{n-1},n\geqslant 2\end{cases}$.

若存在$a_p=a_q(p>q)$,则$q=1$.

取$b=2^{p-1}-2$($p\in\mathbf{N}$,且$p\geqslant 2$,p为常数),可得$a_p=2^{p-1}=a_1$.当$t=2^{p-1}$时,有$a_{p+i}=2^{p+i-1}=2^{p-1}a_{1+i}=ta_{1+i}(i=1,2,3,\cdots)$,所以$\{a_n\}$具有性质$T$,且$b$的不同取值有无穷多个.

(3) 当$\{b_n\}$为常数列时,有$b_n=m$(m为常数),$a_{n+1}=m\cos a_n(n\in\mathbf{N}^*)$.

$\forall a_1\in\mathbf{N}^*$,因为存在$a_p=a_q$,所以由$m\cos a_p=m\cos a_q$,可得$a_{p+1}=a_{q+1}$,进而有$a_{p+i}=a_{q+i}(i=1,2,3,\cdots)$,这时$t=1$,$a_{p+i}=ta_{q+i}(i=1,2,3,\cdots)$,因而$\{a_n\}$都具有性质$T$.

所以,"$\{b_n\}$为常数列"是"对任意正整数a_1,$\{a_n\}$都具有性质T"的充分条件.

取$b_n=\begin{cases}\dfrac{\pi}{2},n=2k-1\\0,n=2k\end{cases}(k\in\mathbf{N}^*)$,$\forall a_1\in\mathbf{N}^*$,由$a_n=b_{n-1}\cos a_{n-1}(n\geqslant 2,n\in\mathbf{N})$,可得$a_2=b_1\cos a_1=\dfrac{\pi}{2}\cos a_1$,因为$a_1\in\mathbf{N}^*$,所以$a_2\neq 0$,且$a_1\neq a_2$,$a_3=b_2\cos a_2=0$,$a_4=b_3\cos a_3=\dfrac{\pi}{2}$,…

即当$n\geqslant 3$时,$a_n=\begin{cases}0,n=2k+1\\\dfrac{\pi}{2},n=2k+2\end{cases}(k\in\mathbf{N}^*)$.

$\forall p,q\in\mathbf{N}^*$,可得$p,q$同为奇数或同为偶数.

若p,q同为偶数,则$a_{p+i}=a_{q+i}(i=1,2,3,\cdots)$成立;若$p,q$同为奇数,则$a_{p+i}=a_{q+i}(i=1,2,3,\cdots)$成立.

所以当 p,q 满足 $a_p=a_q$ 时，则取 $t=1$，$a_{p+i}=1\times a_{q+i}$，可得 $\{a_n\}$ 具有性质 T，但 $\{b_n\}$ 不为常数列，所以“$\{b_n\}$ 为常数列”是“对任意正整数 a_1，$\{a_n\}$ 都具有性质 T”的不必要条件.

证毕！

101.（2018 年北京市丰台高三二模）已知数列 $\{a_n\}$ 的前 n 项和为 S_n，$a_1=0$，$a_2=m$，当 $n\geqslant 2$ 时，$a_{n+1}=\begin{cases}a_n-1, k>t\\ \dfrac{S_n}{n}, k=t\\ a_n+1, k<t\end{cases}$，其中，$k$ 是数列 $\{a_n\}$ 的前 n 项中 $a_i<a_{i+1}$ 的数对 (a_i,a_{i+1}) 的个数，t 是数列的前 n 项中 $a_i>a_{i+1}$ 的数对 (a_i,a_{i+1}) 的个数 $(i=1,2,3,\cdots,n-1)$.

(1) 若 $m=5$，求 a_3,a_4,a_5 的值；

(2) 若 $a_n(n\geqslant 3)$ 为常数，求 m 的取值范围；

(3) 若数列 $\{a_n\}$ 有最大项，写出 m 的取值范围（结论不要求证明）.

解 (1) 因为 $a_1=0$，$a_2=5$，所以 $a_1<a_2$，得 $a_3=a_2-1=4$.

因为 $a_2>a_3$，所以 $a_4=\dfrac{a_1+a_2+a_3}{4-1}=3$.

因为 $a_3>a_4$，所以 $a_5=a_4+1=4$.

得 $a_3=4$，$a_4=3$，$a_5=4$.

(2) 当 $m=0$ 时，$a_3=0$，$a_4=0$.

当 $m>0$ 时，因为 $a_1<a_2$，所以 $a_3=a_2-1=m-1<a_2$，得 $a_4=\dfrac{a_1+a_2+a_3}{3}=\dfrac{2m-1}{3}$.

因为 $a_3=a_4$，所以 $m-1=\dfrac{2m-1}{3}$，得 $m=2$.

当 $m<0$ 时，因为 $a_1>a_2$，所以 $a_3=a_2+1=m+1>a_2$，得 $a_4=\dfrac{a_1+a_2+a_3}{3}=\dfrac{2m+1}{3}$.

因为 $a_3=a_4$，所以 $m+1=\dfrac{2m+1}{3}$，得 $m=-2$.

所以当 $n\geqslant 3$ 时，$a_{n+1}=a_n$ 为常数的一个必要条件是 $m\in\{-2,0,2\}$.

当 $m=2$ 时，$a_3=a_4=1$. 因为当 $3\leqslant n\leqslant k(k>3)$ 时，$a_n=1$，都有 $a_{n+1}=\dfrac{S_n}{n}=\dfrac{0+2+1+\cdots+1}{n}=1$，所以当 $m=2$ 符合题意.

同理，可得当 $m=-2$ 和 $m=0$ 时也都符合题意.

所以 m 的取值范围是 $\{-2,0,2\}$.

(3) 所求 m 的取值范围是 $(-\infty,-2]\cup[0,2]$.

102.(2018 年北京市通州高三一模) 已知数列 $\{a_n\}$,设 $\Delta a_N=a_{n+1}-a_n(n=1,2,3,\cdots)$,若数列 $\{\Delta a_n\}$ 为单调递增数列或常数列时,则 $\{a_n\}$ 为凸数列.

(1) 判断首项 $a_1>0$,公比 $q>0$,且 $q\neq 1$ 的等比数列 $\{a_n\}$ 是否为凸数列,并说明理由;

(2) 若 $\{a_n\}$ 为凸数列,求证:对任意的 $1\leqslant k<m<n$,且 $k,m,n\in\mathbf{N}$,均有 $\dfrac{a_n-a_m}{n-m}\geqslant a_{m+1}-a_m\geqslant\dfrac{a_m-a_k}{m-k}$,且 $a_m\leqslant\max\{a_1,a_n\}$(其中 $\max\{a_1,a_n\}$ 表示 a_1,a_n 中较大的数);

(3) 若 $\{a_n\}$ 为凸数列,且存在 $t(1<t<n,t\in\mathbf{N})$,使得 $a_0\leqslant a_t,a_n\leqslant a_t$,求证:$a_1=a_2=\cdots=a_n$.

解　(1) 由 $\Delta a_{n+1}=a_{n+1}-a_n,\Delta a_n=a_n-a_{n-1}$,可得

$$\begin{aligned}\Delta a_{n+1}-\Delta a_n&=a_{n+2}+a_n-2a_{n+1}=a_nq^2+a_n-2a_nq\\&=a_n(q^2+1-2q)=a_n(q-1)^2\end{aligned}$$

再由 $a_1>0$,公比 $q>0$,且 $q\neq 1$,可得 $a_n>0,(q-1)^2>0$,所以 $a_n(q-1)^2>0$.

得等比数列 $\{a_n\}$ 为凸数列.

(2) 由 $\{a_n\}$ 为凸数列,可得

$$\begin{aligned}a_{m+1}-a_m&=a_{m+1}-a_m\\a_{m+2}-a_{m+1}&\geqslant a_{m+1}-a_m\\a_{m+3}-a_{m+2}&\geqslant a_{m+1}-a_m\\a_{m+n-m}-a_{m+n-m-1}&\geqslant a_{m+1}-a_m\end{aligned}$$

叠加后,可得 $a_n-a_m\geqslant(n-m)(a_{m+1}-a_m)$,$\dfrac{a_n-a_m}{n-m}\geqslant a_{m+1}-a_m$.

同理,可证得 $\dfrac{a_m-a_k}{m-k}\leqslant a_{m+1}-a_m$.

综上所述,可得 $\dfrac{a_n-a_m}{n-m}\geqslant a_{m+1}-a_m\geqslant\dfrac{a_m-a_k}{m-k}$.

由 $\dfrac{a_n-a_m}{n-m}\geqslant\dfrac{a_m-a_k}{m-k}$,可得 $(m-k)a_n+(k-m)a_m\geqslant(n-m)a_m+(m-n)a_k$,所以 $(m-k)a_n+(n-m)a_k\geqslant(n-k)a_m$.

令 $k=1$,得 $(m-1)a_n+(n-m)a_1\geqslant(n-1)a_m$,所以 $a_m\leqslant\dfrac{m-1}{n-1}a_n+\dfrac{n-m}{n-1}a_1$.

若 $a_1\leqslant a_n$,可得 $a_m\leqslant\dfrac{m-1}{n-1}a_n+\dfrac{n-m}{n-1}a_1\leqslant\dfrac{m-1}{n-1}a_n+\dfrac{n-m}{n-1}a_n=a_n$.

若 $a_1 \geqslant a_n$，可得 $a_m \leqslant \frac{m-1}{n-1}a_n + \frac{n-m}{n-1}a_1 \leqslant \frac{m-1}{n-1}a_1 + \frac{n-m}{n-1}a_1 = a_1$.

所以 $a_m \leqslant \max\{a_1, a_n\}$.

(3) 设 a_p 为凸数列 $\{a_n\}$ 中任意一项，由(2)的结论可知，$a_p \leqslant \max\{a_1, a_n\} \leqslant a_t$.

再由(2)的结论可知，对于任意的 $1 \leqslant p < m < n$ 均有 $\frac{a_n - a_m}{n-m} \geqslant a_{m+1} - a_m \geqslant \frac{a_m - a_p}{m-p}$.

(i) 当 $1 \leqslant p < t < n$ 时，可得 $\frac{a_n - a_t}{n-t} \geqslant \frac{a_t - a_p}{t-p}$.

又因为 $a_n \leqslant a_t$，所以 $0 \geqslant \frac{a_n - a_t}{n-t} \geqslant \frac{a_t - a_p}{t-p}$，得 $a_p \geqslant a_t$.

(ii) 当 $1 < t < p \leqslant n$ 时，可得 $\frac{a_p - a_t}{p-t} \geqslant \frac{a_t - a_1}{t-1}$.

又因为 $a_1 \leqslant a_t$，所以 $\frac{a_p - a_t}{p-t} \geqslant \frac{a_t - a_1}{t-1} \geqslant 0$，得 $a_p \geqslant a_t$.

(iii) 当 $p = t$ 时，可得 $a_p = a_t$，所以 $a_p \geqslant a_t$.

综上所述，可得 $a_p \geqslant a_t$.

所以 $a_1 = a_2 = \cdots = a_n$.

103.（2018年北京市顺义高三二模）已知数列 $A_n: a_1, a_2, \cdots, a_n$. 如果数列 $B_n: b_1, b_2, \cdots, b_n$ 满足 $b_1 = a_n$，$b_k + b_{k-1} = a_k + a_{k-1}$，其中 $k = 2, 3, \cdots, n$，则称 B_n 为 A_n 的“陪伴数列”.

(1) 写出数列 $A_4: 3, 1, 2, 5$ 的“陪伴数列” B_4；

(2) 若 A_9 的“陪伴数列”是 B_9. 试证明：b_9, a_9, a_1 成等差数列.

(3) 若 n 为偶数，且 A_n 的“陪伴数列”是 B_n，证明：$b_n = a_1$.

解 (1) $B_4: 5, -1, 4, 3$.

(2) 对于数列 A_n 及其“陪伴数列” B_n，可得

$$b_1 = a_9$$
$$b_1 + b_2 = a_1 + a_2$$
$$b_2 + b_3 = a_2 + a_3$$
$$\cdots$$
$$b_8 + b_9 = a_8 + a_9$$

将上述几个等式中的第 2,4,6,8 这 4 个式子都乘以 -1，相加得

$$b_1 - (b_1 + b_2) + (b_2 + b_3) - \cdots + (b_8 + b_9)$$
$$= a_n - (a_1 + a_2) + (a_2 + a_3) - \cdots + (a_8 + a_9)$$

即 $b_9 = a_9 - a_1 + a_9 = 2a_9 - a_1$，所以 $2a_9 = b_9 + a_1$，得 b_9, a_9, a_1 成等差数列.

(3) 由题设,可得

$$b_1 = a_n$$
$$b_1 + b_2 = a_1 + a_2$$
$$b_2 + b_3 = a_2 + a_3$$
$$\cdots$$
$$b_{n-1} + b_n = a_{n-1} + a_n$$

由于 n 为偶数,将上述 n 个等式中的第 $2,4,6,\cdots,n$ 这 $\frac{n}{2}$ 个式子都乘以 -1,相加得

$$b_1 - (b_1 + b_2) + (b_2 + b_3) - \cdots - (b_{n-1} + b_n)$$
$$= a_n - (a_1 + a_2) + (a_2 + a_3) - \cdots - (a_{n-1} + a_n)$$

即 $-b_n = -a_1$, $b_n = a_1$.

104.(2017 年北京市朝阳高三二模)已知各项均为非负整数的数列 $\{a_n\}$ 同时满足下列三个条件:

①$a_1 = m(m \in \mathbf{N}^*)$;②$a_n \leqslant n-1(n \geqslant 2)$;③$n$ 是 $a_1 + a_2 + \cdots + a_n$ 的因数 $(n \in \mathbf{N}^*)$.

(1) 当 $m=5$ 时,写出数列 $\{a_n\}$ 的前五项;

(2) 若数列 $\{a_n\}$ 的前三项互不相等,且当 $n \geqslant 3$ 时,a_n 为常数,求 m 的值;

(3) 求证:对任意正整数 m,存在正整数 M,使得 $n \geqslant M$ 时,a_n 为常数.

解　(1)(过程略) 5,1,0,2,2.

(2) 由条件 ②,可得 $a_2 \in \{0,1\}$, $a_3 \in \{0,1,2\}$,再由数列 $\{a_n\}$ 的前 3 项互不相等,可得以下各种情形:

(i)$a_2 = 0$, $a_3 \in \{1,2\}$.

若 $a_3 = 1$,可得 $a_3 = a_4 = a_5 = \cdots = 1$. 当 $n \geqslant 3$ 时,可得 $a_1 + a_2 + \cdots + a_n = m + 1(n-2) = n + (m-2)$,再由条件 ③ 可得 $m=2$. 还可验证当 $m=2$ 时,条件 ③ 恒成立. 所以 $m=2$ 满足题设.

若 $a_3 = 2$,可得 $a_3 = a_4 = a_5 = \cdots = 2$. 当 $n \geqslant 3$ 时,可得 $a_1 + a_2 + \cdots + a_n = m + 2(n-2) = 2n + (m-4)$,再由条件 ③ 可得 $m=4$. 还可验证当 $m=4$ 时,条件 ③ 恒成立. 所以 $m=4$ 满足题设.

(ii)$a_2 = 1$, $a_3 \in \{0,2\}$.

若 $a_3 = 0$,可得 $a_n = 0(n \geqslant 3)$. 当 $n \geqslant 3$ 时,可得 $a_1 + a_2 + \cdots + a_n = m+1$ $(m \in \mathbf{N}^*)$,可得条件 ③ 不恒成立,所以此时不满足题设.

若 $a_3 = 2$,可得 $a_3 = a_4 = a_5 = \cdots = 2$. 当 $n \geqslant 3$ 时,可得 $\frac{m+1+2(n-2)}{n} = \frac{m-3}{n} + 2$,再由条件 ③ 可得 $m=3$. 还可验证当 $m=3$ 时,条件 ③ 恒成立. 所以

$m=3$ 满足题设.

综上所述,可得所求 m 的值为 2,3 或 4.

(3) 对于 $n\in \mathbf{N}^*$,令 $S_n=a_1+a_2+\cdots+a_n$,可得

$$\frac{S_{n+1}}{n+1}<\frac{S_{n+1}}{n}=\frac{S_n+a_{n+1}}{n}\leqslant\frac{S_n+n}{n}=\frac{S_n}{n}+1$$

又因为 $\forall n\in \mathbf{N}^*$,$\frac{S_n}{n}\in \mathbf{N}^*$ 都为正整数,所以$\frac{S_{n+1}}{n+1}\leqslant\frac{S_n}{n}\leqslant\cdots\leqslant\frac{S_1}{1}=m$,其中"$<$"至多出现 $m-1$ 个,所以存在正整数 $M>m$,当 $n>M$ 时,必有$\frac{S_{n+1}}{n+1}=\frac{S_n}{n}$ 成立.

当$\frac{S_{n+1}}{n+1}=\frac{S_n}{n}$ 时,可得 $a_{n+1}=S_{n+1}-S_n=\frac{(n+1)S_n}{n}-S_n=\frac{S_n}{n}$,从而

$$\frac{S_{n+2}}{n+2}=\frac{a_{n+2}+a_{n+1}+S_n}{n+2}=\frac{a_{n+2}+(n+1)a_{n+1}}{n+2}=a_{n+1}+\frac{a_{n+2}-a_{n+1}}{n+2}$$

由题设可得$\frac{|a_{n+2}-a_{n+1}|}{n+2}\leqslant\frac{n+1}{n+2}<1$,又因为$\frac{S_{n+2}}{n+2}$ 及 a_{n+1} 均为整数,所以$\frac{S_{n+2}}{n+2}=a_{n+1}=\frac{S_n}{n}=\frac{S_{n+1}}{n+1}$,得$\frac{S_n}{n}=\frac{S_{n+1}}{n+1}=\frac{S_{n+2}}{n+2}=\cdots=$常数.

从而 $a_{n+1}=S_{n+1}-S_n=\frac{(n+1)S_n}{n}-S_n=\frac{S_n}{n}=$常数,因而存在正整数 M,使得当 $n\geqslant M$ 时,a_n 为常数.

105.(2018 年北京市西城高三一模)已知数列 A_n:$a_1,a_2,\cdots,a_n(n\geqslant 2)$ 满足 $a_k<1(k=1,2,\cdots,n)$.记 A_n 的前 k 项和为 S_k,并规定 $S_0=0$.定义集合 $E_n=\{k\in \mathbf{N}^*,k\leqslant n\mid S_k>S_j,j=0,1,\cdots,k-1\}$.

(1) 对数列 A_5:$-0.3,0.7,-0.1,0.9,0.1$,求集合 E_5;

(2) 若集合 $E_n=\{k_1,k_2,\cdots,k_m\}(m>1,k_1<k_2<\cdots<k_m)$,证明:$S_{k_{i+1}}-S_{k_i}<1(i=1,2,\cdots,m-1)$;

(3) 给定正整数 C,对所有满足 $S_n>C$ 的数列 A_n,求集合 E_n 的元素个数的最小值.

解 (1) 因为 $S_0=0,S_1=-0.3,S_2=0.4,S_3=0.3,S_4=1.2,S_5=1.3$,所以 $E_5=\{2,4,5\}$.

(2) 由集合 E_n 的定义知 $S_{k_{i+1}}>S_{k_i}$,且 k_{i+1} 是使得 $S_k>S_{k_i}$ 成立的最小的 k,所以 $S_{k_{i+1}-1}\leqslant S_{k_i}$.

又因为 $a_{k_{i+1}}<1$,所以 $S_{k_{i+1}}=S_{k_{i+1}-1}+a_{k_{i+1}}<S_{k_i}+1$,得 $S_{k_{i+1}}-S_{k_i}<1$.

(3) 因为 $S_n>S_0$,所以 $E_n\neq\varnothing$.

设集合 $E_n=\{k_1,k_2,\cdots,k_m\}$,可不妨设 $k_1<k_2<\cdots<k_m$,则由(2) 的结论

可知 $S_{k_{i+1}} - S_{k_i} < 1(i=1,2,\cdots,m-1)$.

同理可得 $S_{k_1} - S_0 < 1$，且 $S_n \leqslant S_{k_m}$.

所以

$$S_n = (S_n - S_{k_m}) + (S_{k_m} - S_{k_{m-1}}) + \cdots + (S_{k_2} - S_{k_1}) + (S_{k_1} - S_0)$$
$$< 0 + \underbrace{1 + 1 + \cdots + 1 + 1}_{m个1} = m$$

因为 $S_n > C$，所以 E_n 的元素个数 $m \geqslant C+1$.

取常数数列 $A_n: a_i = \dfrac{C+1}{C+2}(i=1,2,\cdots,C+1)$，并令 $n=C+1$，可得 $S_n = \dfrac{(C+1)^2}{C+2} = \dfrac{C^2+2C+1}{C+2} > C$，满足题设题意，且 $E_n = \{1,2,\cdots,C+1\}$，其元素个数恰为 $C+1$.

综上所述，可得 E_n 的元素个数的最小值为 $C+1$.

106.（2018 年北京市海淀高三二模）若数列 $\{a_n\}$ 满足“对任意正整数 i,j，$i \neq j$，都存在正整数 k，使得 $a_k = a_i a_j$”则称数列 $\{a_n\}$ 具有“性质 P”. 已知数列 $\{a_n\}$ 是无穷项的等差数列，公差为 d.

(1) 若 $a_1 = 2$，公差 $d = 3$，判断数列 $\{a_n\}$ 是否具有“性质 P”，并说明理由；

(2) 若数列 $\{a_n\}$ 具有“性质 P”，求证：$a_1 \geqslant 0$ 且 $d \geqslant 0$；

(3) 若数列 $\{a_n\}$ 具有“性质 P”，且存在正整数 k，使得 $a_k = 2\,018$，这样的数列 $\{a_n\}$ 共有多少个？并说明理由.

解　(1) 若 $a_1 = 2$，公差 $d = 3$，则数列 $\{a_n\}$ 不具有性质 P. 理由如下：

由题设可得 $a_n = 3n-1$，对于 a_1 和 a_2，假设存在正整数 k，使得 $a_k = a_1 a_2$，得 $3k-1 = 2\times 5 = 10$，$k = \dfrac{11}{3}$，与 $k \in \mathbf{N}^*$ 矛盾！所以对任意的 $k \in \mathbf{N}^*$，$a_k \neq a_1 a_2$. 欲证结论成立.

(2) 若数列 $\{a_n\}$ 具有“性质 P”，则：

① 假设 $a_1 < 0$，$d \leqslant 0$，则对任意的 $n \in \mathbf{N}^*$，$a_n = a_1 + (n-1)\cdot d < 0$.

设 $a_k = a_1 a_2$，则 $a_k > 0$，矛盾！

② 假设 $a_1 < 0$，$d > 0$，则存在正整数 t，使得

$$a_1 < a_2 < a_3 < \cdots < a_t \leqslant 0 < a_{t+1} < a_{t+2} < \cdots$$

设 $a_1 a_{t+1} = a_{k_1}$，$a_1 a_{t+2} = a_{k_2}$，$a_1 a_{t+3} = a_{k_3}$，$\cdots$，$a_1 a_{2t+1} = a_{k_{t+1}}$，其中 $k_i \in \mathbf{N}^*$ $(i=1,2,\cdots,t+1)$，得 $0 > a_{k_1} > a_{k_2} > a_{k_3} > \cdots > a_{k_{t+1}}$，但数列 $\{a_n\}$ 中仅有 t 项小于等于 0，矛盾！

③ 假设 $a_1 \geqslant 0$，$d < 0$，则存在正整数 t，使得

$$a_1 > a_2 > a_3 > \cdots > a_t \geqslant 0 > a_{t+1} > a_{t+2} > \cdots$$

设 $a_{t+1} a_{t+2} = a_{k_1}$，$a_{t+1} a_{t+3} = a_{k_2}$，$a_{t+1} a_{t+4} = a_{k_3}$，$\cdots$，$a_{t+1} a_{2t+2} = a_{k_{t+1}}$，$k_i \in \mathbf{N}^*$

$(i=1,2,\cdots,t+1)$，则 $0<a_{k_1}<a_{k_2}<a_{k_3}<\cdots<a_{k_{i+1}}$，但数列 $\{a_n\}$ 中仅有 t 项大于等于 0，矛盾！

综上所述，可得 $a_1\geqslant 0,d<0$.

(3) 设公差为 d 的等差数列 $\{a_n\}$ 具有"性质 P"，且 $\exists k\in\mathbf{N}^*$，使得 $a_k=2\ 018$.

若 $d=0$，则 $\{a_n\}$ 为常数数列，此时 $a_n=2\ 018$ 恒成立，得 $\forall k\in\mathbf{N}^*$，$a_k=2\ 018\neq 2\ 018^2=a_1a_2$，这与数列 $\{a_n\}$ 具有"性质 P"矛盾！所以 $d\neq 0$.

设 x 是数列 $\{a_n\}$ 中的任意一项，则 $x+d,x+2d$ 均是数列 $\{a_n\}$ 中的项. 又设 $a_{k_1}=x(x+d),a_{k_2}=x(x+2d)$，则 $a_{k_2}-a_{k_1}=xd=(k_2-k_1)d$.

因为 $d\neq 0$，所以 $x=k_2-k_1,x\in\mathbf{Z}$，即数列 $\{a_n\}$ 的每一项均是整数.

由(2) 的结论知，$a_1\geqslant 0,d\geqslant 0$，所以数列 $\{a_n\}$ 的每一项均是自然数，且 d 是正整数.

由题意知，$2\ 018+d$ 是数列 $\{a_n\}$ 中的项，所以 $2\ 018\cdot(2\ 018+d)$ 是数列中的项. 设 $a_m=2\ 018\cdot(2\ 018+d)$，则

$a_m-a_k=2\ 018\cdot(2\ 018+d)-2\ 018=2\ 018\times 2017+2\ 018d=(m-k)\cdot d$

即 $(m-k-2\ 018)d=2\ 018\times 2\ 017$.

因为 $m-k-2\ 018\in\mathbf{Z},d\in\mathbf{N}^*$，所以 d 是 $2\ 018\times 2\ 017$ 的约数.

得 $d=1,2,1\ 009,2\ 017,2\times 1\ 009,2\times 2\ 017,1\ 009\times 2\ 017,2\times 1\ 009\times 2\ 017$.

当 $d=1$ 时，$a_1=2\ 018-(k-1)\geqslant 0$，得 $k=1,2,\cdots,2\ 018,2\ 019$，所以 $a_1=2\ 018,2017,\cdots,2,1,0$，共 2 019 种可能.

当 $d=2$ 时，$a_1=2\ 018-2(k-1)\geqslant 0$，得 $k=1,2,\cdots,1\ 008,1\ 009,1\ 010$，所以 $a_1=2\ 018,2\ 016,2\ 014,\cdots,4,2,0$，共 1 010 种可能.

当 $d=1\ 009$ 时，$a_1=2\ 018-1\ 009\times(k-1)\geqslant 0$，得 $k=1,2,3$，所以 $a_1=2\ 018,1\ 009,0$，共 3 种可能.

当 $d=2\ 017$ 时，$a_1=2\ 018-2\ 017(k-1)\geqslant 0$，得 $k=1,2$，所以 $a_1=2\ 018,1$，共 2 种可能.

当 $d=2\times 1\ 009$ 时，$a_1=2\ 018-2\ 018\times(k-1)\geqslant 0$，得 $k=1,2$，所以 $a_1=2\ 018,0$，共 2 种可能.

当 $d=2\times 2\ 017$ 时，$a_1=2\ 018-2\times 2\ 017\times(k-1)\geqslant 0$，得 $k=1$，所以 $a_1=2\ 018$，共 1 种可能.

当 $d=1\ 009\times 2\ 017$ 时，$a_1=2\ 018-1\ 009\times 2\ 017\times(k-1)\geqslant 0$，得 $k=1$，所以 $a_1=2\ 018$，共 1 种可能.

当 $d=2\times 1\ 009\times 2\ 017$ 时，$a_1=2\ 018-2\times 1\ 009\times 2\ 017\times(k-1)\geqslant 0$，得 $k=1$，所以 $a_1=2\ 018$，共 1 种可能.

经检验可知，这些数列均符合题意.

综上所述可得，满足题意的数列$\{a_n\}$共有 $2\,019+1\,010+3+2+2+1+1+1=3\,039$ 个.

107.（2018 年北京市昌平高三二模）已知在正项数列$\{a_n\}$中，若存在正实数 p，使得对数列$\{a_n\}$中的任意一项 a_k，$\dfrac{p}{a_k}$ 也是数列$\{a_n\}$中的一项，则称数列$\{a_n\}$为“倒置数列”，p 是它的“倒置系数”.

（1）若数列：$1,4,9,x(x>9)$ 是“倒置系数”为 p 的“倒置数列”，求 x 和 p 的值；

（2）若等比数列$\{a_n\}$的项数是 m，数列$\{a_n\}$所有项之积是 T，求证：数列$\{a_n\}$是“倒置数列”，并用 m 和 T 表示它的“倒置系数”p；

（3）是否存在各项均为整数的递增数列$\{a_n\}$，使得它既是等差数列，又是“倒置数列”，如果存在，请写出一个满足条件的数列，如果不存在，请说明理由.

解　（1）因为数列 $1,4,9,x(x>9)$ 是“倒置系数”为 p 的“倒置数列”，所以$\dfrac{p}{x},\dfrac{p}{9},\dfrac{p}{4},p$ 也均是该数列的项，且$\dfrac{p}{x}<\dfrac{p}{9}<\dfrac{p}{4}<p$，因而$\dfrac{p}{x}=1,\dfrac{p}{9}=4,\dfrac{p}{4}=9,p=x$，即 $x=p=36$.

（2）因为数列$\{a_n\}$是项数为 m 项的有穷正项等比数列，取 $p=a_1\cdot a_m>0$，所以对数列$\{a_n\}$中的任意一项 $a_i(1\leqslant i\leqslant m)$，有$\dfrac{p}{a_i}=\dfrac{a_1a_m}{a_i}=\dfrac{a_ia_{m+1-i}}{a_i}=a_{m+1-i}$ 也是数列$\{a_n\}$中的一项.

由“倒置数列”的定义可知，数列$\{a_n\}$是“倒置数列”.

又因为数列$\{a_n\}$所有项之积是 T，所以

$$T^2=(a_1a_2a_3\cdots a_m)(a_ma_{m-1}a_{m-2}\cdots a_1)=(a_1a_m)^m=p^m$$

得 $p=T^{\frac{2}{m}}$.

（3）若存在满足题设的等差数列$\{a_n\}$为“倒置数列”，则可设它的公差为正整数 d，“倒置系数”为正整数 p.

由数列$\{a_n\}$为递增数列，可得 $a_1<a_2<a_3<\cdots<a_n<\cdots$，且$\dfrac{p}{a_1}>\dfrac{p}{a_2}>\dfrac{p}{a_3}>\cdots>\dfrac{p}{a_n}>\cdots$.

又由数列$\{a_n\}$为“倒置数列”，可得正整数$\dfrac{p}{a_i}(i\in\mathbf{N}^*)$也是数列$\{a_n\}$中的一项，所以数列$\{a_n\}$必为有穷数列，不妨设项数为 n，得 $p=a_i\cdot a_{n+1-i}(i=1,2,3,\cdots,n)$，所以

$$a_1a_n=a_2a_{n-1}=(a_1+d)(a_n-d)$$

$$a_1a_n=(a_1+d)(a_n-d)$$
$$(n-2)d^2=0\quad(n\geqslant 3)$$
$$d=0$$

这与 d 是正整数矛盾！所以欲证结论成立.

108.(2018 年北京市大兴高三一模）已知数列 $\{a_n\}$ 满足 $a_1=1,a_{n+1}=\begin{cases}a_n+n,a_n\leqslant n\\a_n-n,a_n>n\end{cases}$. 将 $a_m=m$ 的 m 值从小到大依次排列组成数列 $\{m_n\}$，当 $a_{m_i}=m_i$ 时，定义 $b_n=a_{m_i+2(n-1)}(n=1,2,\cdots,m_i)$.

(1) 求 a_4,a_5,a_9 的值；

(2) 当 $m_i>2$ 时，求证：$\{b_n\}$ 为等差数列；

(3) 求 m_{n+1} 与 m_n 的关系式.

解 (1) 可得 $a_1=1,a_2=2,a_3=4,a_4=1,a_5=5,a_6=10,a_7=4,a_8=11,a_9=3$，所以 $a_4=1,a_5=5,a_9=3$.

(2) 由题意知 $b_1=a_{m_i}=m_i$. 因为 $a_{m_i}=m_i\leqslant m_i$，所以 $a_{m_{i+1}}=a_{m_i}+m_i=2m_i$，当 $m_i>2$ 时，$a_{m_i+1}=2m_i>m_i+1$，因而 $b_2=a_{m_i+2}=a_{m_i+1}-(m_i+1)=m_i-1$.

所以可猜想 $\{b_n\}$ 为首项为 m_i、公差为 -1 的等差数列，即 $b_n=m_i-(n-1)$.

下面用数学归纳法来证明其成立.

(i) 当 $n=1$ 时成立.

(ii) 假设当 $n=k(1\leqslant k\leqslant m_i-1,k\in\mathbf{N}^*)$ 时成立：$b_k=m_i-(k-1)=m_i-k+1$，即 $b_k=a_{m_i+2k-2}=m_i-k+1$.

因为 $(m_i-k+1)-(m_i+2k-2)=-3(k-1)\leqslant 0$，所以 $a_{m_i+2k-1}=a_{m_i+2k-2}+(m_i+2k-2)=(m_i-k+1)+(m_i+2k-2)=2m_i+k-1$.

又由 $(2m_i+k-1)-(m_i+2k-1)=m_i-k$，且 $k<m_i$ 知，$a_{m_i+2k-1}>m_i+2k-1$，所以

$$\begin{aligned}b_{k+1}&=a_{m_i+2k}=a_{m_i+2k-1}-(m_i+2k-1)=2m_i+k-1-(m_i+2k-1)\\&=m_i-k=m_i-(k+1)+1\end{aligned}$$

即当 $n=k+1$ 时也成立.

所以数列 $\{b_n\}$ 是首项为 m_i、公差为 -1 的等差数列.

(3) 由 (2) 的结论可得，数列 $\{b_n\}$ 有 m_i 项，其中 $m_i>2,b_{m_i}=1$，即 $a_{m_i+2(m_i-1)}=a_{3m_i-2}=1\leqslant 3m_i-2$，所以 $a_{3m_i-1}=a_{3m_i-2}+(3m_i-2)=3m_i-1$.

当 $n>2$ 时，$m_{n+1}=3m_n-1$；当 $n=1,n=2$ 时，$m_{n+1}=3m_n-1$ 也成立.

所以 $m_{n+1}=3m_n-1$.

109.(1)n 条直线最多将平面分成多少个部分？

(2)n 个平面最多将空间分成多少个部分？

解 (1) 设 n 条直线最多将平面分成 a_n 个部分.

当添加上第 $n+1$ 条直线时，该直线与前 n 条直线最多有 n 个交点，这 n 个交点将第 $n+1$ 条直线分成 $n+1$ 段，而每段将它所在的区域一分为二，所以增加了 $n+1$ 个部分，得 $a_{n+1}=a_n+n+1, a_1=2$.

再由累加法可求得 $a_n=\frac{1}{2}n(n+1)+1$，所以 n 条直线最多将平面分成 $\frac{1}{2}n(n+1)+1$ 个部分.

(2) 设 n 个平面最多将空间分成 b_n 个部分.

当添加上第 $n+1$ 个平面时，该平面与前 n 个平面最多有 n 条交线，还这 n 条交线任意三条不共点且每两条不平行时分成的部分最多，得这第 $n+1$ 个平面被这 n 条直线分割成 a_n 个部分.

而这 a_n 个部分平面中的每一个都把它所通过的那一部分空间分割成两个较小的空间. 所以，添加上这第 $n+1$ 个平面后就把原有的空间数增加了 $a_n=\frac{1}{2}n(n+1)+1$ 个部分，所以 $b_{n+1}=b_n+\frac{1}{2}n(n+1)+1, b_1=2$.

再由累加法可求得 $b_n=\frac{1}{6}n(n^2+5)+1$，所以 n 个平面最多将平面分成 $\frac{1}{6}n(n^2+5)+1$ 个部分.

110. (1) n 个圆（这里的圆指圆面）最多将平面分成多少个部分？

(2) n 个球（这里的球指球体）最多将空间分成多少个部分？

解　(1) 设 n 个两两相交的圆 $C_1, C_2, \cdots, C_n$ 最多将平面分成 a_n 个部分，若 $n+1$ 个圆 $C_1, C_2, \cdots, C_n, C_{n+1}$ 将平面分成的部分最多，则第 $n+1$ 个圆 C_{n+1} 与圆 $C_1, C_2, \cdots, C_n$ 都相交，共有 n 对交点，这 n 对交点把圆 C_{n+1} 分成 $2n$ 部分，所以 $a_{n+1}=a_n+2n, a_1=2$.

再由累加法可求得 $a_n=n^2-n+2$，所以 n 个圆最多将平面分成 n^2-n+2 个部分.

(2) 设 n 个两两相交的球 $C_1, C_2, \cdots, C_n$ 最多将平面分成 b_n 个部分，若 $n+1$ 个球 $C_1, C_2, \cdots, C_n, C_{n+1}$ 将空间分成的部分最多，则第 $n+1$ 个球 C_{n+1} 的球面被原来的 n 个球分成的部分数即 n 个两两相交的圆把平面分成的最多部分数也即 $a_n=n^2-n+2$.

所以 $b_{n+1}=b_n+n^2-n+2, b_1=2$，再由累加法可求得 $b_n=\frac{1}{3}n(n^2-3n+8)$，所以 n 个球最多将平面分成 $\frac{1}{3}n(n^2-3n+8)$ 个部分.

111. 如果存在常数 a 使得数列 $\{a_n\}$ 满足：若 x 是数列 $\{a_n\}$ 中的一项，则 $a-x$ 也是数列 $\{a_n\}$ 中的一项，称数列 $\{a_n\}$ 为“兑换数列”，常数 a 是它的“兑换系数”.

(1) 若数列 $2,3,6,m(m>6)$ 是“兑换系数”为 a 的“兑换数列”，求 m 和 a 的值；

(2) 已知等差数列 $\{b_n\}$ 的项数是 $n_0(n_0\geqslant 3)$，所有项之和是 B，求证：$\{b_n\}$ 为“兑换数列”，并用 n_0 和 B 表示它的“兑换系数”；

(3) 对于一个不少于 3 项，且各项皆为正整数的递增数列 $\{c_n\}$，它是否有可能既是等比数列又是“兑换数列”？给出你的结论，并说明理由.

解 (1) 由数列 $2,3,6,m(m>6)$ 是“兑换系数”为 a 的“兑换数列”且是递增数列，可得 $a-m,a-6,a-3,a-2$ 也是该数列的项. 又因为 $a-m<a-6<a-3<a-2$，所以 $a-m=2,a-6=3,a-3=6,a-2=m$，得 $a=9,m=7$.

(2) 设等差数列 $\{b_n\}$ 的公差为 d，还可设 $b_1+b_{n_0}=b_2+b_{n_0-1}=b_3+b_{n_0-2}=\cdots=a$.

对于数列 $\{b_n\}$ 中的任一项 $b_i(1\leqslant i\leqslant n_0)$，可得 $a-b_i=b_1+b_{n_0}-b_i=b_1+(n_0-i)d=b_{n_0+1-i}$ 也是数列 $\{b_n\}$ 中的项.

所以 $\{b_n\}$ 为“兑换数列”.

由题设，可得 $B=\dfrac{n_0(b_1+b_{n_0})}{2}=\dfrac{n_0a}{2}$，所以数列 $\{b_n\}$ 的“兑换系数”$a=\dfrac{2B}{n_0}$.

(3) 假设存在公比为 $q(q>1)$ 的递增等比数列 $\{c_n\}$ 是“兑换数列”，得

$$c_1<c_2<c_3<\cdots<c_n$$

$$a-c_1>a-c_2>a-c_3>\cdots>a-c_n$$

由数列 $\{c_n\}$ 是“兑换数列”，得 $a-c_i(i=1,2,3,\cdots,n)$ 是数列 $\{c_n\}$ 中的项，所以 $a-c_i\in\mathbf{N}^*(i=1,2,3,\cdots,n)$，得数列 $\{c_n\}$ 是有穷数列，可不妨设其项数是 n，得 $c_i+c_{n+1-i}=a(i=1,2,3,\cdots,n)$.

若 $n=3$，得 $c_1+c_3=a,c_2=\dfrac{a}{2}$. 再由 $c_2^2=c_1c_3$，可得 $q=1$.

若 $n\geqslant 4$，由 $c_1+c_n=c_2+c_{n-1}$，可得 $1+q^{n-1}=q+q^{n-2}$，$(q-1)(q^{n-2}-1)=0,q=1$.

它们均与 $q>1$ 矛盾！所以不存在满足题设的数列 $\{c_n\}$.

112. 数列 $\{2^n-1\}$ 的前 n 项 $1,3,7,\cdots,2^n-1$ 组成集合 $A_n=\{1,3,7,\cdots,2^n-1\}(n\in\mathbf{N}^*)$，从集合 A_n 中任取 $k(k=1,2,3,\cdots,n)$ 个数，其所有可能的 k 个数的积的和为 T_k（若只取一个数，规定积为此数本身）. 例如，当 $n=1$ 时，$A_1=\{1\},T_1=1$；当 $n=2$ 时，$A_2=\{1,3\},T_1=1+3,T_2=1\cdot 3$.

(1) 当 $n=3$ 时，求 T_1,T_2,T_3 的值；

(2) 证明：当 $n=k$ 时的集合 A_k 的 T_m 与当 $n=k+1$ 时的集合 A_{k+1} 的 T_m（为了以示区别，用 T'_m 表示）有关系式 $T'_m=(2^{k+1}-1)T_{m-1}+T_m(m,k\in\mathbf{N}^*,2\leqslant$

$m \leqslant k$)；

(3) 定义 $S_n = T_1 + T_2 + T_3 + \cdots + T_n$，求 S_n(用 n 表示).

解　(1) 当 $n=3$ 时，$A_3=\{1,3,7\}$，$T_1 = 1+3+7=11$，$T_2 = 1\cdot 3 + 1\cdot 7 + 3\cdot 7 = 31$，$T_3 = 1\cdot 3\cdot 7 = 21$.

(2) 由题意知，T_m 为所有可能的 m 个数的积的和.

当 $n=k+1$ 时，集合 A_{k+1} 有 $k+1$ 个元素，比 $n=k$ 时的集合 A_k 多了一个元素 $a_{k+1} = 2^{k+1}-1$.

集合 A_{k+1} 所对应的 T'_m 包含两部分：一部分含有 $a_{k+1} = 2^{k+1}-1$；另一部分不含有 $a_{k+1} = 2^{k+1}-1$.

T'_m 中不含有 $a_{k+1} = 2^{k+1}-1$ 的任何一项恰好为当 $n=k$ 时的集合 A_k 所对应的 T_m 中的某一项，而 T'_m 中含有 $a_{k+1} = 2^{k+1}-1$ 的任何一项，除了 a_{k+1}，其余的 $m-1$ 个数均来自于集合 A_k，这 $m-1$ 个数的积恰好为集合 A_k 所对应的 T_{m-1} 中的某一项，所以 $T'_m = (2^{k+1}-1)T_{m-1} + T_m$.

(3) 首先，我们来推导出 S_n 与 S_{n-1} 的关系式.

由题意，得

$$S_{n-1} = T_1 + T_2 + T_3 + \cdots + T_{n-1}$$
$$S_n = T'_1 + T'_2 + T'_3 + \cdots + T'_n$$

由(2) 的结论，得

$$T'_1 = (2^n - 1) + T_1$$
$$T'_2 = (2^n - 1)T_1 + T_2$$
$$\vdots$$
$$T'_m = (2^n - 1)T_{m-1} + T_m$$
$$\vdots$$
$$T'_{n-1} = (2^n - 1)T_{n-2} + T_{n-1}$$
$$T'_n = (2^n - 1)T_{n-1}$$

所以

$$\begin{aligned} S_n &= T'_1 + T'_2 + T'_3 + \cdots + T'_n \\ &= (2^n - 1) + (T_1 + T_2 + T_3 + \cdots + T_{n-1}) + \\ &\quad (2^n - 1)(T_1 + T_2 + T_3 + \cdots + T_{n-1}) \\ &= (2^n - 1) + 2^n(T_1 + T_2 + T_3 + \cdots + T_{n-1}) = (2^n - 1) + 2^n S_{n-1} \end{aligned}$$

得

$$S_n + 1 = 2^n(S_{n-1} + 1)$$

所以

$$\begin{aligned} S_n + 1 &= 2^n(S_{n-1}+1) = 2^n \cdot 2^{n-1}(S_{n-2}+1) = \cdots = 2^n \cdot 2^{n-1} \cdot \cdots \cdot 2^2(S_1+1) \\ &= 2^n \cdot 2^{n-1} \cdot \cdots \cdot 2^2 \cdot 2 = 2^{\frac{n(n+1)}{2}} \end{aligned}$$

得

$$S_n=2^{\frac{n(n+1)}{2}}-1$$

113. 已知集合 $A=\{a_1,a_2,\cdots,a_n\}$，$a_i\in\mathbf{R}$，$i=1,2,\cdots,n$，并且 $n\geqslant 2$. 定义 $T(A)=\sum\limits_{1\leqslant i<j\leqslant n}|a_j-a_i|$（例如：$\sum\limits_{1\leqslant i<j\leqslant 3}|a_j-a_i|=|a_2-a_1|+|a_3-a_1|+|a_3-a_2|$）.

(1) 若 $A=\{1,2,3,4,5,6,7,8,9,10\}$，$M=\{1,2,3,4,5\}$，集合 A 的子集 N 满足：$N\neq M$，且 $T(M)=T(N)$，求出一个符合条件的 N；

(2) 对于任意给定的常数 C 以及给定的集合 $A=\{a_1,a_2,\cdots,a_n\}$，求证：存在集合 $B=\{b_1,b_2,\cdots,b_n\}$，使得 $T(B)=T(A)$，且 $\sum\limits_{i=1}^{n}b_i=C$；

(3) 已知集合 $A=\{a_1,a_2,\cdots,a_{2m}\}$ 满足：$a_i<a_{i+1}$，$i=1,2,\cdots,2m-1$，$m\geqslant 2$，$a_1=a$，$a_{2m}=b$，其中 $a,b\in\mathbf{R}$ 为给定的常数，求 $T(A)$ 的取值范围.

解 (1) 由于 $A=\{1,2,3,4,5,6,7,8,9,10\}$，$M=\{1,2,3,4,5\}$，所以 $N=\{6,7,8,9,10\}$，或 $N=\{5,6,7,8,9\}$，或 $N=\{4,5,6,7,8\}$，或 $N=\{3,4,5,6,7\}$，$N=\{2,3,4,5,6\}$（回答其中之一即可）.

(2) 若集合 $A=\{a_1,a_2,\cdots,a_n\}$，把集合 A 中每个元素加上同一个常数 t 后，形成新的集合 $M=\{a_1+t,a_2+t,\cdots,a_n+t\}$.

根据 $T(A)=\sum\limits_{1\leqslant i<j\leqslant n}|a_j-a_i|$ 定义可以验证：$T(M)=T(A)$.

取 $t=\dfrac{C-\sum\limits_{i=1}^{n}a_i}{n}$，此时 $B=\left\{a_1-\dfrac{C-\sum\limits_{i=1}^{n}a_i}{n},a_2-\dfrac{C-\sum\limits_{i=1}^{n}a_i}{n},\cdots,a_n-\dfrac{C-\sum\limits_{i=1}^{n}a_i}{n}\right\}$.

通过验证，此时 $T(B)=T(A)$，且 $\sum\limits_{i=1}^{n}b_i=C$.

(3) 由于 $m\geqslant 2$，且

$$\begin{aligned}T(A)=&(a_2-a_1)+(a_3-a_1)+(a_4-a_1)+\cdots+(a_{2m}-a_1)\\&+(a_3-a_2)+(a_4-a_2)+\cdots+(a_{2m}-a_2)\\&+(a_4-a_3)+\cdots+(a_{2m}-a_3)\\&\vdots\\&+(a_{2m}-a_{2m-1})\\=&-(2m-1)a_1-(2m-3)a_2-\cdots-a_m+a_{m+1}+\cdots+\\&(2m-3)a_{2m-1}+(2m-1)a_{2m}\\=&(2m-1)(a_{2m}-a_1)+(2m-3)(a_{2m-1}-a_2)+\cdots+\end{aligned}$$

$$\begin{aligned}&(a_{m+1}-a_m)\\&=(2m-1)(b-a)+(2m-3)(a_{2m-1}-a_2)+\cdots+\\&(a_{m+1}-a_m)\end{aligned}$$

又由于

$$0<a_{2m-1}-a_2<b-a$$
$$0<a_{2m-2}-a_3<b-a$$
$$0<a_{2m-3}-a_4<b-a$$
$$\vdots$$
$$0<a_{m+1}-a_m<b-a$$

所以$(2m-1)(b-a)<T(A)<m^2(b-a)$.

114.(2018年北京市西城高三期末考试试题) 数列$A_n:a_1,a_2,\cdots,a_n(n\geqslant 4)$满足:$a_1=1,a_n=m,a_{k+1}-a_k=0$或$1(k=1,2,\cdots,n-1)$.对任意的$i,j$,都存在$s,t$,使得$a_i+a_j=a_s+a_t$,其中$i,j,s,t\in\{1,2,\cdots,n\}$且两两不相等.

(1) 若$m=2$,写出下列三个数列中所有符合题目条件的数列的序号:① 1,1,1,2,2,2;② 1,1,1,1,2,2,2,2;③ 1,1,1,1,1,2,2,2,2.

(2) 记$S=a_1+a_2+\cdots+a_n$.若$m=3$,证明:$S\geqslant 20$.

(3) 若$m=2\,018$,求n的最小值.

解　(1)②③.

(2) 当$m=3$时,设数列A_n中1,2,3出现频数依次为q_1,q_2,q_3,由题意$q_i\geqslant 1(i=1,2,3)$.

① 假设$q_1<4$,可得$a_1+a_2<a_s+a_t$(对任意的$s>t>2$),与已知矛盾!所以$q_1\geqslant 4$.

同理可证得$q_3\geqslant 4$.

② 假设$q_2=1$,可得存在唯一的$k\in\{1,2,\cdots,n\}$,使得$a_k=2$.

那么$\forall s,t$,有$a_1+a_k=1+2\neq a_s+a_t$(k,s,t两两不相等),与已知矛盾!所以$q_2\geqslant 2$.

综上所述,可得$q_1\geqslant 4,q_3\geqslant 4,q_2\geqslant 2$,所以$S=\sum\limits_{i=1}^{3}iq_i\geqslant 20$.

(3) 设$1,2,\cdots,2\,018$出现频数依次为$q_1,q_2,\cdots,q_{2\,018}$.

同第(2)问的证明,可得$q_1\geqslant 4,q_{2\,018}\geqslant 4,q_2\geqslant 2,q_{2\,017}\geqslant 2$,所以$n\geqslant 2\,026$.

取$q_1=q_{2\,018}=4,q_2=q_{2\,017}=2,q_i=1,i=3,4,5,\cdots,2\,016$,得到的数列为:$B_n$:1,1,1,1,2,2,3,4,…,2 015,2 016,2 017,2 017,2 018,2 018,2 018,2 018.

下面证明B_n满足题目要求.$\forall i,j\in\{1,2,\cdots,2\,026\}$,不妨令$a_i\leqslant a_j$.

① 如果$a_i=a_j=1$或$a_i=a_j=2\,018$,由于$q_1=4,q_{2\,018}=4$,所以符合条件;

② 如果 $a_i=1,a_j=2$ 或 $a_i=2017,a_j=2\,018$，由于 $q_1=4,q_{2\,018}=4,q_2=2,q_{2\,017}=2$，所以也成立；

③ 如果 $a_i=1,a_j>2$，则可选取 $a_s=2,a_t=a_j-1$；同样的，如果 $a_i<2\,017$，$a_j=2\,018$，则可选取 $a_s=a_i+1,a_t=2\,017$，使得 $a_i+a_j=a_s+a_t$，且 i,j,s,t 两两不相等；

④ 如果 $1<a_i\leqslant a_j<2\,018$，则可选取 $a_s=a_i-1,a_t=a_j+1$，注意到这种情况每个数最多被选取了一次，因此也成立.

综上所述可得，对任意的 i,j，总存在 s,t，使得 $a_i+a_j=a_s+a_t$，其中 $i,j,s,t\in\{1,2,\cdots,n\}$ 且两两不相等. 因此 B_n 满足题目要求，所以 n 的最小值为 2 026.

115.(2018 年北京市海淀高三期末考试试题) 无穷数列 $\{a_n\}$ 满足：a_1 为正整数，且对任意正整数 n，a_{n+1} 为前 n 项 $a_1,a_2,\cdots,a_n$ 中等于 a_n 的项的个数.

(1) 若 $a_1=2$，请写出数列 $\{a_n\}$ 的前 7 项；

(2) 求证：对于任意正整数 M，必存在 $k\in\mathbf{N}^*$，使得 $a_k>M$；

(3) 求证："$a_1=1$"是"存在 $m\in\mathbf{N}^*$，当 $n\geqslant m$ 时，恒有 $a_{n+2}\geqslant a_n$ 成立"的充要条件.

解 (1) 若 $a_1=2$，则数列 $\{a_n\}$ 的前 7 项分别为 2,1,1,2,2,3,1.

(2) 证法 1 假设存在正整数 M，使得对任意的 $k\in\mathbf{N}^*$，$a_k\leqslant M$.

由题意可得 $a_k\in\{1,2,3,\cdots,M\}$，所以由抽屉原理可知数列 $\{a_n\}$ 最多有 M 个不同的取值.

考虑数列 $\{a_n\}$ 的前 M^2+1 项：$a_1,a_2,a_3,\cdots,a_{M^2+1}$. 其中至少有 $M+1$ 项的取值相同，不妨设

$$a_{i_1}=a_{i_2}=\cdots=a_{i_{M+1}}$$

此时有：$a_{i_{M+1}+1}=M+1>M$，矛盾！所以对于任意的正整数 M，必存在 $k\in\mathbf{N}^*$，使得 $a_k>M$.

证法 2 假设存在正整数 M，使得对任意的 $k\in\mathbf{N}^*$，$a_k\leqslant M$.

由题意可得 $a_k\in\{1,2,3,\cdots,M\}$，所以数列 $\{a_n\}$ 最多有 M 个不同的取值.

对任意的正整数 m，数列 $\{a_n\}$ 中至多有 M 项的值为 m. 事实上，若数列 $\{a_n\}$ 中至少有 $M+1$ 项的值为 m，设这 $M+1$ 项分别为

$$a_{i_1},a_{i_2},a_{i_3},\cdots,a_{i_{M-1}},a_{i_M},a_{i_{M+1}}$$

此时有 $a_{i_{M+1}+1}=M+1>M$，矛盾！

所以数列 $\{a_n\}$ 至多有 M^2 项，这与数列 $\{a_n\}$ 有无穷多项矛盾！因而对于任意的正整数 M，必存在 $k\in\mathbf{N}^*$，使得 $a_k>M$.

(3) 充分性 若 $a_1=1$，则数列 $\{a_n\}$ 的项依次为

$$1,1,2,1,3,1,4,1,\cdots,k-2,1,k-1,1,k,1,\cdots$$

特别地，数列$\{a_n\}$的通项公式为

$$a_n=\begin{cases}k,n=2k-1\\1,n=2k\end{cases}，即 a_n=\begin{cases}\dfrac{n+1}{2},n=2k-1\\1,n=2k\end{cases}$$

所以$\forall n\in\mathbf{N}^*$，有

若n为偶数，则$a_{n+2}=a_n=1$；若n为奇数，则$a_{n+2}=\dfrac{n+3}{2}>\dfrac{n+1}{2}=a_n$.

综上所述，可得$a_{n+2}\geqslant a_n$恒成立. 特别地，取$m=1$有当$n\geqslant m$时，恒有$a_{n+2}\geqslant a_n$成立.

必要性　假设存在$a_1=k(k>1)$，使得"存在$m\in\mathbf{N}^*$，当$n\geqslant m$时，恒有$a_{n+2}\geqslant a_n$成立"，则数列$\{a_n\}$的前k^2+1项为

$$k,\underbrace{1,1,2,1,3,1,4,\cdots,1,k-2,1,k-1,1,k}_{2k-1项}$$

$$\underbrace{2,2,3,2,4,2,5,\cdots,2,k-2,2,k-1,2,k}_{2k-3项}$$

$$\underbrace{3,3,4,3,5,3,6,\cdots,3,k-2,3,k-1,3,k}_{2k-5项}$$

$$\cdots$$

$$\underbrace{k-2,k-2,k-1,k-2,k}_{5项}$$

$$\underbrace{k-1,k-1,k}_{3项}$$

$$k$$

后面的项顺次为

$$\underbrace{k+1,1,k+1,2,k+1,3,\cdots,k+1,k-2,k+1,k-1,k+1,k}_{2k项}$$

$$\underbrace{k+2,1,k+2,2,k+2,3,\cdots,k+2,k-2,k+2,k-1,k+2,k}_{2k项}$$

$$\underbrace{k+3,1,k+3,2,k+3,3,\cdots,k+3,k-2,k+3,k-1,k+3,k}_{2k项}$$

$$\cdots$$

$$\underbrace{k+t,1,k+t,2,k+t,3,\cdots,k+t,k-2,k+t,k-1,k+t,k}_{2k项}$$

$$\cdots$$

所以对任意的$s=1,2,3,\cdots,k-2,k-1,k,t\in\mathbf{N}^*$，有

$$\begin{cases}a_{k^2+1+2(t-1)k+2s-1}=k+t\\a_{k^2+1+2(t-1)k+2s}=s\end{cases}$$

对任意的m，取$t=\left[\dfrac{m}{2k}\right]+1$，其中$[x]$表示不超过$x$的最大整数，得$2kt>$

m.

令 $n=k^2+1+2kt$，得 $n>m$，此时 $a_n=k$，$a_{n+2}=1$.

有 $a_n>a_{n+2}$，这与 $a_n\leqslant a_{n+2}$ 矛盾！所以若存在 $m\in\mathbf{N}^*$，当 $n\geqslant m$ 时，恒有 $a_{n+2}\geqslant a_n$ 成立，必有 $a_1=1$.

必要性的另证　若存在 $m\in\mathbf{N}^*$，当 $n\geqslant m$ 时，$a_{n+2}\geqslant a_n$ 恒成立，记 $\max\{a_1,a_2,\cdots,a_m\}=s$.

由第(2)问的结论可知：存在 $k\in\mathbf{N}^*$，使得 $a_k>s$（由 s 的定义知 $k\geqslant m+1$）.

不妨设 a_k 是数列 $\{a_n\}$ 中第一个大于等于 $s+1$ 的项，即 $a_1,a_2,\cdots,a_{k-1}$ 均小于等于 s，则 $a_{k+1}=1$.

因为 $k-1\geqslant m$，所以 $a_{k+1}\geqslant a_{k-1}$，即 $1\geqslant a_{k-1}$ 且 a_{k-1} 为正整数，所以 $a_{k-1}=1$.

记 $a_k=t\geqslant s+1$，由数列 $\{a_n\}$ 的定义可知，在 $a_1,a_2,\cdots,a_{k-1}$ 中恰有 t 项等于 1.

假设 $a_1\neq 1$，则可设 $a_{i_1}=a_{i_2}=\cdots=a_{i_t}=1$，其中 $1<i_1<i_2<\cdots<i_t=k-1$.

考虑这 t 个 1 的前一项，即 $a_{i_1-1},a_{i_2-1},\cdots,a_{i_t-1}$. 因为它们均为不超过 s 的正整数，且 $t\geqslant s+1$，所以 $a_{i_1-1},a_{i_2-1},\cdots,a_{i_t-1}$ 中一定存在两项相等，将其记为 a，则数列 $\{a_n\}$ 中相邻两项恰好为 $(a,1)$ 的情况至少出现 2 次，但根据数列 $\{a_n\}$ 的定义可知：第二个 a 的后一项应该至少为 2，不能为 1，所以矛盾！

所以假设 $a_1\neq 1$ 不成立，得 $a_1=1$，必要性得证！

综上所述可得："$a_1=1$"是"存在 $m\in\mathbf{N}^*$，当 $n\geqslant m$ 时，恒有 $a_{n+2}\geqslant a_n$ 成立"的充要条件.

116.（2015 年北京市西城高三期末考试试题）设函数 $f(x)=x(9-x)$，对于任意给定的 m 位自然数 $n_0=\overline{a_m a_{m-1}\cdots a_2 a_1}$（其中 a_1 是个位数字，a_2 是十位数字，…），定义变换 A：$A(n_0)=f(a_1)+f(a_2)+\cdots+f(a_m)$. 并规定 $A(0)=0$. 记 $n_1=A(n_0)$，$n_2=A(n_1)$，…，$n_k=A(n_{k-1})$，….

(1) 若 $n_0=2\,015$，求 $n_{2\,015}$；

(2) 当 $m\geqslant 3$ 时，证明：对于任意的 $m(m\in\mathbf{N}^*)$ 位自然数 n 均有 $A(n)<10^{m-1}$；

(3) 如果 $n_0<10^m(m\in\mathbf{N}^*,m\geqslant 3)$，写出 n_m 的所有可能取值（只需写出结论）.

解　(1) $n_1=14+0+8+20=42$，$n_2=20+14=34$，$n_3=18+20=38$，$n_4=18+8=26$，$n_5=14+18=32$，$n_6=18+14=32$，…

所以 $n_{2\,015}=32$.

(2) 因为函数 $f(x)=x(9-x)=-\left(x-\frac{9}{2}\right)^2+\frac{81}{4}$，所以对于非负整数 x，知 $f(x)=x(9-x)\leqslant 20$（当且仅当 $x=4$ 或 5 时，取到最大值.）.

因为 $A(n)=f(a_1)+f(a_2)+\cdots+f(a_m)$，所以 $A(n)\leqslant 20m$.

令 $g(m)=10^{m-1}-20m$，则 $g(3)=10^{3-1}-20\times 3>0$.

当 $m\geqslant 3$ 时，$g(m+1)-g(m)=10^m-20(m+1)-10^{m-1}+20m=9\times 10^{m-1}-20>0$，所以 $g(m+1)-g(m)>0$，函数 $g(m)$，($m\in\mathbf{N}$，且 $m\geqslant 3$) 单调递增.

所以 $g(m)\geqslant g(3)>0$，即 $10^{m-1}>20m\geqslant A(n)$.

所以当 $m\geqslant 3$ 时，对于任意的 m 位自然数 n 均有 $A(n)<10^{m-1}$.

(3) n_m 的所有可能取值为 0,8,14,16,20,22,26,28,32,36,38.

117.（2016 年北京市西城期末考试试题）在数字 $1,2,\cdots,n(n\geqslant 2)$ 的任意一个排列 $A:a_1,a_2,\cdots,a_n$ 中，如果对于 $i,j\in\mathbf{N}^*$，$i<j$，有 $a_i>a_j$，那么就称 (a_i,a_j) 为一个逆序对. 记排列 A 中逆序对的个数为 $S(A)$.

如 $n=4$ 时，在排列 B：3, 2, 4, 1 中，逆序对有 (3,2)，(3,1)，(2,1)，(4,1)，则 $S(B)=4$.

(1) 设排列 C：3, 5, 6, 4, 1, 2，写出 $S(C)$ 的值；

(2) 对于数字 $1,2,\cdots,n$ 的一切排列 A，求所有 $S(A)$ 的算术平均值；

(3) 如果把排列 $A:a_1,a_2,\cdots,a_n$ 中两个数字 $a_i,a_j(i<j)$ 交换位置，而其余数字的位置保持不变，那么就得到一个新的排列 $A':b_1,b_2,\cdots,b_n$，求证：$S(A)+S(A')$ 为奇数.

解　(1) 因为排列 C 的全部逆序对是 (3,1)，(3,2)，(5,4)，(5,1)，(5,2)，(6,4)，(6,1)，(6,2)，(4,1)，(4,2)，所以 $S(C)=10$.

(2) 考察排列 D：$d_1,d_2,\cdots,d_{n-1},d_n$ 与排列 $D_1:d_n,d_{n-1},\cdots,d_2,d_1$.

因为数对 (d_i,d_j) 与 (d_j,d_i) 中必有一个为逆序对（其中 $1\leqslant i<j\leqslant n$），且排列 D 中数对 (d_i,d_j) 共有 $\mathrm{C}_n^2=\frac{n(n-1)}{2}$ 个，所以 $S(D)+S(D_1)=\frac{n(n-1)}{2}$.

得排列 D 与 D_1 的逆序对的个数的算术平均值为 $\frac{n(n-1)}{4}$.

而对于数字 $1,2,\cdots,n$ 的任意一个排列 $A:a_1,a_2,\cdots,a_n$，都可以构造排列 $A_1:a_n,a_{n-1},\cdots,a_2,a_1$，且这两个排列的逆序对的个数的算术平均值为 $\frac{n(n-1)}{4}$.

所以所有 $S(A)$ 的算术平均值为 $\frac{n(n-1)}{4}$.

(3) ① 当 $j=i+1$，即 a_i,a_j 相邻时：

可不妨设 $a_i < a_{i+1}$，得排列 A' 为 $a_1, a_2, \cdots, a_{i-1}, a_{i+1}, a_i, a_{i+2}, \cdots, a_n$. 此时排列 A' 与排列 $A: a_1, a_2, \cdots, a_n$ 相比，仅多了一个逆序对 (a_{i+1}, a_i)，所以 $S(A') = S(A) + 1$. 得 $S(A) + S(A') = 2S(A) + 1$ 为奇数.

② 当 $j \neq i+1$，即 a_i, a_j 不相邻时：

假设 a_i, a_j 之间有 m 个数字，记排列 $A: a_1, a_2, \cdots, a_i, k_1, k_2, \cdots, k_m, a_j, \cdots, a_n$.

先将 a_i 向右移动一个位置，得到排列 $A_1: a_1, a_2, \cdots, a_{i-1}, k_1, a_i, k_2, , \cdots, k_m, a_j, \cdots, a_n$.

由 ① 的结论知 $S(A_1)$ 与 $S(A)$ 的奇偶性不同.

再将 a_i 向右移动一个位置，得到排列 $A_2: a_1, a_2, \cdots, a_{i-1}, k_1, k_2, a_i, k_3, \cdots, k_m, a_j, \cdots, a_n$.

由 ① 的结论知 $S(A_2)$ 与 $S(A_1)$ 的奇偶性不同.

以此类推，a_i 共向右移动 m 次，得到排列 $A_m: a_1, a_2, \cdots, k_1, k_2, \cdots, k_m, a_i, a_j, \cdots, a_n$.

再将 a_j 向左移动一个位置，得到排列 $A_{m+1}: a_1, a_2, \cdots, a_{i-1}, k_1, \cdots, k_m, a_j, a_i, \cdots, a_n$.

以此类推，a_j 共向左移动 $m+1$ 次，得到排列 $A_{2m+1}: a_1, a_2, \cdots, a_j, k_1, \cdots, k_m, a_i, \cdots, a_n$，即为排列 A'.

由 ① 的结论可知，仅有相邻两数的位置发生变化时，排列的逆序对个数的奇偶性发生变化. 而排列 A 经过 $2m+1$ 次的前后两数交换位置，可以得到排列 A'，所以排列 A 与排列 A' 的逆序数的奇偶性不同，得 $S(A) + S(A')$ 为奇数.

综上所述，得 $S(A) + S(A')$ 为奇数.

118. 如图 7 所示，将数字 $1, 2, 3, \cdots, 2n(n \geqslant 3)$ 全部填入一个 2 行 n 列的表格中，每格填一个数字. 第一行填入的数字依次为 $a_1, a_2, \cdots, a_n$，第二行填入的数字依次为 $b_1, b_2, \cdots, b_n$.

a_1	a_2	$\cdots$	a_n
b_1	b_2	$\cdots$	b_n

图 7

记 $S_n = \sum_{i=1}^{n} |a_i - b_i| = |a_1 - b_1| + |a_2 - b_2| + \cdots + |a_n - b_n|$.

(1) 当 $n=3$ 时，若 $a_1 = 1, a_2 = 3, a_3 = 5$，写出 S_3 的所有可能的取值；

(2) 给定正整数 n. 试给出 $a_1, a_2, \cdots, a_n$ 的一组取值，使得无论 $b_1, b_2, \cdots, b_n$ 填写的顺序如何，S_n 都只有一个取值，并求出此时 S_n 的值；

(3) 求证：对于给定的 n 以及满足条件的所有填法，S_n 的所有取值的奇偶性相同.

解　(1)S_3 的所有可能的取值为 3,5,7,9.

(2) 令 $a_i = i(i=1,2,\cdots,n)$,则无论 $b_1,b_2,\cdots,b_n$ 填写的顺序如何,都有 $S_n = n^2$.

因为 $a_i = i$,所以 $b_i \in \{n+1,n+2,\cdots,2n\}(i=1,2,\cdots,n)$.

因为 $a_i < b_i(i=1,2,\cdots,n)$,所以

$$S_n = \sum_{i=1}^{n} \mid a_i - b_i \mid = \sum_{i=1}^{n}(b_i - a_i) = \sum_{i=1}^{n} b_i - \sum_{i=1}^{n} a_i = \sum_{i=n+1}^{2n} i - \sum_{i=1}^{n} i = n^2$$

注:$\{a_1,a_2,\cdots,a_n\}=\{1,2,\cdots,n\}$,或$\{a_1,a_2,\cdots,a_n\}=\{n+1,n+2,\cdots,2n\}$ 均满足条件.

(3) 证法 1　显然,交换每一列中两个数的位置,所得的 S_n 的值不变.

不妨设 $a_i > b_i$,记 $A=\sum_{i=1}^{n} a_i$,$B=\sum_{i=1}^{n} b_i(i=1,2,\cdots,n)$,可得

$$S_n = \sum_{i=1}^{n} \mid a_i - b_i \mid = \sum_{i=1}^{n}(a_i - b_i) = \sum_{i=1}^{n} a_i - \sum_{i=1}^{n} b_i = A - B$$

因为 $A+B=\sum_{i=1}^{2n} i = \dfrac{2n(2n+1)}{2} = n(2n+1)$,所以 $A+B$ 与 n 具有相同的奇偶性.

又因为 $A+B$ 与 $A-B$ 具有相同的奇偶性,所以 $S_n = A-B$ 与 n 的奇偶性相同,所以 S_n 的所有可能取值的奇偶性相同.

证法 2　显然,交换每一列中两个数的位置,所得的 S_n 的值不变.

考虑如表 2,表 3 所示的任意两种不同的填法,$S_n = \sum_{i=1}^{n} \mid a_i - b_i \mid$,$S'_n = \sum_{i=1}^{n} \mid a'_i - b'_i \mid$,不妨设 $a_i < b_i$,$a'_i < b'_i(i=1,2,\cdots,n)$. 可得

表 2

a_1	a_2	…	a_n
b_1	b_2	…	b_n

表 3

a'_1	a'_2	…	a'_n
b'_1	b'_2	…	b'_n

$$S_n + S'_n = \sum_{i=1}^{n}(b_i - a_i) + \sum_{i=1}^{n}(b'_i - a'_i) = (\sum_{i=1}^{n} b_i + \sum_{i=1}^{n} b'_i) - (\sum_{i=1}^{n} a_i + \sum_{i=1}^{n} a'_i)$$

对于 $\forall k \in \{1,2,\cdots,2n\}$,有

① 若在两种填法中 k 都位于同一行,则 k 在 $S_n + S'_n$ 的表达式中或者只出现在 $\sum_{i=1}^{n} b_i + \sum_{i=1}^{n} b'_i$ 中,或只出现在 $\sum_{i=1}^{n} a_i + \sum_{i=1}^{n} a'_i$ 中,且出现两次,则对 k 而言,

在 $S_n+S'_n$ 的结果中得到 $\pm 2k$.

② 若在两种填法中 k 位于不同行，则 k 在 $S_n+S'_n$ 的表达式中在 $\sum\limits_{i=1}^{n}b_i+\sum\limits_{i=1}^{n}b'_i$ 与 $\sum\limits_{i=1}^{n}a_i+\sum\limits_{i=1}^{n}a'_i$ 中各出现一次，则对 k 而言，在 $S_n+S'_n$ 的结果中得到 0.

由 ①② 得，对于 $\forall k\in\{1,2,\cdots,2n\}$，$S_n+S'_n$ 必为偶数.

所以，对于表格的所有不同的填法，S_n 所有可能取值的奇偶性相同.

119.(2016 年北京市东城高三期末考试试题) 已知曲线 $C_n: |x|^n+|y|^n=1(n\in\mathbf{N}^*)$.

(1) 分别求出 $n=1,n=2$ 时，曲线 C_n 所围成的图形的面积；

(2) 若 $S_n(n\in\mathbf{N}^*)$ 表示曲线 C_n 所围成的图形的面积，求证：$S_n(n\in\mathbf{N}^*)$ 的值随 n 递增；

(3) 若方程 $x^n+y^n=z^n(n>2,n\in\mathbf{N}^*)$ 没有正整数解，求证：曲线 $C_n(n>2,n\in\mathbf{N}^*)$ 上任一点的坐标 $(x,y)(xy\neq 0)$ 满足 x,y 不能全是有理数.

解 (1) 由相应的图形可得所求面积分别为 $S_1=4\times\dfrac{1}{2}\times 1\times 1=2$，$S_2=\pi\cdot 1^2=\pi$.

(2) 即证 $S_n<S_{n+1}(n\in\mathbf{N}^*)$.

由于曲线 C_n 是关于两条坐标轴均对称，所以只需证明曲线 C_n 在第一象限的部分与坐标轴所围成的面积随 n 递增递增.

可得曲线 C_n 在第一象限的部分即函数 $y=\sqrt[n]{1-x^n}\ (0<x<1)$ 的图像，因而只需证明

$$\sqrt[n]{1-x^n}<\sqrt[n+1]{1-x^{n+1}}\quad(0<x<1)$$

$$(1-x^n)^{n+1}<(1-x^{n+1})^n\quad(0<x<1)$$

因为 $(1-x^n)^n<(1-x^n)^{n+1}(0<x<1)$，所以只需证明

$$(1-x^n)^n<(1-x^{n+1})^n\quad(0<x<1)$$

$$1-x^n<1-x^{n+1}\quad(0<x<1)$$

$$x^n>x^{n+1}\quad(0<x<1)$$

$$1>x\quad(0<x<1)$$

它显然成立，所以欲证结论成立.

(3) 假设曲线 $C_n(n>2,n\in\mathbf{N}^*)$ 上存在一点的坐标 $(x,y)=(a,b)(ab\neq 0)$ 满足 a,b 全是有理数.

可设 $a=\dfrac{r}{p}$，$b=\dfrac{s}{p}(|p|,|r|,|s|\in\mathbf{N}^*)$，得

$$\left|\frac{r}{p}\right|^n+\left|\frac{s}{p}\right|^n=1\quad(|p|,|r|,|s|\in\mathbf{N}^*)$$

$$|r|^n+|s|^n=|p|^n \quad (|p|,|r|,|s|\in \mathbf{N}^*)$$

这与题设“方程 $x^n+y^n=z^n(n>2,n\in \mathbf{N}^*)$ 没有正整数解”矛盾！所以欲证结论成立.

120.(2016 年北京市海淀高三期末考试试题) 若实数数列 $\{a_n\}$ 满足 $a_{n+2}=|a_{n+1}|-a_n(n\in \mathbf{N}^*)$，则称数列 $\{a_n\}$ 为“P 数列”.

(1) 若数列 $\{a_n\}$ 是 P 数列，且 $a_1=0,a_4=1$，求 a_3,a_5 的值；

(2) 求证：若数列 $\{a_n\}$ 是 P 数列，则 $\{a_n\}$ 的项不可能全是正数，也不可能全是负数；

(3) 若数列 $\{a_n\}$ 为 P 数列，且 $\{a_n\}$ 中不含值为零的项，记 $\{a_n\}$ 前 2 016 项中值为负数的项的个数为 m，求 m 所有可能取值.

解　(1) 因为 $\{a_n\}$ 是 P 数列，且 $a_1=0$，所以 $a_3=|a_2|-a_0=|a_2|$，$a_4=|a_3|-a_2=|a_2|-a_2=1$，解得 $a_2=-\frac{1}{2}$，进而可得 $a_3=\frac{1}{2}$，$a_5=|a_4|-a_3=\frac{1}{2}$.

(2) 假设 P 数列 $\{a_n\}$ 的项都是正数，可得 $a_n>0,a_{n+1}>0,a_{n+2}>0$，所以 $a_{n+2}=a_{n+1}-a_n$，$a_{n+3}=a_{n+2}-a_{n+1}=-a_n<0$，与假设矛盾！

假设 P 数列 $\{a_n\}$ 的项都是负数，可得 $a_n<0$，而 $a_{n+2}=|a_{n+1}|-a_n>0$，也与假设矛盾！P 数列 $\{a_n\}$ 的项不可能全是负数.

(3) 由(2) 的结论可知 P 数列 $\{a_n\}$ 中项既有负数也有正数，且最多连续两项都是负数，最多连续三项都是正数，因此存在最小的正整数 k 满足 $a_k<0$，$a_{k+1}>0(k\leqslant 5)$.

设 $a_k=-a,a_{k+1}=b(a,b>0)$，可得

$a_{k+2}=b+a,a_{k+3}=a,a_{k+4}=-b,a_{k+5}=b-a$，$a_{k+6}=|b-a|+b,a_{k+7}=|b-a|+a,a_{k+8}=a-b,a_{k+9}=-a,a_{k+10}=b$，所以 $a_k=a_{k+9}$，即数列 $\{a_n\}$ 是周期为 9 的数列.

所以 $a_k,a_{k+1},\cdots,a_{k+8}$ 这 9 项中 a_k,a_{k+4} 为负数，a_{k+5},a_{k+8} 这两项中一个为正数，另一个为负数，其余项都是正数.

因为 $2\,016=9\times 224$，所以当 $k=1$ 时，$m=224\times 3=672$；当 $2\leqslant k\leqslant 5$ 时，$a_1,a_2,\cdots,a_{k-1}$ 这 $k-1$ 项中至多有一项为负数，而且负数项只能是 a_{k-1}.

记 $a_k,a_{k+1},\cdots,a_{2\,016}$ 这 $2\,007-k$ 项中负数项的个数为 t.

当 $k=2,3,4$ 时，若 $a_{k-1}<0$，则 $b=a_{k+1}=|a_k|-a_{k-1}>|a_k|=a$，所以 a_{k+8} 为负数，此时 $t=671,m=671+1=672$.

若 $a_{k-1}>0$，则 $b=a_{k+1}=|a_k|-a_{k-1}<|a_k|=a$，所以 a_{k+5} 为负数. 此时 $t=672,m=672$.

当 $k=5$ 时，a_{k-1} 必须为负数，$t=671,m=672$.

综上所述，可得 m 的取值集合为 $\{672\}$.

121. 设 $\tau=(x_1,x_2,\cdots,x_{10})$ 是数 1,2,3,4,5,6,7,8,9,10 的任意一个全排列，定义 $S(\tau)=\sum_{k=1}^{10}|2x_k-3x_{k+1}|$，其中 $x_{11}=x_1$.

(1) 若 $\tau=(10,9,8,7,6,5,4,3,2,1)$，求 $S(\tau)$ 的值；

(2) 求 $S(\tau)$ 的最大值；

(3) 求使 $S(\tau)$ 达到最大值的所有排列 τ 的个数.

解　(1)$S(\tau)=\sum_{k=1}^{10}|2x_k-3x_{k+1}|=7+6+5+4+3+2+1+0+1+28=57$.

(2) 数 10,9,8,7,6,5,4,3,2,1 的 2 倍与 3 倍分别如下

20,18,16,14,12,10,8,6,4,2

30,27,24,21,18,15,12,9,6,3

其中较大的十个数之和与较小的十个数之和的差为 $203-72=131$，所以 $S(\tau)\leqslant 131$. 而对于排列 $\tau_0=(1,5,6,7,2,8,3,9,4,10)$，此时 $S(\tau_0)=131$，所以 $S(\tau)$ 的最大值为 131.

(3) 由于数 1,2,3,4 所产生的 8 个数都是较小的数，而数 7,8,9,10 所产生的 8 个数都是较大的数，所以使 $S(\tau)$ 取最大值的排列中，必须保证数 1,2,3,4 互不相邻，数 7,8,9,10 也互不相邻；而数 5 和 6 既不能排在 7,8,9,10 之一的后面，又不能排在 1,2,3,4 之一的前面. 设 $x_1=1$，并参照下面的符号排列 1△○□△○□△○□△○.

其中 2,3,4 任意填入 3 个 □ 中，有 6 种不同的填法；7,8,9,10 任意填入 4 个圆圈 ○ 中，共有 24 种不同的填法；5 填入 4 个 △ 之一中，有 4 种不同的填法；6 填入 4 个 △ 中，且当与 5 在同一个 △ 时，既可以在 5 之前又可在 5 之后，共有 5 种不同的填法，所以当 $x_1=1$ 时，使 $S(\tau)$ 达到最大值的所有排列 τ 的个数为 $6\times24\times4\times5=2\ 880$，由轮换性知，使 $S(\tau)$ 达到最大值的所有排列 τ 的个数为 28 800.

122. 设函数 $y=f(x)$，$x,y\in\mathbf{N}^*$，且满足：

① $\forall a,b\in\mathbf{N}^*$，$a\neq b$ 有 $af(a)+bf(b)>af(b)+bf(a)$；

② $\forall n\in\mathbf{N}^*$，有 $f(f(n))=3n$.

(1) 求证：函数 $y=f(x)$ 是增函数；

(2) 求 $f(1)+f(6)+f(28)$；

(3) 设 $a_n=f(3^n)(n\in\mathbf{N}^*)$，求证：$\frac{1}{a_1}+\frac{1}{a_2}+\frac{1}{a_3}+\cdots+\frac{1}{a_n}<\frac{1}{4}$.

解　(1) 在 ① 中令 $b=a+1$ 后可获证.

(2) 有 $f(1)\geqslant 1$. 若 $f(1)=1$，在题设 ② 中令 $n=1$，得 $f(1)=3$，矛盾！所以 $f(1)\geqslant 2$.

又在 ② 中令 $n=1$，得 $3=f(f(1))\geqslant f(2)>f(1)\geqslant 2$.

从而可得 $f(1)=2, f(2)=3$.

由 ② 还可得 $f(3n)=f(f(f(n)))=3f(n)$，所以

$$f(3^k n)=3f(3^{k-1}n)=3^2 f(3^{k-2}n)=\cdots=3^k f(n)\quad (k\in \mathbf{N}, n\in \mathbf{N}^*)$$

$$f(3^n)=3^n f(1)=2\cdot 3^n, f(2\cdot 3^n)=3^n f(2)=3\cdot 3^n$$

因为 $(2\cdot 3^n, 3\cdot 3^n)$ 内共有 3^n-1 个整数，$(3^n, 2\cdot 3^n)$ 内也共有 3^n-1 个整数；又 $f(n)$ 严格递增，所以

$$f(3^n+m)=2\cdot 3^n+m\quad (m\in \mathbf{N}, n\in \mathbf{N}^*, m\leqslant 3^n)\qquad (*)$$

$$f(2\cdot 3^n+m)=f(f(3^n+m))=3(3^n+m)\quad (m\in \mathbf{N}, n\in \mathbf{N}^*, m\leqslant 3^n)$$

对于任意的正整数 n，$f(n)$ 均可求出：

在(*)中可分别令 $(m,n)=(3,1),(1,3)$，得 $f(6)=9, f(28)=55$，又 $f(1)=2$，所以 $f(1)+f(6)+f(28)=66$.

(3) 在第(2)问的解答中，已得 $f(3^n)=2\cdot 3^n (n\in \mathbf{N}^*)$，所以 $a_n=2\cdot 3^n (n\in \mathbf{N}^*)$，得

$$\frac{1}{a_1}+\frac{1}{a_2}+\frac{1}{a_3}+\cdots+\frac{1}{a_n}<\frac{1}{a_1}+\frac{1}{a_2}+\frac{1}{a_3}+\cdots+\frac{1}{a_n}+\cdots=\frac{\frac{1}{6}}{1-\frac{1}{3}}=\frac{1}{4}$$

123. 已知数列 $\{a_n\}$ 满足 $a_{n+1}=\frac{1}{7}(a_n^3+6)(n\in \mathbf{N}^*)$，$a_1=\alpha$（$\alpha$ 是已知的实数），讨论该数列的单调性.

解　(1) 当 $a_1<-3$ 时，$a_{n+1}<a_n<-3(n\in \mathbf{N}^*)$；

(2) 当 $a_1=-3$ 时，$a_n=-3(n\in \mathbf{N}^*)$；

(3) 当 $-3<a_1<1$ 时，$-3<a_n<a_{n+1}<1(n\in \mathbf{N}^*)$；

(4) 当 $a_1=1$ 时，$a_n=1(n\in \mathbf{N}^*)$；

(5) 当 $1<a_1<2$ 时，$1<a_{n+1}<a_n<2(n\in \mathbf{N}^*)$；

(6) 当 $a_1=2$ 时，$a_n=2(n\in \mathbf{N}^*)$；

(7) 当 $a_1>2$ 时，$a_{n+1}>a_n>2(n\in \mathbf{N}^*)$.

124. 在 $m(m\leqslant 2)$ 个不同数的排列 $P_1P_2\cdots P_m$ 中，若 $1\leqslant i<j\leqslant m$ 时 $P_i>P_j$（即前面某数大于后面某数），则称 P_i 与 P_j 构成一个逆序. 一个排列的全部逆序的总数称为该排列的逆序数. 记排列 $(n+1)n(n-1)\cdots 321$ 的逆序数为 a_n，如排列 21 的逆序数为 $a_1=1$，排列 4321 的逆序数为 $a_3=6$.

(1) 求 a_4, a_5，并写出 a_n 的表达式；

(2) 设 $b_n=\frac{a_n}{a_{n+1}}+\frac{a_{n+1}}{a_n}$，求证：$2n<b_1+b_2+\cdots+b_n<2n+3(n\in \mathbf{N}^*)$.

解　(1) $a_4=10, a_5=15, a_n=n+(n-1)+\cdots+2+1=\frac{1}{2}n(n+1)$.

(2) 由(1) 的答案及均值不等式,可得

$$b_i=\frac{i}{i+2}+\frac{i+2}{i}>2\quad(i=1,2,\cdots,n)$$

所以

$$2n<b_1+b_2+\cdots+b_n\quad(n\in\mathbf{N}^*)$$

还可得

$$b_i=\frac{i}{i+2}+\frac{i+2}{i}=2+\frac{2}{i}-\frac{2}{i+2}\quad(i=1,2,\cdots,n)$$

由累加法,可得

$$\begin{aligned}b_1+b_2+\cdots+b_n&=2n+2\left(\frac{1}{1}+\frac{1}{2}-\frac{1}{n-1}-\frac{1}{n+2}\right)\\&<2n+2\left(\frac{1}{1}+\frac{1}{2}\right)=2n+3\quad(n\in\mathbf{N}^*)\end{aligned}$$

所以欲证结论成立.

125. 若数列 $A:a_1,a_2,\cdots,a_n(n\geqslant 3)$ 中 $a_i\in\mathbf{N}^*(1\leqslant i\leqslant n)$ 且对任意的 $2\leqslant k\leqslant n-1,a_{k+1}+a_{k-1}>2a_k$ 恒成立,则称数列 A 为"U - 数列".

(1) 若数列 $1,x,y,7$ 为"U - 数列",写出所有可能的 x,y;

(2) 若"U - 数列"$A:a_1,a_2,\cdots,a_n$ 中,$a_1=1,a_n=2\ 017$,求 n 的最大值;

(3) 设 n_0 为给定的偶数,对所有可能的"U - 数列"$A:a_1,a_2,\cdots,a_{n_0}$.

记 $M=\max\{a_1,a_2,\cdots,a_{n_0}\}$,其中 $\max\{x_1,x_2,\cdots,x_s\}$ 表示 $x_1,x_2,\cdots,x_s$ 这 s 个数中最大的数,求 M 的最小值.

解 (1) 由题设,可得 $\begin{cases}y+1>2x\\7+x>2y\end{cases}$,所以 $4x-2<2y<x+7(x,y\in\mathbf{N}^*)$,因而 $4x\leqslant 2y\leqslant x+6,4x\leqslant x+6,x\leqslant 2(x,y\in\mathbf{N}^*)$,所以 $x=1$ 或 2,进而可得 $(x,y)=(1,2),(1,3)$ 或 $(2,4)$.

(2)n 的最大值为 65,理由如下.

一方面,注意到:$a_{k+1}+a_{k-1}>2a_k\Leftrightarrow a_{k+1}-a_k>a_k-a_{k-1}$,对任意的 $1\leqslant i\leqslant n-1$,令 $b_i=a_{i+1}-a_i$,则 $b_i\in\mathbf{Z}$ 且 $b_k>b_{k-1}(2\leqslant k\leqslant n-1)$,所以

$$b_k\geqslant b_{k-1}+1\quad(\text{对任意的 }2\leqslant k\leqslant n-1\text{ 恒成立})\qquad ①$$

当 $a_1=1,a_n=2\ 017$ 时,注意到 $b_1=a_2-a_1\geqslant 1-1=0$,可得

$$b_i=(b_i-b_{i-1})+(b_{i-1}-b_{i-2})+\cdots+(b_2-b_1)+b_1\geqslant i-1\quad(2\leqslant i\leqslant n-1)$$

此时,有

$$a_n-a_1=b_1+b_2+\cdots+b_{n-1}\geqslant 0+1+2+\cdots+n-2=\frac{1}{2}(n-1)(n-2)$$

即 $\frac{1}{2}(n-1)(n-2)\leqslant 2\ 017-1$,解得 $-62\leqslant n\leqslant 65$,所以 $n\leqslant 65$.

另一方面,取 $b_i=i-1(1\leqslant i\leqslant 64)$,得对任意的 $2\leqslant k\leqslant 64,b_k>b_{k-1}$,所

以数列$\{a_n\}$为"$U-$数列",此时$a_{65}=1+0+1+2+\cdots+63=2\,017$,即$n=65$符合题意.

综上所述,可得n的最大值为65.

(3)M的最小值为$\frac{1}{8}n_0^2-\frac{1}{4}n_0+1$,理由如下:

当$n_0=2m(m\geqslant 2,m\in\mathbf{N}^*)$时:

一方面,由①,可得$b_{k+1}-b_k\geqslant 1$,且

$b_{m+k}-b_k=(b_{m+k}-b_{m+k-1})+(b_{m+k-1}-b_{m+k-2})+\cdots+(b_{k+1}-b_k)\geqslant m$

此时有

$$\begin{aligned}&(a_1+a_{2m})-(a_m+a_{m+1})\\=&(b_{m+1}+b_{m+2}+\cdots+b_{2m-1})-(b_1+b_2+\cdots+b_{m-1})\\=&(b_{m+1}-b_1)+(b_{m+2}-b_2)+\cdots+(b_{2m-1}-b_{m-1})\\\geqslant&m+m+\cdots+m\\=&m(m-1)\end{aligned}$$

所以

$$M\geqslant\frac{a_1+a_{2m}}{2}\geqslant\frac{a_m+a_{m+1}+m(m-1)}{2}\geqslant\frac{m^2-m+2}{2}=\frac{n_0^2-2n_0+8}{8}$$

另一方面,当$b_1=1-m,b_2=2-m,\cdots,b_{m-1}=-1,b_m=0,b_{m+1}=1,\cdots,b_{2m-1}=m-1$时,有$a_{k+1}+a_{k-1}-2a_k=(a_{k+1}-a_k)-(a_k-a_{k-1})=b_k-b_{k-1}=1>0$.

取$a_m=1$,可得$a_{m+1}=1,a_1>a_2>a_3>\cdots>a_m,a_{m+1}<a_{m+2}<\cdots<a_{2m}$,且

$$a_1=a_m-(b_1+b_2+\cdots+b_{m-1})=\frac{1}{2}m(m-1)+1$$

$$a_{2m}=a_{m+1}+(b_{m+1}+b_{m+2}+\cdots+b_{2m-1})=\frac{1}{2}m(m-1)+1$$

此时$M=a_1=a_{2m}=\frac{1}{2}m(m-1)+1=\frac{{n_0}^2-2n_0+8}{8}$.

综上所述,可得M的最小值为$\frac{1}{8}{n_0}^2-\frac{1}{4}n_0+1$.

126.已知数列$\{a_n\}$满足$a_1=1,a_{n+1}=\frac{7a_n+\sqrt{45a_n^2-36}}{2}$,求证:数列$\{a_n\}$的各项都是正整数.

证明　可证$\{a_n\}$是递增数列.又$(2a_{n+1}-7a_n)^2=45a_n^2-36$,得

$$a_{n+1}^2-7a_na_{n+1}+a_n^2+9=0$$
$$a_{n+2}^2-7a_{n+1}a_{n+2}+a_{n+1}^2+9=0$$

把它们相减后,可得

$$(a_{n+2}-a_n)(a_{n+2}-7a_{n+1}+a_n)=0$$
$$a_{n+2}=7a_{n+1}-a_n$$

再由 $a_1=1,a_2=5$ 及数学归纳法可证欲证成立.

127.已知数列$\{a_n\}$满足 $a_1=1,a_2=4,a_{n+1}=\sqrt{a_na_{n+2}+1}$,求证:

(1) 数列$\{a_n\}$的各项都是正整数;

(2) 数列$\{2a_na_{n+1}+1\}$的各项都是完全平方数.

证明 (1) 由数学归纳法可证数列$\{a_n\}$的各项都是正数.还可得 $a_{n+2}=4a_{n+1}-a_n$,进而可得欲证成立.

(2) 先猜想 $2a_na_{n+1}+1=(a_{n+1}-a_n)^2$,要证此结论,即证 $4a_na_{n+1}+1=a_{n+1}^2+a_n^2$. 下面只证 $n\geqslant 2$ 时成立.

又因为 $a_n^2=a_{n-1}a_{n+1}+1(n\geqslant 2)$,所以即证 $4a_na_{n+1}+1=a_{n+1}^2+a_{n-1}a_{n+1}+1(n\geqslant 2)$,也即 $4a_n=a_{n+1}+a_{n-1}(n\geqslant 2)$,而这是(1)中已证的结论,所以欲证成立.

128.(1) 已知数列$\{a_n\}$满足 $a_1=1,a_2=7,a_{n+2}=\dfrac{a_{n+1}^2-1}{a_n}(n\in\mathbf{N}^*)$,求证:

(i)$a_n\in\mathbf{N}^*(n\in\mathbf{N}^*)$;

(ii) 求证:$\forall n\in\mathbf{N}^*$,$9a_na_{n+1}+1$ 是完全平方数.

(2) 已知数列$\{b_n\}$满足 $b_1=1,b_2=7,b_{n+2}=\dfrac{\sqrt{b_n^2+9\ 408}-b_n}{2}(n\in\mathbf{N}^*)$,求证:$b_n\in\mathbf{N}^*(n\in\mathbf{N}^*)$.

解 (1)(i) 可得 $a_{n+2}a_n=a_{n+1}^2-1,a_{n+3}a_{n+1}=a_{n+2}^2-1(n\in\mathbf{N}^*)$,把它们相减,可得

$$a_{n+1}(a_{n+3}+a_{n+1})=a_{n+2}(a_{n+2}+a_n)\quad(n\in\mathbf{N}^*)$$

所以

$$a_{n+1}(a_{n+3}+a_{n+1})=a_{n+2}(a_{n+2}+a_n)\quad(n\in\mathbf{N}^*)\qquad ①$$

再由题设可知 $a_n\neq 0(n\in\mathbf{N}^*)$,所以

$$\frac{a_{n+3}+a_{n+1}}{a_{n+2}}=\frac{a_{n+2}+a_n}{a_{n+1}}\quad(n\in\mathbf{N}^*)$$

得$\left\{\dfrac{a_{n+2}+a_n}{a_{n+1}}\right\}$是常数列.

可求得 $a_3=\dfrac{a_2^2-1}{a_1}=\dfrac{7^2-1}{1}=48$,所以

$$\frac{a_{n+2}+a_n}{a_{n+1}}=\frac{a_3+a_1}{a_2}=\frac{48+1}{7}=7\quad(n\in\mathbf{N}^*)$$

$$a_{n+2}=7a_{n+1}-a_n(n\in\mathbf{N}^*)\qquad ②$$

由此递推式及数学归纳法可证得$\{a_n\}$是递增数列,进而可得 $a_n\in\mathbf{N}^*$

$(n\in\mathbf{N}^*)$.

(ii) 由 ②,可得

$$a_na_{n+2}=7a_na_{n+1}-a_n^2\quad(n\in\mathbf{N}^*)$$

再由题设,可得 $a_na_{n+2}=a_{n+1}^2-1(n\in\mathbf{N}^*)$,所以 $a_{n+1}^2-1=7a_na_{n+1}-a_n^2$, $9a_na_{n+1}+1=(a_n+a_{n+1})^2(n\in\mathbf{N}^*)$,得欲证结论成立.

(2) 在(1)(i) 的解答中,由 ① 可得 $\{a_{n+2}(a_{n+2}+a_n)\}$ 是常数列,进而可得

$$a_{n+2}(a_{n+2}+a_n)=a_3(a_3+a_1)=48(48+1)=2\ 352$$

$$a_{n+2}^2-a_na_{n+2}-2\ 352=0\quad(a_n>0(n\in\mathbf{N}^*))$$

$$a_{n+2}=\frac{\sqrt{a_n^2+9\ 408}-a_n}{2}\quad(n\in\mathbf{N}^*)\qquad ③$$

进而可得 $\{a_n\}$ 由 $a_1=1,a_2=7$ 及 ③ 确定,所以 $b_n=a_n(n\in\mathbf{N}^*)$. 再由结论(1)(i),得欲证结论成立.

129. 若数列 $\{a_n\}$ 中存在三项按某种顺序能组成等比数列,则称 $\{a_n\}$ 为"等比源数列".

(1) 已知数列 $\{a_n\}$ 满足数列 $a_1=2,a_{n+1}=2a_n-1$.

① 求 $\{a_n\}$ 的通项公式;

② 判断 $\{a_n\}$ 是否为"等比源数列"? 并说明理由.

(2) 已知 $\{a_n\}$ 为等差数列,且 $a_1\neq 0,a_n\in\mathbf{Z}(n\in\mathbf{N}^*)$,求证:$\{a_n\}$ 为"等比源数列".

解　(1)①(过程略)$a_n=2^{n-1}+1$.

② 假设数列 $\{a_n\}$ 中存在三项 $a_{m-k+1},a_{m+1},a_{m+l+1}(m\geqslant k,m,k,l\in\mathbf{N}^*)$ 按某种顺序能组成等比数列,则由 $2\leqslant a_{m-k+1}<a_{m+1}<a_{m+l+1}$ 可得 $a_{m+1}^2=a_{m-k+1}a_{m+l+1}$,即

$$(2^m+1)^2=(2^{m-k}+1)(2^{m+l}+1)$$

$$2^{m+k}+2^{k+1}-2^{m+l}-2^{k+l}=1$$

而"偶数 $\neq 1$",所以 $\{a_n\}$ 不为"等比源数列".

(2) 设等差数列的公差为 d,可得 $a_n=a_1+(n-1)d(a_1\neq 0,a_1,d\in\mathbf{Z})$.

当 $d=0$ 时,欲证结论显然成立.

当 $d>0$ 即 $d\in\mathbf{N}^*$ 时,$\exists m\in\mathbf{N}^*,a_m\in\mathbf{N}^*$. 欲使 $a_m,a_k,a_l(m<k<l,m,k,l\in\mathbf{N}^*)$ 成等比数列,即

$$[a_m+(k-m)d]^2=a_m[a_m+(l-m)d]$$

$$(k-m)[2a_m+d(k-m)]=(l-m)a_m$$

选 $\begin{cases}k=m+a_m\\l=m+(d+2)a_m\end{cases}$ 可满足上式,所以此时数列的第 $m,m+a_m,m+(d+2)a_m$ 依次成等比数列,得此时欲证结论成立.

当 $d<0$ 即 $-d\in\mathbf{N}^*$ 时，$\exists m\in\mathbf{N}^*$，$-a_m\in\mathbf{N}^*$. 可证得此时数列的第 m，$m-a_m$，$m+(d-2)a_m$ 依次成等比数列，得此时欲证结论成立.

综上所述，可得欲证结论成立.

130. 对于数列 A：$a_1,a_2,a_3(a_i\in\mathbf{N},i=1,2,3)$，定义"$T$ 变换"：T 将数列 A 变换成数列 B：b_1,b_2,b_3，其中 $b_i=|a_i-a_{i+1}|(i=1,2)$，且 $b_3=|a_3-a_1|$. 继续对数列 B 进行"T 变换"，得到数列 C：c_1,c_2,c_3，依此类推，当得到的数列各项均为 0 时变换结束.

(1) 试问数列 A：2,6,4 经过不断的"T 变换"能否结束？若能，请依次写出经过"T 变换"得到的各数列；若不能，说明理由；

(2) 设数列 A：a_1,a_2,a_3，对数列 A 进行"T 变换"，得到数列 B：$b,2,a(a\geqslant b)$，若数列 B 的各项之和为 2 014，求 a,b 的值；

(3) 在(2)的条件下，若数列 B 再经过 k 次"T 变换"得到的数列各项之和最小，求 k 的最小值，并说明理由.

解 (1) 数列 A：2,6,4 不能结束.

各数列依次为 4,2,2；2,0,2；2,2,0；0,2,2,2,0,1；…

从而以下重复出现，不会出现所有项均为 0 的情形.

(2) 因为 $a\geqslant b$，所以 a 是数列 B 中最大项. 所以有 $a_1\geqslant a_2\geqslant a_3$ 或 $a_3\geqslant a_2\geqslant a_1$.

当 $a_1\geqslant a_2\geqslant a_3$ 时，可得 $\begin{cases}b=a_1-a_2\\2=a_2-a_3.\\a=a_1-a_3\end{cases}$

因为数列 B 的各项和为 2 014，所以 $a+b+2=2\,014$.

又 $a-b=2$，得 $a=1\,007$，$b=1\,005$. 另一情况相同.

(3) 由(2)知，数列 B：$b,2,b+2$ 经过 6 次"T 变换"后可得：$b-12,2,b-10$，得到形如"$b',2,b'+2$"的数列，其中最大项减少 12.

因为 $1\,007=12\times83+11$，所以数列 B 经过 $6\times83=498$ 次变换后变为：9,2,11.

继续变换得：7,9,2；2,7,5；5,2,3；3,1,2；2,1,1；1,0,1；1,1,0；0,1,1；1,0,1；…；以下重复出现.

所以经过 $498+6=504$ 次变换后，使得数列各项之和最小. 即 k 的最小值为 504.

131. (1) 求证：① 若 $\{a_n\}$ 是公差为 $d(d>1)$ 的正项等差数列，则 $\left(1+\frac{1}{a_1}\right)\left(1+\frac{1}{a_2}\right)\cdots\left(1+\frac{1}{a_n}\right)>\left(\frac{a_{n+1}}{a_1}\right)^{\frac{1}{d}}$；

② 若 $\{a_n\}$ 是公差为 $d(d>1)$ 且各项都大于 1 的等差数列，则

$\left(1-\frac{1}{a_1}\right)\left(1-\frac{1}{a_2}\right)\cdots\left(1-\frac{1}{a_n}\right)<\left(\frac{a_1-1}{a_{n+1}-1}\right)^{\frac{1}{d}}$.

(2)①(2009 年高考山东卷理科第 20(2) 题) 求证：$\frac{3}{2}\cdot\frac{5}{4}\cdot\cdots\cdot\frac{2n+1}{2n}>\sqrt{n+1}$；

②(2009 年高考广东卷理科第 21(2) 题的左边) 求证：$\frac{1\cdot 3\cdot 5\cdot\cdots\cdot(2n-1)}{2\cdot 4\cdot 6\cdot\cdots\cdot(2n)}<\frac{1}{\sqrt{2n+1}}$；

③(2008 年高考福建卷理科第 22(4) 题) 求证：$\frac{3}{2}\cdot\frac{6}{5}\cdot\cdots\cdot\frac{3n}{3n-1}>\sqrt[3]{\frac{3n+2}{2}}$；

④(2007 年高考重庆卷理科第 21(2) 题) 求证：$\frac{2}{1}\cdot\frac{4}{3}\cdot\cdots\cdot\frac{2n}{2n-1}>\sqrt{2n+1}$；

⑤(1998 年高考全国卷文、理科第 25(2) 题) 求证：$\frac{2}{1}\cdot\frac{5}{4}\cdot\cdots\cdot\frac{3n-1}{3n-2}>\sqrt[3]{3n+1}$；

⑥(1985 年高考上海理科卷第 8 题) 求证：$\frac{4}{3}\cdot\frac{6}{5}\cdot\cdots\cdot\frac{2n}{2n-1}>\frac{\sqrt{2n+1}}{2}$.

证明　(1)① 由伯努利不等式可得$\left(1+\frac{1}{a_k}\right)^d>1+\frac{d}{d_k}=\frac{a_{k+1}}{a_k}(k=1,2,\cdots,n)$，把它们相乘后可得欲证结论成立.

② 把结论 ① 中的“a_n”改为“a_n-1”后可证.

(2) 由(1)① 可得.

132. (1)① 求证：若$\{a_n\}$是公比为 $q(q<1)$ 的正项等比数列，则$(1+a_1)(1+a_2)\cdots(1+a_n)<\mathrm{e}^{\frac{a_1}{1-q}}$；

② 求证：若$\{a_n\}$是公比为 $q(q<1-a_1)$ 的正项等比数列，则$(1-a_1)(1-a_2)\cdots(1-a_n)>1-\frac{a_1}{1-q}$.

(2)①(2012 年第 8 届北方数学奥林匹克邀请赛试题第二天第 2 题) 求证：$\left(1+\frac{1}{3}\right)\left(1+\frac{1}{3^2}\right)\cdots\left(1+\frac{1}{3^n}\right)<2$；

②(2006 年高考江西卷理科第 22(2) 题) 求证：$\left(1-\frac{1}{3}\right)\cdot\left(1-\frac{1}{3^2}\right)\cdots\left(1-\frac{1}{3^n}\right)>\frac{1}{2}$.

证明 (1)① 用导数可证 $1+x<e^x(x>0)$，还可得 $0<q<1$，所以

$$(1+a_1)(1+a_2)\cdots(1+a_n)<e^{a_1+a_2+\cdots+a_n+\cdots}=e^{\frac{a_1}{1-q}}$$

② 可得 $0<q<1$，且 $0<a_i<1(i=1,2,\cdots,n)$.

对 n 用数学归纳法可证：若 $0<a_i<1(i=1,2,\cdots,n)$，则 $(1-a_1)(1-a_2)\cdots(1-a_n)>1-(a_1+a_2+\cdots+a_n)$.

再由结论 ① 可得欲证结论成立.

(2)① 由结论(1)① 可得.

② 由结论(1)② 可得.

133. 已知数列 $\{a_n\}$ 由递推式 $a_{n+2}=-a_{n+1}-2a_n(n\in\mathbf{N}^*)$，$a_1=1$，$a_2=-1$ 确定，证明：$2^{n+2}-7a_n^2$ 是完全平方数.

证明 可先用数学归纳法证得 $a_n\in\mathbf{Z}$ 及 $a_{n+1}^2-a_{n+2}a_n=2^n(n\in\mathbf{N}^*)$，所以 $4a_{n+1}^2-4a_{n+2}a_n=4\cdot 2^n$. 把 $-4a_{n+2}=4a_{n+1}+8a_n$ 代入该式后可得

$$(2a_{n+1}+a_n)^2=2^{n+2}-7a_n^2$$

所以欲证成立.

134. 设一个等差数列的前 n 项和为 S_n，求证：数列 $\{S_n\}$ 的任意连续三项不能组成等比数列.

证明 可设等差数列的前 n 项和为 $S_n=An^2+Bn(A,B$ 是常数).

若 $A=B=0$，得 $S_n=0(n\in\mathbf{N}^*)$，所以数列 $\{S_n\}$ 即 $\{0\}$ 的任意连续三项不能组成等比数列.

若 $A=0,B\neq 0$，得 $S_n=Bn(n\in\mathbf{N}^*)$，易证数列 $\{S_n\}$ 的任意连续三项只能组成等差数列而不能组成等比数列.

若 $A\neq 0$，可设 $B=Aa$. 假设数列 $\{S_n\}$ 即 $\{An(n+a)\}$ 中存在连续三项 $Am(m+a)$，$A(m+1)(m+1+a)$，$A(m+2)(m+2+a)$ 组成等比数列，得

$$(m+1)^2(m+1+a)^2=m(m+2)\cdot(m+a)(m+2+a)$$
$$[m(m+2)+1][(m+a)(m+a+2)+1]=m(m+2)(m+a)(m+a+2)$$
$$m(m+2)+(m+a)(m+a+2)+1=0$$
$$(m+1)^2+(m+a+1)^2=0$$

可得 $m=-1,a=0$，这与 $m\in\mathbf{N}^*$ 矛盾！所以此时欲证也成立. 证毕.

135. 在数列 $\{a_n\}$ 中，$a_1=a_2=1$，$a_{n+2}=\dfrac{a_{n+1}^2+2}{a_n}(n\in\mathbf{N}^*)$，求证：$a_n\in\mathbf{Z}$ $(n\in\mathbf{N}^*)$.

证明 可先用数学归纳法证得 $a_{n+2}=4a_{n+1}-a_n(n\in\mathbf{N}^*)$，再由 $a_1=a_2=1$，得欲证成立.

136. 在数列 $\{a_n\}$ 中，$a_1=1$，$a_2=4$，当 $n\geqslant 3$ 时，总有 $a_n=7a_{n-1}-a_{n-2}-2$，求证：当 $n\in\mathbf{N}^*$ 时，a_n 均为完全平方数.

证明 该题与著名的 Fibonacci 数列$\{F_n\}$有关($\{F_n\}$由 $F_1=F_2=1$，$F_{n+2}=F_{n+1}+F_n$ 确定，其通项公式是 $F_n=\frac{1}{\sqrt{5}}\left[\left(\frac{1+\sqrt{5}}{2}\right)^n-\left(\frac{1-\sqrt{5}}{2}\right)^n\right]$)，可以证明 $a_n=F_{2n-1}^2$，这只需证明

$$F_{2n+3}^2-7F_{2n+1}^2+F_{2n-1}^2+2=0$$

由数列$\{F_n\}$的通项公式代入验证便可知上式成立，所以欲证成立.

137. 求证：$C_n^1+2C_n^2+3C_n^3+\cdots+nC_n^n=n\cdot 2^{n-1}(n\in\mathbf{N}^*)$.

证明 由$(1+x)^n=C_n^0+C_n^1x+C_n^2x^2+C_n^3x^3+\cdots+C_n^nx^n(x\in\mathbf{R})$两边求导，得

$$n(1+x)^{n-1}=C_n^1+2C_n^2x+3C_n^3x^2+\cdots+nC_n^nx^{n-1}\quad(x\in\mathbf{R})$$

令 $x=1$，即可得欲证.

138. 求证：在公比为 q 的无穷等比实数列中存在无穷等差子数列的充要条件是 $|q|=1$.

证明 只证必要性(反证法).

假设在已给的数列$\{a_n\}$(公比为$q(q\neq\pm 1)$)中存在公差为d的无穷等差子数列 $a_{n_1},a_{n_2},a_{n_3},\cdots$，则：

(1) 若 $|q|>1$，取 $n_k>1+\log_{|q|}\frac{|d|}{|a_1|(|q|-1)}$，则

$$n_k-1>\log_{|q|}\frac{|d|}{|a_1|(|q|-1)},\ |q|^{n_k-1}>\frac{|d|}{|a_1|(|q|-1)}$$

$$\begin{aligned}|a_{n_{k+1}}-a_{n_k}|&=|a_1q^{n_{k+1}-1}-a_1q^{n_k-1}|=|a_1||q|^{n_k-1}(|q|^{n_{k+1}-n_k}-1)\\&\geqslant|a_1||q|^{n_k-1}(|q|-1)>|d|\end{aligned}$$

(2) 若 $|q|<1$，则 $|q|^n<1$. 取 $n_k>1+\log_{|q|}\frac{|d|}{2|a_1|}$，则 $|q|^{n_k-1}<\frac{|d|}{2|a_1|}$，所以

$$\begin{aligned}|a_{n_{k+1}}-a_{n_k}|&=|a_1||q|^{n_k-1}(|q|^{n_{k+1}-n_k}-1)<|a_1||q|^{n_k-1}(|q|^{n_{k+1}-n_k}+1)\\&<2|a_1||q|^{n_k-1}<|d|\end{aligned}$$

这两种情形均与$\{a_{n_i}\}$是公差为 d 的等差数列矛盾！即欲证成立.

139. 设n为正奇数，求证：$1^n+2^n+3^n+\cdots+2\ 009^n$ 是$1+2+3+\cdots+2\ 009$的整数倍.

证明 设 $1^n+2^n+3^n+\cdots+2\ 009^n=S$，则

$$2S=(1^n+2\ 009^n)+(2^n+2\ 008^n)+(3^n+2\ 007^n)+\cdots+(2\ 009^n+1^n)$$

是 2 010 的整数倍.

$$2S=(0^n+2\ 009^n)+(1^n+2\ 008^n)+(2^n+2\ 007^n)+\cdots+(2\ 009^n+0^n)$$

是 2 009 的整数倍.

所以 $2S$ 是 $2\,009\times 2\,010$ 的整数倍.

又因为 $1+2+3+\cdots+2\,009=\dfrac{2\,009\times 2\,010}{2}$,所以要证结论成立.

140. 求证:若数列$\{a_n\}$满足 $a_{n+1}=ra_n^2+sa_n+t(n\in\mathbf{N}^*)$,$a_1>0$,其中 r, s,t 是常数,且满足 $r>0$,$0\leqslant s<1$,$t>0$,$(s-1)^2>4rt$(则关于 x 的方程 $rx^2+sx+t=x$ 有两个不相等的正根:可设为 α,$\beta(0<\alpha<\beta)$),则:

(1) 当 $0<a_1<\alpha$ 时,$0<a_n<a_{n+1}<\alpha(n\in\mathbf{N}^*)$,$\lim\limits_{n\to\infty}a_n=\alpha$;

(2) 当 $a_1=\alpha$ 时,$a_n=\alpha(n\in\mathbf{N}^*)$;

(3) 当 $\alpha<a_1<\beta$ 时,$\alpha<a_{n+1}<a_n<\beta(n\in\mathbf{N}^*)$,$\lim\limits_{n\to\infty}a_n=\alpha$;

(4) 当 $a_1=\beta$ 时,$a_n=\beta(n\in\mathbf{N}^*)$;

(5) 当 $a_1>\beta$ 时,$a_{n+1}>a_n>\beta(n\in\mathbf{N}^*)$,$\lim\limits_{n\to\infty}a_n=\beta$;

证明 (1) 当 $0<a_1<\alpha$ 时,可用数学归纳法证得 $0<a_n<\alpha(n\in\mathbf{N}^*)$:当 $n=1$ 时成立. 假设 $n=k$ 时成立:$0<a_k<\alpha$. 由递推式及题设可得 $a_{k+1}=ra_k^2+sa_k+t>0$;$a_{k+1}=ra_k^2+sa_k+t<r\alpha^2+s\alpha+t=\alpha$,所以 $0<a_{k+1}<\alpha$.

由 $rx^2+sx+t<x\Leftrightarrow\alpha<x<\beta$ 可得:

当 $0<a_1<\alpha$ 时,$0<a_n<\alpha(n\in\mathbf{N}^*)$,$a_{n+1}=ra_n^2+sa_n+t>a_n(n\in\mathbf{N}^*)$,即$\{a_n\}$是递增数列. 再由"单调有界数列必有极限"知,$\lim\limits_{n\to\infty}a_n$ 存在,所以可设 $\lim\limits_{n\to\infty}a_n=A(A\leqslant\alpha)$. 在已知的递推式两边取极限,得 $A=rA^2+sA+t$,解答 $A=\alpha$,即 $\lim\limits_{n\to\infty}a_n=\alpha$.

(2) 极易用数学归纳法证得.

(3) 当 $\alpha<a_1<\beta$ 时,可用数学归纳法证得 $\alpha<a_n<\beta(n\in\mathbf{N}^*)$.

当 $\alpha<a_1<\beta$ 时,$\alpha<a_n<\beta(n\in\mathbf{N}^*)$,$a_{n+1}=ra_n^2+sa_n+t<a_n(n\in\mathbf{N}^*)$,即$\{a_n\}$是递减数列. 再由"单调有界数列必有极限"知,$\lim\limits_{n\to\infty}a_n$ 存在,所以可设 $\lim\limits_{n\to\infty}a_n=A(A\leqslant a_1<\beta)$. 在已知的递推式两边取极限后可得 $A=\alpha$.

(4) 同(2) 可证.

(5) 同(1) 可证.

141. 已知数列$\{a_n\}$满足 $a_1=1$,$a_{n+1}=5a_n+\sqrt{24a_n^2+1}$,求证:$a_n\in\mathbf{N}^*(n\in\mathbf{N}^*)$.

证明 可用数学归纳法证得 $0<a_n<a_{n+1}$.

还可得 $a_{n+1}^2-10a_na_{n+1}+a_n^2-1=0$,$a_{n+2}^2-10a_{n+1}a_{n+2}+a_{n+1}^2-1=0$,所以 a_n,a_{n+2} 是关于 x 的一元二次方程

$$x^2-10a_{n+1}x+a_{n+1}^2-1=0$$

的两个不同根.

所以 $a_{n+2}+a_n=10a_{n+1},a_na_{n+2}=a_{n+1}^2-1(n\in\mathbf{N}^*)$，即 $a_{n+2}=10a_{n+1}-a_n$. $a_na_{n+2}+1=a_{n+1}^2(n\in\mathbf{N}^*)$ 又因为可得 $a_1=1,a_2=10$，所以欲证结论成立.

142. 求证：$\left(1+\frac{1}{4}\right)\left(1+\frac{1}{4^2}\right)\left(1+\frac{1}{4^3}\right)\cdots\left(1+\frac{1}{4^n}\right)<\sqrt[3]{\mathrm{e}}$.

证明 由导数易证 $\ln(1+x)<x(x>0)$，所以

$$\ln\left(1+\frac{1}{4}\right)+\ln\left(1+\frac{1}{4^2}\right)+\ln\left(1+\frac{1}{4^3}\right)+\cdots+\ln\left(1+\frac{1}{4^n}\right)$$

$$<\frac{1}{4}+\frac{1}{4^2}+\frac{1}{4^3}+\cdots+\frac{1}{4^n}+\cdots$$

$$=\frac{\frac{1}{4}}{1-\frac{1}{4}}=\frac{1}{3}$$

$$\left(1+\frac{1}{4}\right)\left(1+\frac{1}{4^2}\right)\left(1+\frac{1}{4^3}\right)\cdots\left(1+\frac{1}{4^n}\right)<\sqrt[3]{\mathrm{e}}$$

143. 已知设数列 $\{a_n\}$ 满足 $a_0=1,a_{n+1}=\frac{7a_n+3\sqrt{5a_n^2-4}}{2}$，求证：$a_na_{n+1}-1(n\in\mathbf{N})$ 是完全平方数.

证明 可得 $a_1=5$，还可用数学归纳法证得 $0<a_n<a_{n+1}$.

得 $(2a_{n+1}-7a_n)^2=5a_n^2-4$，即

$$a_{n+1}^2-7a_na_{n+1}+a_n^2+9=0 \qquad ①$$

又因为

$$a_{n+2}^2-7a_{n+1}a_{n+2}+a_{n+1}^2+9=0$$

相减后可得 $a_{n+2}=7a_{n+1}-a_n$，所以 $a_n\in\mathbf{N}^*$.

由 ① 得 $a_na_{n+1}-1=\left(\frac{a_n+a_{n+1}}{3}\right)^2$，所以欲证结论成立. 还可得 $a_na_{n+1}-1$ $(n\in\mathbf{N})$ 是正整数的平方.

144. 已知数列 $\{a_n\},\{b_n\}$ 分别满足 $a_1=\frac{\sqrt{2}}{2},a_{n+1}=a_1\sqrt{1-\sqrt{1-a_n^2}}$；$b_1=1$，$b_{n+1}=\frac{\sqrt{1+b_n^2}-1}{b_n}$，求证：$a_n<\frac{\pi}{2^{n+1}}<b_n$.

证明 可得 $a_n\in[0,1]$，所以可设 $a_n=\sin\alpha_n\left(0\leqslant\alpha_n\leqslant\frac{\pi}{2}\right)$，得

$$a_{n+1}=\sin\frac{\alpha_n}{2}=\sin\alpha_{n+1},\alpha_{n+1}=\frac{\alpha_n}{2},\alpha_n=\frac{\pi}{4}\left(\frac{1}{2}\right)^{n-1}=\frac{\pi}{2^{n+1}},a_n=\sin\frac{\pi}{2^{n+1}}$$

可设 $b_n=\tan\beta_n\left(0<\beta_n<\frac{\pi}{2}\right)$，得

$$b_{n+1}=\sin\frac{\beta_n}{2}=\tan\beta_{n+1},\beta_{n+1}=\frac{\beta_n}{2},\beta_n=\frac{\pi}{4}\left(\frac{1}{2}\right)^{n-1}=\frac{\pi}{2^{n+1}},b_n=\tan\frac{\pi}{2^{n+1}}$$

可得欲证成立.

145.(2015年北京市丰台高三期末考试试题)已知数列$\{a_n\}$满足$a_1=1$，$a_n=\lambda a_{n-1}+1$，$(\lambda\neq 1, n\geqslant 2$且$n\in\mathbf{N}^*)$.

(1) 求证：当$\lambda\neq 0$时，数列$\{a_n+\frac{1}{\lambda-1}\}$为等比数列；

(2) 如果$\lambda=2$，求数列$\{na_n\}$的前n项和S_n；

(3) 如果$[a_n]$表示不超过a_n的最大整数，当$\lambda=\sqrt{2}+1$时，求数列$\{[(\lambda-1)a_n]\}$的通项公式(所求的通项公式中只能含代数运算).

解 (1) 略.

(2)$S_n=(n-1)\times 2^{n+1}+2-\frac{n^2}{2}-\frac{n}{2}$.

(3) 由(1)可知$a_n=\frac{\lambda}{\lambda-1}\lambda^{n-1}-\frac{1}{\lambda-1}=\frac{\lambda^n-1}{\lambda-1}$，所以$(\lambda-1)a_n=(1+\sqrt{2})^n-1$.

由二项式定理可知$(1+\sqrt{2})^n+(1-\sqrt{2})^n$为正整数.再由$-1<1-\sqrt{2}<0$，可得$[(\lambda-1)a_n]=\begin{cases}(1+\sqrt{2})^n+(1-\sqrt{2})^n-2, n\text{ 为正偶数}\\(1+\sqrt{2})^n+(1-\sqrt{2})^n-1, n\text{ 为正奇数}\end{cases}$，即$[(\lambda-1)a_n]=(1+\sqrt{2})^n+(1-\sqrt{2})^n-\frac{3+(-1)^n}{2}$.

146.数列$a_1,a_2,\cdots,a_n$是正整数$1,2,\cdots,n$的任一排列，且同时满足以下两个条件：

①$a_1=1$；② 当$n\geqslant 2$时，$|a_i-a_{i+1}|\leqslant 2(i=1,2,\cdots,n-1)$.

记这样的数列个数为$f(n)$.

(1) 写出$f(2),f(3),f(4)$的值；

(2) 证明$f(2\ 018)$不能被4整除.

解 (1)$f(2)=1,f(3)=2,f(4)=4$.

(2) 把满足条件①②的数列称为n项的首项最小数列.

对于n个数的首项最小数列，由于$a_1=1$，所以$a_2=2$或3.

(i) 若$a_2=2$，则$a_2-1,a_3-1,\cdots,a_n-1$构成$n-1$项的首项最小数列，其个数为$f(n-1)$.

(ii) 若$a_2=3,a_3=2$，则必有$a_4=4$，所以$a_4-3,a_5-3,\cdots,a_n-3$构成$n-3$项的首项最小数列，其个数为$f(n-3)$；

(iii) 若$a_2=3$，则$a_3=4$或$a_3=5$.设a_{k+1}是这数列中第一个出现的偶数，得前k项是$1,3,\cdots,2k-1$，a_{k+1}是$2k$或$2k-2$，即a_k与a_{k+1}是相邻整数.

由条件②知，该数列在a_{k+1}后的各项要么都小于它，要么都大于它，因为2

在 a_{k+1} 之后，所以 a_{k+1} 后的各项都小于它.

这种情况的数列只有一个，即先排递增的奇数，后排递减的偶数.

综上所述，可得递推关系：$f(n)=f(n-1)+f(n-3)+1(n\geqslant 5)$.

由此递推关系和题设(1) 可得，$f(2)$，$f(3)$，…，$f(2\ 018)$ 各数被 4 除的余数依次为

$$1,1,2,0,2,1,2,1,3,2,0,0,3,0,1,1,2,0,\cdots$$

它们构成 14 为周期的数列.

又因为 $2\ 018=14\times 144+2$，所以 $f(2\ 018)$ 被 4 除的余数与 $f(2)$ 被 4 除的余数相同，都是 1，所以 $f(2\ 018)$ 不能被 4 整除.

147. 已知数列 $\{a_n\}$ 满足 $a_1=1$，$a_{n+1}=a_n+\dfrac{1}{a_n}(n\in\mathbf{N}^*)$. 求证：

(1) $2<a_{n+1}^2-a_n^2\leqslant 3(n\in\mathbf{N}^*)$；

(2) $\dfrac{3n-1}{3n-2}\leqslant\dfrac{a_{n+1}}{a_n}\leqslant\dfrac{2n}{2n-1}(n\in\mathbf{N}^*)$.

解　(1) 可先用数学归纳法证得 $a_n>0(n\in\mathbf{N}^*)$，进而可得 $a_{n+1}=a_n+\dfrac{1}{a_n}>a_n(n\in\mathbf{N}^*)$，所以 $\{a_n\}$ 是递增数列，因而 $a_n\geqslant a_1=1$，$0<\dfrac{1}{a_n^2}\leqslant 1(n\in\mathbf{N}^*)$.

由题设，可得

$$a_{n+1}^2=\left(a_n+\frac{1}{a_n}\right)^2=a_n^2+2+\frac{1}{a_n^2}\quad(n\in\mathbf{N}^*)$$

$$a_{n+1}^2-a_n^2=2+\frac{1}{a_n^2}\quad(n\in\mathbf{N}^*)$$

再由已证得的 $0<\dfrac{1}{a_n^2}\leqslant 1(n\in\mathbf{N}^*)$，可得欲证结论成立.

(2) 由(1) 的结论及累加法，可得 $2n-1\leqslant a_n^2\leqslant 3n-2(n\in\mathbf{N}^*)$.

再由题设，可得 $\dfrac{a_{n+1}}{a_n}=1+\dfrac{1}{a_n^2}(n\in\mathbf{N}^*)$，所以

$$1+\frac{1}{3n-2}\leqslant\frac{a_{n+1}}{a_n}\leqslant 1+\frac{1}{2n-1}\quad(n\in\mathbf{N}^*)$$

$$\frac{3n-1}{3n-2}\leqslant\frac{a_{n+1}}{a_n}\leqslant\frac{2n}{2n-1}\quad(n\in\mathbf{N}^*)$$

148. 为了解决低收入职工家庭的住房问题，计划征用一块土地盖一幢总建筑面积为 30 000 m^2 的经济适用房(各层建筑面积相同). 已知土地征用费为 2 250 元 /m^2，土地的征用面积为第一层建筑面积的 1.5 倍. 经核算，第一层的建筑费用为 400 元 /m^2，以后每增高一层，该层建筑费用就增加 30 元 /m^2. 试设计这幢楼的层数 n，使总费用最少，并求出最少费用(总费用为建筑费用和征地

费用之和).

解 总费用为

$$f(n)=\frac{30\ 000}{n}\{400+430+460+\cdots+[400+30(n-1)]\}+\frac{30\ 000}{n}\times 1.5\times 2\ 250=150\ 000\left(3n+\frac{675}{n}+77\right)$$

若 $3n=\frac{675}{n}$,得 $n=15$,又 $f(15)=25\ 050\ 000$,所以当且仅当这幢楼的层数是 15 层时,总费用最少,为 2 505 万元.

149.(2019 年高考浙江卷第 20 题)设等差数列 $\{a_n\}$ 的前 n 项和为 S_n,$a_3=4$,$a_4=S_3$,数列 $\{b_n\}$ 满足:对每个 $n\in\mathbf{N}^*$,S_n+b_n,$S_{n+1}+b_n$,$S_{n+2}+b_n$ 成等比数列.

(1) 求数列 $\{a_n\}$,$\{b_n\}$ 的通项公式;

(2) 记 $c_n=\sqrt{\frac{a_n}{2b_n}}$,$n\in\mathbf{N}^*$,证明:$c_1+c_2+\cdots+c_n<2\sqrt{n}$,$n\in\mathbf{N}^*$.

解 (1) 设等差数列 $\{a_n\}$ 的公差为 d,可得 $\begin{cases}a_1+2d=4\\a_1+3d=3a_1+3d\end{cases}$,解得 $\begin{cases}a_1=0\\d=2\end{cases}$,所以 $a_n=2n-2$,$S_n=n(n-1)(n\in\mathbf{N}^*)$.

由 S_n+b_n,$S_{n+1}+b_n$,$S_{n+2}+b_n$ 成等比数列,可得

$$(S_{n+1}+b_n)^2=(S_n+b_n)(S_{n+2}+b_n)$$

$$b_n=\frac{S_{n+1}^2-S_nS_{n+2}}{(S_{n+2}-S_{n+1})-(S_{n+1}-S_n)}=\frac{S_{n+1}^2-S_nS_{n+2}}{a_{n+2}-a_{n+1}}=\frac{S_{n+1}^2-S_nS_{n+2}}{2}=n(n+1)\quad(n\in\mathbf{N}^*)$$

所以数列 $\{a_n\}$,$\{b_n\}$ 的通项公式分别为 $a_n=2n-2$,$b_n=n(n+1)$.

(2) 可得 $c_n=\sqrt{\frac{n-1}{n(n+1)}}(n\in\mathbf{N}^*)$.

(1) 当 $n=1$ 时,$c_1=0<2$,可得欲证结论成立.

(2) 证法 1 假设 $n=k$ 时欲证结论成立:$c_1+c_2+\cdots+c_k<2\sqrt{k}$.

当 $n=k+1$ 时,可得

$$c_1+c_2+\cdots+c_k+c_{k+1}<2\sqrt{k}+\sqrt{\frac{k}{(k+1)(k+2)}}<2\sqrt{k}+\sqrt{\frac{1}{k+1}}<2\sqrt{k}+\frac{2}{\sqrt{k+1}+\sqrt{k}}=2\sqrt{k}+2(\sqrt{k+1}-\sqrt{k})$$

$$=2\sqrt{k+1}$$

所以当 $n=k+1$ 时欲证结论成立.

由数学归纳法知欲证结论成立.

证法2　只需证明 $c_k<2(\sqrt{k}-\sqrt{k-1})(k\in\mathbf{N}^*)$(再由累加法,可得欲证结论成立),即证

$$\frac{k-1}{4k(k+1)}<2k-1-2\sqrt{k(k-1)}$$

$$2k-1-\frac{k-1}{4k(k+1)}>2\sqrt{k(k-1)}\quad(k\in\mathbf{N}^*)$$

$$\frac{8k^3+4k^2-5k+1}{4k(k+1)}>2\sqrt{k(k-1)}\quad(k\in\mathbf{N}^*)$$

只需证明

$$\frac{8k^3+4k^2-5k}{4k(k+1)}>2\sqrt{k(k-1)}\quad(k\in\mathbf{N}^*)$$

即证

$$(8k^2+4k-5)^2>64(k+1)^2k(k-1)\quad(k\in\mathbf{N}^*)$$

$$64k^4+64k^3-64k^2-40k+25>64k^4+64k^3-64k^2-64k\quad(k\in\mathbf{N}^*)$$

$$24k+25>0\quad(k\in\mathbf{N}^*)$$

它显然成立,所以欲证结论成立.

150.(2019年高考天津卷文科第18题)设 $\{a_n\}$ 是等差数列,$\{b_n\}$ 是等比数列,公比大于0,已知 $a_1=b_1=3,b_2=a_3,b_3=4a_2+3$.

(1) 求 $\{a_n\}$ 和 $\{b_n\}$ 的通项公式;

(2) 设数列 $\{c_n\}$ 满足 $c_n=\begin{cases}1,n\text{ 为奇数}\\ b_{\frac{n}{2}},n\text{ 为偶数}\end{cases}$,求 $a_1c_1+a_2c_2+\cdots+a_{2n}c_{2n}(n\in\mathbf{N}^*)$.

解　(1) 设等差数列 $\{a_n\}$ 的公差为 d,等比数列 $\{b_n\}$ 的公比为 q.

依题意,可得 $\begin{cases}3q=3+2d\\ 3q^2=15+4d\end{cases}$,解得 $\begin{cases}d=3\\ q=3\end{cases}$,所以 $a_n=3+3(n-1)=3n,b_n=3\times3^{n-1}=3^n$.

得 $\{a_n\}$ 的通项公式为 $a_n=3n$,$\{b_n\}$ 的通项公式为 $b_n=3^n$.

(2) 由题设及(1)的答案,可得

$$\begin{aligned}&a_1c_1+a_2c_2+\cdots+a_{2n}c_{2n}\\&=(a_1+a_3+a_5+\cdots+a_{2n-1})+(a_2b_1+a_4b_2+a_6b_3+\cdots+a_{2n}b_n)\\&=\left[n\times3+\frac{n(n-1)}{2}\times6\right]+(6\times3^1+12\times3^2+18\times3^3+\cdots+6n\times3^n)\\&=3n^2+6(1\times3^1+2\times3^2+\cdots+n\times3^n)\end{aligned}$$

设

$$T_n = 1\times 3^1 + 2\times 3^2 + \cdots + n\times 3^n$$

可得

$$3T_n = 1\times 3^2 + 2\times 3^3 + \cdots + n\times 3^{3+1}$$

把它们相减，可得

$$2T_n = -3 - 3^2 - 3^3 - \cdots - 3^n + n\times 3^{n-1}$$

$$= -\frac{3(1-3^n)}{1-3} + n\times 3^{n+1} = \frac{(2n-1)3^{n+1}+3}{2}$$

$$T_n = \frac{(2n-1)3^{n+1}+3}{4}$$

所以

$$a_1c_1 + a_2c_2 + \cdots + a_{2n}c_{2n} = 3n^2 + 6T_n = 3n^2 + 3\times\frac{(2n-1)3^{n+1}+3}{2}$$

$$= \frac{(2n-1)3^{n+2}+6n^2+9}{2}$$

151.（2019 年高考天津卷理科第 19 题）设 $\{a_n\}$ 是等差数列，$\{b_n\}$ 是等比数列. 已知 $a_1 = 4, b_1 = 6, b_2 = 2a_2 - 2, b_3 = 2a_3 + 4$.

(1) 求 $\{a_n\}$ 和 $\{b_n\}$ 的通项公式；

(2) 设数列 $\{c_n\}$ 满足 $c_1 = 1, c_n = \begin{cases} 1, 2^k < n < 2^{k+1} \\ b_k, n = 2^k \end{cases}$，其中 $k \in \mathbf{N}^*$.

(1) 求数列 $\{a_{2^n}(c_{2^n} - 1)\}$ 的通项公式；

(2) 求 $\sum\limits_{i=1}^{2^n} a_i c_i (n \in \mathbf{N}^*)$.

解 (1) 设等差数列 $\{a_N\}$ 的公差为 d，等比数列 $\{b_n\}$ 的公比为 q.

依题意，可得 $\begin{cases} 6q = 6 + 2d \\ 6q^2 = 12 + 4d \end{cases}$，解得 $\begin{cases} d = 3 \\ q = 2 \end{cases}$.

所以 $a_n = 4 + (n-1)\times 3 = 3n + 1, b_n = 6\times 2^{n-1} = 3\times 2^n$.

得 $\{a_n\}$ 的通项公式为 $a_n = 3n + 1$，$\{b_n\}$ 的通项公式为 $b_n = 3\times 2^n$.

(2) (1) 由题设，可得

$$a_{2^n}(c_{2^n} - 1) = a_{2^n}(b_n - 1) = (3\times 2^n + 1)(3\times 2^n - 1) = 9\times 4^n - 1$$

所以数列 $\{a_{2^n}(c_{2^n} - 1)\}$ 的通项公式为 $a_{2^n}(c_{2^n} - 1) = 9\times 4^n - 1$.

(2) 由题设，可得

$$\sum_{i=1}^{2^n} a_i c_i = \sum_{i=1}^{2^n}[a_i + a_i(c_i - 1)] = \sum_{i=1}^{2^n} a_i + \sum_{i=1}^{n} a_{2^i}(c_{2^i} - 1)$$

$$= \left[2^n\times 4 + \frac{2^n(2^n-1)}{2}\times 3\right] + \sum_{i=1}^{n}(9\times 4^i - 1)$$

$$=(3\times 2^{2n-1}+5\times 2^{n-1})+9\times\frac{4(1-4^n)}{1-4}-n$$

$$=27\times 2^{2n-1}+5\times 2^{2n-1}-n-12\quad(n\in\mathbf{N}^*)$$

152.(2019年高考江苏卷第20题)定义首项为1且公比为正数的等比数列为"$M-$数列".

(1) 已知等比数列$\{a_n\}(n\in\mathbf{N}^*)$满足:$a_2a_4=a_5$,$a_3-4a_2+4a_1=0$,求证:数列$\{a_n\}$为"$M-$数列";

(2) 已知数列$\{b_n\}(n\in\mathbf{N}^*)$满足:$b_1=1$,$\dfrac{1}{S_n}=\dfrac{2}{b_n}-\dfrac{2}{b_{n+1}}$,其中$S_n$为数列$\{b_n\}$的前$n$项和.

① 求数列$\{b_n\}$的通项公式;

② 设m为正整数,若存在"$M-$数列"$\{c_n\}(n\in\mathbf{N}^*)$,对任意正整数$k$,当$k\leqslant m$时,都有$c_k\leqslant b_k\leqslant c_{k+1}$成立,求$m$的最大值.

解　(1) 设等比数列$\{a_n\}$的公比为q,可得$a_1\neq 0$,$q\neq 0$.

由题设,可得$\begin{cases}a_1q\cdot a_1q^3=a_1q^4\\ a_1q^2-4a_1q+4a_1=0\end{cases}$,解得$\begin{cases}a_1=1\\ q=2\end{cases}$.因此数列$\{a_n\}$为"$M-$数列".

(2)① 因为$\dfrac{1}{S_n}=\dfrac{2}{b_n}-\dfrac{2}{b_{n+1}}$,所以$b_n\neq 0(n\in\mathbf{N}^*)$.

由$b_1=1$,$S_1=b_1$,可得$\dfrac{1}{1}=\dfrac{2}{1}-\dfrac{2}{b_2}$,$b_2=2$.

再由$\dfrac{1}{S_n}=\dfrac{2}{b_n}-\dfrac{2}{b_{n+1}}$,可得$S_n=\dfrac{b_nb_{n+1}}{2(b_{n+1}-b_n)}$.

当$n\geqslant 2$时,由$b_n=S_n-S_{n-1}$,可得$b_n=\dfrac{b_nb_{n+1}}{2(b_{n+1}-b_n)}-\dfrac{b_{n-1}b_n}{2(b_n-b_{n-1})}$,即$b_{n+1}+b_{n-1}=2b_n(n\in\mathbf{N}^*)$,所以数列$\{b_n\}$是首项和公差均为1的等差数列,得数列$\{b_n\}$的通项公式为$b_n=n$.

② 由①知,$b_k=k(k\in\mathbf{N}^*)$.

若数列$\{c_n\}$为"$M-$数列",可得数列$\{c_n\}$为等比数列,且可设其公比为正数q,$c_1=1$.

还可得$c_k\leqslant b_k\leqslant c_{k+1}(k=1,2,3,\cdots,m)$,即$q^{k-1}\leqslant k\leqslant q^k(k=1,2,3,\cdots,m)$.

当$k=1$时,即$q\geqslant 1$;当$k=2,3,\cdots,m$时,即$\dfrac{\ln k}{k}\leqslant\ln q\leqslant\dfrac{\ln k}{k-1}$.

设$f(x)=\dfrac{\ln x}{x}(x>1)$,可得$f'(x)=\dfrac{1-\ln x}{x^2}$.

令$f'(x)=0$,得$x=\mathrm{e}$.如表4所示:

表 4

x	$(1,e)$	e	$(e,+\infty)$
$f'(x)$	+	0	−
$f(x)$	↗	极大值	↘

因为$\frac{\ln 2}{2}=\frac{\ln 8}{6}<\frac{\ln 9}{6}=\frac{\ln 3}{3}$,所以 $f(k)_{\max}=f(3)=\frac{\ln3}{3}$.

取 $q=\sqrt[3]{3}$,当 $k=1,2,3,4,5$ 时,$\frac{\ln k}{k}\leqslant \ln q$.

经检验知 $\ln q\leqslant \frac{\ln k}{k-1}(k=1,2,3,4,5)$ 也成立(还可用导数知识证得 $\left\{\frac{\ln k}{k-1}\right\}_{k\geqslant 2}$ 是递减数列,因而只需验证 $\ln\sqrt[3]{3}\leqslant \frac{\ln 5}{4}$).

因此所求 m 的最大值不小于 5.

若 $m\geqslant 6$,分别取 $k=3,6$,可得$\begin{cases}\frac{\ln 3}{3}\leqslant \ln q\\ \ln q\leqslant \frac{\ln 6}{5}\end{cases}$,即$\begin{cases}q^{15}\geqslant 243\\ q^{15}\leqslant 216\end{cases}$,这不可能!所以 q 不存在.

因而所求 m 的最大值小于 6.

综上所述,可得所求 m 的最大值为 5.

153.(2019年高考北京卷理科第20题)已知数列$\{a_n\}$,从中选取第 i_1 项、第 i_2 项、……、第 i_m 项($i_1<i_2<\cdots<i_m$),若 $a_{i_1}<a_{i_2}<\cdots<a_{i_m}$,则称新数列 $a_{i_1},a_{i_2},\cdots,a_{i_m}$ 为$\{a_n\}$的长度为 m 的递增子列.规定:数列$\{a_n\}$的任意一项都是$\{a_n\}$的长度为 1 的递增子列.

(1) 写出数列 1,8,3,7,5,6,9 的一个长度为 4 的递增子列;

(2) 已知数列$\{a_n\}$的长度为 p 的递增子列的末项的最小值为 a_{m_0},长度为 q 的递增子列的末项的最小值为 a_{n_0},若 $p<q$,求证:$a_{m_0}<a_{n_0}$;

(3) 设无穷数列$\{a_n\}$的各项均为正整数,且任意两项均不相等,若$\{a_n\}$的长度为 s 的递增子列末项的最小值为 $2s-1$,且长度为 s、末项为 $2s-1$ 的递增子列恰有 2^{s-1} 个($s=1,2,\cdots$),求数列$\{a_n\}$的通项公式.

解 (1)1,3,5,6.(答案不唯一.)

(2) 设长度为 q、末项为 a_{n_0} 的一个递增子列为 $a_{r_1},\cdots,a_{r_{q-1}},a_{n_0}$.

由 $p<q$,可得 $a_{r_p}\leqslant a_{r_{q-1}}<a_{n_0}$.

因为$\{a_n\}$的长度为 p 的递增子列末项的最小值为 a_{m_0},$a_{r_1},a_{r_2},\cdots,a_{r_p}$ 是$\{a_n\}$的长度为 p 的递增子列,所以 $a_{m_0}\leqslant a_{r_p}$,得 $a_{m_0}<a_{n_0}$.

(3) 由题设知，所有正奇数都是$\{a_n\}$中的项.

先证明：若 $2m$ 是$\{a_n\}$中的项，则 $2m$ 必排在 $2m-1$ 之前(m 为正整数).

假设 $2m$ 排在 $2m-1$ 之后，设 $a_{p_1},a_{p_2},\cdots,a_{p_{m-1}},2m-1$ 是数列$\{a_n\}$的长度为 m、末项为 $2m-1$ 的递增子列，则 $a_{p_1},a_{p_2},\cdots,a_{p_{m-1}},2m-1.2m$ 是数列$\{a_n\}$的长度为 $m+1$、末项为 $2m$ 的递增子列，与已知矛盾！

再证明：所有正偶数都是$\{a_n\}$中的项.

假设存在正偶数不是$\{a_n\}$中的项，设不在$\{a_n\}$中的最小正偶数为 $2m$.

因为 $2k$ 排在 $2k-1$ 之前($k=1,2,\cdots,m-1$)，所以 $2k$ 和 $2k-1$ 不可能在$\{a_n\}$的同一个子列中.

又因为$\{a_n\}$中不超过 $2m+1$ 的数为 $1,2,\cdots,2m-1,2m+1$，所以$\{a_n\}$的长度为 $m+1$、末项为 $2m+1$ 的递增子列个数至多为 $2\times2\times2\times\cdots\times2\times1\times1=2^{m-1}<2^m$，与题设矛盾！

最后证明 $2m$ 排在 $2m-3$ 之后($m\geqslant2$ 为整数).

假设存在 $2m(m\geqslant2)$，使得 $2m$ 排在 $2m-3$ 之前，则$\{a_n\}$的长度为 $m+1$，末项为 $2m+1$ 的递增子列个数小于 2^m，与题设矛盾！

综上所述，可得数列$\{a_n\}$只可能为 $2,1,4,3,\cdots,2m-3,2m,2m-1,\cdots$.

还可验证，数列 $2,1,4,3,\cdots,2m-3,2m,2m-1,\cdots$ 符合条件，所以 $a_n=\begin{cases}n+1, n\text{ 为奇数}\\ n-1. n\text{ 为偶数}\end{cases}$，也即 $a_n=n-(-1)^n$.

154.(2019 年高考上海卷第 21 题) 数列$\{a_n\}(n\in\mathbf{N}^*)$共有 100 项，$a_1=a$，对任意 $n\in[2,100]$，存在 $a_n=a_i+d,i\in\{1,2,\cdots,n-1\}$. 若 a_k 与前 n 项中某一项相等，则称 a_k 具有性质 P.

(1) 若 $a_1=1,d=2$，求 a_4 所有可能的值；

(2) 若$\{a_n\}$不是等差数列，求证：数列$\{a_n\}$中存在某些项具有性质 P；

(3) 若$\{a_n\}$中恰有三项具有性质 P，这三项和为 c，请用 a,d,c 表示 $a_1+a_2+\cdots+a_{100}$.

解 (1) 由题设，可得 $a_4=a_i+d(i=1,2,3)$.

由题设，还可得：$a_2=a_1+d=3,a_3=a_1+d=3$ 或 $a_3=a_2+d=5,a_4=a_1+d=3$ 或 $a_4=a_2+d=5$ 或 $a_4=a_3+d=5$ 或 7.

综上所述，可得 a_4 的所有可能值为 3,5,7.

(2) 只需证明：若数列$\{a_n\}$中不存在具有性质 P 的项，则$\{a_n\}$是等差数列.

可得 $a_1=a,a_2=a+d$，下面对数列$\{a_n\}$的项数 $n\geqslant3$ 用数学归纳法证明.

(1) 当 $n=3$ 时，因为 $a_3=a_1+d=a+d$ 或 $a_3=a_2+d=a+2d$，由于 $a_3\neq a_2$，所以 $a_3=a+2d$，得$\{a_n\}$是公差为 d 的等差数列.

(2) 证法 1 假设当 $n=k(k\geqslant3)$ 时，命题成立，即 $a_t=a+(t-1)d(1\leqslant$

$t \leqslant k$)，则当 $n=k+1$ 时，因为 $a_{k+1}=a_t+d$ 且 $a_{k+1}\neq a_t(1\leqslant t\leqslant k)$，所以 $t=k$，即 $a_{k+1}=a+kd$，得命题也成立.

所以欲证结论成立.

证法 2　由题意可得 $a_1=a, a_2=a+d$，且 $\{a_n\}$ 不是等差数列，所以一定存在最小的 $k(k\in\mathbf{N}$，且 $3\leqslant k\leqslant 100)$，使得 $a_k\neq a_{k-1}+d$，即对数列 $a_1, a_2, \cdots, a_{k-1}$，从第二项起，都满足后一项减去前一项等于 d.

下面证明：a_k 具有性质 P.

由题意可得，对于 a_k，存在 $i\in\mathbf{N}$ 且 $3\leqslant i\leqslant k-2$，使得 $a_k=a_i+d$ 成立.

又因为 $a_i+d=a_{i+1}$，所以 $a_k=a_{i+1}(i+1\leqslant k-1)$.

即 a_k 具有性质 P，命题得证.

(3) 设 $a_p, a_q, a_r(1<p<q<r\leqslant 100)$ 这三项具有性质 P.

由结论(2) 可知，$a_1, a_2, \cdots, a_{p-1}, a_{p+1}, \cdots, a_{q-1}, a_{q+1}, \cdots, a_{r-1}, a_{r+1}, \cdots, a_{100}$ 是公差为 d 的等差数列，其和为 $97a+\dfrac{97\cdot 96}{2}d=97a+4\ 656d$，另外三项和 $a_p+a_q+a_r=c$.

综上所述，可得 $a_1+a_2+\cdots+a_{100}=97a+4\ 656d+c$.

155. (2018 年高考北京卷文科第 15 题) 设 $\{a_n\}$ 是等差数列，且 $a_1=\ln 2$，$a_2+a_3=5\ln 2$.

(1) 求 $\{a_n\}$ 的通项公式；

(2) 求 $e^{a_1}+e^{a_2}+\cdots+e^{a_n}$.

解　(1) 设等差数列 $\{a_n\}$ 的公差为 d.

由 $a_2+a_3=5\ln 2$，可得 $2a_1+3d=5\ln 2$.

再由 $a_1=\ln 2$，可得 $d=\ln 2$. 所以 $a_n=a_1+(n-1)d=n\ln 2$.

(2) 由(1) 的答案数列 $\{a_n\}$ 的通项公式为 $a_n=n\ln 2$，可得 $e^{a_n}=e^{n\ln 2}=(e^{\ln 2})^n=2^n$，所以

$$e^{a_1}+e^{a_2}+\cdots+e^{a_n}=e^{\ln 2}+e^{\ln 2^2}+\cdots+e^{\ln 2^n}=2+2^2+\cdots+2^n=2^{n+1}-2$$

注　笔者认为，对于文科试卷的首道解答题，第(2) 问有难度：在解答"$e^{n\ln 2}=(e^{\ln 2})^n=2^n$"中需要逆用幂的乘方公式 $(a^m)^n=a^{mn}$ 及考生不太熟悉的对数恒等式 $a^{\log_a N}=N$(且这里是其特例：$e^{\ln N}=N$).

建议在第(2) 问末给出"参考公式：$a^{\log_a N}=N$".

156. (2018 年高考天津卷理科第 18 题) 设 $\{a_n\}$ 是等比数列，公比大于 0，其前 n 项和为 $S_n(n\in\mathbf{N}^*)$，$\{b_n\}$ 是等差数列. 已知 $a_1=1, a_3=a_2+2, a_4=b_3+b_5, a_5=b_4+2b_6$.

(1) 求 $\{a_n\}$ 和 $\{b_n\}$ 的通项公式；

(2) 设数列 $\{S_n\}$ 的前 n 项和为 $T_n(n\in\mathbf{N}^*)$，

(i) 求 T_n；

(ii) 证明：$\sum\limits_{k=1}^{n}\dfrac{(T_k+b_{k+2})b_k}{(k+1)(k+2)}=\dfrac{2^{n+2}}{n+2}-2(n\in\mathbf{N}^*)$.

解 (1) 设等比数列$\{a_n\}$的公比为 q. 由 $a_1=1,a_3=a_2+2$,可得 $q^2-q-2=0$.

由 $q>0$,可得 $q=2$,所以 $a_n=2^{n-1}$.

设等差数列$\{b_n\}$的公差为 d,由 $a_4=b_3+b_5$,可得 $b_1+3d=4$. 由 $a_5=b_4+2b_6$,可得 $3b_1+13d=16$, 从而 $b_1=1,d=1$,所以 $b_n=n$.

得数列$\{a_n\}$的通项公式为 $a_n=2^{n-1}$,数列$\{b_n\}$的通项公式为 $b_n=n$.

(2)(i) 由(1) 的答案,可得 $S_n=\dfrac{1-2^n}{1-2}=2^n-1$,所以

$$T_n=\sum_{k=1}^{n}(2^k-1)=\sum_{k=1}^{n}2^k-n=\frac{2\times(1-2^n)}{1-2}-n=2^{n+1}-n-2$$

(ii) 因为

$$\frac{(T_k+b_{k+2})b_k}{(k+1)(k+2)}=\frac{(2^{k+1}-k-2+k+2)k}{(k+1)(k+2)}=\frac{k\cdot 2^{k+1}}{(k+1)(k+2)}=\frac{2^{k+2}}{k+2}-\frac{2^{k+1}}{k+1}$$

所以

$$\begin{aligned}\sum_{k=1}^{n}\frac{(T_k+b_{k+2})b_k}{(k+1)(k+2)}&=\left(\frac{2^3}{3}-\frac{2^2}{2}\right)+\left(\frac{2^4}{4}-\frac{2^3}{3}\right)+\cdots+\left(\frac{2^{n+2}}{n+2}-\frac{2^{n+1}}{n+1}\right)\\&=\frac{2^{n+2}}{n+2}-2\end{aligned}$$

157.(2018 年高考上海卷第 21 题) 给定无穷数列$\{a_n\}$,若无穷数列$\{b_n\}$满足:对任意 $n\in\mathbf{N}^*$,都有$|b_n-a_n|\leqslant 1$,则称$\{b_n\}$与$\{a_n\}$“接近”.

(1) 设$\{a_n\}$是首项为 1、公比为$\dfrac{1}{2}$的等比数列,$b_n=a_{n+1}+1,n\in\mathbf{N}^*$,判断数列$\{b_n\}$是否与$\{a_n\}$接近,并说明理由;

(2) 设数列$\{a_n\}$的前四项为:$a_1=1,a_2=2,a_3=4,a_4=8$,$\{b_n\}$是一个与$\{a_n\}$接近的数列,记集合 $M=\{x\mid x=b_i,i=1,2,3,4\}$,求 M 中元素的个数 m;

(3) 已知$\{a_n\}$是公差为 d 的等差数列,若存在数列$\{b_n\}$满足:$\{b_n\}$与$\{a_n\}$接近,且在 $b_2-b_1,b_3-b_2,\cdots,b_{2\,01}-b_{200}$ 中至少有 100 个为正数,求 d 的取值范围.

解 (1) 由题意可得 $a_n=\left(\dfrac{1}{2}\right)^{n-1}$,$b_n=a_{n+1}+1=\left(\dfrac{1}{2}\right)^{n}+1$,所以

$$|b_n-a_n|=\left|\frac{1}{2^n}+1-\frac{1}{2^{n-1}}\right|=\left|1-\frac{1}{2^n}\right|=1-\frac{1}{2^n}\leqslant 1$$

因而数列$\{a_n\}$与$\{b_n\}$“接近”.

(2) 因为数列$\{a_n\}$与$\{b_n\}$接近, 所以$|b_n-a_n|\leqslant 1(n\in\mathbf{N}^*)$, 因而$|b_1-1|\leqslant 1$,得 $b_1\in[0,2]$;$|b_2-2|\leqslant 1$,得 $b_2\in[1,3]$;$|b_3-4|\leqslant 1$,得

$b_3 \in [3,5]$；$|b_4-8|\leqslant 1$，得 $b_4 \in [7,9]$.

所以 b_1,b_2,b_3,b_4 中出现相等的情形只可能是 $b_1=b_2$，$b_1\in[1,2]$，$b_2=b_3=3$，且 $b_1<b_3<b_4$，所以 $m=3$ 或 4.

(3) 由 $|b_n-a_n|\leqslant 1$，可得 $b_n\in[a_n-1,a_n+1]$.

同理，可得 $b_{n+1}\in[a_{n+1}-1,a_{n+1}+1]$.

所以 $b_{n+1}-b_n\in[a_{n+1}-a_n-2,a_{n+1}-a_n+2]$，即 $b_{n+1}-b_n\in[d-2,d+2]$.

若 $d\leqslant -2$，可得 $b_{n+1}-b_n\leqslant 0$ 恒成立，不符合题目条件，所以 $d>-2$.

当 $b_n=a_n+(-1)^n$ 时，可得 $b_{n+1}-b_n=d-2(-1)^n$.

当 n 为正偶数时，$b_{n+1}-b_n=d-2<0$；当 n 为正奇数时，$b_{n+1}-b_n=d+2>0$.

所以存在数列 $\{b_n\}$ 使 $b_2-b_1,b_3-b_2,\cdots,b_{201}-b_{200}$ 中至少有 100 个为正数.

综上所述，可得所求 d 的取值范围为 $(-2,+\infty)$.

注 建议把题目中没有打引号的“接近”(共 3 处)引号的“接近”，因为两者的含义不同.

158. (2018 年高考江苏卷第 20 题) 设 $\{a_n\}$ 是首项为 a_1、公差为 d 的等差数列，$\{b_n\}$ 是首项为 b_1、公比为 q 的等比数列.

(1) 设 $a_1=0,b_1=1,q=2$，若 $|a_n-b_n|\leqslant b_1$ 对 $n=1,2,3,4$ 均成立，求 d 的取值范围；

(2) 若 $a_1=b_1>0$，$m\in\mathbf{N}^*$，$q\in(1,\sqrt[m]{2}]$，证明：存在 $d\in\mathbf{R}$，使得 $|a_n-b_n|\leqslant b_1$ 对 $n=2,3,\cdots,m+1$ 均成立，并求得取值范围(用 b_1,m,q 表示).

解 (1) 可得 $a_n=(n-1)d$，$b_n=2^{n-1}$.

因为 $|a_n-b_n|\leqslant b_1$ $|(n-1)d-2^{n-1}|\leqslant 1$ 对 $n=1,2,3,4$ 均成立，即

$$\begin{cases}1\leqslant 1\\ 1\leqslant d\leqslant 3\\ \dfrac{3}{2}\leqslant d\leqslant \dfrac{5}{2}\\ \dfrac{7}{3}\leqslant d\leqslant 3\end{cases}，也即\ \frac{7}{3}\leqslant d\leqslant\frac{5}{2}.$$

因此 d 的取值范围为 $\left[\dfrac{7}{3},\dfrac{5}{2}\right]$.

(2) 可得 $a_n=b_1+(n-1)d$，$b_n=b_1q^{n-1}$.

$|a_n-b_n|\leqslant b_1(n=2,3,\cdots,m+1)$ 恒成立，即 $|b_1+(n-1)d-b_1q^{n-1}|\leqslant b_1(n=2,3,\cdots,m+1)$，恒成立，也即 $\dfrac{q^{n-1}-2}{n-1}b_1\leqslant d\leqslant\dfrac{q^{n-1}}{n-1}b_1(n=2,3,\cdots,m+1)$ 恒成立.

由 $q\in(1,\sqrt[m]{2}]$，可得 $1<q^{n-1}\leqslant q^m\leqslant 2$，从而 $\frac{q^{n-1}-2}{n-1}b_1\leqslant 0,\frac{q^{n-1}}{n-1}b_1>0$，对 $n=2,3,\cdots,m+1$ 均成立.

因此，取 $d=0$ 时，$|a_n-b_n|\leqslant b_1$ 对 $n=2,3,\cdots,m+1$ 均成立.

下面求数列 $\left\{\frac{q^{n-1}-2}{n-1}\right\}(n=2,3,\cdots,m+1)$ 的最大项与数列 $\left\{\frac{q^{n-1}}{n-1}\right\}(n=2,3,\cdots,m+1)$ 的最小项.

① 当 $2\leqslant n\leqslant m$ 时，$\frac{q^n-2}{n}-\frac{q^{n-1}-2}{n-1}=\frac{nq^n-q^n-nq^{n-1}+2}{n(n-1)}=\frac{n(q^n-q^{n-1})-q^n+2}{n(n-1)}$.

当 $1<q\leqslant 2^{\frac{1}{m}}$ 时，有 $q^n\leqslant q^m\leqslant 2$，从而 $n(q^n-q^{n-1})-q^n+2>0$.

因此 $\left\{\frac{q^{n-1}-2}{n-1}\right\}(n=2,3,\cdots,m+1)$ 是递增数列，其最大项为末项 $\frac{q^m-2}{m}$.

② 当 $m=1$ 时，数列 $\left\{\frac{q^{n-1}}{n-1}\right\}(n=2,3,\cdots,m+1)$ 的最小项是末项 $\frac{q^m}{m}$.

当 $m\geqslant 2$ 时，设 $f(x)=\frac{q^x}{x}(1\leqslant x\leqslant m,1<q\leqslant 2^{\frac{1}{m}},m\in\mathbf{N}^*)$，可得

$$f'(x)=\frac{q^x}{x^2}\ln\frac{q^x}{\mathrm{e}}\quad(1\leqslant x\leqslant m)$$

还可得 $q^x\leqslant(2^{\frac{1}{m}})^x\leqslant(2^{\frac{1}{m}})^m=2<\mathrm{e},\frac{q^x}{\mathrm{e}}<1,\ln\frac{q^x}{\mathrm{e}}<0,f'(x)<0(1\leqslant x\leqslant m)$，$f(x)$ 是减函数，所以数列 $\left\{\frac{q^{n-1}}{n-1}\right\}(n=2,3,\cdots,m+1)$ 的最小项为末项 $\frac{q^m}{m}$.

综上所述，可得所求 d 的取值范围为 $\left[\frac{b_1(q^m-2)}{m},\frac{b_1q^m}{m}\right]$.

注　建议把题中的“$\sqrt[m]{2}$”改为“$2^{\frac{1}{m}}$”：因为在“$\sqrt[m]{2}$”中，m 是不小于 2 的整数，而由题设“$m\in\mathbf{N}^*$”及本题的解答知，m 可取 1.

159.（2017 年高考天津卷第 18 题）已知 $\{a_n\}$ 为等差数列，前 n 项和为 $S_n(n\in\mathbf{N}^*)$，$\{b_n\}$ 是首项为 2 的等比数列，且公比大于 0，$b_2+b_3=12$，$b_3=a_4-2a_1$，$S_{11}=11b_4$.

(1) 求 $\{a_n\}$ 和 $\{b_n\}$ 的通项公式；

(2)（理）求数列 $\{a_{2n}b_{2n-1}\}$ 的前 n 项和 $(n\in\mathbf{N}^*)$.

（文）求数列 $\{a_{2n}b_n\}$ 的前 n 项和 $(n\in\mathbf{N}^*)$.

解　(1) 设等差数列 $\{a_n\}$ 的公差为 d，等比数列 $\{b_n\}$ 的公比为正数 q.

由题设 $b_2+b_3=12$，可得 $b_1(q+q^2)=12$. 而 $b_1=2$，所以 $q^2+q-6=0,q=2$，

得 $b_n=2^n(n\in\mathbf{N}^*)$.

由 $b_3=a_4-2a_1$，可得 $3d-a_1=8$；由 $S_{11}=11b_4$，可得 $a_1+5d=16$.

解得 $a_1=1,d=3$，所以 $a_n=3n-2(n\in\mathbf{N}^*)$.

得数列 $\{a_n\}$ 的通项公式为 $a_n=3n-2(n\in\mathbf{N}^*)$，$\{b_n\}$ 的通项公式为 $b_n=2^n(n\in\mathbf{N}^*)$.

(2)(理) 由 $a_{2n}=6n-2,b_{2n-1}=2\times4^{n-1}$，可得 $a_{2n}b_{2n-1}=(3n-1)\times4^n$，所以数列 $\{a_{2n}b_{2n-1}\}$ 的前 n 项和

$$T_n=2\times4+5\times4^2+8\times4^3+\cdots+(3n-1)\times4^n$$

还可得

$$4T_n=2\times4^2+5\times4^3+8\times4^4+\cdots+(3n-4)\times4^n+(3n-1)\times4^{n+1}$$

把这两个等式相减，得

$$\begin{aligned}-3T_n&=2\times4+3\times4^2+3\times4^3+\cdots+3\times4^n-(3n-1)\times4^{n+1}\\&=\frac{12\times(1-4^n)}{1-4}-4-(3n-1)\times4^{n+1}=-(3n-2)\times4^{n+1}-8\end{aligned}$$

$$T_n=\frac{3n-2}{3}\times4^{n+1}+\frac{8}{3}$$

所以数列 $\{a_{2n}b_{2n-1}\}$ 的前 n 项和为 $\frac{3n-2}{3}\times4^{n+1}+\frac{8}{3}$.

(文) 由 $a_{2n}=6n-2(n\in\mathbf{N}^*)$，可得数列 $\{a_{2n}b_n\}$ 的前 n 项和为

$$T_n=4\times2+10\times2^2+16\times2^3+\cdots+(6n-2)\times2^n$$

还可得

$$2T_n=4\times2^2+10\times2^3+16\times2^4+\cdots+(6n-8)\times2^n+(6n-2)\times2^{n+1}$$

把这两个等式相减，可得

$$\begin{aligned}-T_n&=4\times2+6\times2^2+6\times2^3+\cdots+6\times2^n-(6n-2)\times2^{n+1}\\&=\frac{12\times(1-2^n)}{1-2}-4-(6n-2)\times2^{n+1}=-(3n-4)\times2^{n+2}-16\end{aligned}$$

$$T_n=(3n-4)\times2^{n+2}+16$$

所以数列 $\{a_{2n}b_n\}$ 的前 n 项和为 $(3n-4)\times2^{n+2}+16$.

160.(2017 年高考江苏卷第 19 题) 对于给定的正整数 k，若数列 $\{a_n\}$ 满足 $a_{n-k}+a_{n-k+1}+\cdots+a_{n-1}+a_{n+1}+\cdots+a_{n+k-1}+a_{n+k}=2ka_n$ 对任意正整数 $n(n>k)$ 总成立，则称数列 $\{a_n\}$ 是“$P(k)$ 数列”.

(1) 证明：等差数列 $\{a_n\}$ 是“$P(3)$ 数列”；

(2) 若数列 $\{a_n\}$ 既是“$P(2)$ 数列”，又是“$P(3)$ 数列”，证明：$\{a_n\}$ 是等差数列.

解　(1) 设 $\{a_n\}$ 是等差数列的公差为 d，可得 $a_n=a_1+(n-1)d$.

当 $n\geqslant4$ 时，可得

$$\begin{aligned} a_{n-k}+a_{n+k} &= a_1+(n-k-1)d+a_1+(n+k-1)d \\ &= 2a_1+2(n-1)d=2a_n \quad (k=1,2,3) \end{aligned}$$

所以 $a_{n-3}+a_{n-2}+a_{n-1}+a_{n+1}+a_{n+2}+a_{n+3}=6a_n$，因此等差数列 $\{a_n\}$ 是"$P(3)$ 数列".

(2) 由数列 $\{a_n\}$ 既是"$P(2)$ 数列"，又是"$P(3)$ 数列"，可得

$$a_{n-2}+a_{n-1}+a_{n+1}+a_{n+2}=4a_n \quad (n\geqslant 3) \qquad ①$$

$$a_{n-3}+a_{n-2}+a_{n-1}+a_{n+1}+a_{n+2}+a_{n+3}=6a_n \quad (n\geqslant 4) \qquad ②$$

由 ①，可得

$$a_{n-3}+a_{n-2}=4a_{n-1}-(a_n+a_{n+1}) \quad (n\geqslant 4) \qquad ③$$

$$a_{n+2}+a_{n+3}=4a_{n+1}-(a_{n-1}+a_n) \quad (n\geqslant 2) \qquad ④$$

把 ③④ 代入 ②，得 $a_{n-1}+a_{n+1}=2a_n(n\geqslant 4)$，所以 $a_3,a_4,a_5,\cdots$ 是等差数列，设其公差为 d'.

在 ① 中，取 $n=4$，可得 $a_2+a_3+a_5+a_6=4a_4$，所以 $a_2=a_3-d'$.

在 ① 中，取 $n=3$，可得 $a_1+a_2+a_4+a_5=4a_3$，所以 $a_1=a_3-2d'$.

从而，可得数列 $\{a_n\}$ 是等差数列.

161.（2017 年高考浙江卷第 22 题）已知数列 $\{x_n\}$ 满足：$x_1=1$，$x_n=x_{n+1}+\ln(1+x_{n+1})\ (n\in \mathbf{N}^*)$.

证明：当 $n\in\mathbf{N}^*$ 时，

(1) $0<x_{n+1}<x_n$；

(2) $2x_{n+1}-x_n\leqslant \dfrac{x_nx_{n+1}}{2}$；

(3) $\dfrac{1}{2^{n-1}}\leqslant x_n\leqslant \dfrac{1}{2^{n-2}}$.

证明 (1) 证法 1 先用数学归纳法证明 $x_n>0(n\in\mathbf{N}^*)$.

当 $n=1$ 时成立：$x_1=1>0$.

假设当 $n=k$ 时 $x_k>0$，那么当 $n=k+1$ 时，若 $x_{k+1}\leqslant 0$，则 $0<x_k=x_{k+1}+\ln(1+x_{k+1})\leqslant 0$，矛盾！所以 $x_{k+1}>0$.

因此 $x_n>0(n\in\mathbf{N}^*)$，所以 $x_n=x_{n+1}+\ln(1+x_{n+1})>x_{n+1}$.

得 $0<x_{n+1}<x_n(n\in\mathbf{N}^*)$.

证法 2 可得 $x_{n+1}\neq 0(n\in\mathbf{N}^*)$，再由题设可得 $\dfrac{x_n}{x_{n+1}}=1+\dfrac{\ln(1+x_{n+1})}{x_{n+1}}$.

分 $-1<x_{n+1}<0$，$x_{n+1}>0$ 两种情况均可得出 $\dfrac{\ln(1+x_{n+1})}{x_{n+1}}>0$，所以 $\dfrac{x_n}{x_{n+1}}>1$.

因而 x_n 与 x_{n+1} 同号. 而 $x_1=1>0$，所以 $x_{n+1}>0(n\in\mathbf{N}^*)$.

再由$\frac{x_n}{x_{n+1}} > 1$,可得$0 < x_{n+1} < x_n (n \in \mathbf{N}^*)$.

(2) 即证$x_n x_{n+1} - 4x_{n+1} + 2x_n \geqslant 0 (n \in \mathbf{N}^*)$.

由题设中的递推式,可得$x_n x_{n+1} = x_{n+1}^2 + x_{n+1}\ln(1 + x_{n+1}) (n \in \mathbf{N}^*)$,所以

$$\begin{aligned} x_n x_{n+1} - 4x_{n+1} + 2x_n &= x_{n+1}^2 + x_{n+1}\ln(1 + x_{n+1}) - 4x_{n+1} + 2x_n \\ &= x_{n+1}^2 + x_{n+1}\ln(1 + x_{n+1}) - 4x_{n+1} + \\ &\quad 2[x_{n+1} + \ln(1 + x_{n+1})] \\ &= x_{n+1}^2 - 2x_{n+1} + (x_{n+1} + 2)\ln(1 + x_{n+1}) \quad (n \in \mathbf{N}^*) \end{aligned}$$

因而即证$x_{n+1}^2 - 2x_{n+1} + (x_{n+1} + 2)\ln(1 + x_{n+1}) \geqslant 0 (n \in \mathbf{N}^*)$.

设函数$f(x) = x^2 - 2x + (x + 2)\ln(1 + x) (x \geqslant 0)$,可得

$$f'(x) = 2x - 2 + \ln(1 + x) + \frac{x + 2}{x + 1} = \frac{2x^2 + x}{x + 1} + \ln(x + 1) \geqslant 0 \quad (x \geqslant 0)$$

所以函数$f(x)$在$[0, +\infty)$上单调递增.

再由(1)的结论$x_{n+1} > 0 (n \in \mathbf{N}^*)$,可得$f(x_{n+1}) > f(0) = 0 (n \in \mathbf{N}^*)$,所以欲证结论成立.

(3) 由$x_n = x_{n+1} + \ln(1 + x_{n+1}) < x_{n+1} + x_{n+1} = 2x_{n+1} (n \in \mathbf{N}^*)$(因为用导数可证得$\ln(1 + x) < x(x > 0)$),可得$\frac{x_{n+1}}{x_n} > \frac{1}{2}$.

进而可得$\frac{x_n}{x_{n-1}} > \frac{1}{2}, \cdots, \frac{x_2}{x_1} > \frac{1}{2}$,所以$x_n = \frac{x_n}{x_{n-1}} \cdot \frac{x_{n-1}}{x_{n-2}} \cdot \cdots \cdot \frac{x_2}{x_1} \cdot x_1 \geqslant \left(\frac{1}{2}\right)^{n-1} \cdot 1 = \frac{1}{2^{n-1}}$,$x_n \geqslant \frac{1}{2^{n-1}}$(当且仅当$n = 1$时取等号).

由$\frac{x_n x_{n+1}}{2} \geqslant 2x_{n+1} - x_n$,$x_n > 0 (n \in \mathbf{N}^*)$,可得$\frac{1}{2} \geqslant \frac{2}{x_n} - \frac{1}{x_{n+1}}$,$\frac{1}{x_{n+1}} - \frac{1}{2} \geqslant 2\left(\frac{1}{x_n} - \frac{1}{2}\right)$,所以

$$\frac{1}{x_n} - \frac{1}{2} \geqslant 2\left(\frac{1}{x_{n-1}} - \frac{1}{2}\right) \geqslant \cdots \geqslant 2^{n-1}\left(\frac{1}{x_1} - \frac{1}{2}\right) = 2^{n-2}$$

$$\frac{1}{x_n} > 2^{n-2}$$

$$x_n < \frac{1}{2^{n-2}}$$

综上所述,可得$\frac{1}{2^{n-1}} \leqslant x_n < \frac{1}{2^{n-2}}$,$\frac{1}{2^{n-1}} \leqslant x_n \leqslant \frac{1}{2^{n-2}} (n \in \mathbf{N}^*)$.

162.(2017年高考北京卷理科第20题) 设$\{a_n\}$和$\{b_n\}$是两个等差数列,记$c_n = \max\{b_1 - a_1 n, b_2 - a_2 n, \cdots, b_n - a_n n\} (n = 1, 2, 3, \cdots)$,其中$\max\{x_1, x_2, \cdots, x_s\}$表示$x_1, x_2, \cdots, x_s$这$s$个数中最大的数.

(1) 若 $a_n=n, b_n=2n-1$，求 c_1, c_2, c_3 的值，并证明 $\{c_n\}$ 是等差数列；

(2) 证明：或者对任意正数 M，存在正整数 m，当 $n\geqslant m$ 时，$\frac{c_n}{n}>M$；或者存在正整数 m，使得 $c_m, c_{m+1}, c_{m+2}, \cdots$ 是等差数列.

解　(2) 设数列 $\{a_n\}$ 和 $\{b_n\}$ 的公差分别为 d_1, d_2，可得

$$\begin{aligned} b_k-na_k&=b_1+(k-1)d_2-[a_1+(k-1)d_1]n \\ &=b_1-a_1n+(d_2-nd_1)(k-1) \end{aligned}$$

所以

$$c_n=\begin{cases} b_1-a_1n+(n-1)(d_2-nd_1)(d_2>nd_1) \\ b_1-a_1n(d_2\leqslant nd_1) \end{cases} \quad (*)$$

① 当 $d_1>0$ 时，可得 $\{c_n\}_{n\geqslant\frac{d_2}{d_1}}$ 是等差数列，所以当正整数 $m\geqslant\frac{d_2}{d_1}$ 时，c_m，$c_{m+1}, c_{m+2}, \cdots$ 是等差数列.

② 当 $d_1=0$ 时，可得 $c_n=\begin{cases} b_1-a_1n(d_2\leqslant 0) \\ (d_2-a_1)n+b_1-d_2(d_2>0) \end{cases}$，所以 $\{c_n\}$ 是等差数列.

③ 当 $d_1<0$ 时，又当 $n>\frac{d_2}{d_1}$ 时，可得

$$\frac{c_n}{n}=\frac{-d_1n^2+(d_1+d_2-a_1)n+b_1-d_2}{n}$$

所以

$$\frac{c_n}{n}>M\Leftrightarrow -d_1n^2+(d_1+d_2-a_1-M)n+b_1-d_2>0$$

$$-d_1n^2+(d_1+d_2-a_1-M)n+b_1-d_2>0 \quad (**)$$

记 $\Delta=(d_1+d_2-a_1-M)^2+4d_1(b_1-d_2)$，可得

若 $\Delta<0$，则 $\forall n\in\mathbf{N}^*$，$(**)$ 成立.

若 $\Delta\geqslant 0$，则当 $n>\frac{a_1+M-d_1-d_2+\sqrt{\Delta}}{-2d_1}$ 时，$(**)$ 成立.

进而可得：对任意正数 M，存在正整数 m，当 $n\geqslant m$ 时，$\frac{c_n}{n}>M$.

综上所述，可得欲证结论成立.

(1) 由式 $(*)$，立得 $c_n=1-n$，进而可继续求解.

注　解答本题的难点是理解题意(深入考查了数学抽象这一核心素养)，关键是得出式 $(*)$. 得出式 $(*)$ 后，第(2)问的结论就是显然的，但如何规范表述证明过程即找到满足题意的正整数 m，并非易事(对于情形(2)③，通过解不等式组 $\begin{cases} d_1<0 \\ \frac{c_n}{n}>M(d_2>nd_1) \end{cases}$，也可求得满足题意的正整数 m). 老师在平时的教

学中应加强这方面的训练：虽然结论显然，但要表述规范.

163.（2016 年高考山东卷文科、理科第 18 题）已知数列$\{a_n\}$的前 n 项和 $S_n=3n^2+8n$，$\{b_n\}$是等差数列，且 $a_n=b_n+b_{n+1}$.

(1) 求数列$\{b_n\}$的通项公式；

(2) 令 $c_n=\dfrac{(a_n+1)^{n+1}}{(b_n+2)^n}$. 求数列$\{c_n\}$的前 n 项和 T_n.

解 (1) 解法 1 由题意知，当 $n\geqslant 2$ 时，$a_n=S_n-S_{n-1}=6n+5$.

又因为 $a_1=S_1=11$，所以 $a_n=6n+5(n\in\mathbf{N}^*)$.

设等差数列$\{b_n\}$的公差为 d.

可得$\begin{cases}a_1=b_1+b_2,\\a_2=b_2+b_3,\end{cases}$即$\begin{cases}11=2b_1+d,\\17=2b_1+3d,\end{cases}$解得$\begin{cases}b_1=4,\\d=3,\end{cases}$所以 $b_n=3n+1$.

还可验证 $b_n=3n+1(n\in\mathbf{N}^*)$ 满足 $a_n=b_n+b_{n+1}(n\in\mathbf{N}^*)$，所以所求数列$\{b_n\}$的通项公式是 $b_n=3n+1$.

解法 2 由待定系数法，可得 $b_{n+1}-3(n+1)-1=-(b_n-3n-1)$，所以 $b_n-3n-1=(b_1-4)(-1)^{n-1}$，$b_n=(b_1-4)(-1)^{n-1}+3n+1$，再由$\{b_n\}$是等差数列，可得 $b_1=4$，$b_n=3n+1$.

(2) 由(1)的解答，可得 $c_n=\dfrac{(6n+6)^{n+1}}{(3n+3)^n}=3(n+1)\cdot 2^{n+1}$.

又由 $T_n=c_1+c_2+\cdots+c_n$，得

$$T_n=3\times[2\times 2^2+3\times 2^3+\cdots+(n+1)\times 2^{n+1}]$$
$$2T_n=3\times[2\times 2^3+3\times 2^4+\cdots+(n+1)\times 2^{n+2}]$$

把它们相减，得

$$\begin{aligned}-T_n&=3\times[2\times 2^2+2^3+2^4+\cdots+2^{n+1}-(n+1)\times 2^{n+2}]\\&=3\times\left[4+\frac{4\times(1-2^n)}{1-2}-(n+1)\times 2^{n+2}\right]=-3n\cdot 2^{n+2}\end{aligned}$$

所以 $T_n=3n\cdot 2^{n+2}$.

164.（2016 年高考天津卷理科第 18 题）已知$\{a_n\}$是各项均为正数的等差数列，公差为 d. 对任意的 $n\in\mathbf{N}^*$，b_n 是 a_n 和 a_{n+1} 的等比中项.

(1) 设 $c_n=b_{n+1}^2-b_n^2$，$n\in\mathbf{N}^*$，求证：数列$\{c_n\}$是等差数列；

(2) 设 $a_1=d$，$T_n=\sum\limits_{k=1}^{2n}(-1)^k b_k^2$，$n\in\mathbf{N}^*$，求证：$\sum\limits_{k=1}^{n}\dfrac{1}{T_k}<\dfrac{1}{2d^2}$.

解 (1) 可得 $b_n^2=a_na_{n+1}$，所以

$$c_n=b_{n+1}^2-b_n^2=a_{n+1}a_{n+2}-a_na_{n+1}=2da_{n+1} \qquad ①$$
$$c_{n+1}-c_n=2d(a_{n+2}-a_{n+1})=2d^2$$

所以数列$\{c_n\}$是等差数列.

(2) 可得 $a_n=a_1+(n-1)d=d+(n-1)d=nd$，还可得式 ① 在这里也成

立，所以

$$\begin{aligned}T_n&=(-b_1^2+b_2^2)+(-b_3^2+b_4^2)+\cdots+(-b_{2n-1}^2+b_{2n}^2)\\&=2d(a_2+a_4+\cdots+a_{2n})\\&=2d^2(2+4+6+\cdots+2n)\\&=2d^2n(n+1)\end{aligned}$$

所以

$$\sum_{k=1}^{n}\frac{1}{T_k}=\frac{1}{2d^2}\sum_{k=1}^{n}\frac{1}{k(k+1)}=\frac{1}{2d^2}\sum_{k=1}^{n}\left(\frac{1}{k}-\frac{1}{k+1}\right)=\frac{1}{2d^2}\left(1-\frac{1}{n+1}\right)<\frac{1}{2d^2}$$

165.(2016年高考浙江卷理科第20题) 设数列$\{a_n\}$满足$\left|a_n-\frac{a_{n+1}}{2}\right|\leqslant 1$，$n\in\mathbf{N}^*$.

(1) 证明：$|a_n|\geqslant 2^{n-1}(|a_1|-2)$，$n\in\mathbf{N}^*$；

(2) 若$|a_n|\leqslant\left(\frac{3}{2}\right)^n$，$n\in\mathbf{N}^*$，证明：$|a_n|\leqslant 2$，$n\in\mathbf{N}^*$.

证明 (1) 可得

$$|a_n|-\frac{|a_{n+1}|}{2}\leqslant\left|a_n-\frac{a_{n+1}}{2}\right|\leqslant 1$$

$$|a_n|-\frac{1}{2}|a_{n+1}|\leqslant 1 \qquad ①$$

两边同除以2^n，可得

$$\frac{|a_n|}{2^n}-\frac{|a_{n+1}|}{2^{n+1}}\leqslant\frac{1}{2^n}\quad(n\in\mathbf{N}^*)$$

$$\begin{aligned}\frac{|a_1|}{2^1}-\frac{|a_n|}{2^n}&=\left(\frac{|a_1|}{2^1}-\frac{|a_2|}{2^2}\right)+\left(\frac{|a_2|}{2^2}-\frac{|a_3|}{2^3}\right)+\cdots+\left(\frac{|a_{n-1}|}{2^{n-1}}-\frac{|a_n|}{2^n}\right)\\&\leqslant\frac{1}{2^1}+\frac{1}{2^2}+\cdots+\frac{1}{2^{n-1}}=1-\left(\frac{1}{2}\right)^{n-1}<1\end{aligned}$$

所以

$$|a_n|\geqslant 2^{n-1}(|a_1|-2)$$

(2) 任取$n\in\mathbf{N}^*$，由(1)的证法可得，对于任意的$m>n$，有

$$\begin{aligned}\frac{|a_n|}{2^n}-\frac{|a_m|}{2^m}&=\left(\frac{|a_n|}{2^n}-\frac{|a_{n+1}|}{2^{n+1}}\right)+\left(\frac{|a_{n+1}|}{2^{n+1}}-\frac{|a_{n+2}|}{2^{n+2}}\right)+\cdots+\left(\frac{|a_{m-1}|}{2^{m-1}}-\frac{|a_m|}{2^m}\right)\\&\leqslant\frac{1}{2^n}+\frac{1}{2^{n+1}}+\cdots+\frac{1}{2^{m-1}}=\frac{\frac{1}{2^n}\left(1-\frac{1}{2^{m-n}}\right)}{1-\frac{1}{2}}=\frac{1}{2^{n-1}}\left(1-\frac{1}{2^{m-n}}\right)<\frac{1}{2^{n-1}}\end{aligned}$$

所以

$$|a_n|<\left(\frac{1}{2^{n-1}}+\frac{|a_m|}{2^m}\right)\cdot 2^n\leqslant\left[\frac{1}{2^{n-1}}+\frac{1}{2^m}\cdot\left(\frac{3}{2}\right)^m\right]\cdot 2^n=2+\left(\frac{3}{4}\right)^m\cdot 2^n$$

从而，对于任意的 $m>n$，均有

$$|a_n|<2+\left(\frac{3}{4}\right)^m\cdot 2^n \qquad ②$$

即 $|a_n|\leqslant 2$.

否则存在 $n_0\in\mathbf{N}^*$，有 $|a_{n_0}|>2$，取正整数 $m_0>\log_{\frac{3}{4}}\frac{|a_{n_0}|-2}{2^{n_0}}$，且 $m_0>n_0$，则

$$2^{n_0}\cdot\left(\frac{3}{4}\right)^{m_0}<2^{n_0}\cdot\left(\frac{3}{4}\right)^{\log_{\frac{3}{4}}\frac{|a_{n_0}|-2}{2^{n_0}}}=|a_{n_0}|-2$$

这与 ② 矛盾！

综上所述，可得 $|a_n|\leqslant 2, n\in\mathbf{N}^*$.

注　下面再对第(1)问的结论做研究：

(i) 可证得 $|a_n|\geqslant 2^{n-1}(|a_1|-2)+2(n\in\mathbf{N}^*)$：

由 ①，可得

$$|a_{n+1}|-2|a_n|\geqslant -2\quad(n\in\mathbf{N}^*) \qquad ③$$

$$|a_{n+1}|-2\geqslant 2(|a_n|-2)\quad(n\in\mathbf{N}^*)$$

所以

$$|a_n|-2\geqslant 2(|a_{n-1}|-2)\geqslant 2^2(|a_{n-2}|-2)\geqslant\cdots\geqslant 2^{n-1}(|a_1|-2)\quad(n\in\mathbf{N}^*)$$

$$|a_n|\geqslant 2^{n-1}(|a_1|-2)+2\quad(n\in\mathbf{N}^*)$$

(ii) 可证得 $|a_n|<2^{n-1}(|a_1|+2)(n\in\mathbf{N}^*)$：

由题设，可得

$$|a_{n+1}|-2|a_n|\leqslant|2a_n-a_{n+1}|\leqslant 2\quad(n\in\mathbf{N}^*)$$

$$\frac{|a_{n+1}|}{2^{n+1}}-\frac{|a_n|}{2^n}\leqslant\frac{1}{2^n}\quad(n\in\mathbf{N}^*)$$

所以

$$\frac{|a_n|}{2^n}=\frac{|a_1|}{2^1}+\left(\frac{|a_2|}{2^2}-\frac{|a_1|}{2^1}\right)+\left(\frac{|a_3|}{2^3}-\frac{|a_2|}{2^2}\right)+\cdots+\left(\frac{|a_n|}{2^n}-\frac{|a_{n-1}|}{2^{n-1}}\right)$$

$$\leqslant\frac{|a_1|}{2}+\left(\frac{1}{2}+\frac{1}{2^2}+\frac{1}{2^3}+\cdots+\frac{1}{2^{n-1}}\right)<\frac{|a_1|+2}{2}\quad(n\in\mathbf{N}^*)$$

$$|a_n|<2^{n-1}(|a_1|+2)\quad(n\in\mathbf{N}^*)$$

(iii) 可证得 $|a_n|\leqslant 2^{n-1}(|a_1|+2)-2(n\in\mathbf{N}^*)$：

由题设，可得

$$|a_{n+1}|-2|a_n|\leqslant|a_{n+1}-2a_n|\leqslant 2\quad(n\in\mathbf{N}^*)$$

$$|a_{n+1}|+2\leqslant 2(|a_n|+2)\quad(n\in\mathbf{N}^*)$$

所以

$$(|a_n|+2)\leqslant 2(|a_{n-1}|+2)\leqslant 2^2(|a_{n-2}|+2)\leqslant\cdots\leqslant 2^{n-1}(|a_1|+2)\quad(n\in\mathbf{N}^*)$$

$$|a_n| \leqslant 2^{n-1}(|a_1|+2)-2 \quad (n \in \mathbf{N}^*)$$

166.(2016 年高考江苏卷第 20 题)记 $U=\{1,2,\cdots,100\}$. 对数列 $\{a_n\}(n \in \mathbf{N}^*)$ 和 U 的子集 T,若 $T=\varnothing$,定义 $S_T=0$;若 $T=\{t_1,t_2,\cdots,t_k\}$,定义 $S_T=a_{t_1}+a_{t_2}+\cdots+a_{t_k}$. 例如:$T=\{1,3,66\}$ 时,$S_T=a_1+a_3+a_{66}$. 现设 $\{a_n\}(n \in \mathbf{N}^*)$ 是公比为 3 的等比数列,且当 $T=\{2,4\}$ 时,$S_T=30$.

(1) 求数列 $\{a_n\}$ 的通项公式;

(2) 对任意正整数 $k(1 \leqslant k \leqslant 100)$,若 $T \subseteq \{1,2,\cdots,k\}$,求证:$S_T<a_{k+1}$;

(3) 设 $C \subseteq U, D \subseteq U, S_C \geqslant S_D$,求证:$S_C+S_{C \cap D} \geqslant 2S_D$.

解 (1) 由已知得 $a_n=a_1 \cdot 3^{n-1}(n \in \mathbf{N}^*)$.

于是当 $T=\{2,4\}$ 时,$S_T=a_2+a_4=3a_1+27a_1=30a_1=30, a_1=1$.

得数列 $\{a_n\}$ 的通项公式为 $a_n=3^{n-1}(n \in \mathbf{N}^*)$.

(2) 因为 $T \subseteq \{1,2,\cdots,k\}, a_n=3^{n-1}>0(n \in \mathbf{N}^*)$,所以

$$S_T \leqslant a_1+a_2+\cdots+a_k=1+3+\cdots+3^{k-1}=\frac{1}{2}(3^k-1)<3^k=a_{k+1}$$

(3) 下面分三种情况证明:

① 若 D 是 C 的子集,则 $S_C+S_{C \cap D}=S_C+S_D \geqslant S_D+S_D=2S_D$.

② 若 C 是 D 的子集,则 $S_C+S_{C \cap D}=S_C+S_C=2S_C \geqslant 2S_D$.

③ 若 D 不是 C 的子集,且 C 不是 D 的子集.

令 $E=C \cap (\complement_U D), F=D \cap (\complement_U C)$,则 $E \neq \varnothing, F \neq \varnothing, E \cap F=\varnothing$.

于是 $S_C=S_E+S_{C \cap D}, S_D=S_F+S_{C \cap D}$,进而由 $S_C \geqslant S_D$,得 $S_E \geqslant S_F$.

设 k 是 E 中最大的数,l 为 F 中最大的数,则 $k \geqslant 1, l \geqslant 1, k \neq l$.

由(2) 的结论知,$S_E<a_{k+1}$,于是 $3^{l-1}=a_l \leqslant S_F \leqslant S_E<a_{k+1}=3^k$,所以 $l-1<k$,即 $l \leqslant k$.

又因为 $k \neq l$,所以 $l \leqslant k-1$,所以

$$S_F \leqslant a_1+a_2+\cdots+a_l=1+3+\cdots+3^{l-1}=\frac{3^l-1}{2}$$

$$\leqslant \frac{3^{k-1}-1}{2}=\frac{a_k-1}{2} \leqslant \frac{S_E-1}{2}$$

$$S_E \geqslant 2S_F+1$$

$$S_C-S_{C \cap D} \geqslant 2(S_D-S_{C \cap D})+1$$

$$S_C+S_{C \cap D} \geqslant 2S_D+1$$

综上所述,可得 $S_C+S_{C \cap D} \geqslant 2S_D$.

167.(2016 年高考上海卷理科第 23 题)若无穷数列 $\{a_n\}$ 满足:只要 $a_p=a_q(p,q \in \mathbf{N}^*)$,必有 $a_{p+1}=a_{q+1}$,则称 $\{a_n\}$ 具有性质 P.

(1) 若 $\{a_n\}$ 具有性质 P,且 $a_1=1, a_2=2, a_4=3, a_5=2, a_6+a_7+a_8=21$,求 a_3;

(2) 若无穷数列$\{b_n\}$是等差数列，无穷数列$\{c_n\}$是公比为正数的等比数列，$b_1=c_5=1, b_5=c_1=81, a_n=b_n+c_n$，判断$\{a_n\}$是否具有性质 P，并说明理由；

(3) 设$\{b_n\}$是无穷数列，已知$a_{n+1}=b_n+\sin a_n (n\in \mathbf{N}^*)$，求证："对任意$a_1$，$\{a_n\}$都具有性质 P"的充要条件为"$\{b_n\}$是常数列".

解 (1) 由$a_2=a_5=2$，得$a_3=a_6, a_4=a_7=3, a_5=a_8=2$.

又由$a_6+a_7+a_8=21$，得$a_6=21-a_7-a_8=16$，所以$a_3=16$.

(2) 设等差数列$\{b_n\}$的公差为d，等比数列$\{c_n\}$的公差为$q(q>0)$.

由$b_5-b_1=4d=80$，得$d=20$，所以$b_n=20n-19$.

由$\frac{c_5}{c_1}=q^4=\frac{1}{81}$，得$q=\frac{1}{3}$，所以$c_n=\left(\frac{1}{3}\right)^{n-5}$.

因此$a_n=b_n+c_n=20n-19+\left(\frac{1}{3}\right)^{n-5}$.

有$a_1=a_5=82$，但$a_2=21+27=48, a_6=101+\frac{1}{3}=\frac{304}{3}$，$a_2\neq a_6$，所以$\{a_n\}$不具有性质 P.

(3) 先论证充分性：可设$b_n=C$(C为常数，$n\in \mathbf{N}^*$)，得$a_{n+1}=C+\sin a_n$.

若存在p,q使得$a_p=a_q$，则$a_{p+1}=C+\sin a_p=C+\sin a_q=a_{q+1}$，所以$\{a_n\}$具有性质 P.

再证必要性：假设$\{b_n\}$不是常数列，则存在$k\in \mathbf{N}^*$，使得$b_1=b_2=\cdots=b_k=b$，而$b_{k+1}\neq b$.

下面证明存在满足$a_{n+1}=b_n+\sin a_n$的$\{a_n\}$，使得$a_1=a_2=\cdots=a_{k+1}$，但$a_{k+2}\neq a_{k+1}$.

设$f(x)=x-\sin x-b$，取$m\in \mathbf{N}^*$，使得$m\pi>|b|$，则$f(m\pi)=m\pi-b>0, f(-m\pi)=-m\pi-b<0$，所以存在$c$使得$f(c)=0$.

取$a_1=c$，因为$a_{n+1}=b+\sin a_n (1\leqslant n\leqslant k)$，所以$a_2=b+\sin c=c=a_1$.

依此类推，得$a_1=a_2=\cdots=a_{k+1}=c$，但$a_{k+2}=b_{k+1}+\sin a_{k+1}=b_{k+1}+\sin c\neq b+\sin c$，即$a_{k+2}\neq a_{k+1}$，所以$\{a_n\}$不具有性质 P，与假设矛盾！所以$\{b_n\}$是常数列.

必要性的另证　考查连续函数$f(x)=x-b_1-\sin x$，其中b_1为任意实数.

因为$f(b_1-2)=-2-\sin(b_1-2)<0, f(b_1+2)=2-\sin(b_1+2)>0$，所以存在$t\in(b_1-2, b_1+2)$，使得$f(t)=t-b_1-\sin t=0$.

若对任意的a_1，$\{a_n\}$都具有性质 P，取$a_1=t$，此时$a_2=b_1+\sin a_1=b_1+\sin t=t=a_1$，从而会有$a_3=a_2, a_3=a_2, \cdots, a_{n+1}=a_n, \cdots$

因此$\forall n\in \mathbf{N}^*$，都有$b_{n+1}=a_{n+2}-\sin a_{n+1}=a_{n+1}-\sin a_n=b_n$，从而$\{b_n\}$是常数列.

综上所述可得，"对任意a_1，$\{a_n\}$都具有性质 P"的充要条件为"$\{b_n\}$是常数列”.

168.(2016年高考北京卷理科第20题) 设数列 $A: a_1, a_2, \cdots, a_N (N \geqslant 2)$. 如果对小于 $n(2 \leqslant n \leqslant N)$ 的每个正整数 k 都有 $a_k < a_n$，则称 n 是数列 A 的一个“G时刻”. 记“$G(A)$ 是数列 A 的所有“G时刻”组成的集合.

(1) 对数列 A: $-2, 2-1, 1, 3$，写出 $G(A)$ 的所有元素；

(2) 求证：若数列 A 中存在 a_n 使得 $a_n > a_1$，则 $G(A) \neq \varnothing$；

(3) 求证：若数列 A 满足 $a_n - a_{n-1} \leqslant 1 (n = 2, 3, \cdots, N)$，则 $G(A)$ 的元素个数不小于 $a_N - a_1$.

解 (1)$G(A)$ 的所有元素为 2,5.

(2) 因为在数列 A 中存在 a_n 使得 $a_n > a_1$，所以可不妨设数列 A 中第一个大于 a_1 的项为 a_k，则 $a_k > a_1 \geqslant a_i$，其中 $2 \leqslant i \leqslant k-1$，所以 $k \in G(A)$，$G(A) \neq \varnothing$.

(3) 设数列 A 的所有“G时刻”为 $i_1, i_2, \cdots, i_k (i_1 < i_2 < \cdots < i_k)$.

对于第一个“G时刻”i_1，有 $a_{i_1} > a_1 \geqslant a_i, i = 2, 3, \cdots, i_1 - 1$，得 $a_{i_1} - a_1 \leqslant a_{i_1} - a_{i_1 - 1} \leqslant 1$.

对于第二个“G时刻”$i_2 (i_2 > i_1)$，有 $a_{i_2} > a_{i_1} \geqslant a_i (i = 1, 2, \cdots, i_2 - 1)$，得 $a_{i_2} - a_{i_1} \leqslant a_{i_2} - a_{i_2 - 1} \leqslant 1$.

类似的，有 $a_{i_3} - a_{i_2} \leqslant 1, \cdots, a_{i_k} - a_{i_{k-1}} \leqslant 1$.

所以 $k \geqslant (a_{i_k} - a_{i_{k-1}}) + (a_{i_{k-1}} - a_{i_{k-2}}) + \cdots + (a_{i_2} - a_{i_1}) + (a_{i_1} - a_1) = a_{i_k} - a_1$.

对于 a_N，若 $N \in G(A)$，则 $a_{i_k} = a_N$；若 $N \notin G(A)$，则 $a_N \leqslant a_{i_k}$，否则由(2)知 $a_{i_k}, a_{i_k + 1}, \cdots, a_N$ 中存在“G时刻”，与数列 A 只有 k 个“G时刻”矛盾!

所以 $k \geqslant a_{i_k} - a_1 \geqslant a_N - a_1$，即欲证结论成立.

169.(2015年台湾高考指定科目考试数学甲解答题第二题) 设无穷数列 $\{a_n\}$ 满足 $a_0 = 0, a_n - a_{n-1} = \begin{cases} \left(\frac{1}{5}\right)^n, n\text{ 为偶数} \\ \left(\frac{1}{5}\right)^n - \left(\frac{1}{3}\right)^n, n\text{ 为奇数} \end{cases} (n \in \mathbf{N}^*)$.

(1) 将 a_6 表示成两个等比数列各项和的差，其中一个有6项，另一个只有3项；

(2) 求 $\lim\limits_{n \to \infty} a_{2n}$；

(3) 证明：当 $n \in \mathbf{N}$ 时，$a_{2n+2} - a_{2n} < 0$. 并依此说明不等式 $-\frac{1}{8} < a_{2n} < 0$ $(n \in \mathbf{N}^*)$ 恒成立.

解 (1) 由累加法，可得 $a_6 = \left[\frac{1}{5} + \left(\frac{1}{5}\right)^2 + \left(\frac{1}{5}\right)^3 + \cdots + \left(\frac{1}{5}\right)^6\right] -$

$\left[\frac{1}{3}+\left(\frac{1}{3}\right)^{3}+\left(\frac{1}{3}\right)^{5}\right]$.

(2) 同理,可得

$$a_{2n}=\left[\frac{1}{5}+\left(\frac{1}{5}\right)^{2}+\left(\frac{1}{5}\right)^{3}+\cdots+\left(\frac{1}{5}\right)^{2n}\right]-\left[\frac{1}{3}+\left(\frac{1}{3}\right)^{3}+\left(\frac{1}{3}\right)^{5}+\cdots+\left(\frac{1}{3}\right)^{2n-1}\right]$$

$$\lim_{n\to\infty}a_{2n}=\frac{\frac{1}{5}}{1-\frac{1}{5}}-\frac{\frac{1}{3}}{1-\left(\frac{1}{3}\right)^{2}}=\frac{1}{4}-\frac{3}{8}=-\frac{1}{8}$$

(3) 当 $n\in\mathbf{N}$ 时,可得

$$\begin{aligned}a_{2n+2}-a_{2n}&=(a_{2n+2}-a_{2n+1})+(a_{2n+1}-a_{2n})\\&=\left(\frac{1}{5}\right)^{2n+2}+\left(\frac{1}{5}\right)^{2n+1}-\left(\frac{1}{3}\right)^{2n+1}\\&=\frac{6}{25}\left(\frac{1}{5}\right)^{2n}-\frac{1}{3}\left(\frac{1}{3}\right)^{2n}\\&<\frac{1}{3}\left[\left(\frac{1}{5}\right)^{2n}-\left(\frac{1}{3}\right)^{2n}\right]<0\end{aligned}$$

由 $\{a_{2n}\}$ 是递减数列,得 $a_{2n}<a_0=0(n\in\mathbf{N}^*)$;再由 $\{a_{2n}\}$ 是递减数列且 $\lim\limits_{n\to\infty}a_{2n}=-\frac{1}{8}$,得 $a_{2n}>-\frac{1}{8}(n\in\mathbf{N}^*)$,所以 $-\frac{1}{8}<a_{2n}<0(n\in\mathbf{N}^*)$.

170.(2015 年高考全国卷 I 理科第 17 题)S_n 为数列 $\{a_n\}$ 的前 n 项和.已知 $a_n>0,a_n^2+2a_n=4S_n+3$.

(1) 求 $\{a_n\}$ 的通项公式;

(2) 设 $b_n=\frac{1}{a_na_{n+1}}$,求数列 $\{b_n\}$ 的前 n 项和.

解 (1) 由 $a_n^2+2a_n=4S_n+3$,可知 $a_{n+1}^2+2a_{n+1}=4S_{n+1}+3$,把它们相减,得

$$a_{n+1}^2-a_n^2+2(a_{n+1}-a_n)=4a_{n+1}$$
$$2(a_{n+1}+a_n)=a_{n+1}^2-a_n^2=(a_{n+1}+a_n)(a_{n+1}-a_n)$$

又因为 $a_n>0(n\in\mathbf{N}^*)$,所以 $a_{n+1}-a_n=2$.

又由 $a_1^2+2a_1=4a_1+3$,解得 $a_1=-1$(舍去)或 $a_1=3$,所以 $\{a_n\}$ 是首项为 3、公差为 2 的等差数列,通项公式为 $a_n=2n+1$.

(2) 由 $a_n=2n+1$ 可知 $b_n=\frac{1}{a_na_{n+1}}=\frac{1}{(2n+1)(2n+3)}=\frac{1}{2}\left(\frac{1}{2n+1}-\frac{1}{2n+3}\right)$.

设数列$\{b_n\}$的前n项和为T_n，则

$$\begin{aligned}T_n&=b_1+b_2+\cdots+b_n\\&=\frac{1}{2}\left[\left(\frac{1}{3}-\frac{1}{5}\right)+\left(\frac{1}{5}-\frac{1}{7}\right)+\cdots+\left(\frac{1}{2n+1}-\frac{1}{2n+3}\right)\right]\\&=\frac{n}{3(2n+3)}\end{aligned}$$

171.（2015年高考北京卷理科第20题）已知数列$\{a_n\}$满足：$a_1\in\mathbf{N}^*$，$a_1\leqslant 36$，且$a_{n+1}=\begin{cases}2a_n,a_n\leqslant 18\\2a_n-36,a_n>18\end{cases}(n=1,2,\cdots)$.记集合$M=\{a_n\mid n\in\mathbf{N}^*\}$.

(1) 若$a_1=6$，写出集合M的所有元素；

(2) 若集合M存在一个元素是3的倍数，证明：M的所有元素都是3的倍数；

(3) 求集合M的元素个数的最大值.

解 (1) 当$a_1=6$时，由所给的递推式可得数列$\{a_n\}$：6，12，24，12，24，…，所以$M=\{6,12,24\}$，即集合M的所有元素分别是6，12，24.

(2) 假设a_1不是3的倍数，由所给的递推式及数学归纳法可得$a_n(n\in\mathbf{N}^*)$均不是3的倍数.这与题设相矛盾！所以a_1是3的倍数.再由所给的递推式及数学归纳法可得$a_n(n\in\mathbf{N}^*)$均是3的倍数，即M的所有元素都是3的倍数.

(3) 用数学归纳法易证$1\leqslant a_n\leqslant 36(n\in\mathbf{N}^*)$.

由$a_1\in\mathbf{N}^*$，$a_2=\begin{cases}2a_1,a_1\leqslant 18,\\2a_1-36,a_1>18,\end{cases}$可得$a_2$是偶数，所以当$n\geqslant 3$时，$a_n$是4的倍数.

若a_1是3的倍数，则由(2)的结论知$a_n(n\in\mathbf{N}^*)$均是3的倍数，所以当$n\geqslant 3$时，$a_n\in\{12,24,36\}$，这时M的元素个数不超过5.

若a_1不是3的倍数，则由(2)知$a_n(n\in\mathbf{N}^*)$均不是3的倍数，所以当$n\geqslant 3$时，$a_n\in\{4,8,16,20,28,32\}$，这时$M$的元素个数不超过8.

当$a_1=1$时，$M=\{1,2,4,8,16,20,28,32\}$，有8个元素.

综上可知，集合M的元素个数的最大值为8.

注 笔者再给出第(2)问的数学归纳法证明：

设集合M中的元素a_k(k是确定的正整数)是3的倍数，则：

① 由所给的递推式及数学归纳法可得$a_n(n\in\mathbf{N}^*,n\geqslant k)$均是3的倍数；

② 由所给的递推式及反向数学归纳法可得$a_n(n\in\mathbf{N}^*,n\leqslant k)$均是3的倍数.

所以$a_n(n\in\mathbf{N}^*)$均是3的倍数，即M的所有元素都是3的倍数.

下面再给出该题第(3)问结论的推广：

设常数 p,k,l 满足 p 是奇素数，$k,l\in\mathbf{N}$. 若数列 $\{a_n\}$ 满足 $a_{n+1}=\begin{cases}2a_n, a_n\leqslant 2^k p^l\\ 2a_n-2^{k+1}p^l, a_n>2^k p^l\end{cases}(n\in\mathbf{N}^*)$，$a_1\in\mathbf{N}^*$，$a_1\leqslant 2^{k+1}p^l$，记 $M=\{a_n\mid n\in\mathbf{N}^*\}$，用 $|M|$ 表示集合 M 元素的个数，则当 a_1 变化时，有以下结论成立：

(1) $a_n\leqslant 2^{k+1}p^l(n\in\mathbf{N}^*)$，$2^{k+1}\mid a_{k+2}$；

(2) $|M|_{\min}=1$，且当 $a_1=2^{k+1}p^l$ 时 $M=\{2^{k+1}p^l\}$；

(3) 当 $l=0$ 时，$|M|_{\max}=k+2$，且当 $a_1=1$ 时 $|M|=k+2$；

(4) 当 $(k,l,p)=(0,1,3),(0,1,5),(0,2,3)$ 时 $|M|_{\max}=(p-1)p^{l-1}+1$，且当 $a_1=1$ 时 $|M|=(p-1)p^{l-1}+1$；

(5) 当 $(p,l)=(3,1),(3,2)$ 或 $(5,1)$ 时 $|M|_{\max}=(p-1)p^{l-1}+k+1$，且当 $a_1=1$ 时 $|M|=(p-1)p^{l-1}+k+1$.

证明 (1) 对 n 用数学归纳法，可证得 $a_n\leqslant 2^{k+1}p^l(n\in\mathbf{N}^*)$；对 m 用数学归纳法，可证得 $2^m\mid a_{m+1}(m=0,1,2,\cdots,k+1)$，所以 $2^{k+1}\mid a_{k+2}$.

(2) 略.

(3) 由结论(1) 得 $a_{k+2}\leqslant 2^{k+1}$，$2^{k+1}\mid a_{k+2}$，所以 $a_{k+2}=2^{k+1}$，进而可得 $a_n=2^{k+1}(n\geqslant k+2)$，所以 $|M|\leqslant 2^{k+1}$.

又当 $a_1=1$ 时，数列 $\{a_n\}$：$1,2,2^2,\cdots,2^{k+1},2^{k+1},2^{k+1},\cdots$，所以 $M=\{1,2,2^2,\cdots,2^{k+1}\}$，$|M|=k+2$.

所以欲证结论成立.

(4) 用本文第 2 节开头的列举法易证.

(5)① 当 $(p,l)=(3,1)$ 时，由结论(1) 得 $a_{k+2}\leqslant 3\cdot 2^{k+1}$，$2^{k+1}\mid a_{k+2}$，所以 $a_{k+2}=2^{k+1},2^{k+2}$ 或 $3\cdot 2^{k+1}$.

当 $a_{k+2}=2^{k+1}$ 时，可得数列 $\{a_n\}_{n\geqslant k+2}$：$2^{k+1},2^{k+2},2^{k+1},2^{k+2},\cdots$，所以 $|M|\leqslant k+3$.

当 $a_{k+2}=2^{k+2}$ 时，可得数列 $\{a_n\}_{n\geqslant k+2}$：$2^{k+2},2^{k+1},2^{k+2},2^{k+1},\cdots$，所以 $|M|\leqslant k+3$.

当 $a_{k+2}=3\cdot 2^{k+1}$ 时，可得 $a_n=3\cdot 2^{k+1}(n\geqslant k+2)$，所以 $|M|\leqslant k+2$.

总之，$|M|\leqslant k+3$.

又因为当 $a_1=1$ 时，数列 $\{a_n\}$：$1,2,2^2,\cdots,2^{k+1},2^{k+2},2^{k+1},2^{k+2}$，所以 $M=\{1,2,2^2,\cdots,2^{k+2}\}$，$|M|=k+3$.

所以此时欲证结论成立.

② 当 $(p,l)=(3,2)$ 时，由结论(1) 得 $a_{k+2}\leqslant 9\cdot 2^{k+1}$，$2^{k+1}\mid a_{k+2}$，所以 $a_{k+2}=i\cdot 2^{k+1}(i=1,2,3,\cdots,\text{或 }9)$.

同 ① 可证得此时欲证结论也成立.

③ 同 ② 可证.

172.(2015年高考江苏卷第20题)设 a_1,a_2,a_3,a_4 是各项为正数且公差为 $d(d\neq 0)$ 的等差数列.

(1) 证明:$2^{a_1},2^{a_2},2^{a_3},2^{a_4}$ 依次构成等比数列;

(2) 是否存在 a_1,d,使得 a_1,a_2^2,a_3^3,a_4^4 依次构成等比数列?并说明理由;

(3) 是否存在 a_1,d 及正整数 n,k,使得 $a_1^n,a_2^{n+k},a_3^{n+2k},a_4^{n+3k}$ 依次构成等比数列?并说明理由.

解 解法1 (1) 因为 $\dfrac{2^{a_{n+1}}}{2^{a_n}}=2^{a_{n+1}-a_n}=2^d(n=1,2,3)$ 是同一个常数,所以 $2^{a_1},2^{a_2},2^{a_3},2^{a_4}$ 依次构成等比数列.

(2) 令 $a_1+d=a$,得 a_1,a_2,a_3,a_4 分别为 $a-d,a,a+d,a+2d(a>d,a>-2d,d\neq 0)$.

假设存在 a_1,d,使得 a_1,a_2^2,a_3^3,a_4^4 依次构成等比数列,得 $a^4=(a-d)(a+d)^3$,且 $(a+d)^6=a^2(a+2d)^4$.

令 $t=\dfrac{d}{a}$, 得 $1=(1-t)(1+t)^3$, 且 $(1+t)^6=(1+2t)^4\left(-\dfrac{1}{2}<t<1,t\neq 0\right)$,化简得 $t^3+2t^2-2=0$,且 $t^2=t+1$.

得 $t(t+1)+2(t+1)-2=t^2+3t=t+1+3t=4t+1=0$,所以 $t=-\dfrac{1}{4}$.

而 $t=-\dfrac{1}{4}$ 不是上面方程的解,矛盾!所以假设不成立,因此不存在 a_1,d,使得 a_1,a_2^2,a_3^3,a_4^4 依次构成等比数列.

(3) 假设存在 a_1,d 及正整数 n,k,使得 $a_1^n,a_2^{n+k},a_3^{n+2k},a_4^{n+3k}$ 依次构成等比数列,得 $a_1^n(a_1+2d)^{n+2k}=(a_1+d)^{2(n+k)}$,且 $(a_1+d)^{n+k}(a_1+3d)^{n+3k}=(a_1+2d)^{2(n+2k)}$.

分别在两个等式的两边同除以 $a_1^{2(n+k)}$ 及 $a_1^{2(n+2k)}$, 并令 $t=\dfrac{d}{a_1}\left(t>-\dfrac{1}{3},t\neq 0\right)$,得

$$(1+2t)^{n+2k}=(1+t)^{2(n+k)},(1+t)^{n+k}(1+3t)^{n+3k}=(1+2t)^{2(n+2k)}$$

将上述两个等式两边取对数,得 $(n+2k)\ln(1+2t)=2(n+k)\ln(1+t)$,且 $(n+k)\ln(1+t)+(n+3k)\ln(1+3t)=2(n+2k)\ln(1+2t)$.

化简得 $2k[\ln(1+2t)-\ln(1+t)]=n[2\ln(1+t)-\ln(1+2t)]$,且

$$\begin{aligned}&k[3\ln(1+3t)+\ln(1+t)-4\ln(1+2t)]\\&=n[2\ln(1+2t)-\ln(1+t)-\ln(1+3t)]\end{aligned}$$

再将这两式相除,化简得

$$\ln(1+3t)\ln(1+2t)+3\ln(1+2t)\ln(1+t)=4\ln(1+3t)\ln(1+t) \quad ①$$

令 $g(t)=4\ln(1+3t)\ln(1+t)-\ln(1+3t)\ln(1+2t)-3\ln(1+2t)\ln(1+$

$t)$，则

$$g'(t)=\frac{2[(1+3t)^2\ln(1+3t)-3(1+2t)^2\ln(1+2t)+3(1+t)^2\ln(1+t)]}{(1+t)(1+2t)(1+3t)}$$

令 $\varphi(t)=(1+3t)^2\ln(1+3t)-3(1+2t)^2\ln(1+2t)+3(1+t)^2\ln(1+t)$，得 $\varphi'(t)=6[(1+3t)\ln(1+3t)-2(1+2t)\ln(1+2t)+(1+t)\ln(1+t)]$.

令 $\varphi_1(t)=\varphi'(t)$，得 $\varphi_1'(t)=6[3\ln(1+3t)-4\ln(1+2t)+\ln(1+t)]$.

令 $\varphi_2(t)=\varphi_1'(t)$，得 $\varphi_2'(t)=\dfrac{12}{(1+t)(1+2t)(1+3t)}>0$.

由 $g(0)=\varphi(0)=\varphi_1(0)=\varphi_2(0)=0$，$\varphi_2'(t)>0$，知 $\varphi_2(t)$，$\varphi_1(t)$，$\varphi(t)$，$g(t)$ 在 $\left(-\dfrac{1}{3},0\right)$ 和 $(0,+\infty)$ 上均单调.

所以 $g(t)$ 只有唯一零点 $t=0$，即方程 ① 只有唯一解 $t=0$，得假设不成立，所以不存在 a_1，d 及正整数 n，k，使得 a_1^n，a_2^{n+k}，a_3^{n+2k}，a_4^{n+3k} 依次构成等比数列.

解法 2　(1) 因为 $\dfrac{2^{a_{n+1}}}{2^{a_n}}=2^{a_{n+1}-a_n}=2^d\,(n=1,2,3)$ 是同一个常数，所以 2^{a_1}，2^{a_2}，2^{a_3}，2^{a_4} 依次构成等比数列.

(2) 假设存在 a_1，d，使得 a_1，a_2^2，a_3^3，a_4^4 成等比数列，记 $a_0=a_1-d$，得

$$\ln(a_0+d),2\ln(a_0+2d),3\ln(a_0+3d),4\ln(a_0+4d)$$

成等差数列. 设该等差数列为 b_0+d_0，b_0+2d_0，b_0+3d_0，b_0+4d_0，得关于 x 的方程 $x\ln(a_0+dx)=b_0+d_0x$ 有 4 个实根 $x=1,2,3,4$，所以关于 x 的方程 $\ln(a_0+dx)-\dfrac{b_0}{x}-d_0=0$ 也有 4 个实根 $x=1,2,3,4$.

设函数 $f(x)=\ln(a_0+dx)-\dfrac{b_0}{x}-d_0$，得

$$f'(x)=\frac{d}{a_0+dx}+\frac{b_0}{x^2}=\frac{dx^2+b_0dx+a_0b_0}{x^2(a_0+dx)}$$

所以 $f'(x)$ 的零点个数最多是 2，函数 $f(x)$ 的单调性最多发生 2 次变化，所以 $f(x)$ 零点的个数不会超过 3(因为连续函数在两个相邻零点之间都至少发生一次单调性的变化).

前后矛盾！所以不存在 a_1，d，使得 a_1，a_2^2，a_3^3，a_4^4 依次构成等比数列.

(3) 假设存在 a_1，d 及正整数 n，k，使得 a_1^n，a_2^{n+k}，a_3^{n+2k}，a_4^{n+3k} 依次构成等比数列，得

$$n\ln a_1,(n+k)\ln(a_1+d),(n+2k)\ln(a_1+2d),(n+3k)\ln(a_1+3d)$$

成等差数列. 设该等差数列为 b_1，b_1+d_1，b_1+2d_1，b_1+3d_1，可得关于 x 的方程 $\ln(a_1+dx)-\dfrac{b_1+d_1x}{n+kx}=0$ 有 4 个实根 $x=0,1,2,3$.

设 $g(x)=\ln(a_1+dx)-\dfrac{b_1+d_1x}{n+kx}$，得

$$g'(x)=\frac{d}{a_1+dx}+\frac{kb_1-nd_1}{(n+kx)^2}=\frac{d(n+kx)^2+(kb_1-nd_1)(a_1+dx)}{x^2(a_0+dx)}$$

所以 $g'(x)$ 的零点个数最多是 2，同理可得函数 $g(x)$ 零点的个数不会超过 3.

前后矛盾！所以不存在 a_1,d 及正整数 n,k，使得 $a_1^n,a_2^{n+k},a_3^{n+2k},a_4^{n+3k}$ 依次构成等比数列.

注　把第(3)问中的"正整数 n,k"改为"不全为 0 的实数 n,k"后所得结论仍成立，且证法基本相同.

173.（2015 年高考安徽卷理科第 18 题）设 $n\in\mathbf{N}^*$，x_n 是曲线 $y=x^{2n+2}+1$ 在点(1,2)处的切线与 x 轴交点的横坐标.

(1) 求数列 $\{x_n\}$ 的通项公式；

(2) 记 $T_n=x_1^2x_3^2\cdots x_{2n-1}^2$，证明：$T_n\geqslant\frac{1}{4n}$.

解　(1) $y'=(x^{2n+2}+1)'=(2n+2)x^{2n+1}$，曲线 $y=x^{2n+2}+1$ 在点(1,2)处的切线斜率为 $2n+2$，从而切线方程为 $y-2=(2n+2)(x-1)$.

令 $y=0$，得切线与 x 轴交点的横坐标 $x_n=1-\frac{1}{n+1}=\frac{n}{n+1}$.

(2) 由题设和(1)中的计算结果知

$$T_n=x_1^2x_3^2\cdots x_{2n-1}^2=\left(\frac{1}{2}\right)^2\times\left(\frac{3}{4}\right)^2\times\cdots\times\left(\frac{2n-1}{2n}\right)^2$$

当 $n=1$ 时，$T_1=\frac{1}{4}$.

当 $n\geqslant 2$ 时，因为 $x_{2n-1}^2=\left(\frac{2n-1}{2n}\right)^2=\frac{(2n-1)^2}{(2n)^2}>\frac{(2n-1)^2-1}{(2n)^2}=\frac{2n-2}{2n}=\frac{n-1}{n}$，所以 $T_n>\left(\frac{1}{2}\right)^2\times\frac{1}{2}\times\frac{2}{3}\times\cdots\times\frac{n-1}{n}=\frac{1}{4n}$.

综上所述可得，对任意的 $n\in\mathbf{N}^*$，均有 $T_n\geqslant\frac{1}{4n}$.

174.（2015 年高考浙江卷理科第 20 题）已知数列 $\{a_n\}$ 满足 $a_1=\frac{1}{2}$ 且 $a_{n+1}=a_n-a_n^2(n\in\mathbf{N}^*)$.

(1) 证明：$1\leqslant\frac{a_n}{a_{n+1}}\leqslant 2(n\in\mathbf{N}^*)$；

(2) 设数列 $\{a_n^2\}$ 的前 n 项和为 S_n，证明：$\frac{1}{2(n+2)}\leqslant\frac{S_n}{n}\leqslant\frac{1}{2(n+1)}(n\in\mathbf{N}^*)$.

证明　我们证明：

(1) $1<\frac{a_n}{a_{n+1}}\leqslant 2(n\in\mathbf{N}^*)$；

(2) 设数列$\{a_n^2\}$的前n项和为S_n,证明:$\frac{1}{2(n+2)}<\frac{S_n}{n}\leqslant\frac{1}{2(n+1)}(n\in\mathbf{N}^*)$.

证明如下:

(1) 由题设可得$a_{n+1}-a_n=-a_n^2\leqslant 0, a_{n+1}\leqslant a_n(n\in\mathbf{N}^*)$,所以$a_n\leqslant a_1=\frac{1}{2}<1(n\in\mathbf{N}^*)$.

当$n\geqslant 2$时,由$a_n=(1-a_{n-1})a_{n-1}$可得,$a_n=(1-a_{n-1})(1-a_{n-2})\cdots(1-a_1)a_1>0$.

当$n\in\mathbf{N}^*$时,可得$0<a_n\leqslant\frac{1}{2}$,再由$\frac{a_n}{a_{n+1}}=\frac{a_n}{a_n-a_n^2}=\frac{1}{1-a_n}$,$\frac{1}{1-a_n}\in(1,2]$,可得$1<\frac{a_n}{a_{n+1}}\leqslant 2(n\in\mathbf{N}^*)$.

(2) 由题设可得$a_n^2=a_n-a_{n+1}(n\in\mathbf{N}^*)$,所以

$$S_n=a_1-a_{n+1}\quad(n\in\mathbf{N}^*)\qquad ①$$

由题设还可得$\frac{1}{a_{n+1}}-\frac{1}{a_n}=\frac{a_n}{a_{n+1}}(n\in\mathbf{N}^*)$及$1<\frac{a_n}{a_{n+1}}\leqslant 2(n\in\mathbf{N}^*)$,可得$1<\frac{1}{a_{n+1}}-\frac{1}{a_n}\leqslant 2$,所以$n<\frac{1}{a_{n+1}}-\frac{1}{a_1}\leqslant 2n$,因此

$$\frac{1}{2(n+1)}\leqslant a_{n+1}<\frac{1}{n+2}\quad(n\in\mathbf{N}^*)$$

再由 ①,可得

$$\frac{1}{2(n+2)}<\frac{S_n}{n}\leqslant\frac{1}{2(n+1)}\quad(n\in\mathbf{N}^*)$$

175.(2014 年高考全国新课标卷 Ⅱ 理科第 17 题)已知数列$\{a_n\}$满足$a_1=1, a_{n+1}=3a_n+1$.

(1) 证明:$\left\{a_n+\frac{1}{2}\right\}$是等比数列,并求$\{a_n\}$的通项公式;

(2) 证明:$\frac{1}{a_1}+\frac{1}{a_2}+\cdots+\frac{1}{a_n}<\frac{3}{2}$.

解法 1 (1) 略.

(2) 易得$a_{n+1}>3a_n$,由此用数学归纳法可证得$a_n\geqslant 3^{n-1}a_1$(当且仅当$n=1$时取等号),因而$\frac{1}{a_n}\leqslant\frac{1}{3^{n-1}}$(当且仅当$n=1$时取等号),所以

$$\frac{1}{a_1}+\frac{1}{a_2}+\cdots+\frac{1}{a_n}\leqslant\frac{1-\left(\frac{1}{3}\right)^n}{1-\frac{1}{3}}<\frac{1}{1-\frac{1}{3}}=\frac{3}{2}$$

得欲证结论成立.

解法 2 (1) 略.

(2) 设 $S_n=\frac{1}{a_1}+\frac{1}{a_2}+\cdots+\frac{1}{a_n}$,得:

当 $n=1$ 时,$S_1=\frac{1}{a_1}=1<\frac{3}{2}$.

当 $n\geqslant 2$ 时,有

$$\begin{aligned}S_n&=\frac{1}{a_1}+\frac{1}{a_2}+\cdots+\frac{1}{a_n}=\frac{2}{3^1-1}+\frac{2}{3^2-1}+\frac{2}{3^3-1}+\cdots+\frac{2}{3^n-1}\\&<1+\frac{2}{3^2-3}+\frac{2}{3^3-3}+\cdots+\frac{2}{3^n-3}\\&=1+\frac{1}{3}\left(\frac{2}{3^1-1}+\frac{2}{3^2-1}+\cdots+\frac{2}{3^{n-1}-1}\right)\\&=1+\frac{1}{3}\left(S_n-\frac{2}{3^n-1}\right)\end{aligned}$$

所以可得 $S_n<\frac{3}{2}-\frac{1}{3^n-1}<\frac{3}{2}$.

得欲证结论成立.

注 (1) 本题第(2)问的背景是无穷递缩等比数列各项和.

(2) 同解法2还可证得

$$1+\frac{a-1}{a^2-1}+\frac{a-1}{a^3-1}+\cdots+\frac{a-1}{a^n-1}<\frac{a}{a-1}\quad(a>1)$$

176.(1) 求证:若 $a>b>0,a>1,a_n=\frac{a^n-b^n}{a-b}(n\in\mathbf{N}^*)$,则

$$\frac{1}{a_1}+\frac{1}{a_2}+\frac{1}{a_3}+\cdots+\frac{1}{a_n}<\frac{a}{a-1}\quad(n\in\mathbf{N}^*)$$

(2)(2012年高考广东卷理科第19题)设数列$\{a_n\}$的前 n 项和为 S_n,满足 $2S_n=a_{n+1}-2^{n+1}+1,n\in\mathbf{N}^*$,且 a_1,a_2+5,a_3 成等差数列.

① 求 a_1 的值;

② 求数列$\{a_n\}$的通项公式;

③ 证明:对一切正整数 n,有$\frac{1}{a_1}+\frac{1}{a_2}+\cdots+\frac{1}{a_n}<\frac{3}{2}$.

(3)(2014年高考全国卷II理科第17题)已知数列$\{a_n\}$满足 $a_1=1,a_{n+1}=3a_n+1$.

① 证明$\left\{a_n+\frac{1}{2}\right\}$是等比数列,并求$\{a_n\}$的通项公式;

② 证明:$\frac{1}{a_1}+\frac{1}{a_2}+\cdots+\frac{1}{a_n}<\frac{3}{2}$.

(4)(2013年全国高中数学联赛贵州省初赛试题第11题)已知数列$\{a_n\}$

中，$a_1=1$，且 $a_{n+1}a_n=a_n-2a_{n+1}$.

① 求数列$\{a_n\}$的通项公式；

② 求证：$a_1+a_2+\cdots+a_n<2$.

解 (1) 由题设及分析法，可证得 $a_n=\dfrac{a^n-b^n}{a-b}\geqslant a^{n-1}(n\in\mathbf{N}^*)$，所以

$$\frac{1}{a_1}+\frac{1}{a_2}+\frac{1}{a_3}+\cdots+\frac{1}{a_n}\leqslant 1+\frac{1}{a}+\frac{1}{a^2}+\cdots+\frac{1}{a^{n-1}}$$

$$=\frac{a}{a-1}\left(1-\frac{1}{a^n}\right)<\frac{a}{a-1}\quad(n\in\mathbf{N}^*)$$

(2)①(过程略)$a_1=1$.

②(过程略)$a_n=3^n-2^n$.

③ 在(1) 的结论中，令 $a=3,b=2$ 后，可得欲证.

(3)①(过程略)$a_n=\dfrac{3^n-1}{2}$.

② 在(1) 的结论中，令 $a=3,b=1$ 后，可得欲证.

(4)①(过程略)$a_n=\dfrac{1}{2^n-1}$.

② 在(1) 的结论中，令 $a=2,b=1$ 后，可得欲证.

177.(2013 年高考上海卷文科第 22 题) 已知函数 $f(x)=2-|x|$，无穷数列$\{a_n\}$满足 $a_{n+1}=f(a_n)$，$n\in\mathbf{N}^*$

(1) 若 $a_1=0$，求 a_2,a_3,a_4；

(2) 若 $a_1>0$，且 a_1,a_2,a_3 成等比数列，求 a_1 的值.

(3) 是否存在 a_1，使得 $a_1,a_2,\cdots,a_n\cdots$ 成等差数列？若存在，求出所有这样的 a_1；若不存在，说明理由.

解 (1)$a_2=2,a_3=0,a_4=2$.

(2)$a_2=2-a_1,a_3=2-|2-a_1|$.

当 $0<a_1\leqslant 2$ 时，$a_3=a_1$，得 $a_1^2=(2-a_1)^2$，$a_1=1$.

当 $a_1>2$ 时，$a_3=4-a_1$，得 $a_1(4-a_1)=(2-a_1)^2$，$a_1=2+\sqrt{2}$.

所以 $a_1=1$ 或 $2+\sqrt{2}$.

(3) 假设存在这样的等差数列，则 $a_2=2-|a_1|,a_3=2-|2-|a_1||$.

由 $2a_3=a_1+a_3$，得 $2-a_1+|2-|a_1||=2|a_1|$.

当 $a_1>2$ 时，得 $a_1=0$，这不可能！

当 $0<a_1\leqslant 2$ 时，得 $a_1=1$，再得 $a_n=1(n\in\mathbf{N}^*)$，得$\{a_n\}$是等差数列.

当 $a_1\leqslant 0$ 时，得公差 $d=a_2-a_1=(a_1+2)-a_1=2>0$，所以存在 $m\geqslant 2$ 使得 $a_m=a_1+2(m-1)>2$，得 $d=a_{m+1}-a_m=2-|a_m|-a_m<0$，矛盾！

所以当且仅当 $a_1=1$ 时，$\{a_n\}$是等差数列.

178.(2013 年高考上海卷理科第 23 题）给定常数 $c>0$，定义函数 $f(x)=2|x+c+4|-|x+c|$，数列 $a_1,a_2,a_3,\cdots$ 满足 $a_{n+1}=f(a_n),n\in\mathbf{N}^*$.

(1) 若 $a_1=-c-2$，求 a_2 及 a_3；

(2) 求证：对任意 $n\in\mathbf{N}^*$，$a_{n+1}-a_n\geqslant c$；

(3) 是否存在 a_1，使得 $a_1,a_2,\cdots,a_n,\cdots$ 成等差数列？若存在，求出所有这样的 a_1，若不存在，说明理由.

解　(1) 因为 $c>0,a_1=-(c+2)$，故 $a_2=f(a_1)=2|a_1+c+4|-|a_1+c|=2,a_3=f(a_1)=2|a_2+c+4|-|a_2+c|=c+10$.

(2) 要证明原命题，只需证明 $f(x)\geqslant x+c$ 对任意 $x\in\mathbf{R}$ 都成立.

$$f(x)\geqslant x+c\Leftrightarrow 2|x+c+4|-|x+c|\geqslant x+c$$

即只需证明 $2|x+c+4|\geqslant|x+c|+x+c$.

若 $x+c\leqslant 0$，显然有 $2|x+c+4|\geqslant|x+c|+x+c=0$ 成立.

若 $x+c>0$，则 $2|x+c+4|\geqslant|x+c|+x+c\Leftrightarrow x+c+4>x+c$ 显然成立.

综上所述，可得 $f(x)\geqslant x+c$ 恒成立，即对任意的 $n\in\mathbf{N}^*$，$a_{n+1}-a_n\geqslant c$.

(3) 由(2) 知，若 $\{a_n\}$ 为等差数列，则公差 $d\geqslant c>0$，故 n 无限增大时，总有 $a_n>0$.

此时，$a_{n+1}=f(a_n)=2(a_n+c+4)-(a_n+c)=a_n+c+8$，即 $d=c+8$.

所以 $a_2=f(a_1)=2|a_1+c+4|-(a_n+c)=a_n+c+8$，即 $2|a_1+c+4|=|a_1+c|+a_1+c+8$.

当 $a_1+c\geqslant 0$ 时，等式成立，且 $n\geqslant 2$ 时，$a_n>0$，此时 $\{a_n\}$ 为等差数列，满足题意.

若 $a_1+c<0$，则 $|a_1+c+4|=4\Rightarrow a_1=-c-8$，此时，$a_2=0,a_3=c+8,\cdots,a_n=(n-2)(c+8)$ 也满足题意.

综上，满足题意的 a_1 的取值范围是 $[-c,+\infty)\cup\{-c-8\}$.

179.(2012 年高考广东卷理科第 19(3) 题）证明：$\dfrac{1}{3-2}+\dfrac{1}{3^2-2^2}+\dfrac{1}{3^3-2^3}+\cdots+\dfrac{1}{3^n-2^n}<\dfrac{3}{2}(n\in\mathbf{N}^*)$.

证明　对于无穷递缩等比数列 $\{a_n\}$($a_n=a_1q^{n-1},0<|q|<1$)，有

$$S=a_1+a_1q+a_1q^2+\cdots+a_1q^{n-1}=\lim_{n\to\infty}S_n$$

$$=\lim_{n\to\infty}\frac{a_1(1-q^n)}{1-q}=\frac{a_1}{1-q}(\text{因为}\lim_{n\to\infty}q^n=0)$$

由此，得

$$\frac{3}{2}=\frac{1}{1-\frac{1}{3}}=1+\left(\frac{1}{3}\right)+\left(\frac{1}{3}\right)^2+\cdots+\left(\frac{1}{3}\right)^{n-1}+\cdots$$

所以只需证明

$$\frac{1}{3^n-2^n}\leqslant\left(\frac{1}{3}\right)^{n-1}\quad(n\in\mathbf{N}^*)$$

即证 $$3\cdot 3^{n-1}-2\cdot 2^{n-1}\geqslant 3^{n-1},3^{n-1}\geqslant 2^{n-1}\quad(n\in\mathbf{N}^*)$$

所以欲证成立.

注 这道高考题还与2012年全国高中数学联赛陕西赛区预赛第五题(即压轴题)类似,这道竞赛题是:对于任意的正整数 n,证明:$\frac{1}{3-2}+\frac{1}{3^2+2^2}+\frac{1}{3^3-2^3}+\cdots+\frac{1}{3^n+(-2)^n}<\frac{7}{6}$.

其证明如下:记 $a_k=\frac{1}{3^k+(-2)^k}(k\in\mathbf{N}^*)$,得

$$a_{2m}+a_{2m+1}=\frac{1}{3^{2m}+2^{2m}}+\frac{1}{3^{2m+1}-2^{2m+1}}=\frac{4\cdot 3^{2m}-2^{2m}}{3^{4m+1}+6^{2m}-2^{4m+1}}$$

$$<\frac{4\cdot 3^{2m}}{3^{4m+1}+6^{2m}\left[1-2\left(\frac{4}{9}\right)^m\right]}<\frac{4}{3^{2m+1}}\quad(m\in\mathbf{N}^*)$$

所以

$$\frac{1}{3-2}+\frac{1}{3^2+2^2}+\frac{1}{3^3-2^3}+\cdots+\frac{1}{3^n+(-2)^n}$$

$$<1+\left(\frac{4}{3^3}+\frac{4}{3^5}+\cdots+\frac{4}{3^{2m+1}}+\cdots\right)$$

$$=1+\frac{\frac{4}{3^3}}{1-\frac{1}{9}}=\frac{7}{6}$$

180.(2011年高考湖北卷理科第19题)已知数列 $\{a_n\}$ 的前 n 项和为 S_n,且满足:$a_1=a(a\neq 0)$,$a_{n+1}=rS_n(n\in\mathbf{N}^*,r\in\mathbf{R},r\neq -1)$.

(1) 求数列 $\{a_n\}$ 的通项公式;

(2) 若存在 $k\in\mathbf{N}^*$,使得 S_{k+1},S_k,S_{k+2} 成等差数列,试判断:对于任意的 $m\in\mathbf{N}^*$,且 $m\geqslant 2$,a_{m+1},a_m,a_{m+2} 是否成等差数列,并证明你的结论.

解 (1)(过程略)$a_n=\begin{cases}a,n=1\\r(r+1)^{n-2}a,n\geqslant 2\end{cases}$.

(2) 当 $r=0$ 时,得 $a_{m+1}=a_m=a_{m+2}=0(m\in\mathbf{N},m\geqslant 2)$,所以对于任意的 $m\in\mathbf{N}^*$,且 $m\geqslant 2$,a_{m+1},a_m,a_{m+2} 成等差数列.

当 $r\neq 0$ 时,题设即"存在 $k\in\mathbf{N}^*$,使得 rS_{k+1},rS_k,rS_{k+2} 成等差数列也即 a_{k+2},a_{k+1},a_{k+3} 成等差数列",由第(1)问的结论,得 $r(r+1)^ka,r(r+1)^{k-1}a,r(r+1)^{k+1}a$ 成等差数列.

因为$(r+1)^{m-k-1}\neq 0$，所以

$r(r+1)^k a\cdot(r+1)^{m-k-1}, r(r+1)^{k-1}a\cdot(r+1)^{m-k-1}, r(r+1)^{k+1}a\cdot(r+1)^{m-k-1}$ 成等差数列，即 $r(r+1)^{m-1}a, r(r+1)^{m-2}a, r(r+1)^m a$ 成等差数列，也即对于任意的 $m\in\mathbf{N}^*$，且 $m\geqslant 2$，a_{m+1}, a_m, a_{m+2} 成等差数列.

总之，对于任意的 $m\in\mathbf{N}^*$，且 $m\geqslant 2$，a_{m+1}, a_m, a_{m+2} 成等差数列.

181.（2011 年高考四川卷第 22(3) 题的等价问题）(1)（理）证明：$\sqrt{1}+\sqrt{2}+\sqrt{3}+\cdots+\sqrt{100}<671.5$；

(2)（文）证明$\sqrt{1}+\sqrt{2}+\sqrt{3}+\cdots+\sqrt{n}<\dfrac{4n+3}{6}\sqrt{n}-\dfrac{1}{6}(n\in\mathbf{N}, n\geqslant 2)$.

解　显然(2) 是(1) 的特例，下面用定积分证明(2).

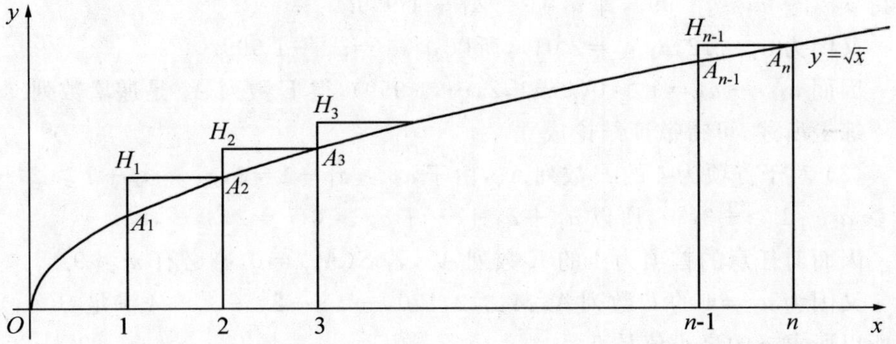

图 8

如图 8 所示，设

$$S_1=S_{\text{矩形}1H_1A_22}+S_{\text{矩形}2H_2A_33}+\cdots+S_{\text{矩形}(n-1)H_{n-1}A_nn}=\sqrt{2}+\sqrt{3}+\cdots+\sqrt{n}$$

$$S_2=S_{\mathrm{Rt}\Delta A_1H_1A_2}+S_{\mathrm{Rt}\Delta A_2H_2A_3}+\cdots+S_{\mathrm{Rt}\Delta A_{n-1}H_{n-1}A_n}$$
$$=\frac{1}{2}[(\sqrt{2}-\sqrt{1})+(\sqrt{3}-\sqrt{2})+\cdots+(\sqrt{n}-\sqrt{n-1})]=\frac{1}{2}(\sqrt{n}-1)$$

$$S_{\text{曲边梯形}1A_1A_nn}=\int_1^n\sqrt{x}\,\mathrm{d}x=\frac{2}{3}(n\sqrt{n}-1)$$

再由$\sqrt{1}+S_1<\sqrt{1}+S_2+S_{\text{曲边梯形}1A_1A_nn}$，可得

$$\sqrt{1}+\sqrt{2}+\sqrt{3}+\cdots+\sqrt{n}<\sqrt{1}+\frac{1}{2}(\sqrt{n}-1)+\frac{2}{3}(n\sqrt{n}-1)$$

$$\sqrt{1}+\sqrt{2}+\sqrt{3}+\cdots+\sqrt{n}<\frac{4n+3}{6}\sqrt{n}-\frac{1}{6}\quad(n\in\mathbf{N}, n\geqslant 2)$$

182.（2011 年高考北京卷文科第 20 题）若数列 $A_n: a_1, a_2, \cdots, a_n(n\geqslant 2)$ 满足 $|a_{k+1}-a_k|=1(k=1,2,\cdots,n-1)$，则称 A_n 为 E 数列. 记 $S(A_n)=a_1+a_2+\cdots+a_n$.

(1) 写出一个 E 数列 A_5 满足 $a_1 = a_3 = 0$；

(2) 若 $a_1 = 12, n = 2\,000$，证明：E 数列 A_n 是递增数列的充要条件是 $a_n = 2\,011$；

(3) 在 $a_1 = 4$ 的 E 数列 A_n 中，求使得 $S(A_n) = 0$ 成立的 n 的最小值.

解　(1) 这里给出一些答案：0,1,0,1,0；0，-1,0,1,0;0，± 1,0,1,2;0，± 1,0，-1，-2;0，± 1,0，-1,0.

(2) 必要性：因为 E 数列 A_n 是递增数列，所以 $a_{k+1} - a_k = 1(k = 1,2,\cdots,1\,999)$，得 A_n 是首项为 12、公差为 1 的等差数列，所以 $a_{2\,000} = 12 + (2\,000 - 1) \times 1 = 2\,011$.

充分性：可得 $a_{2\,000} - a_{1\,999} \leqslant 1, a_{1\,999} - a_{1\,998} \leqslant 1, \cdots, a_2 - a_1 \leqslant 1$，把它们累加得 $a_{2\,000} - a_1 \leqslant 1\,999$，即 $a_{2\,000} \leqslant a_1 + 1\,999$.

又因为 $a_1 = 12, a_{2\,000} = 2\,011$，所以 $a_{2\,000} = a_1 + 1\,999$.

因而 $a_{k+1} - a_k = 1 > 0(k = 1,2,\cdots,1\,999)$，得 E 数列 A_n 是递增数列.

综上所述，可得欲证结论成立.

(3) 对于首项为 4 的 E 数列 A_n，由于 $a_2 \geqslant a_1 - 1 = 3, a_3 \geqslant a_2 - 1 \geqslant 2, \cdots, a_8 \geqslant a_7 - 1 \geqslant -3, \cdots$，所以 $a_1 + a_2 + \cdots + a_k > 0(k = 2,3,\cdots,8)$.

因而对任意的首项为 4 的 E 数列 A_n，若 $S(A_n) = 0$，则必有 $n \geqslant 9$.

又因为 $a_1 = 4$ 的 E 数列 A_9：4,3,2,1,0，-1，-2，-3，-4 满足 $S(A_9) = 0$，所以所求 n 的最小值是 9.

183.(2010 年上海春季高考第 23(3) 题) 已知首项为 x_1 的数列 $\{x_n\}$ 满足 $x_{n+1} = \dfrac{2x_n}{x_n + 1}$，数列 $\{x_n\}$ 由其首项 x_1 确定，通过对数列 $\{x_n\}$ 的探究，写出“$\{x_n\}$ 是有穷数列”的一个真命题(不必证明).(说明：将根据写出真命题所体现的思维层次和对问题探究的完整性，给予不同的评分.)

解　真命题：

① 数列 $\{x_n\}$ 满足 $x_{n+1} = \dfrac{2x_n}{x_n + 1}$，若 $x_1 = \dfrac{1}{7}$，则 $\{x_n\}$ 是有穷数列.(写出 x_1 取某些特殊值时，$\{x_n\}$ 是有穷数列的真命题，均得 2 分.)

② 数列 $\{x_n\}$ 满足 $x_{n+1} = \dfrac{2x_n}{x_n + 1}$，若 $x_1 = \dfrac{1}{1 - 2^m}, m \in \mathbf{N}^*$，则 $\{x_n\}$ 是有穷数列.(写出 x_1 的一般表达式，但又是充分性或必要性的真命题，均得 4 分.)

③ 数列 $\{x_n\}$ 满足 $x_{n+1} = \dfrac{2x_n}{x_n + 1}$，则 $\{x_n\}$ 是有穷数列的充要条件是存在 $m \in \mathbf{N}^*$，使得 $x_1 = \dfrac{1}{1 - 2^m}$.(写出 x_1 的一般表达式，但提出充分必要性的真命题，均得 6 分)

④ 数列$\{x_n\}$满足$x_{n+1}=\dfrac{2x_n}{x_n+1}$,则$\{x_n\}$是有穷数列且项数为$m$的充要条件是$x_1=\dfrac{1}{1-2^m}$,$m\in\mathbf{N}^*$.(写出$x_1$的一般表达式,但提出充分必要性,且说明有穷数列的项数与首相x_1之间的关系的真命题,均得8分.)

184.(2009年高考江苏卷第17题)设$\{a_n\}$是公差不为零的等差数列,S_n为其前n项和,满足$a_2^2+a_3^2=a_4^2+a_5^2$,$S_7=7$.

(1) 求数列$\{a_n\}$的通项公式及前n项和S_n;

(2) 试求所有的正整数m,使得$\dfrac{a_m a_{m+1}}{a_{m+2}}$为数列$\{a_n\}$中的项.

解 (1) 由条件及公式容易求得$a_n=2n-7$,$S_n=n^2-6n$.

(2) 得$\dfrac{(2m-7)(2m-5)}{2m-3}\in\mathbf{Z}$.

设d是$2m-3$,$2m-5(m\in\mathbf{N}^*)$的一个正公约数,则d是奇数且是$(2m-3)-(2m-5)=2$的一个约数,所以$d=1$,即$2m-3$,$2m-5(m\in\mathbf{N}^*)$互质;同理可得$2m-3$,$2m-7(m\in\mathbf{N}^*)$互质.

再由$\dfrac{(2m-7)(2m-5)}{2m-3}\in\mathbf{Z}$,得$2m-3=\pm1$,$m=2$或1,再验证得当且仅当$m=2$时$\dfrac{a_m a_{m+1}}{a_{m+2}}$为数列$\{a_n\}$中的项,且为第5项.

185.(2009年高考上海卷理科第23题)已知$\{a_n\}$是公差为d的等差数列,$\{b_n\}$是公比为q的等比数列.

(1) 若$a_n=3n+1$,是否存在$m,k\in\mathbf{N}^*$,有$a_m+a_{m+1}=a_k$?说明理由;

(2) 找出所有的数列$\{a_n\}$和$\{b_n\}$,使对一切$n\in\mathbf{N}^*$,$\dfrac{a_{n+1}}{a_n}=b_n$,并说明理由;

(3) 若$a_1=5$,$d=4$,$b_1=q=3$,试确定所有的p,使数列$\{a_n\}$中存在某个连续p项的和是数列$\{b_n\}$中的一项,请证明.

解 (1) 假设存在,得$6m+5=3k+1$,$k-2m=\dfrac{4}{3}$,整数与分数不可能相等,所以不存在$m,k\in\mathbf{N}^*$,有$a_m+a_{m+1}=a_k$.

(2) 若$\dfrac{a_{n+1}}{a_n}=b_n$,得$\dfrac{a_1+nd}{a_1+(n-1)d}=b_1q^{n-1}$在$n\in\mathbf{N}^*$时恒成立,所以

$$\lim_{n\to\infty}\frac{a_1+nd}{a_1+(n-1)d}=\lim_{n\to\infty}b_1q^{n-1},\lim_{n\to\infty}b_1q^{n-1}=1,\lim_{n\to\infty}q^{n-1}=\frac{1}{b_1}$$

因为$\lim\limits_{n\to\infty}q^{n-1}$存在且不为0,所以$q=1$,$b_1=1$,$b_n\equiv1$.再由$\dfrac{a_{n+1}}{a_n}=b_n$,得$\{a_n\}$是非零常数列,$\{b_n\}$是常数列$\{1\}$,这就是所求的全部答案.

(3) 设$a_{m+1}+a_{m+2}+\cdots+a_{m+p}=b_k=3^k$,$p,k\in\mathbf{N}^*$,$m\in\mathbf{N}$,得$4m+2p+$

$3=\dfrac{3^k}{p}$.

所以可设 $p=3^s(s\in\mathbf{N},s<k)$,得 $4m+2\cdot3^s+3=3^{k-s}$,所以由二项式定理,得

$$\begin{aligned}4m+2\cdot3^s+3&=3^{k-s}\\4m+4&=(4-1)^{k-s}-2\cdot(4-1)^s+1\\&=4A+(-1)^{k-s}-2\cdot(-1)^s+1\quad(A\in\mathbf{Z})\end{aligned}$$

所以 $(-1)^{k-s}-2\cdot(-1)^s+1$ 是 4 的倍数,分 s 为奇数、偶数讨论,得 $(-1)^{k-s}-1$ 是 4 的倍数,所以 $k-s$ 是偶数,设 $k-s=2t(t\in\mathbf{N}^*)$,所以

$$p=3^s(s\in\mathbf{N}),k=s+2t(t\in\mathbf{N}^*),m=\frac{9^t-2\cdot3^s-3}{4}$$

满足 $4m+2p+3=\dfrac{3^k}{p}$,即满足题设,所以所求的所有的 p 为 $p=3^s(s\in\mathbf{N})$,此时 $k=s+2t(t\in\mathbf{N}^*)$,$m=\dfrac{9^t-2\cdot3^s-3}{21}$.

186.(2009 年高考安徽卷理科第 21(2) 题) 首项为正数的数列 $\{a_n\}$ 满足 $a_{n+1}=\dfrac{1}{4}(a_n^2+3)$,$n\in\mathbf{N}^*$.若对一切 $n\in\mathbf{N}^*$ 都有 $a_{n+1}>a_n$,求 a_1 的取值范围.

解 解法 1 我们可以证得:

(1) 当 $0<a_1<1$ 时,$0<a_n<a_{n+1}<1(n\in\mathbf{N}^*)$;

(2) 当 $a_1=1$ 时,$a_n=1(n\in\mathbf{N}^*)$;

(3) 当 $1<a_1<3$ 时,$1<a_{n+1}<a_n<3(n\in\mathbf{N}^*)$;

(4) 当 $a_1=3$ 时,$a_n=3(n\in\mathbf{N}^*)$;

(5) 当 $a_1>3$ 时,$a_{n+1}>a_n>3(n\in\mathbf{N}^*)$.

所以所求 a_1 的取值范围是 $(0,1)\cup(3,+\infty)$.

下面分别证明这五个结论成立:

(1) 当 $0<a_1<1$ 时,可用数学归纳法证得 $0<a_n<1(n\in\mathbf{N}^*)$:

当 $n=1$ 时成立.假设 $n=k$ 时成立:$0<a_k<1$.由递推式及题设可得 $0<a_{k+1}=\dfrac{1}{4}(a_k^2+3)<1$,所以 $0<a_{k+1}<1$.

由 $\dfrac{1}{4}(x^2+3)<x\Leftrightarrow1<x<3$ 可得:

当 $0<a_1<1$ 时,得 $0<a_n<1(n\in\mathbf{N}^*)$,所以 $a_{n+1}=\dfrac{1}{4}(a_n^2+3)>a_n$ $(n\in\mathbf{N}^*)$.得 $0<a_n<a_{n+1}<1(n\in\mathbf{N}^*)$.

(2) 极易用数学归纳法证得.

(3) 当 $1<a_1<3$ 时,可用数学归纳法证得 $1<a_n<3(n\in\mathbf{N}^*)$.

当 $1<a_1<3$ 时,得 $1<a_n<3(n\in\mathbf{N}^*)$,所以 $a_{n+1}=\frac{1}{4}(a_n^2+3)<a_n$ $(n\in\mathbf{N}^*)$. 得 $1<a_{n+1}<a_n<3(n\in\mathbf{N}^*)$.

(4) 同(2) 可证.

(5) 同(1) 可证.

解法2　由 $a_2=\frac{a_1^2+3}{4}>a_1$,可得 $0<a_1<1$ 或 $a_1>3$.

由题设可用数学归纳法证得 $a_n>0(n\in\mathbf{N}^*)$,又

$$a_{n+1}-a_n=\frac{a_n^2+3}{4}-\frac{a_{n-1}^2+3}{4}=\frac{(a_n+a_{n-1})(a_n-a_{n-1})}{4}\quad(n\geqslant 2)$$

所以当 $n\geqslant 2$ 时,$a_{n+1}-a_n$ 与 a_n-a_{n-1} 同号或都为0. 再由数学归纳法知,$a_{n+1}-a_n$ 与 a_2-a_1 同号或都为0. 所以所求 a_1 的取值范围是 $(0,1)\cup(3,+\infty)$.

解法3　由题设可用数学归纳法证得 $a_n>0(n\in\mathbf{N}^*)$,又由函数 $f(x)=\frac{1}{4}(x^2+3)$ 在 $(0,+\infty)$ 上是增函数,得

$$a_{n+1}>a_n=\frac{1}{4}(a_n^2+3)>\frac{1}{4}(a_{n-1}^2+3)\Leftrightarrow a_n>a_{n-1}\quad(n\geqslant 2)$$

再由数学归纳法知,$a_{n+1}>a_n\Leftrightarrow a_2>a_1$. 进而可得所求 a_1 的取值范围是 $(0,1)\cup(3,+\infty)$.

解法4　由题设可用数学归纳法证得 $a_n>0(n\in\mathbf{N}^*)$,又 $\frac{a_{n+1}}{a_n}=\frac{a_n^2+3}{a_{n-1}^2+3}$ $(n\geqslant 2)$,所以当 $n\geqslant 2$ 时,$a_{n+1}>a_n\Leftrightarrow\frac{a_n^2+3}{a_{n-1}^2+3}>1\Leftrightarrow a_n>a_{n-1}$(最后一步的理由是函数 $f(x)=x^2+2$ 在 $(0,+\infty)$ 上是增函数). 再由数学归纳法知,$a_{n+1}>a_n\Leftrightarrow a_2>a_1$. 进而可得所求 a_1 的取值范围是 $(0,1)\cup(3,+\infty)$.

187. (2009年高考湖南卷理科第21题) 对于数列 $\{u_n\}$,若存在常数 $M>0$,对任意的 $n\in\mathbf{N}^*$,恒有 $|u_{n+1}-u_n|+|u_n-u_{n-1}|+\cdots+|u_2-u_1|\leqslant M$,则称数列 $\{u_n\}$ 为 $B-$数列.

(1) 首项为1、公比为 $q(|q|<1)$ 的等比数列是否为 $B-$数列? 请说明理由;

(2) 设 S_n 是数列 $\{x_n\}$ 的前 n 项和,给出下列两组论断:

A 组:① 数列 $\{x_n\}$ 是 $B-$数列,② 数列 $\{x_n\}$ 不是 $B-$数列;

B 组:③ 数列 $\{S_n\}$ 是 $B-$数列,④ 数列 $\{S_n\}$ 不是 $B-$数列.

请以其中一组中的一个论断为条件,另一组中的一个论断为结论组成一个命题. 判断所给命题的真假,并证明你的结论;

(3) 若数列 $\{a_n\}$,$\{b_n\}$ 都是 $B-$数列,证明:数列 $\{a_nb_n\}$ 也是 $B-$数列.

解　(1) 首项为1、公比为 $q(0<|q|<1)$ 的等比数列是 $B-$数列,理由如

下

$$\begin{aligned}&|u_{n+1}-u_n|+|u_n-u_{n-1}|+\cdots+|u_2-u_1|\\&=(1-q)(|u_n|+|u_{n-1}|+\cdots+|u_1|)\\&=(1-q)\cdot\frac{1-|q|^n}{1-|q|}\leqslant\frac{1-q}{1-|q|}\leqslant\frac{1-q}{1+q}\end{aligned}$$

(2)(i)"①⇒③"是假命题,反例:$x_n=1$.

(ii)"①⇒④"是假命题,理由如下:

由(1)的结论可知:当$\{x_n\}$是首项为1、公比为$q(0<|q|<1)$的等比数列时,$\{x_n\}$是$B-$数列.

此时,数列$\{x_n\}$的前n项和$S_n=\dfrac{1-q^n}{1-q}$,可得$S_{i+1}-S_i=q^i(i\in\mathbf{N}^*)$,所以

$$\begin{aligned}|S_{n+1}-S_n|+|S_n-S_{n-1}|+\cdots+|S_2-S_1|&=|q|^n+|q|^{n-1}+\cdots+|q|\\&=\frac{|q|(1-|q|^n)}{1-|q|}<\frac{|q|}{1-|q|}\end{aligned}$$

得数列$\{S_n\}$也是$B-$数列.

(iii)"②⇒③"是假命题,反例:$x_n=n$.

(iv)"②⇒④"是真命题,只需证明"若$\{S_n\}$是$B-$数列,则$\{x_n\}$也是$B-$数列":

由$\{S_n\}$是$B-$数列,可得存在常数$M>0$,$\forall n\in\mathbf{N}^*$,恒有

$$|S_{n+1}-S_n|+|S_n-S_{n-1}|+\cdots+|S_2-S_1|\leqslant M$$

即

$$|x_{n+1}|+|x_n|+\cdots+|x_2|\leqslant M$$

所以

$$\begin{aligned}&|x_{n+1}-x_n|+|x_n-x_{n-1}|+\cdots+|x_2-x_1|\\&\leqslant(|x_{n+1}|+|x_n|)+(|x_n|+|x_{n-1}|)+\cdots+(|x_2|+|x_1|)\\&=(|x_{n+1}|+|x_n|+\cdots+|x_2|)+(|x_n|+|x_{n-1}|+\cdots+|x_1|)\\&\leqslant 2(|x_{n+1}|+|x_n|+\cdots+|x_2|)+|x_1|\leqslant 2M+|x_1|\end{aligned}$$

(v)"③⇒①"是真命题:见(iv)的证明.

(vi)"③⇒②"是假命题,反例:$S_n=0$.

(vii)"④⇒①"是假命题,反例:$S_n=n^2$.

(viii)"④⇒②"是假命题,反例:$S_n=n$.

(3) 可得

$$\begin{aligned}|a_{n+1}b_{n+1}-a_nb_n|&=|(a_{n+1}-a_n)b_{n+1}+a_n(b_{n+1}-b_n)|\\&\leqslant|a_{n+1}-a_n|\cdot|b_{n+1}|+|a_n|\cdot|b_{n+1}-b_n|\quad①\end{aligned}$$

由$\{a_n\}$是$B-$数列,可得存在常数$M_1>0$,$\forall n\in\mathbf{N}^*$,恒有

$$|a_{n+1}-a_n|+|a_n-a_{n-1}|+\cdots+|a_2-a_1|\leqslant M_1\quad②$$

因而

$$|a_{n+1}-a_1|=|(a_{n+1}-a_n)+(a_n-a_{n-1})+\cdots+(a_2-a_1)|$$
$$\leqslant|a_{n+1}-a_n|+|a_n-a_{n-1}|+\cdots+|a_2-a_1|\leqslant M_1$$
$$|a_{n+1}|=|(a_{n+1}-a_1)+a_1|\leqslant|a_{n+1}-a_1|+|a_1|\leqslant M_1+|a_1|$$
$$|a_n|\leqslant M_1+|a_1| \quad ③$$

同理,由 $\{b_n\}$ 是 $B-$ 数列,可得存在常数 $M_2>0$,$\forall n\in\mathbf{N}^*$,恒有

$$|b_{n+1}-b_n|+|b_n-b_{n-1}|+\cdots+|b_2-b_1|\leqslant M_2 \quad ④$$
$$|b_n|\leqslant M_2+|b_1| \quad ⑤$$

由 ①③⑤,可得

$$|a_{n+1}b_{n+1}-a_nb_n|\leqslant(M_2+|b_1|)|a_{n+1}-a_n|+(M_1+|a_1|)|b_{n+1}-b_n| \quad (n\in\mathbf{N}^*)$$

所以

$$|a_{n+1}b_{n+1}-a_nb_n|+|a_nb_n-a_{n-1}b_{n-1}|+\cdots+|a_2b_2-a_1b_1|$$
$$\leqslant(M_2+|b_1|)(|a_{n+1}-a_n|+|a_n-a_{n-1}|+\cdots+|a_2-a_1|)+$$
$$(M_1+|a_1|)(|b_{n+1}-b_n|+|b_n-b_{n-1}|+\cdots+|b_2-b_1|)$$

再由 ②④,可得

$$|a_{n+1}b_{n+1}-a_nb_n|+|a_nb_n-a_{n-1}b_{n-1}|+\cdots+|a_2b_2-a_1b_1|$$
$$\leqslant(M_2+|b_1|)M_1+(M_1+|a_1|)M_2$$

因而 $\{a_nb_n\}$ 是 $B-$ 数列.

注 本题也是 2 018 年武汉大学自主招生数学试题第 1 题.

188. 已知数列 $\{a_n\}$ 的前 n 项和 $S_n=-a_n-\left(\frac{1}{2}\right)^{n-1}+2$($n$ 为正整数),令 $c_n=\frac{n+1}{n}a_n$,$T_n=c_1+c_2+\cdots+c_n$.

(1)(2009 年高考湖北卷理科第 19(2) 题)试比较 T_n 与 $\frac{5n}{2n+1}$ 的大小,并予以证明.

(2) 试比较 T_n 与 $\frac{6n}{2n+1}$ 的大小,并予以证明.

解 (1) 可得 $a_n=\frac{n}{2^n}$,$T_n=2\times\frac{1}{2}+3\times\left(\frac{1}{2}\right)^2+4\times\left(\frac{1}{2}\right)^3+\cdots+(n+1)\left(\frac{1}{2}\right)^n$,所以

$$T_1=1<\frac{5\times1}{2\times1+1},T_2=\frac{7}{4}<\frac{5\times2}{2\times2+1},T_3=\frac{9}{4}>\frac{5\times3}{2\times3+1};$$

当 $n\geqslant4$ 时,$T_n=2\times\frac{1}{2}+3\times\left(\frac{1}{2}\right)^2+4\times\left(\frac{1}{2}\right)+5\times\left(\frac{1}{2}\right)^4=\frac{41}{16}>\frac{40}{16}=$

$\frac{5}{2}>\frac{5n}{2n+1}$.

所以：当 $n=1,2$ 时，$T_n<\frac{5n}{2n+1}$；当 $n\geqslant 3$ 时，$T_n>\frac{5n}{2n+1}$.

(2) 因为 $T_n=3-\frac{n+3}{2^n}$，$\frac{6n}{2n+1}=3-\frac{3}{2n+1}$，所以只需比较$\frac{n+3}{2^n}$与$\frac{3}{2n+1}$的大小.

当 $n=1,2,3,4$ 时，可得$\frac{n+3}{2^n}>\frac{3}{2n+1}$；下证当 $n\geqslant 5$ 时，$\frac{n+3}{2^n}<\frac{3}{2n+1}$，即证 $2n^2+7n+3<3\times 2^n$，这用数学归纳法极易获证，下面用二项式定理来证：

$$2^n=(1+1)^n\geqslant C_n^0+C_n^1+C_n^2+C_n^{n-2}+C_n^{n-1}+C_n^n \quad (\text{因为 } n\geqslant 5)$$
$$=2\left[1+n+\frac{n(n-1)}{2}\right]=n^2+n+2$$

所以只需证明 $2n^2+7n+3<3(n^2+n+2)$，$(n-1)(n-3)>0$，这由 $n\geqslant 5$ 立得.

所以：当 $n=1,2,3,4$ 时，$T_n<\frac{6n}{2n+1}$；当 $n\geqslant 5$ 时，$T_n>\frac{6n}{2n+1}$.

189. 证明（以下 $n\in\mathbf{N}^*$）：

(1)①(2009 年高考山东卷理科第 20(2) 题)

$$\left(1+\frac{1}{2}\right)\left(1+\frac{1}{4}\right)\cdots\left(1+\frac{1}{2n}\right)>\sqrt{n+1}$$

②$\left(1+\frac{1}{2}\right)\left(1+\frac{1}{4}\right)\cdots\left(1+\frac{1}{2n}\right)\geqslant\frac{3}{4}\sqrt{2n+2}$；

③ $\frac{3}{8}\sqrt{9n+7}\leqslant\left(1+\frac{1}{2}\right)\left(1+\frac{1}{4}\right)\cdots\left(1+\frac{1}{2n}\right)\leqslant\frac{3}{2}\sqrt{\frac{4n+3}{7}}$.

(2)①(2009 年高考广东卷理科第 21(2) 题) $\frac{1\cdot 3\cdot 5\cdot\cdots\cdot(2n-1)}{2\cdot 4\cdot 6\cdot\cdots\cdot(2n)}<\frac{1}{\sqrt{2n+1}}<\sqrt{2}\sin\frac{1}{\sqrt{2n+1}}$；

② $\frac{1}{\sqrt{2n+1}}\leqslant\frac{1}{\sqrt{3}\sin\frac{1}{\sqrt{3}}}\sin\frac{1}{\sqrt{2n+1}}$；

③ $\sqrt{\frac{5}{4n+1}}<\frac{3\cdot 5\cdot\cdots\cdot(2n-1)}{4\cdot 6\cdot\cdots\cdot(2n)}<\frac{3}{\sqrt{7n+2}}<\frac{\sin\frac{3}{2\sqrt{7n+2}}}{\sin\frac{1}{2}}(n\geqslant 2)$.

(3)①(2008 年高考福建卷理科第 22(2) 题) $\frac{1\cdot 3\cdot 5\cdot\cdots\cdot(2n-1)}{2\cdot 4\cdot 6\cdot\cdots\cdot(2n)}<$

$\frac{1}{\sqrt{2n+1}}$；

②(1985 年高考上海卷理科第 8 题) $\left(1+\frac{1}{3}\right)\left(1+\frac{1}{5}\right)\cdots\left(1+\frac{1}{2n-1}\right)>\frac{\sqrt{2n+1}}{2}$；

③(1998 年高考上海卷文科第 25 题) $\frac{2}{1}\cdot\frac{4}{3}\cdot\cdots\cdot\frac{2n}{2n-1}>\sqrt{2n+1}$；

④ $\frac{2}{3}\sqrt{7n+2}\leqslant\frac{2}{1}\cdot\frac{4}{3}\cdot\cdots\cdot\frac{2n}{2n-1}\leqslant 2\sqrt{\frac{4n+1}{5}}$.

(4)①(1998 年高考上海卷理科第 25 题) $\frac{2}{1}\cdot\frac{5}{4}\cdot\cdots\cdot\frac{3n-1}{3n-2}>\sqrt[3]{3n+1}$；

② $\frac{1}{2}\sqrt[3]{61n+3}\leqslant\frac{2}{1}\cdot\frac{5}{4}\cdot\cdots\cdot\frac{3n-1}{3n-2}\leqslant 2\cdot\sqrt[3]{n}$.

证明　(1) 设 $a_n=\left(1+\frac{1}{2}\right)\left(1+\frac{1}{4}\right)\cdots\left(1+\frac{1}{2n}\right)\cdot\frac{1}{\sqrt{n+1}}$，可用比值法证得 $\{a_n\}$ 是严格递增数列，所以 $a_n\geqslant a_1=\frac{3}{4}\sqrt{2}$，得结论 ② 成立，所以 ① 当然成立. 同理，可证得 ③.(②③ 都是 ① 的加强.)

(2) 同上可证 ① 的左边成立，② 是 ① 右边的加强，② 的证明如下：

用导数可证 $f(x)=\frac{x}{\sin x}\left(0<x<\frac{\pi}{2}\right)$ 是增函数，所以 $\left\{\frac{\frac{1}{\sqrt{2n+1}}}{\sin\frac{1}{\sqrt{2n+1}}}\right\}$ 是严格递减数列，得 $\frac{\frac{1}{\sqrt{2n+1}}}{\sin\frac{1}{\sqrt{2n+1}}}\leqslant\frac{\frac{1}{\sqrt{3}}}{\sin\frac{1}{\sqrt{3}}}$，即结论 ② 成立.

同理可证得结论 ③ 成立.

(3) 头三个式子是等价的，用以上方法可证并且还可加强. ④ 就是头三个式子的加强，同理可证.

(4) 同上可证.

190. 证明：(1) 等差数列 $\{an+b\}(ab\neq 0)$ 中存在一个无穷等比子数列 $an_1+b, an_2+b, an_3+b, \cdots(n_1, n_2, n_3, \cdots$ 是从小到大的正整数 $\frac{a}{b}\in\mathbf{Q}$.

(2)(2008 年高考江苏卷理科第 19(2) 题) 对于一个给定的正整数 $n(n\geqslant 4)$，存在一个各项及公差均不为零的等差数列 $b_1, b_2, \cdots, b_n$，其中任意三项(按原来顺序) 都不能组成等比数列.

证明 (1) 必要性. 由 $an_1+b, an_2+b, an_3+b(n_1,n_2,n_3\in\mathbf{N}^*)$ 成等比数列,得 $a(n_2^2-n_1n_3)=b(n_1-2n_2+n_3)$,由 $ab\neq0$,得 $n_2^2-n_1n_3\neq0$(否则 $n_1+n_3=2n_2, n_1n_3=n_2^2n_1n_3$,所以 $n_1=n_2=n_3$),$\dfrac{a}{b}=\dfrac{n_1-2n_2+n_3}{n_2^2-n_1n_3}$,所以$\dfrac{a}{b}\in\mathbf{Q}$.

充分性. 可不妨设 $a\in\mathbf{N}^*, b\in\mathbf{Z}$ 且 $b\neq0$. 可选正整数 n_1 使得 $an_1+b\in\mathbf{N}^*$,数列$\{n_{k+1}\}(k\in\mathbf{N}^*)$由 $n_{k+1}=(a+1)n_k+b$ 确定,则$\{n_{k+1}\}(k\in\mathbf{N}^*)$是正项数列,且 $an_{k+1}+b=(a+1)(an_k+b)$,所以$\{an_{k+1}+b\}(k\in\mathbf{N}^*)$是公比为 $a+1$ 的等比数列.

(2) 假设对某个正整数 $n(n\geqslant4)$,存在一个公差为 $d(d\neq0)$ 的 n 项等差数列 $b_1, b_2, \cdots, b_n$,其中 $b_{n_1}, b_{n_2}, b_{n_3}(1\leqslant n_1<n_2<n_3\leqslant n)$ 成等比数列,则 $b_{n_2}^2=b_{n_1}\cdot b_{n_3}$,所以$\dfrac{b_1}{d}=\dfrac{n_2^2-n_1n_3}{n_1-2n_2+n_3}+1$,$\dfrac{b_1}{d}\in\mathbf{Q}$.

所以,对于任意的正整数 $n(n\geqslant4)$,只要$\dfrac{b_1}{d}$为无理数,相应的数列就是满足题意要求的数列.

191.(2008年高考辽宁卷理科第21题)在数列$\{a_n\}$,$\{b_n\}$中,$a_1=2, b_1=4$,且 a_n, b_n, a_{n+1} 成等差数列,b_n, a_{n+1}, b_{n+1} 成等比数列.

(1) 求 a_2, a_3, a_4 及 b_2, b_3, b_4,由此归纳出$\{a_n\}$,$\{b_n\}$的通项公式,并证明你的结论;

(2) 证明:$\dfrac{1}{a_1+b_1}+\dfrac{1}{a_2+b_2}+\dfrac{1}{a_3+b_3}+\cdots+\dfrac{1}{a_{n^2}+b_{n^2}}<\dfrac{5}{12}$.

解 (1) 由题设得 $2b_n=a_n+a_{n+1}, a_{n+1}^2=b_nb_{n+1}$.

由此可得 $a_2=6, b_2=9, a_3=12, b_3=16, a_4=20, b_4=25$.

猜测 $a_n=n(n+1), b_n=(n+1)^2$.

用数学归纳法证明如下:

① 当 $n=1$ 时,由上可得结论成立.

② 假设当 $n=k$ 时,结论成立,即 $a_k=k(k+1), b_k=(k+1)^2$,则当 $n=k+1$ 时,有

$$a_{k+1}=2b_k-a_k=2(k+1)^2-k(k+1)=(k+1)(k+2), b_{k+1}=\frac{a_{k+2}^2}{b_k}=(k+2)^2$$

即当 $n=k+1$ 时,结论也成立.

由 ①②,可知 $a_n=n(n+1), b_n\ (n+1)^2$ 对一切正整数都成立.

(2) 当 $n=1$ 时成立:$\dfrac{1}{a_1+b_1}=\dfrac{1}{6}<\dfrac{5}{12}$.

当 $n\geqslant2$ 时,由(1) 知 $a_n+b_n=(n+1)(2n+1)>2(n+1)n$,所以

$$\frac{1}{a_1+b_1}+\frac{1}{a_2+b_2}+\frac{1}{a_3+b_3}+\cdots+\frac{1}{a_{n^2}+b_{n^2}}$$

$$< \frac{1}{6}+\frac{1}{2}\left(\frac{1}{2\times 3}+\frac{1}{3\times 4}+\cdots+\frac{1}{n^2(n^2+1)}\right)$$
$$=\frac{1}{6}+\frac{1}{2}\left(\frac{1}{2}-\frac{1}{3}+\frac{1}{3}-\frac{1}{4}+\cdots+\frac{1}{n^2}-\frac{1}{n^2+1}\right)$$
$$=\frac{1}{6}+\frac{1}{2}\left(\frac{1}{2}-\frac{1}{n^2+1}\right)$$
$$<\frac{1}{6}+\frac{1}{4}=\frac{5}{12}$$

综上所述,得欲证结论成立.

192.(2006年高考天津卷理科第21题)已知数列$\{x_n\}$,$\{y_n\}$满足$x_1=x_2=1$,$y_1=y_2=2$,$\frac{x_{n+1}}{x_n}=\lambda\cdot\frac{x_n}{x_{n-1}}$,$\frac{y_{n+1}}{y_n}\geqslant\lambda\cdot\frac{y_n}{y_{n-1}}$($n=2,3,\cdots$,常数$\lambda\neq 0$).

(1) 若x_1,x_3,x_5成等比数列,求λ的值;

(2) 当$\lambda>0$时,证明:$\frac{x_{n+1}}{y_{n+1}}\leqslant\frac{x_n}{y_n}$($n\in\mathbf{N}^*$);

(3) 当$\lambda>1$时,证明:$\frac{x_1-y_1}{x_2-y_2}+\frac{x_2-y_2}{x_3-y_3}+\cdots+\frac{x_n-y_n}{x_{n+1}-y_{n+1}}<\frac{\lambda}{\lambda-1}$($n\in\mathbf{N}^*$).

解 (1)$\lambda=\pm 1$(过程略).

(2) 由$\frac{x_{n+1}}{x_n}=\lambda\cdot\frac{x_n}{x_{n-1}}$($n=2,3,\cdots$),得数列$\left\{\frac{x_{n+1}}{x_n}\right\}$是首项为$\frac{x_2}{x_1}=1$、公比为$\lambda$的等比数列,所以$\frac{x_{n+1}}{x_n}=\lambda^{n-1}$($n\in\mathbf{N}^*$),又由$x_1>0$,$\lambda>0$及数学归纳法可证得$x_n>0$($n\in\mathbf{N}^*$).

由$\frac{y_{n+1}}{y_n}\geqslant\lambda\cdot\frac{y_n}{y_{n-1}}$($n=2,3,\cdots$),得

$$\frac{y_{n+1}}{y_n}\geqslant\lambda\cdot\frac{y_n}{y_{n-1}}\geqslant\lambda^2\cdot\frac{y_{n-1}}{y_{n-2}}\geqslant\cdots\geqslant\lambda^{n-1}\cdot\frac{y_2}{y_1}=\lambda^{n-1}\quad(n=2,3,\cdots)$$

由$\frac{y_{n+1}}{y_n}\geqslant\lambda^{n-1}$($n\in\mathbf{N}^*$)(因为$n=1$时也成立),$y_1>0$及数学归纳法可证得$y_n>0$($n\in\mathbf{N}^*$).

所以$\frac{y_{n+1}}{y_n}\geqslant\lambda^{n-1}=\frac{x_{n+1}}{x_n}$($n\in\mathbf{N}^*$),从而可得$\frac{x_{n+1}}{y_{n+1}}\leqslant\frac{x_n}{y_n}$($n\in\mathbf{N}^*$).

(3) 由

$$\frac{\lambda}{\lambda-1}=\frac{1}{1-\frac{1}{\lambda}}=1+\frac{1}{\lambda}+\frac{1}{\lambda^2}+\cdots+\frac{1}{\lambda^{n-1}}+\cdots$$

知,只需证明$\frac{x_n-y_n}{x_{n+1}-y_{n+1}}\leqslant\frac{1}{\lambda^{n-1}}$.

在(2)中已证得$\frac{x_{n+1}}{x_n}=\lambda^{n-1}(n\in\mathbf{N}^*)$，所以只需证明$\frac{x_n-y_n}{x_{n+1}-y_{n+1}}\leqslant\frac{x_n}{x_{n+1}}$ $(n\in\mathbf{N}^*)$.

运用(2)的结论及数学归纳法可证得$y_n>x_n\geqslant 1(n\in\mathbf{N}^*)$，所以只需证明$x_{n+1}(x_n-y_n)\geqslant x_n(x_{n+1}-y_{n+1})$，$x_{n+1}y_n\leqslant x_ny_{n+1}$，$\frac{x_{n+1}}{y_{n+1}}\leqslant\frac{x_n}{y_n}(n\in\mathbf{N}^*)$，而这正是(2)的结论，所以结论(3)成立.

193.(2005年高考福建卷理科第22题)已知数列$\{a_n\}$满足$a_1=a$，$a_{n+1}=1+\frac{1}{a_n}$. 我们知道当a取不同的值时，得到不同的数列. 如当$a=1$时，得到无穷数列：$1,2,\frac{3}{2},\frac{5}{3},\cdots$，当$a=-\frac{1}{2}$时，得到有穷数列：$-\frac{1}{2},-1,0$.

(1) 求当a为何值时，$a_4=0$；

(2) 设数列$\{b_n\}$满足$b_1=-1$，$b_{n+1}=\frac{1}{b_n-1}(n\in\mathbf{N}^*)$，求证$a$取数列$\{b_n\}$中的任一个数，都可以得到一个有穷数列$\{a_n\}$；

(3) 若$\frac{3}{2}<a_n<2(n\geqslant 4)$，求$a$的取值范围.

解 (1) 可得$a_1=a$，$a_2=\frac{a+1}{a}$，$a_3=\frac{2a+1}{a+1}$，$a_4=\frac{3a+2}{2a+1}$，所以当且仅当$a=-\frac{2}{3}$时，$a_4=0$.

(2) 得$b_1=-1$，$b_n=\frac{1}{b_{n+1}}+1$.

当a取数列$\{b_n\}$中的任一个数时，不妨设$a=b_k$，得

$$a_2=1+\frac{1}{a_1}=1+\frac{1}{b_k}=b_{k-1},a_3=1+\frac{1}{a_2}=1+\frac{1}{b_{k-1}}=b_{k-2},\cdots,$$

$$a_k=1+\frac{1}{a_{k-1}}=1+\frac{1}{b_2}=b_1=-1,a_{k+1}=0$$

所以欲证成立.

(3) 要使$\frac{3}{2}<a_n<2$，即$\frac{3}{2}<1+\frac{1}{a_{n-1}}<2$，$1<a_{n-1}<2$.

所以要使$\frac{3}{2}<a_n<2$，当且仅当它的前一项a_{n-1}满足$1<a_{n-1}<2$.

因为$\left(\frac{3}{2},2\right)\subseteq(1,2)$，所以只需$a_4\in\left(\frac{3}{2},2\right)$时，都有$a_n\in\left(\frac{3}{2},2\right)(n\geqslant 4)$.

由$a_4=\frac{3a+2}{2a+1}$可解得$a>0$，所以所求a的取值范围是$(0,+\infty)$.

194.(2005 年高考重庆卷理科第 22 题) 数列 $\{a_n\}$ 满足 $a_1=1$ 且 $a_{n+1}=\left(1+\frac{1}{n^2+n}\right)a_n+\frac{1}{2^n}(n\geqslant 1)$.

(1) 用数学归纳法证明:$a_n\geqslant 2(n\geqslant 2)$;

(2) 证明:$a_n\leqslant e^2(n\geqslant 1)$,其中无理数 $e=271828\cdots\cdots$.

证明　(1) 略.

(2) 证法 1　下证 $n\geqslant 2$ 时成立.由递推公式及结论(1),得

$$a_{i+1}\leqslant\left(1+\frac{1}{i^2+i}+\frac{1}{2^i}\right)a_i\quad(i=1,2,\cdots,n-1)$$

两边取对数后用结论 $\ln(1+x)<x(x>0)$,得

$$\ln a_{i+1}-\ln a_i\leqslant\frac{1}{i}-\frac{1}{i+1}+\frac{1}{2^i}\quad(i=1,2,\cdots,n-1)$$

把得到的 $n-1$ 个不等式相加,得

$$\ln a_n<1-\frac{1}{n}+1-\frac{1}{2^n}<2$$

$$a_n<e^2\quad(n\geqslant 2)$$

得欲证成立.

证法 2　只需证明 $n\geqslant 2$ 时成立.

由数学归纳法易证 $2^n>n(n-1)(n\in\mathbf{N}^*)$ 成立,所以

$$a_{n+1}=(1+\frac{1}{n^2+n})a_n+\frac{1}{2^n}<\left[1+\frac{1}{n(n-1)}\right]a_n+\frac{1}{n(n-1)}\quad(n\geqslant 2)$$

令 $b_n=a_n+1(n\geqslant 2)$,得 $b_{n+1}\leqslant\left[1+\frac{1}{n(n-1)}\right]b_n\quad(n\geqslant 2)$.

两边取对数并利用已知不等式,得

$$\ln b_{n+1}\leqslant\ln\left[1+\frac{1}{n(n-1)}\right]+\ln b_n\leqslant\ln b_n+\frac{1}{n-1}-\frac{1}{n}\quad(n\geqslant 2)$$

$$\ln b_{n+1}-\ln b_n\leqslant\frac{1}{n-1}-\frac{1}{n}\quad(n\geqslant 2)$$

$$\sum_{k=2}^{n}(\ln b_{k+1}-\ln b_k)\leqslant\sum_{k=2}^{n}\left(\frac{1}{k-1}-\frac{1}{k}\right)$$

$$\ln b_{n+1}-\ln b_2\leqslant\frac{1}{1\times 2}+\frac{1}{2\times 3}+\cdots+\frac{1}{n(n-1)}=1-\frac{1}{n}<1$$

由 $b_2=a_2+1=3$,可得

$$b_{n+1}<e^{1+\ln 3}=3e\quad(n\geqslant 2)$$

$$a_{n+1}<3e-1<e^2\quad(n\geqslant 2)$$

证毕!

195.(2004 年高考全国卷 III 理科第 22(3) 题的等价命题) 设 $a_n=$

$\frac{1}{2^{n+1}-(-1)^{n+1}}(n \in \mathbf{N}^*)$，求证 $\sum_{i=1}^{n} a_i < \frac{7}{12}$.

分析 分析 1 可得 $a_1=\frac{1}{3}, a_2=\frac{1}{9}, a_3=\frac{1}{15}, a_4=\frac{1}{31}$. 设

$$\frac{1}{3}+\frac{1}{3}q+\frac{1}{3}q^2+\cdots=\frac{\frac{1}{3}}{1-q}=\frac{7}{12}$$

得 $q=\frac{3}{7}$. 若能证得

$$a_i \leqslant \frac{1}{3}\left(\frac{3}{7}\right)^{i-1} \quad (i \in \mathbf{N}^*) \qquad ①$$

恒成立，便得

$$\sum_{i=1}^{n} a_i < \frac{1}{3}+\frac{1}{3}\left(\frac{3}{7}\right)+\frac{1}{3}\left(\frac{3}{7}\right)^2+\cdots=\frac{\frac{1}{3}}{1-q}=\frac{7}{12}$$

但 ① 不可能恒成立，因为它等价于

$$2+\left(-\frac{1}{2}\right)^i \geqslant \frac{9}{7}\left(\frac{7}{6}\right)^i \quad (i \in \mathbf{N}^*)$$

恒成立. 但当 $i \to +\infty$ 时，上式左边 $\to 2$，右边 $\to +\infty$.

分析 2 即证 $\sum_{i=1}^{n+1} a_i < \frac{7}{12}, \sum_{i=2}^{n+1} a_i < \frac{1}{4}$. 可得

$$\frac{1}{9}+\frac{1}{9}\left(\frac{5}{9}\right)+\frac{1}{9}\left(\frac{5}{9}\right)^2+\cdots=\frac{\frac{1}{9}}{1-\frac{5}{9}}=\frac{1}{4}$$

若能证得

$$a_{i+1} \leqslant \frac{1}{9}\left(\frac{5}{9}\right)^{i-1} \quad (i \in \mathbf{N}^*) \qquad ②$$

恒成立，便得 $\sum_{i=2}^{n+1} a_i < \frac{1}{4}$，但 ② 不可能恒成立，因为可以验证 $i=2$ 时就不成立.

分析 3 即证 $\sum_{i=1}^{n+2} a_i < \frac{7}{12}, \sum_{i=3}^{n+2} a_i < \frac{5}{36}$. 可得

$$\frac{1}{15}+\frac{1}{15}\left(\frac{13}{15}\right)+\frac{1}{15}\left(\frac{13}{25}\right)^2+\cdots=\frac{\frac{1}{15}}{1-\frac{13}{15}}=\frac{5}{36}$$

若能证得

$$a_{i+2} \leqslant \frac{1}{15}\left(\frac{13}{25}\right)^{i-1} \quad (i \in \mathbf{N}^*) \qquad ③$$

恒成立，便得 $\sum_{i=3}^{n+2} a_i < \frac{5}{36}$. 证明如下：即证

$$2^{i+3}-(-1)^{i+3} \geqslant 15\left(\frac{25}{13}\right)^{i-1} \quad (i \in \mathbf{N}^*)$$

只需证明

$$2^{i+3} \geqslant 15\left(\frac{25}{13}\right)^{i-1}+1 \quad (i \in \mathbf{N}^*)$$

而这用数学归纳法极易获证. 所以，欲证成立.

注　2007 年武汉大学的一道自主招生试题源于该题.

196. (2004 年春季高考北京卷理科第 20 题) 表 5 给出一个"等差数阵"：

表 5

4	7	( )	( )	( )	…	a_{1j}	…
7	12	( )	( )	( )	…	a_{2j}	…
( )	( )	( )	( )	( )	…	a_{3j}	…
( )	( )	( )	( )	( )	…	a_{4j}	…
…	…	…	…	…	…	…	…
a_{i1}	a_{i2}	a_{i3}	a_{i4}	a_{i5}	…	a_{ij}	…
…	…	…	…	…	…	…	…

其中每行、每列都是等差数列，a_{ij} 表示位于第 i 行第 j 列的数.

(1) 写出 a_{45} 的值；

(2) 写出 a_{ij} 的计算公式；

(3) 证明：正整数 N 在该等差数阵中的充要条件是 $2N+1$ 可以分解成两个不是 1 的正整数之积.

解　(1)49.

(2) 可得 $a_{1j}=4+3(j-1)$，$a_{2j}=7+5(j-1)$，$a_{3j}=10+7(j-1)$，…，所以

$$a_{ij}=(3i+1)+(2i+1)(j-1)=2ij+i+j$$

(3) 正整数 N 在该等差数阵中 $\Leftrightarrow \exists k,l \in \mathbf{N}^*$ 使得 $N=(2k+1)(2l+1) \Leftrightarrow N=2kl+k+l \Leftrightarrow N=a_{kl}$.

197. (2003 年高考全国卷理科第 22 题)(1) 设 $\{a_n\}$ 是集合 $\{2^t+2^s \mid 0 \leqslant s < t$，且 $s,t \in \mathbf{Z}\}$ 中所有的数从小到大排列成的数列，即 $a_1=3$，$a_2=5$，$a_3=5$，$a_4=9$，$a_5=10$，$a_6=12$，….

将数列 $\{a_n\}$ 的各项按照上小下大、左小右大的原则写成如下的三角形数

表：

$$
\begin{array}{cccccc}
 & & 3 & & & \\
 & & 5 & 6 & & \\
 & 9 & 10 & 12 & & \\
— & — & — & — & & \\
— & — & — & — & — & \\
\cdots & \cdots & \cdots & \cdots & \cdots & \cdots
\end{array}
$$

(i) 写出这个三角形数表的第四行、第五行各数；(ii) 求 a_{100}.

(2)(本小题为附加题，如果解答正确，加 4 分，但全卷总分不超过 150 分.)

设 $\{b_n\}$ 是集合 $\{2^t+2^s+2^r \mid 0\leqslant r<s<t$，且 $r,s,t\in\mathbf{Z}\}$ 中所有的数从小到大排列成的数列，已知 $b_k=1\ 160$，求 k.

解 (1)(i) 第四行：17，18，20，24；第五行：33，34，36，40，48.

(ii) 设 $a_{100}=2^{t_0}+2^{s_0}(0\leqslant s_0<t_0$，且 $s_0,t_0\in\mathbf{Z})$，即 a_{100} 是三角形数表的第 t_0 行第 s_0+1 个数(顺序是从上到下、从左到右)(因为各行第一个数对应的 $s_0=0$).

因为数列 $\{a_n\}$ 中小于 2^{t_0} 的项构成的集合为 $\{2^t+2^s \mid 0\leqslant s<t<t_0$，且 $s,t\in\mathbf{Z}\}$，其元素个数为 $C_{t_0}^2=\dfrac{1}{2}t_0(t_0-1)$，所以 t_0 是满足不等式 $\dfrac{1}{2}t(t-1)<100$ 的最大正整数 t，得 $t_0=14$.

又因为 $100-C_{14}^2=s_0+1$，$s_0=8$，所以 $a_{100}=2^{14}+2^8=16\ 640$.

(2) 得 $b_k=1\ 160=2^{10}+2^7+2^3$，设 $B=\{2^t+2^s+2^r \mid 0\leqslant r<s<t$，且 $r,s,t\in\mathbf{Z}\}$，$M=\{c \mid c\in B,c<1\ 160\}$，得

$$
\begin{aligned}
M=&\{c \mid c\in B,c<2^{10}\}\cup\{c \mid c\in B,2^{10}<c<2^{10}+2^7\}\cup\\
&\{c \mid c\in B,2^{10}+2^7<c<2^{10}+2^7+2^3\}
\end{aligned}
$$

集合 $\{c \mid c\in B,c<2^{10}\}=\{2^t+2^s+2^r \mid 0\leqslant r<s<t<10$，且 $r,s,t\in\mathbf{Z}\}$，其元素个数为 C_{10}^3；集合 $\{c \mid c\in B,2^{10}<c<2^{10}+2^7\}=\{2^{10}+2^s+2^r \mid 0\leqslant r<s<7$，且 $r,s\in\mathbf{Z}\}$，其元素个数为 C_7^2；集合 $\{c \mid c\in B,2^{10}+2^7<c<2^{10}+2^7+2^3\}=\{2^{10}+2^7+2^r \mid 0\leqslant r<3$，且 $r\in\mathbf{Z}\}$，其元素个数为 C_3^1.

所以 $k=C_{10}^3+C_7^2+C_3^1+1=145$.

198.(2002 年高考全国卷理科第 21 题) 设数列 $\{a_n\}$ 满足 $a_{n+1}=a_n^2-na_n+1(n\in\mathbf{N}^*)$.

(1) 当 $a_1=2$ 时，求 a_2,a_3,a_4，并猜想数列 $\{a_n\}$ 的一个通项公式；

(2) 当 $a_1\geqslant 3,n\in\mathbf{N}^*$ 时，证明：

①$a_n\geqslant n+2$；

② $\frac{1}{1+a_1}+\frac{1}{1+a_2}+\cdots+\frac{1}{1+a_n}\leqslant\frac{1}{2}$.

解　(1)(过程略)$a_n=n+1$.

(2)① 用数学归纳法来证.

$n=1$ 时成立:$a_1\geqslant 1+2$.

假设 $n=k$ 时成立:$a_k\geqslant k+2$,得

$$\begin{aligned}a_{k+1}&=a_k^2-ka_k+1=a_k(a_k-k)+1\\&\geqslant(k+2)(k+2-k)+1=2k+5\geqslant(k+1)+2\end{aligned}$$

即 $n=k+1$ 时也成立,所以要证结论成立.

② 下面证明 $\frac{1}{1+a_1}+\frac{1}{1+a_2}+\cdots+\frac{1}{1+a_n}<\frac{1}{2}$.

逆用无穷递缩等比数列各项和的公式,得

$$\frac{1}{2}=\frac{\frac{1}{4}}{1-\frac{1}{2}}=\frac{1}{2^2}+\frac{1}{2^3}+\cdots+\frac{1}{2^{n+1}}+\cdots$$

所以只需证明 $\frac{1}{1+a_n}\leqslant\frac{1}{2^{n+1}}$,即 $a_n+1\geqslant 2^{n+1}$.

由 $a_{n+1}=a_n^2-na_n+1=a_n(a_n-n)+1\geqslant 2a_n+1$,得 $a_{n+1}+1\geqslant 2(a_n+1)$,所以

$$\begin{aligned}a_{n+1}+1&\geqslant 2(a_n+1)\geqslant 2^2(a_{n-1}+1)\geqslant 2^3(a_{n-2}+1)\geqslant\cdots\\&\geqslant 2^n(a_1+1)\geqslant 2^{n+2}\end{aligned}$$

$$a_n+1\geqslant 2^{n+1}\quad(n=1\text{ 时也成立})$$

所以要证结论成立.

199.(2002 年高考北京卷第 19 题) 数列 $\{x_n\}$ 由下列条件确定:$x_1=a>0$,$x_{n+1}=\frac{1}{2}\left(x_n+\frac{a}{x_n}\right)$,$n\in\mathbf{N}^*$.

(1)(文、理) 证明:对 $n\geqslant 2$,总有 $x_n\geqslant\sqrt{a}$;

(2)(文、理) 证明:对 $n\geqslant 2$,总有 $x_n\geqslant x_{n+1}$;

(3)(理) 若数列 $\{x_n\}$ 的极限存在,且大于零,求 $\lim\limits_{n\to\infty}x_n$ 的值.

解　(1) 由题设可用数学归纳法证得 $x_n>0(n\in\mathbf{N}^*)$.

所以由均值不等式,得 $x_{n+1}=\frac{1}{2}\left(x_n+\frac{a}{x_n}\right)\geqslant\sqrt{x_n\cdot\frac{a}{x_n}}=\sqrt{a}(n\in\mathbf{N}^*)$,即欲证结论成立.

(2) 证法 1　当 $n\geqslant 2$ 时,因为 $x_n\geqslant\sqrt{a}>0$,$x_{n+1}=\frac{1}{2}\left(x_n+\frac{a}{x_n}\right)$,所以

$$x_{n+1}-x_n=\frac{1}{2}\left(x_n+\frac{a}{x_n}\right)-x_n=\frac{1}{2}\cdot\frac{a-x_n^2}{x_n}\leqslant 0$$

即欲证结论成立.

证法 2　当 $n\geqslant 2$ 时,因为 $x_n\geqslant\sqrt{a}>0, x_{n+1}=\frac{1}{2}(x_n+\frac{a}{x_n})$,所以

$$\frac{x_{n+1}}{x_n}=\frac{\frac{1}{2}\left(x_n+\frac{a}{x_n}\right)}{x_n}=\frac{x_n^2+a}{2x_n^2}\leqslant\frac{x_n^2+x_n^2}{2x_n^2}=1$$

即欲证结论成立.

(3) 可设 $\lim\limits_{n\to\infty}x_n=A$,则 $\lim\limits_{n\to\infty}x_{n+1}=A$,且 $A>0$. 由 $x_{n+1}=\frac{1}{2}\left(x_n+\frac{a}{x_n}\right)$,得

$$\lim_{n\to\infty}x_{n+1}=\frac{1}{2}(\lim_{n\to\infty}x_n+\frac{a}{\lim\limits_{n\to\infty}x_n})$$

$$A=\frac{1}{2}(A+\frac{a}{A})\quad(A>0)$$

$$A=\sqrt{a}$$

即 $\lim\limits_{n\to\infty}x_n=\sqrt{a}$.

200. 已知 $a_n=2n-10$, S_n 是数列 $\{a_n\}$ 的前 n 项和.

(1)(2002 年高考上海卷理科第 21(3) 题) 请问 96 是否为数列 $\{a_nS_n\}$ 中的项? 若是,则求出相应的项数;若不是,则说明理由.

(2) 请问 832 是否为数列 $\{a_nS_n\}$ 中的项? 若是,则求出相应的项数;若不是,则说明理由.

解　解法 1　$a_nS_n=2n(n-5)(n-9)$.

因为 $a_1S_1=64, a_2S_2=84, a_3S_3=72, a_4S_4=40, a_nS_n\leqslant 0(n=5,6,7,8,9)$, $a_nS_n\geqslant a_{10}S_{10}=100(n\geqslant 10)$,所以 96 不是数列 $\{a_nS_n\}$ 中的项.

解法 2　$a_nS_n=2n(n-5)(n-9)$. 设 96 是数列 $\{a_nS_n\}$ 的第 n 项,得

$$n(n-5)(n-9)=48=2^4\times 3\quad(n\in\mathbf{N}^*)$$

若 n 是奇数,得 n 是 3 的正约数: $n=1$ 或 3,易验证均不合题意.

若 n 是偶数,得奇数 $(n-5)(n-9)$ 是 3 的正约数: $(n-5)(n-9)=1$ 或 3,所以 $n=2^4\times 3$ 或 2^4,可验证均不合题意.

所以 96 不是数列 $\{a_nS_n\}$ 中的项.

(2) 同(1) 的解法 2 可得,832 是数列 $\{a_nS_n\}$ 中的项,且是第 13 项.

201. (2019 年上海交通大学自主招生数学试题) 已知数列 $\{a_n\}$ 满足 $a_1>0, a_{n+1}=\frac{3(a_n+1)}{a_n+3}$,判断数列 $\{a_n\}$ 的单调性.

解　解法 1　可先用数学归纳法证得 $a_n>0(n\in\mathbf{N}^*)$,因而

$$a_{n+1}>a_n\Leftrightarrow 3(a_n+1)>a_n(a_n+3)\Leftrightarrow a_n^2<3\Leftrightarrow 0<a_n<\sqrt{3}\quad (n\in \mathbf{N}^*)\text{①}$$

$$a_{n+1}<a_n\Leftrightarrow 3(a_n+1)<a_n(a_n+3)\Leftrightarrow a_n^2>3\Leftrightarrow a_n>\sqrt{3}\quad (n\in \mathbf{N}^*)\quad\text{②}$$

$$a_{n+1}=a_n\Leftrightarrow 3(a_n+1)=a_n(a_n+3)\Leftrightarrow a_n^2=3\Leftrightarrow a_n=\sqrt{3}\quad (n\in \mathbf{N}^*)\quad\text{③}$$

$$a_{n+1}<\sqrt{3}\Leftrightarrow \frac{3(a_n+1)}{a_n+3}<\sqrt{3}\Leftrightarrow a_n<\sqrt{3}\quad (n\in \mathbf{N}^*)\quad\text{④}$$

$$a_{n+1}>\sqrt{3}\Leftrightarrow \frac{3(a_n+1)}{a_n+3}>\sqrt{3}\Leftrightarrow a_n>\sqrt{3}\quad (n\in \mathbf{N}^*)\quad\text{⑤}$$

$$a_{n+1}=\sqrt{3}\Leftrightarrow \frac{3(a_n+1)}{a_n+3}=\sqrt{3}\Leftrightarrow a_n=\sqrt{3}\quad (n\in \mathbf{N}^*)\quad\text{⑥}$$

(1) 当 $0<a_1<\sqrt{3}$ 时,可证得 $\{a_n\}$ 是单调递增数列.下面用数学归纳法证明 $0<a_n<a_{n+1}<\sqrt{3}(n\in \mathbf{N}^*)$.

(i) 当 $n=1$ 时成立:由 $0<a_1<\sqrt{3}$ 及 ①④ 可得 $0<a_1<a_2<\sqrt{3}$.

(ii) 假设 $n=k$ 时成立($0<a_k<a_{k+1}<\sqrt{3}$),由 ①④ 可分别得 $a_{k+1}<a_{k+2}$,$a_{k+2}<\sqrt{3}$,所以 $0<a_{k+1}<a_{k+2}<\sqrt{3}$,得当 $n=k+1$ 时也成立,所以欲证结论成立.

(2) 当 $a_1=\sqrt{3}$ 时,由 ③ 或 ⑥ 及数学归纳法可证得 $a_n=\sqrt{3}(n\in \mathbf{N}^*)$,所以此时数列 $\{a_n\}$ 是常数列.

(3) 当 $a_1>\sqrt{3}$ 时,可证得 $\{a_n\}$ 是单调递减数列.下面用数学归纳法证明 $a_n>a_{n+1}>\sqrt{3}(n\in \mathbf{N}^*)$.

(i) 当 $n=1$ 时成立:由 $a_1>\sqrt{3}$ 及 ①② 可得 $a_1>a_2>\sqrt{3}$.

(ii) 假设 $n=k$ 时成立($0<a_k<a_{k+1}<\sqrt{3}$),由 ①② 可分别得 $a_{k+1}<a_{k+2}$,$a_{k+2}<\sqrt{3}$,所以 $0<a_{k+1}<a_{k+2}<\sqrt{3}$,得当 $n=k+1$ 时也成立,所以欲证结论成立.

综上所述可得:当 $0<a_1<\sqrt{3}$ 时,$\{a_n\}$ 是单调递增数列;当 $a_1=\sqrt{3}$ 时,$\{a_n\}$ 是常数列;当 $a_1>\sqrt{3}$ 时,$\{a_n\}$ 是单调递减数列.

解法2 可先用数学归纳法证得 $a_n>0(n\in \mathbf{N}^*)$,进而可得题设中的递推式即

$$\frac{a_{n+1}-\sqrt{3}}{a_{n+1}+\sqrt{3}}=(2-\sqrt{3})\cdot\frac{a_n-\sqrt{3}}{a_n+\sqrt{3}}$$

$$\frac{a_n-\sqrt{3}}{a_n+\sqrt{3}}=\frac{a_1-\sqrt{3}}{a_1+\sqrt{3}}(2-\sqrt{3})^{n-1}\quad (n\in \mathbf{N}^*)$$

$$1-\frac{a_n-\sqrt{3}}{a_n+\sqrt{3}}=1-\frac{a_1-\sqrt{3}}{a_1+\sqrt{3}}(2-\sqrt{3})^{n-1}\quad (n\in \mathbf{N}^*)$$

$$\frac{2\sqrt{3}}{a_n+\sqrt{3}}=1+\frac{\sqrt{3}-a_1}{\sqrt{3}+a_1}(2-\sqrt{3})^{n-1}\quad(n\in\mathbf{N}^*)$$

再由 $a_n>0(n\in\mathbf{N}^*)$，可得

$$a_n<a_{n+1}\Leftrightarrow\frac{2\sqrt{3}}{a_n+\sqrt{3}}>\frac{2\sqrt{3}}{a_{n+1}+\sqrt{3}}\Leftrightarrow\frac{\sqrt{3}-a_1}{\sqrt{3}+a_1}(2-\sqrt{3})^{n-1}>\frac{\sqrt{3}-a_1}{\sqrt{3}+a_1}(2-\sqrt{3})^{n}$$

$$\Leftrightarrow(\sqrt{3}-a_1)(\sqrt{3}-1)>0\Leftrightarrow 0<a_1<\sqrt{3}\quad(n\in\mathbf{N}^*)$$

所以：当 $0<a_1<\sqrt{3}$ 时，$\{a_n\}$ 是单调递增数列；当 $a_1=\sqrt{3}$ 时，$\{a_n\}$ 是常数列；当 $a_1>\sqrt{3}$ 时，$\{a_n\}$ 是单调递减数列.

202.（2 018年中国科学技术大学自主招生数学试题第11题）已知 $a_1=1$，$a_{n+1}=\left(1+\frac{1}{n}\right)^3(n+a_n)(n\in\mathbf{N}^*)$，求证：

(1) $a_n=n^3\left(1+\sum\limits_{k=1}^{n-1}\frac{1}{k^2}\right)(n\geqslant 2,n\in\mathbf{N}^*)$；

(2) $\prod\limits_{k=1}^{n}\left(1+\frac{k}{a_k}\right)<3(n\in\mathbf{N}^*)$.

解 (1) 由题设，可得 $\frac{a_{n+1}}{(n+1)^3}-\frac{a_n}{n^3}=\frac{1}{n^2}(n\in\mathbf{N}^*)$，再由 $a_1=1$ 及累加法可得

$$\frac{a_n}{n^3}=\frac{a_1}{1^3}+\left(\frac{a_2}{2^3}-\frac{a_1}{1^3}\right)+\left(\frac{a_3}{3^3}-\frac{a_2}{2^3}\right)+\cdots+\left[\frac{a_n}{n^3}-\frac{a_{n-1}}{(n-1)^3}\right]$$

$$=1+\frac{1}{1^2}+\frac{1}{2^2}+\cdots+\frac{1}{(n-1)^2}\quad(n\geqslant 2,n\in\mathbf{N}^*)$$

进而可得欲证结论成立.

(2) 由题设及数学归纳法可证得 $a_n>0(n\in\mathbf{N}^*)$，还可得

$$\frac{n^3a_{n+1}}{(n+1)^3}=n+a_n\quad(n\in\mathbf{N}^*)$$

$$\frac{n^3a_{n+1}}{(n+1)^3a_n}=\frac{n}{a_n}+1\quad(n\in\mathbf{N}^*)$$

$$1+\frac{n}{a_n}=\frac{\frac{a_{n+1}}{(n+1)^3}}{\frac{a_n}{n^3}}\quad(n\in\mathbf{N}^*)$$

所以

$$\prod_{k=1}^{n}\left(1+\frac{k}{a_k}\right)=\frac{\frac{a_2}{2^3}}{\frac{a_1}{1^3}}\cdot\frac{\frac{a_3}{3^3}}{\frac{a_2}{2^3}}\cdot\frac{\frac{a_4}{4^3}}{\frac{a_3}{3^3}}\cdot\cdots\cdot\frac{\frac{a_{n+1}}{(n+1)^3}}{\frac{a_n}{n^3}}=\frac{a_{n+1}}{(n+1)^3}\quad(n\in\mathbf{N}^*)$$

再由(1) 的结论,可得

$$\prod_{k=1}^{n}\left(1+\frac{k}{a_k}\right)=\frac{a_{n+1}}{(n+1)^3}=1+\frac{1}{1^2}+\frac{1}{2^2}+\cdots+\frac{1}{n^2}\quad (n\in\mathbf{N}^*)$$

当 $i\geqslant 2,i\in\mathbf{N}^*$ 时,可得 $\frac{1}{i^2}<\frac{1}{(i-1)i}=\frac{1}{i-1}-\frac{1}{i}$,所以

$$\prod_{k=1}^{n}\left(1+\frac{k}{a_k}\right)<1+\frac{1}{1^2}+\left(\frac{1}{1}-\frac{1}{2}\right)+\left(\frac{1}{2}-\frac{1}{3}\right)+\cdots+\left(\frac{1}{n-1}-\frac{1}{n}\right)$$

$$=3-\frac{1}{n}<3\quad (n\geqslant 2,n\in\mathbf{N}^*)$$

当 $n=1$ 时,$\prod_{k=1}^{n}\left(1+\frac{k}{a_k}\right)=1+\frac{1}{1}=2<3$.

综上所述,可得 $\prod_{k=1}^{n}\left(1+\frac{k}{a_k}\right)<3(n\in\mathbf{N}^*)$.

注　由结论 $\frac{1}{1^2}+\frac{1}{2^2}+\frac{1}{3^2}+\cdots+\frac{1}{n^2}+\cdots=\frac{\pi^2}{6}$,可把第(2)问的结论加强为 $\prod_{k=1}^{n}\left(1+\frac{k}{a_k}\right)<1+\frac{\pi^2}{6}(n\in\mathbf{N}^*)$.

203.(2018 年上海交通大学自主招生数学试题第 5 题)已知 $a_1=\frac{3}{2}$,$a_{n+1}=a_n^2-a_n+1(n\in\mathbf{N}^*)$,求 $\frac{1}{a_1}+\frac{1}{a_2}+\frac{1}{a_3}+\cdots+\frac{1}{a_{2\,017}}$ 的整数部分.

解　由题设,可得

$$a_{n+1}-a_n=(a_n-1)^2\geqslant 0\quad (n\in\mathbf{N}^*)\qquad ①$$

$$a_{n+1}\geqslant a_n\quad (n\in\mathbf{N}^*)$$

再由 $a_1=\frac{3}{2}$,可得 $a_n\geqslant\frac{3}{2}(n\in\mathbf{N}^*)$. 又由 ①,可得

$$a_{n+1}-a_n=(a_n-1)^2>0\quad (n\in\mathbf{N}^*)$$

$$a_{n+1}>a_n\quad (n\in\mathbf{N}^*)$$

即 $\{a_n\}$ 是递增数列.

还可得 $a_1=\frac{3}{2}$,$a_2=\frac{7}{4}$,$a_3=\frac{37}{16}>2$,所以 $a_n>1(n\in\mathbf{N}^*)$,$a_{2\,018}>2$.

由题设,可得

$$a_{i+1}-1=a_i(a_i-1)\quad (i\in\mathbf{N}^*)$$

$$\frac{1}{a_{i+1}-1}=\frac{1}{a_i-1}-\frac{1}{a_i}\quad (i\in\mathbf{N}^*)$$

$$\frac{1}{a_i}=\frac{1}{a_i-1}-\frac{1}{a_{i+1}-1}\quad (i\in\mathbf{N}^*)$$

所以再由累加法,可得

$$\frac{1}{a_1}+\frac{1}{a_2}+\frac{1}{a_3}+\cdots+\frac{1}{a_{2\,017}}=\frac{1}{a_1-1}-\frac{1}{a_{2\,018}-1}=2-\frac{1}{a_{2\,018}-1}$$

再由 $a_{2\,018}>2$,可得 $1<2-\frac{1}{a_{2\,018}}<2$,所以所求答案是1.

204.(2018年上海交通大学自主招生数学试题第8题)已知平面上的一条抛物线把该平面分成两部分(不把该条抛物线作为一部分,下同),平面上的两条抛物线最多把该平面分成7部分(如图8所示).请问,平面上的四条抛物线最多把该平面分成几部分?

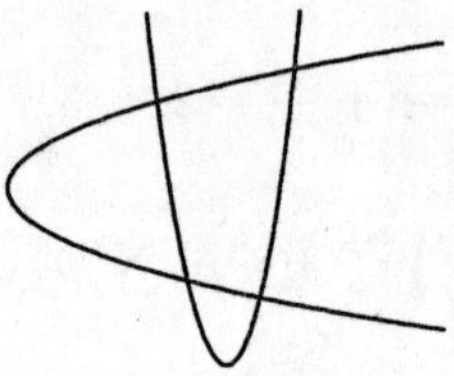

图8

解　设平面上的 $n(n\in\mathbf{N}^*)$ 条抛物线最多把该平面分成 a_n 部分,可得 $a_1=2$.

因为第 $n+1$ 条抛物线与前 n 条抛物线中的每一条交点个数最多是4,所以第 $n+1$ 条抛物线与前 n 条抛物线的交点个数最多是 $4n$,这样一共得到 $4n+1$ 条"曲线",每条"曲线"都可将原有的部分"一分为二",因而 $a_{n+1}-a_n=4n+1$, $a_{n+1}=a_n+4n+1(n\in\mathbf{N}^*)$.

所以 $a_1=2,a_2=7,a_3=16,a_4=29$.

注　下面用累加法求出 a_n

$$\begin{aligned}a_n&=a_1+(a_2-a_1)+(a_3-a_2)+(a_4-a_3)+\cdots+(a_n-a_{n-1})\\&=2+[5+9+13+\cdots+(4n-3)]=2+\frac{n-1}{2}[5+(4n-3)]\\&=2n^2-n+1\quad(n\in\mathbf{N}^*)\end{aligned}$$

205.(2017年复旦大学自主招生望道计划解答题第2题,即2015年复旦大学自主招生数学试题第2题)已知正项数列 $\{a_n\}$ 满足 $(n+1)a_{n+1}=na_n+\frac{1}{a_n}$,求证:

(1) 当 $n\geqslant 2$ 时,$a_n\geqslant 1$;

(2) 数列 $\{a_n\}$ 收敛.

解　(1) 用数学归纳法来证明.

① 由均值不等式,可得 $2a_2=a_1+\frac{1}{a_1}\geqslant 2\sqrt{a_1\cdot\frac{1}{a_1}}=2,a_2\geqslant 1$,即 $n=2$ 时成立.

② 假设 $n=k(k\geqslant 2)$ 时成立：$a_k\geqslant 1$.

可得

$$(a_k-1)(ka_k-1)\geqslant 0$$

$$ka_k^2-(k+1)a_k+1\geqslant 0$$

$$ka_k+\frac{1}{a_k}\geqslant k+1$$

$$(k+1)a_{k+1}\geqslant k+1$$

得 $n=k+1$ 时也成立.

所以欲证结论成立.

(2) 当 $n\geqslant 2$ 时，由(1) 的结论，可得

$$a_{n+1}=\frac{n}{n+1}a_n+\frac{1}{(n+1)a_n}$$

$$\frac{a_{n+1}}{a_n}=\frac{n}{n+1}+\frac{1}{(n+1)a_n^2}\leqslant\frac{n}{n+1}+\frac{1}{n+1}=1$$

$$1\leqslant a_{n+1}\leqslant a_n$$

得数列 $\{a_n\}_{n\geqslant 2}$ 递减且有下界 1，所以数列 $\{a_n\}$ 收敛.

206.(2015 年上海交通大学自主招生数学试题第 2 题) 求证：数列 $\left\{\left(1+\frac{1}{n}\right)^{n+1}\right\}$ 是递减数列.

证明　由二项式定理，可得

$$\left(1+\frac{1}{n(n+2)}\right)^{n+1}>1+\frac{C_{n+1}^1}{n(n+2)}>1+\frac{1}{n+1}$$

$$\frac{(n+1)^{2n+2}}{n^{n+1}(n+2)^{n+1}}>\frac{n+2}{n+1}$$

$$\frac{(n+1)^{n+1}}{(n)^{n+1}}>\frac{(n+2)^{n+2}}{(n+1)^{n+2}}$$

$$\left(1+\frac{1}{n}\right)^{n+1}>\left(1+\frac{1}{n+1}\right)^{n+2}$$

所以数列 $\left\{\left(1+\frac{1}{n}\right)^{n+1}\right\}$ 是递减数列.

注　下面再证明数列 $\left\{\left(1+\frac{1}{n}\right)^{n}\right\}$ 是递增数列且有上界：

用均值不等式证明数列 $\left\{\left(1+\frac{1}{n}\right)^{n}\right\}$ 单调递增

$$\left(1+\frac{1}{n+1}\right)^{n+1}=\left(\frac{1}{n}+\frac{1}{n}+\cdots+\frac{1}{n}+\frac{1}{n+1}\right)^{n+1}$$

$$>\left[(n+1)\cdot\sqrt[n+1]{\left(\frac{1}{n}\right)^{n}\cdot\frac{1}{n+1}}\right]^{n+1}$$

$$=\left(1+\frac{1}{n}\right)^{n}$$

再证数列$\left\{\left(1+\frac{1}{n}\right)^{n}\right\}$数列有上界

$$\left(1+\frac{1}{n}\right)^{n}=C_n^0+\frac{C_n^1}{n}+\frac{C_n^2}{n}+\cdots+\frac{C_n^k}{n^k}+\cdots+\frac{C_n^n}{n^n}$$

又因为$\frac{C_n^k}{n^k}=\frac{n(n-1)(n-2)\cdots[n-(k-1)]}{k!\ n^k}\leqslant\frac{1}{k!}(k=0,1,2,\cdots,n)$，所以

$$\begin{aligned}\left(1+\frac{1}{n}\right)^{n}&\leqslant 1+1+\frac{1}{2!}+\frac{1}{3!}+\cdots+\frac{1}{n!}\\&\leqslant 2+\frac{1}{2}+\frac{1}{2^2}+\cdots+\frac{1}{2^{n-1}}\\&=2+\left(1-\frac{1}{2^{n-1}}\right)<3\end{aligned}$$

由下面的推论也可得第 2 题的结论成立.

定理　若$x\in\mathbf{R}_+$，则函数$y=\left(1+\frac{1}{x}\right)^{x}$，$y=\left(1+\frac{1}{x}\right)^{x+1}$分别单调递增、递减，且$\left(1+\frac{1}{x}\right)^{x}<\mathrm{e}<\left(1+\frac{1}{x}\right)^{x+1}$.

证明　(1) 先证$\left(1+\frac{1}{x}\right)^{x}<\mathrm{e}(x>0)$.

即证$(1+t)^{\frac{1}{t}}<\mathrm{e}$，$1+t<\mathrm{e}^t$，$\mathrm{e}^t-t>1(t>0)$.

设$f(t)=\mathrm{e}^t-t(t>0)$，可得$f'(t)=\mathrm{e}^t-1>0$(因为$t>0$)，所以$f(t)$在$(0,+\infty)$上是增函数，得$f(t)>f(0)=1$，$\mathrm{e}^t-t>1$，所以结论(1)成立.

(2) 再证函数$y=\left(1+\frac{1}{x}\right)^{x}(x>0)$单调递增.

设$t=\frac{1}{x}(x>0)$，可得$y=\left(1+\frac{1}{x}\right)^{x}=(1+t)^{\frac{1}{t}}(t>0)$. 由复合函数的单调性“同增异减”知，即证函数

$$f(t)=(1+t)^{\frac{1}{t}}\quad(t>0)$$

单调递减，只需证$g(t)=\ln(1+t)^{\frac{1}{t}}=\frac{\ln(t+1)}{t}(t>0)$单调递减，即证

$$g'(t)=\frac{\frac{t}{t+1}-\ln(t+1)}{t^2}<0\quad(t>0)$$

$$\frac{t}{t+1}<\ln(t+1)\quad(t>0)\qquad ①$$

$$s-\ln s>1\quad\left(0<s<1,\text{其中 }s=\frac{1}{t+1}\right)$$

而这用导数易证.

(3) 又证 $\mathrm{e}<\left(1+\dfrac{1}{x}\right)^{x+1}$ $(x>0)$.

即证 $(x+1)\ln\left(1+\dfrac{1}{x}\right)>1$，在式 ① 中令 $t=\dfrac{1}{x}$ 后立得.

(4) 最后证函数 $y=\left(1+\dfrac{1}{x}\right)^{x+1}$ $(x>0)$ 单调递减.

只需证 $f(x)=\ln y=(x+1)\ln\left(1+\dfrac{1}{x}\right)$ $(x>0)$ 单调递减. 可得

$$f'(x)=\ln\left(1+\frac{1}{x}\right)+(x+1)\cdot\frac{1}{1+\frac{1}{x}}\cdot\left(-\frac{1}{x^2}\right)=\ln\left(1+\frac{1}{x}\right)-\frac{1}{x}$$

由 $\left(1+\dfrac{1}{x}\right)^{x}<\mathrm{e}$，可得 $\ln\left(1+\dfrac{1}{x}\right)<\dfrac{1}{x}$，$f'(x)<0$，$f(x)$ 在 $(0,+\infty)$ 上单调递减.

推论　数列 $\left\{\left(1+\dfrac{1}{n}\right)^{n}\right\}$ 单调递增，$\left\{\left(1+\dfrac{1}{n}\right)^{n+1}\right\}$ 单调递减，且 $\left(1+\dfrac{1}{n}\right)^{n}<\mathrm{e}<\left(1+\dfrac{1}{n}\right)^{n+1}$ $(n\in\mathbf{N}^*)$.

207.（2013 年清华大学保送生考试数学试题第 1 题）求证：$\displaystyle\sum_{i=0}^{\left[\frac{n}{3}\right]}\left[\frac{n-3i}{2}\right]=\left[\frac{n^2+2n+4}{12}\right]$ $(n\in\mathbf{N}^*)$.

证明　令 $S_n=\displaystyle\sum_{i=0}^{\left[\frac{n}{3}\right]}\left[\frac{n-3i}{2}\right]$，$T_n=\left[\dfrac{n^2+2n+4}{12}\right]$，$n\in\mathbf{N}$.

$$\begin{aligned}S_{n+6}&=\sum_{i=0}^{\left[\frac{n+6}{3}\right]}\left[\frac{n+6-3i}{2}\right]=\sum_{i=0}^{\left[\frac{n}{3}\right]+2}\left(3+\left[\frac{n-3i}{2}\right]\right)\\&=3\left(\left[\frac{n}{3}\right]+3\right)+S_n+\left[\frac{n-3\left(\left[\frac{n}{3}\right]+1\right)}{2}\right]+\left[\frac{n-3\left(\left[\frac{n}{3}\right]+2\right)}{2}\right]\end{aligned}$$

可设 $n=3k+r(k\in\mathbf{N},r=0,1,2)$，得

$$\begin{aligned}S_{n+6}&=S_n+3k+9+\left[\frac{3k+r-3(k+1)}{2}\right]+\left[\frac{3k+r-3(k+2)}{2}\right]\\&=S_n+3k+4+\left[\frac{r+1}{2}\right]+\left[\frac{r}{2}\right]\end{aligned}$$

可证 $\left[\dfrac{r+1}{2}\right]+\left[\dfrac{r}{2}\right]=r(r=0,1,2)$，所以

$$S_{n+6}=S_n+3k+4+r=S_n+n+4$$

又因为

$$T_{n+6}=\left[\frac{(n+6)^2+2(n+6)+4}{12}\right]=\left[n+4+\frac{n^2+2n+4}{12}\right]=T_n+n+4$$

所以 $S_{n+6}-T_{n+6}=S_n-T_n(n\in\mathbf{N})$.

又由 $S_0=T_0=0,S_1=T_1=0,S_2=T_2=1,S_3=T_3=1,S_4=T_4=2,S_5=T_5=3$,可得数列 $\{S_n-T_n\}$ $(n\in\mathbf{N})$ 是常数列 $\{0\}$,所以欲证结论成立.

208.(2012 年北约自主招生第 9 题)求证:对于任意的正整数 n,$(1+\sqrt{2})^n$ 必可表示成 $\sqrt{s}+\sqrt{s-1}$ 的形式,其中 $s\in\mathbf{N}^*$.

证明 证法 1 设数列 $\{a_n\}$ 由 $a_1=1,a_2=3,a_{n+2}=2a_{n+1}+a_n$ 确定.可得

$$a_n\in\mathbf{N}^*,a_n=\frac{(1+\sqrt{2})^n+(1-\sqrt{2})^n}{2}\quad(n\in\mathbf{N}^*)\qquad ①$$

还可得

$$a_{2n}^2-1=\left[\frac{(1+\sqrt{2})^{2n}+(1-\sqrt{2})^{2n}}{2}\right]^2-1=\left[\frac{(1+\sqrt{2})^{2n}-(1-\sqrt{2})^{2n}}{2}\right]^2$$

$$\frac{(1+\sqrt{2})^{2n}-(1-\sqrt{2})^{2n}}{2}=\sqrt{a_{2n}^2-1}$$

又因为

$$\frac{(1+\sqrt{2})^{2n}+(1-\sqrt{2})^{2n}}{2}=\sqrt{a_{2n}^2}$$

所以

$$(1+\sqrt{2})^{2n}=\sqrt{a_{2n}^2}+\sqrt{a_{2n}^2-1}\qquad ②$$

还有

$$a_{2n-1}^2+1=\left[\frac{(1+\sqrt{2})^{2n-1}+(1-\sqrt{2})^{2n-1}}{2}\right]^2+1$$

$$=\left[\frac{(1+\sqrt{2})^{2n-1}-(1-\sqrt{2})^{2n-1}}{2}\right]^2$$

$$\frac{(1+\sqrt{2})^{2n-1}-(1-\sqrt{2})^{2n-1}}{2}=\sqrt{a_{2n-1}^2+1}$$

又因为

$$\frac{(1+\sqrt{2})^{2n-1}+(1-\sqrt{2})^{2n-1}}{2}=\sqrt{a_{2n-1}^2}$$

所以

$$(1+\sqrt{2})^{2n-1}=\sqrt{a_{2n-1}^2+1}+\sqrt{a_{2n-1}^2}\qquad ③$$

由 ①②③ 知,欲证成立.

证法 2 当 $n\in\mathbf{N}^*$ 时,由二项式定理,得

$$(1+\sqrt{2})^n=1+C_n^1\sqrt{2}+C_n^2(\sqrt{2})^2+C_n^3(\sqrt{2})^3+\cdots+C_n^n(\sqrt{2})^n$$

$$(1-\sqrt{2})^n=1-C_n^1\sqrt{2}+C_n^2(\sqrt{2})^2-C_n^3(\sqrt{2})^3+\cdots+(-1)^nC_n^n(\sqrt{2})^n$$

所以可设$(1+\sqrt{2})^n=a+b\sqrt{2}$，$(1-\sqrt{2})^n=a-b\sqrt{2}(a,b\in\mathbf{N}^*)$，其中

$$a=1+C_n^2(\sqrt{2})^2+C_n^4(\sqrt{2})^4+\cdots,b=C_n^1+C_n^3(\sqrt{2})^2+C_n^5(\sqrt{2})^4+\cdots$$

得
$$(1+\sqrt{2})^n+(1-\sqrt{2})^n=2a$$

当 n 是正偶数时，得

$$(1+\sqrt{2})^n+\frac{1}{(1+\sqrt{2})^n}=2a$$

$$[(1+\sqrt{2})^n]^2-2a(1+\sqrt{2})^n+1=0$$

$$(1+\sqrt{2})^n=\sqrt{a^2}\pm\sqrt{a^2-1}$$

若$(1+\sqrt{2})^n=\sqrt{a^2}-\sqrt{a^2-1}$，得

$$1<(1+\sqrt{2})^n=\sqrt{a^2}-\sqrt{a^2-1}=\frac{1}{a+\sqrt{a^2-1}}\leqslant 1$$

这不可能！所以$(1+\sqrt{2})^n=\sqrt{a^2}+\sqrt{a^2-1}(a\in\mathbf{N}^*)$，即此时欲证成立.

当 n 是正奇数时，得

$$(1+\sqrt{2})^n-\frac{1}{(1+\sqrt{2})^n}=2a$$

$$[(1+\sqrt{2})^n]^2-2a(1+\sqrt{2})^n-1=0$$

$$(1+\sqrt{2})^n=\sqrt{a^2}\pm\sqrt{a^2+1}$$

因为$(1+\sqrt{2})^n>0$，所以$(1+\sqrt{2})^n=\sqrt{a^2+1}+\sqrt{a^2}$，即此时欲证也成立.

证毕!

证法 3　同另证可得：当 $n\in\mathbf{N}^*$ 时，可设$(1+\sqrt{2})^n=a+b\sqrt{2}$，$(1-\sqrt{2})^n=a-b\sqrt{2}(a,b\in\mathbf{N}^*)$，其中

$$a=1+C_n^2(\sqrt{2})^2+C_n^4(\sqrt{2})^4+\cdots,b=C_n^1+C_n^3(\sqrt{2})^2+C_n^5(\sqrt{2})^4+\cdots$$

得
$$(1+\sqrt{2})^n-(1-\sqrt{2})^n=2\sqrt{2}b$$

当 n 是正偶数时，得

$$(1+\sqrt{2})^n-\frac{1}{(1+\sqrt{2})^n}=2\sqrt{2}b$$

$$[(1+\sqrt{2})^n]^2-2\sqrt{2}b(1+\sqrt{2})^n-1=0$$

$$(1+\sqrt{2})^n=\sqrt{2b^2+1}+\sqrt{2b^2}$$

即此时欲证成立.

当 n 是正奇数时，得

$$(1+\sqrt{2})^n+\frac{1}{(1+\sqrt{2})^n}=2\sqrt{2}b$$

$$[(1+\sqrt{2})^n]^2-2\sqrt{2}b(1+\sqrt{2})^n+1=0$$

$$(1+\sqrt{2})^n=\sqrt{2b^2}+\sqrt{2b^2-1}$$

即此时欲证也成立.

证毕!

209.(2011 年华约自主招生试题第 13 题)已知函数 $f(x)=\frac{2x}{ax+b}$,$f(1)=1$,$f\left(\frac{1}{2}\right)=\frac{2}{3}$,数列 $\{x_n\}$ 满足 $x_{n+1}=f(x_n)$,且 $x_1=\frac{1}{2}$.

(1) 求数列 $\{x_n\}$ 的通项;

(2) 求证:$x_1x_2\cdots x_n>\frac{1}{2\mathrm{e}}$(其中 $\mathrm{e}=2.718\ 28\cdots$ 是自然对数的底数).

解 (1) 可得 $f(x)=\frac{2x}{x+1}$,$x_{n+1}=\frac{2x_n}{x_n+1}$.

再由 $x_1=\frac{1}{2}$ 及数学归纳法可证得 $x_n>0(n\in\mathbf{N}^*)$.

从而可得 $\frac{1}{x_{n+1}}=\frac{1}{2}\cdot\frac{1}{x_n}+\frac{1}{2}$,$\frac{1}{x_{n+1}}-1=\frac{1}{2}\left(\frac{1}{x_n}-1\right)$,$\frac{1}{x_n}-1=\frac{1}{2^{n-1}}$,$x_n=\frac{1}{1+\frac{1}{2^{n-1}}}(n\in\mathbf{N}^*)$.

(2) 证法 1 只需证明

$$\left(1+\frac{1}{2}\right)\left(1+\frac{1}{2^2}\right)\cdots\left(1+\frac{1}{2^n}\right)<\mathrm{e}\quad(n\in\mathbf{N}^*)$$

由均值不等式,可得

$$\left(1+\frac{1}{2}\right)\left(1+\frac{1}{2^2}\right)\cdots\left(1+\frac{1}{2^n}\right)\leqslant\left[\frac{n+\frac{1}{2}+\frac{1}{2^2}+\cdots+\frac{1}{2^n}}{n}\right]^n$$

$$<\left[1+\frac{\frac{1}{2}+\frac{1}{2^2}+\cdots+\frac{1}{2^n}+\cdots}{n}\right]^n=\left(1+\frac{1}{n}\right)^n<\mathrm{e}\quad(n\in\mathbf{N}^*)$$

证法 2 用导数易证 $\mathrm{e}^x\geqslant x+1$(当且仅当 $x=1$ 时取等号),$\ln(x+1)\leqslant x$(当且仅当 $x=0$ 时取等号).

由此可得

$$1>1-\frac{1}{2^n}=\frac{1}{2}+\frac{1}{2^2}+\frac{1}{2^3}+\cdots+\frac{1}{2^n}$$

$$>\ln\left(1+\frac{1}{2}\right)+\ln\left(1+\frac{1}{2^2}\right)+\ln\left(1+\frac{1}{2^3}\right)+\cdots+\ln\left(1+\frac{1}{2^n}\right)$$

$$> \ln\left(1+\frac{1}{2}\right)\left(1+\frac{1}{2^2}\right)\left(1+\frac{1}{2^3}\right)\cdots\left(1+\frac{1}{2^n}\right)$$

所以

$$e > \left(1+\frac{1}{2}\right)\left(1+\frac{1}{2^2}\right)\left(1+\frac{1}{2^3}\right)\cdots\left(1+\frac{1}{2^n}\right)$$

由此可得欲证结论成立.

210.(2006 年武汉大学自主招生试题) 如果正数列$\{a_n\}$满足 $a_{n-1}+a_{n+1} \geqslant 2a_n(n \geqslant 2, n \in \mathbf{N})$.

(1) 求证:$a_p - a_q \geqslant (p-q)(a_{q+1}-a_q), p, q \in \mathbf{N}^*$;

(2) 若数列$\{a_n\}$的前 n 项和为 S_n,求证:$a_n - a_{n+1} \leqslant \dfrac{2S_n}{n(n+1)}$.

证明　(1) 得 $a_{n+1}-a_n \geqslant a_n - a_{n-1}(n \geqslant 2, n \in \mathbf{N})$.

当 $p > q$ 时,得

$$a_p - a_{p-1} \geqslant a_{p-1} - a_{p-2} \geqslant \cdots \geqslant a_{q+1} - a_q$$

$$a_p - a_q = (a_p - a_{p-1}) + (a_{p-1} - a_{p-2}) + \cdots + (a_{q+1} - a_q) \geqslant (p-q)(a_{q+1} - a_q)$$

当 $p = q$ 时,$a_p - a_q = (p-q)(a_{q+1} - a_q)$.

当 $p < q$ 时,得

$$a_p - a_{p+1} \geqslant a_{p+1} - a_{p+2} \geqslant \cdots \geqslant a_q - a_{q+1}$$

$$\begin{aligned} a_p - a_q &= (a_p - a_{p+1}) + (a_{p+1} - a_{p+2}) + \cdots + (a_q - a_{q+1}) \\ &\geqslant (q-p)(a_q - a_{q+1}) = (p-q)(a_{q+1} - a_q) \end{aligned}$$

得欲证成立.

(2) 在结论(1) 中令 $q = n$,得

$$(a_n - a_{n+1})(n-p) \leqslant a_p - a_n$$

$$(n-p+1)a_n \leqslant a_p + (n-p)a_{n+1}$$

再令 $p = 1, 2, \cdots, n$ 后,把得到的 n 个不等式相加,得

$$\frac{n(n+1)}{2}a_n \leqslant S_n + \frac{n(n-1)}{2}a_{n+1} < S_n + \frac{n(n+1)}{2}a_{n+1}$$

$$a_n - a_{n+1} < \frac{2S_n}{n(n+1)}$$

$$a_n - a_{n+1} \leqslant \frac{2S_n}{n(n+1)}$$

211.(2004 年上海交通大学自主招生暨冬令营数学试题第二题第 6 题) 已知$\{b_n\}$是公差为 6 的等差数列,$b_{n+1} = a_{n+1} - a_n (n \in \mathbf{N}^*)$.

(1) 用 a_1, b_1, n 表示数列$\{a_n\}$的通项公式;

(2) 若 $a_1 = -b_1 = a, a \in [27, 33]$,求 a_n 的最小值及取最小值时 n 的值.

解　(1) 可得

$$b_{i+1} = b_1 + 6i \quad (i \in \mathbf{N}^*)$$

$$a_{i+1}-a_i=6i+b_1\quad (i\in \mathbf{N}^*)$$

所以

$$\begin{aligned}a_n&=a_1+(a_2-a_1)+(a_3-a_2)+\cdots+(a_n-a_{n-1})\\&=a_1+6[1+2+3+\cdots+(n-1)]+b_1(n-1)\\&=a_1+b_1(n-1)+3n(n-1)\end{aligned}$$

(2) 由(1) 的答案及题设,可得

$$a_n=3n^2-(a+3)n+a=3\left(n-\frac{a+3}{6}\right)^2+\frac{-a^2+18a-9}{12}$$

由此可得:

① 当 $a\in[27,30)$ 时,$5\leqslant\frac{a+3}{6}<5.5$,所以当且仅当 $n=5$ 时,$(a_n)_{\min}=60-3a$;

② 当 $a=30$ 时,$\frac{a+3}{6}=5.5$,所以当且仅当 $n=5$ 或 6 时,$(a_n)_{\min}=-30$;

③ 当 $a\in(30,33]$ 时,$5.5<\frac{a+3}{6}\leqslant 6$,所以当且仅当 $n=6$ 时,$(a_n)_{\min}=90-4a$.

212.(2018 年全国高中数学联合竞赛一试(A 卷) 第 10 题) 已知实数列 a_1,a_2,a_3,$\cdots$ 满足:对任意正整数 n,有 $a_n(2S_n-a_n)=1$,其中 S_n 表示数列的前 n 项和. 证明:

(1) 对任意正整数 n,有 $a_n<2\sqrt{n}$;

(2) 对任意正整数 n,有 $a_na_{n+1}<1$.

解 (1) 约定 $S_0=0$,可得

$$1=a_n(2S_n-a_n)=(S_n-S_{n-1})(S_n+S_{n-1})=S_n^2-S_{n-1}^2\quad(n\in\mathbf{N}^*)$$

再由累加法,可求得 $S_n^2=n,S_n=\pm\sqrt{n}(n\in\mathbf{N}^*)$,所以

$$a_n=S_n-S_{n-1}\leqslant\sqrt{n}+\sqrt{n-1}<2\sqrt{n}$$

(2) 仅需考虑 $a_na_{n+1}>0$ 的情形. 不是一般性,还可设 $a_n>0,a_{n+1}>0$(否则,将原数列的各项均变为相反数,仍满足题设),得 $S_{n+1}>S_n>S_{n-1}>-\sqrt{n}$,所以

$$S_n=\sqrt{n},S_{n+1}=\sqrt{n+1}$$

因而 $a_n=S_n-S_{n-1}=\sqrt{n}\pm\sqrt{n-1}$,$a_{n+1}=\sqrt{n+1}-\sqrt{n}$,所以

$$a_na_{n+1}<(\sqrt{n}+\sqrt{n-1})(\sqrt{n+1}-\sqrt{n})<(\sqrt{n+1}+\sqrt{n})(\sqrt{n+1}-\sqrt{n})=1$$

213.(2018 年全国高中数学联合竞赛一试(B 卷) 第 9 题) 已知数列 $\{a_n\}$:$a_1=7,\frac{a_{n+1}}{a_n}=a_n+2,n=1,2,3,\cdots$. 求满足 $a_n>4^{2\,018}$ 的最小正整数 n.

解　由$\dfrac{a_{n+1}}{a_n}=a_n+2$,可得$a_{n+1}+1=(a_n+1)^2(n\in\mathbf{N}^*)$,再由$a_1+1=8>0$及数学归纳法可证得$a_n+1>0(n\in\mathbf{N}^*)$,所以

$$\ln(a_{n+1}+1)=\ln(a_n+1)^2=2\ln(a_n+1)\quad(n\in\mathbf{N}^*)$$

$$\ln(a_n+1)=2^{n-1}\ln(a_1+1)=2^{n-1}\ln 8=\ln 2^{3\cdot 2^{n-1}}\quad(n\in\mathbf{N}^*)$$

$$a_n+1=2^{3\cdot 2^{n-1}}\quad(n\in\mathbf{N}^*)$$

$$a_n=2^{3\cdot 2^{n-1}}-1\quad(n\in\mathbf{N}^*)$$

所以

$$\begin{aligned}a_n>4^{2\,018}&\Leftrightarrow 2^{3\cdot 2^{n-1}}-1>2^{2\cdot 2\,018}\\&\Leftrightarrow 3\cdot 2^{n-1}>2\cdot 2\,018\\&\Leftrightarrow 2^{n-1}\geqslant 1\,346\Leftrightarrow n\geqslant 12\quad(n\in\mathbf{N}^*)\end{aligned}$$

因而满足$a_n>4^{2\,018}$的最小正整数n是 12.

214.(2017 年全国高中数学联合竞赛(四川初赛)第 13 题)已知数列$\{a_n\}$满足:$a_1=a,a_{n+1}=\dfrac{5a_n-8}{a_n-1}(n\in\mathbf{N}^*)$.

(1) 若$a=3$,求证:数列$\left\{\dfrac{a_n-2}{a_n-4}\right\}$成等比数列,并求数列$\{a_n\}$的通项公式;

(2) 若对任意的正整数n,都有$a_n>3$,求实数a的取值范围.

解　(1) 若$\exists n_0\in\mathbf{N}^*,n_0\geqslant 2,a_{n_0}=4$,则由题设中的递推式可得,$a_{n_0-1}=4$,进而可得$a_1=4$,这与题设$a_1=3$矛盾! 所以$a_n\neq 4(n\in\mathbf{N}^*)$.

再由题设,可得

$$\frac{a_{n+1}-2}{a_{n+1}-4}=3\cdot\frac{a_n-2}{a_n-4}\quad(n\in\mathbf{N}^*)$$

得$\left\{\dfrac{a_n-2}{a_n-4}\right\}$是首项为$\dfrac{a_1-2}{a_1-4}=-1$、公比为 3 的等比数列,因而

$$\frac{a_n-2}{a_n-4}=-3^{n-1}\quad(n\in\mathbf{N}^*)$$

进而可求得数列$\{a_n\}$的通项公式是$a_n=\dfrac{4\cdot 3^{n-1}+2}{3^{n-1}+1}$.

(2) 解法 1　当$a=4$时,用数学归纳法可证得$a_n=4(n\in\mathbf{N}^*)$,此时满足题设$a_n>3(n\in\mathbf{N}^*)$.

当$a\neq 4$时,由(1) 的解答可得

$$\frac{a_n-2}{a_n-4}=\frac{a-2}{a-4}\cdot 3^{n-1}\quad(n\in\mathbf{N}^*)$$

设$\dfrac{a-2}{a-4}=b$,可得

$$\frac{2}{a_n-4}=b\cdot 3^{n-1}-1\quad (n\in\mathbf{N}^*)$$

$$a_n=\frac{2}{b\cdot 3^{n-1}-1}+4\quad (n\in\mathbf{N}^*)$$

题设 $a_n>3(n\in\mathbf{N}^*)$ 即

$$\frac{2}{b\cdot 3^{n-1}-1}+1=\frac{b\cdot 3^{n-1}+1}{b\cdot 3^{n-1}-1}>0\quad (n\in\mathbf{N}^*)$$

$$b<-3^{n-1}\text{ 或 }b>3^{n-1}\quad (n\in\mathbf{N}^*)$$

设命题 $p:\forall n\in\mathbf{N}^*,b<-3^{1-n}$ 或 $b>3^{1-n}$，则 $\neg p:\exists n\in\mathbf{N}^*,-3^{1-n}\leqslant b\leqslant 3^{1-n}$.

设 $c_n=3^{1-n}(n\in\mathbf{N}^*)$，可得 $-c_n<-c_{n+1}<c_{n+1}<c_n$，所以 $\neg p$ 即 $b\in\bigcup\limits_{n=1}^{\infty}[-c_n,c_n]$ 也即 $b\in[-c_1,c_1]$，$b\in[-1,1]$. 因而，p 即 $b\in\complement_{\mathrm{R}}[-1,1]$ 也即

$$|b|>1,\left|\frac{a-2}{a-4}\right|>1,|a-2|>|a-4|,(a-2)^2>(a-4)^2$$

所以此时 a 的取值范围是"$a>3$ 且 $a\neq 4$".

综上所述，可得所求实数 a 的取值范围是 $(3,+\infty)$.

解法 2　由解法 1 可得，当 $a=4$ 时满足题设 $a_n>3(n\in\mathbf{N}^*)$.

当 $a\neq 4$ 时，设 $\frac{a-2}{a-4}=b$，由解法 1 可得，题设 $a_n>3(n\in\mathbf{N}^*)$ 即

$$b<-3^{1-n}\text{ 或 }b>3^{1-n}(n\in\mathbf{N}^*)\qquad ①$$

因为当 $n=1$ 时成立，因而 $b<-1$ 或 $b>1$.

当 $b<-1$ 时，可得 $b<-1\leqslant -3^{1-n}(n\in\mathbf{N}^*)$，得 ① 成立；当 $b>1$ 时，可得 $b>1>3^{1-n}(n\in\mathbf{N}^*)$，得 ① 也成立.

综上所述，可得 b 的取值范围是"$b<-1$ 或 $b>1$"，进而可求得所求实数 a 的取值范围是 $(3,+\infty)$.

解法 3　由 $a_n>3(n\in\mathbf{N}^*)$，可得 $a=a_1>3$.

由解法 1 可得，当 $a=4$ 时满足题设 $a_n>3(n\in\mathbf{N}^*)$.

当 $a\neq 4$ 时，设 $\frac{a-2}{a-4}=b$，由解法 1 可得 $a_n=\frac{2}{b\cdot 3^{n-1}-1}+4(n\in\mathbf{N}^*)$.

当 $3<a<4$ 时，可得 $b<0$，再得 $0>b\cdot 3^{n-1}-1>b\cdot 3^n-1(n\in\mathbf{N}^*)$，进而可得 $a_n<a_{n+1}(n\in\mathbf{N}^*)$，$\{a_n\}$ 是递增数列，所以 $a_n\geqslant a_1=a>3(n\in\mathbf{N}^*)$，得此时满足题设.

当 $a>4$ 时，可得 $b>1$，$b\cdot 3^{n-1}-1>0$，$a_n=\frac{2}{b\cdot 3^{n-1}-1}+4>4>3$ $(n\in\mathbf{N}^*)$，得此时也满足题设.

综上所述，可得所求实数 a 的取值范围是 $(3,+\infty)$.

解法4　由 $a_n > 3(n \in \mathbf{N}^*)$，可得 $a = a_1 > 3$.

下面用数学归纳法证明：当 $a > 3$ 时，$a_n > 3(n \in \mathbf{N}^*)$.

当 $n = 1$ 时成立：$a_1 > 3$.

假设 $n = k$ 时成立：$a_k > 3$. 可得 $n = k + 1$ 时也成立：$a_{k+1} = \frac{5a_k - 8}{a_k - 1} = 3 + \frac{2a_k - 5}{a_k - 1} > 3$.

所以欲证结论成立.

综上所述，可得所求实数 a 的取值范围是 $(3, +\infty)$.

215.（2015年全国高中数学联赛浙江预赛附加题第1题）已知数列 $\{a_n\}$ 满足 $a_1 = 1, a_{n+1} = 3a_n + 2\sqrt{2a_n^2 - 1}, n \in \mathbf{N}^*$.

(1) 证明：数列 $\{a_n\}$ 的各项都是正整数；

(2) 是否存在 $m \in \mathbf{N}^*$，使得 $2\,015 \mid a_m$，并说明理由.

解　解法1　(1) 由 $a_{n+1} = 3a_n + 2\sqrt{2a_n^2 - 1}$，可得

$$a_{n+1}^2 - 6a_n a_{n+1} + a_n^2 + 4 = 0 \qquad ①$$

同理，可得

$$a_{n+2}^2 - 6a_{n+2}a_{n+1} + a_{n+1}^2 + 4 = 0$$

所以 a_n, a_{n+2} 是关于 x 的一元二次方程

$$x^2 - 6a_{n+1}x + a_{n+1}^2 + 4 = 0$$

的两个根，得 $a_n + a_{n+2} = 6a_{n+1}$，即 $a_{n+2} = 6a_{n+1} - a_n$.

又因为 $a_1 = 1, a_2 = 5$，所以用数学归纳法可证得数列 $\{a_n\}$ 的各项都是正整数.

(2) 假设存在 $m \in \mathbf{N}^*$，使得 $2\,015 \mid a_m$，得 $31 \mid a_m$（因为 $2\,015 = 31 \times 65$）.

可得 $a_m a_{m+2} = a_{m+1}^2 + 4$，所以 $31 \mid a_{m+1}^2 + 4$，即

$$a_{m+1}^2 \equiv -4, a_{m+1}^{30} \equiv (-4)^{15} \equiv -2^{30} \pmod{31}$$

由 Fermat 小定理知，$2^{30} \equiv 1 \pmod{31}$，所以 $a_{m+1}^{30} \equiv -1 \pmod{31}$.

所以 $(a_{m+1}, 31) = 1$. 再由 Fermat 小定理知，$a_{m+1}^{30} \equiv 1 \pmod{31}$，所以 $-1 \equiv 1, 2 \equiv 0 \pmod{31}$，这不可能！

所以不存在 $m \in \mathbf{N}^*$，使得 $2\,015 \mid a_m$.

解法2　(1) 同解法1，可得 $a_1 = 1, a_2 = 5, a_{n+2} = 6a_{n+1} - a_n$.

由此可求得

$$\begin{aligned} a_n &= \frac{2-\sqrt{2}}{4}(3 - 2\sqrt{2})^{n-1} + \frac{2+\sqrt{2}}{4}(3 + 2\sqrt{2})^{n-1} \\ &= \frac{\sqrt{2}}{4}[(\sqrt{2} - 1)^{2n-1} + (\sqrt{2} + 1)^{2n-1}] \end{aligned}$$

$$=C_{2n-1}^{0}\cdot 2^{n-1}+C_{2n-1}^{2}\cdot 2^{n-2}+C_{2n-1}^{4}\cdot 2^{n-3}+\cdots+C_{2n-1}^{2n-2}\cdot 2^{0}$$

所以数列$\{a_n\}$的各项都是正整数.

(2) 同解法1.

注 由①,还可得

$$(a_{n+1}+a_n)^2=4(2a_{n+1}a_n-1)$$

$$(a_{n+1}-a_n)^2=4(a_{n+1}a_n-1)$$

所以由本题的题设,可得$a_na_{n+1}-1,2a_na_{n+1}-1(n\in \mathbf{N}^*)$均是完全平方数.

216.(2014年全国高中数学联赛安徽省初赛试卷第10题)设数列$\{a_n\}$满足$a_1=1,a_{n+1}=\dfrac{a_n^2+3}{2a_n},n\geqslant 1$.求证:

(1) 当$n\geqslant 2$时,a_n严格单调递减;

(2) 当$n\geqslant 1$时,$|a_{n+1}-\sqrt{3}|=2\sqrt{3}\ \dfrac{r^{2n}}{1-r^{2n}}$,这里$r=2-\sqrt{3}$.

解 (1) 由题设及数学归纳法可证得$a_n\in \mathbf{Q}_+(n\in \mathbf{N}^*)$.

当$n\geqslant 2$时,由均值不等式可得$a_1=1,a_{n+1}=\dfrac{a_n^2+3}{2a_n}>\dfrac{2\sqrt{3}a_n}{2a_n}=\sqrt{3}(n\in \mathbf{N}^*)$.

从而$a_{n+1}-a_n=\dfrac{3-a_n^2}{2a_n}>0,a_{n+1}>a_n(n\in \mathbf{N}^*)$,所以$\{a_n\}$是严格单调递减数列.

(2) 由$a_{n+1}=\dfrac{a_n^2+3}{2a_n}(n\in \mathbf{N}^*)$,可得

$$\frac{a_{n+1}-\sqrt{3}}{a_{n+1}+\sqrt{3}}=\left(\frac{a_{n+1}-\sqrt{3}}{a_{n+1}+\sqrt{3}}\right)^2\quad(n\in \mathbf{N}^*)$$

$$\frac{a_{n+1}-\sqrt{3}}{a_{n+1}+\sqrt{3}}=r^{2n}\quad(n\in \mathbf{N}^*)$$

其中$r=\left|\dfrac{a_1-\sqrt{3}}{a_1+\sqrt{3}}\right|=2-\sqrt{3}$.

进而可得

$$a_{n+1}=\sqrt{3}\cdot\frac{1+r^{2n}}{1-r^{2n}}\quad(n\in \mathbf{N}^*)$$

$$|a_{n+1}-\sqrt{3}|=2\sqrt{3}\ \frac{r^{2n}}{1-r^{2n}}$$

217.(2013年全国高中数学联赛安徽赛区初赛试题第12题)设数列$\{a_n\}$满足$a_1=1,a_2=2,a_n=\dfrac{(1+a_{n-1})^2}{a_{n-2}}(n\geqslant 3)$.

(1) 求数列$\{a_n\}$的通项公式；

(2) 求证：对任意正整数k，$\sqrt{a_{2k-1}}$和$\sqrt{\frac{a_{2k}}{2}}$都是整数.

解　(1) 由数学归纳法知$a_n>0(n\in\mathbf{N}^*)$. 可得

$$a_{n+1}a_{n-1}=a_n^2+2a_n+1, a_na_{n-2}=a_{n-1}^2+2a_{n-1}+1\quad(n\geqslant 3)$$

相减后，可得$\frac{a_{n+1}+a_{n-1}+2}{a_n}=\frac{a_n+a_{n-2}+2}{a_{n-1}}(n\geqslant 3)$，即数列$\left\{\frac{a_{n+2}+a_n+2}{a_{n+1}}\right\}$是常数列.

可得$a_3=9$，所以$\frac{a_{n+2}+a_n+2}{a_{n+1}}=6$，$a_{n+2}=6a_{n+1}-a_n-2$.

令$a_n=b_n+\frac{1}{2}$，得$b_{n+2}=6b_{n+1}-b_n$.

……

可求得$a_n=\frac{(3+2\sqrt{2})^{n-1}+(3-2\sqrt{2})^{n-1}+2}{4}$.

(2) 由(1) 的结论，得

$$\sqrt{a_{2k-1}}=\frac{(3+2\sqrt{2})^{k-1}+(3-2\sqrt{2})^{k-1}}{2}=\sum_{0\leqslant 2j\leqslant k-1, j\in\mathbf{N}}\mathrm{C}_{k-1}^{2j}3^{k-1-2j}2^{3j}$$

$$\sqrt{\frac{a_{2k}}{2}}=\frac{(\sqrt{2}+1)^{2k-1}+(\sqrt{2}-1)^{2k-1}}{2\sqrt{2}}=\sum_{j=0}^{k-1}\mathrm{C}_{2k-1}^{2j+1}2^j$$

所以欲证成立.

218.(2012 年高中数学联赛辽宁赛区预赛试题第 16 题) 设递增数列$\{a_n\}$满足$a_1=1$，$4a_{n+1}=5a_n+\sqrt{9a_n^2+16}(n\geqslant 1)$.

(1) 求数列$\{a_n\}$的通项公式；

(2) 证明：$\frac{1}{a_1}+\frac{1}{a_2}+\frac{1}{a_3}+\cdots+\frac{1}{a_n}<2$.

解　(1) 解法 1　由$4a_{n+1}=5a_n+\sqrt{9a_n^2+16}(n\geqslant 1)$，可得

$$a_{n+1}^2+a_n^2-\frac{5}{2}a_{n+1}a_n=1\quad(n\geqslant 1)$$

所以

$$a_{n+2}^2+a_{n+1}^2-\frac{5}{2}a_{n+2}a_{n+1}=1\quad(n\geqslant 1)$$

把这两式相减，得

$$(a_{n+2}-a_n)\left(a_{n+2}+a_n-\frac{5}{2}a_{n+1}\right)=0\quad(n\geqslant 1)$$

由题设易知$\{a_n\}$是递增数列，所以$a_{n+2}=\frac{5}{2}a_{n+1}-a_n(n\geqslant 1)$.

进而可求得数列$\{a_n\}$的通项公式是$a_n=\frac{2}{3}\left(2^n-\frac{1}{2^n}\right)$.

解法 2　可求得$a_1=1,a_2=\frac{5}{2}=\frac{1+4}{2},a_3=\frac{21}{4}=\frac{1+4+4^2}{2^2},a_4=\frac{85}{8}=\frac{1+4+4^2+4^3}{2^3}$,所以可猜测

$$a_n=\frac{1+4+4^2+4^{n-1}}{2^{n-1}}$$

即

$$a_n=\frac{2}{3}\left(2^n-\frac{1}{2^n}\right)$$

接下来,可用数学归纳法证得$a_n=\frac{2}{3}\left(2^n-\frac{1}{2^n}\right)(n\in\mathbf{N}^*)$恒成立,所以所求数列$\{a_n\}$的通项公式就是$a_n=\frac{2}{3}\left(2^n-\frac{1}{2^n}\right)$.

解法 3　同解法 2,可猜测$a_n=\frac{2}{3}\left(2^n-\frac{1}{2^n}\right)$.

易证其满足全部题设.又满足题设的数列$\{a_n\}$是唯一存在的,所以所求数列$\{a_n\}$的通项公式就是$a_n=\frac{2}{3}\left(2^n-\frac{1}{2^n}\right)$.

(2) 设$S_n=\frac{1}{a_1}+\frac{1}{a_2}+\frac{1}{a_3}+\cdots+\frac{1}{a_n}$.

由$2^n-\frac{1}{2^n}=2\left(2^{n-1}-\frac{1}{2^{n+1}}\right)>2\left(2^{n-1}-\frac{1}{2^{n-1}}\right)$,得$a_n>2a_{n-1}$,$\frac{1}{a_n}<\frac{1}{2}\cdot\frac{1}{a_{n-1}}(n\geqslant 2)$,所以

$$\begin{aligned}S_n&=\frac{1}{a_1}+\frac{1}{a_2}+\frac{1}{a_3}+\cdots+\frac{1}{a_n}<\frac{1}{a_1}+\frac{1}{2}\left(\frac{1}{a_1}+\frac{1}{a_2}+\cdots+\frac{1}{a_{n-1}}\right)\\&=\frac{1}{a_1}+\frac{1}{2}\left(S_n-\frac{1}{a_n}\right)<\frac{1}{a_1}+\frac{1}{2}S_n\quad(n\geqslant 2)\end{aligned}$$

$$S_n<\frac{2}{a_1}=2\quad(n\geqslant 2)$$

又因为$S_1=\frac{1}{a_1}=1<2$,所以欲证结论成立.

219.(1988 年全国高中数学联赛二试第一题)已知数列$\{a_n\}$,其中$a_1=1$,$a_2=2,a_{n+2}=\begin{cases}5a_{n+1}-3a_n, a_na_{n+1}\text{ 为偶数}\\a_{n+1}-a_n, a_na_{n+1}\text{ 为奇数}\end{cases}(n\in\mathbf{N}^*)$.试证:对一切$n\in\mathbf{N}^*$,$a_n\neq 0$.

解　我们先用数学归纳法证明下面三个结论同时成立:a_{3k+1}被 4 除余 1,

a_{3k+2} 被 4 除余 2，a_{3k+3} 被 4 除余 3，其中 $k \in \mathbf{N}$.

(i) 容易验证 $k=0$ 时成立：因为 $a_1=1, a_2=2, a_3=7$.

(ii) 假设 $k=l$ 时成立：a_{3l+1} 被 4 除余 1，a_{3l+2} 被 4 除余 2，a_{3l+3} 被 4 除余 3，其中 k 是某个已知的自然数.

由 a_{3l+2} 是偶数，可得 $a_{3l+2}a_{3l+3}$ 是偶数，从而 $a_{3l+4}=5a_{3l+3}-3a_{3l+2}$，所以 a_{3l+4} 与 $a_{3l+3}+a_{3l+2}$ 被 4 除所得的余数相同，得 a_{3l+4} 被 4 除余 1.

由 a_{3l+3}，a_{3l+4} 均是奇数，可得 $a_{3l+5}=a_{3l+4}-a_{3l+3}$，从而 a_{3l+5} 被 4 除余 2.

由 a_{3l+5} 是偶数，可得 $a_{3l+4}a_{3l+5}$ 是偶数，从而 $a_{3l+6}=5a_{3l+5}-3a_{3l+4}$，所以 a_{3l+6} 与 $a_{3l+5}+a_{3l+4}$ 被 4 除所得的余数相同，得 a_{3l+6} 被 4 除余 3.

得 $k=l+1$ 时也成立.

所以欲证结论成立.

由证得的结论，可得对一切 $n \in \mathbf{N}^*$，a_n 被 4 除所得的余数不是 0，因而 $a_n \neq 0$.

刘培杰数学工作室
已出版(即将出版)图书目录——初等数学

书　名	出版时间	定　价	编号
新编中学数学解题方法全书(高中版)上卷(第2版)	2018－08	58.00	951
新编中学数学解题方法全书(高中版)中卷(第2版)	2018－08	68.00	952
新编中学数学解题方法全书(高中版)下卷(一)(第2版)	2018－08	58.00	953
新编中学数学解题方法全书(高中版)下卷(二)(第2版)	2018－08	58.00	954
新编中学数学解题方法全书(高中版)下卷(三)(第2版)	2018－08	68.00	955
新编中学数学解题方法全书(初中版)上卷	2008－01	28.00	29
新编中学数学解题方法全书(初中版)中卷	2010－07	38.00	75
新编中学数学解题方法全书(高考复习卷)	2010－01	48.00	67
新编中学数学解题方法全书(高考真题卷)	2010－01	38.00	62
新编中学数学解题方法全书(高考精华卷)	2011－03	68.00	118
新编平面解析几何解题方法全书(专题讲座卷)	2010－01	18.00	61
新编中学数学解题方法全书(自主招生卷)	2013－08	88.00	261

数学奥林匹克与数学文化(第一辑)	2006－05	48.00	4
数学奥林匹克与数学文化(第二辑)(竞赛卷)	2008－01	48.00	19
数学奥林匹克与数学文化(第二辑)(文化卷)	2008－07	58.00	36′
数学奥林匹克与数学文化(第三辑)(竞赛卷)	2010－01	48.00	59
数学奥林匹克与数学文化(第四辑)(竞赛卷)	2011－08	58.00	87
数学奥林匹克与数学文化(第五辑)	2015－06	98.00	370

世界著名平面几何经典著作钩沉——几何作图专题卷(上)	2009－06	48.00	49
世界著名平面几何经典著作钩沉——几何作图专题卷(下)	2011－01	88.00	80
世界著名平面几何经典著作钩沉(民国平面几何老课本)	2011－03	38.00	113
世界著名平面几何经典著作钩沉(建国初期平面三角老课本)	2015－08	38.00	507
世界著名解析几何经典著作钩沉——平面解析几何卷	2014－01	38.00	264
世界著名数论经典著作钩沉(算术卷)	2012－01	28.00	125
世界著名数学经典著作钩沉——立体几何卷	2011－02	28.00	88
世界著名三角学经典著作钩沉(平面三角卷Ⅰ)	2010－06	28.00	69
世界著名三角学经典著作钩沉(平面三角卷Ⅱ)	2011－01	38.00	78
世界著名初等数论经典著作钩沉(理论和实用算术卷)	2011－07	38.00	126

发展你的空间想象力(第2版)	2019－11	68.00	1117
空间想象力进阶	2019－05	68.00	1062
走向国际数学奥林匹克的平面几何试题诠释.第1卷	2019－07	88.00	1043
走向国际数学奥林匹克的平面几何试题诠释.第2卷	2019－09	78.00	1044
走向国际数学奥林匹克的平面几何试题诠释.第3卷	2019－03	78.00	1045
走向国际数学奥林匹克的平面几何试题诠释.第4卷	2019－09	98.00	1046
平面几何证明方法全书	2007－08	35.00	1
平面几何证明方法全书习题解答(第2版)	2006－12	18.00	10
平面几何天天练上卷・基础篇(直线型)	2013－01	58.00	208
平面几何天天练中卷・基础篇(涉及圆)	2013－01	28.00	234
平面几何天天练下卷・提高篇	2013－01	58.00	237
平面几何专题研究	2013－07	98.00	258
几何学习题集	2020－10	48.00	1217
通过解题学习代数几何	2021－04	88.00	1301

刘培杰数学工作室
已出版(即将出版)图书目录——初等数学

书　名	出版时间	定　价	编号
最新世界各国数学奥林匹克中的平面几何试题	2007－09	38.00	14
数学竞赛平面几何典型题及新颖解	2010－07	48.00	74
初等数学复习及研究(平面几何)	2008－09	68.00	38
初等数学复习及研究(立体几何)	2010－06	38.00	71
初等数学复习及研究(平面几何)习题解答	2009－01	58.00	42
几何学教程(平面几何卷)	2011－03	68.00	90
几何学教程(立体几何卷)	2011－07	68.00	130
几何变换与几何证题	2010－06	88.00	70
计算方法与几何证题	2011－06	28.00	129
立体几何技巧与方法	2014－04	88.00	293
几何瑰宝——平面几何 500 名题暨 1500 条定理(上、下)	2021－07	168.00	1358
三角形的解法与应用	2012－07	18.00	183
近代的三角形几何学	2012－07	48.00	184
一般折线几何学	2015－08	48.00	503
三角形的五心	2009－06	28.00	51
三角形的六心及其应用	2015－10	68.00	542
三角形趣谈	2012－08	28.00	212
解三角形	2014－01	28.00	265
探秘三角形:一次数学旅行	2021－10	68.00	1387
三角学专门教程	2014－09	28.00	387
图天下几何新题试卷.初中(第 2 版)	2017－11	58.00	855
圆锥曲线习题集(上册)	2013－06	68.00	255
圆锥曲线习题集(中册)	2015－01	78.00	434
圆锥曲线习题集(下册·第 1 卷)	2016－10	78.00	683
圆锥曲线习题集(下册·第 2 卷)	2018－01	98.00	853
圆锥曲线习题集(下册·第 3 卷)	2019－10	128.00	1113
圆锥曲线的思想方法	2021－08	48.00	1379
圆锥曲线的八个主要问题	2021－10	48.00	1415
论九点圆	2015－05	88.00	645
近代欧氏几何学	2012－03	48.00	162
罗巴切夫斯基几何学及几何基础概要	2012－07	28.00	188
罗巴切夫斯基几何学初步	2015－06	28.00	474
用三角、解析几何、复数、向量计算解数学竞赛几何题	2015－03	48.00	455
美国中学几何教程	2015－04	88.00	458
三线坐标与三角形特征点	2015－04	98.00	460
坐标几何学基础.第 1 卷,笛卡儿坐标	2021－08	48.00	1398
坐标几何学基础.第 2 卷,三线坐标	2021－09	28.00	1399
平面解析几何方法与研究(第 1 卷)	2015－05	18.00	471
平面解析几何方法与研究(第 2 卷)	2015－06	18.00	472
平面解析几何方法与研究(第 3 卷)	2015－07	18.00	473
解析几何研究	2015－01	38.00	425
解析几何学教程.上	2016－01	38.00	574
解析几何学教程.下	2016－01	38.00	575
几何学基础	2016－01	58.00	581
初等几何研究	2015－02	58.00	444
十九和二十世纪欧氏几何学中的片段	2017－01	58.00	696
平面几何中考.高考.奥数一本通	2017－07	28.00	820
几何学简史	2017－08	28.00	833
四面体	2018－01	48.00	880
平面几何证明方法思路	2018－12	68.00	913

刘培杰数学工作室
已出版(即将出版)图书目录——初等数学

书　　名	出版时间	定　价	编号
平面几何图形特性新析.上篇	2019－01	68.00	911
平面几何图形特性新析.下篇	2018－06	88.00	912
平面几何范例多解探究.上篇	2018－04	48.00	910
平面几何范例多解探究.下篇	2018－12	68.00	914
从分析解题过程学解题:竞赛中的几何问题研究	2018－07	68.00	946
从分析解题过程学解题:竞赛中的向量几何与不等式研究(全2册)	2019－06	138.00	1090
从分析解题过程学解题:竞赛中的不等式问题	2021－01	48.00	1249
二维、三维欧氏几何的对偶原理	2018－12	38.00	990
星形大观及闭折线论	2019－03	68.00	1020
立体几何的问题和方法	2019－11	58.00	1127
三角代换论	2021－05	58.00	1313
俄罗斯平面几何问题集	2009－08	88.00	55
俄罗斯立体几何问题集	2014－03	58.00	283
俄罗斯几何大师——沙雷金论数学及其他	2014－01	48.00	271
来自俄罗斯的5000道几何习题及解答	2011－03	58.00	89
俄罗斯初等数学问题集	2012－05	38.00	177
俄罗斯函数问题集	2011－03	38.00	103
俄罗斯组合分析问题集	2011－01	48.00	79
俄罗斯初等数学万题选——三角卷	2012－11	38.00	222
俄罗斯初等数学万题选——代数卷	2013－08	68.00	225
俄罗斯初等数学万题选——几何卷	2014－01	68.00	226
俄罗斯《量子》杂志数学征解问题100题选	2018－08	48.00	969
俄罗斯《量子》杂志数学征解问题又100题选	2018－08	48.00	970
俄罗斯《量子》杂志数学征解问题	2020－05	48.00	1138
463个俄罗斯几何老问题	2012－01	28.00	152
《量子》数学短文精粹	2018－09	38.00	972
用三角、解析几何等计算解来自俄罗斯的几何题	2019－11	88.00	1119

谈谈素数	2011－03	18.00	91
平方和	2011－03	18.00	92
整数论	2011－05	38.00	120
从整数谈起	2015－10	28.00	538
数与多项式	2016－01	38.00	558
谈谈不定方程	2011－05	28.00	119

解析不等式新论	2009－06	68.00	48
建立不等式的方法	2011－03	98.00	104
数学奥林匹克不等式研究(第2版)	2020－07	68.00	1181
不等式研究(第二辑)	2012－02	68.00	153
不等式的秘密(第一卷)(第2版)	2014－02	38.00	286
不等式的秘密(第二卷)	2014－01	38.00	268
初等不等式的证明方法	2010－06	38.00	123
初等不等式的证明方法(第二版)	2014－11	38.00	407
不等式·理论·方法(基础卷)	2015－07	38.00	496
不等式·理论·方法(经典不等式卷)	2015－07	38.00	497
不等式·理论·方法(特殊类型不等式卷)	2015－07	48.00	498
不等式探究	2016－03	38.00	582
不等式探秘	2017－01	88.00	689
四面体不等式	2017－01	68.00	715
数学奥林匹克中常见重要不等式	2017－09	38.00	845
三正弦不等式	2018－09	98.00	974
函数方程与不等式:解法与稳定性结果	2019－04	68.00	1058

刘培杰数学工作室
已出版(即将出版)图书目录——初等数学

书 名	出版时间	定 价	编号
同余理论	2012－05	38.00	163
[x]与{x}	2015－04	48.00	476
极值与最值.上卷	2015－06	28.00	486
极值与最值.中卷	2015－06	38.00	487
极值与最值.下卷	2015－06	28.00	488
整数的性质	2012－11	38.00	192
完全平方数及其应用	2015－08	78.00	506
多项式理论	2015－10	88.00	541
奇数、偶数、奇偶分析法	2018－01	98.00	876
不定方程及其应用.上	2018－12	58.00	992
不定方程及其应用.中	2019－01	78.00	993
不定方程及其应用.下	2019－02	98.00	994
历届美国中学生数学竞赛试题及解答(第一卷)1950－1954	2014－07	18.00	277
历届美国中学生数学竞赛试题及解答(第二卷)1955－1959	2014－04	18.00	278
历届美国中学生数学竞赛试题及解答(第三卷)1960－1964	2014－06	18.00	279
历届美国中学生数学竞赛试题及解答(第四卷)1965－1969	2014－04	28.00	280
历届美国中学生数学竞赛试题及解答(第五卷)1970－1972	2014－06	18.00	281
历届美国中学生数学竞赛试题及解答(第六卷)1973－1980	2017－07	18.00	768
历届美国中学生数学竞赛试题及解答(第七卷)1981－1986	2015－01	18.00	424
历届美国中学生数学竞赛试题及解答(第八卷)1987－1990	2017－05	18.00	769
历届中国数学奥林匹克试题集(第3版)	2021－10	58.00	1440
历届加拿大数学奥林匹克试题集	2012－08	38.00	215
历届美国数学奥林匹克试题集:1972～2019	2020－04	88.00	1135
历届波兰数学竞赛试题集.第1卷,1949～1963	2015－03	18.00	453
历届波兰数学竞赛试题集.第2卷,1964～1976	2015－03	18.00	454
历届巴尔干数学奥林匹克试题集	2015－05	38.00	466
保加利亚数学奥林匹克	2014－10	38.00	393
圣彼得堡数学奥林匹克试题集	2015－01	38.00	429
匈牙利奥林匹克数学竞赛题解.第1卷	2016－05	28.00	593
匈牙利奥林匹克数学竞赛题解.第2卷	2016－05	28.00	594
历届美国数学邀请赛试题集(第2版)	2017－10	78.00	851
普林斯顿大学数学竞赛	2016－06	38.00	669
亚太地区数学奥林匹克竞赛题	2015－07	18.00	492
日本历届(初级)广中杯数学竞赛试题及解答.第1卷(2000～2007)	2016－05	28.00	641
日本历届(初级)广中杯数学竞赛试题及解答.第2卷(2008～2015)	2016－05	38.00	642
越南数学奥林匹克题选:1962－2009	2021－07	48.00	1370
360个数学竞赛问题	2016－08	58.00	677
奥数最佳实战题.上卷	2017－06	38.00	760
奥数最佳实战题.下卷	2017－05	58.00	761
哈尔滨市早期中学数学竞赛试题汇编	2016－07	28.00	672
全国高中数学联赛试题及解答:1981—2019(第4版)	2020－07	138.00	1176
2021年全国高中数学联合竞赛模拟题集	2021－04	30.00	1302
20世纪50年代全国部分城市数学竞赛试题汇编	2017－07	28.00	797
国内外数学竞赛题及精解:2018～2019	2020－08	45.00	1192
国内外数学竞赛题及精解:2019～2020	2021－11	58.00	1439
许康华竞赛优学精选集.第一辑	2018－08	68.00	949
天问叶班数学问题征解100题.Ⅰ,2016－2018	2019－05	88.00	1075
天问叶班数学问题征解100题.Ⅱ,2017－2019	2020－07	98.00	1177
美国初中数学竞赛:AMC8准备(共6卷)	2019－07	138.00	1089
美国高中数学竞赛:AMC10准备(共6卷)	2019－08	158.00	1105

刘培杰数学工作室
已出版(即将出版)图书目录——初等数学

书　　名	出版时间	定　价	编号
王连笑教你怎样学数学:高考选择题解题策略与客观题实用训练	2014－01	48.00	262
王连笑教你怎样学数学:高考数学高层次讲座	2015－02	48.00	432
高考数学的理论与实践	2009－08	38.00	53
高考数学核心题型解题方法与技巧	2010－01	28.00	86
高考思维新平台	2014－03	38.00	259
高考数学压轴题解题诀窍(上)(第2版)	2018－01	58.00	874
高考数学压轴题解题诀窍(下)(第2版)	2018－01	48.00	875
北京市五区文科数学三年高考模拟题详解:2013～2015	2015－08	48.00	500
北京市五区理科数学三年高考模拟题详解:2013～2015	2015－09	68.00	505
向量法巧解数学高考题	2009－08	28.00	54
高中数学课堂教学的实践与反思	2021－11	48.00	791
数学高考参考	2016－01	78.00	589
新课程标准高考数学解答题各种题型解法指导	2020－08	78.00	1196
全国及各省市高考数学试题审题要津与解法研究	2015－02	48.00	450
高中数学章节起始课的教学研究与案例设计	2019－05	28.00	1064
新课标高考数学——五年试题分章详解(2007～2011)(上、下)	2011－10	78.00	140,141
全国中考数学压轴题审题要津与解法研究	2013－04	78.00	248
新编全国及各省市中考数学压轴题审题要津与解法研究	2014－05	58.00	342
全国及各省市5年中考数学压轴题审题要津与解法研究(2015版)	2015－04	58.00	462
中考数学专题总复习	2007－04	28.00	6
中考数学较难题常考题型解题方法与技巧	2016－09	48.00	681
中考数学难题常考题型解题方法与技巧	2016－09	48.00	682
中考数学中档题常考题型解题方法与技巧	2017－08	68.00	835
中考数学选择填空压轴好题妙解365	2017－05	38.00	759
中考数学:三类重点考题的解法例析与习题	2020－04	48.00	1140
中小学数学的历史文化	2019－11	48.00	1124
初中平面几何百题多思创新解	2020－01	58.00	1125
初中数学中考备考	2020－01	58.00	1126
高考数学之九章演义	2019－08	68.00	1044
化学可以这样学:高中化学知识方法智慧感悟疑难辨析	2019－07	58.00	1103
如何成为学习高手	2019－09	58.00	1107
高考数学:经典真题分类解析	2020－04	78.00	1134
高考数学解答题破解策略	2020－11	58.00	1221
从分析解题过程学解题:高考压轴题与竞赛题之关系探究	2020－08	88.00	1179
教学新思考:单元整体视角下的初中数学教学设计	2021－03	58.00	1278
思维再拓展:2020年经典几何题的多解探究与思考	即将出版		1279
中考数学小压轴汇编初讲	2017－07	48.00	788
中考数学大压轴专题微言	2017－09	48.00	846
怎么解中考平面几何探索题	2019－06	48.00	1093
北京中考数学压轴题解题方法突破(第6版)	2020－11	58.00	1120
助你高考成功的数学解题智慧:知识是智慧的基础	2016－01	58.00	596
助你高考成功的数学解题智慧:错误是智慧的试金石	2016－04	58.00	643
助你高考成功的数学解题智慧:方法是智慧的推手	2016－04	68.00	657
高考数学奇思妙解	2016－04	38.00	610
高考数学解题策略	2016－05	48.00	670
数学解题泄天机(第2版)	2017－10	48.00	850

刘培杰数学工作室
已出版(即将出版)图书目录——初等数学

书　名	出版时间	定　价	编号
高考物理压轴题全解	2017－04	58.00	746
高中物理经典问题 25 讲	2017－05	28.00	764
高中物理教学讲义	2018－01	48.00	871
中学物理基础问题解析	2020－08	48.00	1183
2016 年高考文科数学真题研究	2017－04	58.00	754
2016 年高考理科数学真题研究	2017－04	78.00	755
2017 年高考理科数学真题研究	2018－01	58.00	867
2017 年高考文科数学真题研究	2018－01	48.00	868
初中数学、高中数学脱节知识补缺教材	2017－06	48.00	766
高考数学小题抢分必练	2017－10	48.00	834
高考数学核心素养解读	2017－09	38.00	839
高考数学客观题解题方法和技巧	2017－10	38.00	847
十年高考数学精品试题审题要津与解法研究	2021－10	98.00	1427
中国历届高考数学试题及解答.1949－1979	2018－01	38.00	877
历届中国高考数学试题及解答.第二卷,1980—1989	2018－10	28.00	975
历届中国高考数学试题及解答.第三卷,1990—1999	2018－10	48.00	976
数学文化与高考研究	2018－03	48.00	882
跟我学解高中数学题	2018－07	58.00	926
中学数学研究的方法及案例	2018－05	58.00	869
高考数学抢分技能	2018－07	68.00	934
高一新生常用数学方法和重要数学思想提升教材	2018－06	38.00	921
2018 年高考数学真题研究	2019－01	68.00	1000
2019 年高考数学真题研究	2020－05	88.00	1137
高考数学全国卷六道解答题常考题型解题诀窍:理科(全 2 册)	2019－07	78.00	1101
高考数学全国卷 16 道选择、填空题常考题型解题诀窍.理科	2018－09	88.00	971
高考数学全国卷 16 道选择、填空题常考题型解题诀窍.文科	2020－01	88.00	1123
新课程标准高中数学各种题型解法大全.必修一分册	2021－06	58.00	1315
高中数学一题多解	2019－06	58.00	1087
历届中国高考数学试题及解答:1917－1999	2021－08	98.00	1371
突破高原:高中数学解题思维探究	2021－08	48.00	1375
高考数学中的“取值范围”	2021－10	48.00	1429

新编 640 个世界著名数学智力趣题	2014－01	88.00	242
500 个最新世界著名数学智力趣题	2008－06	48.00	3
400 个最新世界著名数学最值问题	2008－09	48.00	36
500 个世界著名数学征解问题	2009－06	48.00	52
400 个中国最佳初等数学征解老问题	2010－01	48.00	60
500 个俄罗斯数学经典老题	2011－01	28.00	81
1000 个国外中学物理好题	2012－04	48.00	174
300 个日本高考数学题	2012－05	38.00	142
700 个早期日本高考数学试题	2017－02	88.00	752
500 个前苏联早期高考数学试题及解答	2012－05	28.00	185
546 个早期俄罗斯大学生数学竞赛题	2014－03	38.00	285
548 个来自美苏的数学好问题	2014－11	28.00	396
20 所苏联著名大学早期入学试题	2015－02	18.00	452
161 道德国工科大学生必做的微分方程习题	2015－05	28.00	469
500 个德国工科大学生必做的高数习题	2015－06	28.00	478
360 个数学竞赛问题	2016－08	58.00	677
200 个趣味数学故事	2018－02	48.00	857
470 个数学奥林匹克中的最值问题	2018－10	88.00	985
德国讲义日本考题.微积分卷	2015－04	48.00	456
德国讲义日本考题.微分方程卷	2015－04	38.00	457
二十世纪中叶中、英、美、日、法、俄高考数学试题精选	2017－06	38.00	783

刘培杰数学工作室
已出版(即将出版)图书目录——初等数学

书　名	出版时间	定　价	编号
中国初等数学研究　2009 卷(第 1 辑)	2009—05	20.00	45
中国初等数学研究　2010 卷(第 2 辑)	2010—05	30.00	68
中国初等数学研究　2011 卷(第 3 辑)	2011—07	60.00	127
中国初等数学研究　2012 卷(第 4 辑)	2012—07	48.00	190
中国初等数学研究　2014 卷(第 5 辑)	2014—02	48.00	288
中国初等数学研究　2015 卷(第 6 辑)	2015—06	68.00	493
中国初等数学研究　2016 卷(第 7 辑)	2016—04	68.00	609
中国初等数学研究　2017 卷(第 8 辑)	2017—01	98.00	712
初等数学研究在中国. 第 1 辑	2019—03	158.00	1024
初等数学研究在中国. 第 2 辑	2019—10	158.00	1116
初等数学研究在中国. 第 3 辑	2021—05	158.00	1306
几何变换(Ⅰ)	2014—07	28.00	353
几何变换(Ⅱ)	2015—06	28.00	354
几何变换(Ⅲ)	2015—01	38.00	355
几何变换(Ⅳ)	2015—12	38.00	356
初等数论难题集(第一卷)	2009—05	68.00	44
初等数论难题集(第二卷)(上、下)	2011—02	128.00	82,83
数论概貌	2011—03	18.00	93
代数数论(第二版)	2013—08	58.00	94
代数多项式	2014—06	38.00	289
初等数论的知识与问题	2011—02	28.00	95
超越数论基础	2011—03	28.00	96
数论初等教程	2011—03	28.00	97
数论基础	2011—03	18.00	98
数论基础与维诺格拉多夫	2014—03	18.00	292
解析数论基础	2012—08	28.00	216
解析数论基础(第二版)	2014—01	48.00	287
解析数论问题集(第二版)(原版引进)	2014—05	88.00	343
解析数论问题集(第二版)(中译本)	2016—04	88.00	607
解析数论基础(潘承洞,潘承彪著)	2016—07	98.00	673
解析数论导引	2016—07	58.00	674
数论入门	2011—03	38.00	99
代数数论入门	2015—03	38.00	448
数论开篇	2012—07	28.00	194
解析数论引论	2011—03	48.00	100
Barban Davenport Halberstam 均值和	2009—01	40.00	33
基础数论	2011—03	28.00	101
初等数论 100 例	2011—05	18.00	122
初等数论经典例题	2012—07	18.00	204
最新世界各国数学奥林匹克中的初等数论试题(上、下)	2012—01	138.00	144,145
初等数论(Ⅰ)	2012—01	18.00	156
初等数论(Ⅱ)	2012—01	18.00	157
初等数论(Ⅲ)	2012—01	28.00	158

刘培杰数学工作室
已出版(即将出版)图书目录——初等数学

书　名	出版时间	定价	编号
平面几何与数论中未解决的新老问题	2013－01	68.00	229
代数数论简史	2014－11	28.00	408
代数数论	2015－09	88.00	532
代数、数论及分析习题集	2016－11	98.00	695
数论导引提要及习题解答	2016－01	48.00	559
素数定理的初等证明．第2版	2016－09	48.00	686
数论中的模函数与狄利克雷级数(第二版)	2017－11	78.00	837
数论：数学导引	2018－01	68.00	849
范氏大代数	2019－02	98.00	1016
解析数学讲义．第一卷，导来式及微分、积分、级数	2019－04	88.00	1021
解析数学讲义．第二卷，关于几何的应用	2019－04	68.00	1022
解析数学讲义．第三卷，解析函数论	2019－04	78.00	1023
分析·组合·数论纵横谈	2019－04	58.00	1039
Hall 代数：民国时期的中学数学课本：英文	2019－08	88.00	1106
数学精神巡礼	2019－01	58.00	731
数学眼光透视(第2版)	2017－06	78.00	732
数学思想领悟(第2版)	2018－01	68.00	733
数学方法溯源(第2版)	2018－08	68.00	734
数学解题引论	2017－05	58.00	735
数学史话览胜(第2版)	2017－01	48.00	736
数学应用展观(第2版)	2017－08	68.00	737
数学建模尝试	2018－04	48.00	738
数学竞赛采风	2018－01	68.00	739
数学测评探营	2019－05	58.00	740
数学技能操握	2018－03	48.00	741
数学欣赏拾趣	2018－02	48.00	742
从毕达哥拉斯到怀尔斯	2007－10	48.00	9
从迪利克雷到维斯卡尔迪	2008－01	48.00	21
从哥德巴赫到陈景润	2008－05	98.00	35
从庞加莱到佩雷尔曼	2011－08	138.00	136
博弈论精粹	2008－03	58.00	30
博弈论精粹．第二版(精装)	2015－01	88.00	461
数学 我爱你	2008－01	28.00	20
精神的圣徒　别样的人生——60位中国数学家成长的历程	2008－09	48.00	39
数学史概论	2009－06	78.00	50
数学史概论(精装)	2013－03	158.00	272
数学史选讲	2016－01	48.00	544
斐波那契数列	2010－02	28.00	65
数学拼盘和斐波那契魔方	2010－07	38.00	72
斐波那契数列欣赏(第2版)	2018－08	58.00	948
Fibonacci 数列中的明珠	2018－06	58.00	928
数学的创造	2011－02	48.00	85
数学美与创造力	2016－01	48.00	595
数海拾贝	2016－01	48.00	590
数学中的美(第2版)	2019－04	68.00	1057
数论中的美学	2014－12	38.00	351

刘培杰数学工作室
已出版(即将出版)图书目录——初等数学

书　　名	出版时间	定　价	编号
数学王者　科学巨人——高斯	2015－01	28.00	428
振兴祖国数学的圆梦之旅:中国初等数学研究史话	2015－06	98.00	490
二十世纪中国数学史料研究	2015－10	48.00	536
数字谜、数阵图与棋盘覆盖	2016－01	58.00	298
时间的形状	2016－01	38.00	556
数学发现的艺术:数学探索中的合情推理	2016－07	58.00	671
活跃在数学中的参数	2016－07	48.00	675
数海趣史	2021－05	98.00	1314
数学解题——靠数学思想给力(上)	2011－07	38.00	131
数学解题——靠数学思想给力(中)	2011－07	48.00	132
数学解题——靠数学思想给力(下)	2011－07	38.00	133
我怎样解题	2013－01	48.00	227
数学解题中的物理方法	2011－06	28.00	114
数学解题的特殊方法	2011－06	48.00	115
中学数学计算技巧(第 2 版)	2020－10	48.00	1220
中学数学证明方法	2012－01	58.00	117
数学趣题巧解	2012－03	28.00	128
高中数学教学通鉴	2015－05	58.00	479
和高中生漫谈:数学与哲学的故事	2014－08	28.00	369
算术问题集	2017－03	38.00	789
张教授讲数学	2018－07	38.00	933
陈永明实话实说数学教学	2020－04	68.00	1132
中学数学学科知识与教学能力	2020－06	58.00	1155
自主招生考试中的参数方程问题	2015－01	28.00	435
自主招生考试中的极坐标问题	2015－04	28.00	463
近年全国重点大学自主招生数学试题全解及研究.华约卷	2015－02	38.00	441
近年全国重点大学自主招生数学试题全解及研究.北约卷	2016－05	38.00	619
自主招生数学解证宝典	2015－09	48.00	535
格点和面积	2012－07	18.00	191
射影几何趣谈	2012－04	28.00	175
斯潘纳尔引理——从一道加拿大数学奥林匹克试题谈起	2014－01	28.00	228
李普希兹条件——从几道近年高考数学试题谈起	2012－10	18.00	221
拉格朗日中值定理——从一道北京高考试题的解法谈起	2015－10	18.00	197
闵科夫斯基定理——从一道清华大学自主招生试题谈起	2014－01	28.00	198
哈尔测度——从一道冬令营试题的背景谈起	2012－08	28.00	202
切比雪夫逼近问题——从一道中国台北数学奥林匹克试题谈起	2013－04	38.00	238
伯恩斯坦多项式与贝齐尔曲面——从一道全国高中数学联赛试题谈起	2013－03	38.00	236
卡塔兰猜想——从一道普特南竞赛试题谈起	2013－06	18.00	256
麦卡锡函数和阿克曼函数——从一道前南斯拉夫数学奥林匹克试题谈起	2012－08	18.00	201
贝蒂定理与拉姆贝克莫斯尔定理——从一个拣石子游戏谈起	2012－08	18.00	217
皮亚诺曲线和豪斯道夫分球定理——从无限集谈起	2012－08	18.00	211
平面凸图形与凸多面体	2012－10	28.00	218
斯坦因豪斯问题——从一道二十五省市自治区中学数学竞赛试题谈起	2012－07	18.00	196

刘培杰数学工作室
已出版(即将出版)图书目录——初等数学

书　名	出版时间	定　价	编号
纽结理论中的亚历山大多项式与琼斯多项式——从一道北京市高一数学竞赛试题谈起	2012－07	28.00	195
原则与策略——从波利亚"解题表"谈起	2013－04	38.00	244
转化与化归——从三大尺规作图不能问题谈起	2012－08	28.00	214
代数几何中的贝祖定理(第一版)——从一道 IMO 试题的解法谈起	2013－08	18.00	193
成功连贯理论与约当块理论——从一道比利时数学竞赛试题谈起	2012－04	18.00	180
素数判定与大数分解	2014－08	18.00	199
置换多项式及其应用	2012－10	18.00	220
椭圆函数与模函数——从一道美国加州大学洛杉矶分校(UCLA)博士资格考题谈起	2012－10	28.00	219
差分方程的拉格朗日方法——从一道 2011 年全国高考理科试题的解法谈起	2012－08	28.00	200
力学在几何中的一些应用	2013－01	38.00	240
从根式解到伽罗华理论	2020－01	48.00	1121
康托洛维奇不等式——从一道全国高中联赛试题谈起	2013－03	28.00	337
西格尔引理——从一道第 18 届 IMO 试题的解法谈起	即将出版		
罗斯定理——从一道前苏联数学竞赛试题谈起	即将出版		
拉克斯定理和阿廷定理——从一道 IMO 试题的解法谈起	2014－01	58.00	246
毕卡大定理——从一道美国大学数学竞赛试题谈起	2014－07	18.00	350
贝齐尔曲线——从一道全国高中联赛试题谈起	即将出版		
拉格朗日乘子定理——从一道 2005 年全国高中联赛试题的高等数学解法谈起	2015－05	28.00	480
雅可比定理——从一道日本数学奥林匹克试题谈起	2013－04	48.00	249
李天岩－约克定理——从一道波兰数学竞赛试题谈起	2014－06	28.00	349
整系数多项式因式分解的一般方法——从克朗耐克算法谈起	即将出版		
布劳维不动点定理——从一道前苏联数学奥林匹克试题谈起	2014－01	38.00	273
伯恩赛德定理——从一道英国数学奥林匹克试题谈起	即将出版		
布查特－莫斯特定理——从一道上海市初中竞赛试题谈起	即将出版		
数论中的同余数问题——从一道普特南竞赛试题谈起	即将出版		
范·德蒙行列式——从一道美国数学奥林匹克试题谈起	即将出版		
中国剩余定理:总数法构建中国历史年表	2015－01	28.00	430
牛顿程序与方程求根——从一道全国高考试题解法谈起	即将出版		
库默尔定理——从一道 IMO 预选试题谈起	即将出版		
卢丁定理——从一道冬令营试题的解法谈起	即将出版		
沃斯滕霍姆定理——从一道 IMO 预选试题谈起	即将出版		
卡尔松不等式——从一道莫斯科数学奥林匹克试题谈起	即将出版		
信息论中的香农熵——从一道近年高考压轴题谈起	即将出版		
约当不等式——从一道希望杯竞赛试题谈起	即将出版		
拉比诺维奇定理	即将出版		
刘维尔定理——从一道《美国数学月刊》征解问题的解法谈起	即将出版		
卡塔兰恒等式与级数求和——从一道 IMO 试题的解法谈起	即将出版		
勒让德猜想与素数分布——从一道爱尔兰竞赛试题谈起	即将出版		
天平称重与信息论——从一道基辅市数学奥林匹克试题谈起	即将出版		
哈密尔顿－凯莱定理:从一道高中数学联赛试题的解法谈起	2014－09	18.00	376
艾思特曼定理——从一道 CMO 试题的解法谈起	即将出版		

刘培杰数学工作室
已出版(即将出版)图书目录——初等数学

书　名	出版时间	定　价	编号
阿贝尔恒等式与经典不等式及应用	2018-06	98.00	923
迪利克雷除数问题	2018-07	48.00	930
幻方、幻立方与拉丁方	2019-08	48.00	1092
帕斯卡三角形	2014-03	18.00	294
蒲丰投针问题——从2009年清华大学的一道自主招生试题谈起	2014-01	38.00	295
斯图姆定理——从一道"华约"自主招生试题的解法谈起	2014-01	18.00	296
许瓦兹引理——从一道加利福尼亚大学伯克利分校数学系博士生试题谈起	2014-08	18.00	297
拉姆塞定理——从王诗宬院士的一个问题谈起	2016-04	48.00	299
坐标法	2013-12	28.00	332
数论三角形	2014-04	38.00	341
毕克定理	2014-07	18.00	352
数林掠影	2014-09	48.00	389
我们周围的概率	2014-10	38.00	390
凸函数最值定理:从一道华约自主招生题的解法谈起	2014-10	28.00	391
易学与数学奥林匹克	2014-10	38.00	392
生物数学趣谈	2015-01	18.00	409
反演	2015-01	28.00	420
因式分解与圆锥曲线	2015-01	18.00	426
轨迹	2015-01	28.00	427
面积原理:从常庚哲命的一道CMO试题的积分解法谈起	2015-01	48.00	431
形形色色的不动点定理:从一道28届IMO试题谈起	2015-01	38.00	439
柯西函数方程:从一道上海交大自主招生的试题谈起	2015-02	28.00	440
三角恒等式	2015-02	28.00	442
无理性判定:从一道2014年"北约"自主招生试题谈起	2015-01	38.00	443
数学归纳法	2015-03	18.00	451
极端原理与解题	2015-04	28.00	464
法雷级数	2014-08	18.00	367
摆线族	2015-01	38.00	438
函数方程及其解法	2015-05	38.00	470
含参数的方程和不等式	2012-09	28.00	213
希尔伯特第十问题	2016-01	38.00	543
无穷小量的求和	2016-01	28.00	545
切比雪夫多项式:从一道清华大学金秋营试题谈起	2016-01	38.00	583
泽肯多夫定理	2016-03	38.00	599
代数等式证题法	2016-01	28.00	600
三角等式证题法	2016-01	28.00	601
吴大任教授藏书中的一个因式分解公式:从一道美国数学邀请赛试题的解法谈起	2016-06	28.00	656
易卦——类万物的数学模型	2017-08	68.00	838
"不可思议"的数与数系可持续发展	2018-01	38.00	878
最短线	2018-01	38.00	879

幻方和魔方(第一卷)	2012-05	68.00	173
尘封的经典——初等数学经典文献选读(第一卷)	2012-07	48.00	205
尘封的经典——初等数学经典文献选读(第二卷)	2012-07	38.00	206

初级方程式论	2011-03	28.00	106
初等数学研究(Ⅰ)	2008-09	68.00	37
初等数学研究(Ⅱ)(上、下)	2009-05	118.00	46,47

刘培杰数学工作室
已出版(即将出版)图书目录——初等数学

书　　名	出版时间	定　价	编号
趣味初等方程妙题集锦	2014—09	48.00	388
趣味初等数论选美与欣赏	2015—02	48.00	445
耕读笔记(上卷):一位农民数学爱好者的初数探索	2015—04	28.00	459
耕读笔记(中卷):一位农民数学爱好者的初数探索	2015—05	28.00	483
耕读笔记(下卷):一位农民数学爱好者的初数探索	2015—05	28.00	484
几何不等式研究与欣赏.上卷	2016—01	88.00	547
几何不等式研究与欣赏.下卷	2016—01	48.00	552
初等数列研究与欣赏·上	2016—01	48.00	570
初等数列研究与欣赏·下	2016—01	48.00	571
趣味初等函数研究与欣赏.上	2016—09	48.00	684
趣味初等函数研究与欣赏.下	2018—09	48.00	685
三角不等式研究与欣赏	2020—10	68.00	1197
新编平面解析几何解题方法研究与欣赏	2021—10	78.00	1426
火柴游戏	2016—05	38.00	612
智力解谜.第1卷	2017—07	38.00	613
智力解谜.第2卷	2017—07	38.00	614
故事智力	2016—07	48.00	615
名人们喜欢的智力问题	2020—01	48.00	616
数学大师的发现、创造与失误	2018—01	48.00	617
异曲同工	2018—09	48.00	618
数学的味道	2018—01	58.00	798
数学千字文	2018—10	68.00	977
数贝偶拾——高考数学题研究	2014—04	28.00	274
数贝偶拾——初等数学研究	2014—04	38.00	275
数贝偶拾——奥数题研究	2014—04	48.00	276
钱昌本教你快乐学数学(上)	2011—12	48.00	155
钱昌本教你快乐学数学(下)	2012—03	58.00	171
集合、函数与方程	2014—01	28.00	300
数列与不等式	2014—01	38.00	301
三角与平面向量	2014—01	28.00	302
平面解析几何	2014—01	38.00	303
立体几何与组合	2014—01	28.00	304
极限与导数、数学归纳法	2014—01	38.00	305
趣味数学	2014—03	28.00	306
教材教法	2014—04	68.00	307
自主招生	2014—05	58.00	308
高考压轴题(上)	2015—01	48.00	309
高考压轴题(下)	2014—10	68.00	310
从费马到怀尔斯——费马大定理的历史	2013—10	198.00	Ⅰ
从庞加莱到佩雷尔曼——庞加莱猜想的历史	2013—10	298.00	Ⅱ
从切比雪夫到爱尔特希(上)——素数定理的初等证明	2013—07	48.00	Ⅲ
从切比雪夫到爱尔特希(下)——素数定理100年	2012—12	98.00	Ⅲ
从高斯到盖尔方特——二次域的高斯猜想	2013—10	198.00	Ⅳ
从库默尔到朗兰兹——朗兰兹猜想的历史	2014—01	98.00	Ⅴ
从比勃巴赫到德布朗斯——比勃巴赫猜想的历史	2014—02	298.00	Ⅵ
从麦比乌斯到陈省身——麦比乌斯变换与麦比乌斯带	2014—02	298.00	Ⅶ
从布尔到豪斯道夫——布尔方程与格论漫谈	2013—10	198.00	Ⅷ
从开普勒到阿诺德——三体问题的历史	2014—05	298.00	Ⅸ
从华林到华罗庚——华林问题的历史	2013—10	298.00	Ⅹ

刘培杰数学工作室
已出版(即将出版)图书目录——初等数学

书名	出版时间	定价	编号
美国高中数学竞赛五十讲.第1卷(英文)	2014－08	28.00	357
美国高中数学竞赛五十讲.第2卷(英文)	2014－08	28.00	358
美国高中数学竞赛五十讲.第3卷(英文)	2014－09	28.00	359
美国高中数学竞赛五十讲.第4卷(英文)	2014－09	28.00	360
美国高中数学竞赛五十讲.第5卷(英文)	2014－10	28.00	361
美国高中数学竞赛五十讲.第6卷(英文)	2014－11	28.00	362
美国高中数学竞赛五十讲.第7卷(英文)	2014－12	28.00	363
美国高中数学竞赛五十讲.第8卷(英文)	2015－01	28.00	364
美国高中数学竞赛五十讲.第9卷(英文)	2015－01	28.00	365
美国高中数学竞赛五十讲.第10卷(英文)	2015－02	38.00	366
三角函数(第2版)	2017－04	38.00	626
不等式	2014－01	38.00	312
数列	2014－01	38.00	313
方程(第2版)	2017－04	38.00	624
排列和组合	2014－01	28.00	315
极限与导数(第2版)	2016－04	38.00	635
向量(第2版)	2018－08	58.00	627
复数及其应用	2014－08	28.00	318
函数	2014－01	38.00	319
集合	2020－01	48.00	320
直线与平面	2014－01	28.00	321
立体几何(第2版)	2016－04	38.00	629
解三角形	即将出版		323
直线与圆(第2版)	2016－11	38.00	631
圆锥曲线(第2版)	2016－09	48.00	632
解题通法(一)	2014－07	38.00	326
解题通法(二)	2014－07	38.00	327
解题通法(三)	2014－05	38.00	328
概率与统计	2014－01	28.00	329
信息迁移与算法	即将出版		330
IMO 50年.第1卷(1959－1963)	2014－11	28.00	377
IMO 50年.第2卷(1964－1968)	2014－11	28.00	378
IMO 50年.第3卷(1969－1973)	2014－09	28.00	379
IMO 50年.第4卷(1974－1978)	2016－04	38.00	380
IMO 50年.第5卷(1979－1984)	2015－04	38.00	381
IMO 50年.第6卷(1985－1989)	2015－04	58.00	382
IMO 50年.第7卷(1990－1994)	2016－01	48.00	383
IMO 50年.第8卷(1995－1999)	2016－06	38.00	384
IMO 50年.第9卷(2000－2004)	2015－04	58.00	385
IMO 50年.第10卷(2005－2009)	2016－01	48.00	386
IMO 50年.第11卷(2010－2015)	2017－03	48.00	646

刘培杰数学工作室
已出版(即将出版)图书目录——初等数学

书　　名	出版时间	定　价	编号
数学反思(2006—2007)	2020—09	88.00	915
数学反思(2008—2009)	2019—01	68.00	917
数学反思(2010—2011)	2018—05	58.00	916
数学反思(2012—2013)	2019—01	58.00	918
数学反思(2014—2015)	2019—03	78.00	919
数学反思(2016—2017)	2021—03	58.00	1286
历届美国大学生数学竞赛试题集.第一卷(1938—1949)	2015—01	28.00	397
历届美国大学生数学竞赛试题集.第二卷(1950—1959)	2015—01	28.00	398
历届美国大学生数学竞赛试题集.第三卷(1960—1969)	2015—01	28.00	399
历届美国大学生数学竞赛试题集.第四卷(1970—1979)	2015—01	18.00	400
历届美国大学生数学竞赛试题集.第五卷(1980—1989)	2015—01	28.00	401
历届美国大学生数学竞赛试题集.第六卷(1990—1999)	2015—01	28.00	402
历届美国大学生数学竞赛试题集.第七卷(2000—2009)	2015—08	18.00	403
历届美国大学生数学竞赛试题集.第八卷(2010—2012)	2015—01	18.00	404
新课标高考数学创新题解题诀窍:总论	2014—09	28.00	372
新课标高考数学创新题解题诀窍:必修1～5分册	2014—08	38.00	373
新课标高考数学创新题解题诀窍:选修2—1,2—2,1—1,1—2分册	2014—09	38.00	374
新课标高考数学创新题解题诀窍:选修2—3,4—4,4—5分册	2014—09	18.00	375
全国重点大学自主招生英文数学试题全攻略:词汇卷	2015—07	48.00	410
全国重点大学自主招生英文数学试题全攻略:概念卷	2015—01	28.00	411
全国重点大学自主招生英文数学试题全攻略:文章选读卷(上)	2016—09	38.00	412
全国重点大学自主招生英文数学试题全攻略:文章选读卷(下)	2017—01	58.00	413
全国重点大学自主招生英文数学试题全攻略:试题卷	2015—07	38.00	414
全国重点大学自主招生英文数学试题全攻略:名著欣赏卷	2017—03	48.00	415
劳埃德数学趣题大全.题目卷.1:英文	2016—01	18.00	516
劳埃德数学趣题大全.题目卷.2:英文	2016—01	18.00	517
劳埃德数学趣题大全.题目卷.3:英文	2016—01	18.00	518
劳埃德数学趣题大全.题目卷.4:英文	2016—01	18.00	519
劳埃德数学趣题大全.题目卷.5:英文	2016—01	18.00	520
劳埃德数学趣题大全.答案卷:英文	2016—01	18.00	521
李成章教练奥数笔记.第1卷	2016—01	48.00	522
李成章教练奥数笔记.第2卷	2016—01	48.00	523
李成章教练奥数笔记.第3卷	2016—01	38.00	524
李成章教练奥数笔记.第4卷	2016—01	38.00	525
李成章教练奥数笔记.第5卷	2016—01	38.00	526
李成章教练奥数笔记.第6卷	2016—01	38.00	527
李成章教练奥数笔记.第7卷	2016—01	38.00	528
李成章教练奥数笔记.第8卷	2016—01	48.00	529
李成章教练奥数笔记.第9卷	2016—01	28.00	530

刘培杰数学工作室
已出版(即将出版)图书目录——初等数学

书名	出版时间	定价	编号
第19~23届"希望杯"全国数学邀请赛试题审题要津详细评注(初一版)	2014—03	28.00	333
第19~23届"希望杯"全国数学邀请赛试题审题要津详细评注(初二、初三版)	2014—03	38.00	334
第19~23届"希望杯"全国数学邀请赛试题审题要津详细评注(高一版)	2014—03	28.00	335
第19~23届"希望杯"全国数学邀请赛试题审题要津详细评注(高二版)	2014—03	38.00	336
第19~25届"希望杯"全国数学邀请赛试题审题要津详细评注(初一版)	2015—01	38.00	416
第19~25届"希望杯"全国数学邀请赛试题审题要津详细评注(初二、初三版)	2015—01	58.00	417
第19~25届"希望杯"全国数学邀请赛试题审题要津详细评注(高一版)	2015—01	48.00	418
第19~25届"希望杯"全国数学邀请赛试题审题要津详细评注(高二版)	2015—01	48.00	419
物理奥林匹克竞赛大题典——力学卷	2014—11	48.00	405
物理奥林匹克竞赛大题典——热学卷	2014—04	28.00	339
物理奥林匹克竞赛大题典——电磁学卷	2015—07	48.00	406
物理奥林匹克竞赛大题典——光学与近代物理卷	2014—06	28.00	345
历届中国东南地区数学奥林匹克试题集(2004~2012)	2014—06	18.00	346
历届中国西部地区数学奥林匹克试题集(2001~2012)	2014—07	18.00	347
历届中国女子数学奥林匹克试题集(2002~2012)	2014—08	18.00	348
数学奥林匹克在中国	2014—06	98.00	344
数学奥林匹克问题集	2014—01	38.00	267
数学奥林匹克不等式散论	2010—06	38.00	124
数学奥林匹克不等式欣赏	2011—09	38.00	138
数学奥林匹克超级题库(初中卷上)	2010—01	58.00	66
数学奥林匹克不等式证明方法和技巧(上、下)	2011—08	158.00	134,135
他们学什么:原民主德国中学数学课本	2016—09	38.00	658
他们学什么:英国中学数学课本	2016—09	38.00	659
他们学什么:法国中学数学课本.1	2016—09	38.00	660
他们学什么:法国中学数学课本.2	2016—09	28.00	661
他们学什么:法国中学数学课本.3	2016—09	38.00	662
他们学什么:苏联中学数学课本	2016—09	28.00	679
高中数学题典——集合与简易逻辑·函数	2016—07	48.00	647
高中数学题典——导数	2016—07	48.00	648
高中数学题典——三角函数·平面向量	2016—07	48.00	649
高中数学题典——数列	2016—07	58.00	650
高中数学题典——不等式·推理与证明	2016—07	38.00	651
高中数学题典——立体几何	2016—07	48.00	652
高中数学题典——平面解析几何	2016—07	78.00	653
高中数学题典——计数原理·统计·概率·复数	2016—07	48.00	654
高中数学题典——算法·平面几何·初等数论·组合数学·其他	2016—07	68.00	655

刘培杰数学工作室
已出版(即将出版)图书目录——初等数学

书名	出版时间	定价	编号
台湾地区奥林匹克数学竞赛试题.小学一年级	2017—03	38.00	722
台湾地区奥林匹克数学竞赛试题.小学二年级	2017—03	38.00	723
台湾地区奥林匹克数学竞赛试题.小学三年级	2017—03	38.00	724
台湾地区奥林匹克数学竞赛试题.小学四年级	2017—03	38.00	725
台湾地区奥林匹克数学竞赛试题.小学五年级	2017—03	38.00	726
台湾地区奥林匹克数学竞赛试题.小学六年级	2017—03	38.00	727
台湾地区奥林匹克数学竞赛试题.初中一年级	2017—03	38.00	728
台湾地区奥林匹克数学竞赛试题.初中二年级	2017—03	38.00	729
台湾地区奥林匹克数学竞赛试题.初中三年级	2017—03	28.00	730

不等式证题法	2017—04	28.00	747
平面几何培优教程	2019—08	88.00	748
奥数鼎级培优教程.高一分册	2018—09	88.00	749
奥数鼎级培优教程.高二分册.上	2018—04	68.00	750
奥数鼎级培优教程.高二分册.下	2018—04	68.00	751
高中数学竞赛冲刺宝典	2019—04	68.00	883

初中尖子生数学超级题典.实数	2017—07	58.00	792
初中尖子生数学超级题典.式、方程与不等式	2017—08	58.00	793
初中尖子生数学超级题典.圆、面积	2017—08	38.00	794
初中尖子生数学超级题典.函数、逻辑推理	2017—08	48.00	795
初中尖子生数学超级题典.角、线段、三角形与多边形	2017—07	58.00	796

数学王子——高斯	2018—01	48.00	858
坎坷奇星——阿贝尔	2018—01	48.00	859
闪烁奇星——伽罗瓦	2018—01	58.00	860
无穷统帅——康托尔	2018—01	48.00	861
科学公主——柯瓦列夫斯卡娅	2018—01	48.00	862
抽象代数之母——埃米·诺特	2018—01	48.00	863
电脑先驱——图灵	2018—01	58.00	864
昔日神童——维纳	2018—01	48.00	865
数坛怪侠——爱尔特希	2018—01	68.00	866
传奇数学家徐利治	2019—09	88.00	1110

当代世界中的数学.数学思想与数学基础	2019—01	38.00	892
当代世界中的数学.数学问题	2019—01	38.00	893
当代世界中的数学.应用数学与数学应用	2019—01	38.00	894
当代世界中的数学.数学王国的新疆域(一)	2019—01	38.00	895
当代世界中的数学.数学王国的新疆域(二)	2019—01	38.00	896
当代世界中的数学.数林撷英(一)	2019—01	38.00	897
当代世界中的数学.数林撷英(二)	2019—01	48.00	898
当代世界中的数学.数学之路	2019—01	38.00	899

刘培杰数学工作室
已出版(即将出版)图书目录——初等数学

书　名	出版时间	定　价	编号
105 个代数问题:来自 AwesomeMath 夏季课程	2019-02	58.00	956
106 个几何问题:来自 AwesomeMath 夏季课程	2020-07	58.00	957
107 个几何问题:来自 AwesomeMath 全年课程	2020-07	58.00	958
108 个代数问题:来自 AwesomeMath 全年课程	2019-01	68.00	959
109 个不等式:来自 AwesomeMath 夏季课程	2019-04	58.00	960
国际数学奥林匹克中的 110 个几何问题	即将出版		961
111 个代数和数论问题	2019-05	58.00	962
112 个组合问题:来自 AwesomeMath 夏季课程	2019-05	58.00	963
113 个几何不等式:来自 AwesomeMath 夏季课程	2020-08	58.00	964
114 个指数和对数问题:来自 AwesomeMath 夏季课程	2019-09	48.00	965
115 个三角问题:来自 AwesomeMath 夏季课程	2019-09	58.00	966
116 个代数不等式:来自 AwesomeMath 全年课程	2019-04	58.00	967
117 个多项式问题:来自 AwesomeMath 夏季课程	2021-09	58.00	1409
紫色彗星国际数学竞赛试题	2019-02	58.00	999
数学竞赛中的数学:为数学爱好者、父母、教师和教练准备的丰富资源. 第一部	2020-04	58.00	1141
数学竞赛中的数学:为数学爱好者、父母、教师和教练准备的丰富资源. 第二部	2020-07	48.00	1142
和与积	2020-10	38.00	1219
数论:概念和问题	2020-12	68.00	1257
初等数学问题研究	2021-03	48.00	1270
数学奥林匹克中的欧几里得几何	2021-10	68.00	1413
数学奥林匹克题解新编	2022-01	58.00	1430
澳大利亚中学数学竞赛试题及解答(初级卷)1978~1984	2019-02	28.00	1002
澳大利亚中学数学竞赛试题及解答(初级卷)1985~1991	2019-02	28.00	1003
澳大利亚中学数学竞赛试题及解答(初级卷)1992~1998	2019-02	28.00	1004
澳大利亚中学数学竞赛试题及解答(初级卷)1999~2005	2019-02	28.00	1005
澳大利亚中学数学竞赛试题及解答(中级卷)1978~1984	2019-03	28.00	1006
澳大利亚中学数学竞赛试题及解答(中级卷)1985~1991	2019-03	28.00	1007
澳大利亚中学数学竞赛试题及解答(中级卷)1992~1998	2019-03	28.00	1008
澳大利亚中学数学竞赛试题及解答(中级卷)1999~2005	2019-03	28.00	1009
澳大利亚中学数学竞赛试题及解答(高级卷)1978~1984	2019-05	28.00	1010
澳大利亚中学数学竞赛试题及解答(高级卷)1985~1991	2019-05	28.00	1011
澳大利亚中学数学竞赛试题及解答(高级卷)1992~1998	2019-05	28.00	1012
澳大利亚中学数学竞赛试题及解答(高级卷)1999~2005	2019-05	28.00	1013
天才中小学生智力测验题. 第一卷	2019-03	38.00	1026
天才中小学生智力测验题. 第二卷	2019-03	38.00	1027
天才中小学生智力测验题. 第三卷	2019-03	38.00	1028
天才中小学生智力测验题. 第四卷	2019-03	38.00	1029
天才中小学生智力测验题. 第五卷	2019-03	38.00	1030
天才中小学生智力测验题. 第六卷	2019-03	38.00	1031
天才中小学生智力测验题. 第七卷	2019-03	38.00	1032
天才中小学生智力测验题. 第八卷	2019-03	38.00	1033
天才中小学生智力测验题. 第九卷	2019-03	38.00	1034
天才中小学生智力测验题. 第十卷	2019-03	38.00	1035
天才中小学生智力测验题. 第十一卷	2019-03	38.00	1036
天才中小学生智力测验题. 第十二卷	2019-03	38.00	1037
天才中小学生智力测验题. 第十三卷	2019-03	38.00	1038

刘培杰数学工作室
已出版(即将出版)图书目录——初等数学

书　　名	出版时间	定　价	编号
重点大学自主招生数学备考全书:函数	2020—05	48.00	1047
重点大学自主招生数学备考全书:导数	2020—08	48.00	1048
重点大学自主招生数学备考全书:数列与不等式	2019—10	78.00	1049
重点大学自主招生数学备考全书:三角函数与平面向量	2020—08	68.00	1050
重点大学自主招生数学备考全书:平面解析几何	2020—07	58.00	1051
重点大学自主招生数学备考全书:立体几何与平面几何	2019—08	48.00	1052
重点大学自主招生数学备考全书:排列组合·概率统计·复数	2019—09	48.00	1053
重点大学自主招生数学备考全书:初等数论与组合数学	2019—08	48.00	1054
重点大学自主招生数学备考全书:重点大学自主招生真题.上	2019—04	68.00	1055
重点大学自主招生数学备考全书:重点大学自主招生真题.下	2019—04	58.00	1056
高中数学竞赛培训教程:平面几何问题的求解方法与策略.上	2018—05	68.00	906
高中数学竞赛培训教程:平面几何问题的求解方法与策略.下	2018—06	78.00	907
高中数学竞赛培训教程:整除与同余以及不定方程	2018—01	88.00	908
高中数学竞赛培训教程:组合计数与组合极值	2018—04	48.00	909
高中数学竞赛培训教程:初等代数	2019—04	78.00	1042
高中数学讲座:数学竞赛基础教程(第一册)	2019—06	48.00	1094
高中数学讲座:数学竞赛基础教程(第二册)	即将出版		1095
高中数学讲座:数学竞赛基础教程(第三册)	即将出版		1096
高中数学讲座:数学竞赛基础教程(第四册)	即将出版		1097
新编中学数学解题方法 1000 招丛书.实数(初中版)	即将出版		1291
新编中学数学解题方法 1000 招丛书.式(初中版)	即将出版		1292
新编中学数学解题方法 1000 招丛书.方程与不等式(初中版)	2021—04	58.00	1293
新编中学数学解题方法 1000 招丛书.函数(初中版)	即将出版		1294
新编中学数学解题方法 1000 招丛书.角(初中版)	即将出版		1295
新编中学数学解题方法 1000 招丛书.线段(初中版)	即将出版		1296
新编中学数学解题方法 1000 招丛书.三角形与多边形(初中版)	2021—04	48.00	1297
新编中学数学解题方法 1000 招丛书.圆(初中版)	即将出版		1298
新编中学数学解题方法 1000 招丛书.面积(初中版)	2021—07	28.00	1299

联系地址:哈尔滨市南岗区复华四道街 10 号　哈尔滨工业大学出版社刘培杰数学工作室

网　　址:http://lpj.hit.edu.cn/

邮　　编:150006

联系电话:0451—86281378　　13904613167

E-mail:lpj1378@163.com